KB201330

요한신학

스티븐 S. 스몰리 지음
김경신 옮김

생명의 샘

요한신학

1996년 3월 10일 1판 19쇄 발행
2014년 4월 10일 1쇄 개정판 발행
지은이 스티븐 S. 스몰리
옮긴이 김경신
발행처 도서출판 생명의 샘
등록일 1992년 3월 5일 제22-657호
등록주소 서울시 송파구 백제고분로 27길 12(삼전동)
전 화 (02) 2203-2739
팩 스 (02) 2203-2738
이메일 ccm2you@gmail.com
홈페이지 www.ccm2u.com

■ 파본은 교환해 드립니다.
■ 이 출판물은 저작권법에 의해 보호를 받는 저작물이므로 무단전재와 무단복제를 금합니다.

요한신학

스티븐 S. 스몰리 지음
김경신 옮김

| 머 리 말 |

요한복음은 신약 학도들에게 있어서 끝없는 감흥을 느끼게 해주는 수원(水源)이다. 그것이 지니고 있는 문제들은 계속적인 연구를 요하며 또한 마땅히 연구되어야 하나, 그 비밀들이 완전히 파헤쳐질 기미는 보이지 않는다. 이것은 놀라운 일이 못 된다. 루터의 표현대로, 그것의 비길 데 없는 '단순한 단어들'은 동시에 '형언할 수 없는 단어들'이기 때문이다.

이 책은 요한복음의 깊이를 탐색해 보려는 하나의 큰 시도로서 내놓아졌다. 이는 주로 신학도들을 위한 것이지만, 나는 이 책이 다른 사람들도 더 많이 연구하고 논의하도록 박차를 가하는 데에 또한 사용되어지기를 바란다.

이 책의 내용 범위 및 개요에 대한 다소간의 언급이 서두에 제시될 수 있다. 처음 두 장에서는 제4복음서에 관한 최근의 토의 경향을 평가해 보되, 특히 요한에 대한 '새로운 시각'의 빛에 비추어서, 그리고 쿰란과 나그 하마디에서 근래에 발견된 것들의 흔적을 따라서 평가해 보도록 하겠는데, 이 근래의 발견물들은 우리로 하여금 기독교의 시작과 그 발전 과정의 배경에 관해 더욱 많은 것을 알도록 도와 주었다. 이러한 목적을 갖고 우리는 요한복음 전승과 배경 그리고 저자 등의 중대한 문제들을 살펴보게 될 것이다. 그러고 나서 그 작품을 전반적으로 고찰하면서 그 복음서의 구조와 그 저술 뒤에 숨어 있는 목적을 살펴보기로 하겠다. 최종적으로 우리는 요한이 복음서 기자로서 일반 기독교 전승을 어느 정도 접하였는가를, 그리고 또한 그가 해석자로서 그 전승에 특별히 기여한 특성을 고찰하게 될 것이다.

요한에 관해 많은 책들이 쓰여졌으나, 아직도 쓰여질 것들이 많이 남아 있다. 본서가 어떤 의미에서 그것을 마무리짓고 있다고는 볼 수 없으며, 오히려 그것은 질문에 답하려고 노력하는 과정에서 많은 질문들을 야기할는지도 모른다. 예를 들면, 이 책의 논제는 요한복음이 그 복음서 기자가 자신의 방법으로 해석한 독자적이고도 근본적으로 역사적인 전승의 혜택을 입고 있다는 것이다. 그러나 제4복음서가 역사와 신학 모두를 포함하고 있다면, 요한의 '역사'가 지닌 참 특성은 본서에서 제시된 것보다는 더욱 세밀한 명시를 요구한다고 생각하는 사람들이 있을지도 모른다. 마찬가지로, 요한의 성경적 영감과 권위에 대한 나의 진술은 본서에서 수용될 수 없었던 논법을 요한다. 또한 요한에 대한 나의 솔직한 문학적 분석은 언어학적인 분석을 보다 더 애호하는 나의 독자들에게 받아들여질 수 없는 것으로 밝혀질 수도 있을 것이다.

이것이, 우리가 밤이 새도록 수고하였으되 얻은 것이 없음을 뜻하는 것이 아니기를 나는 바란다. 오히려 이것이 우리 모두가 더 깊은 바다로 가서 그물을 던지는 계기가 될 수 있는 것이다. 그리고 이 책이 어느 정도 정확하게 제4복음서에 관한 최근의 연구 과정을 일목 요연하게 정리해 놓고 요한 신학의 바다에서 더 항해해 나가기 위한 이정표로서 몇 개의 부표를 던지게 된다면, 그것은 그 목표 달성에 상당히 접근한 셈이 될 것이다.

내가 요한에 대한 계속적인 관심을 지니게 된 것은 본래 가드너 스미스(P. Gadner-Smith)씨와 존 로빈슨(John A. T. Robinson) 박사의 격려 덕분이었는데, 이들은 모두 케임브리지에서 나에게 신학을 가르쳤다. 내가 그들에게 상당한 빚을 졌음을 기꺼이 인정하며, 이 책에 이름이 언급된 많은 사람들, 특히 무울(C. F. D. Moule) 교수와 레이몬드 브라운(Raymond E. Brown) 교수에게 그러하다. 나는 또한 케임브리지,

이바단, 그리고 맨체스터 대학의 수많은 학생들과 친구들에게 감사를 표하는 바, 그들은 수년간 '요한'에 대한 나의 연구를 고무해 주었고 그에 대한 이해를 깊게 해주었다.

끝으로 나는 이 책을 출간하는 데 있어서 격려와 도움을 준 나의 가족들, 맨체스터 대학의 학장(F. F. 브루스 교수, 그는 나의 원고들을 읽고서 많은 중요한 제안들을 하여 그것을 개선하도록 해주었다), 이 책을 출판해 주신 분들, 그리고 유연하고도 유능하게 원고를 타이프해 준 길리안 쉐퍼드(Gillian Shepherd) 양에게 이루 말할 수 없는 감사를 느낀다.

맨체스터에서

스티븐 스튜어트 스몰리

1975년 복음서 기자 사도 요한의 축성일에

목 차

목 차

맺음말 463

부록 483

Chapter 1 새로운 시각

요한의 복음
새로운 시각
요한 전승
복음서 전승

Chapter 2 요한은 어떤 사람이었는가?

Chapter 3 요한은 어떻게 복음서를 썼는가?

Chapter 4

요한은 무슨 이유로
복음서를
기록하였는가?

Chapter 5

복음전도자
요한

Chapter 6

해석자
요한

제1장 새로운 시각

신약성서 밖에서도 요한의 이름을 빙자하는 여러 가지 문서들이 있다. 그 중 가장 유명한 것은 전설적인 요한의 행전으로서, 이는 3세기 초엽에 속하는 작품이며, 사도의 생애와 행적에 관한 정보를 제공하려는 의도에서 기록되었다.[1)]

그리고 그 밖의 단편들도 존재하는데, 그것은 대부분 영지주의적 성격을 띠는 것들로서 요한과의 모종의 연계를 내세운다. 즉 한편의 외경, 각종의 묵시록들 및 신화들, 요한과 예수 사이의 대화록, 그리고 요한적 요소를 지니는 필자 미상의 복음서 한 편[2)] 등이다.

이 문헌들과 요한의 이름을 빙자하는 신약 안의 문서들 사이의 연계점들은 확정하기가 그리 쉽지 않으며 연구해 볼 만한 의욕을 불러일으키는 분야가 될 수 있을 것이다. 그러나 우리의 당면 과제는 이것이 아니고, 지금은 단지 요한복음에 대한 새로운 시각에 던져지는 흥미 진진한 문제에 보다 집중되어 있다.

전통상 요한과 결부되는 신약의 다섯 책들(복음서, 세 편의 서신, 계시록) 중에서 제4복음서 만큼 대단한 관심을 불러일으켰고 또 끊임 없

1) 요한행전(*Acta Ioannis*)의 텍스트는 Hennecke, vol.2, pp.188-259를 참조하라.
2) *Ibid.* vol.1.94ff.를 보라.

는 평가를 자아낸 작품은 없다. 우리가 여기서 신약 안에서의 요한 문집의 다양한 부분들 상호간의 관계를 캐려 하지 않는 것은 이 과제가 나름대로의 관심을 끌지 못하기 때문이 아니다. 오히려 그 문집 내의 으뜸가는 문서에 관심을 집중시킴으로써 보다 나은 위치에서 이것과 다른 것들 사이의 관계를 발견할 수 있게 될 것이다. 그러므로 요한복음의 관점에서 신약 내의 '요한'에 대해 말머리를 돌려보자.

요한의 복음

19세기 이후 요한복음 연구는 수많은 중대한 변화들을 겪어 왔고, 여러 가지 중대한 요소들의 영향을 받아 왔다. 그러므로 본 논제를 거론하기에 앞서 제4복음서 해석의 최근 역사를[3] 간략하게 더듬어 보는 것이 유익하리라고 본다.

어림잡아 20세기 중반까지 요한복음의 친저성(親著性)이라는 문제가 신약성서 비판학자들에게 더할 나위 없이 중요한 문제로 여겨져 왔다. 제4복음서가 어떤 의미에서 요한에게 종속된다고 말할 수 있는가라는 질문이 제기되었다. 이 질문에 대한 답변에서 금세기 초의 학계는 복음서의 사도적 친저성을 받아들이는 측과 그렇지 않는 측으로 뚜렷이 갈라졌다. 웨스트코트(B. F. Westcott) 같은 보수주의자들은 제4

3) '제4□ 음서'라는 이 명칭을 당분간 요한복음을 묘사하는 술어로 쓰고자 한다. 그러나 우리가 앞으로 살펴보겠지만, 이 용어의 사용 계기는 비판 학자 편에서 제기한 의문스러운 가정의 결과로서, 반드시 정확한 결론을 의미하지는 않는다. 마찬가지로(제4□ 음서 기자 및 그의 복음 대신, 또는 제4□ 음서 기자 그 자체 대신) '요한'을 쓰는 것은 결코 저자 문제를 미리 단정하려는 의도에서가 아니다.

복음서 전체가 온전히 사도 요한의 작품인지는 알 수 없으나 대부분은 그의 저작이라고 주장하였다.[4] 반면에 로이시(A. Loisy) 같은 급진주의 자들은 그 복음서를 요한과는 도무지 아무런 상관이 없는, 공관복음서의 비역사적인, 신학적 재구성에 지나지 않는다고 여겼다.[5] 금세기 초 수년 동안에, 그리고 종교 사학파의 성서 주석(biblical exegesis) 방법의 영향 아래서의 학문의 조류는 제4복음서를 단순히 기독교 복음의 헬라화 과정 후기 단계의 소산으로 묘사하는 것이었다. 이 견해의 대표적 옹호자는 플라이더러(Otto Pfleiderer)로서, 그는 신약이 그 시대의 산물이며 또 마땅히 그렇게 해석되어야만 한다고 믿었다. 그는 요한의 복음이 '초창기 기독교의 역사적 책들이 아닌, 기독교의 헬레니즘적인 교의적 글들'에 속한다고 결론지었다.[6]

1920년대에 이르러 제4복음서의 그리스적 성격을 전제로 한 선입견에 맞서는 하나의 반작용이 일어났다. 보수주의 학자 슐라터(Adolf Schlatter)는 이 복음서의 무대가 본질적으로 유대적이라고 상정(想定)하는 요한복음 연구서를 일찍이 출판한 바 있다.[7] 신약의 기조(ethos) 및 언어의 셈문화적 배경에 관한 깊은 조예를 바탕으로 이 책을 쓴 슐라터는 이른바 제4복음서의 헬레니즘 요소 중 많은 부분이 유대 문헌 속에서 그 상응(相應)되는 예를 지니고 있으며, 또한 이 복음서의 팔레

4) B. F. Westcott, *The Gospel according to St. John* (London, 1880), pp.5-32.

5) A. Loisy, *Le quatrième Evangile* (Paris, 1902, 1921²) = Loisy. W. Sanday, *The Criticism of the Fourth Gospel* (Oxford, 1905), pp.25-32. 이 책에서 Sanday는 제4□음서의 사도 저작성 및 역사성에 관련한 Loisy의 입장을 '완강한 거부'의 입장이라고 묘사한다. Sanday는 Loisy와 같이 1903년 이전에 제4□음서에 관한 저서를 낸 다른 학자들, 즉 Jülicher, Schmiedel, Wrede, Wernle, 그리고 Réville 등의 작품들과 Loisy의 작품을 연관시킨다.

6) O. Pfleiderer, *Primitive Christianity : its writings and teachings in their historical connections*, vol.4(ET London, 1911), p.2(see pp.1-80, 129-53).

7) A. Schlatter, *Die Sprache und Heimat des vierten Evangelisten* (Gütersloh, 1902).

스틴적 성격은 그 저자가 팔레스틴의 유대인이라고 할 때 가장 훌륭하게 해명될 수 있다고 논증하였다. 1922년 옥스퍼드 대학의 구약신학 교수 버니(C. F. Burney)는 단순히 요한의 유대적 배경에 의존하는 데 그치지 않고, 더 나아가 본시(本是)부터 아람어로 쓰여졌다는 사실을 입증하려는 책을 써서 슐라터의 입장을 계승하고 발전시켰다.[8] 오늘날 이 견해를 지지하는 사람은 거의 없다. 그러나 그 당시에 이 책은, 종교 사학파에서 제4복음서에 관한 궁극적인 질문, 곧 그때까지 논란의 대상이 되어 왔던 기원 문제를 일체 거론하지 않고 있었다는 점을 때맞추어 과감히 일깨워 주었다.

19세기 말에서 20세기 중반에 이르는 동안에 펼쳐진 이 전체 논쟁에 있어, 현안이 된 주(主) 질문은 요한복음의 성격 및 이에 따른(최소한 암시적으로) 그 저자 문제로 집약(集約)된다.[9] 요한복음은 사도적이며 따라서 '역사적'(그리고 유대적)인 책이라고 간주하든지- 이 경우, 요한의 전승과 공관복음 전승 사이의 현저한 상충점들이 난문제로 부각되었다. - 아니면 그것은 사도와는 무관하며 따라서 '신학적'(내지 헬레니즘적)이라고 할 수밖에 없었다. 근본 가정(assumption)은 전체 논쟁의 진행 과정에도 따라다녔으나, 끝내 설명되지 않은 상태로 남았다. 이 가정은 곧 기록 연대가 가장 늦은 성서 복음서인 요한복음이

8) C. F. Burney, *The Aramaic Origin of the Fourth Gospel* (Oxford, 1922). S. C. Neill, *The Interpretation of the New Testament 1861–1961* (London, 1964), pp.313–24. Neill은 이 책에서 제4□음서 해석의 역사에 대하여 귀중한 한 장을 할애한다. 그 장 속에서 그는 케임브리지 대학의 이스라엘 아브람스(Israel Abrahams) 박사(랍비 문헌 연구가이자 정통 유대인임)가 이 시기(1923 또는 1924)에 있어서 '제4복음서야말로 4복음서 중 가장 유대적인 책'(p.315) 이라고 주장한 사람들 중 최초의 인물이라고 추정한다.

9) 앞에서 인용한 제4복음서 비평(1905)에 관한 William Sanday 교수의 저서가 친저성이라는 비판적 명제를 핵심 문제로 삼고 있는 점은 심각한 의의를 지닌다.

공관복음의 일부, 또는 전부에 직접 의존하였다는 것이다.[10] 한 예로서 라이트푸트(R. H. Lightfoot)는 상당히 최근의 것인 한 주석에서 제4복음서 기자가 '공관복음 전승뿐만 아니라 세 공관복음서 자체도 알고 있었다'고 주장한다.[11] 라이트푸트의 견해에 따르면, 결과적으로 요한복음 기자는 부분적으로는 실제 사건들 내지 최초 전승에 비추어서, 그리고 또 한편으로는 처음 두 세대의 제자들이 겪은 경험에 비추어서 예수의 인격과 사역이라는 '기독교의 신비를 해석하였다'.[12]

신약 연구 학도들은 지금도 어떤 계열에서는 동일한 가정을 내리도록 교육받고 있다. 그러나 앞으로 우리가 살피게 될 것이지만, 이 이론은 더 이상 타당성을 유지할 수 없게 되었다. 실상, 요한이 공관복음서 기자들에게 의존했다는 견해를 제기하는 일은 제4복음서를 넘겨 짚은 일반적인 평가 유형의 일면이다. 비평학에서는 더 이상 요한에 대한 전통적 견해에 만족할 수 없게 되었는데 여기에는 그럴 만한 이유가 있다. 즉, 이 문서에 대한 새로운 조명이 이루어졌으며, 더욱이 그것은 인상 깊고 새로운 시각에서 비롯되고 있기 때문이다. 우리는 요한복음에 대한 최근 연구의 진로와 몇 가지 방향을 고찰해 봄으로써 요한에 대한 이 '새 시각'이 의미하는 바가 무엇인지 알아보기로 하자.

10) 요한이 공관복음서들에 의존한다는 Sanday의 확신을 재서술하면서 이 문제를 개괄해 놓은 최근의 책으로는, C.K. Barrett, 'John and the Synoptic Gospels', *Exp. T* 85(1973-4), pp.228-33을 보충적으로 참조하라.

11) R. H. Lightfoot, St. *John's Gospel : a commentary*, ed. C.F. Evans(Oxford, 1956), p.29 (=Lightfoot)를 참조하라.

12) *Ibid*, p.42.

새로운 시각

1957년 로빈슨(J. A. T. Robinson) 박사는 옥스퍼드 복음서 협의회(Oxford Conference of the Gospels)에 '제4복음서에 대한 새 시각'이라는 제목의 논문 한 편을 제출하였다.[13] 그 논문 속에서 그는, 만약 요한복음에 관한 새 시각이 존재한다면, 그것은 틀림없이 '옛 시각'과는 구분될 수 있으리라고 추론했다. 그러므로 그는 요한복음 해석 문제에 관한 20세기 전반기의 비판주의적 정통에 속하는 다섯 가지 전제들을 열거하고, 더 나아가 각각의 전제들은 재검토의 필요성이 있으며, 이미 그 과정에 있다는 사실을 보여 주려고 하였다.

로빈슨에 의해 열거된 다섯 가지 가정은 다음과 같다. 첫째, 제4복음서 기자는 최소한 공관복음서 중의 하나를 포함하는 원자료들(sources)에 의존하고 있다는 점. 둘째, 그 기자의 배경은 그 자신이 보도하는 전승의 그것과는 다르다는 점. 셋째, 그의 작품은 역사 속의 예수에 대한 엄숙한 증거가 아니라, 신앙의 그리스도에 대한 증거라는 점. 넷째, 그는 제 1세기 기독교의 신학적 발전의 마지막 단계를 반영해 주고 있다는 점. 다섯째, 그는 결코 사도 요한이 아니며 그렇다고 다른 한 목격자도 아니라는 점 등이다.[14]

로빈슨에 의해 언급된 이 가정들 중 가장 심각한 것은 이미 시사한

13) J.A.T. Robbinson, 'The New Look on the Fourth Gospel', in SE I(1959), pp.338-50; reprinted in J.A.T. Robinson, *Twelve New Testament Studies* (London, 1962), pp.94-106. 보충적으로 A.J.B. Higgins, *The Historicity of the Fourth Gospel* (London, 1960); R.H. Fuller, *The New Testament in Current Study : some trends in the years* 1941-1962 (London, 1963), pp.114-44; S.S. Smalley, 'New Light on the Fourth Gospel'. *Tyn*. B 17(1966), pp.35-62; A.M. Hunter, *According to John* (London, 1968) 등을 보라.

14) J.A.T. Robinson, *loc. cit.* (1962), p.95.

바대로, 첫 번째 것이다. 일단 요한이 어느 정도라도 공관복음서에 의존하고 있다고 시인하고 나면,[15] 이어서 공관복음 전승과 요한복음 전승 사이에 상충되는 부분이 나타나는데, 그때 그 다른 점들을 해명하는 유일한 방도는 제4복음서 기자가 자신의 목적에 맞추기 위하여 그 자료를 고쳤다고 말하는 것이다. 이 사실을 말한 다음에는 또 다른 가정들이 뒤따른다. 특수한 기록상의 이유 때문에 그 복음서 기자는 십중팔구 자신이 의존하고 있는 전승으로부터 과감히 벗어나서 그가 해석하고 있는 '역사'를 신학화한다. 그는 후대의, 일차적으로 헬레니즘 세계의 독자를 위해 발전된 방법으로 이 작업을 하였는데, 그때는 목격자의 계대(繼代)가 깡그리 사라졌다. 달리 말하자면, 로빈슨 자신이 지적하듯이[16] 제4복음서에 관한 '옛 시각'을 택하는 일은 결국 본질적으로 복음서 기자와 그의 전승 사이에 쐐기를 박는 것이다. 이는 요한의 역사와 그의 신학을 대립시키는 것이며 또한 후자를 전자보다 우위에 놓는 것이다.

현재 여러 가지 이유를 근거로 가장 폭넓게 그리고 심각하게 의문으로 부각되고 있는 것은 엄밀히 말해서 바로 제4복음서가 공관복음에 문헌상 의존했다는 이 가정이며, 그 가정에는 온갖 부대적(附帶的), 함축적 의미가 뒤따른다. 여기에 요한복음에 대한 '새 시각'의 핵심이 있다. 지금도 여전히 중요하기는 하지만, 저자 문제는 요한 전승의 본질에 대해 집중되고 있는 신선한 시각(視角)에 의해 뒤로 밀렸다. 이것은 언제부터 시작되었는가? 그 문제에 대하여 어떤 빛이 비추어질 수

15) C.K. Barrett, *The Gospel according to St. John* (London 1995), pp.34-45(=Barrett) 역시 같은 견해임.

16) J.A.T. Robinson, *loc. cit*, p.95.

있다면, 그 전승의 보존과 전승에 책임을 진 장본인이 누구인가 하는 문제는 그 좌표가 정해질 것이며, 아울러 보다 확실하게 탐색될 수 있을 것이다. 그러므로 제4복음서의 친저성(authorship)보다는 그 전승에 요한복음 문제의 열쇠가 걸려 있다.

요한 전승

요한복음의 배후에 있는 전승의 성격을 파악하는 최선의 방법은 그의 전승과 공관복음 배경의 전승 사이의 관계를 면밀히 검토하는 것이다. 이 작업은 먼저 제4복음서와 다른 세 복음서들을 서로 엄격하게 문헌상 비교함으로써 가능하다. 필자는 복음서들 밖의 어떤 보충적 증거에 관해 언급하기에 앞서 먼저 기록들을 더듬어 보고 그 기록들이 내포하는 예수 전승의 기원에 대해 그 어떤 단서들이 떠오르는지 여부를 살펴보고자 한다.

1. 문헌상 증거

네 복음서들을 읽는 사람은 누구나 그들 상호간의 차이점과 유사점을 보고 놀라운 충격을 받는다. 그 넷은 서로 비슷하면서도 다르다. 예를 들면, 요한과 마가를 비교해 볼 경우, 이 두 복음서들 사이에는 상당한 차이점이 있다. 분명히 이 둘은 마가와 마태, 마가와 누가 사이보다 현저한 차이를 드러낸다. 그러나 동시에 전체 네 복음서 상호간에는 명백한 유사점이 있다. 이 유사점들로부터 시작해 보자.

1) 유사점들

모든 복음서들은 예수 그리스도의 복음 선포라는 공통점을 지닌다. 복음서 기자들은 상이(相異)한 배경에서 다른 수신자들에게 각기 다른 의도를 가지고 기술하였다. 그러나 네 복음서들의 한결같은 의도는 본질적으로 그리고 유사하게 복음적이다.[17] 더욱이 이 목적에 맞추어 네 복음서는 하나의 공통적 전승에 의존하고 있는데, 그 전승은 결국 예수 자신의 어록과 행적, 아울러 초기 기독교 제자들이 이것들에 관하여 진술한 이야기들로 소급되게 마련이다. 그들은 모두 예수의 사역의 시작과 발전에 관하여, 그의 가르침과 이적에 관하여, 그와 유대인들 사이의 논쟁에 관하여, 그리고 수난과 부활에 관하여 말한다.

그러나 진지한 현대의 제복음서 연구에 동원된 비판적인 여러 가지 방법론(자료비평, 양식비평 및 편집비평[18])은 우리가 이 전승과 예수께서 말씀하신 실제 어록들의 제기원(諸起源)을 재현하는 데까지만 소급해 들어갈 수 있다고 말한다. 현재 형태대로의 제복음서 설화자료 및 담화자료는 보다 이르고 하부적인 수준에서 보존되고 해석되었다. 이 자료는 다양한 분위기(대개가 팔레스틴적 배경 및 헬레니즘적 배경, 또는 그 양자의 혼합[19])에 의해 영향을 받았으며, 복음서 기자들 자신

17) C.F.D. Moule, 'The Intention of the Evangelists', in A.J.B. Higgins (ed.), *New Testament Essays : studies in memory of Thomas Walter Manson* 1893–1958(Manchester, 1959), pp.165–79 ; reprinted in C.F.D. Moule, *The Phenomenon of the New Testament : an inquiry into the implications of certain features of the New Testament* (London, 1967), pp.100–114를 참조하라.

18) I.H. Marshall (ed.), *New Testament Interpretation : essays in principles and methods* (Exeter, 1977), *passim*을 보충적으로 참고하라.

19) I.H. Marshall, 'Palestinian and Hellenistic Christianity : some critical comments', *NTS*

과 그 선대(先代)들의 공헌에 의해 형성되었다. 결과적으로 우리는 요한복음 자료 또는 복음서들 자료의 기원을 의심의 여지가 없는 것으로 여길 수 없게 되었다. 우리는 사용된 원자료들과 이것들이 어떻게 다루어졌는지를 세심하게 검토하지 않을 수 없다. 따라서 우리는 분명히 요한의 자료가 다른 복음서들에 나오는 자료와 유사하며 때로는 그것과 합치한다는 이유 때문에, 요한이 자신의 전승들 중 그 어느 것을 공관복음서 기자들에게서 따왔을 것이라고 추정할 수 없다. 실제로 제4복음서가 마지막으로, 즉 네 번째로 완성되었을 가능성을 인정한다 하더라도, 어째서 요한 판(版) 복음서가 공관적 복음서와 흡사하며 그것의 보다 발전된 형태가 되었는지 설명할 수 있는 다른 방법이 있다. 즉, 요한은 공관복음서들을 알지도 못했고, 또 사용치도 않았을 것이며, 도리어 그의 전승을 모든 복음서 기자들에게 공통되는 자료들로부터 독자적으로 따온 후 그 자신의 고유한 방식으로 그것들을 조형(造形)하였을 가능성이 있다. 우리는 이제 이 가능성을 보다 면밀하게 살펴볼 작정인데, 이를 위해서는 먼저 1938년으로 거슬러 올라가지 않을 수 없다.

그 해에 『요한복음과 공관복음』(*St. John and the Synoptic Gospels*)[20] 이라는 제목 아래 공관 전승과 요한 전승 사이의 관계에 관해 작지만 대단한 의의를 지니는 연구서가 출판되었다. 그 책은 케임브리지 대학교의 가드너 스미스(Mr. P. Gardner Smith)가 썼는데, 이는 여러 면에서 요한복음에 대한 '새 시각'의 전망이 아닐 수 없다. 이 책은 순수하게 문헌적인 근거 위에서 요한복음이 다른 세 복음서에 의존하였다는

19(1972-3), pp.271-87.

20) P. Gardner-Smith. *St. John and the Synoptic Gospels* (Cambridge, 1938).

기존 견해에 도전하였는데, 우리가 앞서 말해 온 바와 같이 복음서들 사이의 차이점과 아울러 그 유사점들을 고찰함으로써 이 작업을 진행하였다. 이 진행 방법은 중요한 의미를 지닌다. 이전의 비판 학자들은 공관 전승과 요한 전승 사이의 공통점을 강조하였고, 이로써 양자 사이의 차이점들(divergences)을 설명하려 했다고 그는 주장한다. 가드너스미스 자신의 고유한 견해에 다르면, 제4복음서에 있는 그대로 파악되어야 하며, 이것과 다른 공관복음서들 사이의 유사점들과 차이점들은 동시적으로 고찰되어야 한다는 것이다.[21] 그의 분석 결과는 매우 명백한 것이며, 그로 하여금 요한이 예수의 전기에 관한 '독자적 권위'를 충분히 내세울 수 있다는 결론에 이르게 했다.[22]

만약 우리가 제4복음서에서 공관복음의 발전 요소들에 전혀 영향 받지 않은, 그리고 전혀 다른 지적 분위기에서 유래한 1세기 기독교의 한 유형의 보존상을 발견한다면, 그것의 역사적 가치는 실로 엄청나게 크다고 할 수 있다.[23]

우리는 이 문제를 우리 스스로 점검해 볼 수 있으며, 공관 전승과 요한 전승에 나란히 등장하는 설화 및 담화 자료를 함께 고찰해 볼 수 있다. 먼저 공통적인 설화자료의 두 가지부터 검토해 보자.

---

21) *Ibid.*, pp.11f.

22) *Ibid.*, p.96. 그러나 A.S. Peake (ed.), *Commentary on the Bible* (London and Edinburgh, 1919) 속에 수록된 A.E. Brooke의 요한복음 주석, 특히 pp.743f에 나오는 이 견해에 따른 전망을 참조하라.

23) P. Gardner-Smith, *op. cit.*, pp.96f.

(1) 설화 자료

■ 오천 명을 먹이신 사건

제4복음서와 공관복음서에서 설화자료가 합치하는 경우, 동일한 전승이 분명히 각 복음서의 바탕에 깔려 있다 해도 중요한 차이점들이 노출된다는 것은 분명한 사실이다. 이것의 한 비근한 예는 5천 군중을 먹이신 사건인데, 이것은 네 복음서 모두에 나온다.[24] 비록 이적 현장의 군중 숫자를 마가는 오천 명으로, 마태는 사천 명으로 기록하고 있다는 사실 때문에 어느 정도 상황이 얽혀 있기는 하지만, 분명히 이 네 기록은 궁극적으로 동일한 전승으로부터 유래한다.[25] 오히려 기록들을 분석하여 보면, 요한이 다른 복음서들을 근거로 하여 자신의 보도를 작성하였다는 것을 명확하게 말할 수 없다. 정반대로, 그의 전승이 독립적이라는 실제적 개연성이 존재한다. 이제 우리는 특별히 요한과 마가를 비교할 수 있다.

① 첫째로 도입부가 다르다. 마가는 이 사건을 제자들의 전도 여행 후 호숫가에서(6:34; 그러나 요한과 마찬가지로 그의 지리 서술은 정확하지 않다) 있었던 일로 묘사한다. 요한은 예수께서 이 이적을 산에

---

24) 요 6:1-15=막 6:32-44=마 14:13-21=눅 9:10-17

25) C. H. Dodd, *Historical Tradition in the Fourth Gospel*(Cambridge, 1963), pp. 199(=*HTFG*). 여기서 Dodd는 마가복음(6:35-44 ; 8:1-8)의 기록이 정경 이전(pre-canonical) 단계에 형성된 이적 전승의 독립적인 두 판본(versions)에서 파생된 중복(重複, duplication)이라고 여긴다. 위의 책, pp. 196-222 전장을 살펴보라.

R. E. Brown, *The Gospel according to John I-XII*(London,, 1971), pp. 237f(=Brown I). 이 책에서 Brown은 마가와 마태가 동일한 오병이어 이적에 관한 두 기록을 제공하고 있다는 견해를 '개연성 있는 가설'로 받아들이지만, 그러나 그 중 한 기록이 다른 한 기록보다 원초적이라고 주장하기를 주저한다. E. Haenchen, 'Johanneische Probleme', *ZTK* 56(1959), pp. 19-54, 특히 31-4(마가복음 8장에 나오는 기록이 보다 오래됨)을 참조하라.

서 행하셨다고 생각하며(6:3),[26] 막연한 시간을 서술함으로써, 즉 메타 타우타(μετὰ ταῦτα, 6:1)로써 이 사건을 도입한다.

② 이적을 행하게 되는 '동기' 역시 서로 다르다. 마가복음에서는 그것이 날이 기울때로 되어 있고, 무리들이 자기들의 먹을 것을 살 수 없을 만큼 너무나 오랜 시간을 예수와 함께 머물렀으므로 그들에게 먹을 것을 주지 않으면 안 된다고 제안함으로써, 제자들이 그 주도권을 쥔다(6:35이하). 요한은 이 표적이 저녁 즈음에 일어난 것으로 보고 있으며, 이 복음서에서는 예수 자신이 사건을 주도하신다(5절).

③ 이적을 진행하는 '행동'(conduct)에서도 차이점을 드러낸다. 마가의 기록에서는 떡과 물고기를 내놓은 제자들의 이름이 명시되어 있지 않다. 또한 이 설화가 상당히 많은 부분을 차지하고 있는 데에 비해 매우 적은 몇 마디 대화가 나온다. 반면에 요한복음에서는 빌립과 안드레의 이름이 명시되며 한 아이가 음식을 바치고 있고(6:9), 예수와 제자들 사이에는 괄목할 만큼의 대화 교환이 있다. 여기서 요한과 마가 사이에 존재하는 거의 유일하다 할 수 있는 연계점은 '백 데나리온의 떡'(디아코시온 데나리온 아르토이 : διακοσίων δηναριων ἄρτοι; 요한복음 6:7에서는 주격이지만 마가복음 6:37에서는 대격임)이라는 구절이다. 그러나 이것은 이 이적에 대한 여러 견해에 나타난 대로 이미 전승 속에 고정화되었을 중대한 구절이다. 게다가 두 기록에서 그 식사 자체가 서로 다르게 묘사되고 있다. 마가에 따르면, 예수께서 제

26) 마태복음 15:29은 산 위에서 사천 명을 먹인 사건을 묘사한다. 그러나 요한이 마태에게서 이 세부 기록을 빌어왔을 가능성은 매우 희박하며, 그 세부 기록은 구두 전승 속에서 동화(assimilation)에 의해 마태복음 기록에 접속되어졌을 가능성이 충분히 있다. P. Gardner-Smith, *op. cit.*, p. 28을 참조하라.

자들을 명하사 무리로 하여금 떼를 지어 푸른 잔디 위에 앉게 하셨다(6:39). 반면에 요한은 단순히 '그곳에 잔디가 많았다'고 말하며, 예수께서 사람들을 잔디 위에 앉도록 명령하셨다고 전한다(아나페세인, ἀναπεσεῖν, 6:10; 반면에 공관복음은 아나클리떼나이, ἀνακλιθῆναι를 씀). 또한 요한의 기록에는 성찬론적인 것이라고 간주되는 몇몇 구절이 등장한다.[27]('예수께서 떡을 가져 축사하신 후에 앉아 있는 자들에게 나눠 주시고' 11절). 공관복음의 기록도 부스러기에 대한 언급을 포함하여, 비슷한 색채를 드러낸다(막 6:41). 그러나 사용된 어휘는 다르다(요한은 6:11에서 유카리스테사스, εὐχαριστήσας를 쓰며, 반면에 마가복음 6:41에서는 이에 상응하는 동사로 율로게센, ευλόγησεν을 쓴다).

④ 뿐만 아니라 기적의 결론에 대한 보도에 있어서도 차이점들이 있다. 마가는 제자들이 자발적으로 떡과 고기의 남은 조각들을 모았다고 말하며 떡을 먹은 사람들의 숫자를 마지막으로 강조하고 있다(6:44). 요한복음에서는 예수께서 제자들에게 남은 조각을 거두라고 명하시며(6:12), 단지 떡 조각이 모아진 사실만이 기록되어 있다(13절). 떡을 먹은 사람들의 숫자는 보다 일찍이 언급되었다(10절).

⑤ 마지막으로 이 이적 이후의 '결과'가 마가와 요한복음에서 서로 다르다. 마가복음에서 예수는 무리들과 제자들을 떠나 기도하러 산으로 가신다(6:45 이하). 제4복음서에서 표적이 낳은 결과는 극적으로 다르다. 거기서(6:14 이하) 백성들은 '선지자'의 출현에 호기심을 보이면서 그를 왕으로 삼고자 한다. 예수께서 홀로 산으로 피하여 가신 것은 오로지 그들의 시선을 벗어나려 함이다.

---

27) Brown I, pp.246-9 역시 마찬가지이다.

■ 베다니에서의 기름부음 사건

우리는 요한복음과 공관복음 사이의 문헌상의 관계를 보여주는 또 하나의 예로 예수께서 베다니에서 기름부음 받은 사건을 고찰할 수 있다. 비록 누가복음에(7:36-50) 이것과 관련된 것처럼 여겨지는 기사, 즉 예수의 발을 씻기고 기름 붓는 회개한 한 죄인의 이야기가 있긴 하지만, 이 기사는 요한, 마가 및 마태복음[28]에 모두 나온다. 누가의 기록은 그 장소가 갈릴리로 정해져 있는데 분명히 베다니 기름부음 사건에 대한 반영이 함축되어 있다. 특히 카이 타이스 뜨릭신 테스 케팔레스 아우테스 엑세마센(*καί ταῖς θριξίν τῆς κεφαλῆς αὐτῆς ἐξέμασσεν*, 눅 7:38; 요 12:3을 참조할 것)이라는 구절을 사용한 점에서 그렇다. 그러나 이것은 명백히 다른 경우를 묘사하고 있으며, 독자적인 원자료에 기초한다. 누가복음에서는 죄에 대한 용서에 강조점을 두고 있으며 그와 같은 기름부음은 그 사건의 핵심을 이루지 않는다. 반면에 요한복음에서는 죄의 용서에 대한 언급을 찾아 볼 수 없으며, 아마도 요한복음 13장에 나오는 발 씻기심에 대한 예시(豫示)가 여기에 나온다 할지라도, 여인의 행위는 그 무엇보다도 예수의 죽음을 내다보고 행해진 것으로 이해된다.[29]

따라서 이 사건을 놓고, 우리가 요한의 기름부음에 관한 전승을 마가 및 마태의 전승과 비교한다고 가정하면, 상사점(相似點) 뿐만 아니라 상이점들이 인상적으로 두드러짐을 발견하게 된다.

① 마가 및 마태와 마찬가지로 요한 역시 이 사건을 베다니에서의 일로 못 박는다. 그러나 요한복음은 다른 두 복음서에 기록되어 있는

28) 요 12:1-8, 막 14:3-9=마 26:6-13.

29) 보충적으로 B. Lindars, *The Gospel of John* (London, 1972), pp.412-5(=Lindars)를 참조하라.

사실, 즉 한 떼의 사람들이 나병환자 시몬의 집에 모였던 일에 대한 언급을 전연 하지 않는다. 역시 요한 혼자만이 나사로의 부활 사건을 기록하는데, 그는 오직 제4복음서에만 등장한다.

② 요한은 예수에게 기름 부은 여인의 이름을 마리아(12:3)—추측건대 마르다의 동생—로 못 박는다. 그러나 공관복음 기록에는 여인의 이름이 명시되지 않는다.

③ 요한은 기름 부을 때에 사용된 향유를, 마가 및 마태의 이 사건에 대한 서술을 반영해 주는 술어들로써 묘사한다. 요한은 뮈루 나르두 피스티케스(*μύρου νάρδου πιστικῆς*, 12:3; 참조. 막 14:3)에 관해 언급하며, 그것의 값이 매우 '비싸다'고 서술한다(*πολυτίμου*, 3절 ; 참조. 막 14:3, *πολυτελοῦς*). 그러나 그 향유의 무게가 특유하게 요한복음에서는 '한 근'으로 명시된다(3절). 다른 복음서들은 단순히 '향유 한 옥합'이라고 서술한다.

④ 요한은 마리아가 예수의 발에 기름을 붓고(3절) 그의 발을 자신의 머리카락으로 씻었다고 말한다(참조. 눅 7:38). 마가 및 마태복음에서는 여인이 예수의 머리에 기름을 붓는다.

⑤ 다른 복음서 기자들처럼, 요한 역시 여인의 행동에 대해 던져지는 비난을 서술하고 있다. 즉, 그것을 삼백 데나리온(*τριακοσίων δηναρίων*)에 팔아 가난한 사람들에게 주어야 마땅하다는 것이다(12:5; 참조. 막 14:5, 여기서는 에파노〈*ἐπάνω*〉가 덧붙여지고, 데나리온 트리코시온〈*δηναρίων τριακοσίων*〉이라는 문구를 쓰고 있다). 그러나 요한은 불평한 사람이 가롯 유다였다고 기록하지만, 그와는 달리 마가는 '어떤 사람들'(14:4)이라고 하며 마태는 '제자들'(26:8)이라고 서술한다.

⑥ 세 복음서 기자 모두가 예수께서 이 도전에 답변하셨다고 서술하며, 세 복음서에 기록되어 있는 그 답변들에도 공통적 요소를 담고 있다. 즉, 여인을 가만히 내버려 두라는 명령과, 자신의 장사(葬事)에 대한 언급 및 가난한 자들은 언제나 있게 마련이라는 시사(示唆) 등이다. 그러나 두 전승들에 있어서 그 답변의 경향은 매우 상이(相異)하다. 공관복음은 여인의 행위가 예수의 장사를 예견함을 상정(想定)케 하며, 또 예수께서 그녀의 헌신이 길이 기억될 것이라고 약속하신다. 제4복음서에 나오는 답변의 형식은 예수의 장사가 여인의 행동에 미리 암시되었음에도 불구하고, 실제로 지금 쓰고 남은 향유로써 자신의 장사 때에 동일한 여인에 의해 기름부음이 이루어질 것임을 시사하는 것 같다.[30]

30) P. Gardner-Smith, *op. cit.*, 46f. ; J.H. Bernard, *A Critical and Exegetical Commentary on the Gospel according to St. John,* vol. 2(Edinburgh, 1928), ad loc. p.421(Bernard) 등도 같은 입장이다. 그러나 이 주해를 따를 경우 문제점들이 있다. 그 문제점의 하나는 베다니 기름부음 사건 당시 그 여인이 향유 전량을 다 썼다는 사실이다. 또 한 가지는 비록(마가 아닌) 요한이 십자가 사건 이후에 예수의 몸에 기름 바른 일을 기록하고 있긴 하지만, 이 일은 아리마대의 요셉과 니고데모의 협력에 의해 이루어졌다는 점이다(그러나 요한복음 20:1을 참조하라. 그리고 마가복음 16:1에 따르면 여인들은 분명히 예수의 몸에 기름을 바를 목적으로 무덤에 나아갔다). 이 사건의 해석에 있어서 요한복음 전승과 공관복음 전승은 궁극적으로 겉보기보다는 훨씬 서로간에 밀접한 관계에 들어가는데, 특히 요한복음 12:7이 '(그것을 팔지 아니한 것은) 나의 (앞으로 있을) 장사를 위해 보관하게 함이라'고 해석되는 경우 그렇다. 바꾸어 말하자면, 요한은 (마가복음에서와 같이) 예언자적 행위가 수행되었다고 이해한다. Lindars, *ad. loc.*, pp.418을 보라. 아울러 Barrett, *ad. loc.*, pp.345f를 보라. Barrett는 요한복음 12:7에 나오는 τηρεῖν(테레인)이 (기름부음이 이미 있었음을) '기억하다' 또는 (장사의 날을 대비하여 영결 의식을 지금) '집행하다'(observe)는 뜻으로 해석된다는 견해 쪽으로 기울어진다. 기름부음에 관해서는 *HTFG*, pp. 162-73; 그리고 Brown I, pp.449-54를 참조하라. Brown은 네 복음서들의 기름부음 사건 보도의 배후에는 별개의 두 사건이 있으니, 첫째는 갈릴리에서의 사건이고, 둘째는 베다니에서의 사건이다. 그런데 요한의 기록은 둘째 형태를 따르며, 누가복음의 첫 형태가 세부 묘사에 있어서 그 속에 종합(綜合)되었다고 논증한다. Brown은 부연적으로, 기름부음에 관한 요한의 기록은 그것에 관한 가장 앞선 전승에 가까운데 특히 그 설화에 누가가 출현하는 점을 볼 때(pp.452f) 그렇다고 믿는다. 이 부분 전체, 곧 5천 군중을 먹이심과 베다니 기름부음 사건에 대해서는 P. Gardner-Smith, *op. cit.*, pp. 27-33, 42-50을 보라.

【결 론】

우리는 지금까지 요한 전승과 공관복음 전승 모두의 경우에 나타나는 복음 설화자료의 두 표본을 검토하였다. 두 경우 모두에 있어서, 두 전승들 사이의 유사점이 있음에도 불구하고, 실제상의 차이점들이 명백하게 드러난다. 다른 많은 사례들의 경우처럼 오천 명을 먹이신 이적과 기름부음 사건의 보도에 있어서도 신학적인 바탕에 근거해서는 도저히 설명할 수 없는 여러 특징들-예를 들면 세부적인 인명과 장소의 묘사 등이 나온다.

요한복음이 공관복음서의 자료에 의존하였으며, 그들의 '역사'를 하나의 '신학적' 관점에서 재서술하였다고 믿는 사람들에게,[31] 이것은 난제가 아닐 수 없다. 요한이 다른 복음서들을 자료로 삼아 기록하였다고 가정할 때, 이미 기록된 사실들을 바꾸어 놓은 유일한 이유는(우리가 제4복음서 기자를 완전히 독단적인 기자라고 간주하지 않는 한, 추측에 불과하지만), 요한 자신의 신학적 해석과 발전된 이해에 맞추려는 데 있다. 그러나 우리는 이것이 두 전승들에 공통적으로 존재하는 설화자료에 있어서 요한적 변이(變異)들을 전혀 만족스럽게 설명해 주지 못할 것임을 상정케 하는 증거를 살펴보았다. 그러므로 하나의 결론은 요한의 전승이 이 점들에 있어서(그리고 다른 점들에 있어서는 암시에 의해, 그 이유로서는 만약 그가 조금이라도 공관복음서들을 알았었다면 그것들을 사용했을 것이기 때문이다) 독립적이라는 것이다. 가드너 스미스가 말하듯이, 요한이 공관복음서를 알고 있었다고 주장하는 비판 학자들에게는 다른 방향을 가리키는 괄목할 만한 증거가 있

31) 요한복음에 있어서 역사와 신학의 관계에 대해서는 나중에 고찰하겠다. 이 책 pp.313 이하를 보라.

는 바에는, 입증의 의무(*onus probandi*)가 부과된다.[32)]

(2) 담화자료

담화자료에 대해 살펴보기 이전에, 이 자료에 나타나는 요한 전승과 공관복음 전승들 사이의 유사점들에 주의를 기울여 볼 필요가 있을 것이다. 이 분야는 분석하기가 그리 간단하지 않은데, 이것은 (처음부터) 자료의 이야기들이 사건들의 묘사보다는 의미의 변동과 새로운 상황으로 재적용하는 경향이 훨씬 농후하기 때문이다. 우리는 요한복음에 나오는 담화자료의 원천들에 관해 보다 면밀하게 살펴보는 기회가 있을 터인데(3장에서), 그때에 이 문제를 보다 깊이 파헤치게 될 것이다.

그럼에도 불구하고, 비록 요한이 필연적으로 그러한 이야기들을 직접적으로, 그리고 전적으로 공관복음서들에서 따왔음을 시사한다면 그와 같은 묘사가 사실상 편향성을 띠겠지만, 실제로 제4복음서에서 그 성격상 '공관복음적'인 것으로 분류될 만한 이야기들을 쉽게 찾아낼 수 있다. 이러한 종류의 자료가 복음서들 상호간에 합치하는 경우, 요한이 동일한 기초적 기독교 전승에 접촉하고 있다는 것과, 또 한편으로 그가 자신의 복음을 위해 다른 기자들로부터 독립적으로 그 전승을 따랐으며, 나아가서는 그것을 그 자신의 고유한 방법으로 사용하였다는 것을 동시에 상정(想定)해 볼 수 있다.

실례로서 우리는 세례 요한에 관한 자료에서 이 유형의 이야기들을 발견하는 바, 곧 요한복음 1:27('곧 내 뒤에 오시는 그이라, 나는 그의

32) P. Gardner-Smith, op. cit., p.50; 아울러 pp.88-92를 보라. 가드너 스미스의 결론이 보편적으로 받아들여지지 않음은 여전한 사실이다. 그 결론은 예를 들면, Lightfoot, pp.26-42, 특히 28-33에서 비판을 받고 있다.

신발끈을 풀기도 감당하지 못하겠노라')는 분명히 공관복음서들 속에 보도된 세례자의 말들을 반영한다.[33] 그러나 요한은 이 이야기(logion)를 특이한 형태로 포착하였다. 여기서 그는 히나(ἵνα) 선행절과 함께 악시오스('ἄξιος), 즉 '(풀기도) 감당하지(못한다)'는 용어를 쓰고 있는데 이와 달리 다른 복음서 기자들은 (부정사를 동반하는) 히카노스(ἱκανός)를 쓰고 있다. 누가는 사도행전 13:25에서 이 이야기를 반복하는데, 이로 보아 그가 요한에게 접근 가능한 전승인 동시에 누가 자신의 복음서 밑바탕을 이루는 것은 아닌 전승을 따르고 있는 듯 여겨지는데, 이는 ἄξιος (λῦσαι)(악시오스〈류사이〉) 구절이 그 곳 사도행전에서 재등장하기 때문이다. 이들 변이(變理)에 대한 한 가지 합리적 설명은 요한이 이 이야기를 다른 복음서 기자들에 대해 독립적으로, 세례자 요한에 관한 초기 기독교 전승에서 따왔으리라고 상정하는 것이다.[34]

마찬가지로, 요한복음 1:41에서 우리는 베드로 명명(命名)에 대한 제4복음서 기자의 기록을 읽을 수 있는데, 이것은 마태복음의 경우 빌립보 가이사랴에서의 고백 때에 나온다(마 16:18). 이 전승은 뚜렷하게 동일한 것이지만 전후 맥락은 다르다. 그렇다고 해서 갑이라는 복음서 기자가 이 문제에 있어 을이라는 기자보다 더 정확하다거나, 또는 요한이 반드시 2차적이라고 말할 수는 없는데, 이는 그 이야기가 복음 전

33) 막 1:7=마 3:11=눅 3:16.

34) R. Schnackenburg, *Das Johannesevangelium* I (Freiburg im Breisgau, 1965), p.23; ET. *The Gospel according to St. John*, vol. I (London and New York, 1968), p.34(=Schnackenburg I ; 이후의 참고 인용은 영문판에 근거함). Schnackenburg는 공관복음서의 문구 '나보다 능력 있는'(ἰσχυρότερος, 막 1:7f)의 요한 판(版)이 요한복음 1:15, 30('내 뒤에 오시는 이가 나보다 앞선 것은 나보다 먼저 계심이라')에 나온다. 우리는 의문의 여지없이 요한복음 1:33(26, 31절 참조)에서, 물 세례와 성령 세례의 대조점에 관해 언급하면서, 공통적 전승의 동일한 조합(調合)과 독립성을 발견하게 된다.

승의 원래 환경(setting)이 아닌 복음 전승 그 자체 속에 고정되어 있었던 것으로 보여지기 때문이다.[35)]

요한복음 1:51의 '인자' 이야기(하늘이 열리고 하나님의 사자들이 인자 위에 오르락 내리락 하는 것을 보리라)는, 마가복음 14:62(인자가 '하늘 구름을 타고 오는 것'을 보리라)가 상통점(相通點)이 있음에도 불구하고 그 성격상 공관복음적이라고 하기는 힘들다. 요한은 자신의 고유한 최초 기독론적 전승을 여기서 그려 내고 있는데, 규범적으로 그의 복음서 안에서 인자 이야기를 다룬다.[36)] 그러나 요한복음 2:19에 나오는 말씀(너희가 이 성전을 헐라 내가 사흘 동안에 일으키리라)은 의심할 나위 없이 공관복음서들에 되풀이되어 나오는 전승과 유관(有關)하다.[37)] 한번 더 말하지만, 요한은 틀림없이 초대 기독교 안에 현존하는 성전의 파괴 및 재건에 관한 전승을 알고 있었다. 그러나 그가 그 전승을 따다가 쓰는 일은 그에게 너무나 특별한 것이며, 그래서 그는 그 이야기를 예수께 직접 결부시키면서 성전을 예수의 실제 몸에 비유하고 있다. 그리하여 요한복음 2장에서 이 말은 발전된 신학적 의의(意義)를 지니게 되며, '예수의 성전'은 이스라엘 사람들의 성전과 기독교인의 성전 사이의 중간적 용어가 된다(참조. 고전 3:16이하; 6:19).

요한복음 4:44에는 공관복음과 분명히 닮은 이야기가 하나 나온다. 즉, '선지자가 고향에서는 높임을 받지 못한다'는 말씀이다. 다른 복음서들과 대조할 때 다시 한 번 요한의 서술이 상당한 정도의 독자성을

35) 마가복음 3:16을 참조하라. 마태복음 16:19=18:18=요한복음 20:23을 주목하여 보라. 명명(命名) 사건은 마가의 신앙고백 기사에는 나타나지 않는다(막 8:27-30).

36) S.S. Smalley., 'The Johnnine Son of Man Sayings', *NTS* 15(1968-69), pp.278-301, 특히 287-9를 참조하라.

37) 막 14:58=마 26:61, 막 15:29=마 27:40.

보여 준다.[38] 첫째로, 어법(語法)이 다소 다르며, 전체 이야기가 마가복음에 나오는 것에 비해(마태와 누가의 기록 속에 나오는 것들과는 길이가 비슷하지만) 훨씬 짧다. 둘째로, 이 이야기의 전후 맥락이 공관복음의 그것과 동일하지 않다. 공관복음 기자들은 예수께서 자기 고향(갈릴리, 막 6:1; 누가는 '나사렛'으로 기록하고 있음)[39]의 회당에서 가르치실 때에 예수를 배척하는 장면에 이 이야기를 삽입한다. 대조적으로 요한은, 예수께서 유대를 떠나 사마리아를 거쳐 갈릴리로 오시는 노상에서, 선지자가 자기 고향에서는 존경을 받지 못한다는 격언적 어구를 말씀하신 것으로 삽입하여 놓고 있다.[40] 요한이 이 구절을 통해 그 때에 예수께서 대중의 시선을 벗어나고자 하셨음을 분명하게 표현하려 한 것임을 비추어 볼 때, 그의 이 이야기의 적용은 필경 간접적이다.[41] 그러나 이 말 자체는 의심할 여지 없이 요한이 독자적으로 받은 매우 초기의 한 전승에서 온 것이다.

요한복음의 수난 설화에는 공관복음서에 있는 유사한 이야기와 연관을 지니는 여러 가지 예수의 말씀들이 담겨 있다. 예를 들자면, 요한복음 13:21(너희 중 하나가 나를 팔리라)의 말씀은 마가복음 14:18=마태복음 21:21에서 똑같은 형태로 나타난다. 그러나 마가복음의 본문은 시편 41:9의 '나와 함께 먹는 자'라는 말이 곁들여지고 있다. 이 시편에

38) 막 6:4=마 13:57=눅 4:24.

39) 눅 4:16.

40) 이 담화(談話)는 잘 알려진 잠언의 성격을 띠며 유대인의 모세 오경 문학에서(비록 똑같지는 않지만) 사용되었다. D. Daube, *The New Testament and Rabbinic Judaism* (London, 1956), pp.9-11을 참조하라.

41) 사실 그대로, 요한복음 4:44은 어느 경우에나 난해하다. Lindars는 그의 책 pp.200f.에서 위 본문에 언급된 *patris*(파트리스)가 예루살렘을 가리키는 말이며, 따라서 요한은 예수께서 자기의 본가(유대주의의 종교적 중심지)에 왔을 때, 자기의 백성이 그를 영접하지 않았다는 내용으로 이 복음서에 여러 번 나오는 주제를 강조한다고 본다(p.201; 참조, 요 1:11).

서 따온 구절이 비록 전부는 아니지만 요한복음 13:18에 정확이 인용되고 있는데, 여기에는 70인 역본의 형태와 다른 것이 나타난다. 그와 같은 증거에 입각한 추론은 제4복음서 기자가 이 본문에서 마가복음과 병행적이지만 독립적인 초기의 증언 전승[42]을 바탕으로 기술하고 있다는 것이다. 반면에 동일 전승의 한 변이(變異)이긴 하지만 요한복음에서는(13:26) 실제 행동으로 화하는 마가복음 14:20=마태복음 26:23의 말씀('나와 함께 〈떡〉 그릇에 손을 넣는 자'가 나를 팔 자니라)은, 요한의 독립성을 뒷받침하는 증거로 사용될 수 없다. 이 경우에 있어서, 요한은 마가복음을 알았으며 그의 기록을 자신의 수난 설화의 서론으로 삼으려는 극적 목적으로 변개(變改)하였다고 논할 수 있다. 그러나, 요한복음 13:38에 나오는 '닭 우는 때'에 관한 예수의 말씀은 네 복음서 모두에 나타나지만[43] 누가복음에 나오는 형태에 거의 가까이 접근한다. 그러나 다른 여러 가지 근거에 입각하여 요한과 누가가 각기 독자적으로 공통적인 전승을 공유하였다고 믿을 만한 충분한 이유들이 있으므로, 이러한 유의 병행 현상을 보고 우리가 놀랄 필요는 없다. 차라리, 그것은 지금 우리가 옹호 입장에서 논증하고 있는 공관복음서들에 대한 요한의 독립이라는 일반적 양식에 합치할 것이다.[44]

42) B. Lindars, *New Testament Apologetic : the doctrinal significance of the Old Téstament quotations*(London, 1961), pp.98f.

43) 막 14:30=마 26:34=눅 22:34을 참조하라.

44) J.A. Bailey, *The Traditions Common to the Gospels of Luke and John*(Leiden, 1963). 베일리의 논문 주제는 요한이 누가를 알았으며, 부분적으로 그의 복음서에 그리고 또 일부는 비록 관련되기는 했지만, 양 복음서에 독립적으로 반영된 전승들에 의존하였다는 것이다(참조. 이 책 pp.175-177). 아울러 M. Wilcox, 'The Composition of John 13:21-30', in E.E. Ellis and M. Wilcox(edd.), *Neotestamentica et Semitica : studies in honour of Matthew Black*(Edinburgh, 1969), pp.143-56을 보라. 이것은 이 부분의 배반 설화에 있어서 공관복음서 전승에 대한 요한의 문학적 독립성을 옹호 논중하는 논문이다. Lindars는 그의 책, pp.430f에서 요한 12:27에

【결 론】

제4복음서에 있는 다른 이야기들(logia, 語錄)은, 특히 상이한 전후 맥락에서 동일한 말씀이 나타나는 경우, 공관복음서에서 빌어온 것 같아 보일 수 있다. 실례로, 요한복음 12:25[45](생명을 잃고 얻는 문제에 관한 말씀)과 18:11 하반절의 '잔'에 관한 이야기의 경우[46]는 틀림없는 사실이다. 요한이 이 이야기들(그리고 실제 모든 '공관복음적 유형'의 담화자료들)을 자기 나름의 방식으로 취급하였고, 또 그것들을 그 자신의 고유한 신학적 시각으로 채색하였다 해도, 앞으로 우리가 살피게 될 것이지만, 그가 그 이야기를 반드시 공관복음서에서 직접 따왔으리라고 믿지 않으면 안 될 까닭은 없다. 요한의 설화자료에 관해서도 마찬가지로, 비록 몇몇 사례들에 있어서 덜 확실하긴 하지만, '공관복음적 유형'의 이야기들이 제4복음서에 등장하는 경우 그 형태에 대한 최선의 설명은 요한의 전승과 공관복음 전승이 이 점에서 상호 일치한다고 말하는 것이며, 요한이 공관복음 기록들을 알고 있었다고 말하면 모순이다.[47]

(3) 요약

요한복음과 공관복음서 사이에는 그들의 설화 및 담화자료에 있어

나오는 예수님의 말씀('지금 내 마음이 괴로우니…')을 공관복음서의 겟세마네 전승의 다양한 형태에 의존하는 요한 나름의 구문(構文, composition)이라고 본다.

45) 참조. 막 8:35=마 10:39=눅 17:33.

46) 참조. 막 10:38=마 20:22.

47) 이 부분에 관해서는 Schnackenburg Ⅰ, pp.34-7을 보라. 아울러 C.H. Dodd, 'Some Johannine "Herrnworte" with Parallels in the Synoptic Gospels', *NTS* 2(1955-6), pp.75-86을 보라. 이 글에서 Dodd는 제4복음서에 나오는 바, 공관복음서들과 병행절을 지니는 예수님의 말씀 중 네 가지 표본(요 13:16; 12:25; 13:20; 20:23)을 검토하고 나서, 요한이 이곳에서 '공통적 구두 전승의 특수 형태'를 독자적으로 각색하였다고 결론지었다(p.86 참조).

서 여러 유사점들이 있다. 그러나 이것 때문에 우리가 굳이 놀랄 필요는 없다. 더 말할 나위 없이, 그들이 사용하는 자료는 나사렛 예수에게 집중된다. 한편 유사점들을 면밀히 검토해 보면, 동일한 전승의 표현에 있어 차이점들이 부각되는 바, 우리는 이것을 반드시 문헌상으로만 의존해서 논증하려고 해서는 안 된다. 요한과 다른 복음서 기자들이 공통적 전승을 독자적으로 사용했다는 설명이 훨씬 더 사실에 잘 부합한다. 그렇게 설명할 경우 또한 '요한이 교의적으로 무관한 문제들에 있어서 "표준적 작품들"의 증거와 제멋대로 모순을 빚어도 만족하게 여겼다'고 비난받을 수 있는 여지를 없애준다.[48]

이로써 요한복음과 다른 복음서들 사이의 유사점들을 검토할 때, 요한은 공관복음서를 바탕으로 재서술한 것이 아니라, 차라리 그 자신의 고유의 방식으로 공관복음서에 병행(parrallel)하는 한 기독교 전승을 보존하고 있다는 상정하는 것이 타당하다. 그리고 예수 전승에 대한 요한의 기록이 독립적이므로, 이것을 반드시 역사적으로 신빙성 없는 것이라고 간주할 수 없으며, 오히려 그 역(逆)을 생각할 수 있다는 지적도 있다. 이제 우리는 더 나아가 네 복음서들 사이의 문헌적 상호 관계의 문제를 그 차이점들에 비추어 더듬어 볼 수 있을 것이다.

2) 차이점들

요한복음 전승과 공관복음 전승 사이의 유사점들이 있음에도 불구하고, 요한복음을 다른 복음서들로부터 분리시켜 놓는 듯 보이는 여러 가지 실제상의 차이점들이 동시에 개재된다. 예를 들면, 요한만이 예

48) P. Gardner–Smith, *op. cit.*, p.92.

수께서 자신의 사역 끝무렵이 아닌 초두에 성전을 청결케 하셨으며, 유월절 당일이 아닌 유월절 예비일에 그 일을 행하신 것으로 보도하고 있다. 요한만이 세례자 요한이 엘리야가 아님을 우리에게 보여 준다. 요한만이 예수께서 전적으로 짧은 비유들이 아닌 긴 설교의 형식을 빌어 가르치셨다고 시사한다. 그리고 요한만이 예수께서 그 사역 시작 때부터 메시아로 알려졌고 그렇게 고백되었다고 암시한다.

이 여러 가지는 틀림없이 크고 엄청난 차이점들인 것 같아 보인다. 그러면 그 차이점들의 원천은 무엇인가? 만약 요한이 공관복음서를 알고 있었다면, 그 답은 요한이 공관복음서를 벗어나서 신학적인 이유들 때문에 자기 자신의 자료나 해석을 삽입했다는 것이 된다. 그러나 이것이 유일한 설명이나 결론이 되어야 한다는 법은 없다. 요한이 다른 복음서 기자들과는 독립적으로 저술하였으며, 네 기자 모두가 공통으로 의존하는 한 전승에 근거하였을 가능성은 여전히 존재한다. 나아가, 우리가 만약 요한 전승과 공관복음 전승들 사이의 차이점들이 사실상 첫 눈에 보이는 그렇게 주요한 것이 아니라는 사실을 발견한다면, 이 견해는 가능성이 한층 높아진다. 우리는 보다 분명하게 우리 스스로 그 입장을 살펴보기 위해 방금 언급한 차이점들을 검토할 필요가 있다.

(1) 연대기(Chronology)

요한의 연대기는 분명히 특징적인 것으로 보인다. 요한에 의하면 예수께서는 그의 사역 초두에 성전을 청결케 하셨으며, 최소한 3년이라는 기간이 넘도록[49] 수차에 걸쳐 팔레스틴 북부의 갈릴리로부터 남부의 예루살렘으로 가신다. 반면에 공관복음 기자들은 실제로 성전 청결 및 수난을 위해 단 한 번 예루살렘을 순례했을 따름이며, 예수의 전체 사역은 1년 남짓한 기간을 벗어나지 않는다고 시사한다. 더욱이 수난 주간 당시의 제 사건에 관한 연대기는 요한과 공관 전승 사이에 차이를 빚으며, 결과적으로 예수의 십자가 처형에 대한 보도에 있어서 24시간의 차이가 있다.

그런데 요한복음이나 공관복음서 중 어느 하나도 예수의 생애에 대한 '전기'(傳記)가 오늘날 여행사 직원의 여행 일정표에 나타날 수 있는 것 같이 예수의 동태 하나하나를 상세히 보여 주기 위해 꾸며진 것이 아니라는 점을 유의하는 것이 중요한다. 이것이 바로 19세기의 자유주의적 '예수 전기' 저자들의 전형적 과오였던 것이다.[50] 결과적으로, 우리는 사건들 자체의, 또는 그 사건들이 일어난 순서에 대한 복음서들의 연대기에 정확한 상응성이 있으리라고 기대해서는 안 되며, 실제로 우리는 그것을 찾을 수 없다. 한 걸음 더 나아가, 예수의 사역이 복음서 기자들 중 어느 한 사람이 시사하는 것보다 훨씬 긴 기간 동안 지속되었을 가능성도 상당히 높다.[51] 예수께서 예언자적 교사이자 의사로서의 명성을 확립하고, 나아가 그 기록들이 암시하는 것같이 그렇게

49) 요한복음에서는 유월절이 세 번(2:13; 6:4; 11:55) 언급된다. 요한복음 5:1에 언급된 '유대인들의 명절'(가장 신빙성 있는 사본의 본문이 '한 명절', ἑορτὴ τῶν 'Ιουδαίων이기는 하지만) 이 역시 유월절인지 여부는 단지 가능성만 있을 따름이다. M.J. Lagrange, *L'Evangile selon Saint Jean*(Paris, 1948[8]), *ad. loc.*, pp.131f(=Lagrange) 역시 같은 견해이다. 이 경우 한 해가 예수의 사역 기간에 첨가된다.

50) F.F. Bruce, 'The History of New Testament Study', in I.H. Marshall(ed.), *New Testament Interpretation*, pp.21–59, 특히 39–41을 보라.

51) D.H. Smith, 'Concerning the Duration of the Ministry of Jesus', *Exp. T*76(1964–5), pp.114–6을 참조하라.

신속하게, 세례자 요한 및 처음 제자들로부터의 반응을 이끌어 낼 수 있었으려면, 이전에 진행된 모종의 사역을 필요로 했을 것으로 보인다. 모든 복음서 기자들은 자신의 자료를 선택한다. 그리고 이것은 어쩔 수 없이 그들이 시계(time-scale)에 있어 상충을 빚게 마련이다(특히 마가의 경우). 결국 복음서 기자들은 순간 순간의 세부 사실 모두보다는 예수 전기의 중요 부분들(highlights)만을 보여 주고 있다. 그러므로, 요한의 일정표 개요가 항상 자로 잰 듯 명확하지는 않겠지만, 예수의 사역 기간이나 북부 및 남부 팔레스틴 사이를 오간 여정기 등에 관해, 요한이 자신의 동료들보다 훨씬 더 진실에 가까울 가능성이 현저하다.

요한복음에서(2:13-22) 성전 청결 사건의 배치 문제는 보다 난해한데, 이는 신학적 근거들 위에서 설명될 수 있기 때문이다. 제4복음서의 첫머리에 메시아이신 예수께서 그 성육신에 의해 유대주의를 성취하였고 또 대체하였다는 사실의 한 극적인 예화가 바로 여기에 있는 것으로 보여진다. 청결 사건은 또한 바로 전에 행하신, 가나에서 '물을 포도주로' 변하게 하신 요한복음 고유의 표적(2:1-11)이라는 동일 사실에 대한 구술적(口述的) 재강조를 보여준다. 이러한 이유들을 근거로 제4복음서 기자는 이 사건을 예수의 사역 말기에 배치한 공관복음의 구도에서 벗어나게 만들었는데, 공관복음에서 그 사건은 예수의 체포와 죽음을 가속화시킨다.[52] 그렇지만 우리가 요한의 전승이 독립적일 가능성을 시인한다면, 더 이상 요한복음이 반드시 2차적이며 비역사

52) 막 11:15-19이하. 이것은 Barrett가 그의 책 pp.162f에서 그리고 Lindars가 자신의 책 pp.135-7에서 취하고 있는 견해이다. 그러나 양자 모두에 있어서 의식(儀式)의 배경은 유월절이므로, 두 전승 사이에 연계점은 있다.

적인 복음서라고 상정해야 할 필요가 없다. 애당초 두 번의 청결 사건—그것은 있을 법하지 않다—이 있지 않는 한, 사실상 요한이나 공관복음서 기자들이 연대기를 변개(變改)하였는지의 여부는 하나의 공개된 질문이 아닐 수 없다. 신학적 동기(incentive)에도 불구하고, 사건을 배열하는 데 있어서 요한의 정확성을 보여 주는 한 사례가 충분히 될 수 있다.[53)]

수난 사건들에 관한 연대기는 복음서 연구에 있어 하나의 복잡한 명제가 아닐 수 없다. 무엇보다 큰 난점은 최후의 만찬, 결과적으로 예수께서 죽으신 날짜에 있다. 요한의 설화에서 십자가 사건은 유월절 전날인 니산월 14일에 일어나는데(참조. 요 18:28), 이에 비해 다른 복음서들은[54)] 분명히 마지막 만찬이 유월절 만찬이었다고 진술한다. 공관복음서 전승에서는 결국 최후의 만찬을 나눈 그 저녁과 십자가 형이 집행된 이튿날이 바로 니산월 15일, 즉 유월절 당일이었다.

다시 한 번, 요한은 여기서 자신이 알고 사용하는 공관복음의 전승을 신학화하고 논증할 수 있었을 것이다. 이는 만약 예수께서 유월절 예비일에 죽으신 것으로 표현될 경우, 그의 죽음은 유월절의 속죄양의 도살과 부합된다. 그리고 이것은 예수를 '하나님의 어린 양'(요 1:29,

---

53) 권위의 균형은 일 대 일(요한 대 마가)의 그것이지 결코 일 대 삼은 아니다. 이는(마가의 우선성을 가정할 때) 마태와 누가는 그럴 듯한 이유가 있다 해도 이 점에서는 마가의 연대기를 따르고 있기 때문이다. 그러나 부연적으로 J. Marsh, *The Gospel of St. John*(Harmondsworth, 1968), pp.157–65(=Marsh)을 읽어 보라. 요한의 성전 청결 기사의 배치가 원초적(original)인 것이며, 마가의 그것—다른 공관복음서 기자들도 이것을 따른다—은 편집이라는 점(마가복음 11:30–2f에 있는 세례자 요한에 관한 진술에 유의하라. 이것은 초기의 요한적 배경에 위치하였을 듯싶으나, 마가의 배경에는 그렇지 않았던 것 같다)을 설득력있게 논증한 글, J.A.T. Robinson "His Witness is True" : A Test of the Johannine Claims', in and E. Bammel C.F.D. Moule(edd.), *Jesus and the Politics of His Day*(Cambridge) 등을 찾아 볼 것.

54) 참조. 막 14:12 이하.

36)으로 특유하게 명명하고 있는 이 복음서에 있어서는 신학적으로 합당하다. 그러나 요한복음 연대기의 역사적 성격을 옹호하는 다른 설명들도 동등하게 설득력을 지닌다. 두 전승이 각각 서로 다른 역법을 따르고 있었을 가능성이 있다. 그리고 희년력(禧年曆, 유대력)에 관한 조베르(Mlle Jaubert)의 탁월한 저작에서는 바벨론 포로 이후로 추정되는 제2유대력(태양력)이 사실상 A.D. 1세기에 쿰란 공동체에 의해 사용되었음을 밝혀 준다.[55] 조베르는 예수와 그 제자들이 이 역법을 썼는데, 그것에 따르면 유월절은 언제나 수요일이 되게 마련이며 유월절 만찬은 화요일 저녁에 있게끔 되어 있다고 논증한다. 만약 최후의 만찬(=유월절)이 화요일에 있었고 예수의 십자가 처형이(요한이 말하는 바대로) 공식적인 유대인의 유월절 전야인 금요일에 집행되었다면, 비로소 예수님에 대한 심문과 정죄와 수요일과 목요일 동안에 이루어졌으리라는 시간적 가능성이 열린다(사실 그대로, 공관복음의 연대기를 전개하였을 가능성은 없는 듯하다). 두 전승들 모두가 예수의 마지막 몇 시간의 사건들을 축소한다고 치고, 또 복음서 기자들 중 어느 한 사람도 오로지 정확한 시보(時譜 : chronology)에만 관심을 집중시키지 않았다면, 이 이론은 최후의 만찬은 결국 유월절 식사였다는 공관복음상의 증거(evidence)로 뒷받침되며, 동시에 예수께서 유월절 예비일에 돌아가셨다는 요한의 증언에도 부합된다. 또 하나의 선택 가능한 설명은, 브라운(R.E. Brown)이 지지하는 것으로서, 최후 만찬에 관한 공관복음

55) A. Jaubert, *La Date de la Cene : calendrier biblique et liturgie chrétienne*(Paris, 1957; ET. *The Date of the Last Supper*, New York, 1965). P. Benoit가 쓴 Mlle Jaubert에 대한 비판을 RB 65(1958), pp.590-4에서 보라. 이 글은 P. Benoit, *Jesus and the Gospel*, vol. I(ET London, 1973), pp.87-93에 번역되어 있다.

전승은 단순화에 주력하였으며, 따라서 '유월절의 특징을 지닌 식사는 유월절 식사로 화하게 마련이라'는 것이다.[56]

십자가 사건의 날짜를 둘러싼 요한복음과 공관복음서들의 시보상의 상충에 대한 이상의 여러 해결 방안들 중 어느 하나도 결정적인 것이라고 말할 수는 없다. 그러나 최소한 그 방안들은 요한의 신학화를 주장하는 낡은 논증이 그 차이점들을 설명해 주는 유일한 방법이 될 수 없음을 밝혀 준다. 동등하게, 이 차이점들은 동일한 기본 전승의 독자적 사용에 기인한다고 할 수 있으며, 십중팔구 복음서들이 탄생되기 전에 그 전승 안에 존재하던 차이를 반영한다고 하겠다.

(2) 세례자 요한

제4복음서 기자가 우리에게 보여 주는 세례자 요한의 초상(portrait)은 공관복음서 속의 그것과는 매우 판이한 듯 보인다. 요한의 복음서에서는 세례자의 모습이 작게 부각되고 있으며, 심지어 그는 단순히 '광야에서 외치는 자의 소리'(1:23)[57]로까지 축소된다. 더 나아가 공관복음 전승이 분명히 요한을 환생한 엘리야와 동일시하고 있고,[58] 심지어 요한과 예수 사이를 오가는 일반 대중의 현저한 혼란 상태를 반영

56) R.E. Brown, 'The Problem of Historicity in John', *CBQ* 24(1962), pp.1–14(p.5); reprinted in R.E. Brown, *New Testament Essays*(London, 1965), pp.143–67(p.148). 재판에는 Mlle Jaubert의 논문에 대한 비판이 실려 있다(pp. 160–7). J. Jeremias의 작품, *Die Abendmahlsworte Jesu*(Göttingen, 1960^{3} ; ET *The Eucharistic Words of Jesus*, London 1966^{2})에 비추어 보면, 최후의 만찬이 실제로 유월절 식사가 아니라고 부인하기가 매우 어려운 것 같이 보인다. 그러나 또한 Jeremias의 입장에 대한 비판인 J.A.Baker, 'The "Institution" Narratives and the Christian Eucharist', in I.T. Ramsay *et. al., Thinking about the Eucharist*(London, 1972), pp.38–58, 특히 38–45을 읽어 보라.

57) 마가복음 1:3 이하의 본문이 '소리'인 인유(引喩)(사 40:3을 인용)를 주장하고 있기는 하지만.

58) 마 11:14; 17:10–13; 눅 1:17.

하여 주는 데 반해,[59] 제4복음서에는 그와 같은 높은 평가가 전혀 나타나지 않는다. 요한복음에서 세례자 요한은 자신이 그리스도도 아니요(요 1:20), 엘리야도 아니며(21 상반절), 그렇다고 그 어떤 선지자적 표상도 아니라고(21 하반절) 단호하게 부정한다. 그리고 요한의 기록에서는 세례자 요한이 비록 '하나님께로부터 보내심을 받은 사람'(1:6)이긴 하지만, 단지 한 사람의 전령에 지나지 않는다. 반면에 공관복음 기록에서는 비록 하나님 나라에서 가장 작은 자가 그보다 크다고는 했지만(마 1:11; 눅 7:28), 세례자 요한이 메시아 시대를 선포하는 엘리야의 표상이다.

이와 같은 차이점들은 흥미를 자아낸다. 그러나 그것들을 근거로 제4복음서 기자가 보다 앞선 전승을 변개하고 있다는 추론을 할 수는 없다. 오히려 정반대로, 우리는 모든 보존된 것 중 가장 이른 전승, 그리고 세례자 자신에게서 유래한 한 전승을 요한복음 안에서 찾을 수 있다. 후대의 반성은 의심할 나위 없이 세례자 요한의 평가를 높여 주는 동기를 부여했으며, 특별히 한번은 그의 정체에 관한 수수께끼, 즉 그가 엘리야였으며, 예수는 바로 그리스도였다는 사실이 해명되었을 것이다. 그러나 처음에는 이 동일시가 분명하지 않았으며(짐작컨대) 세례자 자신이 스스로를 환생한 엘리야로 믿지 않고, 엘리야의 표상, 즉 새 시대의 전령으로 생각하였기 때문에 스스로 그러한 동일시에 아무런 실제적 지지도 보내지 않았다. 이 사실은 세례자 자신이 엘리야도 아니며 그리스도도 아니라는 요한복음 안의 부정적 언급과 꼭 맞아 떨어진다. 반면에 공관복음서 기자들은 후기적이고 발전적인 세례자 전

59) 눅 3:15. 세례자 요한에 관한 공관복음서의 재현(presentation)은 누가의 경우, 요한과 예수의 탄생과 유아기의 평행적 서술에 의해 고조된다(눅 1–2장).

승을 반영한다. 우리는 공관복음서 안에서도 이 점고(漸高)의 과정이 작용하는 것을 역력히 볼 수 있다. 예를 들면, 변화 사건 이후, 제자들이 예수께 '오신 엘리야'에 관해 질문하였는데 이 때 예수께서는 엘리야가 이미 왔다(이로써 자신이 메시아임을 시사하고 있다)고 답변하신다. 마가복음에서는 '엘리야'가 정체 미상으로 남아 있으나 반면에 (추측컨대 나중에 쓰여진) 마태복음에서는 세례자 요한에게 엘리야라는 이름을 부여한다.[60)]

쿰란 공동체에 대한 세례자 요한의 관계는 분명치 않다. 그러나 그가 정회원 아닌 동조회원(associate)이었다 할지라도, 그 공동체의 신학 및 견해에 영향 받았을 가능성이 있다. 그러므로 이 장에서 보충적으로 고찰하게 될 것이지만, 만약 제4복음서 안의 쿰란적 요소가 세례자에게서 유래하며(만약 제4복음서의 저자들이 역시 쿰란 분파에 관해 알고 있었다 해도 이것은 불가능하다), 세례자 요한에 관한 요한복음 전승이 애당초 그 사람, 세례자 자신에게서 왔으리라고 믿는 것에는 더할 나위 없는 타당한 이유가 있다. 이제 우리는 이 문제에 대해 주의

60) 보충적으로 J.A.T. Robinson, 'Elijah, John and Jesus', *NTS* 4(1957-8), pp.263-81 ; reprinted in J.A.T. Robinson, *Twelve New Testament Studies*, pp.28-52를 읽어 보라. 그러나 엘리야 표상이 각 전승에서 달리 이해될 수 있으므로, 공관복음 전승과 요한복음 전승은 이제껏 추측되었던 것보다 훨씬 밀접해질 가능성이 생겼다. 메시아적 결합이 엘리야에 집중되어 있는 유대주의에는 한 전승이 있었다(D. Daube, *op. cit.*, pp.21f, on the 'throne of Elijah'를 읽어보라). 이것이 신약 시대에까지 추적 가능하다면 제4복음서에서 세례자 요한이 자신이 엘리야(메시아)가 아니며, 자신은 말라기 3:1의 정신보다 이사야 40:3의 정신에 따라 (메시아의) 선구자라고 말한다. 반면에 공관복음서들은 세례자 요한을 엘리야와 동일시하지만, 엘리야가 선구자라고 말하지 않는다. 차라리 그 곳에서는 그가 고난받는 '회복자'(마 17:11-13; 참조, 말 4:5; 눅 1:17)이다. 겸하여 W. Wink, *John the Baptist in the Gospel Tradition*(Cambridge, 1968), pp.87-106을 보라. 이 책에서 그는 제4복음서가 세례자 요한을 증인의 역할자로서 '기독교화'하며, 따라서(다른 여느 그리스도인처럼) 그는 단번에 (자기 부인을 통해) 비하하시고 (예수의 선포를 통해) 승귀하셨다고 주장한다. 특히 위의 책 p.106을 읽어 보라.

를 돌려보기로 하자.[61]

(3) 예수의 교훈

이미 언급한 공관복음 전승과 요한 전승 사이의 보다 깊은 차이점은 복음서에 있어서 예수의 교훈이 어떻게 표현되어졌는가 하는 양식(style)에 집중된다. 요한의 복음은 많은 부분이 예수께서 자기의 대적들이나 제자들에게, 또는 (6장에서와 같이) 양자 모두에게 말씀하신 담화들로 이루어진다. 비유들, 특히 왕국 비유들은 다른 복음서들에서는 두드러진 특색이 되는데, 요한복음에서는 나타나지 않는다. 반대로 공관복음서에서는 설교형의 강론은 많이 찾아 볼 수 없으나, 비유적인 교훈은 많다.

이와 같은 차이가 있기는 하나 요한복음에도 비록 공관복음의 (하늘나라에 관한) 비유는 아니라 해도 여러 비유들이 있다는 사실을 간과해서는 안 될 것이다. 제4복음서 기자는 자신의 담화자료 중간에 자기 나름의 짤막한 비유 몇 가지를 간직해 놓고 있는데, 이것은 때때로 어떤 설교에 대해 일종의 '본문'(text) 구실을 한다. 한 예로서 요한복음 5:19, 20 상반절에 나오는 아버지와 도제(徒弟) 아들의 비유가 있다.[62]

---

61) 이 책 pp.38f를 보라. 보충적으로 J.A.T. Robinson, 'The Baptism of John and the Qumran Community', *HTR*(1957), pp.175–91; reprinted in J.A.T. Robinson, *Twelve New Testament Studies*, pp.11–27 등을 읽어 보라. 그리고 다른 한편에서는 세례자와 쿰란 사이에 아무 연관이 없다고 주장하는 H.H. Rowley, 'The Baptism of John and the Qumran Sect', in A.J.B. Higgins(ed.), *New Testament Essays*, pp.218–29, 특히 222를 읽어보라. 아울러 C.H.H. Scobie, *John the Baptist*(London, 1964), pp.207f를 보라. 그리고 또한 P. Benoit, 'Qumran et le Nouveau Testament', *NTS* 7(1960–1), pp.276–96, 특히 279–81(그 선구자와 쿰란 공동체 사이에는 '모종의' 관계들이 존재한다. p.280)을 읽어 보라.

62) C.H. Dodd, 'A Hidden Parable in the Fourth Gospel', in C.H. Dodd, *More New Testament Studies*(Manchester, 1968), pp.30–40.

그리고 또한 유명한 목자와 양의 비유(10:1-5)도 있다.[63] 마찬가지로 공관복음 전승에도 예수 편에서 만연체로 행하신 설교의 형태로 구성된 것이 있는데 예를 들면, 마가복음 13장 이하에 나오는 종말론적 담화 등이 그것이다.[64]

그런데 두 전승은 그 기자들이 예수의 교훈에 부여한 기본 형태에 있어서 서로 동떨어진 입장을 취하지만, 이것이 곧 필연적으로 요한의 자료가 전적으로 2차적이라거나 모든 복음서들에 공통되는 기초에 깔린 자료에 완전히 동떨어진 것임을 의미하는 것은 아니다. 제4복음서 기자는 공관복음서들에서 채록한 것이 아니라 자신의 고유한 원자료에서 채록한 가장 첫 담화자료를 편집하였을 가능성이 있다. 그의 편집 활동은 자신의 복음서 내의 예수의 교훈에 부여되고 있는 상이한 외양에 귀결된다. 그러나 요한이 초기 전승을 독자적으로 사용하는 것 때문에 예수의 가르침에 대한 요한의 기록과 공관복음의 기록 사이에는 내용뿐만 아니라 형식에서도 연결이 생기게 된다.[65]

(4) 기독론

마지막으로 공관복음 전승과 요한복음 전승에 나타나는 분명한 차

63) 이것은 요한복음 10:6에서 *παροιμία*로 언급되어 있다. 보충적으로 J.A.T. Robison, 'The Parable of the Shepherd(요 10:1-5)'. *ZNW* 46(1955), pp.233-40 ; reprinted in J.A.T. Robinson, *Twelve New Testament Studies*, pp.67-75를 읽어보라. Robinson은 이 구절이 애당초 별개인 두 비유의 혼합을 담고 있다고 논증한다. A.M. Hunter, *According to John*, pp.78-89 : 여기서 저자는 제4복음서에 나오는 열 가지의 임의적 비유의 예(examples)와 세 개의 가능성 있는 사례들-아버지의 집(요 14:2f), 참 포도나무(15:1f), 발을 씻기신 일(13:1-15) 등을 열거한다.

64) 참으로 마가복음 13장 이하에서 관련된 주님의 담화로서의 생활을 보여주기 시작하는지는 의문이다. 보충적으로 G.R. Beasley-Murray, *A Commentary on Mark Thirteen*(London, 1975)에 나오는 바, 이 견해에 동조 또는 반대하는 제 논증을 읽어보라.

65) 보충적으로 이 책 pp.288이하를 읽어 보라.

이는 예수의 신분이 어떻게 드러나는가 하는 점이다. 공관복음서 사이에서는 예수가 단지 점진적으로 메시아로 알려지고 고백된다. 그런데 빌립보 가이사랴에서의 베드로의 고백에서(막 8:27-30) 전환점이 생기는데, 이 사건은 마가복음의 분수령을 이룬다. 이 사건 이후 예수는 일반 대중들보다 열두 제자의 교육에 관심을 집중하며, 자신의 메시아직의 본질을 인자(人子)의 인격과 사역을 통해 드러내 보이신다.[66] 반면에 제4복음서에서는 예수가 처음부터 메시아와 동일시된다. 처음 제자들을 부르신 일화 속에 안드레가 베드로를 향해 '우리가 메시아를 만났다'(요 1:41)고 하는 단언이 들어 있다. 곧이어 베드로라는 이름을 부여하는 장면이 따라 나오는데(42절), 우리가 살펴본 대로 이것은 공관복음 전승에 나오는 빌립보 가이사랴의 고백 장면을 연상시켜 준다. 한 걸음 더 나아가 이 예수의 메시아 호칭은 일련의 칭호들(49절의 하나님의 아들이나 이스라엘의 왕 같은 것) 중 하나에 불과한데, 이 칭호들은 요한복음 1장에서 매우 발전된 성질의 기독론적 주석을 구성하는 듯이 보인다.

그러나 다시 말하자면, 이 차이를 지나치게 강조하면 안 된다. 다른 측면에서 우리는 예수의 정체가 제자들에게 가장 분명하게 드러나는 순간에 관해 공관복음 전승 그 자체가 양면성을 가진다는 사실을 보게 된다. 예를 들면, 마태는 빌립보 가이사랴 사건에 대해 마가처럼 동일한 절정적 의의(意義)를 부여하지 않는다.[67] 이것은 이 사건 직전 즉 파

---

66) 참조, 마가복음 8:31 및 기타, T.W. Manson, *The Teaching of Jesus*(Cambridge, 1935²). Manson은 예수의 가르침에 있어서 베드로의 고백 사건 이전에 '하나님의 나라'라는 용어를 사용한 점과, 그 후에 '인자'라는 표현을 사용한(본보기로, 그 책 pp.213-5, 234-6을 읽어 보라) 사실이 분수령을 이룬다고 믿는다.

67) O. Cullman, *Petrus-Jünger, Apostel, Märtyrer. Das historische und das theologische*

도를 잔잔케 하신 후에 제자들이 예수를 하나님의 아들로 경배할 때(마 14:33), 중요한 신앙고백을 밝혔다는 사실로 미루어 보아도 분명하다. 그런데 소위 그 '메시아의 비밀'은, 어느 경우이든 예수의 메시아직에 대한 신앙이 부활 이전에는 없었음을 설명하기 위한 교의론적 삽입이라고 논증해 온 사람들이 있다.[68] 동시에 요한은 예수의 정체의 '비밀'에 관한 자기 나름의 기록을 보인다. 비록 예수께서 사역 초두부터 제자들에게 알려진 바 되었다고 해도 예수가 그리스도이심을 '볼'(요한이 즐겨 쓰는 단어) 수 없는 사람, 즉 믿음의 눈이 없는 사람들에게는 숨겨진 존재이다. 그래서 제4복음서에 나오는 유대인은 여전히 예수가 참으로 메시아인가 아닌가를 묻고 있다(요 10:24). 그리고 그가 불신자들에게 배척당했을 때, 그의 모습은 그들에게 상징적으로 따라서 문자적으로는 '숨겨진' 것으로 묘사된다(8:59, 12:36).[69]

Petrusproblem(*Zürich*, 1952), pp.195f. ; ET *Peter–Disciple, Apostel, Märtyr a historical and theological study*(London, 1962[2]), pp.180f. 등을 보라.

68) W.Wrede, *Das Messiasgeheimnis in den Evangelien : Zugleich ein Beitrag zum Verständnis Markus evangeliums*(*Göttingen*, 1913[2]), 특히 pp.115–49. 아울러 R.P.Martin, *Mark : Evangelist and Theologian*(Exeter, 1972), pp.40f를 보라.

69) 참조, 요 1:26; 7:27 및 20:28–31. 여기서는 보는 것과 믿는 것이(그리고 결과적으로 그 반대 개념도) 동의어로 처리된다. 부연적으로, 공관복음 전승 및 요한복음 전승의 기독론에 관해서, C.H. Dodd, 'The Portrait of Jesus in John and in the Synoptics', in W.R. Farmer, C.F.D. Moule and R.R. Niebuhr (edd), *Christian History and Interpretation : studies presented to John Knox*(Cambridge, 1967), pp.183–98을 보라. Dodd는 두 전승에 나타나는 예수의 (기독론적) 묘사가 '요한이 초기 전승에 기초하여 공관복음서에 대해 독립적으로 작품을 썼으나, 공관복음 기자들이 따르던 전승과 많은 공통점을 지닌다'(p.195)는 견해를 뒷받침해 준다고 주장한다. 요한복음 5:19–30에 근거하여, 도드(Dodd)는 제4복음서에 나오는 예수의 인격과 사역의 모습이 공관복음 기자들이 묘사해 놓은 모습과 밀접하게 상응하지만, 단지 관용어구만 다르다는 사실을 보여준다(p.194).

【결 론】

우리는 요한복음과 공관복음서 사이의 문헌상 관계에 관한 우리의 연구결과를 다음과 같이 간추려 볼 수 있다. 첫째, 두 전승 사이의 유사점을 과장함으로써 그 차이점을 모호하게 만들어서는 안 된다. 동시에 그 차이점들을 지나치게 강조한 나머지 유사점들이 무시되는 결과를 낳아서도 안 된다. 둘째, 유사점들이 반드시 요한이 공관복음을 알았고 따라서 그것들을 무조건 각색하였다는 가설의 증거가 될 수는 없다. 그리고 그 차이점들은 곧 요한이 그들의 것과 동일한 기초적인 역사적 전승에 접촉하지 못했음을 가리키는 것도 아니다.

요한은 공관복음서 기자들(특히 마태와 누가의 경우)이 그러했듯이 그 자신 고유의 자료(우리는 그것을 JA라고 부를 수 있다)를 사용했다. 그리고 역시 다른 공관복음서 기자들이 그러했듯이 그는 자신의 모든 자료를 전승에 기초해서 그의 신학적 시각에 맞게 개편했다. 우리는 여기서 요한의 특수 자료를 포함해서 제4복음서가, 공관복음서들과 합치되는 경우뿐만 아니라 분리되는 경우에도 역시 역사적 전승에 기초하고 있을 가능성을 심각하게 고려할 수 있다. 따라서 요한복음 11장에 기록된 나사로를 다시 살리신 일과 같은 유명한 설화들은 더 이상, 마치 제4복음서 기자가 공관복음 자료의 여러 다른 단편들을 짜맞춘 가공적 구성물인 양 당연시될 필요가 없다.[70] 이 사건은 최초의, 그리고 신빙성 있는 원자료에서 유래했을 가능성이 높은 바, 요한이 예수의 수난 및 부활의 이해에 빛을 비추고자 독특하게 그 자료를 사용했다 할지라도 그렇다.[71] 요한 자신의 자료(JA)에 대한 이 평가가 받아들

70) A. Richadson, *The Gospel according to St. John*(London, 1959), pp.137-9(=Richadson).

71) 참조. Brown I, pp.428-30. Lindars는 자신의 책 pp.383-6에서 나사로 이야기는 요한이 예수

여진다면, 이것은 곧 요한이 이 원자료(또는 원자료들)에 있어, 우리가 복음서 전승의 배후에 존재하는 또 다른 동등한 독립적인 원자료들, 즉 마가(Mark), 큐(Q), 엠(M), 그리고 엘(L)에 대한 것과 동일한 종류의 평가를 할 가치가 있는 자료를 보전하고 있음을 뜻한다.[72)]

2. 보충적 증거

이제까지 우리는 제4복음서와 다른 복음서들 사이의 문헌상 관계에 전적으로 기초해서 요한의 전승의 본질을 고찰하였다. 이 고찰을 통해 우리는 가드너 스미스(Gardner-Smith)가 처음 제기한 요한복음의 독립성 확인의 중요성을 밝힐 만한 충분한 이유를 살펴 보았다. 우리가 도달한 결론, 즉 요한의 복음이 공관복음서들에게 유래되지 않은 역사적으로 가치 있는 원자료들을 지니고 있을 가능성이 있다는 사실을 1938년 이래 다른 여러 방향에서 뒷받침을 받고 있다. 이제 우리는 이 새로운 증거를 고찰해 보자.

1) 사본(manuscripts)상의 증거

제4복음서의 연대를 후대, 즉 2세기로 못 박으려는 시도들은 라일란

에 의해 죽음에서 부활한 한 사람에 관한 또 한 편의 알려지지 않은 전승을 근거로 작성한 '세련된 작문'이라고 믿는다. 이것은 (기름부음 사건 때문에 베다니에 위치한) 마르다와 마리아 이야기와 혼합되었고, 요한에 의해 신학적으로 수난 설화와 관련지어졌다고 그는 논증한다. 아울러 R. Schnackenburg, *Das Johannesevangelium* Ⅱ(Freiburg, 1971), pp.396-402 ; ET *The Gospel according to St. John*, vol.2(London and New York, 1980), pp.340-6(=Schnackenburg Ⅱ ; subsequent reference is to the English edition)을 참조하라.

72) 이 문단 전체와 관련하여 보충적으로, R.E. Brown, 'The Problem of Historicity in John', loc. cit.; R.E. Brown, 'John and the Synoptic Gospels : a comparison', in R.E. Brown, *New Testament Essays*, pp.192-213을 읽어 보라.

드 파피루스(Rylands Papyrus) 457(P52)로 알려진 한 편의 파피루스 사본이 이집트에서 발견됨에 따라, 비록 성립 불능은 아닐지라도 어렵게 되었다. 그 사본은 요한복음 18장의 한 부분을 기록한 것이며, 그 연대는 A.D.135-150년으로 잡을 수 있다.[73] 또 하나의 파피루스(Egerton Papyrus 2)도 요한복음이라는 이름을 붙일 수 있는 바, 이것 역시 A.D. 150년경의 것으로 간주된다(이 밖에도 요한복음의 일부를 게재하고 있는 두 편의 초기 사본, 즉 Bodmer Papyi Ⅱ와 ⅩⅤ, P66와 P75가 있다. 그러나 이 사본들은 그 연대를 A.D. 200년 또는 그보다 조금 전으로밖에 잡을 수가 없다). P52(및 Egerton Papyrus 2)가 존재하는 사실로 보아 요한복음이 아무리 늦어도 A.D. 2세기 초 내지는 그때보다 조금 전에 기록되었음에 틀림없다고 상정할 수 있다.

2) 배경 연구상의 증거

요한복음의 헬레니즘 및 유대적 배경에 대한 최근의 연구 결과보다 앞선 연대가 정립되었다. 필자는 이 문제에 대하여는 나중에 다시 상술하겠다.[74] 하여간, 만약 이 연구의 결과들이 요한의 전승이 본질적으로 유대적이며 동시에 실제로 성격상 팔레스틴적임을 확정해 준다면, 제4복음서의 기원들을 하나의 원래적인 기독교 전승(paradosis), 즉 공관복음서의 바탕에 깔려 있는 전승과 병행하는 하나의 원래적인 기독교 전승으로부터 분리시켜야 할 이유가 희박하다는 사실을 우리는 감지할 수 있다.

---

73) K. Aland, 'Neue Neutestamentliche Papyri Ⅱ', *NTS* 9(1962-3), p.307을 읽어 보라.

74) 이 책 pp.92이하를 보라.

3) 쿰란의 증거

1945년(또는 1947년) 키르벳 쿰란(Khirbet Qumran)에서의 사해 문서(Dead Sea Scrolls) 발견은 요한복음의 유래 문제에 대해 새롭고 매력적인 조명을 던져 주었다. 이 문서들은 기독교 시대가 시작되기 전에 유대적이며 그리스적인, 즉 '전(前) 영지주의적'인 종교적 개념들을 한때 요한복음 및 후대(A.D. 1세기 말 내지 그 이후)의 특징이라고 간주하였던 것과 같은 방식으로 융합시켜 준 어떤 문학적 배경(literary setting)이 존재했다는 사실을 분명히 확정시켜 주었다.

요한복음과 사해 문서 사이의 연결점들은 허다하며 이 문제는 자주 논란이 되어 왔다.[75] 첫째, 분명한 문학적 병행 구절들이 존재한다. 이 병행절들은 특히 훈련 규범(또는 공동체 규칙)에서 명백히 나타나는 바, 그 규범의 가장 훌륭한 사본은 제1동굴에서 발견되었다. 물론 그 규범들은 쿰란에서 나온 다른 문서들 속에서도 나타난다. 그 규칙의 제1조를 예로 들자면, '진리를 실천하는 일'과, '어둠의 자녀들'을 미워하고 '빛의 아들들'을 사랑하는 일에 관해 언급하는데, 이것은 제4복음서를 연상시킨다.[76] 그리고 하나님의 존재 및 활동력에 연합한 지식의 개념과 인간의 하나님에 대한 관계 등은 그 규칙 및 요한복음에 공

---

75) 풍부한 문헌이 있으나 그 중에서 W.F. Albright, 'Recent Discoveries in Palestine and the Gospel of St. John', in W.D. Davies and D. Daube(edd), *The Background of the New Testament and its Eschatology*(Cambridge, 1956), pp.153-71 ; R.E. Brown, 'The Qumran Scrolls and the Johannine Gospel and Epistles', in K. Stendahl(ed.), *The Scrolls and the New Testament*(London, 1958), pp.183-207(reprinted in R.E. Brown, *New Testment Essays*, pp.102-31); A.M. Hunter, *op. cit.*, pp.27-33을 읽어 보라.

76) IQS i.5, 9f를 요한복음 3:21; 12:35f 등과 비교 참조하라. 동시에 IQS v. 19-21을 주목하라. 나아가 하나님을 '완전한 빛'(I QH. xviii.29)으로 묘사한 점을 주시하라. 이것은 예수께서 자신을 '세상의 빛'(요 8:12)으로 자칭하신 점과 연결지어질 수 있다. G. Vermes, *The Dead Sea Scrolls in English*(Harmondsworth, 1966²)의 번역본을 읽어 보라.

히 나타난다.[77] 동시에 사해 문서와 제4복음서는 모두 하나님의 지혜와 (계약)신앙에 대한 응답으로 예배자(및 입회자에)에 대한 신적 조명(enlightenment)을 언급해 놓은 구절들은 게재하고 있다.[78] 전쟁 문서(1QM=첫째 쿰란 문서를 의미함-역자주)나 빛의 아들들과 어둠의 아들들 간의 전쟁(핵심 내용을 근거로 한 전쟁 규칙) 등의 명칭 자체가 요한 저작과의 연관성을 지닌다.[79] 그러나 그 문서의 묵시록적인 내용은 요한복음보다는 계시록의 기조(ethos)에 보다 근사하게 접근한다.

따라서, 쿰란 문서들과 요한 사이의 접촉점들은, 양자 모두가, 유대문학과 구약성서에 등장할 뿐만 아니라 그리스적 색조까지 띠는(그리고 후대의 철저한 영지주의 문학에서 다시 나타나게 되는) 용어(terminology)를 사용하는 점을 볼 때, 분명히 존재한다.[80] 이것은 그 자체로서 큰 의의를 지닌다. 그러나 보다 깊은 수준에도 접촉점이 존재한다. 이 엣센 유형(Essene-type)의 공동체의 전망과 제4복음서의 그것 사이의 결정적인 상사성(相似性)은, 브라운(R.E. Brown)이 말한 바, 양자의 특징을 이루는 '수정된 이원론'에 있다.[81]

---

77) IQS iii15 및 iii조(條) 및 iv조 전반을 요한복음 1:2(17:3) 등등과 비교하라. 아울러 IQH vii 26f를 참조하라.

78) IQH ix. 23f를 요한복음 3:33-6(5:31f)과 비교 검토하라. 동시에 IQH xvii. 26-8을 요한복음 12:44-50(16:25-7)과 비교 하라.

79) 특히 IQM i. 1-17을 주의하여 보라.

80) 그러나 동시에 사해 문서와 요한복음이 특징적인 유대적 표현, 예를 들면 '모세와 같은 선지자'(신 18:18)의 종말론적 출현 등의 개념에 공통적으로 의존하고 있음을 주목하라. IQS ix. 9-11 및 요한복음 5:46; 6:14; 7:40을 읽어 보라. 그리고 W.A. Meeks, *The Prophet-King : Moses traditions and the Johannine Christology*(Leiden, 1967), 특히 pp.164-75을 읽어 보라.

81) R.E. Brown, 'The Qumran Scrolls and the Johannine Gospel and Epistles', *loc. cit.*, pp.105-20. Brown은 또한(pp.123-7에서) 형제 사랑(참조, IQS i.9 및 요 13:34f) 및 생수(CD Bxix. 33-5 및 요 4:14 참조) 등의 개념을 사용한 사례들에서 나타나는 상응점(correspondences)들을 언급하고 있다.

쿰란 문서들에는 진리와 편벽, 빛과 어둠, 선과 악 사이의 투쟁에 관한 언급이 등장하는데, 모든 사람은 그 투쟁에 개입되어 있다는 내용이 들어 있다. 각 경우에 있어 대항 세력은 정통성을 가진 영에게 지배당한다. 이 사상의 원천은, 포로기 이후 팔레스틴에서 유대주의에 영향을 주었을 가능성이 있는, 이란 계통의 신화라는 가설이 매우 유력하기는 하지만 절대적으로 확실한 것은 결코 아니다.[82] 확실히 그것은 구약성서에서 나온 것이 아니다. 그러나 그 원천이 어떠하든지간에, 두루마리 문서들에 나타나는 이원론적 사유의 성격은 자제가 가해져 있다. 즉, 그것은 제2세기 그리스적 영지주의 문학에서와 같은 철저한 이원론이 아니다.[83]

첫째로, 영지주의 사상에서처럼, 비등한 위력을 지닌 선의 세력과 악의 세력이 그 결과가 자못 불확실한 투쟁에 맞물려 있다는 생각을 전혀 발견할 수 없다. 이 점에 있어서는 유대적인 일신 사상의 영향을 받아, 하나님 주권(sovereignty)의 원리가 쿰란 문학 저변에 깔려 있다. 설령 싸움이 붙는다 할지라도, 하나님 및 선의 승리는 보장되어 있다. 뿐만 아니라, 그 승리의 때가 (전쟁 문서에서도 분명히 나타나듯이) 그리 멀지 않다. 둘째로, 그리스의 형이상학적 사유의 이원론은 형상적이며 실체론적인(대립적인 두 세력간의 문자적 갈등) 것인데 비해, 쿰란 문헌에 나오는 수정된 이원론은 선과 악 사이의 갈등과 관련되어 있다. 다시 말해서, 그것은 윤리적 갈등이지 결코 형상적(physical) 갈

82) K.G. Kuhn, 'Die in Palästina gefundenen hebräischen Texte und das Neue Testament', *ZTK* 47(1950), pp.192-211, 특히 209f를 참조하라.

83) 보충적으로 R. McL. Wilson, *Gnosis and the New Testament*(Oxford, 1968), pp.1-30, 특히 11-13을 보라.

등은 아니다.

요한의 세계는 여기에서 멀리 떨어져 있지 않다. 제4복음서 기자 역시 자제적(自制的)인 이원론으로 자신의 작품을 채색한다.[84] 그도 빛과 어둠, 선과 악 사이의 대립을 익히 알고 있다(요 12:35이하). 그는 또한 이 투쟁의 최후 결과가 그리스도 안에서 하나님의 승리로 끝날 것이며, 이미 시작된 심판과 연관된다는(3:18이하) 사실도 알고 있다. 쿰란 사상에서처럼, 요한의 이원론은 형상적인 것이 아니라 일시론적, 윤리적, 종말론적인 이원론이다.

물론 제4복음서 기자의 환경(milieux)과 쿰란 공동체 사람들의 환경 사이에는 이와 같은 이원론의 일치점이 있음에도 불구하고, 여러 가지 차이점이 있다. 더 말할 나위 없이, 제4복음서는 기독교적 기록이며, 사해 문서는 유대적인 기록이다. 요한의 경우에는 성육신이 가장 두드러진 차이를 빚는 요인이다. 요한은 종말이 이미 우리에게 임한 것으로 보는 반면에 (예를 들자면) 전쟁 문서 속에서는 종말이 묵시록적 미래에 속하는 것으로 본다. 이뿐만 아니라 양자에는 이보다 훨씬 근본적인 차이가 있다. 요한신학에 있어서 구원은 결코 쿰란 공동체에 의해 해석된, 율법을 통해 성취되는 것이 아니다. 오히려 육신이 되신 그 말씀(the Word)을 통해 성취된다. 그리고 최후의 승리 역시 빛의 천사의 개입이 아닌 승리하시는 메시아 예수에 의해 성취된다. 그는 사해 문서들이 언급하고 있는 진리와 동일시되는데 이 진리를 쿰란 공동체가 찾아 헤매고 있었던 것이다(요 14:6). 요한의 복음은 진리에 대한 지식이 독특하게 그리스도를 통해서, 그리고 성령에 의해 하나님에 대한

84) S.S. Smalley, 'Diversity and Development in John', *NTS* 17(1970-1), pp.278f를 참조하라.

지식으로부터 유래한다고 분명히 가르친다.[85)]

그렇지만, 이러한 차이점들에도 불구하고 쿰란 문서와 제4복음서 사이의 중복은 요한의 전승의 본질을 우리가 검토하고자 할 때, 더할 나위 없이 중요하다. 이는 중복이 문헌상 증거에 따라 이미 추정된 사실, 즉 요한복음의 배후에 존재하는 전승의 배경이나 연대 등이 이전에 추정 가능하게 여겨졌던 것보다 훨씬 더 기독교의 기원들에 가까운 것들로 제시될 수 있다는 사실을 보여주기 때문이다. 요한복음에 깔려 있는 유대-그리스적 사상들이 반드시 후대의 헬레니즘적 환경에서 유래하였을 까닭은 없다. 그 사상들은 쿰란적 배경에서도 쉽게 유래할 수 있는 바, A.D. 1세기 말에는 그 사상들이 쿰란 공동체에서 (어느 정도) 기성의 개념이 되어 있었다. 팔레스틴의 유대인들이 신약시대가 시작되기 여러 해 전에 이미 그리스-로마적인 영향권 아래 있었다는 사실을 상기해 볼 때, 우리가 굳이 이것 때문에 놀랄 필요는 없다.[86)]

■ 세례자 요한

이 시점에서 우리는 세례자 요한과 쿰란 공동체 사이의 관계 가능성 및 (만약 관계가 있을 경우) 그 연결이 요한 전승의 본질에 대해 지니는 의미(implication) 등을 간단히 재검토하는 것이 좋겠다.

종교적 전망과 의도의 차원에 있어서, 세례자 요한과 쿰란 공동체 사이에는 여러 가지 연결점이 있다. 요한과 쿰란 분파주의자들은 모두

85) 요 17:3; 15:26; 16:13.

86) 보충적으로 이 단락의 주제와 관련해서, J.H. Charlesworth(ed.), *John and Qumran*(London, 1972); 그리고 K.G. Kuhn, 'Johannesevangelium and Qumrantexte', in *Neotestamentica et Patristica*, in honour of O. Cullmann(Supplements to *Novum Testamentum*, vol. 6, Leiden, 1962), pp.111-22를 읽어 보라.

유대인 동료들이 가해 오는 정치적 압력을 피하기도 하며 동시에 영적인 활동에 전념하고자 광야로 나아갔다(참조, 막 1:4). 양자 모두 자신의 사명을 주의 길을 예고하는 것으로 여겼으나, 다만 이 준비의 성질은 각기 다르게 인식되었다.[87] 그리고 양자 모두 신적으로 지명받는 자신들의 역할을 설명하고 뒷받침하기 위해 동일한 구약 본문(사 40:3)을 사용하였다.[88] 양자 모두 세례를 베풀었거나, 최소한 (쿰란의 경우에 있어서) 모종의 입문자 결례(潔禮)를 실시하였다.[89] 그리고 양자 모두의 경우에 종말론적인 심판의 메시지와 다가오는 성령 안에서의 메시아적 갱신(renewal)이 이 결례와 결부되어 있었다.[90]

그러나 연계점들이 중요한 것들일 수는 있겠으나, 반드시 세례자 요한이 쿰란 회원이었다는 사실을 결정적으로 입증해 주지는 못한다. 그에 대한 신약성서의 짤막한 증언에 비추어 볼 때, 궁극적으로 그가 독립적 존재였으며 그의 추종자(참조, 마 11:2 및 기타) 및 자신의 설교 역시 그러했다는 것이 분명하다. 고작해야, 요한이 쿰란 공동체에 관해 알고 있었거나, 그 사상에 영향을 입었을 가능성이 있다. 그러나 그와 같은 연계성을 인정하면, 지금 우리의 주제와 관련하여 몇 가지 흥미를 끄는 가능성들이 제기된다.

이 경우에, 쿰란 공동체는 세례자 요한과, 제4복음서에 나타나 있는 유대-그리스적 사유 형태 - 이것은 한때 뚜렷이 헬레니즘과 후대의 영향이라고 간주되었다 - 사이의 유일한 연결점이 된다. 결과적으로

87) 쿰란에 있어서 메시아 시대의 예비는 모세의 율법에 보다 철저한 충성을 뜻하는 것으로 이해되어졌다(참조. IQS v. 7-9 및 기타).

88) 요한복음 I:23; IQS viii I2-I4를 참조하라.

89) C.H.H. Scobie, op. cit., pp. I02-I0을 참조하라.

90) 요한복음 I:26f., 33; IQS iv. 20-2를 참조하라.

요한복음에 나타나는 쿰란적, 유대-헬레니즘적 개념들의 원천은 세례자 요한 자신일 수 있으니, 이는 그가 의심할 나위 없이 예수의 제자들(짐작컨대 사도 요한을 포함해서 - 그들 중의 일부는 애당초 그의 제자였다)에 대해 밀접한 관계를 지녔으며 요한 전승에 대해 그것의 초기 단계에 영향을 미치고 정보를 제공했을 가능성이 있기 때문이다. 그리고 최종적으로, 요한복음에 깔려 있는 세례자 요한에 관한 전승은 세례자 자신에게서 유래한다. 만약 세례자 요한과 쿰란 공동체 사이에 공통 기반이 존재했다면, 그리고 세례자 자신이 그 묘사에 책임이 있었다면, 제4복음서 기자가 보여 주는 세례자 요한에 관한 묘사는 역사적으로나 신학적으로 쉽게 설명될 수 있을 것이다.[91] 이것은 제4복음서의 처음 몇 장들이(요 1-3장) 독립적이고도 역사적인 증언에 의존하는 것으로 보여지는 점에 의해서도 뒷받침되는데, 이는 그 장들 가운데 특별한 신학적 문제점을 지니지 않으며, 어떤 면에서는 굳이 수록될 필요가 없는 세례자 요한의 사역에 관한 지리 서술이나 그밖의 여러 세부 기록들을 게재하고 있기 때문이다.[92] 명백히 이것만이 요한복음서와 사해 문서들에 공통적인 기사들을 설명해 주는 유일한 방법은 아니다. 예를 들면, 이러한 종류의 문학적이며 신학적인 특징들이, '이도에 복종하고' (그 자체가 하나의 제사장적 공동체인) 쿰란의 가르침

91) 제4복음서 기자에 따르면 세례자 요한이 단순히 메시아를 예보(herald)하는 것으로 그치지 않고 메시아를 계시(reveal)하는 듯이 행동하는 것으로 묘사되는(요 1:31; 참조, 1QS iv. 20-3) 특징적인 면을 주목하라.

92) 요한복음 1:28; 3:23을 참조하라. 보충적으로 J.A.T. Robinson, 'The Baprtism of John and the Qumran Community', *loc.cit.*, 특히 pp.24-7을, 그리고 *HTFG*, pp. 248-301을 읽어 보라. Dodd는, 애논 근처의 세례자 요한에 관한 설화(요 3:22-30)는 뚜렷하게 그 스타일(文體)과 신학에 있어서 비(非) 요한적이며, 다른 복음서들을 보아서 알 수 있는 전통적 형태들과의 근사성(近似性)을 보여 준다고 논증한다. 그는 '우리가 여기서 정경 이전의 전승을 접하고 있을 개연성이 매우 높다'(p.287)고 결론을 내린다. 아울러 이 책 각주 61에 인용된 문헌을 참조하라.

에 영향받았을 가능성이 있는 사도행전 6:7에서 언급된 제사장의 무리와 같이 분파 지향적이 비교적 적은 자료들(sources)로부터 원시 기독교에 영향을 주었다고 하지 못할 이유는 없다. 그러나 세례자 요한이 연결의 고리(link)라면 이 사실은 제4복음서에 나오는 그에 관한 전승과 요한 전승 전체의 신빙성에 관한 우리의 평가에 필연적으로 영향을 미친다.

4) 지리 서술상의 증서

이제 마지막 한 가지 증거가 남아 있는데, 이것은 특히 제4복음서를 공관복음서들과 비교할 때에, 그 복음서 배후에 존재하는 전승의 성격을 조명하는 데 적지 않은 도움을 줄 수 있다. 이것은 요한의 지리 서술 및 이것과 고고학적 발굴 결과의 상호 관련성과 밀접하게 연관되어 있다.

요한의 복음서에는 공관복음서 속에서는 나타나지 않는 여러 개의 지명이 등장한다. 이 장소들 중의 일부, 예를 들면 실로암 못(9:7)이나 기드론 골짜기(18:1) 등은 오늘날 예루살렘을 방문하는 사람이면 누구나 볼 수 있는 곳들이다.[93] 그러므로 요한 혼자서 그 장소들을 언급하고 있다고 해서 그 장소의 존재 여부가 의문시되는 것은 아니다. 요한이 기록해 놓은 다른 지명들은 쉽게 판명할 수 없는 것들로서, 그의 정확성에 의문을 자아내게 만든다. 실례를 들면, '요단강 건너편 베다니'(1:28) – 이 장소는 실재한 일이 없다 – 의 경우와, '솔로몬 행각'(요

93) 누가복음 13:4에 '실로암의 망대'에 관한 언급이 있다. 실로암에 대한 요한의 언급은 그가 그 지명의 어원('보냄을 받았다'는 뜻)에 근거하여 구사하는 상징법에도 불구하고 뚜렷하게 역사적이다.

10:23 참조, 행 3:11) – 이것은 파괴될 당시 성전의 일부였으므로 발견하지 못하였다 – 의 경우에 그러하다.[94)]

그런데, 최근의 고고학 발굴의 결과, 한때 요한이 창안한 것으로 간주했던 여러 지명들의 존재 사실이 확증되었다. 요한의 정확성이 테스트될 만한 경우들에 있어서 그것이 확증되었을진대, 이제 우리는 그 정확성이 확립될 수 없는 때에라도 그의 지리 서술의 신빙성을 의심해야 할 까닭은 조금도 없지 않은가.

아주 최근에 발굴된 것으로서 예루살렘에 가장 중요한 두 지점은 베데스다 연못(요 5:2)과 '돌을 깐 뜰'(Pavement–요 19:13)이다. 1978년 베데스다 지점, 즉 오늘날 옛 도시 예루살렘의 성 스데반의 문(St. Stephen's Gate)[95)]으로 불리는 곳 부근에 대한 발굴이 시작되기 전에는, 제4복음서 외에서는 이 연못에 관한 지식을 얻을 수가 없었다. 뿐만 아니라 그곳에 '행각 다섯'이 있었다는 것은, 요한이 알레고리나 상징법(symbolism)을 자유 자재로 구사한 결과로 해석되거나, 또는 단순히 요한이 자신의 표적 서술의 배경을 장치하고자 베데스다[96)]라는 지명을

94) 한편 Josephus, *Ant*. xx.9.7을 읽어 보라. 여기서 Josephus는 솔로몬이 건축한 성전 '회랑(回廊)'에 관해 언급한다. 동시에 요한복음 3:23에 나오는(세겜 지방의 한 촌으로서의) '살림 근처 애논'의 정체에 관한 글, W.F. Albright, 'Recent Discoveries in Palestine and the Gospel of St. John', *loc.cit*.,p. 159를 읽어 보라. 동시에 F.F. Bruce, *New Testament History*(London,1971[2])p. 152를 읽어 보라. A.M. Hunter, *op.cit*.,p. 51을 참조하라.

95) 요한복음 5:2에 언급된 '양문'(羊門)은 성전의 북동쪽에, 그리고 현재의 성 스데반의 문 근처에 자리잡고 있다. 그러나 이 점에 대해서는 몇몇 사본이(*ἐπί τῆ*) *προβατικῆ κολυμβήθρα*를 일치시키고 있는 점에서 본문상의 문제가 있다. Lindars는 자신의 책 pp.221에서 이(보다 난해한) 본문은 정확한 것이며, 또 그것은 '…라고 일하는 곳, 양의 못 곁에'라는 뜻으로 해석되어야 한다고 생각한다. 그러나 '양문'은 정확한 해석이며 이것은 나중에 텍스트에 첨가되었다.

96) 증거에 관한 논의, 그리고 특히 쿰란 동판 문서(copper scroll)에 기초한 정보에 비추어 볼 때, 이것이 지명을 올바로 기재한 것(Bethzatha나 Bethsaida가 아님)이 아니겠는가라는 제안에 관해서는, D.J. Wieand, 'John V. 2 and the Pool of Bethesda', *NTS* 12(1965–6), pp. 392–404, 특

고안해내었던 것으로 해석되곤 했다. 그런데 그 발굴 작업 결과 이 문제에 색다른 조명이 이루어졌다.

1931-32년에 완료된 제1단계 작업 결과, 한 암벽에 의해 양쪽으로 나뉘어진 저수조 비슷한 못 두 개가 드러났다. 이 못들은 십자군 전사 성 안나 기념 교회에 매우 가까이 붙어 있다. 처음에는 이곳이 베데스다 못이라고 생각되었다. 그리고 이 심증은 이 지점에 비잔틴 교회가, 한쪽은 지금도 다소간 원형 그대로 세워져 있는 여덟 개의 지주(枝柱)에 의해 버티어진 채 저수조들을 가로질러 서 있고, 다른 한쪽은 단단한 지반 위에 축조되어 있었다는 사실로 더욱 굳혀졌다. 그렇지만 최근의 발굴들을 통해 그 발굴을 주관한 백인 신부들은 요한복음 5장의 병자 치유 장소가 그 저수조들에 잇달아 붙어 있는 보다 얕은 못들에 자리잡고 있었으며 그곳이 한때는 에스쿨라피우스(Aescylapius) 신에 의해 주도되는 이방적 치유 의식과 연관이 있었다는 사실을 확신하게 되었다. 최종 결론은 실제로 이곳에 애당초 이교의 한 신전이나 짐작컨대 에스쿨라피우스 신당이 서 있었다는 것이다.

이 사실은 상황의 의미를 괄목할 만큼 보다 두드러지게 부각시켜 준다. 병약자들은 깊은 저수조보다는 얕은 웅덩이에 잠그는 일이 훨씬 수월했을 것이다. 그리고 한때 요한복음 5장에서 언급한 표적이 일어났었으므로, 그 성지는 그곳에 대의사(大醫師)이신 그리스도께서 나타나셨음을 효과적으로 기념하는 교회를 건축함으로써 자연스럽게 보전되었을 수 있다. 요한복음 5장의 전승의 역사성에 대한 인상적인 근거가 바로 여기에 있다. 베데스다가 실제로 존재하였을진대, 우리는 굳

히 392-5를 보라. 그러나 아울러 Lindars, pp. 212f를 읽어 보라.

이 요한이 이 표적이 일어난 장소를 그 못에서라고 설정할 때, 그가 상상력을 발휘하고 있다고 가정할 필요가 없다.[97)]

현재 우리의 목적에 비추어 볼 때 또 하나 흥미를 끄는 장소가 있는데, 그 곳은 예수께서 빌라도에게 심문과 정죄를 받으신 곳이다. 요한은 이 일이 돌을 깐 뜰(Pavement ; Lithostrotos), 즉 히브리(아람) 말로는 가바다(Gabbatha, 요 19:13)라고 불리는 곳에서 있었다고 말한다. 이 장소의 정확한 위치에 관한 논의는 지금도 계속되고 있다. 뻬르 부노아(Pére Benoit)는 아직도, 부분적으로 요세푸스(Josephus)의 말에 따라 이곳이 빌라도의 후계자인 야만족 출신의 게시우스 플로루스(Gessius Florus)[98)]의 청사였다는 사실을 근거로 하여, 예루살렘의 서쪽에 있는 헤롯궁이라는 설을 지지한다. 그러나 그곳에서는 돌을 깐 뜰 비슷한 것이 도무지 발견된 적이 없다. 반면에, 빈센트(Fr. L. H. Vincent)가 발굴 작업을 한 결과, 예루살렘 성전 구내 북서쪽 모서리에 있는 안토니아 요새 밑에 커다란 돌 블록(blocks)으로 포장된 뜨락(court)이 드러났는데, 이곳은 충분히 로마 총독의 임시 청사(praetorium)였을 가능성이 있으며, 그곳이 위치 설정에 적합한 장소일 가능성이 있다. 이 경우 정작 문제는 발굴된 포장지가 정말로 예수 당시에 안토니아 궁의 일부를 구성하고 있었는지의 여부이다.[99)] 그러나

97) 보충적으로 중요 연구인, J. Jeremias, *Die Wiederentdeckung von Bethesa: Johanes 5.2*(Göttingen, 1949); ET *The Rediscovery of Bethesdar: John 5.2*(Louisville, Kentucky, 1966)을 보라. 아울러 P. Benoit, 'Décovertes Archéologiques anthor de la Piscine de Béthesda', in *Jerusalem through the Ages*(Jerusalem, 1968), pp. 48–57 및 C. Kopp, *The Holy Places of the Gospels*(ET Freiburg im Breisgau and London, 1963), pp. 305–13; B.E. Schein, *Following the Waythe setting of John's Gospel*(Minneapols, Minnesota, 1980), pp. 87–91, 206–9를 참조.

98) Josephus, *Bell, Jud*. ii.14.8. P. Benoit, 'Prétoire, Lithostroton et Gabbatha. R.B. 59(1952), pp. 531–50; translated in P. Benoit, *Jesus and the Gospel*, vol. 1, pp. 167–88을 참조하라.

99) C. Kopp, op,cit, pp. 370–3을 참조하라. R.E. Brown, T*he Gospel according to John* XIII

어느 경우에든지 이 지역에 대한 요한의 특유한 언급은 명백히 역사적인 것으로서, 비록 우리가 가바다가 어느 지점에 위치해 있었는지 지금도 확실히 알 수 없을지라도, 제4복음서 기자가 초기 전승을 언급하는 것으로 보아 그곳을 알고 있었음을 충분히 확신할 수 있다.

우리가 요한의 지리 서술상의 증거를 매듭짓기 전에, 고고학이 밝히는 그 장소들의 존재 사실에 대한 지지를 완전히 제쳐둔 채 제4복음서에서의 실제 지명들의 등장 문제에 관해 잠시 고찰해 보는 것도 유익할 것이다. 요한은 모든 복음서들에 공통적인 몇 가지(예루살렘, 베다니, 요단강, 갈릴리 등의) 지명을 사용한다. 그런데 요한의 복음서에는 그 자신만이 사용하는 지명이 있다. 이미 언급된 곳들(실로암 못, 기드론 골짜기, 요단강 건너편 베다니, 솔로몬의 행각, 살림 근처 애논, 베데스다, 가바다 등) 외에, 가나, 디베랴(및 디베랴 바다), 수가성과 에브라임 등이 있다. 요한은 누가와 함께 사마리아라는 지명을 사용할 따름이다. 이 증거에 입각하여 도드(C. H. Dodd)는 요한의 기본적 전승의 배경이 팔레스틴이며, 따라서 (우리가 덧붙인다면) 예수 설화의 기원에 근접한 것일 뿐만 아니라, 북부인 갈릴리보다는 남부인 예루살렘에도 위치하였다고 결론짓는다.[100] 이는 도드가 지적한 대로,[101] 갈릴리의 가나가 요한에게는 북부 팔레스틴 중 유일하게 알려진 곳인 반면에 다른 세 복음서 기자들의 경우에는 그렇지 않았으나, 공관복음서들에 나타나 있는 대단히 광범위한 북부 지명(데가볼리, 빌립보 가

-XXI (London, 1971), pp. 881f(=Brown II)을 아울러 참조하라. 보충적으로 P. Benoit, 'L'Antonia d'Hérode le Grand et le Forum Oriental d'Aelia Capitolina', *HTR* 64(1971), pp. 135-67을 보라. 여기서는 Vincent의 결론을 논박하고 있다.

100) *HTFG*, pp. 244f.

101) *Ibid*, p.245.

이사랴와 두로와 시돈 지역 등등)을 제4복음서에서는 찾아볼 수 없기 때문이다. 비슷한 경우로서, 비록 요한의 복음서에는 유대 지방의 지명인 벳바게, 겟세마네(누가복음에만 나오는), 엠마오 등이 나오지는 않지만, 다른 복음서 기자들에게서는 찾아 볼 수 없는 최소한 아홉 군데의 남부 지명이 게재되어 있다.[102)]

【결 론】

이제 우리가 다음 장에서 살펴보게 될 것이지만 제4복음서의 지리 서술은 요한복음의 배경이라는 문제와 연결되어 있다. 그러나 여기서 그것에 대해 언급한 목적은 제4복음서가 상당히 초기에 유대-기독교적 환경에서 형성된 한 전승에 기초하며, 또 그것을 보존할 가능성이 있음을 심각하게 고려해야 할 보충적 이유 한 가지를 밝히려는 데 있었다.[103)]

지명 및 장소에 대한 제4복음서 기자의 언급이 정확한 것으로 확증되었다고 해서, 그것 자체가 곧 그곳에서 일어난 것으로 요한이 서술한 사건들의 역사적 진정성을 보장하는 것은 결코 아니다. 그러나 최

102) 요한의 인명(人名) 사용은 그의 지명(地名) 사용의 경우 만큼이나 흥미로우며, 제4복음서의 기저에 있는 전승의 독립적이고 역사적인 성격에 동등하게 결부된다. 그는 (1) 공관복음적 맥락에서 공관복음서의 이름들(예 : 요한복음 6:5-9의 안드레와 빌립, 18:10의 베드로 등), (2) 요한적 맥락에서 공관복음서의 이름들(예 : 요한복음 14:8f의 빌립, 그리고 짐작컨대 14:22의 유다), (3) 공관복음적 맥락에서의 요한적인 이름들(요한복음 18:10에 나오는 말고), (4) 요한복음적 맥락에서의 요한적 이름들(요한복음 3장; 19:39의 니고데모, 요한복음 11장, 12:1f의 나사로) 등을 사용한다. 만약 요한이 다른 복음서들을 알고 있었다면, 이름들을 덧붙이거나 빼놓거나 재배치하는 것은 필경 문학적 내지 신학적인 이유 때문일 것이다. 그런데 이와 같은 동기들만이 유일하게, 제4복음서에 특유한, 지리적 언급이 아닌 개인에 대한 언급을 설명해 줄 수는 없다.

103) *HTFG*, p.426을 참조하라.

소한 이것은, 증명될 수 있는 지명에 관해 요한이 언급하는 경우, 그가 자신의 설화 자료 지식에 있어서 순전히 환상적 입장에 빠져 있는 것이 아님을 상정케 해준다. 특히 그같은 지식의 신빙성은, 제4복음서가 기록되고 있을 당시에도 여전히 살아 있었으며 따라서 요한이 언급한 장소들을 알고 있었을 여러 목격자들에게 공개적으로 문제시되었을 것이다. 정반대로, 요한의 지리 서술에 나타나는 전승적 요소들은, (비록 종국에 가서는 그것들이 신학적으로 취급되었지만) 그 지리 서술이 관련되어 있는 중심 명제, 곧 요한복음에 있어서 역사와 신학 사이의 관계로 되돌아가 보자.[104)]

우리가 이제껏 고찰해 온 바, 사본과 배경 연구와 쿰란 및 지리 서술 등의 부연적 증거는, 요한복음과 공관복음서 사이의 문학적 비교에서 이끌어낸 그것과 비슷한 결론으로 수렴된다. 제4복음서 기자가 공관복음서를 알거나 사용하지 않았고, 도리어 그 복음서들과 병행하는 한 전승에 독자적으로 의존하였다고 믿기에 충분한 이유가 있다.

1938년 가드너-스미스(Gardner-Smith)가 요한의 공관복음 의존설에 도전을 감행한 이후, 엄청난 일들이 터졌다. 그는 실로 시대를 앞서 가는 인물이었으니 이후에 이어지는 증거(쿰란에서의 발견들같이)는 그의 견해를 뒤집어엎기는커녕 오히려 그것을 확증해 주었던 것이다. 우리는 지금 그의 소논문이 신학의 못에 던져진 예기치 않았던 중요한 하나의 조약돌이었음을 알 수 있다. 그러나 실상 그것은 그 이후 비평학이라는 나룻배들을 난파시키는 물결을 일으켰다.

제4복음서에는 요한이 그 책을 독자적으로 썼음을 암시하는 많은 요

104) 이 책 본문 pp. 312 이하를 읽어 보라.

소들이 있으며, 우리는 이것들을 차례대로 고찰하고자 한다. 만약 요한이 공관복음서들을 통해 공관복음서 전승에 의존하지 않았고, 도리어 동등한 가치를 지니는 자신의 원자료들을 사용했다면, 이것은 분명히 요한복음의 역사성과 구성(composition) 및 저자 문제 등에 대해 우리가 지니고 있는 견해에 영향을 미치게 될 것이다. 그러나 요한복음에 대하여는 많은 문제가 뒤얽혀 있으며, 복음서 전승 전반에 대하여도 역시 많은 문제가 뒤얽혀 있다. 우리는 제4복음서 자체만을 보다 상세히 고찰하기에 앞서 먼저 이 문제들을 검토하는 것이 좋을 것 같다.

복음서 전승

(1) 만약 요한복음 전승이 독립적인 것이라면, 그것이 역사적으로 가치를 지닌다는 주장은 타당성이 높다. 이는 곧 제4복음서가 그 어느 복음서 연구에서도 더 이상 무시당할 수 없으며, 오히려 공관복음서들과 동일한 범주에 집어넣어야 함을 뜻한다.[105] 따라서 이제는, 공관복음서들은 '역사'이고, 요한복음은 '신학'이므로 요한복음이 다른 복음서들과 일치하지 않을 때에도 분명히 요한복음이 틀린 것이라고는 말할 수 없다.[106] 네 복음서 모두가 역사적인 동시에 신학적이며 신학적인 동시

105) 이 일을 하기 싫어하는 경향은 신약 학계에서 지금도 역력하다. A.J.B. Higgins, *Jesus and the Son of Man*(London, 1964)은 실제로 요한복음 전승의 인자 이야기 주제에 대한 연계성을 쉽게 배제한다(pp.153,182). S.S. Smalley, *'The Johannine Son of Man Sayings,' loc. cit.*, pp.278-81을 참조하라.

106) 그러나 전승들 사이에 상충(相衝)이 있을 경우, 그리고 요한의 정확성(accuracy)에 관한 논의가 있을 경우, 이것의 함의를 공관복음서의 신빙성에 비추어 대조해 볼 필요가 있다. A.M. Hunter의 책 *According to John*(1968), in *SJT* 22(1969), pp.374-6에 대한 D.E. Nineham의 서

에 역사적인 책이다(요한복음의 맥락에서 '역사적'이 무엇을 의미하는지에 대해서는 앞으로 고찰해 보아야 하겠지만).[107] 따라서 예수 전승에 관한 요한의 기록에는 요한복음 자체의 신학적 조형에도 불구하고, 전반적으로 공관복음 기록 못지 않은 정확성, 아니 때로는 한결 높은 신빙성을 지닐 가능성이 있는 것이다.

(2) 만약 공관복음 전승과 요한복음 전승 사이에 연계점들이 있다면(요한복음의 독립성을 전제로 할 때) 이것들은 '바탕'에 깔려 있다. 그 연계점들은 우리로 하여금 한 복음서가 다른 복음서로 옮겨졌을 가능성보다는 차라리, 공통적인 원시 기독교 전승을 모든 복음서 기자들이 공유하였을 가능성을 떠올리게 만든다. 때로는 요한의 자료들이 다른 복음서 기자들(특히 누가복음 기자)이 사용한 자료들과 괄목할 만큼 흡사함에도 불구하고 그렇다.[108] 오직 이같은 의미에서만 요한은 공관복음서 기자들과 일치한다.[109]

(3) 만약 요한 전승의 본질에 관한 이 결론이 정확하고, 제4복음서가 실제로 새 시각에 따라 재평가된다면, 복음서 비평은 전박적으로 타격을 입게 될 것이다. 이는 곧 자료 비평, 양식 비평, 편집사 비평 등의 방법을, 다른 복음서들에서와 마찬가지로 요한복음에도 객관적으로 즉 요한복음 전승은 반드시 이차적이며 열등하다는 전제함이 없이 적

평 중에서 이 목표를 지향하는 비난을 주목하여 보자.

107) 마가복음 1:1, 요한복음 20:31 등을 참조하라. 아울러 C.F.D. Moule의 복음전파(evangelism)는 네 복음서 기자 모두의 일차적 의도였다고 상기시켜 주고 있는 말을 주목하라. 'The Intention of the Evangelists', *loc. cit.*를 참조할 것. 요한복음에 나타나는 역사와 신학에 관해서는 이 책 5장을 참조하라.

108) J.A. Bailey, *The Traditions Common to the Gospels of Luke and John*;과 P. Parker, 'Luke and the Fourth Evangelist', *NTS*9(1962-3), pp.317-36등을 참조하라.

109) J.A.T. Robinson, 'The Place of the Fourth Gospel', in P. Gardner-Smith(ed.), *The Roads Converge*(London, 1963), pp.49-74, 특히 73f를 읽어 보라.

용할 수 있음을 뜻한다. 사실상 '공관복음서 문제'라는 표현이, 복음서 학도들이 당면하고 있는 분석 작업의 한 술어로서 더 이상 적합하지 않게 된 단계에 이르렀다. 복음서들에 종속되는 '문제'가 있다면, 그것은 단지 처음의 세 복음서들만이 아닌 모든 복음서들에 종속된다. '네 복음서들의 문제'라는 문구가 복음서의 기원, 복음서들 상호간의 관계 등에 있어서 핵심적 명제에 부합되는 보다 훌륭한 명칭인 것 같다.

한 걸음 더 나아가, 네 복음서들의 문제는 더 이상 스트리터(B. H. Streeter)라는 이름과 결부되어 있는 저 유명한 '네 문서 가설'에 의해 독단적으로 해결될 수 없게 되었다.[110] 우리가 인식하는 바대로, 그 명칭 자체가 '네 원자료 가설'로 수정되어야 할 필요가 있다.[111] 요한복음을 염두에 두고 생각한다면 우리는 한 걸음 더 나아가 과감하게 복음서 원자료의 문제에 대한 한 해결책을 '여섯 원자료 가설'로 수정 명명할 수 있을 것이다. 복음서들의 심층구조에 속하는 원자료들은 결국 마가, Q, M, L 등 뿐만 아니라 JA(우리가 요한 자신의 자료로 명명하였던 것)와 JI(공관복음 전승과 병행하는 자료에 의한 요한의 본문) 등으로 꼽을 수 있다.

이 경우에, 복음서들 사이의 상호 관계에 관한 현재까지의 연구의 결과는 다음과 같은 표로 묘사될 수 있다(T는 예수 전승의 기원들을 가리킴).[112]

110) B.H. Streeter, *The Four Gospels : a study of origins*(London, 1924), pp.223-70.

111) 원자료 비평(source criticism)은 아직까지도 살아 있는 명제이나, 그 어느 답변도 모든 비판 학자들을 만족시켜 주지는 못한다. 최근의 개관 및 보충적인 문헌(bibliography)으로서는, D. Wenham, 'Source Criticism', in I.H. Marshall(ed.), *New Testament Interpretation*, pp.139-52, 376f를 읽어 보라.

112) 제4복음서에 관한 '새로운 시각'은 진지하게 고려해 볼 필요가 있는 것으로서 요한이 공관복음들을 완전히 의지하지도 않았으며, 또한 완전히 공관복음들과는 독립되지도 않

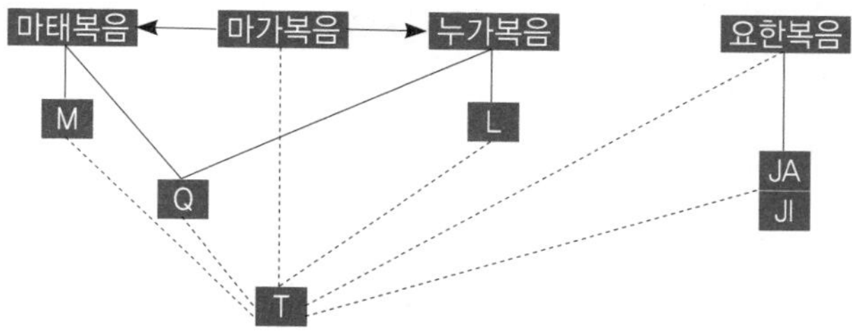

그러면 요한은 도대체 누구인가? 이상의 결과를 염두에 두고서, 우리는 다음 장에서 그 문제를 고찰할 수 있을 것이며, 요한복음의 배경 및 저자 문제를 살펴볼 수 있을 것이다.

았다는 점을 시사하고 있다. D.M. Smith, 'John and the Synoptics : some dimensions of the problem', *NTS*26(1979–80), pp.425–44를 읽어 보라. 아울러 B. de Solages, *Jean et les Synoptiques*(Leiden,1979)를 읽어 보라. 요한이 공관복음 기자들의 증언에 의존했다는 견해에 대한 최신의 기사를 보려면 F. Neirynk,'John and the Synoptics', in M. de Jonge(ed.), *L'Évangile de Jean : Sources, rédaction, théölogie*(Gembloux,1977), pp.73–106을 보라.

Chapter 1

새로운 시각

Chapter 2

요한은 어떤 사람이었는가?

요한의 배경

요한과 요한의 복음

이 복음서의 기록 시기

Chapter 3

요한은 어떻게 복음서를 썼는가?

Chapter ④

요한은 무슨 이유로
복음서를
기록하였는가?

Chapter ⑤

복음전도자
요한

Chapter ⑥

해석자
요한

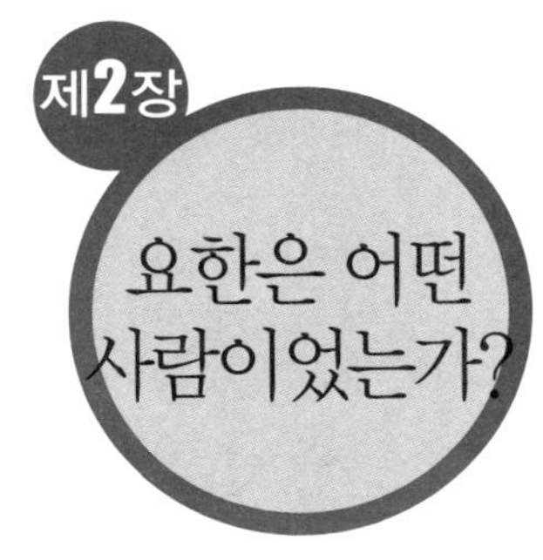

제2장 요한은 어떤 사람이었는가?

우리는 이제까지 제4복음서에 대한 새로운 시각에 관해 고찰하여 왔다. 우리의 탐구 결과 요한복음의 배경에 있는 전승이 요즈음 그 복음서의 저자 문제보다 훨씬 중요한 문제로 간주되고 있다는 사실과, 많은 증거가 그 기본 전승의 독자성 및 역사적 신빙성 쪽으로 기울고 있다는 사실을 알 수 있었다.

요한 전승의 중요성에 대한 이같은 주장은, 결코 제4복음서의 저자 문제가 지금 완전히 도외시될 수 있는 것임을 의미하지는 않는다. 우리는 여전히 이 복음서 속에 들어가는 전승 자료들에 대해 누가 일차적으로 책임을 지는가 하는 문제와 '요한'이 그 자료들과 하나라도 관련을 가졌는가의 여부를 알 필요가 있다. 우리가 이것을 알 필요가 있는 것은 그러한 질문들에 대한 답변들이 신약 학도 누구에게나 분명하고 즉각적인 관심의 대상이 되기 때문일 뿐만 아니라, 나아가 우리가 보다 실증적으로 요한 전승의 성격과 그것의 역사성의 범위를 결정하는 데 도움을 줄 것이기 때문이다. 만약 요한의 복음서가 그 어떤 실제적 의미에서든지 사도의 저작이라고, 즉 그 기원에 있어서 사도 요한과 관련되어 있다고 한다면, 요한복음에 대한 우리의 견해와 그 복음서의 예수 전승에 대한 증거를 보는 우리의 평가는 분명히 심각하게 영향받지 않을 수 없다. 요한에 대한 새 시각이 만들어 낸 한 가지 결과는 그런 종류의 연구가 다시 한 번 이루어질 수 있게 되었으며(실상 이루어져야 했다), 또 이것이 정당한 행위로 간주될 수 있게 되었다는 점이다.

그러면 요한은 어떤 사람이었는가? 우리는 이미 여러 번 '요한의 복음서'에 관해 이야기하였다. 만일 그것이 실제로 요한의 기록이라면 지금 우리는 어떤 의미에서 요한에 관해 논해야 할 것인가? 제4복음서의 기원과 저자 문제에 관한 제(諸) 질문에 답하는 최선의 길은 그 배경을 검토하는 것이다. 이제 이 문제로 우리의 관심을 돌려 보자.

요한의 배경

요한복음서의 배경 규명은 복잡한 과제가 아닐 수 없다. 무엇보다도 먼저 우리가 지금 어떠한 배경을 조사해야 할 것인지를 확정지어야 한다. 즉, 그것은 복음서의 바탕에 흐르는 기본적 요한 전승의 무대(이것이 발견 가능한 한), 이 문서의 저자(혹은 저자들)의 환경, 또는 그 문서의 직접 수신자의 배경 등이다.[1]

그러나 우리가 이렇게 여러 가지로 구분해 놓은 후 즉시 부딪치게 되는 또 하나의 문제는 요한이 자료 환경을 규정하면서 이들 제 배경을 따로따로 다루는 일이다. 한 예로, 제4복음서 기자의 배경을 그의 독자들의 것에서 분리하는 것은 결코 쉽지 않은 일인데, 이는 특별히

1) 참조. J.A.T. Robinson, '제4복음서에 대한 새 시각'(The New Look on the Fourth Gospel), *loc. cit,* pp. 98f.

우리가 제4복음서가 어떻게 기록되었는지, 한 사람의 손 이상을 거쳤는지 혹은 상이한 문장 구성상의 단계들을(또는 양자 모두를) 거쳤는지의 여부를 아직까지 단정짓지 못하고 있기 때문이다. 그렇지만 요한복음서의 근원적 배경을 규명하고자 한다면, 그리하여 이것을 요한의 전승이 (이미 언급된 대로) 형성된 환경에 관한 정보원(情報源)으로 삼는다면, 우리는 확실한 바탕 위에 서게 될 것이다. 그때 이 정보는 제4복음서가 기록된 전후 정황에 관해 그리고 결국은 누구를 위해 그것이 쓰여졌는지에 관해 보다 많은 사실을 알려 주게 될 것이다.

이 작업에 관련된 보다 복잡한 과제 하나는 요한복음서 배경의 본질 그 자체에 내재되어 있다. 요한복음서를 얼핏 훑어보기만 해도 십중 팔구 한 가지 이상의 기조가 그 안에서 발견될 수 있음을 충분히 확인하게 될 것이다. 우리는 이 복음서가 내포하고 있는 다양한 기류들을 살피고자 한다. 편의상 우리는 맨 먼저 요한복음서에 대한 그리스적 영향을, 이어서 유대적 영향을 고찰하고자 한다. 그렇지만 애당초 A.D. 1세기 기간에 유대주의와 헬레니즘이 불가불 어느 정도 겹쳐졌다는 점을 명심하는 것은 대단히 중요하다.[2)]

1. 그리스적 영향

1) 철학

애보트(E.A. Abbott)[3)]같은 이전의 요한복음 연구가들은 이 문서의 배

---

2) M. Hengel, *Judentum und Hellenismus*(Tübingen, 1973; 영역판, *Judaism and Hellenism*, 2vols., London, 1974)를 읽어 보라.

3) 참조. E.A. Abbott, '신약비평에 대한 평론'(*Notes on New Testament Criticism*)(*Diatessarica*, vol.

경을 일차적으로 헬레니즘에 결부시켰다. 물론 제4복음서가 A.D. 1세기의 지중해 세계에 전형적이었던 플라톤주의와 스토아주의의 파생 형태들에 속하는 언어와 사상들을 내포하고 있는 것은 사실이다. 그러나 요한이 이같은 철학 사상 체계들에 깊이 영향받았다고 결론 내리기에 앞서 다음 사실들을 주의 깊게 살피는 것이 필요하다.

우리는 플라톤주의 및 스토아주의적 사고의 성격을 먼저 간략하게 검토하고 이어서 이 사상에 대한 요한의 의존 정도를 측정하는 것이 바람직하다. 요한의 복음서가 기록될 즈음에 헬라의 황금기(플라톤이 살고 간 B.C. 5세기)의 순수 고전 철학은 절충적인 헬레니즘 사상에 물들어 버렸다. 플라톤주의와 플라톤이 창설한 학교(아카데미로 알려져 있다)는 A.D. 6세기까지 존속하였으며 그 영향력은 사뭇 컸다. 그러나 신약 시대 초기의 철학 학교들에서의 교양은 거의 전적으로 수사학에 치우쳤으며 플라톤적 사고 방식들은 관념적인 것으로 변해 버렸다. 그럼에도 불구하고 플라톤 철학의 주요 사상들은 존속하였다. 이 사상들은 시간 저편의 비가시적(非可視的)인 '실재의'(위의) 세계와 이 시간 안의(아래의) 세계에서 이루어지는 그 세계의 열등한 복사판인 현실 세계를 분리시키는, 전적으로 그리스적인 이원론적 대조를 그 핵심으로 한다. 한 걸음 더 나아가 이러한 기본 개념과 결부되어 파생한 것이 바로 인간의 월등한 마음과 열등한 육체를 갈라 대조하는 것이며, 아울러 마음이 신(神) 안의 참된 실재와 합일되려면 명상을 통해 그 물질

7, London, 1907), p. 6. 여기에서 Abbott경은 요한에 대한 에픽테투스(Epictetus)의 영향을 논한다. 아울러 J. Moffatt, 신약성서문학 입문(*An Introduction to the Literature the New Testament*) (Edinburgh, 1918[3]) pp. 522–5를 읽어 보라. Moffatt경은 여기서 요한의 복음서를 관통하여 흐르는 주류(구약을 떠난)는 바울 사상, 유대적 알렉산드리아파 철학, 그리고 스토아주의 등이라고 본다.

적 한계에서 벗어나야 완성에 도달한다는 관념 등이다.

스토아주의는 제노(Zeno: 335-263 B.C.)에게서 기원하였던 바, 그는 313 B.C.년에 구브로를 떠나 아테네로 와서 아카데미에서 수강하였다. 스토아주의자들은 구원보다는 안정의 추구에 몰두하였으며 로고스(Logos)의 중요성을 강조하였다. 이 낱말은 내재적 이성을 뜻할 수도 있었고 발현하는 표상을 뜻할 수도 있었으며, 신과 우주 양자 모두를 묘사하는 데 쓰였다. 스토아파의 견해에 따르면, 신과 세상과의 관계는 인간에게 있어서 영혼과 육체와의 관계와 같은데 바로 이러한 방식으로 로고스는 물질 세계에서 표현된다는 것이다. 이같은 세계관의 결과는 뚜렷하게 범신론적 관점으로서, 그것에 따르면 인간이 이성에 맞추어 살아갈 때 인간의 영혼과 우주의 '영혼'(신의 마음)은 일치하게 된다는 것이다.

우리는 과연 요한복음에서 플라톤주의나 스토아주의 요소들을 찾을 수 있을까? 첫째, 요한복음은 이 복음서 안에 언급되어 있는 일련의 대조 개념들을 복음서 기자와 예수 자신이 말한 것으로 돌리고 있다는 점에서 특징적이다. 요한은 '위로부터' 난 자와 '땅에서' 난 자(요 3:31) 사이의 차이에 관해 말하며, 또한 예수께서는 유대인들에게 '너희는 아래에서 났고 나는 위에서 났다'(8:23)고 말씀하신다. 비슷한 경우로, 예수께서는 니고데모에게 말씀하면서 육과 영을 구분하며(3:6), 나아가 제자들의 질문에 답하면서 역시 동일한 대조를 끌어다 쓰신다(6:63). 이러한 '위'와 '아래' 사이, 육과 영 사이의 대조법들은 거의 틀림없이 플라톤주의 세계관에서 파생한 것으로서, (우리가 이미 살펴본 대로) 그것에 따르면 위에 있는 이상 세계는 땅 위에 있는 열등하고 그

림자 같은 그것의 모형들 위에 대치되어 있는 것이다. 그러나 그러한 관념들은 신약성서 시대의 그리스-로마 세계에 편재하였으며, 장기간에 걸쳐 유대주의에 영향을 끼쳤다. 요한이 플라톤주의에 철석같이 의존하였다고 상정해야 할 까닭이 전혀 없는 것은, 그의 복음서가 그 당시의 유대주의-헬레니즘적 환경 아래서 만들어져 통용되었고, 다른 신약 기자들에 의해 실재로 공유되었던 시대 사상들과의 근사성을 보이고 있기 때문이다.[4)]

요한이 그의 로고스 술어(Logos terminology)를 복음서 서론(요 1:1 및 기타)에서 사용하는 점으로 미루어 그가 스토아주의 사고 유형에 철석같이 기대고 있다는 주장을 입증하려는 모든 시도에도 동일한 이치가 적용된다. 요한복음 1장의 작성은, 나중에 알게 되겠지만, 어떤 경우에도 큰 논란 거리가 아니다.[5)] 그러나 이것은 별도로 생각한다 해도, 제4복음서 기자에 의한 통속적인 스토아주의 개념 사용 그 자체를 근거로 그가 스토아주의자였다거나, 자신의 사상을 스토아주의에서 차용했다는 견해를 입증할 수는 없다. 첫째, 그는 로고스라는 낱말을 색다르게 사용하는데, 이는 성육하신 그 말씀(the Word)의 개념이 로고스를 신의 마음으로 보는 스토아파의 사상과는 판이하기 때문이다.[6)] 그리고 둘째, 우리는 지혜문학(설령 이것 자체가 헬레니즘적 사상들에 물들었다고 해도)을 포함한 구약성서를 굳이 벗어나 요한의 하나님의 말씀 개념 사용의 원천을 찾아내려고 할 필요가 없다.[7)] 우리가 이미 살

4) 참조. 히 8:5; 10:1. 육체와 성령 사이의 대조는 구약성서에서도 나타나고 있다. 참조. 사 31:3.

5) 이 책의 pp. 141-147, 150-151, 182-183을 읽어 보라.

6) Brown Ⅰ, pp. 519-24를 읽어 보라.

7) 참조. 창 1장; 신 32:46, 47; 시 33:6; 107:20; 잠 8:22-31; 지혜서 16:12, 26 및 기타 여러

핀 대로 요한을 알고 있을진대, 구약 성서가 그의 당연한 일차적 원천이라는 견해와, 로고스 용어에 결부된 스토아적 연합 관념들은 단순히 그의 그리스어권 독자들의 이해 촉구에 도움을 주고자 한 것이라는 견해는 개연성이 없지 않다.

2) 종교

제4복음서에 대해 있음직한 헬레니즘의 영향은, 그것이 당시의 유대주의를 통해 전달되었든지 그렇지 않았든지 간에, 그리스 철학만으로 그치는 것이 아니다. 제4복음서 기자와 그의 독자들 역시 혼합주의적(syncretestic)이고 이교적인 종교들(그것들 자체가 오리엔트의 영향을 받았다)이 무성하였던 당시의 지중해 세계에 둘러싸여 있었다. 요한의 전승이 유래한 장소가 팔레스틴으로부터 멀리 떨어지면 떨어질수록, 그 원천으로부터 이 전승에 여러 가지 압력이 가해졌을 가능성은 더더욱 높아진다.

이들 있음직한 종교적 영향들은 무엇 무엇이며, 어느 정도까지 요한복음의 배경이 그 요인들에 의해 형성되었다고 간주될 수 있을까? 우리는 네 가지를 검토할 수 있다.

(1) 신화(神話) 종교들

슈나켄부르그(R. Schnackenburg)는 이 맥락에서 비의(秘儀) 종교들

곳. 아울러 J.T. Sanders, '신약성서의 그리스도적 찬양시들: 그 역사적-종교적 배경'(*The New Testament Christological Hymns : Their historical religious background*)(Cambridge, 1971), pp. 29-57을 읽어 보라. 여기서 Sanders는 요한의 머리말이 '외래 종교들의 끊임 없는 영향을 받아 온 유대주의 안에서 이루어진 말씀(the Word)의 점진적 실체화'(hypostatization)의 보다 진전된 단계라고 믿는다(p. 56).

은 '고려할 필요가 거의 없다'고 단언하지만,[8] 그럼에도 불구하고 구세주 신(saviour god)의 신화를 구사하는 당대에 창시된 사교들[9]과 제4복음서 사이의 뚜렷한 관련 교리들을 그렇게 쉽게 배제해 버릴 수는 없다. 바레트(C. K. Barrett) 교수가 지적하는 바대로,[10] 그들은 거룩한 거듭남에 의한(요 1:12; 3:3, 5) 입교의 개념들과 성찬례전적 먹고 마심에 의해(6:51, 53) 성취되는 영적 생활의 개념들을 공유한다. 그럼에도 불구하고 요한의 세계와 이들 이방 종교 간의 차이점들(예를 들면, 그리스 엘류시아파 비의들, 또는 시리아의 아도니스의 비의들, 이집트의 이시스 및 페르샤의 미트라스 등에 얽힌 비의들)은 명백하다. 피상적인 공통점들에도 불구하고, 이들 헬레니즘계 신화들은 신화로 머물고 말았다. 성 요한의 예수는, 사교적 구세주 표상들과 비교할 때, 혈과 육으로 화신되고 있다(요 1:14). 즉 그의 기조(基調)는 궁극적으로 신화적인 것이 아니고, 도리어 순전히 역사적인 것이다. 그러므로 제4복음서가 그리스의 비의들이 가지는 종교적 관점과 어느 정도 일치되는 관점 하에서 쓰여졌다고 보는 것은 받아들이기 어렵다.

(2) 만다이 문학(Mandean Literature)

만다이파 사람들의 문학에 대한 라이첸슈타인[11]과 불트만[12]의 연구

8) Schnackenburg Ⅰ, p. 135.

9) 한 걸음 더 나아가 R. Reizenstein, *Die Hellenistischen Mysterienreligionen : nach ihren Grundgedanken und Wirkungen*(헬레니즘계 신비 종교들 : 그 근본 사상과 적용), (Leipzig and Berlin, 1927)을 읽어 보라. 이 책은 우선적으로 바울의 배경을 다루고 있다. 아울러 S.C. Neill의 *The Interpretation of the New Testament,* pp. 157-61도 참조하라.

10) Barrett, pp. 30f.

11) R. Reitzenstein, *Das Mandäische Buch des Herrn der Grösse und die Evangelienüberlieferung*(위대하신 주님의 만다이 성서와 복음 전수)(Heidelberg, 1919).

12) R.Bultmann, 'Die Bedeutung der neuerschlossenen mandäischen und manichäischen Quellen für das

는, 금세기 전반에 이루어졌던, 우리의 주제와 관련되는 한 가설을 도출케 하였다. 이 가설은 그리스도교 교리의 형성이 (특히 그 요한판과 영지주의판에 있어서) 그리스도교 이전의 만다이 신화에 영향을 받았으며 따라서 그 핵심에는 이란 계통의 구속 비의가 깔려 있다고 주장한다. 그 가설은 또한 세례자 요한이 만다이 신화 및 그 의전(ritual)의 형성에 원초적인 장본인이며, 만다이파 사람들 자신은 사도행전에 언급된(참조. 행 18:24-19:7) 세례자 분파의 계승자들이었다고 상정한다.[13)]

우리는 이라크와 이란에 오늘날까지 존속하고 있는 한 작은 공동체로부터 만다이 분파에 관한 지식을 얻을 수 있다. 그들의 문헌, 그 중 으뜸되는 『긴자』(Ginza: 보화)와 『요한의 책』(양자 모두 짧은 어록의 합본들이다) 등은 다양한 문학 형식들을 모아 놓은 것으로서 그 가르침은 마니교의 이원론 유형과 많은 근사점들을 지닌다. 만다이교의 교리는 통합해서 볼 경우 성격상 영지주의적인 것으로 간주될 수 있다. 그것은 (이미 언급한 대로) 영이 육에서 벗어남으로써 얻는 구원이라는 중심적 신화를 싸고 돈다. 이 해탈의 예비는 세례 의식의 적절한 집전으로 이루어진다.

현재까지 잔존하는 만다이파 문학(1947년 나그 함마디〈Nag Hammadi〉에서의 콥틱 영지주의 원본들의 발견 이후, 이 문학은 괄목

Verständnis des Johannesevangeliums'(요한복음서의 이해를 위해 새로 추론한 만다이교 및 마니교적 원천의 의의), *ZNW* 24(1925), pp. 100-46; 또한 *Das Evangelium des Johannes*(Göttingen, 1968[10]), pp. 10-15(요한복음 안의 술어 '로고스'에 미친 '영지주의적' 배경에 관하여), 이하 여러 곳; 영어 번역판, *The Gospel of John : a commentary*(요한의 복음: 주석적 연구)(Oxford, 1971), pp. 25-31 이하 여러 곳(=Bultmann, 이후의 인용은 영어판을 가리킴)을 읽어 보라.

13) C.H. Dodd, *The Interpretation of the Fourth Gospel*(Cambridge, 1953), pp. 115-30. 특히 120f. (=*IFG*)를 읽어 보라.

할 만한 재평가를 받아 왔다)은 A.D. 700년 훨씬 이전의 수집으로 간주할 수 없는데, 이는 『긴자』와 『요한의 책』 등이 무슬림 정복 전쟁 기간에 파생한 모하메드 및 이슬람 신앙에 대한 시사(示唆)들을 내포하기 때문이다. 의심할 여지 없이 문서들 중의 일부는 보다 이른 시기에 나온 것이지만, 우리는 만다이즘 그 자체의 기원에 대해서는 추측밖에는 할 수 없다. 만약 만다이즘의 제 기원(諸起源)이 라이첸슈타인과 불트만이 논증하는 대로, 사실상 그리스도교 이전의 것이라면, 결국 만다이파 사상과 요한복음 사이에 뽑아낼 수 있는 상응 구절들은 제4복음서의 배경 탐색을 하는 데 대단히 중요하다.[14)]

제4복음서와 만다이파 문학 사이의 가장 그럴 듯한 접촉점은 영지주의자들 사이에 소위 '구속자 신화'가 존재하는 사실에 있다. 만다이즘에서는 이 신화가 신적 존재의 형태를 띠는데(가장 중요한 것이 만다다하예=생명의 지식〈Manda d'Hayye=Knowledge of life〉이다) 그 신적 존재는 세상으로 내려와 어둠의 권세들을 정복한 후 의기 양양하게 빛의 세계로 승귀한다. 이로써 그의 행동은 신실한 자들에게 그들의 신화와 의전의 생생한 효력을 보장한다.

요한의 그리스도교 사상에도 비슷한 면이 나타나 있다. 구속자의 강림과 그의 영광으로의 승귀, 빛과 생명 등의 언어,[15)] 진리와 거짓 사이

14) 만다이교 경전들을 보다 일찍이 번역하고 편집해 낸 이는 릿즈바르스키(M. Lidzbarski)로서, 그는 『긴자』(*Ginza*) 및 『요한의 책』(*Book of John*)에 대한 그의 서론에서 라이첸슈타인과 불트만에 의해서도 개진된바, 요한이 만다이교에 영향받았다는 논리를 주장하였다. *IFG*, p. 115. n.1 에 인용된 문헌을 읽어 보라. 제4복음서에 대한 바우어(W. Bauer)의 주석, *Das Johannesevangelium*(Tübingen, 1933^3; =Bauer) 역시 만다이교 경전들이 요한복음에 활용되어야 한다는 불트만의 결론에 동조하였다.

15) 참조. 요 1:4.

의 대비,[16] '위의' 세계와 '아래의' 세계 사이의 대비[17] 등은 제4복음서를 통해 우리에게 익히 알려져 있는 것들이다. 그러나 이러한 개념들에 대한 요한의 해석은 만다이즘의 그것과는 판이하며, 특히 그것이 영지주의적이며 관념적인 세계관을 형상화한다고 평가될 수 없는 역사적 실재성과 구원에 대한 유대적-그리스도교적 이해를 감싸고 있으므로 그것을 설명하기 위해 굳이 만다이즘을 필요로 하지 않는다.[18] 마찬가지로, 릿츠바르스키(Lidzbarski)와 몇몇 사람들에 의해 제기된 세례자 요한과 만다이 분파 사이의 연관성, 그리고 세례자 분파의 실제 존속성-이것은 만다이 종파 형성에 있어 세례자 요한의 기여도에 관한 그들의 학설에 필수적인 부분을 이루고 있다-은 역사적 증거의 뒷받침을 받지 못한다. 만다이즘 문학에 세례자 요한이 등장하는 것이 신약성서에서 그에 관해 제공하는 지식에 아무 보탬을 주지 못하며, 몇몇 만다이즘 연구자들이 그것에 부여하고자 했던 의의를 굳이 살려야 할 필요가 없다.

만다이즘 텍스트들과 요한복음서를 비교해 보면, 우리로 하여금 만다이즘이 제4복음서의배경에 영향을 끼쳤다고 선불리 결론내리는 일을 삼가게 하는데 그 결정적 요소는 연대학의 그것이 아닐 수 없다. 릿츠바르스키, 라이첸슈타인, 불트만 등에 의해 제시된 만다이즘 및 만다이 텍스트들의 그리스도교 이전 기원설은 요한복음서가 만다이 사상에 의존한다는 그들의 가설의 바탕이 되는데, 그 초기 연대가 도전

16) 참조. 요 14:6; 18:37f.

17) 참조. 요 17:16; 요일 2:15-17.

18) E. Percy, *Untersuchungen über Ursprung der Johanneischen Theologie*(요한 신학의 기원에 관한 연구)(Lund, 1939)는 이같은 일련의 노선을 따라 요한의 신학이 만다이-영지주의적 배경에서 유래한다는 견해를 반박하는 입장에서 논증하였다.

을 받고 있다. 예를 들면, 피터슨(E. Peterson)은 만다이 분파가 A.D. 8세기 이전에는 발생하지 않았다고 논증하였으며,[19] 벌키트(F. C. Burkitt) 역시 이 분파의 구성원들이 시리아어판 페쉬타(Peshitta)를 알고 있었던 점으로 미루어 그 기원이 후대에 속한다고 믿었다.[20] 보다 최근의 탁월한 만다이즘 학자인 드라우어 여사(Lady E. S. Drower)는 만다이즘이 그리스도교 이전 시대로부터 파생한다는 명제를 재역설하였다.[21] 그렇지만 이것은 야마우치(E. M. Yamauchi)에 의한 만다이즘의 제 기원 연구에서 또 한 번 의문시되었다.[22] 야마우치에 의해 지적된, 만다이즘 텍스트들과 원시 그리스도교(뿐만 아니라 쿰란) 사이의 또 하나의 차이점은 각자의 경우 세례가 지니는 의의에 있다. 즉, 전자는 주술적이며 후자는 윤리적이라는 점이다.[23] 그러므로 그는 이 근거 및 다른 근거들을 바탕으로 하여 만다이즘을 그 기원상 그리스도교 이후의 것으로 간주한다.

요한복음서와 만다이 사상 사이에 존재하는 피상적 상응 구절들에도 불구하고 만다이교 문학의 내용이나 실지 텍스트들의 불확실한 연

---

19) E. Peterson, 'Urchristentum und Mandäismus'(원시 그리스도교와 만다이교), *ZNW* 27(1928), pp. 55–98.

20) F.C. Burkitt, *Church and Gnosis*(교회와 그노시스)(Cambridge, 1932), pp. 92–122, 특히 120–2.

21) 만다이 경전들에 관한 드라우어(E.S. Drower) 교수 저서의 참고 문헌 목록을 원한다면, 야마우치(E.M. Yamauchi), *Gnostic Ethics and Mandean Origins*(영지주의 윤리학과 만다이교의 제 기원)(Cambridge U.S.A. and London, 1970), pp. 95f.를 읽어 보라. 특히 기원에 관한 문제를 연구하려면, E.S. Drower의 매혹적인 연구, *The Mandaeans of Iraq and Iran: their cults, customs, Magic legends and folklore*(이라크와 이란의 만다이 교도들: 그들의 교의, 관습, 마술적 전설 및 민속)(Oxford, 1937, 1962), 특히 pp. 1–16을 보라.

22) E.M. Yamauchi, *op. cit.* 특히 pp. 85–9.

23) Ibid, pp. 83–5. *The Baptism of Hibil-Ziwa*를 참조할 것; 이 논문은 E.S. Drower편집, *The Haran Gawaita and The Baptism of Hibil-Ziwa*(*Studie Testi* 176, Vatican City, 1953), pp. 31f에 수록되어 있음.

대 등이 우리로 하여금 만다이즘이 제4복음서의 배경 연구에 그 어떤 실제적 중요성을 지닌다는 결론을 내리지 못하도록 유도한다.[24)]

(3) 헤르메스의 문학

요한복음서와 헬레니즘 종교 사이의 연결에 대한 또 하나의 탐구가 『헤르메티카』(Hermetica: 헤르메스 문서) 속에서 모색되고 발견되었다. 헤르메스 문서군(Corpus Hermeticum)은 (짐작컨대) 이집트에서 만들어진 문서군의 집성으로서, (비록 가끔 일부 어록의 연대를 A.D. 1세기로 추정할 수 있지만) 대부분 A.D. 2세기 내지 3세기 어간에 쓰여진 것이다. 이들 문서군은 하나의 철학적 관점을 바탕으로 한 종교적 주제들을 다루고 있는데, 그 철학은 플라톤주의와 스토아주의 사상의 한 혼합체이다. 그 글들은 헤르메스(트리스메기스투스)[25)]와 그의 아들들 사이의 대화 형식을 띠고 있으며, (신에 대한 지식을 통한) 인간 구원의 수단과 이에 관련된 윤리적 요구들에 관한 토론들을 싣고 있다. 본래 그리스어로 간행된 여러 모양의 책들은 범신론과 영지주의의 분위기를 풍기고 있다.[26)]

헤르메스 문학의 연구는 이들 문서군과 제4복음서 사이에 특히 이원론적 소론 I (포이만드레스, Poimandres)와 소론 XIII(데 레게네라티오네, De Regeneratione)에서 그럴 듯한 근사점들이 있다는 사실을 보여

24) 보충적으로 *IFG*, pp. 129f. ; Schnackenburg Ⅰ, pp. 138-43을 읽어 보라. 만다이교 경전들에 대한 영어 번역을 원한다면, W. Foerster(ed.), *Gnosis,* vol. 2(ET. Oxford, 1974), pp. 148-317을 참조하라.

25) 그는 고대 이집트의 전설적 현인(sage)으로서, 나중에 헤르메스(Hermes 즉, Thoth의 신)으로 신격화되었다. 여기서 이 문집의 이름이 유래한다.

26) A.D. Nock and A.-J. Festugière, *Corpus Hermeticum*(헤르메스 문집), 3 vols.(Paris, 1945-54)에 수록되어 있는 *Hermetica*의 표준판을 참조하라.

주었다.[27] 그리고 또한 언어와 사상에서도 뚜렷한 유사점들이 있다. 빛과 생명(결연됨), 진리, 지식, '시력' 등의 사상들은 양자 모두에서 나타난다. 포이만드레스에는 창조에 참여하고 영계와 물질계를 연결시키는 로고스의 개념이 실려 있다.[28] 데 레게네라티오네는 그 제목이 시사하듯, 지식을 전수한 입문자의 신생(新生)과 아울러 계시를 통한 구속에 관심을 갖는다. 그리하여 입문자는 하나님의 자녀가 되며, 나아가 '신격화' 되는 것이다.[29]

헤르메스 문서군의 연대를 고려할 때, 요한이 이 문학의 입장에 의존해왔을 가능성은 전혀 없다. 그러나 헤르메티카라는 문집 형태로 엮어진 이 사상들이 훨씬 이른 시기에 지중해 세계에 널리 회자(膾炙)하였으며, 결과적으로 제4복음서의 서술에 영향을 끼쳤을 가능성은 여전히 있다. 그러나 이것을 확증하기 위해서는, 요한복음과 헤르메스 문서군 사이에 존재하는 사상의 실제적인 공통점을 증명해 보이는 것이 필수적이라고 하겠다. 그런데 이것을 증명하는 일이 결코 쉽지 않다. 어떤 경우에도, '영지주의적'이니 '이원론적'이니 하는 술어들을 상당한 규정없이 제4복음서에 적용하기는 어렵다. 그러나 이 점을 떼어놓고서도, 면밀한 검토를 해보면 요한의 구원 신학은 헤르메티카의 우주발생론(cosmogony)과 구원론에서 사용된 것들과 피상적으로는 서로 닮은 것으로 보일 수도 있지만, 궁극에 있어서는 그것들과 판이하

27) *IFG*, pp. 34f.(첫 *libellus*), 50f.(제13 *libellus*) 등에 연결되어 있는 병행 구절들을 살펴 보라. *IFG*에서 *Hermetica*를 취급하고 있는 단락 전체, pp. 10–53을 읽어 보라.

28) *Poimandres*, ⅰ. 5f.를 참조하라. 같은 책 ⅰ. 6에서 *Λόγος υἱὸς θεοῦ*라는 생생한 문구가 나타난다. 보충적으로 C.H. Dodd, *The Bible and the Greeks*(London, 1935), pp. 99–209를 참조하라.

29) 참조. De Regeneratione(거듭남에 관하여), xiii. 2(입문자는 *θεοῦ θεὸς παῖς*로 태어난 것으로 묘사된다), 10(*ἐθεώθημεν τῇ γενέσει*).

게 차이를 보이는 용어들과 사상들을 포함하고 있다. 이렇게 포이만드레스의 로고스가 요한복음 1장과 함께 창세기 1장의 배경을 공유하고 있지만, 하나님의 계시에 관심을 갖는다기보다는 오히려 인간 영혼에 깃들어 있는 로고스에 응답하는 우주적 로고스에 훨씬 더 관심을 갖는다.[30] 마찬가지로 문집의 제13편(libellus)에 실린 거듭남의 사상들은 요한의 계시관 및 영생관과 일치하지 않는다. 요한에게는 거듭남이 영지적 현상(vision)에 의한 것이 아니라, 오직 나사렛 예수가 그리스도임을 '깨달음'(seeing=믿음)으로써(요 20:31), 그리고 그의 이름으로 인해 생명을 받아 누림으로써 얻어진다. 그리고 요한의 언어가, 『헤르메티카』에서 사용된 언어와 유사한 배경 속에서 교양을 쌓은 그리스어 독자들에게 꽤 호소력이 있긴 하지만 그럼에도 불구하고 두 문서 사이에는 술어 사용법상 중대한 차이점들이 있다. 짐작컨대 요한은 의도적으로 그노시스라는 낱말을 전면 삭제하는 데 비해, 헤르메스 문집들 속에는 제4복음서에 등장하지 않는 몇 가지 전형적인 헬레니즘적 사상들이 들어 있다.[31]

이와 같은 제 연구의 결과가 도드(C. H. Dodd)로 하여금 헤르메스 문

30) 참조. Poimandres ⅰ. 6이하; Schnackenburg Ⅰ, p. 137을 읽어 보라.

31) Schnackenburg Ⅰ. p. 138에서는 *ἀθανασία*, *αἴσθηοις*, *δημιουργέω*, *εικών*, *ιδέα*, *νοῦς* 등을 열거한다. 이 중 셋째 및 다섯째를 제외한 모든 낱말들이 신약성서 곳곳에서 사용된다. 물론 전형적으로 헬레니즘적인 방식으로 사용되는 것은 아니다. 요한의 관건적 단어 *γνῶσις*(그노시스)를 빼놓은 사실이 반드시 그가 의식적으로 자신의 사상 체계를 그리스적 영지주의의 사상 체계로부터 분리하고 있음을 뜻한다고 할 필요는 없다. 무엇보다도 요한이 *γινώσκω*라는 동사를 사용하고 있기 때문이다. 어쩌면 어디서나 동족(同族) 명사 대신 동사들을 사용하는 셈족 언어의 경향이(제4복음서에서 *πίστις*가 없는 데 반해 *πιστεύω*가 자주 사용된 점을 참고하라) 요한복음의 그리스어에 미친 영향을 즉각 반영하는 것일 수도 있다. 그러나 요한에게 있어 거듭남은 여전히, 순수하게 지적인 것이 아니라 인격적이고 도덕적인 것이며, 나아가 그리스도이신 예수께 대한 헌신과 관련한다(참조. 요 3:16-18 등). 이와 같이 그것은 영지주의자들의 그것과는 판이한 세계를 표상하는 것으로 보인다.

집이 '요한 사상의 일면에 흡사한 종교 사상의 한 유형을 형상화하면서도, 그의 사상의 어느 일면도 실질적으로 차용하지 않는다'고 제안하게 만들었던 것이다.[32] 도드는 헤르메티카에 대한 그리스도교의 직접적 영향은 없었다고 믿지만[33] 그럼에도 불구하고 여전히 이 문학을 요한복음의 해석에 유효한 자료로 여긴다.[34] 그러나 제4복음서와 헤르메스 문서군 사이에는 그들의 전망과 신학에 있어서 (도드 자신도 시인하듯이)[35] 엄청난 상충점들이 있다. 한 마디로 말해서, 전자는 그리스도교적이나 후자는 이교적-영지주의적이다. 동시에 그 접촉점들은 너무나 피상적이서 헤르메스 사상에 대한 요한 편에서의 그 어떤 실제적 의존도 배제하지 않을 수 없다.

(4) 영지주의

우리가 요한의 배경에 작용했음직한 헬레니즘적 영향의 정도를 알아내고자 이제까지 살펴본 문학(만다이교 원본들과 헤르메스 문집)은, 그 사상의 성격을 묘사하는 데 '영지주의적'이라는 용어의 사용을 촉구하였다. 우리는 이제 제4복음서와의 관련 속에서 영지주의라는 주제에 보다 가깝게 다가서서 그 뜻을 정의하지 않으면 안 되겠다.

'영지주의'라는 용어는 초기 그리스도교 수 세기 동안에 걸쳐 신비의 그노시스(gnosis, 즉 지식)를 통한 구원에 관심을 집중함으로써 인간과

32) *IFG*, p. 53.

33) *IFG*, pp. 33, 52f.; F-M. Braun, 'Hermétisme et Johannisme'(헤르메스 사상과 요한 사상). Rev. T 55(1955), pp. 22–42, 259–99 및 F.-M. Braun, *Jean le théologien: les grandes traditions d'Israël et l'accord des écritures selon le quatriéme évangile*(신학자 요한; 이스라엘의 위대한 전통과 제4복음서 기자에 의한 기록의 조화)(Paris, 1964), pp. 253–300(=*JT*) 등에 대한 반박 논문임.

34) *IFG*, p. 53.

35) *Ibid*.

세계의 근본 문제에 대한 답을 제시하려고 노력한 광범위한 종교 운동을 묘사하는 데 사용된다. 영지주의는 사실상 하나의 종교 체계라기보다 오히려 하나의 사상적 풍토였다. 초기 교부들이 영지주의 운동들을 오로지 그리스도교의 이단적 변형으로 보았던 데 비해, 현대의 학계는 영지주의를 그리스도교와는 전적으로 무관한 것으로 볼 수 있는 하나의 종교적-철학적 견해로 전망한다. 그러나 모든 학자들이 영지주의의 제 기원(그 원천들이 그리스도교 이전의 것인지, 또 실제로 그리스도교적일 뿐 아니라 유대적인 것인지)에 관해서, 또는 그 용어의 정확한 정의에 관해서조차 일치하지 않는다고 말해야 옳다. 이러한 이유로 이 주제에 접근하는 경우 언제나 신축성을 지니는 것이 중요하다. 그렇다고 할지라도 편의상 우리는 여기서 제4복음서에 대해 끼쳤음직한 헬레니즘의 제 영향과의 관련 하에 영지주의를 고찰하고자 한다. 그러나 이것은 결코 영지주의가 순수하게 그리스적인 현상으로 간주되어야 한다는 견해를 시사하려는 것은 아니다.

그리스도교 영지주의는 바실리데스나 발렌티누스 같은 사상가들의 현학적이고도 세련된 체계들을 바탕으로, A.D. 2세기 어간에 개화기를 맞았다. 이러한 그리스도교 영지주의 사상들은 한때, 영지주의의 가르침을 배척했던 초대 교회의 교부들의 저작을 통해서만 우리에게 전해졌다. 그러나 나그 함마디 서고의 케노보스키온(Chenoboskion)에서의 발견은 (특별히 진리의 복음 K. Grobel(ed.),[36] 및 토마스에 의한 복음[37]

36) K. Grobel(ed.), *The Gospel of Truth : a Valentinian Meditation on the Gospel*(진리의 복음 : 이 복음서에 대한 발렌티누스파의 한 명상)(London, 1960).

37) A. Guillaumont et. al.(edd.), *The Gospel according to Thomas*(도마에 의한 복음서), (Leiden and London, 1959).

등의 중요 문헌들을 통해) 우리로 하여금 A.D.2세기 영지주의에 곧바로 접하는 일을 가능하게 만들었다. 그러므로 우리는 그 어느 때보다도 더 유리한 입장에서 영지주의자들의 사상과 요한의 그것을 비교할 수 있게 되었다.

그리스도교 영지주의는 그 발전된 형태에 있어서 전적으로 지적이며 관념적이다. (대체로 그리스적인) 철학적 배경에서 이끌어 낸 신화적 사상들을 구사(驅使)하는 그 영지주의는 그리스도교 복음을 헬레니즘적 분위기에서 교육을 받은 사람들에게 납득될 수 있을 만한 언어로써 표현하려 했던 한 시도였다. 진리의 복음을 한번 훑어보기만 해도 영지주의적 그리스도교가 사도적인 기원과 신약성서적인 기원으로부터 결과적으로 얼마나 멀리 이탈하였는지를 잘 알 수 있다.

자신의 논문 속에서 이 주제를 다룬 노크(A. D. Nock)에 의하면,[38] 영지주의는 그것이 발생한 세계에서 한결같이 발견되게 마련인 세 가지 특성을 지닌다. 즉 악의 문제에 대한 선입관, 인간 환경으로부터의 소외 의식, 특수 지식에의 욕구 등이다. 우리는 이 세 가지를 모두 영지주의 체계들 속에서 발견할 수 있다.

영지주의자들의 견해의 근본적 특징은 이원론적인 세계관으로서, 그 안에서는 영혼 또는 마음의 상층 세계가 악한 물질의 하층 세계와 대치한다. 창조는, 무려(연중 매일 한 명꼴) 365명이 되기도 하는 일련의 중개 창조자들(demiurges)을 거쳐 하나님께서 친히 강림하실 때 이루어졌다. 영지주의의 구원 신화는 선한 원형 인간(Urmensch)의 선재

38) A.D. Nock, 'Gnosticism', *HTR* 57(1964), pp. 255-79(pp. 256f.를 보라); Z. Stewart(ed.), *Arthur Darby Nock : essays on religion and the ancient world*(종교 및 고대 세계에 관한 논문집), vol.2(Oxford, 1972), pp. 940-59(pp. 940-2를 보라)에 재수록.

적 표상과 더불어 시작되었는데 그 신화 속에서 그는 (인간 영혼들 같이) 악한 세계에 하강한 미세한 빛의 단편들로 분해되었다. 그러나 물질적 존재 상태로부터의 구제가 가능했는데, 이는 하늘의 구속자가 상층 세계로부터 그노시스(gnosis)를 가지고 왔기 때문이다. 즉 이 그노시스를, 입문자는 계시를 통해 얻음으로써 물질적 존재 상태로부터 구제되는 것이다. 이것을 받은 자들은 굴레에서 해방될 수 있으며, 나아가 일련의 중개자들에 의해 하늘의 광명계(光名界)에까지 회귀할 수 있다.[39]

이렇게 단순화된 요약으로써는 천변 만화를 거쳐 최종적 형태로 나타나는 영지주의 체계들의 복잡성을 도저히 완전하게 이해할 수 없다. 이러한 류의 사고에 대한 거시적 개괄에 착안하는 데 있어서 주안점은, 그것이 지닌 피상적 유사 종교 교지(敎旨)로 인해 그리스도교 복음의 표현(presentation)이 (특히 복음이 헬레니즘적 환경 속에서 육성될 때) 영지주의에 의해 영향받기가 얼마나 쉬운지를 밝히려는 것이다. 그러나 이미 오래 전에 동일한 철학적 성격의 영지주의적 선조들이 존재했는데 그들이 사도적 그리스도교의 표현 및 예수 자신의 메시지에까지 영향을 미쳤을지도 모른다. 아마 유대주의(와 쿰란)에도 성격을 부여했을 영지주의적 사고의 이러한 초기 형태들은 '전(前)영지주의'라고 불렸다.[40] 우리는 제4복음서 이외의 신약성서 일부 본문에서 나타나는 어떤 종류의 영지주의적 경향들[41]은 원시 그리스도교의 한 양태

39) 보충적으로 Brown Ⅰ, p. liv를 읽어 보라.

40) Bo Reicke, 'Traces of Gnosticism in the Dead Sea Scrolls?'(사해 문서들에 나타난 영지주의의 흔적들?), *NTS* I(1954–5), pp. 137–41(p. 141을 보라) 역시 마찬가지 견해이다.

41) '영지주의'라는 용어 사용을 둘러싼 혼란, 그리고 그 용어의 다양한 적용을 고려할 때, 그러한 경향들과 신약성서의 문헌 사이의 관계를 논하는 경우에는 이러한 종류의 술어를 사

였음을 알게 된다. 바울은 고린도와 골로새, 그리고 짐작컨대 에베소 등에서의 이러한 경향들에 대해 저항하지 않을 수 없었다.[42] 또한 요한의 첫 편지는 의심할 나위 없이 그 성격상 영지주의화 과정에 있었던 가현설적 이단의 빛 가운데서 일부가 기록되었다.[43] 그리고 필경 제4복음서 그 자체도 (그것이 그리스도교 영지주의의 후기 형태들에 의해 영향 받지 않았다고 가정할 때) 역시 이런 종류의 경향들에 물들 수밖에 없었다.

용하는 것이 한결 나을 것이다. J. Munck에 의한 용의 주도한 논문, 'The New Testament and Gnosticism'(신약성서와 그노시스), in W.Klassen and G.F. Snyder(edd.), *Current Issues in New Testament Interpretation : essays in honour of O. Piper*(London, 1962), pp. 224–38(Stud. T. 15[1961] pp. 181–95에 재수록 됨)을 참조하라.

42) 고전 1:22f.; 8:11f.; 골 1:16, 19f.; 2:1–3, 8; 엡 3:3f., 19 등을 참조할 것. 고린도 사람들과 바울의 교신(交信) 편지에 관련한 이 문제를 연구하려는 경우, W. Schmithals, *Die Gnosis in Korinth : Eine Untersuchung zu den Korintherbriefen*(고린도에 있어서 그노시스: 고린도전후서의 한 연구)(Göttingen, 1965[2]; ET *Gnosticism in Corinth : an investigation of the letters to the Corinthians*, Nashville and New York, 1971)을 참조하라. 영지주의화 경향들이 신약성서 시대에 만연하고 있었으며, 신약성서 저자들에 의해 그 경향들이 저항을 받고 있었다는 견해는 결코 현대적인 것이 아니다. 일찍이 이 견해를 취한 한 저술가는 17세기 영국의 목사 Henry Hammond로서, 'De Antrichristo'(적 그리스도에 관하여)라는 제목의 글로 발표되었다. H. Hammond, *Dissertationes Quatuor*(London, 1651), pp. 1–51을 참조하라. 그는 영지주의자들을, 신약성서의 모든 부분 특히 (요한 문집에 있어서) 요한일서 및 계시록에서 그리스도의 적대자들로 언급된 사람들로 간주하였다. 그와 같은 영지주의화 경향들이 골로새서에 진술되어 있는 사람들에게는 하등의 문제가 되지 않았다는 견해를 고찰하려면, M.D. Hooker, 'Were there false teachers in Colossae?(골로새에는 과연 사이비 선생들이 있었는가?), in B. Lindars and S.S. Smalley(edd.), *Christ and Spirit in the New Testament : studies in honour of Charles Francis Digby Moule*(Cambridge, 1973), pp. 315–31를 참조할 것.

43) 요일 4:1–3 및 기타; H. Hammond, *A Paraphrase and Annotations upon all the Books of the New Testament : Briefly explaining all the difficult places thereof*(London, 1681[5]), pp. 822–41을 참조할 것. Hannond는 영지주의가 제4복음서에서 폭 넓게 나타나거나 논박되고 있는 것을 발견하지 못한 것 같다. 그러나 pp. 323f., 요 19:35 부분 주석을 읽어 보라. 아울러 J.L. Houlden, *A Commentary on the Johannine Epistles*(요한 서신서 주석)(London, 1973), pp. 1–21을 참조하라.

■ 불트만의 견해

성서학계의 소위 '종교의 역사' 학파는 라이첸슈타인[44]과 부셋[45]에 의해 창시되어 불트만[46] 및 그의 문하생들에 의해 계승되었다. 이들은 '전(前) 영지주의'가 오리엔트(필경 이란계 또는 바빌론 계통 신화)에서 유래하여 그리스도교뿐만 아니라 유대주의 및 헬레니즘적 이교주의에 스며든 절충적 전통 사상이었다는 견해를 지지한다. 만약 비의(秘儀) 종교들이 A.D. 1세기의 전환기에 지중해 세계의 거주자들에게 구원의 한 길을 제시했다면, 영지주의는 다른 한 길을 제시한 셈이다.[47]

불트만에 따르면 요한의 사상은 필로(Philo)에 의해 대표되는 헬레니즘적 유대주의나[48] 또는 헤르메티카에 의해 대표되는 헬레니즘적 이교주의에서 유래하였다기보다는 오히려 이 원시 형태의 동방 계통 영지주의에 의해 형성되었다는 것이다. 불트만은 말하기를 요한이 의존했던 그노시스는 이미 언급한 보다 발전되고 헬라화된 그노시스와는 별개의 것으로서, 다른 여러 가지 사실들 중에서도 특히 절제된 이원론

44) R. Reitzenstein, *op cit*. 특히 각주 9 및 11을 참조할 것.

45) W. Bousset, *Hauptprobleme der Gnosis*(Göttingen, 1907)을 읽어 보라.

46) 특히 R. Bultmann, *Primitive Christianity in its contemporary setting*(당대의 배경에 있어서 원시 그리스도교) (ET London and New York, 1956), pp. 162–71; 아울러 R. Bultmann, *Gnosis*(ET London, 1952) 등을 읽어 보라. 보충적으로 Bultmann, pp. 7–9; 그리고 W.G.Kümmel, *The New Testament : the history of the investigation of its problems*(ET London, 1973), pp. 342–62; 특히 350–54 등을 읽어 보라.

47) 그러나 R.McL. Wilson, *The Gnostic Problem: A Study of the relations between Hellenistic Judaism and the gnostic heresy*(영지주의 문제: 헬레니즘적 유대주의와 영지주의적 이단과의 관계에 대한 한 연구)(Lodon, 1958), p. 225를 읽어 보라. 여기서 저자는 영지주의적 구속자 상(像)이 단순히 '시속적(時俗的) 신앙의 차원에서 그리스도교의 예수를 극단적으로 해석한 것'에 불과하다고 주장한다. 아울러 E.M. Yamauchi, *Pre-Christian Gnosticism*(그리스도교 이전의 영지주의)(London, 1973); 및 각주에 인용된 문헌을 참조할 것, 그리고 또한 R.H. Fuller, *The New Testament in Current Study*(현대 신약 신학의 동향), pp. 132f.를 참조할 것.

48) 이 책의 뒷부분 pp. 86–90, 필로(Philo)에 대한 언급을 아울러 읽어 보라.

을 보여 준다는 것이다. 이것은 유대주의, 그리고 구약성서의 창조 세계와 악의 세력들에 대한 궁극적 주권(sovereignty) 교리 등과의 융합이 빚은 결과일 수도 있다.[49]

불트만은 제4복음서 기자 자신이 한때 영지주의자였으며 그리스도 교화된 영지주의적 체계들 속에서 케리그마를 재서술하는 데 몰두하였다고 믿는다.[50] 복음서 담화들의 경우, 결과적으로 요한이 그 경향에 있어 영지주의적이었던 한 원천자료를 사용했다고 주장되어진다(우리는 나중에 이 점에 대해 보다 상세하게 다루게 될 것이다. 즉, 다음 장에서 요한의 담화들의 원천자료들에 관해 고찰하게 된다). 담화자료의 형성에 있어서, 불트만은 앞서 서술된 그 한 형태인 '구속자 신화'에 가장 우선적으로 의존했던 것으로 본다. 불트만은 요한이 천상(天上)의 구속자의 신화를 예수라는 역사적 인격에 접속시켰던 바, 그는 시간이 있기 전에 존재하였으며(요 1:1, 2), 세상의 빛으로(8:12) 성육하였으며(1:4), 영광 가운데 아버지께로 되돌아가(13:1, 31, 32) 아버지께 가는 길이 되었다(14:6)고 말한다.[51]

요한복음서 안에서 영지주의가 이렇게 재구성되었음을 뒷받침하는 근거가, 불트만에 의해 이미 검토된 만다이교 문학에서, 그리고 42편으로 된 A.D. 2세기의 가사집(歌辭集)으로서 그 사상과 언어가 제4복음서를 반영한 흔적을 지니고 있는 『솔로몬의 송가집』(*Odes of*

49) 참조. Brown Ⅰ, p. liv.

50) F.C. Grant, *The Gospels : their origin and their growth*(London, 1957), pp. 154–79. 특히 pp. 159f.에서 유사한 견해를 보인다.

51) Bultmann, pp. 19–83(서론에 관한 주석) 등을 참조할 것. 그럼에도 불구하고 불트만 역시 영지주의 신학과 요한 신학 사이의 차이점들을 본다(p.9). 그는 요한의 이원론이 비우주론적이라는 점에서 차이를 보이며, 따라서 이 점에서 제4복음서 기자는 구속자 신화의 개진에 있어서 반(反) 영지주의적 입장이 된다고 논술한다.

Solomon)에서 도출(導出)되고 있다. 그 송가집은 유대적인 기원에서 비롯하여 나중에 그리스도교화한 것이든지,[52] 아니면 처음부터 유대-그리스도교(Jewish-Christian)적 유래를 지닌 것이었다. 그것들은 성격상 영지주의적인 것으로 간주되며,[53] 천상의 구속자 상(像)의 신화론적 개념을 내포한다. 그러므로 송가집과 요한 사이의 관계가 실제로 존재하는가에 대한 문제는 여전히 상당한 토론의 주제가 되고 있다.[54] 그러나 만약 의존 관계가 정말로 존재한다면, 제4복음서가 송가집에 의해 영향받았다는 주장보다 오히려 그 역(逆)이 훨씬 타당성이 있다.[55]

요한복음서의 배경에 대하여 불트만이 체택한 견해는 사실상 여러 가지 점에서 의문의 여지를 남긴다. 첫째로, 우리가 일찍이 만다이즘 및 헤르메스 문학과 요한복음을 비교하면서 발견한 바와 같이, 요한복음을 그 어떤 실제적 의미에서 '영지주의적'이라고 간주하기는 어렵다. 그의 기본적이며 그리스도교적인 견해는 영지주의의 신화적 · 철학적

52) *Odes*가 쿰란에서 나온 *Hodayoth*(하다욧:감사 표현의 찬송시)와 비교되는 경우 이 가정은 보다 적당한 것으로 화한다. Schnackenburg, Ⅰ. pp. 143 이하를 읽어 보라. 아울러 J. Carmignac, 'Les affinités qumraniennes de la onziéme Ode de salomon.'(쿰란 문서들과 『솔로몬의 송시집』 제11번 사이의 유사점), *RQ* 3(1961-2), pp. 71-102도 참조할 것.

53) 다른 한편으로, J. Daniélou, art, 'Odes de Salomon', in DB(S) 6(1960), cols. 677-84를 참조하라. 아울러 J.H. Charlesworth, 'The Odes of Solomon-not Gnostic',; *CBQ* 31(1969), pp. 357-69를 참조하라.

54) F.-M. Braun, *Jean le théologien et son évangile dans léglise ancienne*(고대 교회에 있어서 신학자 요한과 그의 복음서)(Paris, 1959), pp. 224-51을 참조하라. *Odes*와 제4복음서에 대한 머리말과의 관계를 조사하려면 Brown, Ⅰ, p. 21(*Odes*는 아마도 요한복음에 의존한 것일 수 있다)를 찾아 보라.

55) 참조. Schnackenburg Ⅰ, p. 145. *Odes*의 최근판을 보려면, J.H. Charlesworth(ed.), *The Odes of Solomon*(Oxford, 1973)을 참조하라. *Odes*와 요한의 복음서가 상호 의존 없이 동일한 종교적 환경에서 유래한다고 논증하는 연구서를 원하는 경우 J.H. Charlesworth and R.A. Culpepper, 'The Odes of Solomon and the Gospel of John', *CBQ* 35(1973), pp. 298-322를 참조하라.

접근 및 그것의(동방 내지 그밖의 기원을 지닌) 훨씬 초기의 발현(發現) 형태들과는 판이하다. 제4복음서 기자는 구원의 역사적 기초에 대해 실제적 관심을 가질 뿐 아니라, 또 한편으로 영지주의가 지니지 못한 것, 즉 십자가를 통한 죄로부터의 구속을 말하는 구원의 신학을 가지고 있었다.[56] 요한에게는 구원이 결코 비밀리에 전수된 지식에 의해 성취된 무지로부터의 구제를 뜻하지 않는다. 그것은 오히려 그리스도인 동시에 중보자인 예수의 계시와 영화로서, 그의 구원의 공로는 믿음으로써 받아 누릴 수 있다.[57] 요한의 구원론은 역사적이고 그리스도 중심적인 데 반해 영지주의의 구원론은 신화적이고 관념론적이다. 요한의 이원론이 윤리적인 데 반해 그들의 그것은 (심지어 다듬어진 형태들에 있어서조차) 실체론적이다. 그러므로 비록 요한의 복음서와 요한 시대의 영지주의적 경향들 사이에서 제아무리 많은 유사점들이 도출된다고 할지라도, 결과적으로 요한이 영지주의적 사고 형태들에 깊이 영향받았거나, 혹은 그의 신학이 그들에게 의존하였다는 주장은 성립될 수 없다. 양자는 문자 그대로 동떨어진 두 세계이다. 고작해야 요한이 영지주의적 경향들을 염두에 두고 기록하였다고 논증할 수 있을지 모른다. 그러나 실상 우리가 앞으로 살펴보겠지만, 이것도 의문스럽다.[58]

불트만의 입장과 관련하여 제기될 수 있는 둘째 의문은 첫째 의문으로부터 말미암는다. 그것은 제4복음서 자체가 철저히 영지주의적인 어떤 범주의 틀 속에 잡혀 들어가는 것을 거부한다는 사실이다. 예

56) 요 12:31-6 등등.

57) 요 20:31.

58) 이 책의 뒷부분 pp. 250이하를 참조하라. R.McL. Wilson, *Gnosis and the New Testament*, pp. 45-8, 역시 요한의 영지주의적 성격을 의문시한다. 참조. J.M. Lieu, *Gnosticism and the Gospel of John* : *Exp*. T90(1978-9). pp. 223-27.

를 들면, 복음서 기자의 특이한 종말론은 말할 나위 없고, 그의 성례전 신학은 어떤 의미에서도 결코 영지주의적인 것으로 간주될 수 없다.[59] 두 경우 모두에 있어서, 요한의 견해는 그가 역사를 성육신 이후 영원에 의해 침입당한 것으로 간주한다는 사실에서 비롯된다. 그러므로 이제 물질적인 것은 영적인 것을 표현할 수 있다. 따라서 제4복음서 기자가 빵이 생명을 중개하는 것으로[60] 또는 시간이 심판을 가져다 주는 것으로[61] 서술하였을 때, 그는 말씀이 육신이 되어 주신 바로 그 목적이 되는 한 그리스도인으로서 부끄러움 없이 이를 말하고 있다. 물질적인 것들을 악하다고 보았던 영지주의자라면 도저히 이렇게 할 수 없었을 것이다. 따라서, 불트만이 요한을 획일적인 영지주의적 차원에서 해석하려 할 때 적지 않은 난점을 발견하는 것은 결코 무리가 아니다.[62] 초기 영지주의자들 자신도 이것을 하나의 문제점으로 보았던 것이다.[63]

셋째, 우리는 만다이교 문학 및 『솔로몬의 송가집』에 대해 짤막한 검토를 하였는데, 그 양자는 모두 불트만에 의해, 요한의 복음서의 배경에 영향을 끼쳤을지도 모르는 전(前) 그리스도교적 영지주의를 입증해 주는 보충적 증거로 인용되었다. 그 검토의 결과, 요한이 이 텍스트들

59) O. Cullmann, *Early Christian Worship*(ET London, 1953), pp. 37–119를 참조하라. 이 책은 엄격한 의미에 있어서 요한 사상의 성찬론적 해석을 옹호하는 변론이다. 그러나 S.S. Smalley, 'Liturgy and Sacrament, in the Fourth Gospel'(제4복음서에 있어서 예배전례와 성례전), *EQ* 29(1957), pp. 159–70을 읽어 보라. 아울러 A. Corell, *Consummatum Est : eschatology and church in the Gospel of St John*(다 이루어졌다: 요한복음서에 있어서 종말론과 교회)를 참조하라. (ET London, 1958), esp. pp. 79–112.

60) 요 6:51.

61) 요 3:18f.

62) 참조. S.C. Neill, *The Interpretation of the New Testament*(신약성서의 해석), pp. 309이하.

63) 참조. M.F. Wiles, *The Spiritual Gospel : the interpretation of the Fourth Gospel in the early church*(영적인 복음서: 초대 교회에 있어서 제4복음서의 해석)(Cambridge, 1960), p. 107.

이나 그것들이 형상화하는 사상에 의존하여 왔을 가능성은 전혀 확실치 않다는 것이 밝혀졌다. 정반대로, 오히려 그 양자 자신이 제4복음서에서 유래하였을 가능성이 더 크다.

마지막으로, 그리고 필경 불트만의 명제에 가장 치명적인 것으로서, A.D. 2세기의 발전된 그리스도교 영지주의 안에서 융합되었고 바로 이 융합에 의해 실제로 후기 영지주의 체계들을 만들어낸 절충적 요소들이, 1세기 초기에 그러한 방법으로 결합되어져 그것들이 전 영지주의 사고 유형을 제공하여 요한의 견해를 형성할 수 있도록 하였다고 가정할 만한 증거가 전혀 없다. 영지주의 신화는 그 최종적 형태에 있어서 상이한 원천자료들과 환경(milieux)에서 유래한 사상들을 종합한 것이다. 그리고 원시 형태에 있는 어느 한 사상이 발견되었다고 해서 그것이 곧 다른 사상들과의 친숙 관계를 암시하지는 않는다. 그러나 초기 연대의 지적 관념들이 그렇게 종합되는 일이 없으면, 우리는 제4복음서의 바탕을 이룬 전 그리스도교적 내지 그리스도교적 영지를 소유하지 않게 된다. 노크(A. D. Nock)는, 나그 함마디에서 발견된 문서들은 영지주의가 2세기에 '관념론적 사상에 뿌리를 둔 그리스도교적인 한 이단'으로 간주되었다는, 일찍이 교부 시대 때부터 주장되어 온 견해를 확증하여 준다고 주장한다.[64] 그러나 브라운(R. E. Brown)이 '원시 영지주의적 태도 및 요소들'[65]이라고 부르는 것의 형성은 전자보다 훨씬 늦게 이루어졌다. 그리고 잔존하는 증거는 예수 그리스도를 옹호하고자 내세워진 주장들이 그것을 추진시켰음을 강력하게 시사한다.[66]

64) A.D. Nock, 'Gnosticism'; *loc.cit.*, p. 276(p. 956).

65) Brown I, p. Ⅰv.

66) C. Colpe, art. 'Mandäer', in RGG4(1960), cols. 709-12, 여기서 저자는 우리가 이제까지 논란

결과적으로 요한의 배경에 관한 불트만의 사상들은 의문의 여지 없이 받아들여질 수 없게 되었다. 이는 제4복음서 기자가 설령 어떤 그리스어권 청중에게 호소력을 지녔을 술어들과 사상들을 사용하였을지라도, 그가 영지주의 형태의 배경에 대항하여 복음서를 썼다고 주장하기에는 증거가 불충분하기 때문이다.[67]

공교롭게도 불트만의 망령이 여전히 크게 확대되어 보인다. 에른스트 캐제만의 제4복음서에 관한 최근 저작은 여러 면에서 불트만의 입장을 좇고 있다. 『예수의 언약』(*The Testament of Jesus*)[68]에서 캐제만은 요한의 그리스도론이 가현설적(假現說的)이며 따라서 그 면에서 이단론적이라고 논술한다.[69] 그는 제4복음서 기자에게 있어서 성육신은 실재적이라기 보다는 오히려 가현적이며, 따라서 인간 존재로의 전적 화입(全的化入: total entry)을 의미하지 않는다고 주장한다(p.65). 결과적으로 캐제만의 견해에 따르면 요한복음서의 기원은 그리스도교

하고 있는 '구속자 신화'가 그리스도교 이전의 것이 아닌가 의심한다. 아울러 Schnackenburg Ⅰ, pp. 543-57, 'The Gnostic Myth of the Redeemer and the Johannine Christology'에 관한 보주(補註) 6을 참조할 것.

67) 불트만에 의하면, 요한에 영향을 준 원시적 영지주의가 궁극적으로 (그의 견해에 비추어 볼 때) 동양적 상황에서 유래하였음에도 불구하고, 그 헬레니즘적 유사점들은 뚜렷이 드러난다는 것이다. 그럼에도 불구하고 불트만 자신은 (pp. 9-12) 요한이-A.D.I세기말에 이르러-시리아의 영지주의 계열의 추종자들에게 복음의 진리를 확신시키고자 글을 썼다고 믿는다. 보충적으로 C.K. Barett, *The Gospel of John and Judaism*(요한복음서와 유대주의)(ET London, 1975), p. 7를 참조할 것. 바레트는 요한의 복음서를 그 영지주의적 배경의 재구성을 위해 사용하고 다시 (짐작컨대 복음서 기자에 의해 다시 손질된) 이 영지(gnosis)를 그 복음서를 설명하는 데 활용하는 불트만의 입장이 지니는 순환성(circularity)에 주의를 돌린다.

68) E. Käsemann, *Jesu letzter Wille nach Johannes* 17(요한복음 17장에 나타난 예수의 유언)(Tübingen, 1967[2]; ET *The Testament of Jesus : a study of the Gospel of John in the light of chapter* 17, London, 1968). 영어 번역판에 참고 문헌 목록이 첨부되어 있다.

69) 그렇지만 '정통'(orthodoxy)이니 '이단'(heresy)이니 하는 용어들이 제4복음서가 기록된 당시에 이 책에 적용될 수 있었는지는 매우 의심스럽다. S.S. Smalley, 'Diversity and Development in John' *loc. cit*., pp. 276-92를 참조할 것.

전승이 '어느 정도 거칠어지지'(p.36) 않을 수 없었던 한 독립적인 (필경 시리아의) 공동체에까지 소급되어져야 한다. 그러므로 요한은 영지주의화 경향들을 지닌 한 비밀 집회소의 분위기 안에서 복음서의 영지주의적 선포의 길을 마련하게 된 하나의 문서를 기록하였다. '그렇지 않았으면 그것은 벌써 그 영향력 아래 놓여졌을 것이다'(p. 73).

불트만의 견해에 못지 않게 캐제만의 그것 또한 허다한 의문점들을 안고 있다. 첫째, 요한의 복음서가 초기 가톨리시즘의 주류에서 이탈되었다고 하는 캐제만의 견해는 곧 그가 그 당시에 있어서 '영지주의'라는 말이 정확하게 무엇을 의미하는지, 또 요한이 이것에 의해 영향받았는지 여부를 정확하게 판단해 보지 않고서 요한복음서의 후기 연대를 주장하는 것을 의미한다. 둘째, 필자는 제4복음서 기저(基底)의 독립적이고도 역사적인 요한 전승의 가능성을 심각하게 받아들이지 않고 있지만, 그 전승은 (신학적으로 해석하는 경우) 신빙성 있는 예수의 메시지의 원천(au fond) 기록을 보존하는 것일 수도 있다. 셋째, 캐제만의 연구는 제4복음서 전체에 관한 결론을 이끌어 내는 데 있어, 이 복음서의 후기적 요소들로 간주될 수 있는 것들, 곧 서언과 요한복음 17장에 나오는 예수의 기도 등을 근거로 하고 있다. 이것은 제4복음서의 작성과 편집의 문제에서 벗어나는 바 우리는 이것을 나중에 고찰하게 될 것이다.[70] 마지막으로, 예수의 그리스도론에 대한 캐제만의 해석은 결정적으로 평형을 잃고 있다. 요한의 예수 묘사에 관련한 요소들이 그 자체만을 취할 경우에는 일종의 가현설로 해석될 수도 있겠지만, 전체적으로 보아 '인성이 배제된 신성'의 해석으로 간주되기는 거

70) 이 책 뒷부분의 제3장, 특히 pp. 183이하를 참조하라.

의 불가능하다. 요한적 그리스도론의 피할 길 없는 인간적 요소들을 모든 관찰자들은 익히 알고 있다.[71)]

그러므로 우리는 다시 한 번, 제4복음서 기자와 그의 전승을 '영지주의적'인 것으로 낙인찍으려는 기도는 터무니 없는 일이라고 결론짓지 아니할 수 없다.[72)]

【결 론】

'영지주의'라는 표제 아래서 이제까지 우리가 검토한 것 중 어느 한 가지도 우리로 하여금 이같은 종류의(전 영지주의 내지 영지주의, 동방 내지 헬레니즘 계통의) 사상들이 제4복음서의 배경에 깊은 영향을 미쳤다는 결론을 내리게 하지 않는다. 만다이 문학 및 헤르메스 문학의 지적 내용에 관해서, 그리고 신비주의 종교들에 관해서도 동일한 논리가 적용될 수 있다. 그러나 우리가 그리스적 종교 배경이 요한에게 영향을 주었으리라는 문제를 매듭짓기에 앞서, 우리는 헬레니즘적 유대주의로부터 온 또 하나의 가능성 있는 영향을 검토해야 할 것이

71) G. Bornkamm에 의한 Käsemann의 저서에 대한 의미 깊은 비평서, 'Zur Interpretation des Johannes-Evangeliums : Eine Auseinandersetzung mit Ernst Käsemanns Schrift "Jesu letzter Wille nach Johannes 17"'(요한복음 해석에의 시론: 에른스트 캐제만의 논문, "요한복음 17장에 비추어 본 예수의 유언"에 대한 논의), *Ev.T* 28(1968), pp. 8–25를 읽어 보라. (G. Bornkamm, *Geschichte und Glaube*(역사와 신앙), vol. 1(Gesammelte Aufsatze 3, München 1968), pp. 104–21에 재수록되었음. 아울러 S.S. Smalley, 'The Testament of Jesus : another look'(예수의 유언: 또 하나의 시각), *SE*. 6(1973), pp. 495–501을 참조하라.

72) 이 책의 뒷부분 pp. 203–208을 보충해서 읽어 보라. 영지주의 전반을 고찰하려면, 보충적으로 W. Foerster(ed.), *Gnosis*, ed. R.McL. Wilson, 특히 vol. 1(ET Oxford, 1972)를 참조하고 요한복음서와의 관계에 대해 살피려면 *IFG*, pp. 97–114, 특히 112–14를 읽어 보라. 아울러 G. Quispel 'L'E'vangile de Jean et la Gnose'(요한의 복음서와 영지주의), in F.-M.Braun et al., *L'E'vangile de Jean : études et problèmes*(요한의 복음 : 그 연구와 과제)(Bruges, 1958), pp. 197–208(요한은 전〈前〉 영지주의 사고 유형에 영향받지 않았다). 아울러 다른 측면에서, W.G. Kümmel, *Introduction to the New Testament*(ET London, 1975²), pp. 217–218을 참조할 것.

다.[73] 그것은 바로 필로이다.

3) 필로

유대인 저술가 알렉산드리아의 필로(약 20 B.C.-A.D. 50)의 절충적 사상은 유대주의 및 당대의 철학 체계들(그중에서도 특히 플라톤주의와 스토아주의)에서 유래한 요소들을 조합한 것이다. 필로의 작업은 헬레니즘적 범주 내에서 유대주의에 대한 이해를 표현하려는 시도였으며, 또한 그가 구약성서의 경건뿐만 아니라 그리스 철인(哲人)들의 종교적 견해에 얼마나 깊이 영향받았는지를 보여 준다.[74]

이 저술가와 요한 사이의 근사점들을 쉽게 지적할 수 있다. 그들은 모두 하나님을 아는 지식이 인간의 주요한 목적이라고 생각한다. 헤르메스파 사람들에게 있어서 하나님을 아는 것은 하나님의 아들이 되는 것이다.[75] 그러나 필로에 있어 거듭남은 (헤르메티카에 있어서처럼) 신성화를 뜻하지 않는다. 하나님에 대한 지식, 실재 및 불멸성에 대한 탐구 등을 필로는 플라톤주의 어법적인 용어를 사용하여 가시적이고 유전(流轉)하는 물질 세계로부터 벗어나 비가시적이고 실재적인 절대 존재의 세계로 들어가는 것으로 표현하였다. 이것은 한순간 신비한 깨달음(覺)에 의해 성취되며[76] 또 한순간 아브라함을 그 대표적 선례로 하

73) 'Hellenistic Judaism'(헬레니즘적 유대주의)라는 말은 1세기 지중해 세계에 전형적인 유대-그리스적 종합에 대한 한 유용한 묘사가 아닐 수 없다. 그러나 그 말은 수준의 문제, 그리고 유대적 요소와 헬레니즘 요소가 혼합된 양 등의 문제를 그대로 남기고 있다.

74) *IFG*, pp. 60f. *IFG*, pp. 54-73의 Philo에 대한 장 전체를 읽어 보라. 도드는 Philo가 이들 두 종교적 관습(유대적인 것과 그리스적인 것)을 한 방향으로 융합할 수 있었다고 주장하면서도, '궁극에 있어서는 그 둘이 동화되지 않은 채로 남아 있다' 고 믿는다(p. 61).

75) *De conf*. 145.

76) *De praem*, 45.

는 신앙에 의해 성취된다.[77]

이러한 플라톤주의적 가르침 외에도, 필로는 스토아주의적 로고스 개념에 의존한다. 비록 그의 로고스에 대한 견해가 복합적이지만, 명백한 사실은 필로에게 있어 로고스는, 세계의 창조와 질서 관리의 수단인 동시에 세계와 하나님 사이를 연결하는 고리(the link)라는 점이다. 로고스는 천상의 (참) 사람(Man)과 동등시될 뿐만 아니라 각각의 인간 영혼에 깃들어 있는 실재의 사람과도 동등시된다. 이로써 사람은 보편적인 로고스와의 동질성을 소유하게 되며, 결과적으로 그 로고스와의 교제를 통해 하나님에 대한 지식으로 비상(飛翔)할 수 있게 된다.[78]

필로와 요한의 복음서 사이에서 나타나는 뚜렷한 연계점들은 이미 오래 전에 부각되기 시작하였다. 제4복음서 기자 역시 영원한 생명을 하나님에 대한 지식으로 말미암는 것으로 묘사하며(요 17:3), 또 필로와 마찬가지로 로고스 교리를 빌어 자신의 구원신학을 표현하고 있다(1:1–14). 한 걸음 더 나아가, 요한은 몇몇 술어 및 개념들(예를 들면, *ἀληθινός*)을 현저히 필로적(Philonic)인 방식으로 사용한다.[79] 그러나 차이점들도 있는 바, 요한복음에는 전형적인 헬레니즘적 유대주의에 속하는 주도적 개념들이 없으며[80] 아울러 요한이 필로와 공통으로 소유한 것으로 보여지는 몇몇 사상들을 사용하는 방식에 있어서도 차이가 있다. 예를 들면 두 저자 모두가 그들의 로고스 사상을 (최소한, 한 방향에 있어서) 유대주의의 지혜 문학에 나오는 소피아(*Σοφία*)의 표상

77) *De migr*. I–6.

78) *De spec. leg.* iv. 14.

79) 요한복음 8:40; 14:6 등등과 Philo, *Quod det*. 22(*πρὸς ἀλήθειαν ἄνθρωπος*)를 비교하라.

80) Schnackenburg Ⅰ, p. 125를 보라. 그는 여기서 *ἀθανασία*, *ἀφθαρσία*, *εὐδαιμονία*, *εὐσίβεια*, *ἀρετή εἰκών* 등을 열거한다.

에 의존하는 동시에[81] 구약 전반에 의존하고 있다.[82] 그러나 하나님의 말씀에 대한 요한의 신학은 필로의 철학적 해석은 도저히 미칠 수 없는 방식으로, 성경과 역사에 닻을 내리고 있다. 비슷한 논리로, 제4복음서에 있어서 "참된"이나 "진리" 등의 범주들의–요한복음 15:1의 포도나무 비유의 경우처럼–용례(用例)는 (필로의 경우처럼) 일종의 알레고리적인 사고의 전개를 따른다기보다 오히려 은유적(隱喩的)인 전개를 보인다.

필로는 알레고리적인 주석에 매우 많이 기울어져 있었으며, 그것에 의해 그는 모세 오경(Pentateuch)을 자신의 설교학 내지 복음 전도적 목적에 맞추어 해석해 낼 수 있었다. 그러므로 그에게 있어 율법(Law)과 로고스(Logos)는 밀접하게 연관되어 있었다. 요한이 구약성서를 거의 알레고리화하지 않는다는 점을 되새기지 않는 한, 이것은 또한 요한의 접근으로도 간주될 수 있다. 그러나, 도리어 그는 구약의 주제들을 그리스도교적 터전 안에서 재서술하고 재적용하고자 여러 이미지 및 설명들을 동원하고 있을 따름이다.[83]

그러면 어느 정도까지 제4복음서 기자가 필로에 의해 대표되는 헬레

81) 잠언 8:22–31; 시락서 24장 등을 참조하라. 유대 사상의 지혜상(相)에서 우리는 실제로 필로보다 오래 전에 유대주의와 헬레니즘이 동화된 사실을 발견할 수 있다. 아마도 의도적으로, 요한은 그의 복음서에서, *γνῶσις*라는 명사를 빼버린 것같이, 역시 생생한 술어 *σοφία*(소피아) 사용을 피한 것으로 보인다.

82) *De opific*. 26ff.와 요한복음 1장을 비교해 보라. 양자 모두 창세기 1장을 소급하고 있다.

83) 이 책의 뒷부분 pp. 111이하를 읽어 보라. Dodd는 *IFG*, pp. 55–8에서 요한과 필로 사이의 유사점을 그와 같은 알레고리의 사용에서가 아니라, 양자 공통의 상징주의 어법 사용에서 찾고 있다. 그는 하나님을 빛으로(요한복음 1:9과 *De migr*. 40을 비교하라), 샘물로(요한복음 4:10, 14를 *De fuga* 197f와 비교하라), 그리고 목자로(요한복음 10:1ff.와 *De agric*, 50–3과 비교하라) 비긴 상징어들을 지적한다. 그러나 다시 한 번 이 병행절들에는 요한 신학의 비(非)철학적 기조(ethos)에서 야기되는 한계점들이 상존(尙存)한다.

니즘적 유대주의에 의존하고 있다고 운위(云謂)될 수 있는가? 도드(D. H. Dodd)는 필로에 있어서의 사상 영역과 제4복음서에 있어서의 그것 사이에는 '괄목할 만한 상사점'이 있으나,[84] 동시에 명백한 차이점들이 존재한다고 생각한다(예를 들면 요한에게 있어 로고스는 성육신하시는 데 비해, 필로에 있어서는 로고스가 여전히 비인격으로 남는다). 바레트(C. K. Barrett)도 필로 사상에 요한이 동조하고 있음을 강력히 피력한다. 따라서 그는 "제4복음서의 가장 확연한 배경은 헬레니즘적 유대주의이다"라고 주장한다.[85]

우리는 과연 그렇게 확신할 수 있는가? 다른 방향에서 반론을 제기할 만한 몇 가지 요소가 있는 것 같다. 첫째, 우리는 필로가 A.D. 1세기 팔레스틴에서 알려지고 읽혀졌는지 알지 못한다. 둘째, 요한은 필로에 대한 문헌상의 의존을 전연 보이지 않는다. 셋째, 만일 이들 저자 상호간에 공통의 기반이 있다면, 그것은 유대적 배경에 양자가 모두 의존했던 점에 기인한 결과일 가능성이 높다. 어느 경우에든지, 요한도 필로도 로고스를 그것에 대한 유대적이면서도 그리스적인 이해를 종합하는 방식으로 성찰한 최초의 인물은 결코 아니었다. 우리가 지금 이에 대한 증거는 하나도 확보하지 못하고 있지만 두 저자는 한결같이 그러한 사상의 기나긴 역사의 절정을 이룬다고 할 수 있다.[86] 넷째, 우리가 이미 살펴본 바대로, 헬레니즘적 연계점들을 지니고 또 필로와 요한에 의해 공유된 제 술어 및 사상들은 양자에 있어서 서로 매우 다르게 사용되었

84) *IFG*, p. 73.

85) Barrett, p. 33.

86) R.Mcl. Wilson, 'Philo and the Fourth Gospel', *Exp*. T. 65(1953-4), pp. 47-9, 특히 47f. 역시 같은 견해를 표명한다.

으며, 판이하게 다른 출발점들을 전제한다. 제4복음서 기자의 접근은 그리스도교적이며 역사적인 데 반해, 필로의 접근은 유대적이며 철학적이다. 다섯째, 두 저자는 방법에 있어서도 큰 차이를 보인다. 필로의 끈질긴 알레고리화 작업은, 이제 우리가 살펴보게 되겠거니와, 제4복음서에 나타나는 구약성서의 해석과는 차이를 보인다.

그러므로 우리는 필로와 요한이 과연 공통적인 유대적-헬레니즘적 배경을 공배(共配)하는 것 이상의 연관성을 지니는지 의심스럽다고 결론지을 수 있다. 그 어떤 근거에서든 요한이 필로에게 또는 필로가 대변하는 지적 기조(基調: ethos)에 영향받았다고 가정할 만한 실제적 이유들이 전연 없다.[87]

【결 론】

제4복음서 기자 및 그의 전승에 대해 있음직한 그리스적 배경을 고찰한 결과 우리는 양자 중 어느 하나도 그 당시의 전형적 유대주의에 속한 것을 벗어날 만큼 헬레니즘에 깊이 영향받은 것 같지는 않으며, 유대주의와 헬레니즘의 이러한 혼합은, 신약 시대 이전의 여러 세대에 걸쳐 팔레스틴이 어쩔 수 없이 받아야 했던 고전적 영향들에 비추어 볼 때, 기정 사실로 받아들여질 수 있다는 결론에 도달하게 되었다. 이 경우에 있어서 우리가 이제껏 주목해온 바, 요한복음에 나타나는 헬레니즘적 상사점들은 요한 내지 그의 전승 편에서의 헬레니즘에 대한 우

87) 필로와 요한에 관련해서는, 보충적으로 A.W. Argyle, 'Philo and the Fourth Gospel', *Exp*, *T*. 63(1951-2), pp. 385f.(유사점들은 우연의 일치가 아니라는 견해)를 참조하라. 아울러 *JT*, pp. 296-8을 참조하라. 일반적으로는 A.D. Nock, 'Philo and Hellenistic Philosophy', in Z. Stewart(ed.), *Arthur Darby Nock*, vol. 2. pp. 559-65를 참조하라.

선적 의존을 시사한다기보다, 오히려 제4복음서의 최후 형태에 있어서 그 그리스계 또는 유대-그리스계 독자들의 호소를 대변하는 것으로 설명될 수 있다.

이 결론을 적극적인 방향에서 뒷받침하는 근거가, 앞서 언급된 요한의 배경에 미친 유대주의적 영향들의 가능성에 대한 최근의 연구들에 의해 제공되어 왔다. 필로에 의해 대표되는 헬레니즘적 유대주의에 대한 우리의 고찰은 이 명제에의 한 교량을 제공하였는데, 이에 대해 우리는 이제 좀 더 상세하게 검토해야 할 것이다.[88)]

2. 유대주의적 영향

우리가 전 장(前章)에서 살펴본대로, 금세기 초반에 제4복음서와 유대주의사이의 상호 관련점들이 재강조 되었으며, 요한복음이 순전히 헬레니즘적 기조에서 말미암았다는 믿음은 도전을 받았다. 예를 들면, 플리아더러(Otto Pfleiderer)에 의해 대변된 견해는 슐라테르와 버니의 작품 속에서 반박되었다.[89)]

사해 문서군의 발견은, 고고학적인 증거와, 요한의 전승이 독자적이며 따라서 역사적 가치를 지닐 수 있다는 문서비평을 통해 제기된 가능성을 기초로 한 증거와 결합되어, 이 질문을 다시금 제기시켰다. 요

88) 요한의 그리스적 배경의 가능성에 관한 이 단락 전체에 대해 보충 자료를 원한다면, A.D. Nock, 'Early Gentile Christianity and its Hellenistic Background'(초대 이방 그리스도교와 그 헬레니즘적 배경), in A.E.J. Rawlinson(ed.), *Essays on the Trinity and the Incarnation*(London, 1928), pp. 51-156을 참조할 것(Z. Stewart(ed.), *Arthur Darby Nock*, vol. I(Oxford, 1972), pp. 49-133(특히 part I)에 재수록되었음.

89) 이 책 본문 pp. 15f.를 읽어 보라.

한의 전승과 사상에 영향을 준 근본적 배경은 아시아적이고 헬레니즘적인 것이 아니라 팔레스틴적이고도 유대적인 것이었다는 주장이 점차 높이 제시되고 있는 형편이다. 예수 당시의 팔레스틴의 유대주의는 다양하였다.[90] 그리고, 브라운(R. E. Brown)이 지적한 바와 같이, 이것은 요한 자신의 사상에서 나타나는 다양성의 근본 원인일 수도 있다.[91] 우리는 이제 이 다양성을 반영하는 제4복음서의 다섯 가지 특징들을 고찰할 것인데 이로써 요한의 배경이 그리스적이라기보다 오히려 유대적이라는 견해를 뒷받침할 수 있을 것이다.

1) 복음서의 기저(基底)

라이트푸트 감독은 요한복음의 친저성(親著性) 및 진정성의 증거에 대해 논하면서, 그 복음서의 기록자가 한 히브리 사람이었으며 필경 그 당시 사람이었다는 것을 그 자신의 신념으로 단언하였다. 그는 제4복음서 기자가 유대인의 언어, 유대인의 사상 및 전통, 그리고 유대 민족의 외적 사실들에 관해 보여 준 지식을 근거로 이러한 논증을 했던 것이다. 라이트푸트의 결론은 계시록(啓示錄)의 상정 가능한 예외를 전제하고, 성 요한의 책은 '신약성서 안에서 가장 히브리적인 책'이라는[92] 것이었다.

---

90) J. Bonsirven, *Le Judäisme palestinien au temps de Jésus-Christ : sa théologie*(예수 그리스도 당시 팔레스틴의 유대주의 : 2권, 신학), 2 vols.(Paris, 1934–5; ET. abridged, *Palestinian Judaism in the Time of Jesus Christ*, New York, 1964); 및 M. Hengel, 재 *op. cit.*를 참조할 것. 보충적으로 W. Förster, *Neutestamentliche Zeitgeschichte* Ⅰ *: Das Judentum Palästinas zur Zeit Jesu und der Apostel*(신약시대의 역사: 예수 및 사도 시대의 팔레스틴의 유대주의)(Hamburg, 1959[3]; ET *Palestinian Judaism in New Testament Times*, Edinburgh and London, 1964)를 참조할 것.

91) Brown Ⅰ, p. lix.

92) J.B. Lightfoot, *Biblical Essays*(London and New York, 1893), pp. 125–93, 특히 135.

이것은 우리가 차차 순서대로 연구하게 될 이 복음서의 다른 유대적 면모들을 완전히 제외하고서 제4복음서의 유대적 기저를 살펴보아도 명백해진다. 로빈슨(John Robinson)은 라이트푸트의 견해를 받아들여, 요한복음에서 '유대인들'(원문 그대로)이 예수의 적들로 그리고 그의 죽음의 원흉으로 끊임없이 나타나는 사실에도 불구하고,[93] 이 복음서의 음조가 반(反) 셈족주의적은 아니라는 점을 우리에게 상기시켜 왔다. 로빈슨의 견해에 따르면 제4복음서는 오히려 '유대주의에의 끈질긴 집중을 보인다.'[94] 예를 들면 예수 자신은 유대인들에게 나아갔을 때 그의 친 백성에게 배척당한 유대인으로 부각되고 있다.[95] 뿐만 아니라 요한의 세계는 유대적 세계이다. 그러므로 집단으로서의 이방인들도 나타나는 일이 드물다.[96] 그리고 메시아 예수의 복음(디아스포라)은 바로 유대인들 및 유대주의의 위기 상황에 전해진 것이다. 물론 이것은 요한이 유대주의를 무비판적으로 그리고 배타적인 어조로 변호하는 논증을 재서술하는 데 그치고 있다는 것을 의미하지는 않는다. 그에게 있어 예수는 참 이스라엘로서, 그를 통해 유대주의는 변혁되고 보편화되었다. 그러나 요한의 관심을 사로잡는 것은 이방적 문제라기보다 여전히 유대적 문제이다. 그러므로 (예를 들면), 이 복음서에 나오는 모든 논쟁들은 유대적-물론 또한 팔레스틴적-분위기 속에서 벌

---

93) J.A.T. Robinson, 'The Destination and Purpose of St. John's Gospel', *NTS* 6(1959-60), pp. 117-31(pp. 118f.를 보라). 이 글은 *Twelve New Testament Studies*, pp. 107-25(pp. 108f.)에 재수록되었음.

94) *Ibid*, p. 121(p. 112).

95) 요 4:9; 1:11; 18:35.

96) Brown I, *ad loc.*, p. 466. 역시 이와 비슷하게 요한복음 12:20f.의 그리스 사람들은 완전한 그리스 사람들이나 그리스어를 사용하는 유대인들이라기보다 오히려 이방인 회심자들일 것이라고 생각한다. 그러나 이 책의 뒷부분 pp. 173이하를 참조하라.

어진다.[97]

요한복음서의 성격에 관한, 그리고 그의 자료의 표상화를 지배하는 유대적 시각에 대한 이같은 세부적 평가를 받아들이든 않든 간에, 예수라는 인물을 제외한 유대인들이 요한의 드라마에서 악역(惡役)을 맡고 있다는 점은 부정할 수 없다. 이것 하나 때문에, 제4복음서가 그리스적 분위기가 아닌 유대적 분위기를 연출할 가능성이 보다 높다. 그런데 우리는 이것이 실상임을 발견한다. 우리들 자신이 근본적으로 그리스 및 오리엔트의 신화적 세계에서 멀리 떨어져 있음을 스스로 깨닫기 전에는 이 복음서의 핵심으로 더 이상 깊이 들어갈 수 없다. 한 걸음 더 나아가 이것이 결코 하나의 주관적 인상이 아니라는 사실이 요한에게 속하는 또 다른 유대적 특징들로 암시된다.

2) 이 복음서의 본래 언어

제4복음서의 작성 배후에 본래 그리스어 대신 아람어로 쓰여진, 아니 최소한 셈족 언어의 영향을 받고 있던 자료군(특히 담화물의 자료)이 깔려 있을 가능성은 없지 않다. 이것은 하나의 복합적 논제로서 학자들간에 상당한 견해의 차이를 보이고 있지만 여기에서 이에 관해 언급하는 것은 요긴하다고 할 수 있을 것이다.

예수께서 가르치실 때 평소에 아람어로 말씀하셨을 가능성이 높은데, 이는 그것이 예수 당시의 팔레스틴과 유대인 사이에서 통용되는 언어였기 때문이다. 아마도 그는 경우에 따라 히브리어를 사용하기도

---

97) J.A.T. Robinson, 'The Destination and Purpose of St. John's Gospel'(요한복음의 목적지와 목적), *loc. cit.*, pp. 123f.(p. 115f.)를 참조할 것. 로빈슨이 이 기초 위에서 제4복음서 기자의 의도에 관해 끌어내는 부연적 결론들은 나중에(pp. 173f.를 보라) 검토될 것이다.

했을 것인데; 이는 이 언어가 교육받은 계층에서 기록 언어 및 회화 언어 형태로 사용되었음이 발견되기 때문이다.[98] 만약 아람어가 그의 주된 언어였다면 이 사실은 온갖 형태의 예수전승 보전에 명백한 시사점들을 지닌다. 복음서들의 그리스어는 결국, 또한 어느 경우에나, 셈어의 방향에서 영향받았을 것이니, 이는 복음서들에 수록되어 있는 예수 자신의 말들과 예수에 관한 전승을 전수하고 기록으로 남긴 사람들의 작품이 모두 이 환경 속에서 나왔기 때문이다. 복음서 기자들이 때때로 구약성서 인용 시 사용한 칠십인 역본의 그리스어 역시 디아스포라 유대주의 속에서 형성되었다.

제4복음서에 미친 셈어의 영향은 다른 복음서들의 경우와 마찬가지로 의심할 나위가 없다. 그러나 요한복음의 경우에는 그 영향의 정도를 놓고 의견이 분분하다.[99] 초기의 논의는 문장 구조상의 근거들에 입각하여 이 복음서 전체가 본래 아람어로 기록되었으며, 나중에 그리스어로 번역되었다는 가설을 제시하였다. 이것이 바로 버니(C. F. Burney),[100] 토리(C. C. Torrey)[101] 등의 견해로서, 그들은 요한복음 안에서 아람어 요소들의 존재,[102] 뒤얽힌 그리스어(아람어로 재번역되는 경

98) J. Barr, 'Which Language did Jesus Speak? Some remarks of a Semitist', (예수는 어떤 언어를 사용하셨는가? 셈어 사용자로서의 몇 가지 흔적들), *BJRL* 53(1970–1), pp. 9–29.(그 언어는 아마도 아람어일 것이다. 그러나 이 문제는 아직까지도 논란 중인 질문이 아닐 수 없다).

99) 보충적으로 S. Brown, 'From Burney to Black: The Fourth Gospel and the Aramaic Question'(버니에서 블랙까지: 제4복음서와 아람어 문제), *CBQ* 26(1964), pp. 329–39를 읽어 보라.

100) C.F. Burney, *The Aramaic Origin of the Fourth Gospel*(제4복음서의 아람어적 기원); p. 3 및 기타 여러 곳을 읽어 보라.

101) C.C. Torrey, *Our Translated Gospel : some of the evidence*(London, 1937); p. 9 및 기타 여러 곳을 읽어 보라. Torrey는 요한복음이 그 편찬 이후 한 세대(generation) 가량 후에 번역되었다고 생각한다(p. 121).

102) *HTFG*, pp. 424f.도 참조하라. 여기서 Dodd는 본문 19:18(십자가 처형) 장면에서 요한이 그리스어 관용구 *ἐκ δεξιων...εξ ἀριστερῶν*(막 15:27) 대신 셈어적 표현 *ἐντεῦθεν καὶ εντεῦθεν*을

우 뜻이 분명해지는), 히브리 원문에서의 구약성서 인용구들, 그리고 요한의 서언과 담화들은 훌륭한 아람어 시문(詩文)으로 쉽게 번역될 수 있다는 사실 등을 지적해 냈다. 이러한 논증들이 동등한 비중을 지니는 것은 아니다.[103] 예를 들면, 제4복음서 안의, 또는 다른 복음서들 안의 아람어 요소들의 존재가 반드시 전체적으로(in toto) 아람어 원문을 입증해 주지는 않는다.[104]

요한복음의 아람어 원문설은 봉시르바(J. Bonsirven)에 의해 반박되었는데, 그는 버니가 상정한 아람어 요소들이 모두 코이네 그리스어(Koine Greek)에 속한 것이라고 논증하였다.[105] 다른 학자들은 요한복음에 미친 아람적 배경을 상정하였으나, 보다 조심스럽게 접근하였다. 예를 들면 매튜 블랙(Matthew Black)은 요한이 아람어 어록 전승을 사용하였고, 그 전승을 그의 복음서(그리스어로 기록된)로 조합하였을 가능성이 있다고 믿는다.[106] 그는 제4복음서 안의 '오역된' 그리스어 및 아람어 원문의 상이한 두 역문을 표출하는 것으로 설명될 수 있는 본문상의 이독들(textual variants)에서 이 주장을 뒷받침할 증거를 찾는다. 브와마르(M-E. Boismard) 역시 마찬가지로 조심스럽다. 그는 매튜 블랙이 주의를 불러 일으킨 "본문상의 이독" 현상의 더 많은 예들을 찾아내면서, 또한 요한의 구약 인용문들이 아람어 탈굼들에서 이끌어

사용한 예를 인용한다.

103) Brown Ⅰ, p. cxxx을 읽어 보라.

104) Bultmann, pp. 18 및 52 n. 2, 등등에서 그가 요한의 머리말과 담화들의 원자료로 간주되는 아람어 원문을 찾아내고 있다.

105) J. Bonsirven, 'Les aramaismes de S. Jean, L'Evangéliste?'(복음서 기자 요한의 아람어 표현들?), *Biblica* 30(1949), pp. 405-32.

106) M. Black, *An Aramaic Approach to the Gospels and Acts*(Oxford, 1967^3), pp. 272-4.

내어진 것들이라고 상정하였다.[107]

버니가 주장한 요한복음 전체의 아람어 원문설을 주저 없이 받아들일 사람은 거의 없을 것이다. 그러나 그 일부가 최소한 아람어 원문들에도 충분히 소급될 수 있는 요한의 원자료들에 셈어적 영향이 끼쳐졌을 가능성은 매우 높다.[108] 만약 그렇다면, 이것은 우리가 지금 탐구 대상으로 삼고 있는, 그리고 언어의 관점에서 그 개연성을 입증할 수 있는, 요한의 전승에 미친 유대적-팔레스틴적 배경이라는 주제에 중대 의의를 던진다.

3) 요한의 구약성서 사용

요한은 다른 복음서 기자들에 비해 그 빈도가 많지는 않지만 구약성서 본문을 직접 인용한다. 그러나 그의 구약성서 사용은 신학적으로 의의를 지니며, 또 우리의 연구와도 관련이 있다.

바레트(C. K. Barrett)는 구약성서가 제4복음서에 미친 배경의 '불가결한 한 요소'를 이룬다고 주장한다.[109] 그는 요한이 평상시에는 구약성서를 인용할 때 칠십인 역본을 썼지만, 경우에 따라서는 그가 분명히

---

107) M.E. Boismard, 'Importance de Critique textuelle pour établir l'origine araméene du quatrieme évangile'(제4복음서의 아람어적 기원 설정을 위한 본문 비평의 중요성), in F-M. Braun *et al., L'Evangile de Jean,* pp. 41-57.

108) B. Lindars도 지적하지만, 그럼에도 불구하고 요한이 그러한 자료들을 사용한 경우 그것들이 과연 아람어로 된 것이었는지가 여전히 명확하지 않다. Lindars, p. 44를 읽어 보라. Lindars 역시 비록 요한이 '매우 품위있는 것은 아닐지라도 훌륭한 그리스어'로 기록했지만, 이것은 필경 그의 일차 언어는 아니었을 것이라고 추론한다. 그리고 또 Lindars에 따르면, 요한의 문체상의 한계점들이 복음서들의 모든 부분들에서 발견되게 마련인 바, 이것은 (그의 견해에 비추면) '그 중 일부가 아람어로 되어 있었으리라는 다중적인 기록상의 자료들을 가정하는 이론을 약화시킨다'(pp. 44f.).

109) Barrett, p. 25.

익숙해 있는 히브리어 원문에서 직접 번역하기도 했다는 점을 밝히고 있다. 뿐만 아니라, (바레트 견해에 따르면) 제4복음서 기자는 메시아 증거 구절(messianic testimonia)[110]을 인증 본문(proof-texts)으로 취하지 않고 오히려 그 자신의 증언을 신학적으로 활용하여, 구약 본문을 직접 언급함이 없이도 나타날 수 있고[111] 또 실제로 종종 그렇게 나타나는 구약 사상들에 기초한 실질적 증언 주제들에 조합시킬 수 있을 만큼, 구약에 대한 포괄적 지식을 소유하고 있다. 이같이 구약성서의 자료를 정교하게 활용하였을 뿐 아니라 제4복음서 기자는 목자의 알레고리(요 10:1-16) 및 포도나무 알레고리(15:1-6)에서처럼, 성취의 개념을 표현하기 위해 광범위한 유대적 상징주의를 사용한다(고 주장될 수 있다).

브라운(F.-M. Braun)과 도드(C. H. Dodd)의 작품은 요한의 구약성서 사용과 관련하여서도 역시 중요하다. 브라운은 요한 주제 중심적 구약성서 취급에 관해 방금 논급한 문제를 인지하고 제4복음서 전반이 유대적 신학 사상 및 기대의 주된 조류(潮流)를 반영한다는 사실을 밝히 드러낸다.[112] 참 메시아이며 예언자이며 종(Servant)이며 이스라엘의 왕

110) 이 구절들은 하나님의 메시아가 오시리라는 증거로서, 그리고 예수의 몸으로 그가 오셨다는 증거로서 초대 교회에 의해 수집된(그리고 수집록들 속에 현존 가능성이 있는) 것들로서, 구약성서에서 뽑은 인용구들이다.

111) Barrett, pp. 24f.를 읽어 보라. 그는 요한복음 7:19-24; 18:28 등등(참조. 막 7:60f.)에 나타나는 이사야 29:13에의 암시적 언급을 한 예로 제시한다. Barrett는 요한이 마가를 알고 있었다고 가정하며, 그러므로 요한이 여기서 공관복음서의 구약 인용을, 한 증거 본문(proof-test), 곧 마가 전승의 경우 특정한 위선적 행동(의식상의 결례)에 관해 언급한 본문을 예수에의 올바른 응답이라는 일반요구에 적용함으로써 '발전시키고' 있다(p. 25). 우리는 구약에 대한 요한의 전폭적 접근을 보는 이러한 평가를 요한의 자료에 관한 바레트의 견해에 치우침 없이 받아들일 수도 있다. 보충적으로, C.K. Barrett가 보다 일찍 쓴 제언적 논문, 'The Old Testament in the Fourth Gospel', *JTS* 48(1947), pp. 155-69를 읽어 보라.

112) *JT*. pp. 3-45.

이신 그분의 약속된 강림이 예수에게서 성취되기에 이르렀는바, 요한은 그를 그리스도로 소개한다.[113] 도드는 제4복음서 기자에 의해 구약성서에서 뽑은 증언집(testimonia)의 엄밀한 선집이 공관 전승의 해석에 근사(近似)하지만 그것에서는 독립을 유지하는, 그리스도의 인격 및 사역에 대한 원시적 해석을 드러내 보여 준다고 믿는다.[114] 그는 요한이 증언집(testimonia)을 수집한 후 그것들에 그 자신의 해석을 가한 것이 아니라, 도리어 그 초기 해석에 준거하여, 그 증언들이 발생하는 경우,[115] 그것들을 수집하였다고 믿는다.

이 논제에 대해 마지막으로, 요한복음에 나타나는 구약성서 인용 구절들에 대한 프리드(E. D. Freed)의 연구[116]는 흥미를 자아내는데, 이는 그 연구를 통하여 그가 제4복음서 기자의 구약성서 인용 기법은 그가 유대적 전통과 유대주의 성서들의 내용에 대해 철저한 훈련을 받았음을 보여 준다고 주장하고 있기 때문이다. 프리드는 제4복음서를 역사적 문서로 간주하기보다 오히려 신학적 문서로 간주한다. 그러면서도 그는 이 복음서 기자에 의한 구약성서 인용의 실제 형태가 결코 회고(回顧)의 산물이 아니고, 기록된 본문에 대한 면밀한 유의(留意)의 산

---

113) 아울러 T.F. Glasson, *Moses in the Fourth Gospel*(London, 1963)에서, 이 검토 작업과 두드러지게 연관되는 바, 요한복음에 있어서 모세/출애굽기적 소인(素因)에 대한 연구를 참조하라. 보충적으로 R.H. Smith, *Exodus Typology in the Fourth Gospel*, *JBL* 81(1962), pp. 329–42를 참조하라. 여기서는 이집트에서 행한 모세의 표적들을 제4복음서의 표적들에 대한 배경으로 본다.

114) *HTFG*, pp. 31–49, 특히 pp. 45–7의 결론들을 보라. 요한은 9가지 증언록을 사용하는데, 그중 5가지는 비(非)–마가적인 것이다. *ibid.*, pp. 33f.를 읽어 보라.

115) 요한의 명시적인 증언록(testimonia) 사용은 어느 경우에서도 통제되지 않고 있는데, 그중 수난 설화의 경우 가장 뚜렷하다.

116) E.D. Freed, *Old Testament Quotations in the Gospel of John*(요한복음에 있어서 구약성서 인용구절)(Leiden, 1965).

물이라고 확신한다.[117)]

이같은 여러 갈래의 탐색이 요한 전승 연구 하나하나에 대해 갖는 함의(含意)는 명백하다. 요한의 구약 지식은 넓고도 깊은 것이었다. 그는 구약을 잘 알고 있었으며, 또한 그가 (가능성 있는) 구약의 증언들에 대한 원시적 해석뿐만 아니라 그 주제적 내용에 대한 심오한 이해를 드러내 보일 만큼 능숙하게 사용하였다. 물론, 이 중 어느 하나도 그 기자와 그의 전승의 근본 배경이 팔레스틴적으로 변형된 유대주의였음을 입증해 주지는 않는다. 특별히, 그가 사용한 칠십인 역본은 팔레스틴 밖에서도 알려져 있었기 때문이다. 우리가 확실하게 말할 수 있는 모든 것은 요한이 첫째로 구약성서를 정통하게 알고 있는 훌륭한 유대인이었던 것 같아 보인다(실제로 그러했을 수도 있다)는 사실이다. 그러나 유대인의 성서에 대한 이 복음서 기자의 정통한 지식은 놀랍게 면밀한 것 같아 보이며, 또한 예수에 관한 그의 전승을 기술하는 데에 뚜렷하게 영향을 주었을 것으로 보인다. 뿐만 아니라, 요한의 구약성서 의존은 본래 팔레스틴 유대주의에서 맨 처음 시작된 것이 아니라는 사실을 입증할 만한 근거가 전연 없다. 칠십인 역본에 대한 그의 변형 구문들이[118)] 기억에 의한 인용에서 나온 것이 아니고(Freed에 반대하는 Goodwin의 견해), 오히려 팔레스틴 탈굼들(Targums)의 인용에서 유래한다는[119)] 사실이 증명될 수 있다면 특히 그렇다. 그러므로 논

117) 보충적으로 Lindars, p. 438(요한복음 12:40 부분에 대한 주석)을 읽어 보면 제4복음서 기자의 팔레스틴(칠십인 역이 아님)형 구약성서 본문에의 의거를 상정케 하는 한 사례를 볼 수 있다. 한편 C. Goodwin, 'How Did John Treat His Sources?', *JBL* 73(1954), pp. 61-75를 참조하라. 여기서 저자는 LXX(칠십인 역)으로부터의 요한의 이독(異讀)들이 암기 내용에서의 자유로운 인용의 결과라고 논증한다.

118) 예를 들면 스가랴 12:10(참조. 계 1:7)을 인용한 요한복음 19:37에서.

119) Brown Ⅰ, p. lxi, 역시 마찬가지. '탈굼 역본들'은 아람어로 된 구약성서에의 주석적 풀어 쓰

리의 형평상(衡平上), 요한의 구약성서 사용은 요한의 기조(ethos)가 근본적으로 그리스적인 것이라기보다 오히려 유대적인 것이라는 견해를 뒷받침하는 데 사용될 수 있을 것으로 보여진다.[120)]

4) 요한과 랍비적 유대주의

제4복음서와 유대주의 사이의 연계로 탐색될 수 있는 또 하나의 방면은 랍비들의 문학, 즉 탈굼 전승들과 미슈나와 탈무드 및 미드라쉼 등이다.[121)] 그러나 랍비 문서들은 그 연대 결정이 그리 쉽지 않기 때문에, 여기서 우리는 난처한 입장과 때로는 추리적 입장에 처하게 된다. 그 문서들은 그리스도교 시대에 속하며, 또한 종종 초기의 (심지어 전-그리스도교적인) 자료를 보존하고 있다. 그러나 우리는 요한복음서에 나타나는 랍비 문학과의 병행 문구들이 제1세기 유대인의 사유를 반영하는 것인지 확실히 알 도리가 없다.[122)]

그렇지만, 이러한 입장에서 제4복음서에 대한 검토가 이루어질 경우, 요한과 랍비 사상들 사이의 명백한 유사점들이 드러날 것으로 보여진다. 린다즈(Lindars)는 요한복음 5:17에 수록된 강론('나의 아버지께서 이제까지 일하시니 나도 일한다')을 인용하는데, 그것은 이 말씀 속에 결코 원초적인 것이라고 할 수 없는 안식일 성수에 관한 논쟁에

기로서, 히브리어가 유대인들간의 정규 회화 매체로서의 기능이 정지된 때 만들어진 것이다.

120) 보충적으로는 요한의 구약성서 인용에 대한 연구들, 특히 요한의 판이한 그리스도론의 구약성서적 기초와 관련하여 고찰해 보려면, G. Reim, *Studien zum alttestamentlichen Hintergrund des Johannesevangeliums*(요한복음서의 구약성서적 뿌리에 대한 연구)(Cambridge, 1974), 특히 247-61을 읽어 보라.

121) J.W. Bowker, *The Targums and Rabbinic LIterature: an introduction ot Jewish interpretations of scripture*(탈굼 역본들과 랍비 문학: 유대인의 성서 해석에 관한 입문)(Cambridge, 1969).

122) 참조. Brown Ⅰ, p. lxi.

관련한 한 견해가 담겨 있기 때문이다.[123] 그리고 요한복음 6장에 나오는 '생명의 떡' 담화는 미드라쉼(구약성서에 대한 해석적 주석)의 형태를 따를 뿐 아니라, 랍비 문학의 만나와 율법 동등시에서 그 핵심을 보여 주며 나아가 특정한 랍비 문학을 사용하고 있다.[124] 그리고 '숨은 메시아'에 대한 언급으로서, 이는 랍비의 원천 자료들에서, 그리고 요한복음 8장의 랍비적 문제를 근거로만 파악된다.[125]

제4복음서에 대한 이같은 류의 유대적 영향은 최소한 그 저자가 '유대인과 그리스도인의 논쟁들에 개인적 접촉을 가진 적이 있음'을 상정

123) 요한복음 5:9-18의 문단 전체를 읽어 보라.

124) 요 6:45. 이 장에 관한 탁월하고도 기념비적인 작품, P. Borgen, *Bread from Heaven: an exegetical study of the concept of manna in the Gospel of John and the writtings of Philo*(하늘에서 내려온 떡: 요한복음서 및 필로의 글들에 있어서 만나 개념에 대한 한 주석학적 연구)(Leiden, 1965), 특히 pp. 59-98, 147-92를 읽어 보라. 랍비적인 주석적 규범, 곧 일종의 페세르(Pesher) 기법을 동원한 그것이 제4복음서의 다른 부분들에도 깔려 있을 가능성은 충분하다. 제4복음서에 있어서 예수와 관련한(특히 고별담화에 있어서 뚜렷한; 요 14:9-11 등등 참조) '대리직'(agency) 동기에 미친 이른바 랍비적 배경의 연구를 시도하는 경우, P. Borgen, 'God's Agent in the Fourth Gospel', in J. Neusner(ed.), *Religions in Antiquity*(Leiden, 1968), pp. 137-48을 읽어 보라. 이 분야에 있어 보충적으로 P. Borgen, 'Observations on the Targumic Character of the Prologue of John', *NTS* 16(1969-70), pp. 288-95를 읽어 보라.

125) Lindars, p. 37. 보충적으로 *IFG*, pp. 174-97; 그리고 D. Daube, *The New Testament and Rabbinic Judaism*, pp. 36-51(요한복음 6장의 급식 표적에 대한 주석) 등등을 읽어 보라. 중요한 작품, H.L. Strack and P. Billerbeck, *Kommentar zum Neuen Testament aus Talmud und Midrash* Ⅱ(München, 1956), pp. 302-587은 명백히 이 논제에 관련된다. 아울러 H. Odeberg, *The Fourth Gospel: interpreted in its relation to contemporaneous religious currents in Palestine and the Hellenistic-Oriental world*(Uppsala, 1929), p. 5 등도 읽어 보라. 보충적으로 A.E. Guilding, *The Fourth Gospel and Jewish Worship: a study of the relation of St. John's Gospel to the ancient Jewish lectionary system*(Oxford, 1960)의 논지, 곧 요한복음 안에서 명절 기간에 예수께서 베푸신 담화들은 그 절기들에 속하는 회당의 성구(聖句)들에 의해 추정된다는 견해를 주목하여 보라. Barrett(pp. 25-8)는 형법 및 종교법의 절차들을 포함한, 랍비 사상들에 대한 요한의 지식의 실례들을 보충적으로 제시한다(예를 들면, 요 8:17; 7:22f.). 그는 또한 제1세기에 있어서 랍비 사상과 유대적 묵시 사상의 두 흐름(실제로 이들은 구약의 율법 부분 및 예언서 부분의 승계자들이었다)을 구분하여, 나아가 요한이 묵시 문학에 대한 유사한 친숙성을 의미심장하게도 주장한다(예를 들면, 요한복음 5:27에서 미래 심판과의 연관하에 '사람의 아들(人子)'이라는 표현을 사용하는 점).

케 한다.[126] 그러나 우리는 한 걸음 더 나아가 브라운과 더불어, 그 복음서의 제 기원이 요한 자신이 숙지하고 있었던 팔레스틴 유대주의에 기초할 경우 가장 쉽게 설명될 수 있다고 결론 지을 수도 있을 것이다.[127] 다시금 요한의 배경을 밝히는 이 명제의 중요성이 뚜렷해진다.

5) 요한과 비동조적 유대주의

제4복음서의 배경에 작용했음직한 유대적 영향의 증거를 위해 탐구 대상으로 삼아야 하는 마지막 한 분야는 바로 분파적 유대주의의 영역이다. 이 제목 아래서 우리는 첫째로 요한과 쿰란 사이의 연계점들의 개연성을 잠시 살펴보아야 할 것이다. 이것은 우리가 제1장에서 행한 요한 전승 논의 중에서 사뭇 상세히 이 문제를 살펴보았기에,[128] 관련된 결론들을 여기에 열거하는 것 이상의 일을 해야 할 필요가 전연 없음에도 불구하고 그러하다.

요한의 복음서와 구약의 사해 문서들 사이의 근사점들(양자는 모두 구약에 의존한다)은 분명히 커다란 흥미를 자아낸다. 우리가 이미 간파한 대로 쿰란파 사람들(이들은 실제로 엣센파는 아닐지 몰라도 그 견해는 엣센적이었던 자들이다)과 초기 그리스도인들 사이에는 실제적 차이점들이 존재한다.[129] 그러나 동시에 예언(그들 자신의 공동체 역사 안에서 성취된), 종말론 및 성서 해석에 대해 양자가 취한 태도에

126) Lindars, p. 37. 참조. J.W. Bowker, 'The Origin and Purpose of St. John's Gospel', *NTS* 11(1964-5). pp. 398-408.
127) Brown Ⅰ, p. lxii.
128) 이 책 본문 pp. 52-58를 읽어 보라.
129) 이 책 본문 pp. 52-58를 읽어 보라.

있어서 명백히 몇 가지 일치점들이 존재한다.[130] 무엇보다도 제4복음서 및 사해 문서들에 나타나 있는 언어 내지 사상들의 유사성(예를 들면, 그들이 공유하는 수정된 이원론,[131] 그 공동체 내부에서의 형제 사랑에 대한 공통적 강조[132] 등은 예전에 유대주의 안에서는 알려지지 않은 초기 상황을 드러내 보여주는데, 그 상황은 헬라주의적 사고가 유대적 사고와 뒤얽혀 있는 상태이다.[133]

브라운(R. E. Brown)이 밝히듯이,[134] 이것 중 어느 하나도 제4복음서가 쿰란 계열의 문학에 직접 의존한다고 상정케 하지 않는다. 그러나 요한이 쿰란적 사고 유형들을 숙지하였다는 점, 또한 개인적 접촉을 통해서든지, 또는 세례자 요한을 통해서든지 그 분파 자체로부터 영향을 받았었을 가능성이 있다는 점은 명백한 것 같다.[135] 그렇지 않을 경

130) Lindars, pp. 37f.를 참조하라.

131) 제4복음서와 사해 문서군의 이원론은 통상 반대 개념의 짝들로, 특히 '빛과 어두움'(쿰란 문학에서는 분명한 대조, 요한복음에서는 주도적 동기) 및 '진리와 거짓'(허위가 사해 문서에서는 나타나지만, 요한에서는 암시에 의한 경우를 제외하고는 나타나지 않는다. 그러나 요한복음 8:44, 55를 참조하라). 요한이 마귀를 '거짓말들의 아버지'(8:44)로, 성령을 진리의 영(14:17 및 기타)으로 묘사한 것은 우리로 하여금 그 공동체 규칙에서 거짓의 영(어둠의 천사)과 진리의 영(빛의 천사) 사이의 투쟁에 대해 언급한 것을 상기하게 한다. 참조. IQS. iii. 17–26. 아울러 O. Böcher, *Der johanneische Dualismus in Zusammenhang des nachbiblischen Judentums*(후(後) 성서시대 유대주의와의 연계성에 비추어 본 요한의 이원론)(Gütersloh, 1965)를 보라. 여기서 저자는 요한의 이원론을 그리스적 원천의 이원론 사상들보다 오히려 묵시 문학 내지 분파주의적인 유대주의 사상에 더 밀접한 것으로 간주한다(실례로, pp. 25–7을 읽어 보라).

132) 예를 들면, 요한복음 13:34를 IQS Ⅴ.1–7과 대조하여 볼 것.

133) 보충적으로 J.H. Charlesworth, 'A Critical Comparison of the Dualism in IQS Ⅲ. 13–Ⅳ. 26 and the "Dualism" Contained in the Fourth Gospel', *NTS* 15(1968–9), pp. 389–418을 읽어 보라. 다른 한편으로는 H.M. Teeple, '*Qumran and the Origin of the Fourth Gospel*', *Nov. T* 4(1960), pp. 6–25를 읽어 보라. 그는 여기서 요한복음의 저자가 유대인 기질들을 지닌 이방인이었다는 것과 우리가 찾아낸 쿰란 공동체의 상사점들은 제4복음서에 미친 팔레스틴적 배경에 관해 아무것도 입증해 주지 못한다고 논증한다.

134) Brown Ⅰ, p. lxiii.

135) 이 책 본문, pp. 44-47, 59-61을 읽어 보라.

우 요한의 복음서가 사해 문서들에 대해 갖는 유사성을, 그리고 모종의 사상(事象)들이 그 시대 내지 그 이전의 다른 어떤 유대적 또는 그리스적 비그리스도교 문학에 존재하는 것보다 훨씬 근사(近似)한 한 평행점을 양자 모두에 제공한다는 사실에 대해 설명하는 것이 어렵다. 쿰란에 의해 예시된 분파적 유대주의에 대한 요한의 관계 맺음은, 따라서, 그의 배경에 대한 유대적 영향이 관련되는 한에 있어서 상황 묘사를 완성시키는 일을 돕는다.

이 맥락에서 한 걸음 더 나아가 오스카 쿨만은,[136] 유대계 그리스도인이었으며, 또한 사실상 헬라주의자였다는 점을 제안해왔다. 쿨만은 사도행전 6:1에 언급된 '헬라주의자들'(그들의 정체는 자주 논란의 대상이 되어 왔다)이 성전에 대한 공공연한 반대 표명으로 인해 잘 알려져 있으며 또한 쿰란 공동체와도 관련이 있는, 분파주의적 견해를 지닌 유대인들(내지 유대계 그리스도인들)이었다고 상정한다.[137] (짐작컨대) 스데반이나,[138] 요한복음서의 저자와 히브리서의 저자 등이 그 개종 이전에 그들의 계열에 속해 있었다고 쿨만은 주장한다. 이것은 예를 들면 요한복음 4:21-24에 암시된 성전을 향한 '적개심'(참조. 2:13-22, 성전 정화 기사)을 설명해 줄 수도 있다. 뿐만 아니라, 오히려 보다 중요한 점은 만약 쿨만이 옳다면 우리는 요한의 배경을 비팔레스틴적인 것

136) O. Cullmann, 'A New Approach to the Interpretation of the Fourth Gospel', *Exp. T.* 71(1959-60), pp. 8-12 및 39-43. 아울러 여기서 같은 저자의 *Der johanneische Kreis: Zum Ursprung des Johannesevangeliums* (Tübingen, 1975; ET *The Johannine Circle: a study in the origin of the Gospel of John*, London, 1976)을 읽어 보라. 첨부된 참고 문헌은 쿨만 교수에 의해 이 둘째 작품의 영어판에 붙여져 있다.

137) 쿰란 분파 안에도 역시 유대인의 성전에 대한 저항의 태도를 엿볼 수 있다. 참조. CD vi.

138) A. Spiro, 'Stephen's Samaritan Background', in J. Munck, *The Acts of the Apostles*, revised by W.F. Albright and C.S. Mann(Garden City, New York, 1967), pp. 285-300에 나타난 보충적 제의를 읽어 보라.

으로, 그리고 그의 전승을 단지 2차적인 것으로 간주할 필요가 없는데, 이는 이것들이 '공식 유대주의'에 기초한 공관복음에 비해 매우 동떨어진 것이기 때문이다.[139] 다시 한 번 제반 증거는 헬라적 배경이 아닌 유대적 배경이 요한의 근본을 이루는 것이라는 방향을 가리킨다.[140]

【결 론】

제4복음서에 대한 유대적 배경을 살펴 본 결과, 우리는 요한의 기조(基調)가 그 뿌리에 있어서 헬레니즘보다 유대주의에 접맥해 있다고 결론짓지 않을 수 없다. 그리고 이것은 요한에 대해 작용했음직한 그리스적 영향들을 조사함으로써 도출되는 유사한 결과로 말미암아 더욱 강화된다. 우리는 요한의 전승이나 혹은 그 친저성(親著性)에 끼친 헬레니즘으로부터의 그 어떤 영향을 굳이 부정하려 할 필요가 없다. 그러나 만약 우리가 요한의 배경의 특징을 '유대-헬레니즘적'인 것으로 받아들인다면(분명히 이것은 사실이다), 또한 유대주의와의 접촉이 우선적인 것임을 인정해야만 한다.[141] 제4복음서의 헬레니즘적 표상들

139) O. Cullmann, 'A New Approach ot the Interpretation of the Fourth Gospel', *loc. cit*., p. 43.

140) 요한이 사마리아인들의 사유와 사상들에도 정통하였으며(참조. 요 4:20-25), 또한 그의 복음서를 사마리아인의 회심자들을 얻거나 교육하려는 목적으로 썼다는 가정까지도 이미 제기된 바 있다. Lindars, p. 37 각주에 수록된 문헌을 읽어 보라. 그러나 Lindars가 언급하듯이 이 가정은 대단히 관념적(highly speculative)이다. 쿰란에 대한 요한의 숙지가 유대주의 일반에서 유래한 그것보다 더 위대했어야 할 필요가 없듯이, 사마리아 문물(Samaritanism)에 대한 요한의 숙지 사실이 어느 유대인의 평균적인 지식보다 더 대단했어야 할 필요는 없다(p. 38). 아울러, C.H.H. Scobie, 'The Origins and Development of Samaritan Christianity', *NTS* 19(1972-3), pp. 390-414, 특히 401-8; J.D. Purvis, *'The Fourth Gospel and the Samaritans'*, *Nov*, *T* 17(1975), pp. 161-98 등을 읽어 보라.

141) 보충적으로 *IFG*, p. 453; J.A.T. Robinson, 'The Destination and Purpose of St. John's Gospel', *loc. cit.*, 특히 p. 124(p. 116); D. Guthrie, *New Testament Introduction*(London, 1970), pp. 249-52 등을 읽어 보라. 아울러 C.K. Barrett, *The Gospel of John and the Judaism*을 살펴보라. 그는 요한에게 영향을 미친 유대적 배경의 본질과 제4복음서와의 정확한 관계 등을 조심스럽게 캐고 있

은 그 저자나 그 자체의 전승의 배경에 관해서보다 오히려 그 최종 수신 대상에 관해 더욱 많이 말해 주고 있다(이 문제에 대해서는 나중에 다시 다루고자 한다).[142)]

말할 필요도 없이, 요한에게 미친 주요 영향은 궁극적으로 유대적인 것도 아니요, 유대-헬레니즘적인 것도 아니요, 오로지 그리스도교적인 것이다.[143)] 제4복음서 기자는 첫째로 그리스도교 집필가이다. 그러므로 앞으로 우리가 살피게 될 것처럼, 그는 다른 여느 신약 저자와 마찬가지로 사도적 전승과 많이 접촉하고 있다. 그러나 그는 그 자신의 환경을 박차고 벗어난다. 그리고 우리는 요한 및 그의 전승이 (팔레스틴계) 유대주의의 배경에서 유래하였다고 믿을 만한 이유를 이미 찾아냈다. 만약 우리가 제4복음서 집필자의 정체를 밝히고 있는 것이라면, 그 분야를 먼저 탐색하는 데 우리의 시간을 낭비해서는 안 될 것이다.

그러면 요한은 누구였는가? 우리는 제4복음서의 그럴 듯한 배경에 대해 조심스럽게 살펴보았다. 그러나 우리는 실상 그대로의 제4복음서에 대해 책임질 장본인이 누구였는지를 과연 밝혀낼 수 있는지, 또는 사도 요한이 작성하는 데에 손을 대었던 그 전승이 요한에 대한 '새 시각'에 비추어 볼 때 여전히 받아들일 수 있는 것인지를 살펴보지 않았다. 이제 우리는 이러한 문제점들을 살펴보기로 하자.

다. 특히 pp. 40-76을 읽어 보라.

142) 이 책의 뒷부분 pp. 274-285, 468-472를 읽어 보라.

143) L.L. Morris, *The Gospel According to John*(London, 1972), pp. 63f.(=Morris) 역시 마찬가지이다.

요한과 요한의 복음

1. 외적증거

A.D. 2세기 이후의 그리스도교 전승은 제4복음서를 사도 요한과 결부시켜 왔다. 명확한 첫 증언이 이레니우스에 의해 진술되는데, 그는 A.D. 177년에 리용의 감독이 되었다.

이레니우스는 영지주의적인 로마의 원로 플로리누스에게 보낸 그의 편지에서,[144] 서머나의 감독인 장로 폴리갑을 통한 사도 요한과의 직접 접촉을 주장한다. 예수 전승의 전수 과정에 대한 묘사로서 매우 개현적(開顯的)인 술어를 통해, 이레니우스는 플로리누스에게 그들이 함께 보낸 유년기를 상기시키며, 아울러 그들이 폴리갑에 의해 어떻게 교훈받았는지를 상기시키고 있다. 폴리갑은 분명히 그들에게 예수의 교훈 및 기적들에 관해 습관적으로 담론하곤 했던바, 이 내용들은 폴리갑이 사귐을 가졌던 요한 및 "주님을 본 적이 있는 다른 사람들"에 의해 전수되어 왔던 것이다. 예수에 관한 이 목격자 증거의 회상은 명료할 뿐 아니라 "성경과 조화를 이룬다." 이레니우스는 자신이 또한 그 당시의 사건들을 오히려 "최근 몇 년의 일들"보다 훨씬 더 뚜렷하게 기억하고 있다고 플로리누스에게 말한다.[145]

이레니우스는 또한 그의 저서 『이단 반박』(*Against Heresies*)의 중요한 두 구절 가운데서, 아시아에서 주의 제자 요한과 교제를 나눈 장로

144) *HE* v. 20. 4–8에 인용됨.
145) *Ibid*. v. 20. 5.

들은(트라얀 황제 시절[146]까지 그들 사이에 머물렀던) 요한이 그들에게 그 복음을 전해 주었다고 증언했음을 말하며,[147] 또 요한이 트라얀 황제 시절까지 머물렀던 곳 에베소에 있는 교회는 사도적 전승의 진실한 증인이라고 말하고 있다.[148] 교회사가(教會史家) 유세비우스(대략 A.D. 260-340)는 둘째 문구를 다시 한 번 보다 충실하게 인용한다. 그리고 이 부연적 인용문에 있어서 이러한 일들을 말하는 이레니우스의 권위가 다시 한 번 신실한 폴리갑으로서, 그는 사도들로부터 직접 교회에 의해 전수된 진리를 받았다는 사실이 두드러진다.[149]

이레니우스와 폴리갑 사이의 이 연계는 『이단 반박』의 제3권에 실린 생생한 보충적 정보의 단편에 대해 중요한 의의를 던지는 배경막(背景幕)이 되는데, 그 부분에서 이레니우스는 최후의 만찬석에서 예수의 가슴에 비스듬히 기대 앉았던 '주의 제자, 요한'이, 다른 복음서들이 기록된 후에 에베소에서 복음을 '내어 놓았다'(ἐξέδωκε)고 말한다.[150] 그러므로 이레니우스의 총체적 증언은 결코 불명료하지 않다. 단 한 대(代)의 중계자 폴리갑 감독을 통한 사도 요한에의 접맥을 근거로 할 때, (이레니우스 견해를 따를 경우) 세베대의 아들 요한이 그 사랑받은 제자였다는 사실과 그가 자신의 만년에 에베소에서 그의 복음서를 간행하였다는 사실은 자명하여진다.

이제 우리는 이레니우스가 제4복음서의 친저성과 기원에 관련하여 보존하고 있는 전승의 권위를, 이 전승이 초기 교회에서 받고 있는 지

146) A.D. 98-117 어간의 황제.
147) *AH* ii. 22. 5, 전문(全文)은 아니지만 *HE* iii. 23. 3에 인용됨.
148) *AH* iii. 3. 4, *HE* iii. 23. 4에 인용됨.
149) *HE* iv. 14. 3-8.
150) *AH* iii. 1. 1, *HE* v. 8. 4에 인용됨.

지를 살펴봄으로써 검토해야 할 것이다. 이 맥락 안에서 한 가지 중요한 증거의 단편(斷片)이 폴리크라테스에 의해 제공되는데, 그는 A.D. 189-98년 어간에 에베소의 감독을 지냈던 인물이다. 로마의 감독 빅토르에게 보내는 글 속에서 폴리크라테스는 (아시아에서 영면〈永眠〉에 들어간 위대한 빛의 사람들 중에) 요한에 관해서 증인 겸 스승으로 묘사하면서, 그는 주님의 품에 기대 앉았던 분이며, '제사장'이었으며,[151] 에베소에서 영면에 들어가신 분이라고[152] 한다. 여기서 다시 한 번 요한과 사랑받은 제자와 에베소 사이의 관계가 맺어지고 있다. 알렉산드리아의 클레멘트(A.D. 150-211)는 이 전승을 요한이 한 '영적 복음'[153]을 편찬하였다는 그의 유명한 진술 속에, 그리고 Quis divers salvetur?(xlii. 1-15)라는 문서에 수록되어 있는바, 요한이 강도 노릇을 하다가 회개한 한 젊은이를 어떤 감독에게 맡겼다는 전설 속에[154] 담아 보존시키고 있다.

이 시점에서 이 밖에도 다른 증인 셋을 더 언급할 수 있는데, 이는 그 셋 모두가 (에베소와의 연계는 일체 언급하는 일 없이) 제4복음서 의사도적 친저성에 한결같이 동의한다. 이른바 반(反) 말키온주의적인 요한복음의 머리말은 요한이 아직 살아 있을 동안에 그에 의해 교회에 계시된 요한의 복음에 관해 말하고 있다. 그러나 이 문서의 내용은 그 연대(A.D. 160-80?)가 의문스럽다. 그 문서는 파피아스를 요한의 한

151) 요한의 이 묘사가 지니는 정확한 의미는, 그것이 모든 신자들의 제사장직에 그 사도가 동참함을 가리키는 것이 아닌 한, 모호하다.

152) *HE* iii. 31. 3(v.24. 2f. 참조).

153) *HE* vi 14. 7에 인용됨.

154) 아울러 *HE* iii. 23. 5-19를 참조할 것. 여기서는 클레멘트에게서 따온 인용문이 요한을 에베소(실제로 밧모섬을)와 연결짓고 있으나, 그와 제4복음서와의 연계에 관해서는 일체 언급하지 않는다.

제자로 언급하며, 또 그가 요한의 구술(口述)에 따라 복음서를 기술하였다고 단언한다. 또한 그 문서는 이단자 말키온이 '요한에 의해 배척' 당했다고 진술한다. 그러나 이같은 진술들, 그리고 시사하는 바 사도 요한과 파피아스 사이의 또는 사도 요한과 말키온 사이의 관계는 정확한 것일 수 없다. 그러므로 머리말의 증거는 전반적으로 대단히 세심하게 취급되지 않으면 안 되는 것이다.

무라토리 정경은 1740년에 발간되었으나 원래 2세기의 마지막 4분기에 속하는 것으로서 신약 문서들에 대한 주석이 붙은 목록인데, 이 속에는 제4복음서의 편찬에 관한 몇 가지 흥미로운 언급들이 담겨 있다. 비록 이 목록이 단호하게 그 복음서를 '제자들 중의 하나인 요한'의 작품으로 언급하고 있지만, 그것은 이 복음서 내용이 모든 사도들에게 계시되었으며 단지 안드레의 지시에 따라 요한에 의해 기술된 것이라고 묘사하고 있다. 달리 말하자면, 요한의 복음서와 그 밖의 것 사이의 차이는 신자에게 아무 문제도 일으킬 수 없다는 것이다. 요한복음의 사도적 친저성에 관한 진술은 흔히 현재 검토되고 있는 주안점에 뒤따라 나오는 것이며 또 실제로 제4복음서와 요한과의 관련성을 희미하게 뒷받침할 따름이므로, 무라토리 정경이 우리의 목적에 비추어 그리 높게 평가될 수는 없는 것이다.

셋째로, 2세기 중반에 영지주의의 교사 발렌티누스의 한 제자였던 프톨레마이오스(Ptolemaeus)가 제4복음서의 사도적 친저성을 받아들였다. 그러나 다시 한 번 그러한 증언(attestation)은 조심스럽게 취급되어야 한다고 보는데, 이는 2세기의 영지주의적 사유자들은 요한의 복음서를 그들 자신의 신앙 내용과 유사한 멋진 사냥터로 알았으며,

나아가 자신들의 이단적 체계들을 뒷받침하고자 사도의 권위를 주저 없이 빌리려 했음을 우리가 알고 있기 때문이다.

사도 요한과 제4복음서 편찬간의 (이레니우스에 의해 주장된 바와 같은) 연계에 대한 우리의 탐색을 통해 이제껏 고찰해 온 초기의 증거는 결코 한결같지 않으며 항상 완벽한 신빙성을 지니는 것도 아니(라고 우리는 추측한)다. 나아가 우리는 이제 몇몇 증인들을, 특히 요한을 에베소와 연계시킬 수 있는 증인이라면 누구나 고찰해 볼 수 있을 것이다.

1) 요한과 에베소

만약 사도 요한의 최후 정황(특히, 그의 에베소 체류)을 확실히 밝히는 데 보탬을 줄, 그래서 어떤 형태로든지 제4복음서와 그의 연계 가능성을 확립하는 데 보탬을 줄 초기 증거가 발견된다면 그것은 값진 일이리라. 그러나 이것은 발견하기 쉬운 것이 아니다. 예를 들면 신약 그 자체가 요한을 에베소와 관련시키지 않는다. 심지어 그 도시에 있는 교회에 보낸 서신을 수록하고 있는 요한계시록(2:1-7)에서조차 그러하다.[155] 놀라운 것은 밀레도에서 에베소의 장로들에게 베푼 바울의 고별사(행 20:18-35)가 요한이 에베소에 있는지에 대해 (비록 이것이 직접적으로 요청되지는 않았다는 것이 논증될 수 있다 해도) 일체 언급하지 않는다는 사실이다. 에베소인들 자체로부터 요한의 이름을 빼놓은 것 역시 주목할 가치가 있다. 비록 이 서신이 에베소 이외의 다른 교회들도 수신(受信) 대상으로 하는 일종의 회람 서신이었다고 가정해도

155) 계시록과 요한 문서군의 나머지 부분 간의 연계는 어느 경우에든 미결의 질문이 아닐 수 없다. 그러나 S.S. Smalley, 'John and the Apocalypse', *Orita* 2(1968), pp. 29-42를 읽어 보라. 그럼에도 불구하고, 계시록은 분명히 아시아에서 기원하였다(참조. 계 1:9).

그렇다. 반면에 갈라디아서(2:9)는 요한을 예루살렘에 위치하게 한다. 비록 이것이 요한이 그곳에서 무한정 체류하였다는 것을 의미하지는 않는다 해도 그렇다.

신약성서 이외에 우리는 로마의 클레멘트의 증언을 보존하고 있는데 여기에 나타난 것처럼 그는 A.D. 96년경 고린도에 편지를 써보내면서 요한에 대해 일체 언급조차 하지 않는다. 그러나 짐작컨대 이것은 그가(그리고 그밖의 다른 사도들이) 그 즈음에 죽고 없었음을 시사하는 것일 수 있다.[156] 그리고 이것은 요한이 그의 만년(晩年)에 에베소에서 제4복음서를 주도하였을 가능성과 접맥을 이룰 수도 있다. 동시에 A.D. 107–15년 어간에 편지들을 쓴 것으로 판명되는 이그나티우스 역시 사도 요한에 관해 함구한다. 그리고 설령 이것이 그의 대부분 편지들 속에서 이해 가능한 것이라고 할지라도, 그가 언제 에베소라는 도시에 편지를 띄우고 있는지를 설명하기는 매우 어렵다(이는 특히 그가 바울과 에베소서 사이의 연계를 언급하기 때문이다).[157] 요한과 이그나티우스가 그 사상이나 견해, 심지어 어휘에서까지 지극히 밀접하다는 사실을 고려할 때 더더욱 이상한 일이 아닐 수 없다. 비록 이 유사성이 비슷한 그리스도교 전승에의 의존 이상을 시사한다고 할 필요가 없으며, 또 그것이 문자적 연계를 증명해 주는 것도 아니지만, 그렇다.

이러한 맥락에서 또 다른 2세기 작가 세 사람이 인용, 언급될 수 있을 것이다. 파피아스는 요한을 아시아와 관련시키지 않으면서, 그

156) 예를 들면, I Clement xlii, xliv(특히) 등을 보라.

157) Ignatius, *Eph*. xii 2. 보다 후대에 나온, 곡필된(*interpolated*) 이그나티우스 서간집의 편집본은 제4복음서의 요한 친저성의 전승이 수립된 때에 만들어진 것인데, 요한은 에베소서(xi장)에서 언급되고 있다.

에 관해 언급한다.[158] 폴리갑은 빌립보 사람들에게 (짤막하게) 편지하면서, 이 사도에 대해서는 아예 언급도 하지 않고 있는데, 이미 고찰한 바 폴리갑과 사도 요한을 관련시키는 이레니우스의 증언을 고려할 때 이것은 놀라운 일이 아닐 수 없다. 그리고 순교자 저스틴(Justin Martyr)은 계시록이 사도 요한에 의해 기록되었다고 주장하면서,[159](그가 필경 알고 있었을) 제4복음서는 요한에게로 돌리지 않고 있다.

이와 같은 모든 보충적 증언들은 결국 요한과 제4복음서와의 연계 또는 요한과 에베소와의 연계에 관해 비확정적인 상태를 유지한다. 류키우스 카리누스(Leucius Charinus)에 의해 A.D. 약 150-60년 어간에 기록된, 이른바 요한 행전(Acts of John)은,[160] 요한이 에베소를 포함하여, 아시아에서 사역했었다고 말한다. 이 문헌이 사도 요한과 소아시아 사이의 연계점이 있다는 사실을 보여 주기는 하지만 그렇다고 해서 이 문서의 역사적 가치에 대한 지나친 의존은 금물이 아닐 수 없다. 그것은 이 작품이 뚜렷하게 설화적이며, 또한 영지주의적 배경에서 유래하였기 때문이다.

이레니우스에 의해 창시된, 요한과 제4복음서 및 에베소 사이의 연관에 관한 전승은 강력한 초기 지지 근거를 갖추지 못하고 있을 뿐 아니라 요한의 운명에 관한 또 다른 전승, 곧 그가 그의 동생 야고보(James)와 함께 헤롯 아그립바 I 세 치하에서 순교당했다는 전승에 상충되기도 한다.[161] 이것이 마가복음 10:39,[162] 즉 세베대의 아들들이 자

158) Eusebius, *HE* iii. 39. 3f.

159) *Dial Trypho* lxxxi. J.N. Sanders, *The Foruth Gospel in the Early church: its origin and influence on Christian theology up to Irenaeus*(Cambridge, 1942), pp. 27-32를 읽어 보라.

160) Hennecke, vol.2, pp. 215-58.

161) 참조. Barrett, pp. 86f. 사도행전 12:2을 읽어 보라.

162) 참조. 마 20:22.

신의 세례에 동참하게 될 것이라고 한 예수의 예언에 반영되었을 수 있다. 그러나 이 구절 하나가 요한의 순교가 야고보의 순교와 동시에, 또한 마가복음이 기록되기 전에 이루어졌음을[163] 입증하지는 못한다. 다만 그것은 미래의 어떤 시점에 있을 그의 죽음을 미리 지적하고 있을 따름이다.

요한이 야고보와 동시에 순교했음을 믿는 보다 분명한(그러나 여전히 비확정적인) 증거가, 역사가 시데의 필립(Philip of Side)에 의해(A.D. 450년경) 제공되는데, 그의 후기 발췌본은 파피아스가 유대인들의 손에 의한 (성자) 야고보와 요한의 동시 순교를 언급한다고 인용하고 있다.[164] 에뎃사에서 나온 시리아의 순교력(A.D. 411년경), 그리고 짐작컨대 칼타고의 역법(Calendar Carthage, A.D. 505년경) 역시 요한과 야고보가 동일한 방식으로 함께 죽었다고 가정하며 기념하고 있다.[165] 마지막으로 9세기에 이르러 게오르규스 모나쿠스(Georgius Monachus 〈하마르톨루스, Harmartolus〉)는 마가복음 10:39과 파피아스를 동시에 언급함으로써 요한이 그의 형제와 함께 죽었다는 견해를 분명하게 못 박아 증명한다.[166]

이와 같이 요한의 초기 순교에 대한 외적 증거는 존재한다. 그러나 그것은 마가복음 10:39에 대한 미심쩍은 해석에 근거하며, 따라서 별로 선명한 증거가 되지 못한다.[167]

163) Barrett, p. 86. 역시 같은 견해.

164) C. de Boor, *Neue Fragmente des Papias, Hegesippus und Pierius*(T.U.5. 1888–9), p. 170을 참조할 것.

165) H. Lietzmann, *Die drei ältesten Martyrologien*(세 편의 최고〈最古〉 순교보.) (Bonn, 1911), pp. 7f.를 참조할 것. 아울러 p. 6(12월 27일자 기록)을 읽어 보라.

166) *Chronicle* iii, 134, 1, 한 사본에 의함(참조. Migne, *PG* 110, pp. 522f.).

167) 참조. *HTFG*. p. 12. 아울러 J.H. Bernard, 'The Traditions as to the Death of John, the Son of

이제 바야흐로 우리가 방금 검토한 바 있는 요한과 제4복음서의 연계에 관한 증거의 실마리들 중 몇 가지를 엮어 모아야 할 때가 되었다. 이 복음서의 사도적 친저성에 대한 외적 증언은 이레니우스 이전에는 강력한 것도 통일된 것도 아니었다. 사도와 복음서 사이의 관련을 언급했으리라고 합리적으로 기대됨직한 초기 증인들은 자주 이 문제에 관해 함구무언이다. 어느 경우에든 요한의 최후 운명에 관한, 그리고 이레니우스가 증언하듯이 요한이 에베소에서 그의 생애 만년에 한 복음서를 간행할 수 있었는지 여부에 관한 분명한 의견의 합치를 발견하기는 어렵다. 이레니우스의 시대에 이르러 안디옥 테오필루스(Theophilus of Antioch) 같은 저술가들은[168] 제4복음서를 요한(명시적으로 그가 사도였다고 말하지는 않는다)에게 결부시키고 있다(비록 저스틴(Justin)과 사르디스의 감독 멜리토(Melito) 등이 제4복음서를 사도저작으로 간주하지 않는 것으로 추측하게끔 간접적 방식으로 제4복음서에 대해 넌지시 운을 떼고 있긴 하지만).[169]

우리는 이같은 사실들을 차근차근히 해석해 보려고 한다. 또 한편으로 우리는 제4복음서의 기술과 관련하여 초기에 모습을 나타내는, 사도 요한 이외의 한 인물 장로 요한(John the Elder)에게 주의를 집중하지 아니할 수 없다.

Zebedee'(세베대의 아들 요한의 죽음에 관한 전승들), *in id., Studia Sacra*(London, 1917), pp. 260-84를 읽어 보라.

168) 참조. Theophilus, *ad Autolycum* ii. 22(A.D. 180년경). 그는 요한을 '영감받은' 인물로 부른다.

169) Justin, *Dial. Trypho* lxiii; Melito, *Homily*(수난에 관한 것) xcv, 및 그밖의 여러 곳. 우리는 이미 솔로몬의 송시집(*the Odes of Solomon*)이 초대교회에서 요한의 복음서를 알았거나 사용했던 사실에 관해 결정적 증거를 제공하지 않음을(이 책의 앞부분, pp.94f.)에서 살핀 바 있다.

2) 장로 요한

장로 요한의 사례에 있어서 그 결정적 증인은 A.D. 2세기 전반기 동안 히에라폴리스의 감독을 지낸 파피아스이다. 그의 저서 『주님의 신지(神旨) 해설집』(*Expostitions of the Lord's Oracles*)[170]에서 뽑은 한 유명한 발췌문 속에서 파피아스는 자신이 '장로들'에게서 세심하게 배운 주의 계명들을 그 자신의 설명문들과 함께 전수하는 일에 관계하고 있다고 말한다. 이는 그가 살아 있는 전승을 기록된 그것보다 훨씬 더 유익한 것으로 여겼기 때문이다. 그래서 파피아스는 어떤 사람이든지 자신이 어쩌다 만날 기회를 포착한 장로들의 추종자들로부터 장로들이 예수에 관해 말한 내용을 발굴해내곤 했다. 그리하여 파피아스는 자료제공자 두 그룹을 열거하는데, 그 두 명단 모두에 요한의 이름이 실려 있다. 첫째 그룹은 안드레, 베드로, 빌립, 도마, 야고보, 요한, 마태, 또는 그밖의 주의 어떤 제자(*ἤ τις ἕτερος τῶν τοῦ κυρίουμαθητῶν*) 등이며, 둘째 그룹에는 단지 아리스티온 및 장로 요한(*ὁ πρεσβύτερος Ἰωάννης*) 등의 이름만이 수록되어 있다.

파피아스에 의한 '요한'에의 이 이중적 언급이 무엇으로 인한 것인가를 살피려면, 우리는 몇몇 초대 그리스도교 교부들이 요한의 계시록을, 특별히 그 책의 마지막 일들에 관한 천년 왕국 견해 때문에 요한의 작품으로 받아들이기에 어려움을 느꼈었다는 사실을 주목하지 않으면 안 된다(참조. 계 20:1-15). 그러나 또한 그들은 그 책이 위작(僞作)이라고 말하기를 주저하였다. 그래서 그들은 그 책의 저자가 됨직한 다른 한 요한을 두루 찾았다. A.D. 265년 경에 죽은 알렉산드리아의 디

170) *HE* iii. 39. 3f., 7에 인용됨.

오니시우스(Dionysius of Alexandria)는 에베소에 있는 두 무덤에 관심을 돌렸는데, 그 둘 모두가 요한의 매장지로 지칭되고 있다는 것이었다(그러나 물론 에베소에는 무수한 무덤, 무수히 많은 요한이 있었다). 이 근거 위에서 디오니시우스는 어떤 제2의 요한이 존재하였으며, 그는 계시록의 저술을 책임져 왔을 가능성이 있다고 주장하였다. 유세비우스[171]가 그의 견해를 따랐으며, 이로써 엉뚱하게도 앞서 언급된 파피아스 전승에 나오는 다른 요한을 찾아냈던 것이다. 그는 둘째 자료 제공자 그룹 속에서 언급된 요한을 별개의 인물로 간주하여 그를 장로 요한이라고 불렀으며, 아울러 계시록을 그의 저작으로 돌렸다.

그러나 파피아스가 애당초 두 명단 모두에서 동일한 요한에 대해 언급하고 있었을 가능성이 매우 높다. 첫째 경우에 있어서 그는 요한을 세상 떠난 제자들과 함께 묶고 있으며, 둘째 경우에 있어서–한 '장로'로서–현재까지 생존한 인물들(아리스티온의 경우처럼)과 함께 묶는다. 이러한 맥락에 비추어 신약성서에서 예수의 제자들이 장로들[172] (그리고 사도들)로 호칭되었다는 점과, 파피아스 자신이 전술한 그의 글 속에서(요한을 포함한) 제자들을 '장로들'로 언급하고 있다는 사실[173]을 상기할 가치가 있다.

신빙성 있는 주님의 전승의 전수에 관한 검토를 해나가는 맥락에서,

---

171) *H.E.* iii. 39. 5f.

172) 참조. 벧전 1:1, 5:1. 보충적으로 J.R.W. Stott, *The Epistles of John : an introduction and Commentary*(London, 1964), pp. 35–41를 읽어 보라.

173) 요한이서 1절 및 요한삼서 1절에서의 *ὁ πρεσβύτερος* 라는 용어 사용은 요한 서신들이나 요한복음 중 어느 쪽의 기록자의 정체에 관한 증거로 결정적인 것은 아니다. J.L. Houlden, *op. cit.*, pp. 4–6을 읽어 보라. 그는 요한이서 및 삼서에서의 '그 장로'는 어느 개인의 이름이 아니라 요한의 교회 안에 있는 전승의 수호자에게 붙는 칭호라고 논증한다. Houlden은 또한 요한의 서신들 및 복음서가 동일한 필적에서 유래한 것 같지 않다고 주장한다(ibid., p. 38).

파피아스가 프레스뷔테로스(πρεσβύτερος)라는 용어를 그의 사도적 권위 묘사에 사용했다는 것은 결코 놀라운 일이 아니다. 우리는 유세비우스를 따름으로써 이처럼 어설픈 근거 위에서 제2의 (장로) 요한, 곧 계시록 또는 실제로 요한 문집의 어느 일부분에 대한 저자로 간주될 수 있는 인물을 창안해 내서는 안 된다. 설령 장로 요한이 실재했었다는 사실이 입증될 수 있다고 할지라도,[174] 그가 에베소에서 살았다거나, 또는 제4복음서의 편찬에 전적으로 관련되었다는 점이 입증될 수 있는 가능성은 확실히 없다. 사실상 사도 요한을 요한 문서들 중의 어느 하나와 직접 연계시키는 방법에는 곤란한 점들이 있다. 그러나 장로 요한이라는 가설적 인물에 안주하는 일 없이, 그리고 이들 문서군을 그의 저작으로 간주하는 일 없이 이 난점들을 설명하는 것은 가능하다(이에 대해 우리가 앞으로 살펴보게 될 것이다).

2. 내적 증거

제4복음서의 저자에 관해 어떤 결론적 추론을 내리기 전에, 우리는 복음서 자체의 증거에 의해 얻어질 수 있는 모종의 도움을 고찰하지 않을 수 없다.

---

174) 참조. Barrett, pp. 88-92; *HTFG*, pp. 16f. 등. 아울러 G.H.C. MacGregor, *The Gospel of John*(London, 1928), pp. I-lxviii을 읽어 보라. MacGregor는 제4복음서 기자가 '에베소의 장로 요한', 곧 사랑받았던 그 제자(아마도 사도 요한)의 증언에 의존하였던, 그 제자보다 연소한 동시대 인물이었다는 견해를 취한다. 제4복음서의 최종 형태에 책임이 있는 후대의 편집자는 역시 복음서 기자를 사랑받은 그 제자와 동일시하고, 사랑받은 그 제자를 사도 요한과 동일시하는 경향에 책임 있는 인물이기도 하다(고 MacGregor는 상정한다). 다른 측면에서 Lightfoot, p. 7을 읽어 보라. 그는 장로 요한에 대한 우리의 지식은 비실재적인 것이라고 주장한다.

본문에서는 그 누구도 이 복음서의 기록자로 명시되어 있지 않다. 단지 요한복음 21:24에(앞으로 우리가 살펴보려고 하는) 사랑받은 그 제자가 '이 일들을 기록한' 자로 언급되어 있다. 그러나 이 문구는 사랑받은 그 제자의 정체 못지 않게 미심쩍다. 우리가 앞으로 살펴보겠지만 요한복음 21:24은 저자 문제에 대한 명확한 답으로서 호소력을 지닐 수는 없다. 필경 이 작품의 익명성은 의도적이며 기록자는 그 중심 주제에 독자들의 관심을 집중시키기 위해 그 자신은 복음서 밖으로 사라져 버렸을 수 있다.[175)] 이유야 어떻든 간에, 제4복음서 저자를 세베대의 아들 요한으로 본 전통적 견해는 요한에 대한, 또는 그의 동생에 대한 복음서 내의 언급에 의해서 뒷받침되지 않고 있다.[176)] 우리는 지금(앞서 논의된 요한의 복음서의 성격에 맞추어) 저자로서의 목격자를 찾고 있으므로, 이 사실은 어려움을 안겨 준다.

제4복음서의 흐름 속에서는 어떤 제자들이 이름이 명시되지 않은 채 나타난다. 그렇지만 우리는 그들 중의 누군가가 이 문서의 저자 문제에 관련될 수 있을지 살피기 위해 먼저 그들의 정체를 조사하지 않으면 안 된다. 우리는 이레니우스의 전승에서 요한복음서의 저자로 언급되었고 그 사도 자신으로 동일시된, 이른바 '사랑받은 그 제자'에서부터 시작해 보자.

---

175) E.C. Hoskyns, *The Fourth Gospel,* ed. F.N. Davey(London, 1947[2]), p. 19(=Hoskyns) 역시 같은 견해.

176) 요한복음 21:2에는 *οἱ τοῦ Ζεβεδαίου*(호이 투 제베다이우: 세베대의 아들들)에 관한 모호한 암시가 나오지만, 그것이 전부일 따름이다. 요한이라는 실명으로 언급된 유일한 인물은 세례자(요 1:6 등등) 뿐이다. 그러나 그가 요한 전승의 일부에 책임을 진 인물이었을 수는 있지만, 우리가 이 책 1장에서 살폈듯이 그를 제4복음서 전체의 친저성과 결부시킬 만한 근거는 전혀 없다.

1) 사랑받은 그 제자

'예수께서 사랑하시던 그 제자'는 요한의 복음서 안에서 다섯 번 언급되었지만 다른 복음서들에서는 일체 언급되지 않았다. 그는 요한복음의 마지막 부분에서, 즉 앞으로 있을 수난 기사의 서두에서부터 나타난다.

① 요 13:23. 예수께서 사랑하신 그 제자는 최후 만찬에서 요한에게 해당되는 동안(여기서는 발을 씻기심) '예수의 품에 가까이' 기대어 앉아 있다. 베드로는 이 제자에게 예수를 배반한 자에 관한 정보를 임의적으로 요구한다(13:24 이하).

② 요 19:26이하. 예수께 사랑받은 그 제자는 처형 현장에서 예수의 십자가 곁에 마리아와 더불어 서 있었다. 이 제자와 마리아는 주님에 의해 서로간에 부탁받는다.

③ 요 20:2-10. 베드로와 '그 다른 제자'[177], 곧 예수께서 사랑하신 자[178]가 빈 무덤을 발견한다. 그 '다른' 제자가 '보고 비로소 믿는다'(부활에, 8절).

④ 요 21:7, 20-23. 예수께서 사랑하신 그 제자는 물고기 153마리 포획의 표적에서 베드로와 관련되어 있으며, 부활하신 그리스도를 주님으로 시인하고 있다. 그는 또한 (20절 이하) 예수와 베드로를 따르며, 나아가 그의 최후 운명(그가 죽지 않으리라는 소문을 불러일으킨 일)

177) 이 문구의 정확한 뜻(그리스어 원문은 *τὸν ἄλλον μαθητήν*)은 복음서 기자가 여기서 자신의 전거 자료(source)에서 하나의 반복적인 문구를 이어받고 있다고 상정하게 한다. 이 제자를 '대제사장과 지면(知面)이 있는', 그리고 예수에 대한 유대인의 재판 현장에 베드로와 함께 나타나는(요 18:15f.) '다른 그 제자'(*ὁ μαθητὴς ὁ αλλος*)와 결부시켜야 할 까닭은 전연 없다.

178) 이 단 하나의 경우에서만 그 동사가 *ἀγαπᾶν* 아닌 *φιλεῖν*이다. 필경 이같은 교체는 역시 요한 자신의 전거 자료에 기인하는 것으로 보인다.

이 논의되는 것을 듣고 있다.

⑤ 요 21:24. 마지막 언급으로서, 이 구절은 '사랑받는 제자'라는 문구를 사용하지 않았지만 분명히 그를 지적하면서 바로 그 제자(요한복음 21장의)가 '이 일들을 증거하고 있으며' 또 '이 일들을 기록하였다'고 주장한다. 그의 증언은 '참되다'고 인증(印證)되고 있다.

우리는 이 정보를 해석함으로써 사랑받은 그 제자의 정체와 요한의 복음서 편찬에 있어서 그의 역할을 캐낼 수 있을 것인가? 최소한 네 명의 후보자들이 가능성을 보인다.

(1) 사도 요한

제4복음서에 있어서 사랑받은 그 제자는 공관복음서들 안에서 사도 요한에게 몫 지워진 역할을 수행하고 있는 듯하다. 그는 요한복음의 최후 만찬 상응 장면에 등장하고 있으며, 따라서 열두 사도의 일원이었을 가능성을 띤다. 그는 시몬 베드로와 연관되어 있으며, 베드로와 더불어 예수 자신과 밀접한 관계에 있었던 것으로 보인다. 즉 공관복음서 전승에서와 마찬가지로, 베드로와 (야고보와) 요한은 제자들 중의 '내적 집단'(inner group)에 속한다.[179] 사랑받은 그 제자는 또한 주님의 모친 보살피는 일을 위임받을 만큼 예수의 가족과 친밀한 관계에 있다.[180] 이러한 세부 사정들은 세베대의 아들 요한이 제4복음서에서

179) 막 9:2 등등을 참조할 것. 베드로와 요한 역시, 사도행전에 따르면(3:1; 8:14f. 등등) 교회 역사의 초기에 함께 일했었다.

180) 사도 요한이 예수와 혈연 관계에 있었을 가능성도 없지 않다. Brown Ⅰ, p. xcvii, Ⅱ, pp. 904-6에서도 같은 견해. 이러한 상정(想定)은 살로메를 요한의 어머니인 동시에 예수의 어머니 마리아의 자매(sister)로 동일시하는 견해에 근거한다(참조. 요 19:25; 막 16:1). 만약 이것이 받아들여진다면, 사랑받은 그 제자와 요한 사이의 연결은 한결 더 개연적인 것으로 화한다. 그렇지만, 마가복음 14:50('모든 제자들이 예수를 버리고 도망하니라')에 비추어 볼 때, 십자

(21:2에서의 모호한 암시의 경우를 제외하고는) 한 번도 실명(實名)으로 불려지지 않고 있다는 부연적 사실과 조합(組合)될 때, 예수께서 사랑하신 그 제자와 동일시되어야 마땅한 사람은 요한이라는 사실을 개연적인 것으로 만든다. 이 추론은, 열두 제자 중의 다른 지도적 구성원들(특히 베드로)은 명시되고 있으며, (보다 중요하게는) 사랑받은 그 제자가, 요한 자신이 어떤 점에서 뚜렷하게 수행하였던 것같이 이 복음서 안에서 예수 전승에의 한 증인 역할을 하고 있음을 우리가 감안할 때, 한층 강화된다.[181)]

그러나 사랑받은 그 제자를 사도 요한과, 따라서 (전승의 경우에서와 같이) 제4복음서 기자와 연계시키는 과정에는 여러 가지 난점이 있다.[182)] 그 난점들 중 주요한 것들은 다음과 같다.

① 십자가 상의 예수에 의해 마리아가 사랑받은 그 제자에게 부탁된 일에도 불구하고, 사도행전 1:14에 의하면 마리아는 요한과 함께한 것이 아니라 예수의 동생들과 함께한 것으로 언급되고 있다.[183)] 그러나 요한은 실제로 사도행전의 바로 앞절(1:13)에서 다른 제자들과 함께 언급되고 있으며, 또한 '이 모든 사람들은' 마리아 및 예수의 동생들과 함께 기도에 전념하였다고 서술된다(14절).

② 세베대의 아들들은 갈릴리 출신이었는 데 비해, 제4복음서는 예

가 옆에 그토록 가까운 지점에서 그들 중의 하나를 발견케 되는 것은 뭔가 이상하다. 그러나 요한복음 16:32를 참조하라. 어느 경우에든 베드로의 경우에서처럼 초기의 도주는 단지 일시적이었을 따름이다.

181) 보충적으로 R.V.G. Tasker, *The Gospel according to John*(London, 1960), pp. 14f.(=Tasker)를 참조할 것.

182) P. Parker, 'John the Son of Zebedee and the Fourth Gospel', *JBL* 81(1962), pp. 35-43을 읽어 보라. 여기서는 사도 요한을 요한복음과 관련짓는 견해에 대한 반박 논증들이 상설(詳說)되고 있다. 아울러 Brown Ⅰ. p. xcviii도 읽어 보라.

183) Barrett, p. 98에서 이같은 견해.

수의 예루살렘 사역을 집중 조명하고 있으며, 또한 사랑받은 그 제자가 나타나는 것은 오직 그곳일 따름이다. 그럼에도 불구하고 이것이 사랑받은 그 제자가 예수의 갈릴리 사역에 관해 아무것도 알지 못했음을 의미하지는 않는다. 그곳은 어떤 경우에 있어서든지 때때로 조명되는 요한 전승의 무대인 것이다(요 1:43 및 기타).

③ 공관복음서들에 의하면 사도 요한은 예수의 변형 사건 당시에도, 겟세마네에서의 고투 중에도 현장에 있었다(막 9:2, 14:32이하, 괄호 부분). 그러나 이러한 중대 사건들 중 어느 하나도 제4복음서에서는 그렇게 중요하게 취급되지 않는다. 그렇지만 (실재하는) 유혹에 대한 승리와 영광을, 화육(化肉)하신 하나님의 말씀의 생애에 나타나는 항존적 양태로 보는 요한의 특이한 시각은 그 자체로서 이러한 생략 사례들을 설명하여 준다. 변형 및 고투 두 사건 모두에 대한 공관복음적 설명의 제 요소들은 실제로 요한복음에서도 나타난다.[184)]

④ 끝으로 사도행전 4:13에 따르면 요한은 '학문 없는 자'(ἀγραμάτος)였다. 그러나 사랑받은 그 제자가 제4복음서 기자로서의 요한으로 동일시될 수 있다고 할 때, 이것은 제4복음서 저자에게 그다지 걸맞는 묘사가 못 된다. 그러나 요한에 대한 묘사로써 '학문 없는 자'라는 낱말의 모호성을 떠나서 볼 때, 제4복음서의 '저자'(우리가 앞으로 살펴보게 될 것이다)가 필연적으로 그 책의 최종(最終) 형태에 책임을 지는 장본인일 수는 없다. 오히려 사랑받은 그 제자는 예수에 관한 전승에의 한 '증인'으로 묘사되고 있으며(요 21:24; 참조. 20:8), 실제로 이 사실이 가장 일차적인 의의를 지니는 것이다.

---

184) 요한복음 12:23, 27f., 기타 여러 곳을 읽어 보라.

결국 이제까지 여러 가지 반대 조건들(그 중 어느 하나도 극복 불능은 아니다)에도 불구하고, 우리는 사랑받은 그 제자와 사도 요한을 동일시할 만한 충분한 이유가 있음을 살펴보았다. 이 사례에 있어 제 사실이 훌륭하게 부합하는 것으로 보인다. 그럼에도 불구하고, 다른 후보자들이 가정되어 왔으며, 따라서 우리는 이들을 살펴보지 않을 수 없다.

(2) 요한 마가

마가(그의 본명 요한에 유의하라)가 사랑받은 그 제자였을 가능성은 처음에 보일 수 있듯 그렇게 엉성한 추론은 아니다. 마가는 예루살렘에서 살았으며 그의 집은 초기 교회의 중심적 회합 장소로 사용되곤 했다(참조. 행 12:12). 이것은 제4복음서에 나타나는 예루살렘에 대한 강조를, 그리고 요한의 지리 서술의 정확성을 설명해 주는 근거가 될 수 있다. 둘째로, 마가와 베드로는 사도행전에서 합류하고 있다.[185] 그리고 이것은 요한복음 안에서의 사랑받은 그 제자와 베드로 사이의 연계와 일치를 이룬다. 셋째로, 요한 마가는 레위인이었던 바나바와 연결되어 있었다.[186] 그리고 이 점이 사랑받은 그 제자가 (만약 그가 요한복음 18:15의 이름 없는 그 제자라면) 대제사장에게 잘 알려진 인물일 가능성을 세워 준다. 마지막으로 마가와 누가 사이에는 어떤 연결이 있었는데(빌레몬서 24절을 읽어 보라), 이것이 (만약 마가가 사랑받은 그 제자이며 제4복음서 기자라면) 자주 주목된 바 저 요한 전승과 누가

185) 행 12:12; 참조. 벧전 5:13.

186) 골로새서 4:10을 읽어 보라. 사도행전 4:36은 바라바를 레위인으로 묘사한다.

전승 사이의 유사성을 설명하는 단서가 될 수 있다.[187)]

그러나 이 설에 대한 반대 견해들도 없지 않다.

① 만약 마가가 제2복음서의 저술 책임을 진다면, 어떻게 그가 또한 제4복음서에 책임질 수 있는지 살펴보기가 매우 어렵다. 그럼에도 불구하고 요한 마가와 복음서 기자 마가는 제2복음서에 대해 언급한 A.D. 2세기의 인물들(파피아스나 이레니우스 같은)에 의해 동일시되지 않고 있다. 그리고 누가는 사도행전에서 마가를 호칭할 때 반드시 '요한 마가'라는 이중적 이름을 사용한다. 그러므로 명백한 사실은, 초대교회에 있어서 요한 마가와 제2복음서 기자가 동일 인물이었을 확실성은 전연 없다.

② 사랑받은 그 제자는 뚜렷하게 열두 제자 중의 한 사람인 것 같으며, 요한의 복음서에 따르면 예수의 사역에 있어서 중요한 인물이었다. 만약 그렇다면, 공관복음서 전승 안에, 또는 실제로 예수의 제자 목록들 중 그 어느 하나에도 마가에 대한 (즉 마가가 사랑받은 그 제자일 것이라는) 명시적 언급이 전연 없다는 사실은 모순이 아닐 수 없다.[188)]

---

187) J. Wellkausen, *Das Evangelium Johannis*(Berlin, 1908), pp. 100–27 이하 여러 곳(=Wellhausen)을 참조할 것. 더 나아가 L. John, 'Who was the Beloved Disciple?' *Exp. T*77(1965–6) pp. 157f.; 및 (보다 설득력 있는) P. Parker, 'John and John Mark', *JBL* 79(1960), pp. 97–110을 읽어 보라. 특히 Parker는 마가와 제4복음서 사이의 연계점들이 마가와 제2복음서 사이의 그것보다 훨씬 강력한 것으로 보인다는 점을 지적하였다. 사랑받는 그 제자의 정체를 마가 요한으로, 곧 아마도 제4복음서 기자일 수도 있는 인물로 보는 견해가 Marsh, pp. 24f.에 의해 옹호된다. 마가가 제4복음서 기자였지만 사랑받은 그 제자(=나사로)는 아니었다는 견해를 조사하려면, J. N. Sanders, 'Who was the Disciple whom Jesus loved?', in F.L. Cross(ed), *Studies in the Fourth Gospel*(London, 1957), p. 72–82 J.N. Sanders, *A Commentary on the Gospel according to St John*, ed. B.A. Mastin(London, 1968), pp. 24–52(=Sanders) 등을 읽어 보라.

188) Brown Ⅰ, p. xcvi 역시 같은 견해.

(3) 나사로

사랑받은 그 제자로 동일시될 수 있는 제3의 가능 인물은 나사로이다. 그는 제4복음서에서 예수의 사랑을 받는 자로 묘사된 단 하나의 남성 제자이다.[189] 이 사실은 제4복음서의 저자 문제에 관한 초기의 불확실성, 그리고 요한복음에서 11장의 나사로를 살리신 일 이후에만 사랑받은 그 제자가 나타나는 점 등과 연결지어져, 일부 학자들로 하여금[190] 나사로를 예수께서 사랑하신 그 제자로 여기게 해왔다.

그러나 초기 그리스도교 전승 안에 이 견해의 지지 기반이 없는 점을 제쳐 두고라도, 요한복음서의 최종판(版: edition)이 바로 그 동일인을 두 장(11장 및 12장)에서 실명으로 언급하고, 그 후 나머지 장들에서는 익명으로 언급했으리라고 상상하기는 어렵다. 의심할 나위 없이 생명을 회복한 나사로 같은 위치의 사람이라면 예수께 대해 그리고 그가 창시한 전통에 대해 깊은 구속감(拘束感)을 느꼈음직하다. 또한 의심할 나위 없이 자신의 부활 후 나사로는 제자들 사이에서 두드러진 위치를 차지했고, 또한 주님의 가족들과도 친밀한 관계를 확보하였을 것이다. 그런데 이 경우 나사로가 요한복음 11장 및 12장에서처럼 그 자신의 권리를 바탕으로 나타나게 된 데는 나름대로 갖가지 이유가 있다. 그러나 그가 요한복음 13장 이후부터 갑자기 이름이 언급되지 말

189) 요 11:3, 5, 36; 참조. 11:11, 11:5(여기서는 *ἀγαπᾶν*을 사용함)를 제외한 모든 경우에 그 동사는 *φιλεῖν*(요한 11:11에서는 명사 *φίλος*)이다. 사랑받은 그 제자의 경우에는 *ἀγαπᾶν*이 정상적 동사이며, *φιλεῖν*은 단 한 번 사용되었을 따름이다. 참조. 막 10:21. 여기서는 부자(청년)인 관원이 예수께 '사랑 받았다'(*ἠγάπησεν αὐτόν*)고 묘사되고 있다. 그러나 이 인물을 사랑받은 그 제자로 동일시할 만한 이유는 전연 없다.

190) 예를 들면, F.V. Filson, *Saint John*(London, 1963), pp. 19-26(나사로가 사랑받은 그 제자였으며, '어떤 의미에서' 제4복음서의 저자였다고 주장); 및 Sanders, pp. 29-52를 참조하라. Sanders는 제4복음서가 (장로) 마가 요한에 의해 (사랑받은) 제자 나사로의 기억들을 근거 삼아 편찬되었다고 논증한다.

아야 했던 데는 도무지 그 이유가 없다. 사실상 요한의 복음서에서 나사로와 사랑받은 그 제자는 구별되는 두 인물로 보인다.

(4) 이상적인 그 제자

사랑받은 그 제자를 확인하는 마지막 시도가 이제 고려될 수 있을 것이다. 이것은 그가 완전한 그리스도인의 비역사적 상징으로서, 예수의 수난이라는 중요 시점에 예수 곁에 있었고, 그의 부활을 맨 처음 믿은 인물이라는 견해이다.[191)]

그러나 설령 사랑받은 그 제자가 또한 (그레고리 대제가 보았듯이) 믿는 그리스도교 공동체(유대인 위주이든 그리스인 위주이든 관계 없이[192)])를 표상한다고 할지라도, 그는 요한의 복음서에서 실재 인물로 등장한다. 그는 그리 자주 언급되지 않는데, 만약 그가 이상적인 전포괄적(all-inclusive) 팔방미인으로 가정된다면 그것은 이상하다. 그러나 그가 나타나는 경우, 그와 연관된 상황의 세부 국면들은 순수한 상징주의보다는 오히려 역사의 방향을 가리키고 있다.

2) 다른 제자들

우리는 사랑받은 그 제자를 사도 요한으로 동일시하는 데 있어, 최종적 확증은 아니라 해도 충분한 이유가 있으며, 분명히 그의 경우가 그의 경쟁자들 중 어느 한 사람의 경우보다 훨씬 강한 심증을 지니는

191) Loisy, pp. 127f. 역시 같은 견해. 아울러 A. Corell, *op. cit.*, pp. 204f.; R. Kysar, *The Fourth Evangelist and His Gospel*, pp. 169f.를 읽어 보라.

192) Bultmann, pp. 483-5. 그는 사랑받은 그 제자를 (제4복음서 기자 자신과 마찬가지로) 이교적 그리스도교의 대표자로, 베드로를 유대적 그리스도교의 상징적 인물로 간주한다. Gregory는 그 상징을 반대로 생각한다.

것으로 보인다[193]는 점을 이제까지 살펴보았다. 그러나 제4복음서 안에는 이름 없는 제자들에 대한 언급으로 볼 수 있는 세 가지 경우가 있으므로 우리는 그것들이 우리의 논제에 어떤 빛을 비추는지를 살피기 위해 이들을 검토해 보아야만 하겠다.

(1) 요 1:41

이 복음서에 있어서 처음 제자들을 부르신 기사(요 1:35-42)에는 세례자 요한의 두 추종자에 대한 부르심이 포함되고 있는데, 그 중 하나가 안드레였다.

41절은 '그가 먼저 자기의 형제 시몬을 찾아' 그에게 메시아가 발견되었음을 알려 주었다고 보도한다. 이 부분에 있어서 그리스어 본문은 이독(異讀)을 내포한다. 만약 우리가 오히려 가능성이 높은 프로톤(πρῶτον: 부사, '최초로'[194]) 대신 프로토스(πρῶτος: 형용사, '최초의'[195])로 읽는다면, 이 구절의 의미는 '(한 형제를 가진 두 제자 중의) 첫째 전자가 시몬을 찾았고, 반면에 후자(야고보나 요한)는 그의 형제를 찾았다'가 될 가능성이 있다. 그러나 이 해석은 본문을 불필요하게 확대시킨다. 그리고 설령 우리가 이 시점에서 사도 요한에 대한 숨겨진 시사를 찾아낸다고 해도 그것이 저자 문제 해결의 과정에 있어서 우리에게 별로 도움이 되지 않는다.

193) E.L.Titus, 'The Identity of the Beloved Disciple', *JBL* 69(1950), pp. 323-8. 그는 맛디아를 또 하나의 가능성 있는 후보자로 상정한다.

194) P66, A B θ, 기타 여러 사본이 같은 견해임.

195) א* W, 기타 여러 사본이 같은 견해임.

(2) 요 18:15 이하

이 구절에 대해서는 이미 언급이 이루어진 바 있다. 그것은 유대식 재판을 받기 위해 제사장의 뜰안으로 호송되었던 예수와 동행했을 뿐 아니라 베드로가 들어올 수 있게 해준 '대제사장에게 지면(知面)이 있는 다른 한 제자'를 묘사한다. 알려지지 않은 이 제자가 사랑받은 그 제자(이며 결국 요한)[196]이었다는 견해가 전연 불가능하지는 않지만(특히 그가 대제사장에게 물고기를 조달하였다면) 그것은 미심쩍은 것으로 보인다(여기서 베드로와의 연관성이 있음에도 불구하고). 첫째로, 요한이 이 본문이 시사하듯 대제사장의 가족과 친분이 있었다는 것이 이상한 일일 수 있다. 둘째로, 만약 사랑받은 그 제자가 이 사건에 개입되어 있었다면 어째서 그렇게 호칭되지 않게 되었는지 거기 알맞은 이유가 전연 없는 것 같다. 이때 그가 현장에 있었다는 것은 예수에 대한 증인으로서의 그의 역할을 적절히 드높였다고 하겠다. 그러므로 우리는 이 제자가 완전히 다른 한 제자로서, 저자 문제에 관해 아무 관련성도 가지지 않는 인물이라고 결론짓는 바이다.

(3) 요 19:35

제4복음서에서 이름을 밝히지 않은 한 제자에 관한 마지막 언급은 예수의 십자가 처형 당시에 나타난다. 이 경우 창으로 찌르는 것을 본(34절), 십자가 옆에 서 있던 한 사람은 '증언하는'-한 병사의 창으로 찌르는 행위에 대해서 뿐만 아니라, 짐작컨대 수난의 사건들 전반에 대해서도-인물이라고 묘사되고 있다. 이 증언의 진실성이 두 번씩이

196) H.J. Schonfield, *The Passover Plot*(London, 1965). 그는 요한복음 18:15f.의 제자가 실상 사랑받은 그 제자였지만, 그는 한 제사장이었으며 세베대의 아들은 아니었다고 믿는다.

나 강조되고 있으며, 그의 증언의 의도는 이 복음서를 읽는 자들에게 믿음을 심기 위함이라고 언급된다. 사랑받은 그 제자가 이 구절 바로 직전에 십자가 현장의 마리아와 함께 언급된 점을 감안할 때(19:25 이하), 이 성명 미상의 증인이 바로 사랑받은 그 제자라고 가정하는 것은 합리적이다. 이 경우 그가 복음서의 저자로 묘사되지 않고 오히려 그 기록자가 자신의 전승을 뒷받침할 수 있는 한 인물로 묘사되는 것은 자못 중요한 의의를 지닌다.

3) 제자 증인

우리는 이제 요한복음 21:24에 나오는 다음과 같은 사랑받은 그 제자에 대한 심각한 언급으로 말머리를 돌릴 수 있게 되었다. '이 일을 증언하고 이 일들을 기록한(ὁ γράψας ταῦτα) 제자가 이 사람이라. 우리는 그의 증언이 참된 줄 아노라.' 사랑받은 그 제자가 여기에서 맡은 주요 역할은 바로 증인의 역할이다. 우리는, 이것이 엄밀하게 요한복음 19:35에 언급된 '알려지지 않은' 그 제자(매우 비슷한 어휘로 묘사됨)의 역할이며, 그는 십중팔구 사랑받은 그 제자라는 사실을 간파할 수 있다. 그는 방금 고찰된 무명의 세 제자 중 요한복음서의 저자 문제와 관련하여 우리에게 도움을 줄 것으로 보이는 유일한 인물이다.

그러나 요한복음 21:24의 그 제자가 증인일진대, 그는 딱 꼬집어 무엇에 관해 증언하고 있는가? 그가 증거하고 있다는 그 '일들'(περὶ τούτων)에 관한 진술은 도대체 무엇인가? 그리고 그가 기록한 '일들'(ταῦτα)은 무엇인가? 이 절을 주석하는 데 있어서 몇 가지 문제점이 존재한다. 즉, 타우타(ταῦτα)와 호 그랍사스(ὁ γράψας)에 부여되는 의미와, 아울러 요한복음 21장이 이 복음서의 다른 부분과 맺는 관계 등이다.

요한복음 21:24은 의심할 나위 없이 23절과 함께 취급되어야 하는데, 그 절은 24절의 그 '일들'이 일차적으로 사랑받은 그 제자는 죽지 않으리라고 한 보도의 정정판을 언급함을 시사하고 있다. 그 제자 자신은 예수께서 단지 '내가 올 때까지 그를 머물게 할' 것이라고 말씀하셨을 따름이라는 사실에 대해 증언하고 있는 것이다. 그러나 24절의 언급은 암암리에 요한복음 21장 전체에 대한 것이 될 수 있는데, 이 장은 목격자 설명과 너무나 유사하게 해독된다(7-9 및 11절을 특히 유의해 보라). 그리고 이를 다시 확대해 보면, 그 언급은 요한복음서 전체를 가리킬 수 있다. 물론 이것은 요한복음의 나머지 부분에 붙은 맺는 말(epilogue)과의 관계에 의존한다. 그러나 요한복음 21장이 설령 다소 후기 연대에 이르러 복음서에 첨가되었다고 할지라도, 그 장이 요한복음 1-20장에 긴밀하게 관계맺어져 있다고 가정하기에 충분한 근거들이 엄존한다.[197]

결과적으로 요한복음 21:24의 '증인'은 제4복음서 전체 안에 보존되어 있는 예수에 관한 전승에 관계할 수 있다. 만약 그 절 속의 호 그랍사스(ὁ γράψας)가 '(이 일들을) 기록한 사람'을 의미한다면, 사랑받은 그 제자는 예수 전승에의 증인으로서뿐만 아니라 복음서 기자 자신으로도 주장되고 있는 것이다. 그러나 호 그랍사스(ὁ γράψας)는 '(이 일들이) 기록되게 만든 사람'으로 번역될 수도 있다. 이 경우에는 그 절이 사랑받은 그 제자가 요한의 복음서 배후에 있는 전승의 책임을 졌다고

197) S.S. Smalley, 'The sign in John XXI', *NTS* 20(1973-4), pp. 275-88. 특히 275-7을 참조할 것.

주장하는 셈이다. 이어서 그의 증언의 진실성이 다음과 같이 보증되고 있다. '우리는 그의 증언이 참된 줄 아노라'(오이다멘, οἴδαμεν), 동사 오이다멘(οἴδαμεν)의 주어가 이 복음을 최종적으로 펴낸 교회가 되어야 할 필요는 없다. 그 주어는 얼마든지 이 복음서의 최종 간행본에 책임을 진 저자(들)가 될 수도 있다. 결과적으로 이 절 전체는 다음과 같이 풀어 쓸 수 있다. '사랑받은 그 제자가 이 복음서에 수록된 전승에 책임을 진다. 그가 전승이 기록되게 만들었으며, 따라서 저자들은 그 전승의 신빙성을 보증할 수 있다.'[198]

【결 론】

이상의 논증이 요한은 누구였는가 하는 질문에 대한 최종 답변을 제시하는 것은 결코 아니다. 이제까지 우리가 추론한 사실의 전부는 사랑받은 그 제자가 십중 팔구 사도 요한이었을 것이며, 제4복음서에서 그가 요한복음 전승의 기초를 이루는 증언에 대한 처음 목격자로 등장하고 있다는 점이다. 그러나 확실히 그는 그 전승의 최종 편집자가 아니다. 요한복음서의 최종판에 대해 책임을 진 사람들은 그들의 전승이 유래한 출처 자료의 신빙성을 강조하고 옹호하는 데 관련된 이 복음서의 마지막 두 절(요 21:24, 25) 속에서 나타난다. 24절에서 그들은 보존되고 있는 그리스도교 전승의 대변자들 자격으로 쓰고 있는 것이다(그래서 '우리는 아노라'이다).[199] 반면에 25절에서는 개인적 의견이 개진되고 있다(그래서 '내가 아노라'〈I suppose〉이다).

사랑받은 그 제자를 사도 요한으로 동일시하는 데에는 여러 문제점

198) 참조. Tasker, pp. 12-14. 참조. 더 나아가 본서의 뒷부분 pp. 224-226를 읽어 보라.

199) 요일 5:20(οἴδαμεν δὲ ὅτι ὁ Ψiὸς τοῦ θεοῦ ηκει)

들이 뒤얽혀 있으며 마찬가지로 사랑받은 그 제자와 요한 전승의 전수 사이의 관계에 관해 우리가 개관한 주제에 있어서도 문제점들이 있다. 예를 들면, 왜 요한은 제4복음서에서 익명으로 남아 있으며, 또 그가 만약 실제로 쉽게 인지될 수 있었다면 왜 아주 칭송조의 호칭 아래 나타나야 했는가? 만약 어떤 요한적 교회나 학파가 이 묘사의 장본인이라는 것이 그 답이라면, 어째서 그것이 그리스도교 전승에서 요한적 서클들에만 한정되는 것으로 존속하여 오는가?

그럼에도 불구하고, 앞으로 우리는-다음 장에서-제4복음서가 실제로 어떻게 기록되어 왔는지의 문제를 조사해 보아야 하겠지만, 이제까지 개관된 증거는 (최소한 한 해석문에 기초할 때) 사랑받은 그 제자이자 복음서의 한 증인인 사도 요한은 요한복음의 바탕을 이루는 전승을 보존해 온 장본인이기는 하였으나, 그와 제4복음서 기자(들)는 결코 동일인이 아니었다는 정보를 이끌어 내고 있다. 우리가 살펴본 대로 이러한 해결은 사도 요한을 궁극적으로 그 복음서와 관련시키지만 처음에는 이 연계를 주저하게 만드는 제4복음서 저자 문제의 외증에 의미를 부여한다. 그것은 또한 우리에게 제4복음서 안에서의 사랑받은 그 제자의 존재와 기능을 환히 밝히는 이론적 근거를 제시하기도 한다.[200)]

---

200) 제4복음서의 저자 문제에 대한 외증 및 내증은 Bernard Ⅱ, pp. xxxiv-lxxviii 및 Barrett, pp. 83-104를 보라. 또한 Brown Ⅰ, pp. lxxxviii-xcviii 및 H.P.V. Nunn, *The Authorship of the Fourth Gospel*(Eton, 1952)을 읽어 보라. J.A.T. Robinson, *Redating the New Testament*(London, 1976), pp. 267-84, 307. 여기서 Robinson은 요한 전승과 제4복음서 자체의 최종적 편찬 사이의 간격 설정 필요성을 반대하면서, 요한복음서의 A.D.65년 전후 기록설을 지지, 논증하고 있다.('요한의 복음서 및 서신들'을 논한 전장(全章, pp. 254-311을 읽어보라.) 아울러 F.L. Cribbs, 'A Reassessment of the Date of Origin and Destination of the Gospel of John', *JBL* 89(1970), pp. 38-55를 참조하라. Cribbs는-특정의 '원시적인' 요한적 요소들과 관심들에 근거하여-제4복음서가 A.D.1세기의 50년대 말 내지 60년대 초기에 유대 지방의 한 교육받은 그리스도교 유대인에 의해 기록되었다고 주장한다(p. 55). 그러나 명백히 그 '교육받은 그리스도교 유대인'은 (크립

요한복음서의 저자 문제에 대한 우리의 탐구 결과들을 바탕으로, 이제 우리는 부대적(副帶的) 질문, 즉 언제 이 문서가 기록되었는가 하는 문제에 주의를 기울일 수 있게 되었다.

이 복음서의 기록 시기

우리는 여기서 이미 우리가 살펴본 바대로 원초적이며 신빙성 있는 것으로 간주되는 요한적 출전(出典) 자료들의 연대를 캐는 것이 아니라, 오직 요한복음서의 완성된 형태(그것이 어떻게 해서 나오게 되었든간에)로서의 연대를 캐고 있는 것이다.

상한선은 A.D. 150년 또는 그보다 조금 이른 시기로 설정될 수 있다. 제4복음서가, 가정되는 헬레니즘적 연계점들 및 발전된 신학으로 인해 2세기의 중반 이후의 어떤 시기에 속한다는 가설[201]은, 우리가 살펴본 대로[202] A.D. 150년 이후로 연대 추정이 될 수 없는 두 편의 파피루스 사본 즉 라일란즈 파피루스(Rylands Papyrus) 457(P 52) 및 에거톤 파피루스(Egerton Papyrus) 등이 발견됨에 따라 받아들여질 수 없는 것으로 판명되고 말았다. 후자는 짐작컨대(그러나 확실하지는 않다) 공관복음뿐 아니라 요한복음을 인용하고 있는 한 복음서의 단편을 포함하고 있다. 이 수필(手筆) 사본이 (A.D. 175년경 Tatian의 Diatessaron과 마찬가지로) 다른 복음서들과 더불어 제4복음서를 나란히 인용하는

스이 견해에 따를 경우) 사도 요한이 아니었다.

201) Loisy, 특히 pp. 68–70이 같은 견해임.

202) 이 책의 앞 부분 p. 50을 읽어 보라.

것은 분명히 요한복음이 그 당시 막 쓰여지지는 않았음을 시사한다.

그러나 제4복음서 기록 시기를 보다 이르게 잡는 데 필요한 다른 결정적 외적 근거들이 존재하지 않는다.[203] 우리는 이 복음서가 프톨레마이우스(Ptolemaeus) 같은 영지주의자에게 잘 알려진 책이며, 또 2세기 중엽에 그에 의해 사용되었음도 알고 있다. 그것은 또한 외경에 속하는 『베드로의 복음서』(*Gospel of Peter*, 150년경)의 저자나 발렌티누스파 문서인 『진리의 복음』(*The Gospel of the Truth*, A.D. 150?)의 기록자들에 의해서도 인용되고 있는데, 그 책들은 케노보스키온 도서관에 있는 융 사본(Jung Codex)의 일부를 이룬다. 그때 이후로 제4복음서가 알려졌고 또 의문의 여지 없는 요한의 작품으로 간주되었던 것이다. 그러나 우리는 A.D. 150년경 이전의 2세기 저술가들이 요한을 알았다는 증거를 전연 가지지 못한다. 이것이 요한복음을 2세기 작품으로 잡으려 했던 이전의 여러 시도의 한 이유이다.

이 복음서의 최고 연대(最古年代, terminus a quo)는 확정하기가 더욱 어렵다. 다음의 요소들이 고려될 수 있다.

(1) 요한의 복음서는 공관복음서들과 관계가 있다. 만약 우리가 논증해온 바대로 제4복음서가 다른 복음서들과는 무관하게 기록되었다면, 그 기록 시기를 추정하는 데에 있어서도 다른 것들에 의존할 필요가 없게 된다. 이 사실이 우리를 기록 시기 탐색이라는 과제에 자유롭게 임하도록 해주기는 하지만, 그러나 이것이 실질적으로 우리에게 도움

---

203) 그 편지들이 A.D. 115년경의 것으로 판명될 수 있는 이그나티우스의 작품 속에(*Mag*. vii. 2; *Philad*. vii. 1) 요한복음의 잔운(殘韻)들이 있다. 그러나 유사점들보다 오히려 차이점들이 더 의미 심장하며, 그 차이점들은 이그나티우스가 여러 면에서 요한과 밀접했음에도 불구하고, 과연 그에게 의존하고 있는지를 미심쩍게 만든다.

을 주는 것은 아니다. 동일한 원리가 이 복음서와 요한의 서신들 사이의 상관 관계적 연대들에도 적용되는데, 이는 서신들의 연대뿐만 아니라 그것들의 저자 문제까지도 논란 가능한 명제들이기 때문이다.

(2) 한 중요 단서가, 그리스도에 대한 신앙을 고백한 유대인들이 '회당으로부터 출교'(ἀποσυνάγωγος) 당했을 가능성을 언급한 요한복음 9:22 및 16:2(참조. 12:42)에 의해 제공된다. 만약 이것이 편집(a redaction)이라면, 그리고 랍비 가말리엘에 의해 A.D. 85-90년 어간에 소개된 시범 기도(Test Benediction)를 언급하는 것이라면, 그것은 (최소한) 이 복음서의 한 판(edition)의 연대에 하한선을 가리킬 것이다. 동일한 논리가 요한이 유대-그리스도교 논쟁들과 전반적으로 가졌을 것으로 짐작되는 접촉에도 그대로 적용되는데, 그 접촉은 이 복음서가 설령 A.D. 85년 이후에 완결되었다 할지라도, 그해 이전에 이 책이 시작되었을 가능성이 있음을 상정하게 한다.[204)]

(3) 마지막으로 우리는 요한 나름의 신학 발전에 필요한 시간을 인정하는 것이 필요하다. 이 논증에 근거한 결론들은, 그럼에도 불구하고 위험스러우리만치 신빙성이 없으며 주관적인 것들이다. 일목요연한 신약신학의 '선적'(線的) 발전 과정은 그 어떤 경우에도 추적이 불가능하며, 따라서 브라운(R.E. Brown) 교수의 견해와는 어긋나지만[205)] 우리가 지연된 파루시아(parousia)에 직면하여 요한적 종말론의 (뒤늦은) '실현'(realization) 등과 같은 논증들에 호소하는 것은 불가능한바, 그

---

204) Lindars, p. 37을 참조하라. 한편 J.A.T. Robinson, *Redating the New Testament*, p. 272-4를 읽어 보라. 그는 우리가 요한의 후기 연대로써 시작하지 않는 한, 요한복음 9:22을 A.D.85-90년의 사건들과 연결지을 만한 불가피한 이유가 없다고 주장하고 있다(p. 273).

205) Brown Ⅰ, pp. lxxxvf.

것은 이 문제가 초대 교회에 있어서 하나의 현실적 과제였다는 견해가 지극히 의심스럽기 때문이다.[206]

결국 제4복음서 연대의 한계는 A.D. 85-140년 어간인 듯이 보인다. 요한복음의 최종판이 A.D. 85년 이전에 간행되었는지 여부는, 위의 (2)항 및 (3)항을 고려할 때 의심스러운 것으로서, 설령 이 책의 (팔레스틴계) 출전 자료들과 초기의 발전이 이 연대를 전망하게 한다 해도 그렇다. 비슷한 논리로 A.D. 100년 훨씬 이후의 연대를 찾아야 할 이유가 없는데, 이는 (적어도) A.D. 135년 이전의 어느 시기로 추정될 수 있는 한 단편 수필 사본(manuscript)은 분명 상당히 일찍 기록된 한 원본(original Composition)에 의거한 것이기 때문이다.

그러나 하나의 보충적 단서가 있다. 이 복음서에 대한 중요한 초기 증인인 이레니우스는 우리가 살펴본 바대로 제4복음서 기술에 관련된 요한이 트라얀 황제 통치 시기(A.D. 98-117)까지 에베소에 살았다고 증언한다.[207] 만약 요한과 이 복음서의 연관성에 관한 이레니우스의 견해가 옳다면, 그리고 만약 요한이 이 복음서의 최종판이 간행되기 전에 세상을 떠났다면(이것이 요한복음 21:20-24의 암시적 의미일 수도 있다), 우리는 완결된 형태로 나타난 제4복음서의 연대를 A.D. 100년경으로 잡는 것이 필요할 것이다. 그러나 만약 우리가 요한의 에베소 체류에 관한 이레니우스의 전승에 얽매이지 않는다면, A.D. 85-90년 어간의 보다 이른 제4복음서(물론, 어느 경우에나 네 번째로 쓰여졌을

---

206) S.S. Smalley, 'The Delay of the Parousia' *JBL* 83(1964), pp. 41-54를 참조할 것. 요한의 신학이 발전하는 데 기나긴 시간을 필요로 했으리라는 논증에 반대하는 견해로는, J.A.T. Robinson, *Redating the New Testament*, p. 283. 308-10을 참조할 것.

207) *AH* ii. 22. 5; 참조. *HE* iii. 23. 1-4.

것임)의 기록 연대는 가능하게 될 뿐만 아니라 받아들여질 수 있게 되는 것이다.

제4복음서의 편찬은 그 책의 저자 문제와 연결되어 있다. 이제 우리는 한 걸음 더 나아가 요한이 어떻게 기록하였는지를 검토할 수 있게 되었다. 이렇게 하는 데 있어서 요한복음의 저자 문제에 대한 이레니우스의 증언의 실제적 의의가 (이 장 앞부분에서 일찍이 그것을 논한 바 있거니와) 두드러지게 드러난다. 그리고 우리는 요한의 복음서가 사도적인 것으로 간주될 수 있는 범위를 결정할 수 있게 될 것이다.

이제까지 우리가 추론한 사실의 전부는 사랑받은 그 제자가 십중 팔구 사도 요한이었을 것이며, 제4복음서에서 그가 요한복음 전승의 기초를 이루는 증언에 대한 처음 목격자로 등장하고 있다는 점이다.–본문 중에서

Chapter 1

새로운 시각

Chapter 2

요한은 어떤 사람이었는가?

Chapter 3

요한은 어떻게 복음서를 썼는가?

요한복음의 핵심
요한의 원천자료들
요한복음의 기원

Chapter 4

요한은 무슨 이유로
복음서를
기록하였는가?

Chapter 5

복음전도자
요한

Chapter 6

해석자
요한

제4복음서의 저자 문제와 편찬 문제는 긴밀하게 연관된 질문들이 아닐 수 없다. 우리는 일차적으로 그 전승이 요한복음 연구에 있어서 저자 문제보다 더 큰 쟁점이 된다는 사실을 살펴보았다. 그러나 우리가 살펴본 것 같이, 저자 문제는 여전히 중요한 사안(事案)인데, 요한 전승의 적확(的確)한 본질을 규명하는 문제에 이를 때 특히 그렇다. 이상의 사실들을 아울러 생각할 때, 요한의 전승이 어떻게 전수되고 기록되었는가 하는 것이 당연히 그 뒤를 잇는 한 질문이 되지 않을 수 없다. 그리고 우리가 지금 본격적으로 착수해야 하는 것이 바로 이 문제이기도 하다.

만약, 그리스도교 전승이 상정하듯이, 단 한 사람만이 현재의 모습 그대로의 제4복음서에 책임을 진다면(사도 요한), 실제로 아무 문젯거리도 없게 된다. 그러면 우리는 적어도 한 사람의 현대 주석가와 더불어, 사도 요한은 자신이 기록하고 있는 사건들의 목격자였으며 그가 스스로 자신의 복음서를 A. D. 70년 이전에 편찬하였다고 말할 수 있다.[1] 그러나 제4복음서의 편찬은 이 견해가 허용하는 것과는 달리 오

1) Morris, pp. 8-35. 사도 요한이 제4복음서의 저자였다는 주장의 기본적 이유는 (현재 상태로는, 표면적으로) 모리스의 견해에 의하면, '이것이 그 복음서 자체가 가르치고 있는 것으로 보

히려 한결 복잡한 논쟁을 야기한다. 예를 들면, 한 사람 이상이 이 복음서 기록 과정에 개입되었고, 또한 그 복음서는 단번에 완벽하게 이루어진 것이 아니라, 여러 (편집) 단계를 거쳐 이루어진 것이라고 추정하기에 충분한 이유가 있다.

이 이론을 검증하려면, 우리는 요한복음서의 문학적 구조를 분석 검토하지 않을 수 없다. 그후에 비로소 우리는 돌이켜 이 복음서 전체가 어떻게 만들어져 나왔는지를 다시 고찰할 수 있을 것이다.

요한복음의 핵심

제4복음서의 구조가 분석될 수 있는 방법은 여러 가지이다. 예를 들면, 타스커(R. V. G. Tasker)와 같은 이는 요한복음을 열 단락으로 구분한다. 그의 견해에 따르면 처음 다섯 단락들은 성육하시고 계시되신 예수에 관련되어 있는데, 그 중 셋째 단락(요 5:1–6:71)에는 이스라엘의 불신앙이라는 역주제(counter–theme)가 담겨 있다는 것이다. 나머지 다섯 단락들(13:1에서 시작됨)은 예수의 수난과 부활을 다루고 있으며, 또 이 복음서의 후기(21:1–23)와 맺음말(21:24 이하)이 포함된다.[2] 반면에 린다스(Barnabas Lindars)는 제4복음서가 열다섯 단락으로 이루어진 것으로 본다. 앞의 여덟 단락(12:50에서 끝남)은 예수 안에서

인다'는 점이다(p. 9). 참조. A. M. Hunter, *According to John*, pp. 103–7. 그는 요한복음 전승의 출처가 알려 주는 것 이상으로서 그 사도를 생각하지 않고서, 요한복음의 '초기' 연대(아마도 A. D. 80년, p. 103)를 받아들이고 있다. 제4복음서 기자는 Hunter의 견해에 의하면, 요한서신들의 저자인 장로 요한이었다(p. 106).

2) Tasker, pp. 39f.

현시되고 있는 하나님의 영광을 묘사하며, 21:1-25의 '추록'을 포함한 나머지 일곱 단락들은 죽음과 부활을 통한 예수의 희생적 사역을 술회한다는 것이다.[3)]

이 두 분석 사례들 중 어느 하나도, 그 자체에 있어서는 수납 가능한 것일 수 있으나, 요한복음서의 구조상 한 가지 중요한 측면, 즉 그 안에 두드러지게 나타나는 반복된 표적들, 담화들, "나는 …이라"는 등의 말씀들을 온전히 포착, 서술해내지는 못하고 있다.[4)] 이 사실들의 배열 상황을 좀더 면밀하게 살펴보도록 하자.

1. 표적들, 담화들, 말씀들

제4복음서 기자는 그의 독자들의 주요 관심에 맞추어 예수의 사역 기간 중에 행해진 무수한 이적들을 가려 뽑는다.[5)] 이 이적들은 요한에 의해 '표적들'이라는 술어로 규정되는데[6)] 이는 그것들의 영적 의의가 그것에 관련된 담화들에서 풀어 내어지고 있으며, 그 담화들은 한 본문이 설교를 지향하는 것과 거의 흡사하게, 에고 에이미(ἐγώ εἰμι)라는 정형(定型)으로써 도입되는 연결된 말씀에 의해 그 방향이 잡혀지곤 하기 때문이다. 우리는 우선 요한복음 안에 얼마나 많은 표적들이 수록되어 있는지를 결정해야 할 것이며, 그 후 그 표적들과 관련된 담화들과 말씀들이 어떻게 하나의 조심스럽게 짜여진 전체를 형성하도록

3) Lindars, pp. 70-3.
4) Morris, pp. 65-9와 대조해 보라.
5) 참조. 요 20:30.
6) 참조. 요 2:11, 등등.

배열되어 있는지를 살펴야 할 것이다.

1) 표적들

요한복음서의 중심 부분에 속하는 것으로서 최소한 여섯 가지 이적들이 있다. 이것들은 도드가 '표적의 책'[7]으로 부르는 부분에 포함되어 있는 것으로서, 다음과 같은 것들이다. 가나에서 물을 포도주로 변화시킨 일(요한복음 2:1-11; 11절에서, 예수의 표적들 중의 '첫째'-'ἀρχή'를 사용함-라고 규정된다), 왕의 신하의 아들을 고치신 일(4:46-54), 병든 남자의 치유(5:2-9), 큰 무리를 먹이심(6:1-14), 맹인을 고치심(9:1-7), 나사로를 살리심(11:1-44). 큰 무리를 먹이신 일 뒤에 오는 요한복음 6:16-21의 사건에서는 예수께서 '에피 테스 딸라쎄스'(ἐπὶ τῆς θαλάσσης : RSV, walking 'on the sea', 한글 성경에는 '물 위로') 걸으신 것으로 19절에 묘사되는 바, 이것이 다른 경우들과 동일한 의미를 지니는 하나의 표적으로 간주될 수는 없다. 이것의 의미는 애매하며, 또한 이어지는 문맥에서도 분명하게 해명되지 않을 뿐 아니라 우리가 이제 곧 발견하게 될 표적의 원리가 결여되어 있다. 그리고 19절의 'ἐπὶ'는 얼마든지 (물: the water) '가'(beside)를 뜻할 수도 있다.

이들 여섯 가지의 표적을 표적되게 만드는 원리는 제4복음서의 서론, 곧 요한복음 1장(전체)에서 밝히 언급되고 있다. 여기서 우리는 성육신에 관해 알게 되는데, 이는 하나님의 말씀이 육신이 되신 사실이다(1:14). 바로 그 순간에 하나님은 물질적 존재(육체)를 입으시고 그것을 통해 자신을 나타내셨다. 그때 이후로, 역사적 존재(the historical)

7) *IFG*. pp. 289ff. Dodd는 이른바 '물 위를 걸으신 사건'을 포함시킴으로써 그 책에서 일곱 가지 표적들을 발견하고 있다.

와 초역사적 존재(the supra-historical)는 한 특수한 양식으로 합일(合一)된다. 아버지의 일을 하시고 또한 계속 하시고자 오신(5:17) 예수는 표적들을 행하시는데, 그 표적들은 나름대로의 근본적 의미, 곧 그리스도이신 예수 안에 새 생명이 있다는 사실을 표현하며, 동시에 상징한다.

따라서 요한복음 2장에서 11장까지 이어지는 (여섯) 표적들의 기록은 한편으로 요한복음 1장의 성육신 기록에 이어져 있으며, 다른 한편으로는 예수의 부활로 뒤이어지는 수난 기사(13-21장)와 연결되어 있다. 성육신은 모든 표적들의 기초를 이룬다. 마치 육체가 영의 운반자가 된 것같이, (예를 들면) 빵 역시 그렇게 생명을 실어 나를 수 있다. 요한이 '영화롭게 되심'(glorification)으로 규정한 예수의 죽음과 부활은 복음서의 끝부분에서 표적들이 지향하는 성취(fulfilment)를 준비한다. 그 아들(the Son)은 하나님의 영광을 드러냈을 뿐만 아니라 또한 영화롭게 되셨기 때문에(요 1:14, 13:31, 기타 등등), 믿는 자라면 어느 때든지 그 영광의 생명을 누릴 수 있다(17:1-10). 그 표적들 역시 이 영광을 드러내 보인다(참조. 2:11).

그런데 일곱째 표적이 있으니, 이는 요한의 표적 선집을 완결짓는 것으로서 이 복음서의 후기(21장) 부분에 등장한다. 물고기 153마리를 잡은 일(1-14절)은 신학적으로나 구조적으로나 한결같이 이 복음서의 나머지 부분 및 중심 부분인 '표적의 책'과 중요하게, 그리고 설명적인 방식으로 관련되어 있다.[8] 이것을 말하는 구체적인 이유가 다른 곳에

8) '가나'가 그 이야기의 시작에 언급되어 있고(요 21:2), 그것을 요한의 기록된 표적들 가운데 첫 번째 것의 무대로 선정하면서(요 2:1, 11) 그것들 모두의 다리를 놓고 있음을 주시하라.

서도 밝혀진 바 있으나[9] 현재로서는 우리가 관련된 결론들을 요약할 수 있을 따름이다.

신학적으로 요한복음 21장의 표적은 제4복음서 안의 다른 여섯 표적과 동일한 주안점을 보이며, 따라서 실제로 복음서 전체에 의해 설정된 주안점을 보여 준다. 즉, 말씀이 육신이 되셨으므로 창조된 존재의 물질적 실상들은 영적 실재를 실어 나를 수 있다는 것이다.[10] 물고기를 잡는 일은 성육하시고 이제 영화롭게 되신 예수에 의해 가능한 일로 화했다. 그것은 예수 안의 영원한 생명의 역사적 근거를 반추케 하는데 이는 요한의 부활 설화가 요한의 복음서의 나머지 부분과 마찬가지로, 그리스도의 영과 육이 (부활하신 그리스도의 경우에도) 통일적(coherent)이라는 사실을 망각하도록 허용하는 법이 없기 때문이다. 그러나 물고기 153마리의 표적은 또한 예수의 생애와 죽음과 범세계적 선교의 시작을 표현하기도 한다.

요한복음 21장에 나오는 표적의 구조적 배치 또한 문제를 가지고 있다. 그럼에도 불구하고 그것은 후기의 일부를 이루게 되며, 요한복음 21장 자체의 역사가 어떠하든지[11] 현재에 우리가 볼 수 있는 배치 상태에서 물고기 153마리의 기적적 포획은 요한복음서 안의 다른 표적들과

---

9) S. S. Smalley, 'The Sign in John XXI', *loc. cit*. 와 거기에 인용된 문헌을 읽어 보라.

10) 참조. Hoskyns, pp. 108f.

11) 요 21:1–14이 부활 이후의 환경 속에서 만들어진 원시적 전승을 보존하고 있다는 주장에는 타당한 이유들이 있다. S. S. Smalley, 'The Sign in John XXI', *loc. cit.*, pp. 284–8을 읽어 보라. 이 표적의 본래의 배경에 대한 또 다른 견해로서, R. T. Fortna, *The Gospel of Signs: a reconstruction of the narrative source underlying the Fourth Gospel*(Cambridge, 1970), pp. 87–8을 읽어 보라. Fortna는 요한복음 21장에서 물고기 잡은 사건을 요한복음의 기초적 원자료를 형성한 일곱 가지 표적들 가운데 세 번째 것으로 간주하고 있다(p. 108). 우리는 요한복음 21장을 요한복음의 나머지 부분과 연결시켜서 본서의 뒷부분(pp. 180–182)에서 살펴보게 될 것이다.

조화를 이루며, 또 그것들을 능가한다. 단 한 가지 차이점은 성육하신 육체와 영혼(요 1장)의 배타적 성격이 성육하신 그 말씀 안에 내재하는, 그래서 지금은 모든 사람이 영화롭게 된 예수 안에서 볼 수 있도록 계시된 포용성에 그 자리를 비켜 주었다는 것이다. 이 차이점은 일곱 가지 표적 모두를 목격한 청중들의 다양성에 의해 더욱 뚜렷이 드러난다. 앞의 여섯 가지에 관련된 자들은 애당초 유대계이다. 비록 그 표적들에 내포되어 있는 의미가 훨씬 폭넓고, 기적에 의해 배를 불린 요한복음 6장의 무리들 속에 비유대인들이 포함될 수 있기는 해도 그렇다. 그러나 부활 이후(요 20장), 그 범위는 괄목할 만큼 넓어진다. 요한복음 21장의 표적의 일차적 대상은 이제 더 이상 유대인이 아니라 그리스도인이다. 그리고 그 표적에 의해 암시된 선교적 차원들은 매우 원대한 것이다.

따라서 요한복음 후기에 등장하는 물고기 포획 사건의 표적은 성육신의 독특성을 우리에게 일깨워 준다. 그 표적은 '표적들의 책'에 나오는 여섯 가지 표적들–말씀의 참 본질이 표현 조명되어 있는–을 개괄하며 또한 성육하신 말씀, 곧 세상의 구주(4:42)의 영광받으심을 바탕으로 교회의 복음 전도의 미래적 성격을 예표한다.

우리는 제4복음서의 전반적 구조를, 이 복음의 첫 장 및 마지막 장이 그 나머지 부분과 맺는 관계를 특히 고려하면서, 더 고찰해야 한다. 우리는 요한복음서의 일곱 가지 표적들을, 그 표적들이 전체 복음서의 계획 안에서 중요한 몫을 차지한다는 사실을 제시하고자, 이제까지 검토하여 왔던 것이다. 그 표적들은 하나 되게 하는 뼈대를 복음서에 제공할 뿐만 아니라, 복음서의 주도적 논지, 곧 그리스도 안의 생명을 반복적으로 설명함으로써 이 책에 하나의 중심을 부여하기도 한다. 그리고 예수의 사역 기간 동안 표적들이 믿음(비록 그 믿음이 때때로 명시되지 않는 경우에도[12])의 원인이 되었듯이 (부활 이후의 측면에서) 제4복음서 기자는 자신의 독자들이 그리스도이신 예수를 통해 영원한 생명을 소유하기 위해서, '보고' 믿을 것을 원한다.[13] 여기, 요한복음의 표적들에서 우리는 결국 제4복음서에 대한 구조적-신학적 중심을 이루는 한 필수 불가결한 중대 요소를 발견하게 된다.

2) 담화들

이것이 어느 정도까지 진실인가 하는 문제는 요한이 그의 복음서를 모아 엮은 세심한 방법을 면밀히 검토할 때 보다 분명해진다. 그러므로 결과적으로 일곱 표적들은 그것들의 실제 의의와 영적 함의들을 틈틈이 상설해 주는 담화자료와 연결되어 있다.

가나의 혼인 잔치 중의 표적(요 2장)은 성전 청결(2:13-22) 바로 뒤에 이루어진다. 이 두 가지 행동(그 중 후자는 여기서 정의된 의미 그대로의 표적이 아니다)은 모두 한결같이 예수에 의해 도입된 새 시대와 새 생명을 지향한다. 요한복음 3:1-21에 나오는 예수와 니고데모 사이의 담화는 이 점을 보다 상세하게 설명하며 자신의 아들을 통한 하나님의 사역에 의해 가능해진 영적 중생의 성격을 논한다. 왕의 신하의 아들을 치유한 사건(요 4장)은 예수께서 한 사마리아 여인과 대화하시면서 나눈 담화(4:7-26)에 의해 도입된다. 생명의 물에 관한 이 담화는 물과 성령을 통한 신생에 관하여 니고데모와 나눈 이전의 담론(3:5)을 되돌

12) 요 2:11; 4:53; 5:15; 6:14f; 9:38; 11:27, 45(참조, 21:7).
13) 참조, 요 20:29-31.

아 보면서, 동시에 얼마 후에 왕의 신하의 아들에게 주어질 새 생명을 내다 본다.[14] 요한복음 3장 및 4장에 나오는, 이제까지 언급된 두 담화 모두는 한결같이 복음서의 지평을 예시하고 있다. 이는, 그 둘은 먼저 한 유대인과 그 다음에는 한 사마리아인과 관련되기 때문이다.

베데스다 연못가에서 한 병자를 고쳐 준 기사(요 5장)에 뒤이어 예수와 유대인들 사이의 논쟁(5:19–47)이 덧붙여지는데, 이 논쟁에서는 하나님의 아들 및 생명 부여자로서의 예수의 권위와 지위(5:26–29, 40) 등이 변호된다. 요한복음 6장은 큰 무리를 먹이신 표적 및 실제로는 한 편이라고 할 수 있는 두 편의 담화를 수록하고 있다. 그 설교(6:25–65)는 '내가 곧 세상의 떡이라'(35절)는 본문을 바탕으로, 오천 명을 먹이신 이적의 내면적 의미를 끌어내고 있다. 요한복음 7:1–38의 논쟁 담화는 표적 및 그것에 후속되는 설교에 속하는데, 그 속에서 자신을 생명의 떡이라고 하신 예수의 교훈이 그가 성령을 통해 유용하게 만드신 한정적인 생명의 물(37–39절)이라는 차원으로 발전된다. 우리는 다른 곳에서처럼 이곳에서도 물이라는 주제(motif)에 대한 요한의 두드러진 선입견에 주목하게 된다(이것은 요한복음 7장에서는 2절의 초막절과의 연계에 의해 드러난다). 물은 요한복음 2장, 5장, 21장 등에 수록된 표적들에서도, 그리고 요한복음 3장 및 4장에 수록된 담화들에서도 의미심장하게 부각된다.[15]

요한복음 9장에 수록된 맹인의 시력 회복 기사는 예수와 유대인들 사이의 두 번째 주요 논쟁 담화(요 8:12–59) 뒤에 나오는 바, 이것은 '내가 곧 세상의 빛이라'(12절)는 말씀과 함께 시작되어 독립적으로 사

14) '물'과 관련된 연상적 사고 작용이 여기에서도 나타나고 있다. 참조, 요 4:46.

15) 참조. 또한 요 6:16–21.

용된 ἐγώ εἰμι라는 표현('아브라함이 나기 전부터 내가 있느니라', 58절)과 함께 맺어진다.[16] 이 담화는 생명의 빛으로서의 예수라는 사상을 확대하는데(참조, 1:4), 이에 대한 보증은 그의 신적 기원에서 말미암는다(8:23). 여섯째 표적, 곧 나사로를 일으키신 일(요 11장)은 '나는 부활이요 생명이라'(25절)는 예수의 말씀에 대한 극적 실증이며, 예수 자신의 부활에 대한 생생한 예시이다. 이 표적은 여섯째 주요 담화(요 10:1-18)에 의해 도입되는데, 그 속에서 예수는 자신을 이스라엘의 참 목자, 곧 다른 사람들을 위해 자신의 생명을 내주며(11, 15, 17절 이하 등), 또 (결과적으로) 다른 사람들에게 생명을 주는(10절) 자로 명시한다.

마지막 표적, 곧 요한복음 21장의 물고기 포획은 14-16장 단락의 고별 담화에 의해 예고된다. 여기서 예수는 '내가 곧 그 (길, 진리) 생명이라'(14:6)는 본문의 의미를 부연적으로 설명하며, 아울러 그의 제자들로 하여금 앞으로 그들이 행해야 할 그리스도인으로서의 생활과 증언을 준비하게 한다. 이러한 사상들은 요한복음 17장의 기도에 포함된 간구 사항들로 나타내고 있다.

3) '나는 -이라'는 말씀들

우리가 방금 살펴본 일곱 편의 담화들을 하나로 엮는 주제는 예수께서 우리로 하여금 얻을 수 있게 하신 '생명'이라는 것이다. 우리가 발견한 바와 같이 바로 이 주제는 일곱 표적들 하나하나에 깔려 있으며, 아울러 그 표적들을 하나로 엮어 준다. 우리가 제4복음서 안에 있는 일곱

16) 요 9:5(RSV '내가 세상의 빛이로라')는 헬라어 ἐγώ εἰμι를 사용하지 않고 있다.

번의 '나는 -이라'는 말씀들을 면밀히 검토해 보면, 그것들이 '생명'이라는 동일 주제에 입각한 각론들(variations)의 도합에 불과하다는 점에서 일맥 상통성을 드러내 보이고 있다는 점을 발견할 수 있을 것이다.

하나의 표적 및 담화와 매우 긴밀하게 묶여지는 세 편의 '나는 -이라'는 말씀들, 곧 그 표적-담화의 초점 역할을 하는 말씀들은 큰 무리를 먹이신 일('내가 곧 생명의 떡이라'),[17] 맹인의 시력을 회복시킨 일('내가 곧 세상의 빛이라'),[18] 그리고 나사로를 살리신 일('내가 곧 부활이요 생명이라')[19] 등과 관련하여 나타난다. 세 말씀은 모두 직접 또는 간접적으로 예수를 (영원한) 생명의 사상 및 가능성과 연계시킨다.

나머지 네 편의 말씀들은 직접적으로 여타(餘他) 표적들 및 그것에 곁들인 담화들과 결부되지 않는다. 그러나 하나하나의 경우에 그 말씀들은 그 표적-담화들에 대한 계시적 주석을 제공한다. 이로써 물을 포도주로 변화시킨 일은 '내가 참 포도나무라'는 말씀과 연결될 수 있다.[20] 포도주와 포도 사이의 관계는 단순히 피상적인 것이 아니다. 이 최초 표적에 있어서 예수의 영광 현시(요 2:11)는 그 자신 안에서 새 이스라엘(참 포도나무)의 생명이 탄생하게 되었다는 사실을 분명하게 만든다(이스라엘을 하나님의 포도나무로 보는 사상은 전형적으로 유대적인 것이다).[21]

---

17) 요 6:35(41, 48, 51).

18) 요 8:12. 참조. 8:18과 23. 이 두 절은 모두 ἐγώ εἰμι를 사용하고 있다. 또한 1:4과 그밖의 다른 곳에서 빛과 생명을 연결시킨 것을 주시하라.

19) 요 11:25.

20) 요 15:1(5).

21) 참조. 시 80:8; 사 5:1f.

'내가 곧 길이요, 진리요, 생명이라'[22]는 예수의 말씀은, 그 표적들 및 담화들의 어느 것과도 연관지어질 수 있는 전체적이며 포괄적인 묘사가 아닐 수 없다. 그러나 아마도 그것은 요한복음 4장에 나오는 한 신하의 아들을 치유하신 표적 및 그 표적에 선행하는 담화의 근사성에로 매우 쉽게 수렴되어질 수 있다. 이는 우리가 거기서 하나님께 이르는 길인 메시아로서(26절) 예수에 대해, 예수의 특성을 나타내 주며(29절) 그를 따르는 자들을 표상(表象)할(23, 24절) 진리에 대해, 그리고 예수께서 신자들과 더불어 공유하는 생명에 관해(14절) 배우게 되기 때문이다.

요한복음 10장에 나오는 마지막 두 편의 '나는 –이라'는 말씀들은 목자상에 관련되는데, 우리는 다시 한 번 이것이 구약에서 예견되었음을 발견한다.[23] 예수께서는 자신을 '양의 문'(7, 9절)으로 자칭하시는데 이는 그가 자신을 통해 '양의 우리 속에 들어가는' 사람에게 생명을 주려고 오신 분이기 때문이다(10절). 이 말씀과 베데스다에서의 병자 치유 사이에는 어떤 연계가 있다. 그는 요한복음에서의 일곱 표적들 중의 유례가 없는 경우로서, 예수의 치유하시는 생명을 받는 데 대한 선택권을 부여받았고, 또 (짐작컨대) 그것을 받아들인(7절) 유일한 대상이다. 유대인의 모습을 띤 '제삼자들'(strangers)은 이 안식일 치유 행위를 비판하며, 이로써 그들의 본색을 드러내 보인다. 반면에 그 병자는 그 진리의 음성을 듣고 따라가며, 생명에 들어간다.[24]

---

22) 요 14:6.

23) 시 80:1, 겔 34:12 등등.

24) 요 5:10, 16, 37f. ; 참조. 10:5. 요 5:15에서의 대조를 주시하라. 참조. 10:3f. Schnackenburg Ⅱ, p. 292는 요 10:9와 14:6을 연관시키고 있다.

'내가 그 선한 목자라'[25]는 일곱 번째 말씀은 양의 문으로서의 예수상(像)을 발전시키고 마무리짓는다. 그 말씀은 물고기 153마리의 표적과 뚜렷한 접촉점들을 지닌다. 선한 목자이신 예수, 곧 자신의 생명을 다른 사람들을 위해 주심으로써 그들에게 생명을 주시는 분(요 10:14, 15)은, 마지막에 가서 '한 무리'로 만들어지게 될 '다른 양들'에 대해 근본적인 관심을 기울인다.[26] 이와 마찬가지로, 이미 우리가 살펴본 바 있는 요한복음 21장의 표적에 함축되어 있는 의미들은 선교적이며 포괄적인 것이다. 결과적으로 그 표적이 가리키는 실제들을 바탕으로, 베드로는 그리스도의 양떼 속에서 양들을 먹이라는 부탁을 받으며[27] 동시에 그를 따르라는 무엇보다도 중요한 당부를 받는다.[28]

이 복음서 안의 표적들, 담화들 및 '나는 -이라'는 말씀들에 대한 이상의 설명에서 입증된 바와 같이 요한복음의 사상 및 구조상의 통일성은 이로써 분명해졌다. 요한복음의 중심은 일곱 가지 표적들 속에서 발견되는데, 이는 담화들 및 예수 그리스도 안에서 또한 그를 통하여 발견하게 되는 영원한 생명이라는 주제의 다양한 측면들을 드러내 보여주는 동일한 유형의 말씀들과 한 덩어리로 묶여 있다. 요한복음의 문학적 구조에 관한 본장에서의 일련의 논의에 대한 개요로서, 우리는 다음과 같이 우리의 발견 사실들을 도표 형식으로 나타낼 수 있다. 요한복음의 중심을 그 기본 관점으로 할 때, 제4복음서는 다음과 같이 조망된다.

---

25) 요 10:11(14).

26) 요 10:16; 참조. 17:20f.

27) 요 21:16, 17(προβάτια를 사용함); 참조. 21:15(ἀρνία를 사용함).

28) 요 21:19, 22.

표 적	담 화	말씀(나는 …이라)
1. 물이 포도주로 변함(2장)	새 생명(3장)	포도나무(15:1)
2. 신하의 아들(4장)	생명의 물(4장)	길, 진리, 생명(14:6)
3. 38년 된 병자(5장)	생명을 주시는 아들(6장)	양의 문(10:7)
4. 오천 명을 먹이심(6장)	생명의 떡(6장)이며 생명의 영(7장)	생명의 떡(6:35)
5. 맹인을 고치심(9장)	생명의 빛(8장)	세상의 빛(8:12)
6. 나사로(11장)	선한 목자(10:11)	부활이요 생명(11:25)
7. 물고기 153마리 포획(21장)	제자생활(14-16장)	생명을 주시는 목자(10장)

2. 서언과 후기

요한복음의 구조적-지적 중심은 이렇게 일곱 표적 및 제4복음서 기자가 그 표적들에 결부시킨 담화자료에 의해 형성되어 있다고 단언될 수 있을 것이다. 그러나 이 복음서의 세심한 배열은 이것보다 훨씬 그 범위가 넓어져 첫 장과 마지막 장을 포괄한다(요 1장 및 21장). 우리는 이제 이 두 장이 제4복음서의 중심체에 대해 갖는 관계를 검토할 수 있다.

1) 요한복음 1장

이른바 요한복음의 '서언'(통상 요 1:1-18 단락으로 간주됨)은 그 자체가 고립되어 있으며 따라서 요한복음 1장의 나머지 부분 및 전체 복음서에서 분리 가능한 것으로 보여진다. 이 단락의 상황은 존재 이전(pre-existence)이다.[29)]

이처럼 제4복음서 기자는 예수의 사역(마가)이나 그의 생애의 시작

29) 요한복음의 머리말에 대한 직접적인 배경을 알기 원한다면, Brown Ⅰ, pp. 18-23과 그곳에 인용된 문헌을 읽어 보라.

(마태, 누가) 등을 뒤로 미루고, 오히려 만물의 태초로 우리를 이끌고 간다(요 1:1). 이 단락의 형식 또한 범상치 않게 시적 평행법으로 이루어지며, 단 한마디의 산문적 삽입구가 개입될 따름이다. 그리고 '말씀'(Δόγος, 1:1, 14), '은혜'(Χάρις, 1:14, 16) 그리고 '충만'(πλήρωμα, 16절) 등의 용어들은 요한복음 안의 그 어느 곳에서도 나타나지 않는다.

동시에, 제4복음서의 첫머리 단락을 제1장의 나머지 부분 및 전체 복음서에 접속시켜 주는, 언어 및 사상 면의 연계점들이 존재한다. 결국 요한복음 1:1–18 단락에 나타나는 주요 주제들은 1:19–51 단락에서도 파악되며, 이 복음서의 다른 부분들에서도 일관성 있게 구사된다. 예를 들면, '생명과 빛'은 요한의 머리말에서(1:4, 5) 언급되어, 요한복음 1장의 뒷부분에(33, 34, 50, 51절) 반영되고, 요한복음 8장의 논쟁 및 요한복음 9장에서의 맹인의 치유 표적과 그로 인한 결과에서(특히 빛과 어둠 사이의 대조라는 배경에 비추어) 발전되고 있는 하나의 주제이다. 마찬가지로, '영광'이라는 요한의 항존적 사상이 요한복음 1:14에서 나타나고, 1:51의 말씀 뒤에 깔려 있으며, 또한 이 복음서의 일곱 표적 상호간에 하나의 생생한 접촉점을 형성한다.[30) 요한복음 1:1–18을 요한복음의 나머지 부분과 연결지어 주는 신학적 주제 외에도, 동일한 통일적 효과를 빚는 예수의 칭호(title)들이 요한복음 1장에서 사용되고 있다. 여섯 가지의 그리스도론적 칭호가 요한복음의 첫 장에서 나타나는데, 그 하나하나는 바야흐로 이 복음서 전체에 걸쳐 펼쳐지고 확대되는 하나의 연합된 신학적 주제의 출발점을 형성한다. 그것은 다음과 같은 것들이다. 첫째, '말씀'(요 1:1, 14). 이것은 1:14, 18 등에서 '아들'이

30) 참조. 요 7:39.

라는 칭호로 대치되었다.[31] 둘째, '그리스도'(1:17, 41).[32] 셋째, '하나님의 어린 양'(1:29, 36).[33] 넷째, '하나님의 아들'(1:34, 49)[34] 다섯째, '이스라엘의 임금'(1:49).[35] 여섯째, '인자'(1:51).[36]

결국 요한복음의 첫 장은 전체적으로 제4복음서 전 장의 축소판인 것같이, 아니 그 복음서와 관련된 전체 구원 역사의 흐름을 요약한 것 같이 보인다. 이같은 인상은 요한복음 1장에 나오는 인명 및 지명들의 보편성에 주의를 집중시킬 때 더욱 강해진다. 예를 들면, (유대교 역사 및 그리스도교 역사에서 한결같이 중요한) 모세, 엘리야, 세례자 요한 등과 같은 대표적 인물들이 등장한다. 뿐만 아니라 요셉, 안드레와 베드로, 빌립, 그리고 참 이스라엘 사람 나다나엘 등도 나온다. 보다 추론적인 입장을 취할 경우, 요한복음 1장은 (그 복음서 자체와 마찬가지로) 선재적이고도 역사적인 아버지와 아들과 성령의 현존(presence)에 지배되고 있다. 마찬가지로 요한복음 1장의 지명들도 드넓은 배경, 아니 실지로 무한한 배경을 시사해 준다. 우리는 여기서 북부(갈릴리, 벳새다, 나사렛 등) 및 남부(예루살렘과 요단 건너편 베다니)를 망라하는 팔레스틴의 지명들을 발견한다. 또 한편으로는 하늘과 땅이 한 가지로

31) 참조. 요 5:19-47.

32) 참조. 요 20:31.

33) 참조. 요한복음의 수난 설화(18:1ff.). 그것은 이 칭호에 담겨져 있는 희생적 의미(의심할 나위 없이 다른 것들 가운데 함축되어 있는)를 전개시키고 있다. Schnackenburg Ⅰ. pp. 297-301; *IFG*, pp. 230-8을 읽어 보라.

34) 참조. 요 20:31.

35) 참조. 요한복음의 수난 설화에서 특별히 제시되고 논평된 왕권에 대한 개념(요 18:33-8; 19:12-22)을 읽어 보라.

36) 참조. 요한복음에서 '인자'라는 표현이 12번 사용됨(3:13 등등. 그것은 미발달 상태의 그리스도론적 진술을 발전시키고 있다. 더 나아가, M. D. Hooker의 'The Johannine Prologue and the Messianic Secret', *NTS* 21(1974-5), pp. 40-58을 읽어 보라.

이 장(章) 및 그 이후에서의 요한의 서술에 배경을 이루고 있다.

이제까지 우리는 요한의 머리말이 실제로 요한복음 1:18 이후까지 확산된다는 사실을 볼 수 있었다. 이 복음서의 첫머리 단락(1:1–18)은 분명히 하나의 단원(unit)을 형성하는데, 이것의 원천은 필경 요한계 교회, 즉 배경(background)이 유대적이거나 그리스적인 교회에서 편찬된 찬송시였을 것이다.[37] 한편 요한복음 1장 전체는 제4복음서에의 한 중요한 서론을 이루고 있다. 즉, 문자 그대로 하나의 '서곡'(overture)으로서 그 속에는 이 작품의 주요 주제들 및 사상들이 처음으로 짤막한 배아(胚牙) 형태로 나타난다. 이 주제 및 사상들은 복음서의 나머지 부분에서 속개(續開), 발전되고 있다.

요한복음 1장의 결론 부분은 우리가 고찰해 오고 있는 서론의 의미심장한 절정을 이루면서, 요한복음 상의 인자의 말씀들 중 최초의 것을 등장시킨다(51절). '진실로 진실로 너희에게 이르노니 하늘이 열리고 하나님의 사자들이 인자 위에 오르락내리락 하는 것을 보리라.' 여기에 얽힌 문제점들은 여러 가지이다. 우리는 한 예로 이 말씀과 유대주의 및 그리스도교 양자에 있어서의 인자 전승 사이의 관계와 아울러, 이 구절이 과연 예수의 말씀인지 그 진정성의 문제 등을 조사해 볼 필요가 있다.[38] 그러나 현 시점에서 우리는 주로 요한복음 1:51의 신학적 의미에 관심이 끌리고 있다. 비록 이 수준에서 그 말씀의 복합성이 거의 이해 불능이긴 하지만, 그럼에도 불구하고 요한복음의 인자 전승 전반에 있어서, 그리고 이 말씀(logion)이 나타나는 전후 맥락에 비추

37) 더 나아가 Brown I, pp. 20–3을 읽어 보라.

38) S. S. Smalley, 'The Johannine Son of Man Sayings', *loc. cit.*, 특히 pp. 287–9와 그 항목 속에서 전체적으로 인용된 문헌을 읽어 보라.

어 볼 때, 그 말씀을 해석할 만한 단서로서의 주요 지침들을 상정하는 것이 가능하다.

제4복음서 안의 인자 전승에 대한 배경은 짐작컨대 일차적으로 다니엘 7장(특히 13, 14절을 참조할 것)과 시편 80편(참조, 17절)에 근거한다고 해야 옳다.[39] 위의 두 본문 모두에 있어서 인자는 수난 후에 정당성이 입증된 이스라엘 공동체를 나타낸다. 요한복음 안의 인자 역시 한 개인인 동시에 한 집단적 인격으로 나타나며, 또한 그는 분명히 예수와 동일시되고 있다.[40] 만약 가상되는 바대로 제4복음서 기자가 인자 전승을 그리스도론적으로 사용하고, 그의 어록 선집을 예수의 '정체'(identity)에 대한 일종의 주석(이것은 의문의 여지 없이 이 복음서에 있어서 그의 주요 선입관이다)으로 도입한다면[41] 결국 요한복음 1:51의 이 첫 번째 말씀은 중차대한 것이 된다.

요한복음 1:47–51의 맥락(예수와 나다나엘 사이의 논쟁)은 엄밀하게 나사렛 출신의 이 사람에 대한 계시 및 인정과 관련된다(참조, 45, 46절). 우리는 요한복음 1장에서 이미, 굳이 '말씀'이니 '그리스도'니 '하나님의 어린 양'이니 하는 다른 칭호들을 들먹이지 않더라도, '아들'(1:14, 18)이나 '하나님의 아들'(34절) 같은 적절한 칭호들을 근거로 하여 논의된 예수의 본성에 관해 접문한 바 있다. 이제 우리는 마지막으로 참 이스라엘로서의 예수에게 관심의 방향을 돌리지 않을 수 없다. 예수

39) *Ibid*., 특히 pp. 281–7. 시편 80편의 가능한 배경에 관해서는 *IFG*, p. 245와 주1을 읽어 보라. 인자에 관한 요한복음 전승은 공관복음 저자들 가운데 나타난 바로 그 전승과 분리해서 생각되어져서는 안 된다. 그러나 우리는 여기에 이 사실을 진술하는 것 그 이상은 할 수 없다. 더 나아가 S. S. Smalley, 'The Johannine Son of Man Sayings', *loc. cit*, p. 281을 읽어 보라.

40) A. J. B. Higgins, *Jesus and the Son of Man*, pp. 153–6, 182f. 와는 견해의 차이가 있다.

41) 참조. 요 5:27(심판자로서의 인자), 6:27(구세주로서의 인자); 8:28(승귀하신 주님으로서의 인자) 등등.

는 참 이스라엘 사람 나다나엘을 알아 보신다(47절). 그러나 나다나엘 역시 예수를 하나님의 아들 및 이스라엘의 임금으로 인정하는바(49절), 그 두 칭호는 승귀 및 인증(認證)의 칭호들인 것이다(참조, 20:31; 19:19-22). 반면에 예수는 한 걸음 더 나아가 모든 참된 제자들에게(나다나엘은 그들 중에서 전형적 존재임) 인자(51절), 곧 하나님의 사람들로 이루어진 참된 공동체의 구현으로서의 자기 정체를 계시한다. 인자는 또한 나다나엘이 인식하는 바와 같이 하나님의 아들이기도 하다(49절). 그리고 51절의 하늘들의 열림에 관한 언급(*ὄψεσθε τον οὐρανὸν ἀνεώγότα*)은 예수의 세례에 관한 중대한 암시를 내포할 수 있으니, 바로 그때에(막 1:10, 11 등에서도 마찬가지로) 하늘들이 열리고, 성령이 강림하였으며, 하나님께서 예수가 그의 아들임을 선포하셨던 것이다. 더욱이 인자로서 예수는 하늘과 땅 사이, 영원 세계와 역사 세계 사이의 결정적 연계를 구축하는바, 이것은 창세기 28:12에 수록된 야곱의 환상과 맥락을 같이한다(그 환상에 대한 언급은 요한복음 1:51에서 핵심을 이루고 있음이 분명하다). 그는 나다나엘[42] 같이 야곱의 신앙을 소유한[43] 신자들의 공동체를 다스리는 재판관[44] 및 구세주로서도 행동

42) 원형적인 순교자 스데반은 순교하면서 하늘이 열리고 인자께서 서 계신 모습을 이상으로 보았는데(*θεωρῶ τοὺς οὐρανοὺς διηφοιγμένους*), 그는 하나님의 자기 현시로써 보상받은 믿음의 본을 보인 나다나엘과 그리 큰 차이가 없다. 나아가 다음의 책을 읽어보라. C. K. Barrett, 'Stephen and the Son of Man', in W. Eltester(ed.), *Apophoreta: Festschrift Für Ernst Haenchen*(Berlin, 1964), pp. 32-8, 그는 누가에게 있어서 사도행전 7:56 이후에 발생한 모든 그리스도인들의 죽음은 각각 '인자의 사적이고도 개인적인 파루시아'를 동반하고 있음을 시사하였다(pp. 35f.).

43) 참조. R. Maddox, 'The Function of the Son of Man in the Gospel of John', in R. J. Banks(ed.), *Reconciliation and Hope: New Testament essays on atonement and eschatology*(Exeter, 1974), p. 186-204, 특히 190f.

44) 참조. 심판으로 인하여 영광받으실 인자의 파루시아에 대해 언급하고 있는 마가복음 14:62의 공관복음적 어록(logion)과 이 인자의 말씀 사이의 관련성.

하신다.

요한복음 1:51의 인자 말씀은 요한복음서 첫 장의 한 중요 절정으로서뿐만 아니라 복음서 전체에 대한 적절한 머리말로서도 손색없는 구실을 한다고 결론지을 수 있다. 그 어록은 독자의 관심을 예수의 인격에 집중시키는바, 복음서 기자는 그를 아들, 곧 하나님의 아들 및 사람의 아들(人子)로 동일시하고 싶어한다. 이 말씀 중에는 '본다'는 동사들이 전형적으로 요한 고유의 방식으로 많이 나타난다.[45] 다른 말로 표현하면, 요한은 그의 독자로 하여금 예수가 인자라는 사실 및 그 칭호에 담긴 온갖 다른 의미들을, 그리고 이를 근거로 그가 영광을 입으신 동시에, 고난받은 이스라엘의 주라는 사실을 '보라'고 요청한다.

요한복음 1장 전체는 제4복음서에 대한 중요한 서론을 제시한다고 단정되고 있는 셈이다. 이 제1장은 즉, 그 자체가 하나의 단원(unity)으로서 요한복음의 나머지 부분과 긴밀하게 관련되어 있으며, 이 복음서의 용의 주도한 전체 포괄적 구조화 과정에서 중요한 역할을 담당하고 있다. 1장은 요한복음 2-21장에서 다루어지게 될 신학적 명제, 곧 세상에 대한 그 말씀의 계시(우리는 요한복음 1:11에서 미리 얼핏 비친 반응을 주목한다), 그리고 세상을 위한 그 말씀의 영화(요한복음 1:12을 보라)를 약술하며 미리 가르쳐 주고 있다.[46]

---

45) 요 1:46, 47, 48, 50, 51.

46) 더 나아가 이 주제에 관해서는 다음 책을 읽어 보라. S. S. Smalley, 'Johannes 1, 51 und die Einleitung zum vierten Evangelium', in R. Pesch und R. Schnackenburg(hrsg.), *Jesus und der Menschensohn: Für Anton Vögtle*(Freiburg im Breisgau, 1975), pp. 300-13. 요한복음의 머리말에 관해서는 W. Schmithals, *'Der Prolog des Johannesevangeliums'*, *ZNW*70(1979), pp. 16-43을 참조하라. 또한 제4복음서의 이 중요한 부분에 대한 관계 서적 목록을 얻기 원한다면, Brown Ⅱ, pp. 36-37을 읽어 보라.

2) 요한복음 21장

요한복음 첫 장이 사실 그대로 이 복음서에 그토록 긴밀하게 연결되어 있다면 마지막 장에 관해서는 무슨 말을 할 수 있을까? 이제 바야흐로 제4복음서의 문학적 틀 속에서 요한복음 21장이 차지하는 위치를 탐색해야 할 때가 되었다.

첫눈에 보기에 21장이 애당초 요한의 복음서에 속해 있었다고 주장하기는 힘든 것 같다. 이것은 특히 요한복음 20장의 끝 부분과 요한복음 21장의 첫머리 부분을 면밀히 대조해 볼 때 확연히 드러난다. 요한복음 20:29은 예수께서 '보지 못하고도 믿는' 사람들에게 베푸시는 축복의 말씀이다. 그러나 만약 더 이상의 예수의 부활체 현현 사례들이 21장에서처럼 뒤따르게 된다면, 이 말은 어색해지고 만다. 마찬가지로 요한복음 20:30, 31에도 뚜렷한 한 운율이 나오는데, 그것은 마치 집필자가 다른 한 단락을 덧붙일 것을 의도했다기보다는 오히려 그 작품을 마무리짓고 있는 듯한 느낌을 준다. 게다가 이 두 장 사이에는 결정적 간극(間隙)이 나타난다. 첫째로, 장면이 느닷없이 예루살렘에서 갈릴리로 옮겨진다. 둘째로, 요한복음 21:1(첫머리에 다소 모호한 *μετὰ ταῦτα*〈메타 타우타〉를 앞세운다)은 분명히 새로운 출발점을 시사한다. 한 걸음 더 나아가, 보다 일반적으로 요한복음 21장의 문체와 어법은 복음서의 중심 부분에서 사용된 그것들과는 판이하다. 그리고 설령 이 장의 새로운 주명제(subject-matter)—물고기 포획의 이야기들(1-14절) 및 베드로의 재소명(15-19절) 그리고 뒤이어지는 바 사랑받는 그 제자의 증언을 묘사하는 한 결미부(20-25절)—가 생소한 어휘 사용의 이유를 설명해 줄 수 있다 해도, 요한복음 21장에는 제4복음서 안의 다른 어느 곳에서도 사용된 적이 없는 28개의 단어들이 나타난다는 것이 엄연한 사실이다.

그러나 요한의 복음서가 요한복음 21장 없이 존재해 왔음을 보여 주는 본문상의 증거는 전연 없다.[47] 그리고 이 장에 나타나는 몇 가지 분명하게 비전형적인 표상들에도 불구하고,[48] 요한복음의 이 단락은 여러 측면에서 뚜렷이 요한 풍(風)을 띤다. 실례로서, 1절에서 '디베랴'(Tiberias)를 특이하게 사용한 점, 2절에서 시몬 베드로, 쌍둥이 도마 및 가나의 나다나엘 등의 대표적 이름들이 등장하는 점, 사랑받은 그 제자가 7절 및 20절 이하에서 나타나는 점,[49] 그리고 18절에서 예수의 말씀을 도입하며 이중적 아멘(ἀμήν)이 사용된 점 등이다.[50]

이로써 우리가 21장을 요한복음서에 대한 한 편의 단순한 추록(追錄) 내지 그 복음서와 아무런 객관적 관련이 없는 것으로 서술해 버릴 수 없음이 명백해진다. 비록 요한복음 21장이 이 복음서로부터 요한복음 1장(우리가 살펴본 바대로 1장은 복음서에 긴밀히 연결되어 있다)보다 훨씬 더 멀리 떨어져 있는 것처럼 보인다 해도 21장에 나오는 요한의 에필로그(맺음말)를 비요한적인 것으로, 또는 제4복음서와 무관한 것으로 여겨야 할 실제적 이유가 전연 없다. 그 맺음말의 일반적 취향은 우리가 살펴본 바대로 전형적으로 요한 풍(風)이다. 그리고 요한복음의 전반적인 문학적 구조에 비추어 보건대(우리가 앞에서 살펴본 바대

47) 그러므로 p. 66, Tert. 및 그밖의 여러 곳에는 이러한 내용이 담겨져 있다.

48) 예를 들면 요한복음 21:2에서 *ὁι τοῦ Ζεβεδαίου*라는 표현과 20절에서 동사 *ϵπιστρέφϵιν*의 사용.

49) 참조. 요 13:23 등등.

50) 참조. 요 3:3 등등.

로),[51] 이 마지막 장 및 여기 나오는 물고기 153마리의 표적은 나름대로 중요한 한 가지 역할을 지니고 있다. 요한의 맺음말이 (사실 그대로 예루살렘 전승 대신 갈릴리 전승을 사용하는) 어떻게 해서 생겨나게 되었든지, 또는 그것이 언제 현재 우리가 보는 작품의 일부로 화하였든지(이 문제는 우리가 나중에 고찰하게 될 것이다.[52]) 요한복음 21장은 제4복음서의 편찬 및 최종 배열 과정에 매우 깊이 연루되어 있다.[53]

【결 론】

요한복음 1장과 21장은 그 자체의 위치 배열과 아울러 신학적 내용의 차원에서, 양자 모두가 이 복음서 안에서 의의 깊은 기능을 지닌다. 요한복음 1장은 제4복음서 기자의 복음서 개진을 요긴하게 이끌어들인다. 반면에 요한복음 21장의 맺음말은 점차 증폭되는 시계(視界)와 이미 펼쳐진바 영광을 입으신 그리스도의 복음이 지니는 보다 폭 넓은 함축적 의미들을 시사한다. 이 두 장은 마치 어울리는 버팀목들처럼 복음서의 골격을 버티어 주고 있다. 그리고 그 양자는 또한 요한복음의 핵심적인 주제, 곧 화육하신 말씀 안의, 그리고 그를 통한 영과 육의 창조적 상호 관계에 대한, 상이하지만 상호보완적인 취급을 통해 서로의 균형을 이루고 있다.[54]

---

51) 본서의 앞 부분 pp. 164를 읽어 보라.

52) 본서의 뒷 부분 pp. 227-8을 읽어 보라.

53) 더 나아가 요한복음 21장과 제4복음서와의 관계에 대해서는 Hoskyns, pp. 561f.(21장은 후에 편집한 사람의 작품이 아니다)을, 그리고 또 다른 견해에 관해서는 Barrett, pp. 479f.를 읽어 보라.

54) 요한복음 1장과 요한복음 21장이 제4복음서와 어떻게 관련되어 있는가를 연구하려면, 그 밖에 J. A. T. Robinson, 'The Relation of the Prologue to the Gospel of St. John', *NTS* 9(1962–3), pp. 120–9를 읽어 보라.

요한의 원천 자료들

이제까지 이 장에서 우리가 내내 매달려야 했던, 요한복음서의 문학적 편찬에 대한 분석 문제는 이 복음서가 최종 형태에 있어서 단일성을 지닌다는 사실을 서술하고자 의도해 왔다. 우리는 요한의 자료의 용의 주도한 체계화, 그리고 요한 전승들이 발생하게 된 동기를 부여한 신학적 주제들에 대한 절도 있는 배열 등을 살펴본 바 있다. 그러나 우리는 계속해서 엄밀하게 요한이 무엇을 하고 있었으며 그가 언제 이 방식으로 집필하였는지, 그리고 어떻게 그가 자신이 받은 그 전승들을 해석하였는지를 정확하게 캐내어야 한다. 또 한편으로 우리는 요한의 자료의 직접적 원천들을 보다 면밀하게 살펴보지 않으면 안 된다. 만약 우리가 이제까지 훑어본 제4복음서의 구조적 내지 단일성을 세심하게 조사한다면, 이 복음서가 하나의 문학적 단일체로서 발생한 것이 아니라 도리어(우리가 기대할 수 있는 바대로) 무수히 많은 상이한 원천들에서 유래한 정보를 바탕으로 편찬되었다는 점을 명백히 상정케 하는 일련의 사실들이 드러난다. 우리는 그러므로 요한복음의 원자료 비평의 역사 및 그 결과들에 대해 관심을 돌리게 된다.

1. 문제점

첫째로, 우리는 제4복음서 안의 일관성을 지지하기 위한 그 어떤 변명과도 일치하는 것 같지 않는 요한복음 편찬의 네 가지 특징을 살펴볼 수 있다. 일반적 차원에서 요한복음상의 문제 및 어휘의 통일성을 지지

하여,[55] 그리고 (앞서 우리가 했던 바대로) 그 책의 최종 집필에 있어서 사상 및 구조상의 통일성을 지지하여[56] 논증하는 일이 가능하다 할지라도, 요한복음서에는 다음의 사실들이 두드러지게 나타나고 있다.

(1) 제4복음서의 어떤 부분들과 다른 부분들 사이에는 사용된 그리스어 문체 및 언어에 있어 차이점들을 보인다. 실례로 우리가 요한복음 1장과 21장이 현재 존재하는 바와 같이 이 복음서에 긴밀히 연결되어 있다고 주장했음에도 불구하고, 요한복음 1:1-18 단락은 뚜렷하게 그 문체상 시문, 아니 실제로 찬송시 율조이며, 복음서에서 다시는 나타나지 않는 술어들(이를테면, *Λόγος*, *Χάρις πλήρωμα* 등등)을 포함하고 있다는 점과, 요한복음뿐만 아니라 규범상 요한적인 다른 글들의 경우에도 거의 나타나지 않는 문체상의 특징들이 요한복음 21장에 나타난다는 점[57] 등은 엄연한 진실로 상존한다.

(2) 요한복음 안의 담화들은 때에 따라서 중복되는(overlapping) 자료를 내포한다. 예를 들면, 아버지와 생명을 주는 아들 사이의 관계를

55) E. Ruckstuhl, *Die literarische Einheit des Johannesevangeliums: der gegenwartige Stand der einschlägigen Forschungen*(Freiburg in der Schweiz, 1951)은 요한복음의 문학적인 단일성을 옹호하고, 따라서 그 복음서의 문체상의 일관성을 근거로 하여 원자료들을 사용하지 않고 한 사람에 의해 그것이 집필되었음을 주장하고 있다(특히 part2를 읽어 보라). Ruckstuhl은 E. Schweizer의 '*Ego Eimi : Die religionsgeschichtliche Herkunft und theologische Bedeutnug der johanneischen Bildreden*(Göttingen, 1939, 1965^{2})의 입장을 지지하고 있다. 그러나 두 작가들 모두가 채택한 그 접근에 대한 비판, 즉 H. M. Teeple, *The Literary Origin of the Gospel of John*(Evanston, Illinois, 1974), pp. 19-22를 참조하라. 또한 B. Noack, *Zur Johanneschen Tradition : Beiträge zur Kritik an der literarkritischen Analyse des vierten Evangeliums*(Copenhagen, 1954)를 살펴보라. 그는 제4복음서가 문서화된 자료들보다는 구전에 의지하고 있다고 주장한다(pp. 9-42를 보라).

56) R. H. Strachan도 *The Fourth Gospel : its significance and environment*(London, 1941), pp. 81f. (=Strachan); Lightfoot, pp. 11-21에서 그러한 견해를 취하고 있다. 참조. *IFG*, part 3., 특히 pp. 289-91.

57) 본서의 앞부분 p. 180-182를 읽어 보라.

다루는 요한복음 5:19-25 단락의 예수의 말씀은 5:26-30에서 거의 변형 없이 반복되는 것처럼 보인다. 그러나 두 단락 사이의 주된 차이점은 그 종말론적 견해들에 있다. 전자에서는 아들의 심판이 현재적인데 반해 후자에서는 미래적이다(참조. 28, 29절). 뿐만 아니라 요한복음 6장의 담화 중 일부분들은 중첩되는 것 같으며 결과적으로 6:35-50 및 6:51-58 단락은 동일한 주제(생명의 떡으로서의 예수)를 다룰 뿐 아니라 동일한 술어들을 사용하고 있다. 유일한 변화는 이 두 단락들 중의 후자에서 사용된 보다 직접적인 성례전적 어조에 있다(참조. 53-57절). 비슷한 논리로, 예수의 고별 담화의 서두에 속하는 요한복음 14장의 자료는 사실상 16장에서 반복된다. 물론 담화자료가 이렇게 거의 중복되는 것은, 예수 자신의 교수 방법은 말할 나위도 없고 복음서 기자의 교수 방법을 반영할 가능성을 지니는데, 바로 여기에 문장 반복법의 존재 의의가 있다. 그렇지만 예수의 교훈에 관한 공관복음상의 기록을 검토해 보면 일반적으로 직접적 반복 없이 변형된 예화를 사용한 점을 깨닫게 된다.

(3) 때때로 제4복음서에서 담화자료는 그 전후 맥락에 분명하게 연관지어지지 않는다. 그러므로 예수와 니고데모 사이의 담론이 전개되고 있는 요한복음 3장에서, 그 16-21절 단락은 예수의 말씀일 수도 있고 복음서 기자의 주석일 수도 있다. 바로 그 장에서 31-36절 단락은 세례자 요한의 몇 마디 말(27-30절) 바로 뒤에 따라온다. 그러나 그 단락의 말이 예수께서 말씀하신 것인지 혹은 요한이 말한 것인지, 아니면 그것이 (다시 한 번) 복음서 기자에 의해 덧붙여진 주석인지의 여부는 분명치 않다. 이와 같은 불확실성들은 필경 이 자료의 원배경이 상

실되었음을 시사해 주는 것이다.[58]

(4) 제4복음서는 빈번한 '아포리아'(의문점)들, 또는 맥락의 단절들도 그 특징을 이룬다. 여느 복음서가 지니는 성격에 비추어 볼 때, 그리고 복음서 기자들 중의 어느 한 사람도 예수의 전기, 곧 시간과 장소의 정확한 전후 맥락이 생명처럼 중요시되는 기록을 집필한 것이 아니라는 사실을 감안할 때,[59] 우리는 요한의 복음서에서 발견되게 마련인 '비약점들'에 대해 지나친 평가를 할 필요가 없다. 그러나 요한의 자료 배열 작업이 항상 논리적이거나 결과론적이지는 않다는 점은 엄연한 진실로(그리고, 만약 우리가 이 복음서 통일성을 변호하고자 한다면 모순으로) 상존한다.

예를 들면, 우리는 요한복음 1:29-34 단락에서 예수에 관한 세례자 요한의 증언을 읽을 수 있는데, 이 일은 명백히 요한의 제자들이 있는 자리에서 일어난다(28절을 보라). 그런데 요한복음 3:25-30 단락은 이 제자들이 예수에 관해 아무것도 깨닫지 못하고 있음을 상정케 하며, 곧이어 설명이 뒤따라 나온다.[60] 뿐만 아니라 예수는 그의 '첫' 표적을 갈릴리의 가나에서 행하며(요 2:11), 그의 '두 번째' 표적(4:54, 왕의 신하의 아들을 치유하신 일)으로 묘사된 일 역시 이 가나에서 일어난다. 그럼에도 불구하고, 이 두 사건 사이에 예수께서 예루살렘에 계시는 동안 많은 사람의 믿음을 유발한 표적들을 행하셨음(2:23)을 우리에게

58) 참조. 요 12:44-50. 예수께서는 숨으신(36절) 뒤에 다시 여기에서 대중들에게 나타나시어 말씀하시고 있는 것 같다.

59) 본서의 앞부분 pp. 40-43과 본서의 뒷부분 pp. 321-325를 읽어 보라.

60) 그러함에도 불구하고, 이것은 세례 요한의 역할을 더 상세하게 설명하고 있다. 요한의 제자들이 그 열두 제자보다 이해력이 틀림없이 더욱 빨랐을 것이라고 생각할 만한 근거가 없다 (막 8:14-21 등등을 보라).

말해 주고 있다. 비슷한 사례로, 요한복음 3장의 배경은 어느 모로나 유대 지방이건만('예수께서 예루살렘에 계시니', 2:23) 요한복음 3:22은 예수와 그의 제자들이 '유대 땅으로 가셨다'고 기록한다.

그러한 모순점들의 더 많은 사례들을 찾아내는 일은 그리 어렵지 않다. 요한복음 4-7장(그 중 6:1에서는 예수가-5장에서 시사하는 바대로-예루살렘에 있지 않고 북부지방에 있는 양, 예수께서 '갈릴리 바다 건너편으로 가셨다'고 언급한다)의 지리적 맥락은 난해하다. 요한복음 7:3-5에서 예수의 동생들은 유대 지방에서 아무 표적도 나타내 보여지지 않았음을 시사하는데, 한편으로 2:23 및 5:1-9(베데스다 못에서의 병자 치유)은 이 시사와 맞아 떨어지지 않는다. 이 사건 바로 직후에 예수께서는 자신이 명절을 지키기 위해 예루살렘에 올라가지 않을 것이라고 언명한다(7:8). 그러나 두 절 뒤에는 '그가 올라가셨다'(10절)는 기사가 실린다.[61] 요한복음 8장의 담화 본문 중에서 예수께서는 '자기를 믿은 유대인들'에게 설교하신다(31절). 그런데 바로 얼마 뒤에 그는 그의 말이 그들 속에 거할 곳을 얻지 못하므로 그들이 그를 잡아 죽이려 한다고 단언하는 것 같다(37절).

요한복음 10:40-42 및 12:37-43 두 단락은 모두 예수의 공적 사역이 어떤 방식으로 마감하기에 이르렀는지에 대한 묘사들이다.[62] 요한복음 13:36에서 '주여 어디로 가시나이까?'(참조. 14:5) 하는 베드로의 질문은 '너희 중에서 나더러 어디로 가느냐 묻는 자가 없다'(16:5)고 한 예수의 말씀과 상치하는 것 같다. 요한복음 14:31에서는 잘 알려진 중단 사례가

61) 그러나, 이러한 마음의 변화는 조심스럽게 일어났을 것이다. 그리고 '(그가 올라가시되) 나타내지 않고 비밀히 하시니라'는 구절이 덧붙여져 있는 것은 분명히 의미 심장하다.

62) Brown Ⅰ, pp. xxivf. 를 읽어 보라.

발생하는바, 거기에서 예수께서는 제자들에게, 그 뒤로 계속될 고별 담화의 중간 부분에서 '일어나라, 여기를 떠나자'고 하셨다. 그 고별 담화는 그 후 이어지는 세 장(15-17장)에 걸쳐 단 한 번의 중단 없이 계속된다. 마지막으로, 요한복음 20장과 21장의 후기 사이의 구조적인 삽입 내지 지리 서술적 삽입(이미 상세히 논의된 것임)의 사례가 있다.[63]

【결 론】

요한복음 서술상의 이들 네 특징에 의해 부각된 문제점은 분명하다. 그 네 특징은 제4복음서의 통일성, 곧 전에 지지 논증되었던 사안의 입증을 저해한다. 이제까지 언급된 난점들 중의 일부는 설명할 수 있지만, 전부는 설명 불능이다. 그러므로 우리는 요한의 복음서가 용의 주도한 편찬과 명약 관화한 재배열의 흔적을 동시에 보여 주고 있다고 결론짓지 않을 수 없다. 더욱이 이 편집 활동의 흔적들은 (그 일이 어떻게 수행되었든지 간에) 일부 학자들로 하여금 요한의 복음서를 엮어내는 데에 원자료들이 사용되었다고 추측하게 하는 따위의 일을 가능케 한다. 그리고 역사적으로 볼 때 이것은 우리가 논의하고 있는 문제점에 대한 주요 해결 방도들 중의 하나가 되어 왔다. 이제 우리는 더 나아가 이 해결책을 상고할 수 있다. 먼저 이 일에 앞서 우리는 보다 덜 중요한 두 가지 다른 해결책을 언급하게 될 것이다. 이 방면의 요한 연구에 주로 관심을 쏟는 사람들의 작품을 훑어보았으므로, 이제 우리는 제4복음서의 편찬에 관한 우리의 제의들을 전장(前章)에서 고찰한 저자 문제에 연관 지을 만한 시점에 와 있다.

63) 본서의 앞 부분 p. 180-182를 읽어 보라.

2. 해결책들

지금 우리가 다루고 있는 제4복음서의 제 기원에 대한 탐구 문제에는 여느 복음서 연구시에도 사용되는 세 가지 비판적 방법이 모두 사용된다. 즉, 문헌 또는 원자료 비평(복음서 기자가 의존한 직접적 구전 자료들 또는 문헌 자료들은 과연 무엇이었는가?), 양식(전승)사 비평(전승이 전수되는 데 있어 그 전승에 대한 교회의 기여는 과연 무엇이었는가?), 편집 비평(복음서 기자 자신의 기여는 과연 무엇이었는가?) 등이다. 과거에 요한복음의 자료들이 분석될 때마다 언제나 이 세 방법은 번갈아서 사용되었다. 또 이것은 언제나 당연한 현실이어야 한다. 그러므로 우리가 제4복음서의 비평 문제를(역사상의 비평 및 현대의 비평 모두를) 그 작성 과정의 관점에서 검토하는 경우, 여기에서 재고찰하게 될 요한복음의 문헌상 문제점들에 대한 해결책들을 제시한 학자들이 양식사 비평 및 편집 비평 등에 필수적으로 연관되는 나머지 두 분야의 동떨어진 채 추구된 원자료 비평에만 그들 자신을 한정하지 않고 있다는 사실을 명심하는 것이 유익할 것이다.[64)]

1) 저자의 방법

몇몇 학자들은, (특히 뚜렷한 몇 가지 이유로 요한의 복음서가 본래적으로 한 통일체라고 믿는 사람들에게 이것은 특별히 진실에 속하지만), 이 복음서의 명백한 비통일성을 아주 단순하게 설명한다. 요한복음 안의 모순점들(aporias), 그리고 우리가 관심을 쏟아온 이 복음서의

64) 참조. R. Kysar, 'The Source Analysis of the Fourth Gospel-a Growing, Consensus?', *Nov. T* 15(1973), pp. 138f.

편찬에 얽힌 그밖의 다른 문제점들은 복음서 기자의 고유한 문체 및 상이한 (설화 및 담화) 자료들에 기초한 작업 진행의 방법에 기인한 결과라고 단정된다. 다른 말로 표현하자면, 이 점에 있어서는 실지로 아무 문제가 없으며 제4복음서는 이것이 기자 자신의 의도였기 때문에 현재 지니고 있는 그러한 성격을 소유하게 되었다는 것이다. 이것은 여러 사람 중에서도 특히 슈트라한(R. H. Strachan)의 견해이다.[65] 그리고 슈바이처(E. Schweizer)와 루크슈툴(E. Ruckstuhl)의 작품은 일찍이[66] 분명하게 유사한 방향에서 문제점들을 언급한 바 있다.[67] 이 견해에 대한 한 이견이 바레트(C. K. Barrett)에 의해 개진되는데, 그는 요한복음 안의 상이점들 및 단속점(斷續點)들이 이 복음서가 시간상 상당한 기간에 걸쳐, 곧 저자가 그의 마음을 바꾸거나 그의 경로를 번복할 수 있을 정도의 기간 동안에[68] 편찬되었다는 사실에서 일부 파생한다고 논증한다.

이 첫 번째 주요 해결책에 의해 노출된 난점은 우리가 요한의 복음서에서 발견해낸 '변이점'(變異點)들이 단순히 상이한 종류의 자료 사용에 따른 결과로 간주될 수 없다는 사실이다. 결정적 모순점 및 그밖의 난해점들은 (이를테면 그 복음서의 완전 집필에 책임을 진 한 장본인이—심지어 그의 고령임에도 불구하고—나서는 것이 거의 허용될 수

65) Strachan, pp. 79–82. 더 나아가 H. M. Teeple, *op. cit,* pp. 24–6을 읽어 보라.

66) p. 184 주 55를 보라.

67) 사실상 Schweizer는 제4복음서 기자가 원자료들을 사용하였다고 믿고 있으나, 요한복음에 이용된 문체의 통일성 때문에 이것이 간파되어질 수 없다고 주장한다(E. Schweizer, *op, cit*., pp. 82–112). Ruckstuhl의 견해에 의하면, 요한복음의 문체의 다양성은 그 기자가 사용한 여러 종류의 자료들, 즉 해설, 말씀들 그리고 보다 긴 담화들로부터 생긴 것이라 한다(E. Ruckstuhl, op. cit., 특히 pp. 218f.를 읽어 보라).

68) Barrett, pp. 20f. 또한 pp. 113f. 에 실린 저자에 대한 가정을 읽어 보라. 그러나 Barrett는 또한 요한복음 소재들이 다양한 자료에서 이끌어 내어진 것이었음을 인정하고 있다.

없었다든지) 그 작품의 편찬 과정에 관련되는 것들이다. 예를 들면, 고별 담화에는 명백한 편집상의 가필 흔적들이 역력하게 나타나며, 결과적으로 요한복음 14:31의 말씀('일어나라, 여기를 떠나자')은 현재 엉뚱한 자리에 놓여 있으며, 14장 및 16장의 자료 중 많은 부분이 겹쳐지고 있다.[69] 뿐만 아니라 요한복음 4:1-4 및 6:22-24 단락 같은 곳을 보면 명백한 수정의 흔적들이 있는 것으로 보아 그 두 곳에서는 어떤 설화적 상황을 해명하고 그 상황에 일관성을 부여하기 위해 (반드시 큰 성공을 거둔 것은 아니지만) 어떤 시도를 했음이 분명하다.[70]

2) 전위(轉位) 사례들

고려 대상은 되지만 우리가 굳이 오래 지체할 필요가 없는, 이 문제에 대한 두 번째 해결책은 제4복음서의 내용이 어떤 단계에 또한 어떤 경위에 의해 우연히 전위되었다는 견해이다. 요한복음 안의 몇몇 장들을 재배열함으로써, 현재 서술되고 있는 사건들에 있어서 보다 논리적인 지리 서술상의 연속성으로 간주될 만한 것을 성취하는 일이 가능하다. 예를 들면, 요한복음 5장 및 6장의 순서가 바뀔 경우 예루살렘(5장)

69) 요한복음 고별 담화의 기원은 계속적인 관심과 논란을 불러일으키고 있다. 그러나 그 담화가 작업에 가담한 한 편집인의 손길을 드러내 보여 준다는 견해와는 반대로, 그의 유능한 한 편집인이 그의 자료들을 배열하는 가운데 어색한 부분은 제거해 버리고 소개하지 않았다는 주장에는 상당한 타당성이 있다. 이 점을 요한복음 전체와 관련해서 논의해 보기를 원한다면, 본서의 뒷부분 pp. 216-230, 467-471를 읽어 보라.

70) 이른바 간음한 여인에 관한 본문(*pericope de adultera* 요 7:53-8:11)은, 비록 그것이 사실상 우리가 실재적으로 개입되어 있는 문제는 아니라 할지라도, 여기에서 약간의 언급을 요한다. 이 구절은 최초의 헬라어 요한복음 사본에는 나타나 있지 않으며, 결국 다른 자료에서 삽입되었을는지도 모른다. 그러나 그 복음서에 이 절들을 배열한 것은 그 사건의 확실성보다는 더 문제가 되어왔던 것 같았다. 따라서 일부 증언들은 그 이야기를 요한복음 다른 곳에 배열하고 있으며, 한 그룹은 그것을 누가복음 21:38 뒤에 놓아 두고 있다.

에서 갈릴리(6장)로의 배경 전환이 갖는 어색함이 제거된다. 이 사실이 몇몇 학자들로 하여금-실제로 2세기 이후로-제4복음서에서의 아포리아(難題)들이 복음서 본래의 순서상 전위에서 유래한다는 가설을 상정케 해왔다. (이런 일이 어떻게 일어났는지는 결코 명백하게 설명되지 않는다. 원문〈original codex〉 상의 지면(紙面)들이 떨어져 나가게 되었는데, 그 후 아무렇게나 다시 배열되었다고 가정하지 않는 한, 그 일이 일어나게 된 동기를 알기는 어렵다). 요한의 자료를 재배열함으로써, 그 어떤 혼란들이라도 금방 제거될 수 있다고 단언되고 있다. 예를 들면, 버나드(J. H. Bernard)는 1928년에 간행된 그의 제4복음서 주석에서 5장 및 6장의 전위뿐만 아니라 고별 담화를 포함하는 이 작품의 다른 부분들의 내용까지도 포함하는 요한복음의 폭넓은 재배열을 제의하였다.[71] 그리고 이보다 더욱 정교한 재배열 기획설이 불트만(R. Bultmann)의 저작의 특징을 이룬다.[72]

그러나 이 해결책은 확신할 만하거나 일리 있는 것이라고 간주될 수 없다. 이 해결책은, 설령 (우리가 이제껏 살펴본 바와 같이) 어떤 종류의 통일성에 대한 논증이 성립될 수 있다 해도, 현재 형태의 요한복음서가 통일된 성격을 지니지 못한다는 사실을 전제로 한다. 둘째로, 그 해결책은, 배열 작업을 하는 학자들의 (상이한) 견해들에 따르는, 복음서 배열에 대한 주관적 견해에 의존하다. 셋째로, 이 해결책은 요한 자료의 속성에 대한 충분한 설명이 되지 못한다(지금 우리는 한 편의 여

71) Bernard I, pp. xvi-xxx.

72) 예로서, Bultmann, pp. 312ff.에서 Bultmann이 암시한 요한복음 8-10장의 재배열을 주시해 보라.

행담을 다루는 것이 아니라 복음서를 다루고 있다).[73] 또한 겹쳐지는 담화자료, 그리고 자체의 맥락에 엄격하게 연관되어 있지 않은 말씀들(saying) 등에서 볼 수 있는 이 복음서의 문체상의 차이점들에 관해 이 해결책은 아무 말도 할 수 없다.

3) 원천자료들

우리는 이어서 제4복음서의 상이한 성격을 설명하기 위해 제시된 가장 중요한 해결책, 곧 가장 복합성을 지닌 해결책에 도달하게 된다. 이것은 요한복음 편찬이 상이한 자료들, 즉 상이한 단계들과 서로 다른 사람들에 의해 수집되어 이 복음서의 현존 형태 속에 융합되어진 일군의 자료들의 사용에 관련되어 있다는 가설이다. 이 가설의 세부적인 형태는 이를 제창하는 학자에 의해 채택된 견해에 의존한다.

물론 요한복음서를 연구하는 학자라면 누구나 뭇 자료들이 어느 정도 제4복음서의 편찬에 관련되었다는 사실을 받아들인다. 이는 (여느 복음서의 경우와 같이) 요한복음서의 예수 전승에 내포된 말씀들 및 설화자료가 어느 곳에서든 유래하였음에 틀림없기 때문이다. 그러므로 이를테면 제4복음서 기자가 공관복음서들을 알았고 또 사용했으리라고 믿는 바레트(C. K. Barrett) 같은 주석가들은 명백히 기보 자료설에 기울어져 있다. 그리고 (바레트의 경우에서처럼) 종국에 이르러 이 복음서가 한 사람에 의해 기록되었다고 추정된다 할지라도, 이것은 다른 원천 자료들을 내포하는 것으로 부연될 수 있다.[74] 이같은 유형의

73) 예를 들어서, 요한복음 5장과 6장을 바꾸어 놓음으로써 5장을 7장 다음에 둔다면, 예루살렘과 갈릴리 사이의 간격은 여전히 생기게 된다(7:1을 보라).

74) Barrett, pp. 14-18을 읽어 보라. Barrett는 요한이 공관복음을, 공관복음 전승과 담화 자료, 유

요한복음 원자료 가설들, 그리고 이제 우리가 곧 살펴보려고 하는 바 여러 학자들의 원자료 비평 사이의 차이점은, 상정된 원자료들의 수와 다양성 및 (보다 중요한 점으로) 요한복음서가 처음부터 단일 저자인 제4복음서 기자의 작품이라기보다 일정한 시간적 간격에 걸쳐 유수한 (편집자의) 손길들에 의해 쌓아올려졌다는 가정에 근거한다.

■ 루돌프 불트만의 가설

전장(前章)에서 우리는 제4복음서의 배경연구에 있어 저 유명한 독일 학자 루돌프 불트만에 의해 이루어진 공헌을 고찰한 바 있다.[75] 그러나 요한복음서 연구에 미친 불트만의 영향은, 신약성서 전반의 연구에 미친 그의 학문의 파장의 경우 못지 않게 실로 다면적(多面的)이다. 그리고 이 영향이 요한의 원천 자료들에 대한 탐구에서보다 더 명확하게 두드러지는 분야는 다시 없다. 우리는 불트만의 가설을 이 면에서 제4복음서의 문학적 기원들을 논할 최근의 저작들에 대한 우리의 고찰에 의의 깊고도 유용한 출발점으로 보고 검토할 수 있다.

'종교사학'적 접근을 하고 있는 불트만은 세 가지 기본 자료들이 요한복음의 편찬에 관련되었다고 믿는다.[76]

대 또는 예루살렘 자료, 그리고 수난 설화를 사용한 것으로 믿고 있다.

75) 본서의 앞 부분 pp. 96-104를 읽어 보라.

76) Bultmann, pp.; 6f. 및 이하 여러 곳. 또한 R. Bultmann, art. 'Johannesevangelium' in *RGG*3(1959), cols. 840-50, 특히 841-3을 읽어 보라. 독자는 Bultmann이 추천한 자료들의 한계를 서술하고자 할 때 그의 주석을 깊이 연구해보지 않고서는 그 일이 쉽지 않다는 점을 명심해 두어야 한다. 그러나 D. M. Smith, *The Composition and Order of the Fourth Gospel : Bultmann's literary theory*(New Haven and London, 1965), pp. 23-34, 38-44, 48-51, 54-6에서 Bultmann이 암시한 방법과 pp. 57-115에서 Bultmann이 제안한 내용을 고려하면서, 그 자료들의 그리스어 본문의 재구성을 살펴보라. 또한 D. M. Smith, 'The Sources of the Gospel of John : an assessment of the present state of the problem', *NTS*10(1963-4), pp. 336-51, 특히 337-46에서 Bultmann의 자료설

① 표적자료: 불트만에 따르면 제4복음서 기자는 한 표적자료(Semeia Quelle 또는 SQ라 규정됨)를 사용하였는데, 그 자료로부터 그는 요한복음서에서 예수의 행위로 귀결된 일련의 이적들을[77] 가려냈거나 이어받았다(요한복음 2:11; 4:54에 나오는 '첫째' 그리고 '둘째'라는 숫자 서술에 유념하라). 그 원자료는 셈족 언어, 특히 아람어에 영향받은 한 그리스어로 기록되어 있었다고 불트만은 추정한다. 요한복음 1:35-49의 제자들을 부르신 기사로 시작되는 이 원자료는 (불트만의 견해에 따르면) 제4복음서의 첫 단원인 요한복음 1-12장의 주요 담화 자료들을 구성한다. 불트만은 SQ에 있어서 검증되는 이적 강조를 그리스도교 전승보다 후대의 비공관복음적 발전으로 간주한다. 그러므로 그는 그 자료의 역사적 가치에 관해 회의적이다.

② 담화자료: 불트만은 또한 제4복음서의 배후에서, 요한이 예수에게 연결시키는 담화들의 원천이 되는 한 자료를 찾아낸다. 이 둘째 자료는 계시어록(Offenbarungsreden, or 'revelation speeches', 또한 RQ나 Reden-Quelle로 호칭되기도 함)으로 구성되었다. 이 자료집은 현재 요한복음의 서언(요 1:1-16, 중간 중간의 산문 삽입구는 제외)으로 시작되는(것으로 불트만은 믿는다), 아람어로 기록된 운문체(韻文體) 어록들이다. 이 수집록은 본래 『솔로몬의 송가집』(*Odes of Solomon*)과 후대의 만다이교 문헌들의 배경에 좀 더 반영되어 있는 것과 같은 부류의 영지주의적 환경에 속했으며,[78] 십중팔구 이것은 세례자 요한의 서

에 대한 논고와 그밖의 것들을 읽어 보라.

77) 참조. 요 2:23, 12:37, 20:30.

78) 본서의 앞 부분 pp. 84-88, 96을 읽어 보라.

클과도 연계를 지녔었다(고 주장된다). 제4복음서 기자(또는 제삼의 인물)는 이 어록들을 그 자체의 운문 형식의 일부를 보존하면서, 그것을 그리스도교적이고도 역사적인 정황에 맞추어 정착시키려는 직접적 의도를 가지고, 그리스어로 번역하였다. 우리가 지금 알기로는 예수는 참 지식에 대한 새롭고도 결정적인 계시자이다. 요한이 이 자료에 덧붙인 추록들은 운문에서 이 담화들에 나타나는 그 자신의 산문으로 뚜렷하게 달라진 변화들에 의해 확인된다.[79)]

③ 수난자료: 또한 불트만은 제4복음서 기자가 예수의 죽음과 부활을 다룬 설화 자료에 의지했다고 논증한다. 역시 한 셈족권의 그리스어로 기록된 이 자료는 수난에 관한 공관복음서 전승과 접촉점들을 지니지만, 그것과는 별개였다(고 불트만은 추정한다). 한 자료가 요한복음의 이 단락 편집에 사용되었다는 사실이, 비록 복음서 기자 자신의 문체로 기록되기는 했지만 그의 신학적 관심사들을 반영하지 않는 자료(예를 들면, 요한복음 19장의 서두에서 예수의 빌라도 앞 심문에 관한 사실적 세부 묘사)가 실려 있는 점에 의해 시사된다.

불트만의 견해에 따르면 제4복음서의 기원에 있어서 최종 단계는 '호교회론적(護教會論的) 편수자'(redactor)가 무대 위에 등장하면서 비로소 도달되었다. 그는 요한이 영지주의적 견해 때문에 삭제하였던

79) 더 나아가 D. M. Smith, *The Composition and Order of the Fourth Gospel*, pp. 15-23을 읽어보라. Bultmann, p. 7은 강론 원자료의 한계를 결정하기 위한, 이러한 문체론적 범주에 대한 한 예로서 요한복음 3:18(시)과 3:19(요한적 산문) 사이에 일어나고 있는 변화를 인용하고 있다.

(특히 종말론적이며 성례론적인 성격을 지니는) 교의적 구절들을 도입함으로써 이 복음서를 교회가 보다 더 잘 받아들일 만한 책으로 만들고자 애썼다. 그래서 그 편수-편집자는, 예를 들어 요한복음 3:5의 세례에 대한 시사, 6:5-58의 주의 만찬에 대한 시사, 그리고 19:34에서 양자 모두에 대한 시사 등을 덧붙였다. 그는 또한 요한복음 5:28 이하 같은 구절, 곧 마지막 심판 때 어떤 일이 일어날 것인지를 묘사하는 본문을 포함시켰다. 동시에 이 편수자는 요한복음 21장의 추록을 포함한 몇 가지 문학적 변화를 가했다(고 불트만은 가정한다). 이 복음서의 본문의 순서가 얽힌 것을 발견한 그는, 이를 현재의 순서로 재배열하였다. 그래서 불트만 자신이 이 일을 해냈던 것이다!

제4복음서의 원천 자료들에 관한 불트만의 제안들에 대하여는 반드시 해명되지 않으면 안 되는 몇 가지 의문점들이 있다. 그러므로 이에 대하여는 심지어 그의 문하생들도 일부만이 그의 결론들을 따르고 있으며, 일부 다른 문하생들은 비판적 입장을 취하고 있다.[80] 예를 들면 불트만의 기본 입장은 의문의 여지 없이 받아들여질 수는 없는 몇 가지 가정-그 중에서도 요한복음서의 영지주의적 성격-에 근거한다. 뿐만 아니라 불트만이 소위 세 가지 원천 자료에 관련하여 내세우는 제의들은 몇 가지 난점을 드러낸다. 이는 특히 그 제의들이 제4복음서 기자의 자료에 있어 상호 무관한 세 가지 기원점들(그 중 한 가지는 비그리스도교적 자료임)을 요구하기 때문인데 이것들은 자신과 역사적 연

80) E. Käsemann's review, 'Rudolf Bultmann : Das Evangelium des Johannes', *VF*3(1942-6), pp. 182-201은 비판적 입장을 취하고 있다. H. Becker, *Die Reden des Johannesevangeliums und der Still der gnostischen Offenbarungsrede*(Göttingen, 1956)은 '강론 원자료'에 관한 Bultmann의 논문을 지지하고 발전시키고 있으나, 그것은 내재해 있는 문체상의 문제들을 근거로 한 것은 아니다. 참조. 특히 pp. 11-13.

계를 거의 갖고 있지 않다. 이것은 그러나 요한의 배후에 예수의 말씀 및 사역에 관한, 근본적으로 역사적이며 독립적인 전승이 깔려 있다는 견해에 역행하는 것이나, 이 견해에 대한 존경은 점점 높아지고 있다. 어느 경우이든 (요 11장의 나사로 사건이 명백하게 보여 주듯이) 제4복음서의 설화 및 담화 자료가 불트만의 고립된 자료설에 의해 제기된 방식대로 언제나, 그리 쉽게 분리될 수는 없다. 매우 빈번하게 제4복음서의 담화 자료는 표적들로부터 연기(緣起)하며, 그 표적들과 긴밀하게 연결되어 있다. 뿐만 아니라 SQ나 RQ 같은 자료들의 존재가 신약 시대와 동시대적이거나 그 시대 이전의 것일 수 없다.[81] 만약 불트만이 요한복음서의 바탕으로 상정하는 표적 원자료 같은 자료가 이 복음서 밖에서 발견된다고 하면, 그것이 불트만의 입장에 보탬을 줄지 모른다. 마지막으로, 언어학적 내지 문체론적 근거에 의한 이 별개의 원자료들에 대한 불트만의 정체 인식(identification)은 문제를 안고 있는데, 이는 요한적인 문체의 범주들이 사실상 논란의 여지를 지니며, 또한 (확정 가능한 범위 내에서) 제4복음서 기자의 문체가 이제 이 복음서의 전체 흐름들에 나타나기 때문이다.

그럼에도 불구하고, 여기서 요한의 원자료에 대한 불트만의 연구에 관심을 기울이는 주된 이유는 그것을 상세히 비평하고자 함이 아니라 최근의 요한복음 원자료 비평의 역사에 있어서 그의 의도가 어떻게 발전되어 왔는지를 밝히고자 함이다. 불트만에 의해 분리되어진 세 가지 원자료, 곧 표적 자료, 담화 자료, 수난 자료 등의 경우에서 요한복음의 제 기원에 대한 보다 깊은 연구가 한 걸음 더 (어떤 때는 불트만의

81) 예를 들면, Bultmann의 RQ를 그리스도 이전 영지주의 원자료들 안에 넣어두려는 H. Becker, *op. cit*의 시도에도 불구하고.

제4복음서 주석 간행 이전에 나온 작품에 기초하여) 진척되어 왔기 때문이다. 우리는 이제 비로소 이에 대한 탐구의 제 광맥의 첫 맥락을 고찰할 수 있게 되었다.[82)]

■ 표적 원자료 연구

대부분 예수의 이적들에 관한 정보가 수록된, 그리고 요한의 복음서가 성장의 바탕으로 삼았을 수 있는 한 근원을 제공한 원자료를 요한의 배후에서 찾아내려는 시도는 결코 새삼스런 일이 아니다. 금세기 초엽에 이르러 에드워드 슈바르츠와 율리우스 웰하우젠은 제4복음서 기자가 자신의 작품의 기초로 삼았었음직한 가정적인 기초 문서(Grundschrift 또는 'basic document')를 별개로 분리시키기 위해 편집비평(redaction criticism)이라는 방법을 사용하였다. 슈바르츠는 현재 형태로 전승되는 요한복음서가 본래의 '원시-요한', 곧 이적들을 행하시는 신적 예수에 관한 한 시편에 기초했다는 가정을 발전시켰다.[83)] 웰하우젠은 1908년에 제4복음서가 담화 및 관련된 자료를 이전부터 존재해 오는 예수에 관한 이적 이야기들의 수집록 속에 삽입해 넣음으로써 편집되었다고 제의한 한 주석을 내어놓았다.[84)]

요한복음 배후에 있음직한 표적 원자료에 대한 최근의 두 편의 연구는, 그 중요성 때문에 보다 상세히 언급될 수 있다. 이는 여러 면에

82) 다음의 개관은 불가피하게 몇 가지를 선택해 놓은 것으로서 최근의 요한복음 자료 비평에 대한 대표적인 예들만 실었다.

83) E. Schwartz, 'Aporien im vierten Evangelium', in *Nachrichten von der Königlichen Gesellschaft der Wissenschaften zu Göttingen* : *Philologisch-historische Klasse*(Berlin, 1907), pp. 342–72, (1908) pp. 115–88, 497–560, 특히 558f.

84) Wellhausen, 특히 pp. 102–19.

서 그 연구들이 슈바르츠와 웰하우젠의 초기 제안들에로 거슬러 올라가 불트만의 명맥을 뒤따른다. 그 첫째는 위르겐(Heinz와 혼동하지 말 것) 베커(Jürgen Becker)에 의한 논문인데, 이것은 1970년에 나왔다.[85] 베커는 요한복음서의 밑바탕에는 예수를 유대주의의 그리스도로서뿐만 아니라 헬레니즘의 떼이오스 아네르(θεῖος ἀνήρ : '神人')로 부각시킨 한 표적 원자료가 깔려 있다고 결론짓는다.[86] 그는 이 원자료가 비가현적(non-docetic) 입장에 있던(예수는 신인 동시에 인간이다) 제4복음서 기자에 의해 정통 신학의 견해에 부합되도록 확대되었다고 단언한다. 그러므로 이적을 통한 계시의 개념은 오히려 누그러졌고, 십자가와 부활이라는 주제가 덧붙여진다. 베커는 원(原) 표적 원자료는 세례자 요한의 증언으로써 시작되었으며(이 점에 있어서 그는 불트만을 따르고 있다), 또한 처음 제자들의 부르심(요 1장)을 포함했다고 논증한다.

앞서 언급된 바 있는 미국 신학자 로버트 포오트나(Robert T. Fortna)의 작품, 『표적들의 복음서』(*The Gospel of Signs*, 1970)는 제4복음서의 기원에 관해 매우 유사한 결론을 내고 있다. 포오트나의 작품이 결코 보편적으로 받아들여지지는 못했지만, 그러나 그것은 요한복음 원자료들에 대한 장래의 연구를 가늠하면서 평가되어야만 한다. 원자료 분석이 제4복음서의 문헌 비평에 있어 다른 어떤 방법보다 더 커다란 중요성을 지닌다는 가정에 기초하여 저술 작업을 한 포오트나는[87] 요한복음 안의 아포리아(난제)들을 연구하면서 그것들이 편집적 '이음새들'

85) J. Becker, 'Wunder und Christologie : zum literarkritischen und christologischen Problem der Wunder im Johannesevangelium' *NTS* 16(1969–70), pp. 130–48.

86) 본서의 앞 부분 pp. 82이하를 읽어 보라.

87) R. T. Fortna, *op. cit.*, pp. 1–25.

(seams)의 시사점들이라고 결론짓는다. 이로써 그는 우리가 현재 소유하고 있는 그대로의 요한복음서가 '하나의 문학적 단계 이상을 포함하는 발전의 산물'[88]임을 시사한다. 하나는 포오트나가 요한복음 안의 설화 자료로부터 발굴해 낸 한 결정적 표적 원자료(SG)이다. 그리고 다른 하나는 이 원자료를 현재의 복음서로 엮은 편집적 확대본이다. 포오트나의 견해에 있어서 이 가설은 (예를 들면, 슈바이처와 룩슈툴에 의해 묘사된 바와 같이) 요한의 문체가 그의 재구성된 SG 원자료에서는 빠져 있지만 제4복음서에는 도처에 실려 있다는 사실에 의해 뒷받침된다. 베커와 마찬가지로 포오트나 역시 SG는 세례자 요한에 관한 정보 및 첫 제자들을 부르신 일에 관한 한 기록으로 시작되었다고 믿는다. 포오트나는 또한 (요한복음 21장의 물고기를 잡은 일을 포함한) 일곱 가지 이적 이야기들이 사마리아 여인 설화(요 4장) 및-여기에서 그는 베커뿐 아니라 불트만과도 공동 보조를 취한다-수난 설화와 더불어 이 원자료에 속했다고 주장한다. 바꾸어 말하자면, 포오트나의 재구성된 표적 원자료는 요한에 의해 사용된 단 한 가지 원자료가 아니다. 오히려 그는 그것이 그 고유의 권리로 축소되었다고 할지라도 그것을 하나의 완벽한 복음서, '작은 요한'(슈바르츠의 영향임에 분명하다!)으로 간주한다. 이 점에 있어 요한의 원자료에 관한 포오트나의 저서는 특별한 의의를 지닌다.[89]

88) *Ibid*., p. 3.

89) 요한복음 자료 비평주의에 관계하고 있는 한 작가가 해 놓은 두 가지의 연속적인 연구를 또한 살펴보라. R. T. Fortna, 'Source and Redaction in the Fourth Gospel's Portrayal of Jesus' Signs', *JBL* 89(1970), pp. 151-66과 *id*., 'Christology in the Fourth Gospel : redaction-critical perspectives', *NTS* 21(1974-5), pp. 489-504. Becker와 Fortna 두 사람 모두의 견해에 관한 서술과 비평을 알기 원한다면, B. Lindars, *Behind the Fourth Gospel*(London, 1971), pp. 28-37을 읽어 보라.

이 주제 아래, 우리가 이제껏 서술해 오고 있는 다른 연구들과 마찬가지로 원자료 분석뿐만 아니라 편집 비평의 방법에 궁극적으로 의존하는 한 결정적 연구가 언급됨직하다. 이것은 바로 니콜(W. Nicol)의 저서 『제4복음서에서 나타난 표적들』(*The Semeia in the Fourth Gospel*, 1972)로서,[90] 이 책에서 저자는 요한의 배후에서 한 복음서의 성격을 지닌, 그리고 A. D. 70 원자료(SG)를 발굴해 냄으로써 포오트나를 뒤따르고 있다. 포오트나와 니콜에 의해 추적된 '표적들의 복음서' 사이의 기본적 차이점은, 니콜이 그의 자정된 원자료에서 요한복음 21장에 수록된 사건들이나 수난에 대한 일체의 언급을 배제해 버리고 있는 점이다.[91]

여기서 이러한 요한복음의 표적 원자료 연구 사례를 상세히 평가하고 싶지는 않다. 그러나 우리가 앞으로 더 나아가기에 앞서, 요한의 복음서가 결과적으로 편집 과정을 통하여 확대되는 하나의 통일된 설화 자료에 그 기원을 지닌다고 하는 베커, 포오트나, 니콜 같은 학자들의 제안에 대해 몇 가지 개략적 언급을 해둘 수 있을 것이다.

첫째, 예수의 이적에 관한 정보는 포함하되 실제로 그리스도교 전승의 다른 어떤 부분은 포함하지 않는 단일(single) 원자료를 확실하게 따로 떼어 내려는 시도는 형식 및 문체에 있어서 많은 난관에 부딪히게 된다. SQ(또는 SG 내지 S)가 존재했다는 주장은, (그것이 어떤 형태를

90) W. Nico, *The Semeia in the Fourth Gospel : tradition and redaction*(Leiden, 1972).

91) *ibid*., pp. 14-40을 보라. J. L. Martyn, *History and Theology in the Fourth Gospel*(New York, 1968)도 역시 일반적으로 기초적인 가정으로서 요한복음 배후에 있는 '표적들의 복음서'에 관한 Fortna의 논제를 수락하고 있다. 특히 pp. 3f.를 읽어 보라. 참조. Schnackenburg Ⅰ, pp. 59-74 특히 72. 그는 제4복음서 배후에 있는 신빙성 있는(성문화된) 표적에 관한 자료들을 찾아내는 데 있어서 Bultmann을 지지하고 있다.

취했든지 간에) SQ 가정 밖에서는 그 확고한 증거를 찾을 수 없다. 뿐만 아니라, 어떤 원 자료의 한계들을 문체론적 범주에 비추어(포오트나와 니콜이 한결같이 시도하듯이) 결정하는 것은 치명적일 만큼 관념적이다. 만약 포오트나가 말하고 있는 것처럼 한 저자가 SG를 현재의 요한복음서로 확대한 장본인이라면, 그의 문체는 최종 작품의 모든 부분들에서 관찰될 수 있을 것이며, 또 이음새들 사이에 흔적이 나타날 가능성이 있다. 이에 맞서, 요한의 특징적 문체는 사실상 그의 원자료 내용에서 나타나지 않는다는 논증이 이루어져 왔다(포오트나). 그러나 '요한의 문체'의 뭇 특징들은 활발한 토론의 쟁점이 되어 있으며, 어느 경우에든지 포오트나의 문체론적 논증 구절들의 약 한 배(倍) 반 가량은 그가 SG의 한계점들을 정하지 못하고 있으므로 요한복음의 어떤 설화 자료에서도 나타나지 않고 있다는–결과적으로 SG에서 그것들이 빠져 있다는 사실은 우리에게 아무런 의미도 주지 않는다.[92]

둘째, 제4복음서가 한 표적에 의존한다는 가설(포오트나와 니콜이 지지하는 반면 베커는 지지하지 않는다)은 보다 깊은 숙고 사항들을 드러내 보인다. 우선적으로, 설화 자료를 포함하지만 예수의 교훈은 거의 포함하지 않는(그리고 니콜의 견해에 따르면, 수난에 대한 언급은 전혀 포함하지 않는) 한 복음서(최소한 정경론적 의미를 지닌)가 존재했을 가능성은 희박하다.[93] 이차적으로, 제4복음서 기자 같이 창의적이며 문학적 대가(大家) 자격을 겸비한 인물이 이 '작은 복음서'

92) R. T. Fortna, *The Gospel of Signs*, pp. 203–18, 특히 205–7. 참조. W. Nicol, *op. cit.*, pp. 13f.
93) Q문서설에 대한 문제들 가운데 하나는 이 추정 자료가 예수의 가르침을 담고 있었던 것으로 보이나, 그것이 거의 비설화 자료였다는 것이다.

(mini-Gospel)를, '새 편집본'[94]의 간행에 관련된 것을 제외하고는 일체의 가감도 없이 채택하였을 가능성은 희박하다.

■ 담화 원자료 연구

우리는 요한복음에 관한 불트만의 이론이 복음서들이 바탕을 삼았던 세 가지의 별개 원자료들, 즉 한 표적 원자료, 한 담화 원자료, 한 수난 원자료 등을 가정하고 있음을 일찍이 살펴 알고 있다. 우리는 요한복음이 애당초 한 표적 원자료에서 발전해 나왔으리라는 가능성을 한층 깊숙이 천착해 오고 있는 신약 학자들에 의해 이루어진 최근의 비판이 지니는 일면적 의의를 살펴보았다. 이제 방향을 돌려 요한복음의 담화 연구에 나타난 최근의 경향들을 고찰하는 문제로 나아가 보자.

제4복음서 안의 말씀 자료들에 대한 고찰 결과 불트만은 복음서 기자에 의해 예수에게 돌려진 담화들이 애당초 아람어로 기록되었던 영지주의 계통의 '계시 어록들'에 대한 기독교 이전 시대의 수집록에 존재하였다는 결론에 이르게 되었다. 특정 신(神)을 통한 구원을 선포할 뿐 아니라 '나는 …이다' 형의 구문을 사용하는 점에서 요한복음의 뭇 담화들이 영지주의 기원을 지닌 (헬레니즘 계통의) 종교적 어록들과 많은 공통점을 지닌다는 이론은 사실 불트만에게서 유래한 것이 아니다. 1913년에 초판이 간행된 노든(E. Norden)의 중요한 저서 『알지 못하는 신』(*Agnostos Theos*)이 이 가정에서 출발하였던 것이다. 노든은 요한복음을 포함한 4복음서 안의 뭇 담화들이 당대의 헬레니즘 계통의 구원 종교의 전형들에 호소함과 아울러 그리스도교와 이방 종교 사

94) 참조. B. Lindars, *Behind the Fourth Gospel*, pp. 31-4.

이의 간격을 극명하게 드러내는 차원에서 예수의 말씀들을 재현하려는 것이었다는 생각을 발전시켰다.[95] 앞서 언급된 바 있는 에드워드 슈바이처는 『에고 에이미』(*Ego Eimi* : 1965[2])에서 신약 시대 당시에 유행한 이교 계통의 그리스적 어록('나는 …이라' 구문을 사용하는)과 요한복음의 뭇 담화들에 사용된 어구 사이의 공통 기반에 주의를 집중함으로써, 동일한 방향을 지향하고 있다.[96] 보다 최근에 지그프리드 슐츠(Sigfried Schulz)는 한 저서에서 제4복음서 내의 수많은 '주제 전승들'을 찾아내고 있는데, 그는 여기서 헬레니즘적 어록들은 요한복음의 담화 자료의 기원과 내용에 대한 열쇠라는 이론에 공감을 보였다.[97] 슐츠는 이 전승들이 유대계의 한 분파적 배경에서 유래하였으며, 한 영지주의 유형의 원시 그리스도교를 통해 요한의 복음서 속에 편입되었다고 믿는다. 그가 찾아내는 요한복음의 주제 전승들 사이에서는 담화 자료들이 '나는 …이라' 어록들이 나타난다.[98]

이제까지 본 문단에서 언급된 연구(특히, 노든, 슈바이처, 슐츠 등의

95) E. Norden, *Agnostos Theos : Untersuchungen zur Formengeschichte religiöser Rede*(Leipzig, 1913 : Stuttgart, 1956). 예를 들어 pp. 298-301(요한복음 8장에 대한 것임)을 보라. Norden은 그 복음서 이외에 신약의 다른 부분에 대한 고전적 강론들의 영향을 발견하고 있으며, 실제로 그는 사도행전의 선교에 관한 설교(특히 사도행전 17장에 기록된 바울이 아레오바고에서 한 연설)를 그의 출발점으로 삼고 있다.

96) 요한이 만디이교 자들로부터 '나는 …이라'(I am)라는 문체 사용법을 이끌어 냈다는 사실을 Bultmann(p. 225 주 3 등등)이 시사하고 있는 반면에, Schweizer(Ego Eimi, pp. 46-82, 특히 81f.)는 제4복음서와 만다이교 문헌들이 이러한 면에서 일반적인 자료에 의존하였다고 주장하고 있다. 그러나 G. MacRae, 'The *Ego*-Proclamation in Gnostic sources', in E. Bammel(ed.), *The Trial of Jesus*(London, 1970) : pp. 122-34를 읽어 보라. 그는 나그 하마디의 영지주의적 자료들이 요한이 사용하고 있는 ἐγώ εἰμι(특히 p. 133을 읽어 보라)와 더욱 명백한 평행선을 이룰 수 있다는 사실을 제안하고 있다. 참조. H. Becker, *op. cit.*, 특히 pp. 121-8.

97) S. Schulz, *Komposition und Herkunft der Johanneischen Reden*(Stuttgart, 1960).

98) Ibid., 특히 pp. 85-90, 또 다른 전승은 인자, 아들, 보혜사, 파루시아 그리고 그 머리말의 주제에 관한 것들이다.

작품)는 두 가지 두드러진 특징을 보인다. 첫째, 이 저자들은 신약 연구에 대한 '종교 사학파'적 접근에 의존하고 있는데 19세기 말 20세기 초에 유행한 이 종교 사학파적 입장이 주장하는 바는 신약 저자들이 그들 주변의 유대적 혹은 이교적인 종교적 환경에 영향받았을 가능성이 있다는 것이다. 둘째, 그러한 접근의 연속선상에서 요한의 담화군 기술에 관한 이 대표적인 이론가들은 그 담화군의 기원에 대한 열쇠가 헬라적 세계의 어느 곳엔가에 존재한다고 믿는다. 결과적으로, 요한복음 내의 어록들이 예수께서 실제로 발설했던 말씀들이나 혹은 그가 그 말씀들을 발설했던 역사적 정황과 그 어떤 접촉점을 지닌다는 생각은 여기에서는 아무 지지를 받지 못한다.

요한복음의 담화 연구에 대한 이와 같은 접근은 그에 대한 헬레니즘 방향에의 연구와 더불어 최근에 많은 사람에게 지지받는 유일 무이의 학설은 결코 아니다. 이는 다른 학자들에 의해 유대 계통의 보다 전통적인 한 배경이 제4복음서 안의 예수의 담화들 배후에 존재한다고 상정되어 왔기 때문이다. 이 분야에 있어 가장 의미 심장한 탐구 중의 한 몫이 페더 보오겐(Peder Borgen)에 의해 추진되었고 또 이미 언급된 바 있는 그의 작품들 속에서 공표되었다.

보오겐 교수의 논문, *Bread from Heaven*(1965)은 제4복음서 및 필로의 문집에 있어서 '만나'의 개념에 대한 혁혁한 연구가 아닐 수 없다. 보오겐은 요한복음 6장의 생명의 떡 담화에 있어서 구약성서가 어떻게 사용되었는지를 고찰하여 이 장이 출애굽기 16:4의 만나 본문('보라, 내가 너희를 위하여 하늘에서 양식을 비 같이 내리리니…')에 대한 해설을 내포하고 있으며 필로 및 랍비들의 미드라슈 풍의 문체를 따르고 있다는 사실을 밝혀낸다. 다시 말해서, 요한복음 6:31-58은 한 구약성서 본문(어떻게 표현되었든지 간에 그 출애굽 맥락에 있어서 중요하며, 또한 예수께서 이끌어내시는 그리스도교적 출애굽〈exodus〉과도 관련이 있는)에 대한 하나의 부연적 주석으로서 그 속에서는 전형적으로 유대적인 설교 유형이 사용되고 있다. (필로, 요한복음 6:31-58, 그리고 팔레스틴 계통의 미드라쉼[99] 등에서 공통적인) 이러한 설교 유형은 그 형식에 있어서 하나의 표준이 된다. 그 설교는 구약 본문으로 시작되어, 그 본문에 대한 강해로 이어지고, 언제나 약간 다른 형태를 띠면서 그 본문을 개괄하는 것으로 끝맺어진다. 강해 단락은, 다시금 성격상 뚜렷하게 유대적인 방식으로 구약성경 및 하가다(haggada) 형의 (해석적인) 설명을 전개해 나가며(현재의 경우에는 광야에서의 만나라는 주제를 다룬다), 그 설명을 다른 사상들, 즉 필로의 경우에는 그리스적인, 요한복음의 경우에는 유대적 내지 그리스도교적인 사상들과 연결짓는다. 이와 같이 요한복음 6장의 담화에서는 그 본문(출 16:4)이 31절에서 등장하며, 그 강해는 32-52절 단락(여기에서 만나에 대한 구절들은 율법이나 신적 대리 사역 및 유대 사상들 성찬의 그리스도교적 전통 등과 조합〈組合〉되어진다)에서 부연되며, 또 그 설교는 58절에서 그 본문의 재언급으로 끝맺어지고 있다.[100]

보오겐은 또한 한 논문에서,[101] 요한의 복음서 서문 배경에는 유대

99) 미드라쉼(midrashim)은 할라카(halakah, 랍비 문학의 규정집)와 하가다(haggadah, 사례집)로 구성된 구약성경 본문에 대한 주석들이었다. '팔레스틴판' 미드라쉬는 유대적 문학 전승에 대한 서술적 묘사이며, 미드라쉼이 발견된 한 지리적 중심지에 대한 서술만은 아니었다.

100) P. Borgen, *Bread from Heaven*, 특히 pp. 147-92. 더 나아가 요한복음 6장의 유대적 배경에 대한 언급으로서 Borgen의 일반적인 관점에 관해서는 Lindars, pp. 235f.를 읽어 보라.

101) P. Borgen, 'Observations on the Tarqumic Character of the Prologue of John', *loc. cit.*

적 원천 자료들이 깔려 있다고 상정하고 있으며, 또 이 구절들(요 1:1-18)이 창세기 1:1의 강해라고 논증한다. 보오겐은 요한복음 1장이나 6장 그 어느 경우에든지, 요한의 자료 편찬 방법(구조 및 해설 기법 양면에 있어서) 뿐만 아니라 그의 자료의 내용(contents) 역시 철저하게 유대적인 배경을 시사하고 있다고 주장한다. 우리는 그와 같은 배경이 예수에게 익숙했을 것이며, 또 두말 할 나위 없이 (만약 앞장에서 논의된, 요한 전승의 기본 배경에 관한 우리의 결론들이 틀림없다면) 요한 자신에게도 익숙했을 것이라고 덧붙일 수 있다.[102)]

짤막하지만 짜임새 있는 도드(C. H. Dodd)의 한 논문이 이 시점에서 언급될 수 있는데, 그것은 요한복음 8:31-58 단락의, 예수와 (31절에 따르면) 그를 믿었던 유대인들 사이에 이루어진 적대적인 대화의 기원이라는 주제를 다룬다.[103)] 도드의 견해는 보오겐과 차이를 보이는데, 이는 그가 요한의 담화 자료(최소한 요한복음 8장에 실린)를 내용이나 문학적 방법의 차원에 있어서 유대적 원천들에서 유래하는 것으로 여기지 않기 때문이다. 그러나 그의 가정은 이제까지 몇몇 학자들에 의해 요한복음의 담화 자료의 근거를 이룬다고 상정되어진바, 존재 가능한 유대적이고도 전통적인 배경에 대한 우리의 개관과도 관련성을 지닌다. 이로써 도드는 (요한복음 8:31-47에 관한 특별 주석을 하면서) 이 대화 속에서 예수는 (단순히 유대계 그리스도인들이 아닌) 유대화하고 있는 신자들에게 자신의 가르침에 대한 충실이라는 문제를 놓

102) 신약성경의 보편적 주제와 유대적 석의에 관해서는 B. Gerhardsson, *Memory and Manuscript : oral tradition and written transmission in rabbinic Judaism and early Christianity*(ET Uppsala, 1961)를 읽어 보라.

103) C. H. Dodd, 'Behind a Johannine Dialogue', in *id., More New Testament Studies,* pp. 41-57.

고 강론하고 있으며, 또 자신과의 대담자들이 지닌 영적 하락을 추궁하고 있다고 논증한다. 이 토론에서 사용된 제 논증들-예속에 대한 자유, 아브라함의 후손, 하나님의 아들 자격 등-은 초대 교회의 유대화에 관한 논란에 있어(바울은 갈라디아에서 상기 주제들 모두를 동원한다) 공통적인 것이기 때문에, 도드는 요한복음 8장의 대화는 이러한 유의 에피소드에 연결되어 있다고 상정한다. 뿐만 아니라 그는 한 걸음 더 나아가 그 담화가 현재 논의되고 있는 주제에 연관된 세례자 요한 및 예수의 말씀들에 의해 대표되는 원시적 증언에서 맨 처음 유래하였다고 추정한다.[104] 다른 말로 바꾸면, 문제시되는 그 담화는 복음서 전승의 최초 계층에 속하는 사상들에 기초하며, 또 이것은 요한의 신학적 해석에 '확고한 기초'를 제공한다고 도드는 믿고 있다.[105]

요한복음의 담화 자료에 있어 존재 가능한 유대적 배경의 가정들만으로써는 요한복음의 제어록에 정확한 기원을 확정하지 못한다. 그것들은 물론 예수의 친언(親言)으로서의 이 어록들의 진정성도 보증하지 못한다. 특히 보오겐과 더불어 우리가 그것들의 편찬에 미친 영감으로서 후대의 랍비적 방법에 호소하는 경우에 그러하다(그러나 우리가 이제껏 살펴본 대로, 도드는 요한복음 8장의 정황 내지 내용에 있어 보다 전통적인 성격을 찾아내고 있다). 그렇지만 그리스적 방향보다 오히려 유대적 방향을 보이는 요한 담화들의 초기 단계들에 대한 탐구는 보람있는 것 같다. 이는 제1세기의 유대주의가 우리가 아는 바대로 헬레니즘에 영향

104) 예를 들면 마 3:7-10; 눅 3:7-9; 마 7:21.

105) C. H. Dodd, 'Behind a Johannine Dialogue', *loc. cit.*, pp. 56f. 더 나아가 M. Black, *An Aramaic Approach to the Gospels and Acts*, pp. 149-51. Black은 요한복음의 담화들이 본래 아람어로 되어 있었던 예수의 말씀에서 유래하였을 것이며 '탈굼화' 되기 이전에 일찍이 헬라어 형태로 기록되어졌다는 그의 신념을 약술해 놓고 있다.

을 받았다 할지라도, 유대주의 그 자체가 복음서 전승 및 실제로 요한의 복음서의 원초적 배경이었을 가능성이 매우 높기 때문이다.

■ 수난 원자료 연구

요한복음서의 원구성에 관련된 것으로써, 불트만에 의해 상정된 세 번째인 동시에 최종적인 원자료는, 우리가 앞서 살펴본 대로, 예수의 수난에 관한 연속적 기록이다(아마도 마가 이전의 전승일 것이다. 비록 불트만이 제4복음서 기자가 '직접 또는 간접으로' 마가의 복음서 그 자체에 친숙하였다고 생각하기는 하지만).[106]

요한이 자신의 수난 설화를 위해 원용(援用)한 원자료들은 비록 1910년에 모리스 고겔(Maurice Goguel)이 그와 같은 연구서를 출판하기는 했지만,[107] 종종 그 자체의 성격 때문에 연구의 주제가 되지 못하곤 했다. 고겔은 요한복음의 수난 설화를, 아니 제4복음서 자체의 역사를 지극히 복합적인 것으로 간주한다. 그는 요한복음 안의 수난 기록이 수많은 상이한 단편들을 포괄한다고 주장한다. 이 단편들의 일부는, 짐작컨대 마가의 수난 원자료와 접촉되었을 수는 있지만, 원시적인 동시에 공관복음서들에 대해 독립적인 것들이다. 반면에 일부는 그 유형에 있어 공관복음적이며, 그것들이 요한의 설화 속에 편입되어지기 전에 다듬어졌다. 그리고 또 일부는 한 편집자(redactor)에 의해 도입된 단편들이다. 그렇지만 지금에 와서 이러한 수난 단편들의 정확한 기원 및 한계를 결정하는 것은, 이에 대한 편집자의 무관심을 고려할 때 불

106) Bultmann, p. 6.

107) M. Goguel, *Les Sources du R'ecit Johannique de la Passion*(Paris, 1910). 이 책에는 고별 담화에 대한 분석이 담겨 있다.

가능한 일인데, 이는 그의 관심사들이 교리적이며 결코 역사적인 것이 아니기 때문이다.[108]

요한복음 수난 설화에 대한 최근의 연구는 안톤 다우어(Anton Dauer)에 의해 주도되었다.[109] 그의 소논문의 제1부는 예수의 체포에서 그의 십자가 처형에 이르는, 요한복음 안의 수난 자료 배후에 깔린 전통적 요소들에 대한 한 연구이다. 제2부는 제4복음서 기자가 이해하고 있는 예수의 수난에 관한 한 고찰이다.

다우어는 제4복음서에서 사용된 수난의 전승(들)은 무엇보다 먼저 자신의 원천 자료(들)에 대한 제4복음서 기자의 괄목할 만한 기여를 가려낼 때 가장 쉽게 밝혀질 수 있다고 믿는다. 이 기여는 요한의 언어와 문체, 그의 편찬 기법과 신학적 관점에 대한 면밀한 검토에 의해 결정될 수 있다. 이같은 요한복음의 켜(層)를 '벗겨' 볼 때, 그리고 요한 이전의 수난 전승이 공관복음서들 속에서 등장할 때의 실상을 검토해 볼 때(요한이 공관복음 기자들에 직접적으로 의존했는지 여부와 상관없이), 요한복음 18장 및 19장에 수록된 요한 자료의 원자료가 부각된다.[110] 물론 우리가 그 원자료의 실제적인 본문을 재구성하려고 시도해서는 안 됨에도 불구하고 그러하다. 다우어는 요한이 신학적으로 고쳐 쓴 이 원자료가 그 자체에 있어서 공관복음적인 것도 아니고, 그렇다고 단순히 공관복음서들에 평행하는 것도 아니며, 차라리 그것은 하나의 (기록되었을 가능성을 띠는) 원자료로 묘사될 수 있는 것으로, 그

108) *Ibid.*, pp. 103-9. 특히 104.

109) A Dauer, *Die Passionsgeschichte im Johannesevangelium : Eine traditionsgeschichtliche und theologische Untersuchung zu Joh* 18, 1-19, 30(München, 1972).

110) *Ibid.*, 특히 pp. 15-17을 읽어 보라.

속에서는 정착된 구전과 기록(공관복음적인)된 전승적 요소들이 함께 뒤섞여졌다고 결론짓는다.[111)]

제4복음서 기자에게 유용한 원자료들 중 하나는 분명히 수난에 관한 기사를 내포하였을 것이다. 예수의 죽음과 부활에 관한 전승은 초대 그리스도인들에게 실로 핵심적인 중요성을 지니고 있었으므로 그 전승은 아주 이른 시기부터 상당히 고정된 형태(구전이나 기록, 또는 양자 모두)로 보존되고 전수되었음직하다. 그와 같은 설화는 공관복음서 기자들에게 그러했던 것같이 제4복음서의 기자(들)에게도 자유롭게 이용 가능했었을 것이다. 그러므로 우리는 한 수난 전승의 공통적 사용과 그것의 기본적 유사성을, 공관복음서 기자들에 대한 요한의 문학적 의존을 전제로 내세워 설명할 필요가 없다. 동등한 논리로, 요한복음의 수난 기사 안의 다양성이 반드시 고겔이 주장하는 바대로 제4복음서 기자의 단편화한 원자료 사용에서 파생한다고 할 필요도 없다. 요한을 포함한 복음서 기자는 누구나 한결같이 각자의 방식으로 수난에 관한 기사를 제시한다. 그리고 특징적 표현은, 통일된 한 원자료에 대한 복음서 기자의 편집 작업에서, 또는 서로 다른 설화적 요소들이 이미 한데 모여져(다우어의 주장처럼) 있는 요한복음 이전 전승의 사용에서 쉽게 발생할 수 있는 법이다. 어느 경우이든지, 요한의 수난 전승은 영락없이 우리에게 기본적이고도 신빙성 있는 원천 자료의 조합, 그리고 이것에 대한 제4복음서 기자 자신의 이해를 드러내 보여 준다.[112)]

---

111) *Ibid.*, 참조. 특히 pp. 226f. Dauer는 요한복음 수난 자료의 기원에 대한 그 자신의 설명이 지니는 '가설적' 성격을 의식하고 있다.

112) 예를 들면, 아마도 요한은 예수를 어떤 면에서 이삭 표상으로 보고 있는 것 같다. 제4복음

4) 편집본들

우리는 이제까지 그 문장 구성(composition)에 있어서 통일성뿐만 아니라 비통일성도 보여 주고 있는 한 복음서, 즉 요한복음의 문학적 성격의 문제에 대해 세 가지 가능한 해결책을 고찰하여 왔다. 이 해결책들은 저자 고유의 방법, 요한복음 텍스트에 있어서 배열 작업(displacements)의 가능성, 그리고 가장 중요한 것으로서 복음서의 기술에 있어서 원자료들의 사용 등으로 수렴된다.

요한복음에 대한 문학 비평 문제를 마무리짓기에 앞서, 우리는 먼저 짤막하게나마 이 책의 문학적 성격을 해명하기 위해 제시된 한 가지 부연적 설명을 주목해 볼 수 있다. 이것은 사실상 제4복음서 기자가 원자료들을 자신의 복음서 편찬에 이용했을 것이라는 가정의 한 연장에 불과한데, 이것은 비평 학자들에 의해 자주 상정된 한 가지 해결책이기도 하다. 꼬집어 말하자면, 요한의 복음서는 여러 번의 편집 단계 내지 편찬을 거쳐 탄생되었다는 견해이다.

우리가 이미 고찰한 바 있는 원자료설들은 궁극적으로, 제4복음서 기자가 아마도 다른 사람들과 함께 자신(내지 그들)이 입수한 갖가지 전승들을 하나로 묶었다는 기본적 가정에 의존하게 된다. 제4복음서가 한 '표적 자료'(signs source)로부터 발전했다는 이론을 선호하는 학자들은 (우리가 살펴 본 바대로) 그 자료를, 결국에는 하나로 엮어진 여러 전승들 중의 하나로 보지 않고 오히려 단 하나의 기원점(起源點)으로 간주하려는 경향을 보인다. 그러나 요한의 복음서가 예수

서에서만 우리는 예수께서 십자가 형에 처하시기 위해 가실 때, '자기의 십자가를 지시고' 가셨다는 기사(요 19:17, 참조. 창 22:6)를 읽을 수 있기 때문이다. 공관복음서들은 모두 구레네 시몬이 예수를 위해 십자가를 진 사실을 기록하고 있다.

의 행동들, 말씀들, 죽음, 부활 등을 다루는 자료를 내포하고 있으므로, 이 작품은, 예수 전승에 속하는 자료의 상이한 유형들을 대표하는 전승의 상이한 흐름들을 덧붙임으로써 구축되어졌을 가능성이 있다.[113] 그러므로 예를 들면, 불트만 자신도 요한복음서의 편찬에 관련된 것으로 친히 간주하는 세 가지 근본 자료들이 종국에는 한 '교회 내'(ecclesiastical) 편집자에 의해 하나로 엮어졌다고 주장한다.

만약 요한의 복음서가 이렇게 상이한 여러 가지 자료들을 조합함으로써 기술되었다면, 이것은 틀림없이 한 사람('제4복음서 기자') 혹은 여러 사람의 손을 거친 작품이었다. 양자 중의 어느 경우에도 편집이 개입되었는데, 이는 예수 전승을 기록한다는 것은 어느 복음서의 사례에 있어서도, 결국에는 복음서 기자가 그것을 그 자신의 견해에 기초하여 편집하고 해석한다는 것을 의미하기 때문이다. 이같은 생각의 논리적 발전은, 만약 제4복음서가 한 기자 이상에 의해 쓰여졌다면 그것이 현재의 형태에 이르기 전에–단 한 번만이 아닌–여러 번의 편집 과정을 거쳤으리라는 가정인 것이다. 달리 말해서, 기본적인 요한 전승은, 그것이 어떻게 기원했고 제아무리 많은 자료들을 거느린다고 해도, 각기 다른 사람들에 의해 (아마도 부연적인 원천 자료의 도움을 입어) 일차 내지 그 이상의 연속적인 편집 작업을 통해–신학 내지 문학상의 이유로–재배열되고 발전되었을 수 있다.

요한복음 해석의 최근사(最近史)는, 요한복음이 정연한 전후 관계를

113) 동시에 왜 단일 복음서 자료(one Gospel source) 자체가 다양한 유형의 소재를 가지고 있어서는 안 되는가 하는 데에는 물론 이유가 없다. 설화 및 담화 자료들로 구성되어 있는 요한복음의 '핵심'을 시사해 보고자 하는 최근의, 그러나 별로 큰 성공을 거두지는 못한, 시도를 S. Temple, *The Core of the Fourth Gospel*(London and Oxford, 1975)에서 찾아볼 수 있다. 재구성된 본문에 관해서는 pp. 255–82를 읽어 보라.

유지하는 상이한 여러 단계들을 거쳐 편찬되었다는 주장이 얼마나 자주 제기되고 있는지를 보여준다. 그 단계들의 수, 그리고 각 단계에 있어 개입된 편집의 범위 등은 학자들의 견해에 따라 상당히 차이를 보인다.[114)]

예를 들면, 빌헬름 빌켄스(Wilhelm Wilkens)는 1958년에 간행된 한 책에서,[115)] 요한복음은 본질적으로 세 단계에 걸쳐 구성되어진 일종의 수난 복음(Passion Gospel)이라는 믿음을 피력한다. 빌켄스에 따르면 원초적인 Grundevangelium('기초 복음')이 요한복음의 바탕에 깔려 있는데, 이는 수난의 기사를 내포한 반-가현설(反-假現設) '표적의 복음'을 구성하고 있다는 것이다. 이 '기초 복음'은 제4복음서 기자 자신에 의해서 수행된 복잡한 과정을 거치면서 편집 확대되었다고 빌켄스는 믿는다. 첫 단계로 그 기자는 담화들을 덧붙였다. 그리고 그후 그는 수난이라는 신학적 주제를 강조하도록 꾸며진 전체 작품에 대한 혁신적 재배열 과정에서 보다 새로운 자료를 엮어 넣었다. 마지막 단계에서, 복음서 기자는 한 예로, 복음서의 첫머리 부분에 성전 청결의 기사를 끼워넣었으며, 또한 요한복음 6장에 성찬 기사를 배열하였다(고 주장되고 있다).[116)]

---

114) E. Schwartz, J. Wellhausen, R. T. Fortna 그리고 W. Nicol(예를 들어서)의 이야기에서 이미 언급된 표적 자료설(pp. 199.f. 본서의 앞부분)도 역시 요한복음이 편수단계들 속에서 만들어졌다는 견해에 의존하고 있다.

115) W. Wilkens, *Die Entstehungsgeschichte des vierten Evangeliums*(Zollikon, 1958). Willkens(p. 1)는 그가 Welhausen과 Bultmann의 연구에 의존하고 있음을 인정하며, 제4복음서의 기원에 관한 그의 기본 논제는 Fortna에 의해 추종되고 있다.

116) Ibid., pp. 9-31, 164-70 등등. M.-E. Boismard, 'Saint Luc et la rédaction du quatrième évangil(Jn Ⅳ, 46-54)', RB 69(1962), pp. 185-211은 요한이 아닌 누가가 제 4복음서에서의 일부 자료들의 편집에 대한 책임이 있다고 주장한다. 특히 pp. 201f.에서의 결론을 주시한다. 더 나아가 Schnackenburg Ⅰ, pp. 68-72, 특히 (Boismard의 또 다른 견해들에 대해) 70f.를 읽어 보라.

이 연구가 이렇듯 중대한 의미를 지니기에, 빌켄스의 논문은 몇 가지 핵심 논지들에서 의문의 여지를 남긴다. 예를 들어 요한복음이 '수난복음'이라는 것이 과연 진실인가? '표적의 복음'이 일찍이 단독으로 존재했으며, 만약 그것이 사실이라면, (빌켄스의 주장대로) 그 복음의 기술 목적이 승귀하신 예수의 지위를 나타내 보이려는 것이라고 할 때, 그것이 과연 반-가현설적(anti-docetic)인 작품으로 간주될 수 있는가? 제4복음서 기자가 그의 전승 자료를(예를 들면, 성전 청결 기사 등) 순수하게 문학 및 신학적 이유에서 역사적 고찰은 배려하지 않은 채 재배열했다는 주장은 진실성을 지니는가? 그리고 어째서 요한의 '유월절 신학'은 보다 일찍 등장하지 않고 하필이면 이 자료가 재배열되고 난 후에야 등장하는가? 다 제쳐두고, 도대체 우리는 제4복음서 기자가 (빌켄스가 믿는 바대로) 과연 그의 복음서의 편집자(redactor)였다고 확신할 수 있는가?

요한복음서의 편찬과 편집 과정에 관해서는 슈나켄부르크(R. Schnackinburg) 및 브라운(R. E. Brown) 등의 견해가 한결 그럴 듯하다. 슈나켄부르크는 이 복음서를 본질적으로 복음서 기자가 쓴 작품으로 보는데 그 기자는 다양한 전승들에 의존하였으며 그의 복음서를 완벽하게 마무리짓지 않은 채, 서서히 드러나도록 했다는 것이다.[117] 바꾸어 말하면, (다시 한 번 언급되거니와) 요한복음의 편찬에는 여러 단계가 얽혀 있는 것이다. 첫 단계에서는 이 복음서 기자가 의존했던 자료들이 존재하는데, 이는 곧 공관복음서 전승(그러나 짐작컨대 이것은 그에게 공관복음서들의 형태로 알려져 있지는 않았을 것이다), 문서화

117) Schnackenburg Ⅰ, p. 72.

된 '표적 자료', 그리고 예수의 말씀 및 행적에 관한 독립적인 초기 전승들(대부분이 구전 형태였음)로 이루어진 '기초 복음' 등이었다. 둘째 단계에서 이 복음서 기자는 이 자료들을 모두 모아 그리스도교 공동체들 안에서 회람되고 있던 예배 자료나 설교 자료(요한복음의 서론과 6장의 일부분들 같은 것) 등을 엮어 넣었다. 셋째 단계로, 이 작품의 마지막 편집 작업은 이 복음서에 현재와 같은 형태를 부여하기 위해 이루어졌다. 이 단계에서는 복음서 기자에 의해 초고 형태로 남아 있던 담화 자료(15-17장 부분이 포함됨)가 삽입되었으며, 에필로그(요 21장)가 추가되었다. 지금도 그 모습을 드러내는, 이 복음서 안의 (구조적 및 신학적) '긴장들'은 슈나켄부르크의 견해에 따르면 이 마지막 단계에 관여한 편집자들의 책임일 수 있다.[118]

브라운은 요한복음의 기원사(起源史)에 대해 보다 복잡한 견해를 취한다. 그리고 그가 만약 옳다면, 우리는 제4복음서에 나타나는 현저한 '비약 사례들'의 문제에 한결 더 흥미로운 해결책을 제시받게 된다.[119] 브라운은 제4복음서가 여러 단계를 걸쳐 편찬되었다고 논증한다. 그 첫 단계는 예수의 말씀 및 행적들에 관한 전승 자료의 존재를 전제하게 한다. 그 전승 자료는 공관복음서들 안에 보존되어 있는 전승과 연계를 이루면서도 독립적인 자료이다. 제2단계는 이 자료가 오랜 기간에 걸쳐, 짐작컨대 구두 설교와 가르침을 통해 요한복음 나름의 유형들로 발전하는 과정이다. 브라운의 견해에 따르면 이것은 일종의 형성 단계로서, 이 기간 동안에 '으뜸 설교자 겸 신학자'[120] 한 사람이 한 사

118) 참조. *Ibid*., pp. 72f.
119) 참조. Brown Ⅰ, pp. xxxiv-ix
120) Ibid., p. xxxv.

상적 '학파'의 맥락 속에서, 요한복음 전승에 형태를 부여했다는 것이다. 이 시점에서 예수의 기적 이야기들은 드라마들로 발전되어졌으며, 그의 어록들은 담화들로 엮어졌다. 제3단계는 제2단계에서 묘사된 자료를 연속성을 지닌 한 복음서로 조직화하는 과정을 보여준다. 그리고 이것은 현재의 제4복음서의 최초(선별) 편집본일지도 모른다. 브라운은 제4단계를 '복음서 기자에 의한 제2차 편집 작업'과 관련되는 것으로 본다.[121] 이것은 일대 근본적인 개정본이었으며, 따라서 전승 자료를 당시의 상황에 맞도록 취사(取捨)한 작업을 내포하였다(요한복음 9:22f.에서처럼). 다섯째 단계 곧 마지막 단계(브라운이 시인하듯이 이것이 제4단계부터 그리 명확히 구분될 수는 없다)는 복음서 기자 아닌 제삼자에 의한 최종 편집이었다. 그 편집자는 제2단계에서 만들어진, 그러나 이 복음서의 이전 편집본들에서는 사용된 적이 없는 자료를 포함시켰는데, 이 점이 요한복음 안의 자료 중 일부(예를 들면, 요 3:31-6 및 6:51-8)가 왜 간접적으로 그리고 반복적으로 나타나는지를 설명해준다. 이 마지막 단계에서 그 제자들에게 행한 예수의 갖가지 담화들(제2단계에서 존재하게 됨)이 포함되어졌다. 또한 이로써 요한복음 14장과 요한복음 14:31의 이석(離席) 이후부터 16장 사이의 자료상의 중복이 포함되었다고 브라운은 주장한다. 또한 아마도 제5단계에서, 요한복음 11장과 12장의 나사로 자료, 서론부(요 1장) 및 결론부(요 21장) 등이 추가되었을 것이다.

슈나켄부르크와 브라운 양자 모두의 이론에 나타나는 중요 특징은, 요한의 복음서가 현재의 형태에 이르기 전에 다양한 편집 과정을 거쳤

121) *Ibid.*, pp. xxxvi.

으며 또한 제4복음서가 기자가 아닌 한 편집자(또는 편집자들)에 의해 최종적으로 함께 모아졌다고 할지라도, 제4복음서의 조성 및 그 책 특유의 신학 형성은, 연속적이지만 상호 무관한 사람들에 의한 잡동사니 자료들의 무작위적 집합이 아니라 근본적으로 한 사람(one mind)의 작업이었다는 것이 그들의 강조점이다.

둘째 견해는 티플(H. M. Teeple)의 최근 연구서, 『요한복음서의 문학적 기원』(*The Literary Origin Of The Gospel Of John*, 1974)에서 볼 수 있다. 티플은 요한의 복음서가, 지금 요한복음 1장(서론부)과 20장 그리고 21장에 나타나 있는 다른 자료들에서 유래한 자료 외에 네 가지 주요 문학적 지류(strands)로 구성된다고 주장한다.[122] 주요 지류들은 두 편의 문서화된 자료, 원자료들을 확대한 편집자(E)의 작품, 편집자와는 다른 편수자(R)의 기록–그는 이 복음서 내에 삽입 구절들을 만들어냈고 맨 마지막에 자료를 추가하였다–등이다. 그런데 편집자의 원자료들 중의 하나는 표적을 행하는 자로서의 예수에 대해 관심을 보이는 설화 문서(S)였으며, 또 다른 주요 원자료는 헬레니즘적 신비주의의 기독교 신학을 밝힌 반(半) 영지주의적인 문서 수집본(G)이었다고 티플은 상정한다. S는 수난 이야기로 확대 연장되며, G는 모든 설화 자료를 제외한 것이라고 주장된다. 그러나 요한의 담화 자료가 정말로 '유사 영지주의적'인 것으로 규정될 수 있는지의 여부는 의심스럽다. 티플이 현재 제4복음서를 구성하는 네 가지 문학적 지류(S+G+E+R)의 정확한 한계들을 확정하기 위해 사용하는 증거는 주로 언어학적 범주론으로 구성된다. 결과적으로 파생하는 이 복음서의 구조 분석은 본서

122) H. M. Teeple, *op. cit.*, pp. 142f. '그 복음서 기자들'에 대한 그의 진술을 알기 원한다면 그 장 전체를 읽어 보라.

의 마지막 부분에 제시된다.[123)]

비록 티플이 문학적 연구에 있어서 문체론적 범주에 지나치게 의존하는 것이 위험할 수 있다는 점을 잘 알고 있기는 하지만,[124)] 그는 요한복음서의 문학적 분석을 위해 바로 그 방심(放心)의 단계에 이를 때까지 언어학적 증거를 사용하는 일을 서슴지 않고 있다. 그러나 이 방법으로는, 요한복음의 문학적 구조에 관한 그의 설명이 보여 주는 것처럼 거의 어떤 것도 입증할 수 있다. 한 예로써 요한복음 18:1-14에 나오는 뚜렷하게 연속적인 예수의 체포 설화는, 티플에 의해 세 토막의 독립적인 문학적 지류(S, E, 그리고 R)에 속하는 것으로 간주되며, 또한 스물두 마디의 별개 단편들로 세분된다. 한 걸음 더 나아가 그 자체의 본질상 동일 원자료에서 기원했어야 옳다고 보여지는 자료(그 점에서도 특히 요한 특유의 인자 어록을 포함하고 있는 자료 등)는, 티플에 의하면, 상이(相異)한 문학적 지류들로 분류된다. 예를 들면 요한복음 1:51의 어록은, 그의 연구에 의하면 G에 속하며, 6:53의 어록은 R 또는 G에 속하고, 13:31의 그것은 E에 속한다.

요한복음의 편찬과 관련된 원자료들과 편집의 손길들을 확정하고자 티플이 오로지 문학적 범주론에 집착하는 것과 자신의 논의의 주제인 요한복음 자료의 인위적인 단편화 작업은 요한복음이 그 자체의 생명을 지닌 한 복음서라는 사실을 무시하고 있는 듯하다. 역사 및 신학, 전승 및 해석을 겸한 한 작품을 오로지 문학적 방법에 따라 분해될 수 있는 한 편의 문학적 기록으로 취하는 것은 잘못된 방법이 아닐 수 없다. 제4복음서의 편찬에 관계된 것으로 짐작되는 편집본들에 관한 우

123) *Ibid*., pp. 164-248.
124) *Ibid*., p. 22.

리의 현재적 논의에 비추어 볼 때, 보다 중요한 사실은 요한복음의 기록 및 편집 작업이 어떤 문학적 진공(眞空) 상태로부터 파생한 것이라기보다는 오히려 특별한 성격을 지닌 한 그리스도교 공동체 안에서 이루어졌을 가능성이 높다는 것이다. 또한 요한복음 특유의 사상과 신학도 일견 생소한 일련의 문학적 지류들을 하나로 포개 엮는 인위적인 작업의 결과라기보다는 한 인간의 이해와 지도에 기인했을 개연성이 동등하게 엄존한다(티플의 S와 G의 기원은 무엇이며, 저자 미상의 E와 R 사이의 정확한 관계는 무엇인가?). 티플의 제안들은 제4복음서의 직접적이고도 생생한 현장-결코 무시되어서는 안 되는 현장-에 대해 적절한 설명을 하지 못한다.

편집 비평의 관점에서 보는 요한복음 연구(이 책이 거친 것으로 짐작되는 편집 단계들에 비추어 그 역사를 규명하는 작업)는 언제나 주관적 과정이 될 가능성을 지닌다. 일견하여 보건대, 빌켄스의 견해와 티플의 견해보다 슈나켄부르크의 견해와 브라운의 견해에 신빙도를 부여해야 할 아무런 이유도 없다. 우리는 우리 앞에 놓인 이 문서의 본질, 이 문서의 배경, 그리고 이 문서가 생성된 환경으로서의 공동체에 관한 적절한 설명이 유도되어지는 정도에 따라 방향을 정할 필요가 있다. 아울러 우리는 제4복음서의 기원에 관하여 제시된 해결책들이 그 책의 탄생에 관한 초기 전승 들 및 현재 형태에 부합되는지 여부를 물어 볼 수도 있다.

그럼에도 불구하고 요한의 복음서는 우리가 살펴본 대로 문학적 통일성 못지 않게 편집 활동의 흔적들을 지닌다.[125] 우리가 이제까지 고

125) 심지어 H. M. Teeple, *op. cit.*, p. 142도 요한복음의 다양성뿐만 아니라 단일성도 인정하고 있다. 그러나 그는 이것이 다음 두 요인에서 비롯된 것이라고 주장하는데, 그 하나는 그가 간

찰해 온 것과 같은 유의 편집설은 분명히 이 두 특징 모두를 설명하는 데 보탬을 준다. 이것은 한 사람(사도 요한, 또는-다른 어떤 사람이라면-제4복음서 기자)이 이 복음서의 편찬 과정의 모든 단계에서 활동했는지의 여부, 또는 수 명의 기자들이(공동의 시각을 가지고) 작업에 임했는지의 여부를 밝혀 주는 관례가 아닐 수 없다. 두 경우 모두에 있어서 예수 전승상의 상이점들은 원자료물의 다양성을 야기하게 마련인데, 제4복음서의 작가(들)가 한편에서 그리고 공관복음서 저자들이 다른 한편에서 그것을 받아들였던 것이다. 요한의 복음서는 이러한 자료들의 다양성뿐만 아니라 편집의 다회성(plurality)까지도 반영하는 듯한데, 이는 바탕에 깔린 요한 전승이 전달되어가는 상이한 단계들에서 이해되고 발전되고 적용되었기 때문이다.

제4복음서의 편찬에 편집 활동이 관여하였다는 인식은, 그것이 어떻게 제기되어졌든 간에, 이제까지 논의되어온 것처럼[126] 현재 존재하는 모습 그대로의 요한복음의 근거에 예수에 관한 독립적, 그리고 역사적으로 신빙 가능한 전승이 깔려 있으리라는 사실(우리가 결론지을 수 있는 바)을 변경시킬 수 없다. 우리가 지금 말하고 있는 것은 이 전승이 요한 나름의 방식과 그의 특수한 관심과 목적에 따라 해석되었다는 것이다. 이 두 요소, 곧 요한의 복음서에 속하는 전승, 그리고 그 전승의 편수(여러 단계로, 또는 다른 방법으로)에라도 심각한 주의를 기울이지 않는 한, 결코 균형잡힌 연구가 이루어질 수 없다.

기본 전승의 편집에 의한 요한복음서의 형성은 과연 어떠하였는가

파하고 있는 네 기자들 모두의 작품이 그 책 전체에 흩어져 있다는 것이고, 다른 하나는 편집자와 편수자 모두가 '다양한 소재를 단일화하기 위해 신중한 시도를 하였다'는 것이다.

126) 본서의 앞 부분, pp. 21 이하를 읽어 보라.

를 제시해 보기에 앞서, 이제까지 우리가 고찰해 온 요한복음서의 문학적 문제점들에 대한 해결 방안 몇 가지를 요약 방식으로 묶어 보는 것도 유익할 것이다.

(1) 제4복음서의 문학적인 아니 실제로는 신학적인 다양성은 저자의 방법 하나만으로는 요한복음의 편찬 성격이 해명될 수 없음을 시사한다.

(2) 마찬가지로, '이동'(異動) 배열의 제설들은 요한복음 본문상의 '비약 부분들'에 대한 적절한 설명이 되기에는 오히려 궁색하며 확고한 증거에 의해 뒷받침되지 못한다.

(3) 요한의 복음서 배경에 원자료들이 분명히 깔려 있음에도 불구하고, 우리는 그 자료들의 원래 형태와 내용에 관해 별로 많이 알지 못한다. 예를 들면, 우리는 요한복음의 하부 구조에 있어서 구전 자료와 기록 자료 사이의 관계에 대해 확실히 알고 있지 못하다. 또한 우리는, 본문으로부터의 추론에 의존한다 해도, 때때로 제4복음서의 핵심으로 제시되는 원자료들이(예를 들면, 불트만의 세 독립적 단원, 또는 포오트나의 '표적의 복음', 또는 티플의 S와 G 등) 과연 학자들이 상정하는 방식 그대로 존재한다고 확신할 수도 없다. 불트만의 것과 같은 유의 이론들은 제4복음서 기자가 특정한 성격의 원자료들을 종합했다는 가정 위에 서 있다. 그러나 이것은, 근거로 삼기에는 불안정한 기초가 아닐 수 없다.

더욱이, 제4복음서에 있어서 표적 자료는 연설 자료(speech material)와 불가분의 관계로, 즉 그 둘이 함께 탄생하였을 뿐 아니라, 요한복음이 그 양자를 발전시키기 위해서 두 종류의 자료 모두에서 요소 부분들을 취했다는 상정을 가능케 할 정도로 밀접히 연결되어 있다. 그러므로 (예를 들면, 빌켄스와 같이) 요한의 복음서가 표적 및 수난 자료로만 구성되어 있던 기초 복음(Grundevagelium)에서 유래했다고 주장하는 것은 보다 더 의문스럽다.

(4) 요한복음의 담화 연구를 특징짓는 한 가정, 즉 요한의 연설 자료는 너무 많은 부분이 그 자신의 창작이거나 그리스계 기자들의 영향을 받았으므로(슈바이처, 슐츠 등의 견해) 예수의 원래 말씀들 중 극소 부분만이 제4복음서에 보존되었다는 가정이 있다. 그러나 요한복음에 있어서 예수의 연설들의 진정한 기초가 완벽하게 논술될 수 있으려면 먼저, 특별히 보오겐에 의해 제공된 유대학(Jewish Studies)의 방향 제시에 따르면서 요한복음서의 담화들에 대한 더 깊은 연구가 수행되어야 할 필요가 있다.

요한복음의 기원

우리는 이제 제4복음서의 발생 기원에 관한 우리들 나름의 시론적 제언들을 제시하기에 이르렀다. 우리의 가정은 요한복음서의 편찬에 세 단계가 얽혀 있었다는 것이다.

첫째, 사도 요한(곧 사랑받은 제자)은 팔레스틴에서 에베소로 옮겼는데, 그곳에서 그는 자신의 한 사람의 제자 내지 여러 제자들에게 (베드로가 마가에게 했다는 전승처럼) 구두로,[127] 예수의 행적들 (대부분

127) 요한복음도 베드로와 관련된, 즉 마태복음(과 마가복음) 배후에 있는 독자적인 베드로 자료들과 근본적으로 연결된, 초기 전승을 보존하고 있을 가능성이 있다. 참조. 요 1:40-2;

이 기적들인)과 예수의 어록들을, 그리고 그의 죽음과 부활의 내역들을 전수하였다.[128] 이 내역들은 유대 및 갈릴리 지방에서 행한 예수의 사역에 관한 정보를 간직하고 있었다.[129]

둘째, 요한의 제자 내지 제자들(요한 교회의 핵심 지도자)은 사랑받은 그 제자에 의해 보존되어온 전승들을 기록으로 남겼다. 이것이 제4복음서의 '초고'였는데, 이는 예수의 여섯 가지 기적들(지금은 표적들로 취급되는 것)에 대한 진술을 중심으로 하여 구성되었다.[130] 다른 '표적들'도 그 공동체에 의해 기억되었을 수 있으며, 나아가 문서 형태로 기록되었을 수도 있다. 설명조의 담화들은 이 중심 부분과 뒤섞여 있는데 그 속에는 주기적인 절기-표적-담화 유형으로 구성된, 그 기본 형식상 고별 담화인 것이 포함된다. 이 단계에서 우리가 지금 '요한' 고유의 사상으로 인정하는 것은 사도 자신에 의해 전수되어진 신학적 사상의 씨눈들을 발전시킴으로써 생겨난다. 우리가 편의상 제4복음서 기자(들이)라고 부를 수 있는 기자(들)에 의해 이렇게 정리된 자료는 한 편의 수난 설화(요 21장 제외)를 끌어들인다. 그 위에 이 작품의 서

18:10(참조. 막 14:47); 21:15-22.

128) 그러나 그 첫 번째 단계가 에베소로 옮기기 이전에 완성되었다는 가능성을 철저히 배제할 만한 이유가 없다. J. A. T. Robinson, *Redating the New Testament*, p. 296과 그곳에 인용된 문헌들을 읽어 보라(Robinson이 그 복음서의 첫 번째 초고를 다루고 있기는 하지만). 아마도 요한은 A. D. 1세기 중엽에 선교적인 목적을 가지고 소아시아(와 에베소)를 방문하였을 것이다. 갈라디아서 2:9를 읽어 보라. 그것은 요한이 흩어져 있는 유대인들을 방문하는 것을 시사하는 것일 수 있다. 그리고 또한 (이에 대한 준비로서?) 요한이 사마리아에 대한 헬라주의적 선교에서 적극적인 역할을 한 것을 주시하라(행 8:14-15).

129) P. Parker, 'Two Editions of John', *JBL* 75(1956), pp. 303-14와는 대조를 이룸. 그는 요한복음의 초판이 유대계 복음서였으며, 사마리아와 갈릴리에서의 예수(요 2, 4, 6, 21장)와 관련되어 있는 그 전승은 후에 덧붙여졌다고 주장한다. 요한복음의 에베소 기원설에 관해서는 본서의 뒷부분 pp. 286f.를 읽어 보라.

130) 물이 포도주로 변함; 신하의 아들; 병든 자; 오천 명을 먹이심; 맹인; 나사로를 살리심.

론이 편찬되었는데, 현재의 요한복음 1:19-51 부분이 바로 그것이다. 이것은 세례자 요한 자신에게서 기원했고, 아마도 사도 요한을 통해 전수된 세례자 요한에 관한 전승들을 포함한다.

셋째, 에베소에 있던 요한의 교회는 그 사랑받은 제자의 운명 이후 이 복음서의 최종 편집본을 간행하였다. 이 본문에는 맨 나중에 기록되었지만 공동체 송영(頌詠)에 기초해 있으며 이제는 서론부인 제1장의 나머지 부분에 안전하게 연결되어 있는 요약적 서론(요한복음 1:1-18), 모종의 담화들의 편집 작업(특히 요한복음 6장 및 14-17장에 나타난 것, 짐작컨대 예수의 실제 기도를 기초로 예배학적으로 발전된 요한복음 17장의 기도[131] 등은 이 단계에서 추가되었다), 그리고 후기(epilogue, 요한복음 21장, 제2단계에서 보존된 문집 중에서 하나의 추가적 표적을 특별한 이유들 때문에 병합하고 있음) 등이 포함된다. 이렇게 모아진 이 복음서 전체가 이때 비로소 친필을 밝히는 후기(postscript, 요 21:24f.)를 지니게 되었는데, 이것은 다음과 같이 풀어 쓸 수 있을 것이다. "그 사랑받은 제자는 여기 보존되어 있는 기본 전승에 대한 증인이며, 또 그 기록 작업에 책임을 진 사람이었다(ὁ γράψας ταῦτα, -이 구절은 '그가 기록했다'이든지 아니면 '그가 기록하게 했다'는 뜻이 될 수 있다). (이 복음서 기록에 책임을 지는) 우리는 이 증언의 진실성을 보증할 수 있다. 그러나 우리가 수록해 놓은 자료는 요한 교회 내부 및 외부에서도 통용되는 많은 대자료군에서 엄격하게 선별한 것이다."

만약 이러한 유의 어떤 과정이 요한복음의 형성에 관련되었다면, 그

131) S. S. Smalley, 'The Testament of Jesus : another look', *loc. cit.*,를 읽어 보라. 또한 본서의 뒷 부분 pp. 363-367을 읽어 보라.

것은 우리가 이미 살펴본 것처럼 복음서의 편찬 및 그 역사에 나타나는 다양한 특징들을 해명해 줄 수 있을 것이다. 예를 들면, 한 사람 이상의 저자가 이 복음서의 기록에 책임을 지녔을 가능성에 대해, 그리고 애당초에는 제4복음서가 세베대의 아들 요한의 저술로 간주되지 않은 사실에 대해, 마지막으로 교회가 결국 복음서를 사도적 저작으로 받아들임으로써, 그 결과 시간의 흐름에 따라 그 책이 점점 더 확고히 그런 책으로 알려지고 인정받게 되어졌다는 사실 등에 대해 설명해 줄 수 있을 것이다. 만약 사랑받은 그 제자의 증거가 이 복음서의 생성 배경에 자리잡고 있고 또 다른 사람들이 그 책의 실제 기록에 책임을 졌다면, 이 작품은 나름대로의 사도적 성격을 보유하며 그 편찬 및 역사의 특징들이 설명된다.

이 장에서 우리가 논의해 온 제4복음서의 기록 및 편집 과정은 그 책 나름의 이유로 인해 거의 취급되지 못했다. 요한 전승의 편수에는 그 의도가 명백히 나타나 있다. 무엇이 요한 교회로 하여금 그들의 선생의 복음을 그들이 해놓은 방식으로 편찬하게 하였는가? 이 작품 전체의 집필 의도와 직접 관련해서는, 정확한 신학적 관심사와 공동체적 관심사와 상황적 관심사 등이 염두에 두어져야 할 것이다. 우리가 이제 주의를 돌려 다음 장에서 살펴보고자 하는 것은 요한복음의 배경에 깔려 있는 바 그 목적, 즉 집필 의도인 것이다.

Chapter 1
새로운 시각

Chapter 2
요한은 어떤
사람이었는가?

Chapter 3
요한은 어떻게
복음서를 썼는가?

Chapter 4 요한은 무슨 이유로 복음서를 기록하였는가?

요한복음의 기록 이유들
요한의 집필 목적
요한복음의 수신자
출 처

Chapter 5 복음전도자 요한

Chapter 6 해석자 요한

우리는 이 책에서 지금까지 요한 전승의 본질, 제4복음서의 배경 및 저자 문제, 그리고 요한이 그의 자료들을 이용한 방법 등에 관해 연구해 왔다. 이제는 요한의 복음서의 기록 동기를 고찰할 때가 되었다. 요한이 그 자료를 임의로 수집하고 그것을 자기의 독특한 방법대로 표현했다는 가정하에서 이제 제4복음서 기자가 왜 먼저 복음서를 기록하였으며, 또 그의 처음 독자들은 누구였는가에 대해 살펴보자. 그러한 질문들에 대한 우리의 답변은 제4복음서가 유래한 그 공동체의 본질, 이 복음서의 출처(그것이 완성되었을 때 어디에서 간행되었는지) 등 더 많은 논제들을 제기할 것이다. 그 두 문제점들 중의 첫번 것, 즉 요한계 교회의 정확한 성격은 현재 상당한 학문적 관심과 흥분을 불러일으키고 있는 중요 사안이다.

우리는 과거에 제창되어진, 상정 가능한 네 가지 편찬 이유를 제시함으로써 요한의 복음서 배경에 깔린 집필 목적에 대한 논의를 시작하고자 한다.

요한복음의 기록 이유들

1. 공관복음서를 대치, 해석 또는 보완하기 위해서

제4복음서 기자의 집필 의도에 관한 한 가지 유명한 견해는, 그가 기존의 공관복음서들을 능가하기 위해 이 복음서를 집필했다는 것이다. 이 견해는 요한이 다른 세 복음서들을 알고 있었다는 것과, 그가 세 기자들에 의해 보존된 전승에 관한 그 나름의 판본을 내어놓고 싶어했다는 점을 가정하고 있다. 그 경우에 그는 공관복음서들을 완전히 대치하거나 어떤 방법으로는 보완하려고 집필한 것이다.

요한의 복음서가 공관복음서들을 (보완하기 위해서라기보다) 능가하려는 의도로 집필되었다는 논지는, 한스 윈디쉬(Hans Windish)에 의해 1926년에 주창되었다.[1] 그는 제4복음서가 사도 요한과 연계된 팔레스틴계 전승들을 통합했다는 것과, 그 문서가 최종적으로 A. D. 100년 즈음에 시리아나 소아시아에서 기원했다는 사실을 믿었다. 그리고 이 복음서를 동방-헬레니즘적 구속의 메시지 형태로 옷입힌 단 한 사람의 저자의 작품이었다고 믿었다. 윈디쉬에 의하면, 제4복음서 기자는 마가의 복음서와 그밖의 공관복음 자료를 알고 있었다. 그러나 그의 공관복음서 이용은 요한복음이 '자율적이며 고루 갖춘 복음서'[2]임을 입증해 준다. 그리고 이 책은 다른 복음서들로부터 완전히 독립적인 것도 아니

1) H. Windisch, *Johannes und die Synoptiker: Wollte der vierte Evangelist die älteren Evangelien ergänzen oder ersetzen?* (Leipzig, 1926); 또한 W. F. Howard의 *The Fourth Gospel in Recent Criticism and Interpretation* (London, 1955), pp. 72-4, 135(on Windisch)를 읽어 보라.

2) H. Windisch, *op. cit*, pp. 88.

며, 또한 그 책들을 보완하거나 해석하기 위해 기록된 것도 아니다. 윈디쉬는 오히려 요한이 그의 시대에 유포되고 있던 다른 복음서들을 대치하기 위해 썼으며, 그렇게 하는 과정에서 '표적' 선집을 포함하고 있는 비(非)공관복음 원자료를 원용(援用)하였다고 결론짓는다.

라이트푸트(R. H. Lightfoot) 역시 요한이 공관복음서 전승을 그 문서화된 형태대로 알고 있었다고 믿는다. 사실상 라이트푸트의 주석은 제4복음서 기자가 공관복음서 세 편 모두를 알았고 또 이용했다는 확신 속에서 저술된다.[3]

그러나 요한이 또 하나의 복음서를 집필한 의도는 다른 복음서들을 능가하려는 것이 아니었으며, 그렇다고 그 책들을 보완하려는 것도 아니었다. 어느 경우에든지, 공관복음서들은 교회 내에서 너무나 강한 위치를 차지했으므로, 요한이 그의 책을 쓸 때는 이 목적이 성취 가능하지 않았다고 논증된다. 오히려 요한은 다른 복음서들을 해석하려고 애썼으며, 또한 예수에 관한 '원래 사건의 의미를 추출해 내려고' 애썼다.[4] 요한의 복음서는 이러한 증거에 비추어 볼 때, 역사적이 아닌 신학적 해석으로 간주해서는 안 된다. 제4복음서 기자 자신이 그리스도의 좋은 소식의 한복판에 자리잡은 역사적 진실을 익히 깨닫고 있다. 설령 그가 자신의 중심적인 역사적 명제의 '종속적 양상들'에 가볍게 안주할 수 있다 해도, 그는 공관복음서 기자들보다 역사적으로 우월한 지침을 시시 때때로 우리에게 제공할 수도 있다.[5]

그러나 요한의 주된 역할은 공관복음 전승의 해석자라고 라이트푸

3) Lightfoot, p. 29를 읽어 보라.

4) *Ibid*., p. 33.

5) *Ibid*., pp. 34–6.

트는 주장한다. 그는 예수 전승의 제 기원(諸起源)에 비추어, 그리고 두 세대에 걸친 그리스도교 경험에 비추어 자신의 독자들에게 '주님의 인격 및 그의 헌신적 죽음과 부활에 관한 그리스도교적 비밀(mystery)의 면밀하고도 심층적인 해석'을 베풀고자 이 복음서를 집필한다.[6]

윈디쉬와 라이트푸트에 의해 개진된 요한의 집필 의도에 관한 견해, 곧 제4복음서가 (기존의) 공관복음서들을 대치하고자 했는지 아니면 해석하고자 했는지는 알 수 없으나 하여간 그 복음서들에 대한 추록으로 쓰여졌다는 견해는 결코 새로운 것이 아니다. 유세비우스에 의하면[7] 신학자 알렉산드리아의 클레멘트(대략 A. D. 150-215)는 요한이 '외적'(문자적으로는, '육적') 사실들이 이미 다른 세 복음서들에서 밝혀졌음을 익히 알고 있었으므로 한 편의 '영적 복음서'를 편찬하였다고 말하고 있는데, 이때 그는 명백히 제4복음서를 어떤 의미에서 첫 세 편 복음서들에 대한 부록(supplement)으로 간주하고 있는 것이다.

그럼에도 불구하고 제4복음서 기자의 집필 목적은, 그것이 (공관복음서들을 대치, 해석 또는 보완하기 위해) 어떤 형태를 띠고 나타나든간에, 진지하게 질문되어야 할 필요를 지닌다. 요한이 다른 복음서들을 대치하고자 집필하였다는 윈디쉬의 이론은 가공적인데, 이는 명백히 그 제4복음서가 공관복음적 전승의 표면에 예수의 사역에 대한 설명으로서 두드러지게 나타나지는 않기 때문이다. 어쨌든 이같은 접근은, 요한복음서를 한 방면 또는 다른 방면에서 복음서 기록들의 '면류관과 완성품'으로 보는 관점과 마찬가지로,[8] 요한이 공관복음서들을

6) *Ibid*., p. 42; 사도 요한과 공관복음서의 관계를 다룬 pp. 26-42 전체 단락을 읽어 보라.
7) *HE* vi. 14, 7.
8) Lightfoot, p. 32를 읽어 보라.

알고 있었을 가능성에 대해 어느 정도 의문이 던져질 경우 결코 옹호될 수 없다. 본서의 제1장에서, 요한이 공관복음서들의 바탕에 깔려 있는 공통의 그리스도교 전승에 친숙해 있었으나, 현재의 세 복음서 자체의 모습 그대로의 기록물 형태를 알고 있었거나 이용하지는 않았다고 믿을 만한 강력한 이유들이 존재한다는 사실이 이미 논증되었다. 만약 이 가정이 조금이라도 비중을 지닌다면, 결국 요한복음은 공관복음서들을 수정하거나 보완하고자 만들어졌을 수 없다.

2. 그리스도 복음을 헬라화된 술어로 재서술하기 위해서

요한복음의 편집과 관련하여 상정된 둘째 이유는, 제4복음서가 그리스도교 복음을 그리스인의 마음에 이해 가능하도록 번역을 통해 이방인들에게 증거하기 위해 기록되었다는 것이다. 제4복음서 기자의 기록 동기에 관한 이와 같은 견해는, 대표적으로 스콧트(E. F. Scott)에 의해 개진되었다.[9] 요한의 복음서는 과도기의 작품이라고 스콧트는 주장한다. 제4복음서 기자는 새 시대(age)를 거론하고 있으며, 또 그리스도의 내림(來臨) 이야기를 해석하되, 그리스도의 제자직에 필수적인 외적(역사적) 사실과 내면적 체험 모두에 아울러 호소함으로써 매우 걸맞게 해석하고 있다. 그러나 요한복음은 이 복음서를 탄생시킨 배경 문화와는 다른 한 문화를 선포하기도 한다. 그 당시의 보다 넓은 헬레니즘 세계의 수신자들과 더불어 통화(通話 : communicate)하고자 하는 그는, '이곳저곳에서 그리스적 사상'을 산발적으로 원용하는 것만으로

9) E. F. Scott, *The Fourth Gospel : its purpose and theology*(Edinburgh, 1908), pp. 1–28, 특히 4–9.

는 만족하지 못한다. 오히려 그는 '당대 철학의 술어에 따른 그리스도교 메시지의 전반적 재서술을 시도한다.' [10)]

'로고스'가 '메시아'를 대체하며 '천국'을 '영생'으로 번역하는 등등의 이 근본적 재서술에서, 제4복음서 기자는 때때로 '문자적 전승'을 무시하고 '예수에 의해 사용된 실제 어휘들에 상응하는 그리스어의 대응 언어로 대치한다'(고 스콧트는 말한다). 이렇게 함에 있어서 복음서 메시지의 요소들은 오히려 요한이 사용한 공관복음서들 안의 요소보다 '한결 진솔(眞率)한 표현'으로 부각되며, '공관복음서 자체의 본질에 접근한다.'[11)]

이 출발점을 기초로 작업한 스콧트는 다른 목적들('호교론적' 목적 및 '교회론적' 목적)이 제4복음서의 기록에 얽혀 있는 것으로 본다. 그리고 우리는 오래지 않아 요한복음이 반(反)영지주의적 변론을 내포하고 있다는 그의 견해에로 방향을 돌리게 될 것이다.[12)] 그러나 스콧트의 기본 입장의 절대적 요소는 요한의 복음서가 새 시대 및 새로운 헬레니즘적 문화에 응하려는 그리스도교 전승의 재해석이라는 논증이다. 도널드 거트리(Donald Guthrie) 박사는 그와 같은 접근이 학계의 이른바 '종교와 역사' 학파에 흔히 유행해온 것임을 우리에게 상기시키면서, 도드의 작품[13)]을 요한의 복음서가 '당대의 비(非)그리스도교 세계 사람들을 설득하여 그리스도교를 받아들이도록 하기 위해 선포된 것'[14)]

10) *Ibid*., p. 6.

11) *Ibid*., pp. 6f. 참조. W. L. Knox, *Some Hellenistic Elements in Primitive Christianity* (London, 1944), pp. 55–90. 그는 헬레니즘을 제4복음서 편찬에 깊이 관련되어 있는 주요 요소들 가운데 하나로 보고 있다.

12) 본서의 뒷부분 pp. 254-261을 읽어 보라.

13) *IFG*, part I.

14) D. Guthrie, *New Testament Introduction*, p. 277.

이라는 견해에 '고전적 표현'을 덧붙이는 책이라고 간주한다. 도드가 요한 시대의 비그리스도교 세계를 제4복음서 해석의 한 중요 배경으로 간주하는 것은 사실이다.[15] 그러나 동시에 그는 헬레니즘적 이교주의 세계와 요한적 그리스도교 세계 사이의 간격에 대해 잘 알고 있으며 또한 이 복음서 형성에 교호(交互)작용적인(inter-active) 유대적-헬레니즘적 무대의 상사성(相似性)에 대해서도 익히 알고 있다.[16]

이 책의 제2장에서 필자는 요한복음의 배경을 고찰하였으며, 그 결과 이 복음서가 그 성격상 본질적으로 유대-그리스도교적이라고 볼 때(사실상 도드 자신의 기본 견해와 맥락을 같이한다) 최선으로 이해된다는 결론에 이르렀었다. 비록 이 복음서의 최종 수신자 문제 때문에 모종의 헬레니즘적 색조가 발견되게 마련임에도 불구하고 그러했다. 만약 요한복음의 기조(ethos)가 진정 그 본질에 있어서 우선적으로 팔레스틴계의 유대-그리스도교적인 것으로서 이교적이며 그리스적인 기조가 아니라면, 요한이 헬라화된 술어로서 그리스도교 복음을 재서술하고자 그의 복음서를 기술했다는 명제는 유지될 수 없게 된다.[17] 어떠한 경우에도 그러한 명제는 요한의 목적이 외부인들에의 선교라는 의미에서의 복음전도(evangelism)였다는 사실을 전제로 한다. 그리고

---

15) 간단히 말해서 도드(*IFG*, pp. 7-9)는 요한복음서가 기독교인이 아닌 대중들을 위해 저술되었다고 믿는다.

16) 참조. 또한 *HTFG* pp. 424-9를 읽어 보라. 거기에서 도드는 요한의 복음서 배후에 있는 정경 이전의 전승이 본래 팔레스틴의 유대-기독교적 환경 속에서 형성되었다는 그의 논증을 요약해 놓고 있다.

17) E. F. Scott, *op. cit,* pp. 32-45는 요한이 이 새로운 진술에 대해서 공관복음서를 의지하였다고 주장한다(p. 32). 그러한 논증을 뒷받침하기가 불가능하다는 사실을 우리는 발견하였는데, 그 논증은 요한이 그 복음서의 헬라어 역본을 그의 독자들에게 소개하고 있다는 그 논제에 (공교롭게도) 반드시 필요한 것은 아니다. 제4복음서 기자(만일 그가 이러한 목적으로 저술하였다면)는 예수에 관한 독자적인 전승에 여전히 의존해 왔을는지도 모른다.

앞으로 우리가 살펴보겠지만, 이것은 결코 확실하지 않다.

3. 변증 또는 호교론으로서

요한의 복음서가 변증적(polemic) 이유에서 기술되었으며 따라서(이 의도로 말미암는 당연한 결과로서) 호교론적(apologetic)이었다는 가설은 자주 다양한 형태들로 개진되어 왔다. 잠시 이 설의 네 가지 형태를 살펴보기로 하자.

1) 세례자 요한파를 겨냥한 변증

우리가 앞서 살펴본 바와 같이[18] 제4복음서 기자는 세례자 요한에 관한 자신의 기사를 개진하는데, 이 조명은 첫눈에도 예수에 대한 요한의 열등성을 드러내 보이려는 의도로 보여진다. 공관복음서들 속에서 세례자 요한은 예수를 그 오실 바보다 크신 분으로 지적하며(막 1:7f.), 제4복음서에서 세례자 요한은 '하나님께로부터 보내심을 받은 사람'(요 1:6)으로 묘사되고 있다. 그럼에도 불구하고 공관복음서의 기사 전반을 비교해 보면, 여기서는 요한이 과연 그리스도는 아닌지의 여부를 놓고 의아해 하며(눅 3:15), 또 그는 새 시대의 표상 엘리야로 분명히 동일시되어지는 데 비해(마 11:14[19], 눅 1:17), 요한의 기록은 거의 제약 없는 내용을 서슴없이 말한다. 여기서 요한의 역할은 어느 면으로 보나 격하되어져 있다. 요한이 아니라 예수가 그 빛이다(요 1:8f.). 이 세례자는 그리스도도 엘리야도 아니고, 단순히 하나의 외치는 소리에

18) 본서의 앞부분 pp. 38-43을 읽어 보라.
19) 참조. 또한 마태복음 11:11을 읽어 보라.

불과하다(1:19-23; 비교, 3:28-30). 예수는 요한보다 먼저 존재해 왔으며, 또 그보다 크시다(1:30). 예수는 많은 표적들을 행하셨으나 요한은 단 하나의 이적도 행한 적이 없다(10:41).

제4복음서 기자에 의해 개진된 세례자 요한에 관한 이 특수 견해는 요한의 복음서가 일차적으로 또는 부분적으로 '세례자 집단'의 주장들을 반박하고자 기술되었다는 추론을 자아내게 만들었다. 몇몇 학자들에 의해 추정되고 있는 것은 이 집단이 세례자 요한의 죽음 이후에도 줄곧 그를 섬겼으며, 그들의 지도자에게 걸맞는 몇 가지 주장들을 내세웠는데, 이것이 나중에 그리스도 교회에 한 가지 위협으로 변했다는 것이다. 이렇게 지나친 주장들 때문에 이 추론은 계속해서 세례자의 실제 지위를 명확하게 할 필요가 생겼다고 논증한다.

예를 들면, 발덴스페르거(W. Baldensperger) 박사는 1898년에 간행된 한 전공 논문에서[20] 이것이 제4복음서 기술의 주요 목적들 중의 하나였다고 주장하였다. 발덴스페르거 박사는 요한복음 편찬론의 열쇠를 세례자와 예수 사이의 대조에서 찾았는데, (그는 단언하기를) 이 대조점은 서론 및 표상들에서 이 복음서 전체를 통해 시종 일관 직접 또는 간접적으로 나타난다.[21] 이 의견은 뜻밖에도 놀라운 영향을 미쳐왔다. 극소수의 주석가들만이 발덴스페르거 만큼 생각의 폭을 넓혀, 제4복음서의 배후에 깔린 주 의도가, 예수를 뒷전에 두고 세례자 요한을 추켜올린 특정 분파를 겨냥한 변론이라고 간주하기는 하지만,[22] 한편

20) W. Baldensperger, *Der Prolog des vierten Evangeliums : Sein polemisch-apologetischer Zweck*(Freiburg im Breisgau, 1898).

21) *Ibid.*, 특히 pp. 58-92.

22) W. F. Howard(*op, cit.*, pp. 57f.)는 Baldensperger가 그의 이론을 지나치게 고집함으로써 그의 책의 내용 가운데 있는 어떤 중요한 암시를 빠뜨리고 보도록 만들었음을 지적하고 있다. 그

으로 많은 사람들은 이것이 요한의 부차적 의도들 중의 하나였다는 견해에 동의하였다. 구체적인 사례로서, 슈트라한(R. H. Strachan)의 태도가 바로 그런 것이다.[23] 불트만 역시 (최소한) 요한복음서의 서론 배후에 담긴 반(反) 세례자 변론을 추적하는 데 있어서 발덴스페르거를 따르고 있다. 이것은 그가, 요한복음 서론은 세례자 공동체 내의 찬송시로서 생겨났다고 추론하고 있음에도 불구하고 그러하다.[24] 불트만은 또한 제4복음서 기자 자신이 과거에 세례자 요한의 (영지주의적) 추종자였다고 주장함으로써 더 멀리 나아간다.[25]

그러나 제4복음서가 그 당시에 세례자 요한의 추종자들에 의해 날조되는 중에 있는 과장된 주장들을 어느 면에서든 대응하고자 착수되었으며 이것이 세례자에 대한 요한복음의 묘사에 독특한 색조를 입히게 했다는 가정은 진지한 질문의 표적이 아닐 수 없다. 우선 첫째로, 그러한 가정은 A. D. 1세기에 실제로 그리스도교의 심각한 적수로 화할 수 있었고 정말로 화했던 분파주의적 집단이 실재했었다는 견해에 의존하고 있다. 초대 교회 당시 그러한 집단의 존재를 입증하는 요한복음서 밖의 증거는 미약하다. 그러나 최소한 두 명의 보충적 증인들에게 호소를 해볼 수 있으므로, 이제 이들을 검토해 보고자 한다.

첫째, 사도행전 19:1-7은 바울과 몇몇 '제자들' 간의 에베소(이곳은 전승에 의하면 요한의 복음서가 간행된 곳이다)에서의 만남을 기록

는 경쟁 파벌로부터 회심자들을 얻기 원하였던 한 변증자가 그의 자료들을 마음대로 다루었을지도 모른다고 믿었다. 그러나 자료를 창작해 내어 그것의 역사성이 즉시 도전당하게 되는 그러한 일은 없었을 것이라고 그는 믿었다. W. Baldensperger, *op. cit.*, pp. 93-152를 읽어 보라.

23) Strachan, pp. 45, 109-12. 그러나 Strachan의 원판(London, 1917)은 제4복음서의 부수적인 목적으로서도 반(反) 세례 요한의 호교론자를 언급하지 않았다(pp. 13-21을 읽어 보라).

24) 참조. Bultmann, pp. 17f. 또한 본서의 앞부분 p. 194-196를 읽어 보라.

25) *Ibid.*, p. 108.

하고 있다. 어쩌면 이 사람들이 추정된 바와 같은 세례자 집단에 속했던 것은 아닐까? 분명히 그들은 예수보다는 세례자 요한에게 헌신하고 있었던 것으로 보여진다. 그들은 '요한의 세례'를 받았던 것이다(행 19:3). 그러므로 그들은 예수에 관해서(4절) 뿐만 아니라 성령에 관해서도(2절) 교훈이 필요했다. 그들은 바야흐로 '주 예수의 이름으로'(5절) 세례를 받았다. 그러나 이들이 어떤 부류의 제자들이었는지, 또는 이들이 전적으로 요한의 지지자들이었는지의 여부는 결코 명확하지 않다. '유대인보다는 낫고 그리스도인보다는 못한 상태'가 아마도 적합한 묘사가 될 수 있을 것이다. 그들이 그리스도교 세례를 그렇게 선뜻 받아들였다는 것은(19:5) 필경 의미있는 일일 것이다. 한 걸음 더 나아가, 바울이 '모두 열두 사람쯤'을 만났는데(7절), 그렇다면 짐작컨대 그들 중 일부 인원이 빠졌다 할지라도 그들이 그리 방대한 집단을 구성하지는 못했을 것이다.[26] 그러므로 사도행전 19장의 사건은 A. D. 1세기 동안의 세례자 분파 존재설에 유리한 증거로 사용될 수 없으며, 그 설의 주장들은 마땅히 반박되어져야 할 필요가 있다.

곧, 이같은 맥락에서 그것에 대한 언급이 이루어지고 있는데, 보다 중요한 둘째 증거의 실마리가 거짓 클레멘트의 인정서(Recognitions)에 의해 제공되었다. 이 작품은 A. D. 3세기에 기록되었으며, 보다 앞선 시기의-의심할 나위없이 2세기의-자료들을 원용하였다. 기록 당시, 이 인정서의 익명 저자는 세례자 요한의 추종자들이 지도자(예수가 아니다)를 메시아로 주장하고 있었다는 사실을 인지하였다.[27] 세례

26) 바울이 에베소에서 만났던 '어떤 제자들'에 대한 언급(행 19:1)은 어떠한 경우에도 그 전체 그룹을 시사하는 것으로 보인다.

27) *Recognitions* I. 54. 8 : sed et ex discipulis Johannis, qui videbantur esse magni, segregarunt se a

자 분파 회원들이 3세기에 이르도록 그리스도교의 적대자들로서 잔존했다는 증거가 분명히 여기에 있다. 그러나 우리는 이 인정서를, 제4복음서가 편집되어지고 있는 때에 그들이 교회에 위협을 가했다는 증거로, 또는 방대한 집단으로 존재했었다는 분명한 증거로 원용할 수는 없다. 그리고 어느 경우이든, 우리는–심지어 인정서에서조차–이 집단의 신학에 관한 정보, 또는 그 회원들이 세례자 요한을 실제로 어떻게 생각했는지에 관한 정보를 하나도 얻지 못하고 있다.[28] 그러므로 이제까지의 고찰 결과, 그 무엇도 반세례자 변론을 요한복음서 기록 의도의 일부(내지 부차적 의도)로 간주하게 하지는 못한다. 이른바 세례자 집단의 주장들에 대한 대응의 필요성은, 초기 그리스도 교회에 대해 그러한 집단이 그 어떤 실제적 문제를 일으켰다는 사실이 확증될 수 없는 한, 자연히 사라져 버린다. 반 세례자 변론을 요한복음서의 기록 동기로 보는 설을 배제하는 데는, 이것 외에도 두 가지 이유들이 더 있다. 그 하나는 우리가 앞서 제1장에서 고찰한 것으로[29] 제4복음서에 나타나는 세례자 요한에 관한 전승은 아마 그것이 원시적이기 때문에 외관상 그렇게 보일 것이며, 공관복음서의 기사보다 오히려 한결 신빙성 있는 수준에 이르러 있다. 그 세례자의 역할을 일부러 '격하하기'는커녕 오히려 정반대로, 제4복음서 기자는 초대 교회의 부차적 평가와는 달리 세례자의 개인적인 견해를 정확하게 반영하고 있는 듯하다. 요한

---

populo et magistrum suum velut Christum praedicarunt, 참조. 또한 I. 60, 특히 I–3을 읽어 보라.

28) 세례 요한의 추종자들(제4복음서 기자를 포함한?)이 영지주의적 관점을 지니고 있었다는 Bultmann의 암시는 거짓 클레멘트 서신들(*homilies* 와 *Recognitions*)에 의해서도 마찬가지로 지지를 못 받고 있다. 영지주의의 기원을 사마리아(그곳에서 세례 요한이 일하였을 것이다; 참조. 요 3:23)와 마술사 시몬에게로 추적해 가는 교부의 전통에 의해 세례 요한의 추종자들과 영지주의 사이에 연결된 것이 있을 가능성이 있다.

29) 본서의 앞부분 p. 44–46를 읽어 보라.

이 한쪽 눈으로(아니 반쪽 눈이라도) 세례자 분파 사람들을 보면서 그의 복음서를 기록했는지의 여부를 질문해야 할 또 다른 이유는, 오로지 이것이 세례자 요한에 관한 복음이 아니라 예수에 관한 복음이라는 사실이다.[30)]

2) 교회의 성례전 교훈에 관한 변증

제4복음서의 편집 배후에 얽혀 있는 또 하나의 변증적-호교론적 동기가 (일차적이든지 부차적이든지) 몇몇 학자들에 의해 탐색되어졌는데, 이는 복음서 기자인 요한의 것으로 알려진 성례전 교훈과 얽혀진다. 여기서는 주로 양대 견해가 존재한다. 그 하나는 요한의 복음서가 세례 및 주의 만찬이라는 성례전들에 관한 교훈에 보다 큰 강조를 해야 할 점증적 필요성이 존재했음을 반영하고 있다는 견해이다. 이것이 바로 예를 들면 오스카 쿨만(Oscar Cullmann)이 그의 저서 『초기 그리스도교의 예배』(*Early Christian Worship*, 영역판, 1953)에서 밝히는 견해이다.[31)]

쿨만은, 제4복음서 기자가 그의 독자들로 하여금 역사상의 예수가-그리스도로서-하나님의 전체 구원 계획(현재에 있어서 그 계획의 실현을 포함해서)의 중보자라는 사실을('믿는다'는 의미에서) '보게' 하려고 그의 책을 집필하였다고 주장하였다. 그러므로 쿨만은, '이 문학 작업 전체의 의도'가 그의 수신자로 하여금 이제 '이 유월절 이후의 현재(post-paschal present)[32)]에서 믿음을 가지게 하려는 것'이라고 단언한

30) 참조. Schanckenburg Ⅰ, pp. 167-9.

31) O. Cullmann, *Early Christian Worship*, 특히 pp. 38-59.

32) *Ibid*., p. 39 ; 참조. 요 20:31.

다. 이 의도를 달성하고자 요한은 독자들에게 그의 복음서가 기초하고 있는 신학적 원리를 설명해 주는 설화 선집을 제시하고 있다는 논리가 전개된다. 쿨만은 이들 설화 사건들, 특히 요한 특유의 표적들을, 그가 제4복음서에 대한 열쇠로서 찾아낸 예전적(禮典的) 관심에 관련지어 해석하고 있으며, 이어서 그 사건들은 세례와 주의 만찬이라는 양대 성례전 중 어느 하나와 직접 연계되어져야 한다고 주장한다.[33] 이로써 요한복음 2장에 나오는 가나에서 물을 포도주로 만든 일과 요한복음 6장에 나오는 오천 명을 먹이신 일은 그에 의해 성찬과 연결되어진다. 요한복음 5장의 절름발이 치료 및 요한복음 9장의 맹인 치유 사건 등은 세례와 연결되어진다. 그리고 요한복음 13장의 발씻음 사건과 요한복음 19장의 창으로 찌른 일 등은 양자 모두와 연결되어진다. 쿨만의 판단으로는, 이것이 요한에 의할 경우 '성례전들이 교회에 대해 지니는 의미는 역사적 예수가 그의 동시대인들에 대해 지니는 의미와 동일함'을 입증해 준다는 것이다.[34] 그리고 그것은 요한의 '주요 관심사들' 중의 하나가 '당대의 그리스도교 예배와 예수의 역사적 생애 사이의 연계성을 나타내는 것'이라는 그의 명제를[35] 구체화해 준다.

그러므로 쿨만은 제4복음서를, 초기 그리스도교의 역사가 전개되어 갔을 때, 교회의 생활에서 성례전들에 대해 너무 적은 비중을 부여한 그리스도교의 교사들을 공박하기 위해 쓰여진 것으로 간주한다. 다른 하나는, 초대 교회의 성례전 집행 장소와 유관하다고 믿는 사람들 사

33) *Ibid*., pp. 59–116.

34) *Ibid*., p. 70.

35) *Ibid*., p. 37. 그러나 O. Cullmann의 *The Johannine Circle*, pp. 17과 104 각주 16을 읽어보라. 여기서 Cullmann은 '성례전이 제4복음서에서 지배적인 역할을 하고 있다'는 생각을 논박한다 (p. 104 n.16).

이에서 보다 보편적으로 유행하는 견해로서, 제4복음서의 집필 의도는 어느 면에서 요한이 성례전 교훈에 대한 올바른 강조를 해야 할 점증적 필요성을 반영하고 있다는 것이다. 하워드(W. F. Howard)가 저서 『요한에 의한 그리스도교』(*Christianity according to St. John*) 속에서 해낸 작업은 요한의 복음서에 대한 이러한 관점의 한 대표적 사례이다.[36)]

하워드 박사는 제4복음서의 '강렬한 성례전적 음조'를 주목하는 데서 서두를 연다. 예를 들면 그는, 요한복음 3장의 담화에 나오는 세례에 관한 언급과 요한복음 6장의 담화에 나오는 성만찬 언급 등은 모두가 '일반적으로 인정된'[37)] 것이라고 주장한다.(만약 이 복음서에 대한 성례전적 해석이 보편적으로 받아들여지지 않는다면, 이것은 필경 요한의 담화들이 진정(眞正)한 것으로 간주되기 때문이든지〔이 경우 성례전적 언급은 시대 착오적인 것이 될 수도 있다〕아니면 요한복음의 신학이 너무 '영적'이어서 어떤 물질적 매체에 대해 주의를 끌기 어려운 것으로 생각되어졌기 때문이든지 〔이 경우, 성례전적 언급은 불필요한 것일 될 수 있다〕라고 하워드 박사는 추론한다.[38)]) 성례전들에 대한 요한의 관심은 그 당시의 교회가 보여 주는 '보다 깊은 성례전적' 성격과 조화되며, 이그나티우스와 순교자 저스틴(Justin Martyr)의 글들 속에 나타난 유사한 관심과도 상통한다. 그러나 '성례전적 은혜에 대한 어떤 특정한 태도의 위험 요소들이 이같은 실천적 신비주의자에게

36) W. F. Howard, *Christianity according to St. John*(London, 1943), pp. 143-50.

37) *Ibid*., pp. 143f.

38) *Ibid*., p. 144. Howard는 제4복음서에서의 성례전에 관한 어떠한 언급도 인정하기를 거부하는, 그리고 '그 비평적인 칼'로써 그러한 모든 구절들을 잘라 내어야 하는 당연한 필요성을 보여 주는 한 가지의 '분명한 예'로써 불트만의 요한복음 주석을 인용하고 있다.

는 분명하게 드러났다.'[39] 그러므로 제4복음서 기자는 성례전들을 바른 위치에 세워놓으려는 뜻을 세운다. 그에게 '외형적인 상징(symbolism)들이 그 내면적 의미를 나타내는 것에 불과했다.'[40] 그리하여 세례에 관한 교훈(요한복음 3장에 나온다)은 그리스도교 세례의 의식에 대한 특별한 언급 없이 베풀어지고 있으며, 또한 주의 만찬에 관한 가르침(요한복음 6장에 나온다)이 그 제도 제정의 신성한 분위기로부터 이탈되어져 있다. 이로써 교회의 참되고 중요하며 성례전적인 증언이 성립할 수 있었고, 나아가 예수의 인격 및 사역에 중심을 둔 성례전 고유의 순수한 역사적 기초를 부인함으로써 아니면 이교적 신화들의 풍토에서 연유한 주술적 사상들을 그들 속에 불어넣음으로써 성례전에 그릇된 의미를 부여하고 있는 자들에 반대하여 맞설 수 있었던 것이다.[41]

그러나 우리가 정해진 순서에 따라 앞으로 살펴보게 되겠지만[42] 쿨만과 하워드 양자의 견해에 맞서 제4복음서 기자가 특정한 세례나 성만찬 중 어느 하나의 성례전에 몰입되어 있지 않았다는 점이 논증되어질 수 있다. 요한복음 3장 및 6장과 같은 곳들에서 나오는, 이 성례전들에 대한 언급들을 전적으로 배제해야 할 필요성이 없기는 하지만, 그렇다고 그것들을 요한의 신학적 관심의 중심적 요소로 간주해야 할 필요성이 있는 것은 더욱 아니다. 복음서 기자는 그러한 차원의 의식적(儀式的) 표현에 대해서보다는 오히려 우리가 앞으로 계속해서 그리

---

39) *Ibid*., p. 145.

40) *Ibid*.

41) 비슷한 계열로서 Bauer, pp. 95-103; E. F. Scott, op. cit., pp. 122-32; E. C. Colwell, 그리고 E. L. Titus, *The Gospel of the Spirit; a study in the Fourth Gospel*(New York, 1953), pp. 50-2를 참조하라.

42) 본서의 뒷부분 pp. 394-397을 읽어 보라.

스도교적 체험의 '성례전적 차원'이라고 부르게 될 그것에 더 많은 관심이 쏠려 있다. 만약 그렇다면, 당시 교회의 성례전적 교훈에 관한 변증은, 지지 입장이건 반대 입장이건 간에, 요한의 복음서 집필 목적에 미친 그 어떤 수준의 영향으로서도 받아들여질 수 없다.

3) 교회의 종말론적 교훈에 관한 변증

요한이 그의 복음서를 쓴 것은, 최소한 부분적으로는, 마지막 때에 이루어질 그리스도의 재림에 관한 오도된 사상을 바로잡기 위함이었다는 주장이 자주 거론된다. 그러한 견해는 바레트의 제4복음서 주석에서 채택된다.[43] 바레트는 요한복음에서 1세기 말의 그리스도교 사상이 처한 '이중적 위기'에 대한 답을 찾아내고 있다. 그 시대에 교회는 종말론과 영지주의라는 두 가지 '심각한 문제들'에 권위 있는 응답을 제시할 것을 요구받고 있었다.[44]

우리는 다음 문단에서 반 영지주의 변증이 요한의 집필 목적의 일부를 형성했다는 바레트의 의견에 대해 다시 한 번 언급하고자 한다. 이제 제4복음서가 잘못된 종말론적 교훈을 반박하는 변증을 담고 있다는 그의 논증을 주목해 보도록 하자.

파루시아(마지막 때 영광 중 그리스도의 나타나심)에 관한 초기 그리스도교의 기대들은 그 성격상 묵시적이었다고 바레트는 주장한다.[45] 공관복음서들이 보여 주듯이 원시 교회는 부활 직후 절정적이고도 위엄에 찬 그리스도의 현현(appearing)을 대망하였는데, 특히 '첫 세대'

43) Barrett, pp. 115f.

44) *Ibid*., p. 115.

45) 참조. 막 13:26; 14:61f.

그리스도인들이 아직 살아 있을 동안에 그러하였다.[46] 그러나 기대되었던 파루시아는 일어나지 않았다. 그리고 그것이 예루살렘의 함락에 의해서도 앞당겨 이루어지지 않게 되자, 약 50여 년간 지속되어 온, 세상의 종말에 대한 기대의 과정이 더 이상 무한정 연장되어질 수는 없게 되었다. 전에는 참고 이겨내야 하는 잠정적 기간이었던 것이 이제는 '하나님의 목적 안에서의 적극적 의미'를 요구하였다. 즉, 종말론은 더 이상 '위기'의 성격만을 지닐 수 없었다. 바레트는, 설령 요한이 이 요구를 '종말론 문제'로서 언급하지 않았다 할지라도, 그는 부분적으로는 구원의 '현재 시상'(present tense)에 그 고유의 의의를 부여하기 위해서, 또한 그리스도의 급박한 재림에 대한 자신들의 소망을 고집하고 있는 자들의 우매성에 응답하기 위해서 그의 복음서를 썼다고 매듭짓는다. '결국 그리스도교가 존속할 수 있었고 실현과 소망의 그 특유하고도 신빙성 있는 긴장이 유지될 수 있었던 것은 종말론 사상에 대한 요한의 공헌에 적지 않게 기인하였다.'[47]고 그는 주장한다.

요한의 집필 의도에 대한 이같은 이해–파루시아가 지연되었으므로 부분적으로는 그가 초대 그리스도인들의 종말론적 기대들을 보다 '실현된' 방향에서 해석했다고 하는 이해–는 결코 가볍게 지나쳐 버려서는 안 된다. 분명히 미래에 관한 1세기의 태도들은 시간이 경과함에 따라서 바뀌어갔다. 파루시아가 실현되고 있는 것 같아 보이지 않았으므로, 급기야 '그가 오신다는 약속이 언제 이루어지느냐?'고 냉소자들이 떠들어댔다.[48] 분명히 요한의 종말론은 현재에 있어서의 영원한 생명

46) 참조. 막 9:1; 마 10:23. 또한 고린도전서 15:51; 데살로니가전서 4:15–17을 주목하라.
47) Barrett, p. 116. 또한 본서의 뒷부분 pp. 454-463을 읽어 보라.
48) 벧후 3:4.

에 강조점을 두는 독특한 외형을 지닌다. 그러나 비록 그것이 신약성서 학계에서 통상적으로 만들어진 하나의 가정이라고 할지라도, 우리는 이른바 그 '파루시아의 지연'이 과연 초기 그리스도인들에게 그토록 실제적인 문제점들을 불러일으켜 그들이 마침내 자신들의 종말론을 전적으로 재고하고, 이로써 묵시적 관점에서 실현된 종말론의 관점으로 이행(移行)하지 않을 수 없게 되었는지 여부는 질문해 볼 필요가 있다.

유대주의에서와 마찬가지로 초기 그리스도교에 있어서도, '주의 날'은 언제나 '임박해' 있었다. 그리고 하나님의 왕권 통치의 위기는 사람들의 심령에 그 자체의 요구들을 부과하면서, 끊임없이 단계적으로 역사 속에 돌입하여 오고 있었는데, 그 모든 단계들은 종말을 지향(指向)하였다. 예수께서 오심으로써, 하나님 나라 도래의 결정적 단계가 달성되었다. 그리스도께서 승귀하신 이후 그리스도의 교회는 역사의 종결 작업이 하나님께 맡겨져 있을 수 있다는 확신의 분위기 속에서 종말(consummation)을 대망하였는데, 이는 역사에 대한 하나님의 통치권이 최종적으로 현시되었고 또 그의 구원 섭리들이 그리스도 사건을 통해 명백하게 드러났기 때문이다. '초창기'(Urzeit)와 '마지막 때'(Endzeit)–메시아의 처음 강림과 마지막 강림을 가리킨다–의 이 두 시기 사이에서 균형을 찾으면서, 초대 그리스도인들은 때로는 파루시아가 바로 앞에 다가올 것으로 기대했으며 또 어떤 때는 멀리 떨어져 있는 것으로 기대하기도 했다.[49] 그러나 그리스도의 재림이 즉각적으로

49) 데살로니가전서 4:13–18과 데살로니가후서 2:1–12(그의 초기 서신들 중의 두 개로서 몇 달의 간격을 두고 쓰여졌다), 그리고 데살로니가후서 자체 내에서도(살후 2:1–12, 1:5–10) 참조하라.

실현되지 않았을 경우(실제로 실현되지 않았다), 또 하나의 종말론보다는 차라리 종말론에 대한 또 다른 강조가 필요했을 것이다.

그러므로 예를 들면, 바울의 초기 서신들 속에는 현재상의 구원 체험을 무시하지 않으면서 영광 중에 이루어질 그리스도의 임박한 재림의 강조가 담겨 있다. 반면에 그의 후기 서신들은 마지막 '주의 날'을 망각하지 않으면서도, 이곳에서 현재 활용할 수 있는 그리스도의 은사들에 관심을 집중하고 있다.[50] 전반적으로 신약성서가 한 가지의 기본적 종말론을 가지고 있으며, 결코 일 대 일의 관계로 서로를 대치(代置)하는 상이한 종말론들을 갖고 있지 않은 것 같다는 이 사실은 예수 자신의 교훈을 반영해 주고 있다. 거기서 우리는 비슷한 양가체계(兩價體係, ambivalence)를 발견하는데, 곧 그가 어느 시점에서는 그의 말을 듣고 있는 자들의 생전에 자신의 파루시아가 이루어질 것을 기대하면서, 또 다른 시점에서는 종말의 도래 전에 정해진 중간 기간을 대망하고 있는 것이다.[51]

'파루시아의 지연'이 초기 그리스도인들에게는 별로 실제적인 문제점이 아니었다는 사실, 그리고 어느 경우든 이른바 '실현된' 종말론과 '미래주의적' 종말론을 따로따로 분리해 내는 것은(그 양자는 한 가지 사실을 두 가지의 측면에서 본 것에 불과하므로) 어렵다는 사실 등의 제 고찰(諸考察)에 비추어 보건대, 요한이 오도된 종말론 신앙들을 바로잡기 위해 그의 복음서를 집필하고 있었다고 주장하기는 어렵

50) 참조. 살전 4:16-5:3; 4:1-12. 또한 (그것을 바울의 것으로 가정하고서) 엡 1:3-2:10; 4:30.
51) 참조. 마 16:28; 28:19f. 예수의 사역 자체에 여러 번의 '파루시아'(parousias, 예를 들면, 그 세례와 변형)가 있었으며, 그것들은 각각 그의 최후의 나타나심을 예시하였고 그것과 같은 특성을 지니고 있었다.

다. 이 점은 비록 제4복음서가 전반적으로 종말론 견해에 있어서 '실현된' 종말론 쪽임에도 불구하고, 여전히-공관복음서와 마찬가지로- 종말론의 현재적 측면과 미래적 측면 모두를 말하고 있다는 사실에 유의할 때 더할 나위없이 명확해진다.[52] 실제로 전형적인 요한 특유의 문형('때가 오나니, 곧 이때라'[53])이 용의 주도한 병렬 배치로써 양 측면 모두를 다루고 있다.[54]

4) 이단을 겨냥하는 변증

요한복음에 돌려진 최종적인 변증적 집필 의도론은 곧 그가 이단의 침투에 대항하여 정통 그리스도교를 옹호하고자 그의 복음서를 집필했다는 것이다. 주장하는 바에 따르면 문제시되는 이단은 영지주의로서, 그것도 특히 요한일서의 기록자가 그의 독자들에게 조심하도록 경고하는 형태의 영지주의 사상, 다시 말해서 가현설(docetism, '환영' 예수를 믿는 신앙)이었다.[55] 우리가 제2장에서 살펴보았듯이,[56] 성격상 가현설적인 여러 가지 구원 사상들을 포함한, 영지주의적 또는 최소한 전(前) 영지주의적 사상들로부터의 뭇 영향들은 그리스도교 복음이 일단 팔레스틴적 환경에서 그리스-로마적 배경으로 전달되어진 이후 필

52) 요한복음 5:25-9의 묵시적 어조를 주시하라. 또한 14:3; 21:22를 참조하라.

53) 요한복음 4:23(그리고 21절)을 주시하라. 5:25 및 그밖의 여러 곳.

54) 신약성서에 나타난 종말론의 특성에 관한 보편적인 문제를 알기 원한다면, S. S. Smalley의 '*The Delay of the Parousia*', loc. cit., pp. 41-54를 읽어 보라.

55) 참조. 요일 4:1-3 및 그밖의 여러 곳. 신약성서에 전반적으로 나타나 있는 것으로서 영지주의와 대립되는 점에 관해서는 N. Perrin의 *The New Testament: an introduction*(New York, 1974), pp. 124f., 315-7을 읽어 보라. 초기 전승은 제4복음서가 영지주의적 경향을 띠고 있었던 이단자 Cerinthus의 견해를 반박하기 위해 쓰여졌다고 주장하였는데, 그는 준가현설(semi-docetic)의 입장을 취하고 있었다. Irenaeus, *AH* iii. 11. 1을 읽어 보라.

56) 본서의 앞부분, 특히 pp. 89-92을 읽어 보라.

연적으로 그 복음에 이입(移入)되어졌던 것이다. 또한 영지주의의 구속자 신화들-그 내용에 따르면 물질의 '하층 세계'로부터의 구속은 비지상적인, 이상적 구원자 표상에 의해 성취되어지며, '지식'에 의해 대속되어진다-로부터 우리는 (그리스도교 사상가들에 의해 극복되어진 때에) 그러한 사상들이 자연히 예수의 생애 및 죽음 당시 그의 인격의 물리적 실재성을 부인하였다는 사실을 알게 된다.

제4복음서가 이러한 종류의 이단적 견해들을 공박하기 위해 기술되었다는 신념은 여러 학자들 중에서도 특히 스콧트에 의해, 앞에서 인용된 한 작품 속에서 피력되어졌다.[57] 스콧트 박사는 요한의 복음서를 근본적으로 그리스도교 복음의 헬라판 재서술이라고 본다. 그러나 이 일반적 목적의 범주 안에서 그는 또한 제4복음서 기자가 요한일서의 기자와 마찬가지로 이단적인 영지주의 교훈에 대응하기 위해 붓을 들었다는 증거를 찾아내기도 한다. 이렇게 요한은 (가현설파에 대항하여) 그리스도의 생애의 실재성을 고수하며, 중보하는 영적 사자들의 영지주의적 계급 제도를 부정하며, 하나님의 아들로서의 자격이 그리스도로부터 분리 가능하다는 영지주의적 사상에 반대하며, 영지주의적 상투어들을 피하고 있고, 그밖에 여러 가지 행동을 취한다. 그러나 동시에 스콧트는 요한의 복음서에서 복음서 기자가 영지주의적 태도에 대해 동정적이었다(아니 실제로 그 자신이 외견상 '반〈半〉 가현설적'이었다)고 결론짓게 만든 몇 가지 특징들을 찾아내고 있다.[58] 요한은 영지주의 이단을 정면으로 정죄하지는 않는다. 오히려 그는 예수의 생애의 지상적 실재성뿐만 아니라 이상적 가치에 대해서도 숙지하고

57) E. F. Scott, *The Fourth Gospel*; 특히 pp. 86-103을 읽어 보라.
58) *Ibid*., p. 95.

있었으며, 그의 구원 신학을 위해 이원론적 뼈대를 받아들이며, '지식'의 중요성도 감지하고 있다. 스콧트는 제4복음서 안의 이 모순, 즉 복음서 기자 측에서 영지주의적 사고 방식에 대해 반대론과 절충론을 동시에 보이고 있다는 사실을, 설령 요한이 영지주의 운동에 대해 동정적인 것처럼 보인다 해도 결코 참다운 의미에서 영지주의자가 아니었다고 결정함으로써 적절하게 매듭짓는다. 요한의 견해는 어떤 점들에 있어서는 영지주의자들의 견해들과 비슷하게 보인다. 그러나 이것은, 단지 그의 문화적 배경의 일부를 형성한 것이었으나 나중에 한 두드러진 영지주의 학파의 것으로 동일시되어지고 만 사상들을 그가 취했었기 때문이다. 결국 요한의 영지주의를 대하는 '의식적 태도'는 반(反) 영지주의적인 것으로 묘사되어질 수 있다. 즉, 그는 '역사적 전승을 옹호하는 입장에서, 모호한 이상주의에 입각해 그 전통을 무너뜨리려는 기도들을 반박하고 있다.'[59]

영지주의의 가현설적 형태에 대항하는 변증이 제4복음서의 주목적들 중 하나를 이루었다는 견해는 슈트라한에 의해서도 전개되는데,[60] 그는 예수의 진정한 인간성에 대한 요한복음상의 강조(그는 피곤해 하였고, 운 적이 있으며 십자가 상에서 목말라하였다)를, 복음서 기자가 이단적 견해, 즉 그리스도 교회의 신앙 및 메시지는 '나사렛 예수의 역사적 인격과 교훈'으로부터 분리될 수도 있다는 것을 논박하기 원했던 증거로 간주한다.[61] 비슷한 경우로서, 바레트 역시 (반〈反〉 가현설을 포함한) 반(反) 영지주의 변증이 요한복음서의 편집 배후에 깔린 두

59) *Ibid*., pp. 101f.
60) Strachan, pp. 41-5.
61) *Ibid*., pp. 44f.

동기들 중의 한 가지라고 논증한다.[62] 요한 시대의 교회를 압박해 오는 심각한 문제들(이를 통해 그리스도교에 근사한 한 이단적 종교 체계가 바야흐로 그리스도교 그 자체처럼 일부 지역에서는 행세되어지고 있었다)에 답하기 위해 제4복음서 기자는 예수의 인격을 믿는 그리스도교 신앙의 역사적 근거를 재확인하고, 또한 아울러 현재 입장에서 그 역사의 해석을 계시해 주는 한 복음서를 집필하였다(고 바레트는 주장한다).[63]

요한이 이단에 대한 답변으로서 그의 복음서를 집필했다는 이 명제를 둘러싼 몇몇 가지 이론(異論)들은 요한 신학자들의 작품에서 역력히 드러난다. 한 예로서 불트만의 주석은, 제4복음서 기자 자신이 과거 영지주의자로서, 그리스도교화 되어진 영지주의적 범주들 속에서 케리그마의 재서술을 시도하고 있었다는 견해에 사로잡혀 있음을 우리는 이미 살펴본 바 있다.[64] 이 시도에서, 영지주의의 세계관과 요한의 관계는 상사성뿐만 아니라 상이성을 지니는 세계관인 것으로 보여진다(고 불트만은 주장한다).[65] 그러나 모든 방법을 다해 요한은 '영지주의 계열의 추종자들에게 복음서의 진리에 대해' 확신을 심는 일을 시도한다.[66]

앞의 장에서 언급한 제4복음서가 (최소한) '표적 원자료'를 확대함으

62) Barrett가 암시한 다른 동기에 관해서는 본서의 앞부분 pp. 246f. 를 읽어 보라.

63) Barrett, pp. 116–8.

64) 본서의 앞부분 pp. 94f. 를 읽어 보라.

65) Bultmann, pp. 7–9 이하 및 여러 곳.

66) *Ibid*., p. 9, 마찬가지로 F. C. Grant, *The Gospels*, pp. 159–72. Grant는 제4복음서가 '영지주의적 기독교'의 빛 가운데서 가장 잘 이해될 수 있다고 주장한다. 그는 제4복음서 기자를 영지주의와 특히 가현설 이단의 위협에 도전한 개종한 영지주의자로서 보고 있다(특히 pp. 160–4를 보라).

로써 편집되었다고 믿는 학자들 또한 현재의 이 논의의 대상으로 다루어져야 할 것이다. 왜냐하면 이 주장에서 요한이 그와 같은 자료를 (그 원래 형태가 어떠한 것이든 막론하고) 편찬하기 원했던 까닭은 항상 모종의 이단, 그것도 특히 그리스도의 인격에 관련한 이단을 바로잡을 필요성이 있었기 때문이라고 묘사되기 때문이다. 그러므로 베커는 제4복음서가 가현설과 이단에 대항하는 차원에서 표적 원자료를 확대함으로써 온전히 가톨릭적인 그리스도론을 방어해내고 있다고 주장한다.[67] 포오트나는 요한복음을 '표적의 복음서'의 개정판으로서, 필경 유대계 그리스도인들(그러나 외견상으로 영지주의가 아닌 자들)을 위해서 즉 예수를 단순히 한 이적 시행자로 간주하며 교회의 '표적 전승'을 과대 평가한 자들을 위해서 집필된 것으로 본다.[68] 니콜은 제4복음서 기자가 '이적 신앙'의-이적을 행하시는 예수의 승귀하신 영광과 아울러 지상적 영광을 믿는 신앙으로서의-실제 의의를 드러내는 의도에서, 유대계 그리스도인들과 아직까지 회당의 회원으로 상존하였지만 예수에 대해 관심을 가지고 있던 유대인들의 유익을 도모하고자 표적 원자료를 편집 해석했다고 믿는다.[69] 반면에 쇼트로프(Schottroff)는 제4복음서 배후에 표적 원자료가 존재함을 받아들이면서, 한 걸음 더 나아가 이 복음서가 이적에 속하는 일들을 과소 평가함으로써-그러나 이것도 근본적으로 영지주의적 관점에 입각하여 행해진 것이다!(라고 쇼트로프는 말한다)-그 자료를 수정한다고 논증한다.[70]

67) J. Becker, *'Wunder und Christologie'*, loc. cit., pp. 130–48.

68) R. T. Fortna, *The Gospel of Signs*, 특히 p. 224.

69) W. Nicol, *The Semeia in the Fourth Gospel*, pp. 142–9.

70) L. Schottroff, *Der Glaubende und die feindliche Welt: Beobachtungen zum gnostischen Dualismus und seiner Bedeutung für Paulus und das Johannesevangelium* (Newkirchen, 1970), 특히 pp. 228–

우리가 앞으로 살펴보게 되겠지만, 그리스도론은 제4복음서 기자에게 하나의 중대한 일차적 과제로서, 그의 복음서 집필 이유에 대한 결정을 도와주는 실마리가 아닐 수 없다. 그러나 어느 정도 몰입 대상이 되어 있던 이단에 대해 그가 답변하고 있었다고 말하는 것은 정도를 지나치고 있는 것 같다. 설령, 우리가 고찰한 바대로, 요한이 영지주의화(가현설화) 경향들에 맞서 있었다는 결론에 이바지하는 자료를 제4복음서에서 만들어내는 것이 가능하다 할지라도, 그가 분명히 영지주의적 이단자들에 맞서서 변론하고 있었음을 입증하기에는 그 증거가 불충분하다. 마찬가지로 캐제만과 쇼트로프의 견해들은 접어두고라도, 제4복음서에서 일관성을 지니는 영지주의를 찾아내는 것과, 복음서 기자가 그것을 지지했다고 주장하는 것은 불가능하다. 요한의 세계와 진짜 영지주의자들의 세계는 궁극에 있어서 너무나 멀리 떨어져 있다.[71]

그러나, 스콧트와 불트만이 주의를 환기시킨 사실, 곧 요한이 어떤 경우들에는 영지주의화하는 사고 방식에 영합하는 듯하면서도 다른 경우들에는 그것에 반대하는 듯 보이는 사실은 보다 중대한 연구 과제를 던져 준다. 요한이 집필 중이던 시대에는, 그리스도교와 영지주의 사이의 교호 작용이 아직 초기적, 발전 단계에 있었다. 결과적으로, 무

---

96. 요한복음의 현재 형태가 전적으로 가현설적 그리스도론에 의존하고 있다는 *The Testament of Jesus*에 나타난 E. Käsemann의 견해를 우리는 기억한다. H. M. Teeple의 *The Literary Origin of the Gospel of John*도 제4복음서의 근거로서 표적 원자료를 받아들이고 있다. 그러나 그는 한 편집자가 이 원자료(그리스도를 헬레니즘적인 기적의 집행자로 보여주면서)를 준영지주의적(semi-gnostic) 성자-성부 신학이 들어 있는 또 다른 자료와 혼합하였고, 혼합주의적인 환경으로 인해(아마도 알렉산드리아) 혼합주의적 복음서를 만들어낸 것으로 생각하고 있다(p. 160).

71) 본서의 앞부분 pp. 89이하를 읽어 보라.

엇이 지나치게 '영지주의적'인 것인지 또 무엇이 그렇지 않은 것인지를 판단하기가–그때만 해도–어려웠었다. 결과적으로 이 단계에서 무엇이 '정통적'이며 또 무엇이 '이단적'인지를 결정하는 일도 마찬가지로 어려웠다. 사실상 요한복음서는 1세기 그리스도 교회의 두드러진 성격으로 드러나는 신학적 다양성의 한 고전적 사례가 아닐 수 없다. 요한복음의 다양성은 그 어느 분야에서보다 그리스도론 분야에서 더할 나위없이 명백하게 드러난다. 어느 때에는 예수께서 '나와 아버지는 하나이니라'(요 10:30)고 말씀하시는 것이 요한에 의해 보도되어질 수도 있고 또 다른 때에는 '아버지께서는 나보다 크시니라'(14:28)고 말씀하시는 것이 보도되어질 수도 있다. 재론하거니와, 이 복음서 안에서 예수는 하나님과 하나인 동시에 그와는 구분되는 별개 존재이기도 하다. 또 그는 '아버지께로부터' 오신 분이지만, 동시에 그는 '세상에' 들어오신 분이시다(16:28). 예수와 하나님 또는 예수와 사람 사이의 관계에 관한 한, 요한의 그리스도론은 후대에 가현설과 양자설로 정의되어진 양 극단 사이를 아주 적당히 오락가락하고 있다.[72]

차제에, 만약 요한의 복음서가 그러한 유의 정통이나 이단에 괘념하지 않았다면–또 설령 그렇다고 하더라도, 짐작컨대 복음서 기자가 자신의 신학적 진술들이 정통주의자에 의해 (나름대로의 방식으로) 사용되어질 수도 있고, 또 이단자들에 의해서도 동일하게 자신들 나름의 견해에 대한 근거로써 적절히 사용되어질 수 있도록 무방비 상태를 노출하지 않을 수도 있었을 것이다–제4복음서의 집필 목적이 (영지주의) 이단에 대한 변증이었다는 의견을 고수하는 것이 설령 불가능은

72) 더 나아가 S. S. Smalley의 'Diversity and Development in John', loc. cit., pp. 279–81을 읽어 보라.

아니라 해도 결코 쉽지는 않은 일이 된다.

4. 예전적 용도로서

우리는 요한복음서의 집필 의도에 관해 이제까지 연구되어진 여섯 가지 학설들을 고찰하였다. 그리고 또 우리는 이것들 중 어느 하나를 제4복음서 기자의 (일차적 내지 이차적) 집필 의도에 대한 정확한 서술로 받아들이는 데는 난점들이 없지 않다는 사실을 발견하였다. 제4복음서의 기록 목적에 관해서 또 하나의 보충적 제안이 있는데, 비록 학자들 사이에서 대단한 설득력을 갖는 설명은 결코 아님에도 불구하고 이것을 간략하게 언급하지 않으면 안될 것이다. 이것은 바로 복음서의 직접적 배경이 예전적이라는 견해이다.[73)]

이같은 방식의 요한복음 기록 목적을 설명한 사례는 라니(W. H. Raney)의 저서 속에서 발견되어지는데, 거기서 그는 제4복음서가 원래 초대교회 예전의 일부를 구성했으며 나중에 독창자나 성가대에 의해 영창 내지 합창되어지도록 복음서 기자에 의해 집필된 산문 찬송들을 수록하고 있다고 믿는다. 이 '찬송들'의 사례들은 대부분이 요한복음의 강론 자료에 나타나며, 제4복음서의 서론과 3장 및 10장의 일부에서, 그리고 고별 담화에서(요 14-17장) 발견된다.[74)] 그러나, 설사 이

73) 초대 교회의 예배학적 예배에 관한 용어들로써 신약성서의 문헌들을 설명하려는 시도가 일부 학계에서 유행하고 있다. 이러한 시도가 M. D. Goulder, *Midrash and Lection in Matthew*(London, 1974)에 의해 가장 최근에 마태복음(예를 들면)에 대해 이루어졌다.

74) W. H. Raney, *The Relation of the Fourth Gospel to the Christian Cultures*(Giessen, 1933). Raney는 바벨론과 애굽과 히브리 찬송가가 제4복음서 기자에게 그의 책 저술에 대한 본보기를 제공해 주었다고 믿고 있다(pp. 18f. 를 읽어 보라).

특이한 논문이 요한복음 담화 자료의 존재와 유형 배경을 설명하는 데 이바지한다 할지라도, 요한복음서 전반의 편집 배경을 해명해 주지는 않는다. 한 걸음 더 나아가, 라니의 이론 그 자체 하나가 –그의 견해에 따른–이른바 요한복음 안의 '예전적 자료'의 매우 의도적인 배열과 전후 맥락을 설명해 주지도 않는다. 이 문제를 풀기 위하여, 라니는 확신도 없이 '우연적 전위'설에 호소하고 있다. 그의 의견에 따르면, 문제의 찬송들은 뜯어지지 않는 지판(地板)들 위에 기록되어졌는데, 요한복음서의 필사본이 한 성가 지휘자(또는 교회)에게서 다른 지휘자에게로 넘겨져 가면서 전위(轉位)되어졌다는 것이다.[75]

보다 최근에 나온, 요한복음 집필의 '예전적' 의도설은, 한결 더 심각한 관심을 끌 만한 것으로서, 아일린 길딩 박사(Dr. Aileen Guilding)에 의해, 그녀의 저서 『제4복음서의 유대적 예전』(*The Fourth Gospel and Jewish Worship*)에서 개진된다.[76] 길딩 박사는 제4복음서 해석의 출발점을 그리스도교 제1세기 어간의 회당 예전에서 찾는다. 이 복음서는 구약의 성구 독송(讀誦)에 대한 그리스도교적 주석인데, 이는 그 독송집이 A. D. 1세기 이전에도 팔레스틴에서 발견할 수 있었던 것처럼, 3년 주기용으로 배역되어 있었기 때문이라고 그녀는 제시한다. 길딩의 견해에 따르면, 단지 이것만 가지고도 요한의 자료의(절기–이적–담화의 유형을 따르는) 순서가 이해되어질 수 있다. 이는 복음서 기자가 그 자신의 자료를, 문제시된 그 절기의 유대적 예배 집전시 독송되어진 오경 및 예언서의 교훈집과 상호 연관시켰기 때문이다. 이 '상호 연관'의 분명한

75) *Ibid.*, pp. 75–9.

76) A. Guilding, *The Fourth Gospel and Jewish Worship: a study of the relation of St. John's Gospel to the ancient Jewish lectionary system* (Oxford, 1960).

사례 하나가 (길딩에 의하면) 요한복음 6장에서 발견 가능한데, 거기서 이 자료–무리를 먹이신 일, 물 위로 걸으신 일 및 생명의 떡 설교–는 사상 및 언어에 있어서 유월절에 맞춘 유대 회당 독송집과의 직접적 연계점들을 드러내 보여 주며,[77] 그 독송집에 의해 결정되어진 것같이 보여진다.[78]

제4복음서에 영향을 준 배경이 본질적으로 예전적인 것이라는 가정하에서, 길딩 박사는 요한의 집필 목적을 추측하고 있다. 그녀는 복음서 기자가 유대주의의 성취로서의 예수를 나타내는 데에 무엇보다도 깊은 관심을 쏟고 있었으며(그러므로 예를 들면, 모든 유대적 절기들은 유월절–성만찬에서 성취되었다), 또한 유대주의 자체와의 융화는 불가능하다(따라서 복음서에는 '유대인'들에 대한 적대감이 나타난다)는 사실을 보여 주려 했다고 논증한다. 길딩의 견해에 따르면, 요한은 (공관복음서들 속에서는 발견되지 않는) 주의 강론 전승을 보존하기 원했는데, 그는 이 전승을 유대 예배력에 맞추어 배열하였으니 짐작컨대 그리스도교의 주요 절기 때의 예배 중에 사용할 독송집으로 꾸며졌음직하다. 이 복음서는 현재의 형태 속에서, 회당으로부터 출교당한 유대계 그리스도인들에게 적절한 도움과 위안을 제공하였다고 길딩은 결론짓는다.[79]

이 논고는 결코 적지 않은 재능과 실로 대단한 학식에 의해 개진된

77) 니산 월력에 맞춘 독법(讀法)으로써 광야에서의 만나의 선물(예를 들면 출 16장과 민 11장), 갈대 바다에서 바로의 군대가 뒤집어 엎어짐(출 15장), 그리고 그 사건들에 대한 논평을 담은 예언적 권면(예를 들면 사 54–55장)을 다루었다.

78) A. Guilding, *op. cit*., pp. 58–68을 읽어 보라.

79) *Ibid*., pp. 54–7, 229–33.

다.[80] 그러나 몇몇 논점들에서 이 글은 심각한 의문을 피하지 못한다. 첫째, 우리는 3년 주기 독송집의 사용과 그 한계점들(그리고 사실상 길딩 박사는 요한복음서의 내용과 연보〈年譜:chronology〉를 형성하는 이중적 독송 주기가 있었다고 상정한다)에 관해 확실히 알 수 없는데, 이것이 논의의 구성에 바탕을 이룬다. 뿐만 아니라, 우리는 이 독송집이 'A.D. 1세기 경에 팔레스틴에서 훌륭하게 정립되어 있었는지 그리고 그것이 충분히 재구성될 수 있는 것인지'도 결코 확신할 수 없다.[81]

둘째, 우리는 A.D.1세기 어간에 있어서 그리스도교 예전의 본질에 대해서도-성만찬을 떠나서-거의 알지 못하고 있으며, 또 제4복음서 집필에 관련하여 이른바 요한의 예전적 목적이 과연 그의 회중에 의해 받아들여지고 이해되었는지 여부에 대해서도 거의 알지 못한다.

셋째, 우리는 이 시대에 팔레스틴(또는 그 범주 밖에서) 유대계 그리스도인들 사이에서 예전상 그리스어가 사용되었는지 여부에 관해서도 전혀 아는 바 없다. 그럼에도 불구하고 길딩은 요한의 작품과 그가 의존하는 구약 독송집 사이의 관계에 70인역본(Septuagint)의 반복들이 일관성 있게 나타난다고 추론 가정하고 있다.

끝으로, 이 저서의 전체 논리는 제4복음서가 유대인(또는 최소한, 유대계 그리스도인) 수신자를 위해 쓰여진 것이라는 길딩 박사의 가정의 정확성 여부에 의해 성공과 실패가 판가름될 것이다. 이것은, 우리가 앞으로 살펴보게 될 것이지만, 부분적으로 충분히 사실이었을 수 있다. 그러나 만약 요한의 독자들이 보다 폭넓은 범주 출신들이라면, 길딩 박

80) 의미 심장하게도 A. Guilding(M.D. Goulder처럼 ; 각주 73을 보라)은 Austin Farrer의 제자였는데, Farrer는 뛰어난 독송문설 연구가였다.

81) A. Guilding, *op. cit.*, p. 6.

사의 요한복음 집필 동기 설명은 치명적인 난관들에 봉착하게 된다.

초기 그리스도교 예전이 신약성서의 문헌 편집에 다소 영향을 미쳤다는 점은 어느 누구도 의심하지 않는다. 그러나 제4복음서를 전적으로 예전 내지 독송의 차원에서 설명하려는 시도는 너무 심한 견강 부회로서, 결국 요한이 그같은 방식으로 복음서를 집필했다는 사실에 대한 바람직한 해명으로서는 실패일 수밖에 없다. 그러므로 우리가 다른 곳에서 요한복음의 집필 목적 문제에 대한 해답을 찾아야만 한다는 사실이 명백해진 듯하다.

요한의 집필 목적

그러면 요한은 무슨 이유로 그의 복음서를 집필하였는가? 공교롭게도 요한 자신이 그것을 말해 주고 있다. 이(표적들)를 기록함은 '너희로 예수께서 (그리스도 곧) 하나님의 아들이심을 믿게 하려 함이요, 또 그 이름을 힘입어 생명을 얻게 하려 함'(요 20:31)이라고 요한은 말한다. 분명히 우리는 기록자의 이와 같은 집필 의도 진술을 진지하게 받아들여야만 한다. 그의 의도는 독자들을 권하여 믿고 생명을 얻게 하려는 것 같다. 다시 말해서, 요한의 복음서는 일차적으로 복음 전도적 목적을 지닌다. 이 목적을 위해 예수의 표적 수집록이 만들어졌는데(20:30), 이것은 독자들로 하여금 복음서의 중심 인물의 진정한 정체를 이해하게 하고, 또 그를 믿음으로써 그가 전수해 주시는 영원한 생명을 받을 수 있게 해줄 것이다.

이같은 집필 목적은 복음서의 본질과도 일치한다. 정의 그대로 그리스도교 복음은 그리스도이신 예수에 관한 것으로 선포된 '좋은 소식'(εὐαγγέλιον)의 문서화된 진술이다. 복음서는 이렇듯 독특한 문학적 장르(genre)로서, 어느 면에서 복음서 선포와 관련되어진다.[82] 그렇다면 요한의 집필 의도를 찾아내기 위해 우리가 더 나아갈 필요가 있는가? 만약 그가 한 복음서를 썼다면, 무엇보다 먼저 그 복음을 선포하고 있지 않았겠는가?

불행하게도 이 문제와 그 해결이 그리 쉽게 처리되어질 수는 없다. 첫째로 요한의 진술은 매우 일반적인 것으로서, 그 자체는 그가 염두에 두었던 독자들에 관해 우리에게 아무 말도 해주지 않는다. 뿐만 아니라, 요한복음 20:31의 그리스어 본문은 원문상의 이독(異讀)을 보이는바, 이것이 복음서 기자의 집필 의도 진술에 두 가지 상이한 의미를 부여한다. 보다 나은 필사본[83]은 ἵνα πιστευήτε(현재 가정법)를 따르는데, 그 의미는 '(이것들이 기록되어진 것은) 너희로 하여금 계속하여 믿게 하려 함이라'는 것이다. 반면에 나머지 사본들은 ἵνα πιστεύσητε(단회 과거 가정법)으로 기록하는바, 이는 '너희로 하여금 처음으로 믿게 하려 함이라'는 의미이다. 첫 본문을 따를 경우 요한복음서는 그리스도인들을 위해 기록되어진 것이며(그렇게 보일 수 있다), 둘째, 본문의 경우에는 불신자들을 위해 쓰여진 것이다.

그러나 요한의 이 복음서 집필 의도 서술은 우리에게 도움이 될 만한 몇 가지 중요 단서들을 제공하며, 아울러 현재의 논제에 대한 충분한 논의의 길을 우리에게 열어 준다.

82) 참조. C. F. D. Moule, 'The Intention of the Evangelists', *loc. cit.*, 특히 pp. 175f.
83) ℵ*B θ.

1. 보는 것과 믿는 것

제4복음서 기자가 자신의 집필 의도를 밝힌 요약 진술(20:30, 31)은 부활 이후-예수와 도마가 보는 것과 믿는 것에 대해 이야기하는 가운데에도 나타난다. 의심 많은 도마는 부활하신 그리스도와의 대면을 통해(26, 27절) 마침내 예수를 주님과 하나님으로 고백하기에 이른다(28절). 도마의 고백에 응답하여 예수는 전에 의심하던 자가 믿게 된 것이 단지 그가 영광을 받으신 주님을 육안으로 볼 수 있도록 허락받았기 때문이었는지 여부를 물으신다. 예수는 이어서 육안으로 보지 못하고서도 영적으로 믿는 자들-즉, '보는' 자 내지 이해하는 자들-은 복이 있다고 말씀하신다(29절). 달리 말하자면, 지상의 예수의 형상을 보든지 못 보든지, 신앙은 궁극적으로 영적인 인식의 문제이다. 그리고 제4복음서 기자는 이 복음서가 그와 같은 의도를 정확히 염두에 둔 상태에서 집필되었다고 언급한다. 이는 나열되어진 증거의 바탕 위에서, 그의 독자들로 하여금 예수가 생명을 주시는 메시아이시며 하나님의 아들이심을 볼 수 있는 안목을 지니게 하려 함이다(31절).

'본다'는 동사들은 제4복음서에서 매우 중요하며, 그러므로 이 동사들은 어김없이 신앙이라는 개념과의 연관 속에서 사용된다.[84] 한 예로, 사마리아인은 자신이 이제까지 행한 일들을 낱낱이 말씀해 주신 그 분을 '와서 보라'고 권하였던 바 많은 사라미아 사람들이 마침내 예수를

84) 참조. G. L. Phillips, 'Faith and Vision in the Fourth Gospel', in F. L. Cross(ed.), *Studies in the Fourth Gospel*, pp. 83-96. '듣는 것'에 대한 동사는 '믿는 것'과 '사는 것'의 개념과 흔히 연결되어 있으면서 제4복음서에서 또한 중요한 구실을 한다(참조. 요 5:24f; 10:27f; 14:24; 18:37 등등.).

구주로 믿었던 것이다(39-42절). 또한, 한 맹인의 시력이 예수에 의해 회복되었는데, 결과적으로 그는 육적으로 보았을 뿐만 아니라(9:7), 예수를 하나님의 아들로 믿기도 했던 것이다(35-38절). 그리고 사랑받은 그 제자가 예수의 무덤 속에 들어가 이론의 여지가 없는 부활의 증거를 발견하였는데, 이때 '그가 보고 믿으니라'(20:8)고 보도되고 있음을 우리는 본다.

그러므로 목격과 신앙의 두 개념은 요한복음서에 나오는 예수 자신의 말씀들 속에서 튼튼이 한데 묶여지며,[85] 마침내 앞에서 언급된 구절 속에서(20:29) '보는 것과 믿는 것'에 관해 도마에게 하신 말씀에서 절정에 이르는 것이 결코 우연일 수 없다. 더 나아가, 제4복음서에 있어서 '보는 신앙'의 중요성은 요한이 사용하는 '빛'과 '어둠' 사이의 매우 특징적인 대비에 의해 강조되어진다. 이 발상은 그것의 헬레니즘적 배경뿐만 아니라 유대적 배경을 지니는 것으로서[86] 이 복음서의 서두에서 하나님의 말씀(the Word)에 대한 묘사어로 도입되어진다. 그분 곧 우리가 결국은 예수임을 알게 되는, 그분 안에서 빛과 생명의 발견이 가능하다. 반면에 하나님에 대해 적대적인 세상에는 오직 어둠과 죽음만이 존재할 따름이다(요 1:4, 5). 빛으로서의 예수와 어둠으로서의 그의 원수들-동시에 하나님의 원수들-사이의 대비는 제4복음서 전체에서 특히 예수와 '유대인들' 사이의 논쟁에서 팽팽히 드러난다. 여기서 빛과 어둠, 선과 악, 생명과 사망 사이의 대립은 거의 교독 문구처럼 나타나고 있다. 그리고 예수 그분의 본체를 보고 영접하기를 거부하는 자들은 스스로에게 심판을 부르게 된다는 사실이 더더욱 명백하여진

85) 요 6:36; 12:44-6; 14:9f. 등등.

86) 참조. 쿰란 문헌에서 그것이 나타남. 본서의 앞부분 pp. 53f, 120-122을 읽어 보라.

다. 한 예로, 요한복음 8장에 나오는 예수의 실제 기원에 관한 논의는 그 자신 스스로가 '세상의 빛'(12절)이라는 주장을 서두로 하여 전개된다. 그리고 그 논의는 대적자들이 예수를 향해 돌을 들어 치려 하자 예수가 그들로부터 몸을 피하심으로써-물론 문자적으로뿐만 아니라 상징적으로-끝나고 있다(59절). 요한복음 9장에서는, 한 눈먼 사람의 치유 사건이 '보는 것'과 '못 보는 것' 사이의 필연적 대조를 유도하는 빌미가 된다(39-41절). 또한 요한복음 12장에 수록된 이 주제에 대한 전형적 취급 기사에서는(여기서 요한 자신의 논평들은 보는 것과 믿음에 관한 이사야 6장의 구절에 의해 뒷받침되어진다) '빛을 믿는 것'과 '어둠에 다니는 것'이 서로간에 팽팽한 대립 상태로 부각된다(35-36절). '나는 빛으로 세상에 왔나니 무릇 나를 믿는 자로 어둠에 거하지 않게 하려 함이로라'(46절).

요한복음의 수신자

그러므로 결과적으로 요한복음서는 그 독자들로부터 '보는 것'과 '믿음'을 촉구하고자 (처음으로든지 아니면 지속적으로든지) 집필되어진 것이다. 복음서 기자는 수신자들에게-이 복음서 내의 일부 인물들 같이, 그리고 언급되는 다수의 유대인들과는 달리-'보고' 믿고 생명을 얻기를 원한다. 그러나 이것이 요한의 의도라고 할지라도, 우리는 여전히 복음서 자체의 증거를 천착하여 그가 어떤 특정 독자를 염두에 두었었는지 파헤치는 일을 시도하는 것이 바람직하다. 그가 한 복음서를 써서 아무런 수신자도 염두에 두지 않은 채 그것을 푸른 바다에 띄우지는 않았을 것으로 추정할 때,[87] 과연 우리는 요한이 누구를 위해 집필했는지 알아낼 수 있을 것인가? 본장 초두에서 우리는 요한이 이방인들을 염두에 두었을 수 있음에도 오로지 그리스 세계만을 대상으로 집필하고 있다는 견해를 거부할 수 있는 몇 가지 이유를 찾아내었다. 그러므로 그 외 네 부류의 독자 집단이 상정되어질 수 있다. 그리고 이들을 검토함으로써 우리는 제4복음서의 '복음 전도적' 목적에 보다 분명하게 초점을 맞출 수 있을 것이다.

1. 믿지 않는 유대인들

만약 요한이 그의 독자들로 하여금 생명을 주시는 예수-메시아의 참 실체를 '보게' 하려는 의도에서 한 편의 복음 전도 문서를 집필했다면, 그가 불신자들을 위해, 그들을 믿음에로 이끌고자 집필하였다고 논증될 수 있을 것이다. 그러나 이 경우, 불신자들은 누구였는가?

이 질문에 대한 한 해답이 1928년 마르부르크의 칼 보른호이저(Karl Bornhaüser)에 의해 제시되었는데, 그는 요한의 복음서가 믿지 않는 유대인들을 위한 단도 직입적인 선교 문서로서 기록되어졌다는 학설을 내어 놓았다.[88] 이스라엘 사람들만이 이 문서를 온전히 이해할 수 있었

87) Barrett, p. 115와는 견해가 다르지만 제4복음서와 그 저자가 특수한 사고세계와 관련되어 있다면, 요한이 '주로 그 자신을 만족시키기 위해' 썼다고 믿기 쉽다. 그의 복음서는 쓰여져야만 했다고 주장한다. 즉, '그것이 또한 읽혀질는지 아닌지 하는 것은 그의 염려할 바가 아니었다'는 것이다. Bultmann도 pp. 698f.에서 마찬가지 견해를 취한다. '정확한 독자층이 분명하게 나타나 있지 않다'(p. 698 각주 6). 요한복음서의 특성은 이 견해에 반대되는 영향을 주고 있는 것으로 보인다. 본서의 뒷 부분 pp. 279-285를 읽어 보라.

88) K. Bornhaüser, *Das Johannesevangelium : eine Missionsschrift für Israel*(Gütersloh, 1928).

는데, 이는 그 문서가 유대주의 및 '유대인들'에 관심을 두고 있을 뿐만 아니라 세례 및 주의 만찬이라는 그리스도교 (신자들의) 의식들의 제정에 대해 단 한마디 언급도 하지 않고 있기 때문이라고 보른호이저는 논증한다.[89] 그러므로 이것으로 미루어, 요한의 복음서는 예수가 메시아라는 그리스도교의 주장을 정당화하는 방편으로서, 동시에 유대 민족의 구성원을 신앙에로 이끌어 내는 방편으로서, 유대 민족 전반을 위해 보내어진 것이다.[90]

이 견해의 한 변형으로서는, 요한의 복음 전도가 팔레스틴 밖의 디아스포라 상태에서 회심치 않은 유대인들을 겨냥했다는 주장이 있다. 팔레스틴계에 대립되는 헬라파 유대인들을 수신 대상으로 삼고 있었다는 견해는 아마도 이 복음서가 (최종판에서) 헬라어로 기록되어진 사실과, '메시아'나 '랍비' 같은 용어들이 용의 주도하게 번역되어지고 있는 사실 등에 의해 추론된 것 같다.[91] 전적으로 팔레스틴계의 수신자들이라면, 짐작하거니와, 이와 같은 조건들을 필요로 하지 않았을 것이다. 그래서 반 운니크(W. C. Van Unnik) 같은 이는 제4복음서 기자가 이산(離散: dispersion) 현지의 한 회당–유대인들 및 독실한 자들(Godfearers)로 구성된–사람들에게 예수가 이스라엘의 참 메시아이심을 알게 하고자 이 글을 썼다고 믿는다.[92] 이와 마찬기자로 로빈슨(J. A. t. Robinson) 박사는 요한의 복음서가 메시아 예수의 좋은 소식을 그리스어 사용의 디아스포라 유대주의 세계에 전하려는 시도라고 주

89) *Ibid*., 특히 pp. 158–63. 또한 on 'the Jews' in the Fourth Gospel, pp. 19–23을 읽어 보라.

90) 참조. Bultmann, p. 698. 불트만은 제4복음서 기자에게 있어서 그의 잠정적인 독자층이 기독교인인가 아닌가 하는 것은 관계없는 일이었다고 주장한다.

91) 요 1:41, 38; 20:16; 참조. 4:9; 7:35; 11:51f.

92) W. C. Van Unnik, 'The Purpose of St. John's Gospel', *SE* I(1959), pp. 383–411.

장하였다.[93]

그러나 유대인들-팔레스틴 거주 또는 이산지 거주를 막론하고-을 그리스도 신앙으로 회심시키려고 집필된 선교 문서였다는 의미에서, 제4복음서를 복음 전도 책자로 간주하는 데는 중대한 두 가지 난관이 있다. 첫째, 이 복음이 집필된 당시 이스라엘에 대한 그리스도교 선교는 대체로 끝나 있었다. 요한복음 안에 매우 자주 모습을 드러내는 '유대인들'은 잠재적 그리스도인들이 아니라 예수의 적들이었다. 결과적으로 그들은 변론하는 자들로 등장한다. 요한복음서 안의 뭇 논쟁들은 유대적 정황 속에서 빚어진다. 그리고 비록 일부 유대인들이 예수를 믿는다 해도(12:11), 그 대다수는 예수의 죽음에 책임을 져야 한다. 이 사실이 A. D. 70년의 파멸 이후의 상황을 반영하는 바, 이때 유대주의 내부의 뭇 당파 및 집단들-공관복음서들 속에서 극명히 드러난다-은 사라져 버렸고, 오직 바리새주의만이 잔존한다(이로써, 단순히 '유대인들'로 일컬어진다). 그리고 이때 '유대인들'은 예수를 배척한 자들이었다.[94] 유대주의에 대한 요한의 태도는 따라서 선교적이라기보다 오히려 변론적이었을 가능성이 짙다.[95]

둘째로, 더욱 심각한 문제로서, 믿지 않는 유대인이 단순히 이 복음서를 읽음으로써 회심되었을 가능성은 과연 존재하는가? 그가 믿지 않는 유대인들을 회심시키기 위해서 그 자신의 신앙을 생각해 보고 진

93) J. A. T. Robinson, 'The Destination and Purpose of St. John's Gospel', *loc. cit.*

94) 참조. 마 28:15.

95) 참조. Brown I, pp. lxx-v. 요한이 '유대인들'이라는 용어를 사용함에 있어서 고의적으로 시대에 뒤떨어진 표현을 하고 있는 것이 아니고, 그것을 통해서 그는 그의 시대의 유대인들이 '예수의 사역 기간 동안 그에게 적대시하였던 유대 관원들의 영적 후손들'이 된다는 그의 신념을 나타내고 있다는 사실을 Brown은 지적하고 있다(p. lxxii).

지하게 재점검하였을 가능성은 있다. 그러나 만약 요한이 일차적으로 유대주의 세계에 복음을 전하기 위한 길을 모색하는 데 주력하였을진대, 과연 그가 유대인들에게 복음의 중요한 적대자들–하나님 자신에 대한 원수들–의 역할을 부여하며 그들을 공공연한 적대감을 가지고 다루는 것을 통해 이 일을 성공시키려 했는지(아니면 성공시킬 수 있었는지) 의심하지 않을 수 없다.

이상의 이유들로 인해 우리는 요한복음이 믿지 않는 유대인들을 위해 복음 전도 문서로 쓰여졌다는 견해를 받아들일 수 없다.[96] 어느 경우이든, 잠시 후 살펴보게 되겠지만, 제4복음서의 성격과 내용은 그 수신자가 주로 그리스도 교회 밖이 아니라, 그 내부에 있었던 것으로 상정케 한다.

2. 디아스포라 현지의 유대계 그리스도인들

비록 제4복음서 기자가 이산 현지의 헬라파 유대인들을 위해 집필하

96) Schnackenburg I, pp. 165–7와는 견해가 다르지만, 흩어져 있는 유대인들에게 복음을 전하려는 것이 요한복음의 주된 목적이 아니었다 할지라도, 그는 그것의 선교적 의도를 배제하지 않는다. W. A. Meeks, *The Prophet-King*, p. 294를 또한 참조하라. 그는 요한복음 전승의 상당한 부분이 '강한 유대인 공동체와 더불어 선교적이고도 논쟁적인 상호 작용의 유동적 상황에 의해 형성되었다'고 생각한다. 그리고 S. Pancaro, 'The Relationship of the Church to Israel in the Gospel of St. John', *NTS* 21(1974–5), pp. 396–405를 참조하라. 그는 요한이 '유대인 청중을 위해 집필한 한 유대인'이라고 주장한다(p. 396). 더 나아가 J. L. Martyn, *History and Theology in the Fourth Gospel*, pp. 45–8 및 그밖의 여러 곳을 읽어 보라. 또한 W. A. Meeks, '"Am I a Jew?": Johannine Christianity and Judaism', in J, Neusner(ed.), *Christianity, Judaism, and Other Grece-Roman Cults*, vol. I : *New Testament*(Leiden, 1975), pp. 163–86. 요한이 사마리아인 개종자들을 얻기 위해(또는 가르치기 위해) 그의 복음서를 썼다는 암시는 전적으로 추론에 불과하다. 본서의 앞부분 p. 123의 각주 140을 읽어 보라. C. H. Dodd는 제4복음서가 이교주의로부터 개종자들을 얻기 위해 쓰여졌다고 믿는다(*IFG*, pp. 6–9).

지는 않았다 할지라도, 그가 (최소한 부분적으로) 디아스포라 현지의 유대계 그리스도인들을 위해 썼다는 가정이 제기되어 왔다. 이것은 브라운이 제시한 시론(試論)으로서,[97] 그는 A. D. 1세기 종반 어간에 그리스도인들이 겪었던 위기에 주의를 집중한다. 이때를 즈음하여 정통 유대 세계의 대 그리스도교 태도가 전보다 더욱 경화하였으며, 예수를 고백하면서도 회당과의 관계를 깨지 않은 유대인들은 바야흐로 잠재적 율법 파괴자들이라는 혐의를 받았다. 그리고 이것은 예루살렘 성전 파멸 이후 유대주의의 주축을 이루었다. 이를테면 80년대 어간에는 그리스도교 유대인들을 회당으로부터 축출하려는 조직적 시도가 꾸며졌었다. 우리는 이것을 이 기간에 회당에서 독송되어진 18편 축송집(셰모네 에스레, Shemoneh Esreh)을 통해 알 수 있다. 이 축송시의 제12편(A. D. 85년경)은 이단자들, 특히 유대계 그리스도인 각파의 사람들에게 퍼붓는 저주였다. 더욱이 가말리엘 2세의 주도 아래 A. D. 90년경 얌니아에서 열린 유대인 총회는 비국교도를 유대주의 신앙에서 축출하는 공식적 파문 제도를 도입하였다.

브라운은 논하기를, 제4복음서가 어김없이 이러한 상황 아래서, 예수를 믿는 그들 자신의 신앙과 유대주의에의 충정 사이에서 갈등하는 유대계 그리스도인들에 대한 호소임을 보여 주는 징후들이 없지 않다는 것이다. '유대인들'을 겨냥하는 요한의 변론은 그들에게 적용하려는 것이 아니었다. 확실히 제4복음서 기자가 예수를 메시아로서 또한 모든 유대적 절기 및 제도들의 성취 구현으로서 강조한 것은, 그들이 회당 안에 머물러 있도록 허락받는 경우에는 하나의 힘이 되었을 것이

97) Brown I, pp. ixxiii－v. 참조. 또한 W. Wilkens, *Zeichen und Werke : Ein Beitrag zur Theologie des 4 Evangeliums in Erzählungs und Redestoff*(Zürich, 1969).

고, 그들이 떠날 것을 강요받는 경우에는 하나의 격려가 되었을 것이다. 한 걸음 더 나아가, 요한의 복음서 안에는 출교(ἀποσυνάγωγος 회당에서 축출됨)에 관한 세 차례의 언급이 나온다.[98] 그런데 두 번에 걸쳐 제4복음서 기자는, 유대인들에 대한 공포를 스스로 극복하고서 마침내(회당으로부터의 축출 위협에도 불구하고) 공개적으로 예수를 시인한 사람들 즉 고침받은 한 맹인과 아리마대 사람 요셉의 사례를 소개한다.[99] 브라운은 요한이 디아스포라 현지의 회당들에 소속된 유대계 그리스도인들에게 이러한 사람들의 선례를 좇을 것을 촉구하고 있다는 결론을 내린다.[100]

이 추론은 매력적이며, 또 제4복음서 자체에서 이를 뒷받침할 만한 일말의 증거를 이끌어 낼 수도 있다. 그러나 제4복음서 기자가 예수의 메시아적 정체를 드러내 보이는 데 특별히 주력하는 것이 사실이라 해도, 요한의 그리스도론의 본질은 (앞으로 살펴보게 되겠지만) 그의 독자가 디아스포라 현지의 유대계 그리스도교권에만 오로지 국한되지 않음을 상정케 한다. 제4복음서가 보다 폭넓은 독자층을 겨냥했을 가능성은 우리로 하여금 요한이 수신 대상으로 삼고 있는 제3의 집단을 고찰하게 만든다.

3. 그리스도인들

'복음서'는 불신자들을 위한 선교 문서가 된다는 의미에서 복음전도

98) 요 9:22; 12:42; 16:2.
99) 요 9장 (34-8절을 보라) ; 19:38(참조. 또한 니고데모, 39절).
100) Brown I, p. lxxv.

적일 수 있는 것이다. 만약 요한이 그러한 문서를 집필하였다면, 특정 독자들을 염두에 두지 않은 채 그 일을 했을 가능성은 희박하다. 그리고 마가나 마태나 누가의 경우에도 동일한 논리가 적용될 수 있다. 그럼에도 불구하고 우리는 그와 같은 집필 목적에 부합하는, 요한복음의 적합한 독자층을 아직까지 찾아내지 못하였다.

그러나 독자들을 격려하기 위해서, 동시에 그들의 신앙을 촉구하여 그들로 하여금 그리스도인 생활 속에서 성장하도록 도와 주기 위해 쓰여진 문서라는 의미에서, '복음서'는 복음 전도적 내지 선포적일 수도 있다. 요한이 그러한 문서를 집필했다면, 그가−최소한 그 어떤 의미에서든 외곬의 관심을 가지고−디아스포라 현지의 그리스도교 유대인들을 위해 글을 쓰고 있을 필요가 없었다는 사실을 우리는 이미 고찰하였다. 그럼에도 불구하고, 요한의 복음서가 어느 곳에나 흩어져 있는 그리스도교 신자들을 위해, 즉 그들을 일깨워 온갖 난관들에 직면하여 예수를 '보고' 믿는 자리에 나아가게 하기 위해, 쓰여졌을 가능성은 있다. 만약 그렇다면, 원본일 가능성이 높은, 요한복음 20:31의 보다 나은 독문(讀文)으로 입증된 문구(ἵνα πιστεύητε, 히나 피스튜에테 : '너희로 하여금 예수께서 그리스도 곧 하나님의 아들이심을 끊임없이 믿게 하고자')는 이 집필 목적과 부합한다.

분명히 제4복음서는 그리스도의 제자들을 위한 복음서이다. 성 요한의 그리스도는 사람들에게, 생명을 얻을 것뿐만 아니라 그 안에서 계속하여 생활할 것도 촉구한다. 이 복음서의 심오한 교훈, 특별히 예수의 담화들 속에 수록된 그것은 그 신앙의 근본 원리들에 대한 설명이라기보다는 차라리 그 신앙을 이해하고 생활화하라는 권면이다. 더 나아가, 그 어떤 유대인 신자들이라도 명백히 이 권면 대상에 포함되지만, 또 한편으로 요한은 이방 그리스도인들을 위해서도 이 글을 쓰고 있다. 이 복음서에 관련하여 배타적인 요소는 하나도 없다. 정반대로 그 시각은 무한히 넓게 열려 있다. 의심의 여지없이 자체의 기본적 전승에서보다는 오히려 그 궁극적 독자권에서 그들의 기원을 찾는, 이 작품상의 (이차적) 헬라 계통의 인물들은 제쳐 놓고라도, 교회는 성격상 포용적인 것이라는 요한 나름의 신조를 보여주는 여러 가지 징표들이 있다. 예수는 세계의 구원자로서, '모든 사람'을 자신에게로 이끄신다.[101] 그는 양무리 안으로 이끌어 들여야 할 '다른 양떼'를 가지시며, 세계인들이 자신을 믿도록 간구하신다.[102] 그러한 언급들 속에 포함되어 있는 이방인들 역시 요한복음서에서 결정적 순간에, 곧 그리스도의 영화 전야에 나타나 '예수를 보게' 해달라고 간청한다.[103]

따라서 요한은 예수의 사건을 시간의 한 정점(Moment)에 국한하지 않고 영원에로 개방하며 또한 동일한 방식으로 그것을 이스라엘에 국한시키지 않고 하나의 민족 집단 이상의 세계에 개방하고 있다. 요한의 복음서가 결국 실제적으로는 매우 폭넓은 독자권을 염두에 두었을 수 있다. 그리고 어느 독자가 예수에 관해 최초로 아는 것을 방해할 요소는 전연 없었겠지만, 또 한편으로 요한이 어떤 배경의 독자든지-설령 그들이 상당히 지성적인 독자들일 가능성이 있다 할지라도-그리스도교 신앙의 성장과 성숙을 지향하는 데 도움을 필요로 하는 자들이라

101) 요 1:29; 3:17; 12:32; 참조. 4:42.

102) 요 10:16; 17:20f.

103) 요 12:20f., 여기에서 Ἑλληνες가 유대교 개종자나 헬레니즘적 유대인들을 의미하지 않고 이방인들을 의미한다고 추정함. C. K. Barrett, *The Gospel of John and Judaism*, p. 18도 같은 견해를 피력한다.

면 그들의 유익을 위해 집필했을 가능성은 상존한다.[104)]

그렇다고 할지라도, 우리는 요한복음서의 내용에 대해, 그것도 특히 그의 그리스도론의 특징적 본질에 대해 완전한 설명을 얻지 못했다. 그가 어느 곳에든 흩어져 있는 모든 그리스도인들을 위해 집필한 것이 사실이지만, 또 한편으로 그가 특정한 집단을-이 경우 특정한 그리스도인 집단을-염두에 두었을 개연성은 (이미 앞에서 암시한 대로) 매우 높다. 만약 찾을 수 있다면, 과연 어디서 그들의 모습을 찾을 수 있는가? 이 질문에 답하려면, 우리는 요한복음의 상정 가능한 독자권 중 제4의 집단에로 눈길을 돌려 볼 수 있을 것이다.

4. 요한의 교회

제4복음서가 원래, 이 책의 기본적 전승 형성에 이바지하였고 또한 이 책의 최종 간행에 기여한 실제 생활 현장에 뿌리를 내리고 있다는 사실은 아무리 강조해도 지나치지 않는다. 일차적으로 요한이 그의 주변의 어떤 특정 집단에 대한 민감한 배려 없이 집필하였다는 가정은 거의 성립 불가능하다. 그 경우 요한의 교회 또는 공동체보다 더 자연스런 집단이 어디 있겠는가?[105)]

104) 참조. 더 나아가 G. MacRae, 'The Fourth Gospel and *Religionsgeschichte*', *CBQ* 32(1970), pp. 13-24, 특히 23f. '요한은 하나님의 아들 예수의 보편성과 특수성을 모두 주장하고자 하고 있다.' 그러나 결국 그의 메시지는 예수께서는 오직 기독교의 관계 위에서만 이해되어질 수 있다는 것이다(p. 24). 아마도 요한복음 20:31은 어떤 청중을 염두에 두고 한 말일 것이다. 예수를 '메시아'로 인정하는 신앙이 요한의 독자들 가운데 유대인들에게 특별한 호소력을 지니고 있었을 것이며, 예수를 '하나님의 아들'로 인정하는 신앙은 이방적인 종교적 배경 (그곳에서 '신들의 아들들'은 널리 알려져 있었다) 하에 있는 자들에게 특별한 매력을 느끼게 해주었을 것이기 때문이다.

105) 제4복음서의 무대에 대한 기술로서 '교회' 또는 '공동체'라는 용어는 '(요한) 학파'라는

그런데 이처럼 독특하게 요한적인 그리스도교의 형태로 인정된 집단으로 성장해 간 그 교회의 본질을 캐는 연구는 현재 진행 중에 있다.[106] 이 탐구의 몇 가지 요소들에 대해 설명해야 할 필요가 있다. 예를 들면, 그와 같은 요한 전승의 기원이나, (사실일 경우) 그 전승의 전수 과정에서 사랑받은 그 제자에 의해 연출된 역할이나, 요한 문학의 전체 집성 자료의 상이한 부분들 사이의 상호 관계 등이다. 그러나 예수께 헌신했을 뿐만 아니라, 요한을 그리스도의 제자도와 생활의 대표적 전형으로 믿고 따르는 일단의 그리스도인의 존재는 의문시될 수가 없다. 앞장에서 서술한 대로, 제4복음서 그 자체가 작성된 방식으로 미루어, 이같은 유의 공동체의 존재를 상정할 수 있는데, 그 공동체 안에서 한 전승이 전수되어지고 독특한 방식으로 발전되어졌던 것이다. 제4복음서의 결미 단락(요 20:20-25)의 경우 역시 마찬가지로서, 여기서 사랑받은 그 제자의 증거가 지니는 중요성이 새삼 확증되고, 복음서의 증언에 대해-사랑받은 그 제자는 이에 대해 책임을 지닌다-그를

표현보다 더 낫다. 왜냐하면 후자는 실재적인 상황에 적합할 수도 있고 또한 적합하지 않을 수도 있는 특수한 의미를 담고 있기 때문이다. 그러나 R. A. Culpepper의 *The Johannine School*(Missoula, Montana, 1975)를 읽어 보라. 고대의 학술적인 학파들을 연구함으로써 Dr. Culpepper는 요한복음이 비슷한 환경에서 자라난 하나의 또는 그 이상의 회원들에 의해 편집되었다는 암시를 평가해 보았다. 그는 요한의 교제가 그 사랑받는 제자에 의해 근거가 닦여지고 가르치는 일과 배우는 일 그리고 예배하는 일을 그 목적으로 하여 그의 주변에 모여서 된 것으로서, 사실상 그러한 '학파'였다는 결론을 내리고 있다(특히 pp. 261-90을 보라). O. Cullmann은 *The Johannine Circle*, p. 86 그리고 여러 곳에서 '교회'와 '공동체'라는 용어를 이러한 문맥에서 인정하고 있다. 그러나 그는 제4복음서가, 사랑받던 제자(그는 사도 요한이 아니라 제4복음서 기자였다. p. 84)의 정신에 영향을 받은 '주변적 유대주의'(그가 명명한 바대로) 안에 있었던 여러 그룹들이 한데 어울려 행동하도록 만들었던 어떤 상황 가운데서 생겨나게 되었다는 그의 신념에 비추어서, '요한의 집단'이라는 표현을 더 지지하고 있는 것으로 보인다.

106) D. M. Smith, 'Johannine Christianity : some reflections on its character and delineation' *NTS* 21(1974-5). pp. 222-48을 읽어 보라.

둘러싼 교회 집단에 의해 진실 증명이 덧붙여진다(24절).

제4복음서의 집필 목적을 밝히는 열쇠를 찾을 수 있는 곳은 바로 이곳, 요한의 교회 안에서이다. 필연적으로 요한은 예수 전승의 기원을 서술하며, 팔레스틴 및 그밖의 세계에 대한 그리스도교 선교의 최초 단계들을 비쳐 보여 준다. 그러나 이 복음서의 최종적 형태 형성의 직접적 원인과 그것의 지중해 세계 진출 이유 등은 그 책이 탄생시킨 지역 교회의 뭇 요구에 직접적으로 연관되어 있는 듯하다. 요한의 복음서의 특정한 내용이 그러한 요구들을 조명하는 데 이바지하는 일이 이로써 가능해진다.

우리가 앞장에서 논한 대로 제4복음서의 구조적 중심은 요한의 일곱 표적 선집 속에서 찾아져야 한다. 그러나 궁극적으로 그 표적들이 지향하는 신학적 중심점은 의문의 여지없이 그리스도론적인 것이다. 그 표적들은 생명을 부여하는 사역과 영화 과정 서술의 주인공인 그분의 진정한 정체를 밝혀 준다. 이것은 다시금 요한의 복음서 집필시 선언된 기록 목적과도 일맥 상통한다. '오직 이것(표적들)을 기록함은 너희로 예수께서 하나님의 아들 그리스도이심을 믿게 하려 함이요'(요 20:31).

요한이 그리스도와 하나님의 아들이신 예수에 관해 특별히 강조하게 된 연유는 도대체 무엇인가? 그의 그리스도론에는 뚜렷한 다양성이 있으며, 그것에 관해 우리는 이미 고찰한 바 있다. 요한복음에 나타난 예수는 하나님과 함께하시는 분일 뿐만 아니라 그와는 구분되는 분이다. 그는 하나님으로부터 파송된 메시아이면서도(요 4:25, 26), 어떤 일도 자신의 권위에 따라서 행하지 않는다(8:28). 이러한 양가(兩價) 병존적 견해는 요한으로 하여금 이단이라는 비난을 받을 수 있게-아니 실제로 받게-했을 뿐만 아니라, 2세기에 이르러 제4복음서의 이단적(영지주의적) 이용을 촉발했던 것이다.[107] 동일한 논리로, 이레니우스나 터툴리안 같은 2세기의 저술가들이 시간을 낭비하는 인상을 보이지 않고 요한의 정통성에 대한 성공적 변호에 도달할 수 있었던 것이다.[108]

요한은 그와 같은 '정통' 또는 '이단'을 염려하지 않는다. 그의 그리스도론은 너무나 다양해서 그러한 노선들이-적어도 그에 의해- 도출되기는 힘들다. 그러나 그는 독자들에게 완전하게 이루어진 그리스도론을 내어 놓는 일에 관심을 쏟고 있다. 즉, 그것이 어렵다고 느끼는 자들로 하여금 예수께서 그의 참 근본이신 '하나님께로부터' 오셨음을 상기하게 하는 일과, 예수가 육신으로 화하신 '그 말씀'이라는 사실을 인정하기 싫어하는 자들로 하여금 그가 실제로 '세상에' 오신 것을 납득케 하는 일 등에 관심을 쏟는다.

이 독자들은 누구이며, 어째서 요한은 이런 방식으로 그들에게 말하고 있는가? 우리는 이미 요한의 복음서가 유대적 배경을 지닌 사람들뿐 아니라 이교적 배경에서 온 사람들까지 포함된, 혼합된 신앙인 독자권을 위해 집필되었다는 견해를 제시한 바 있다. 이 두 신앙인 집단

---

107) 본서의 앞부분, pp. 129-130, 152-153을 읽으라. 참조. W. Bauer, *Rechtglaübigkeit und Ketzerei im ältesten Christentum*, ed. G. Strecker(Tübingen, 1964^2), pp. 189f., 208-15(ET *Orthodoxy and Heresy in Earliest Christianity*, London, 1972, pp. 187, 206-12). 알렉산드리아 계통의 영지주의자들이 제4복음서를 사용한 것에 관해서는 J. N. Sanders, *The Fourth Gospel in the Early Church*, pp. 47-66을 읽어 보라.

108) 참조. J. N. Sanders, *op. cit,* pp. 66-84. 또한 S. S. Smalley, 'Diversity and Development in John', *loc. cit*., p. 281. 더 나아가 T. E. Pollard, *Johannine Christology and the Early Church* (Cambridge, 1970)를 참조하라. 특히 요한의 그리스도론의 특성을 다룬 pp. 18f.를 읽어 보라.

들이 바로 그 요한의 교회에 속해 있었으며, 그 안에서 이러한 문제들이 발생했다고 추론하는 것이 합리적이다. 이제 우리 모두 제4복음서의 기록을 결과적으로 가능하게 했던 그 교회 내의 상정 가능한 상황을 고찰해 보자.

1세기에 있어서 그리스도 교회는 전반적으로 어려운 때를 맞이하고 있었다. 외부적으로는, 로마 국가로부터의 박해가 점점 더 가혹화되며 보다 더 조직화되어 갔다. 내부적으로는, 특별히 분리주의 내지 비정통적인 태도와 사상을 지닌 사람들에 의해 야기된, 신앙과 행위의 문제들이 있었다. 짐작컨대, 요한의 공동체 내에서는 내부적 갈등이 또한 그들의 존재를 자각하게 만들었을 것이다. 그러나 이 문제들은 바울의 갈라디아 교회들에서 유대주의자들에 의해 제기된 것들과 같은 문제는 전연 아니었다. 갈라디아 교회의 경우 지나치게 율법 의존적인 정통적 유대 배경의 그리스도인들이 교회 회원 입회 자격 내지 탁상 교제 입회 자격에 대한 독단적 규정들을 고집하였던 것이다. 그리고 우리가 이미 논증한 바대로 요한의 교회가, 그리스도교와 이교주의가 서로 얽혔을 때 결과적으로 창궐했던 바로 그 부류의, 정의(定義) 가능한 이단에 의해 포위되었던 것도 아니다. 우리의 견해로는, 제4복음서의 실제 내용에 대한 가장 적절한 설명은 그리스도인 공동체가 사랑받은 제자 요한 주변에-어떤 의미에서-모여들었는데, 그때 그 교회는 특이한 상황 아래 놓일 경우 그들 상호간의 현저한 부조화를 발견했을 유대인들 및 그리스도인들을 거느리고 있었다는 것이다. 이러한 부조화는 무엇보다도 그리스도론 분야에서 가장 두드러지게 표출되고 경험되었다.

여기에는 전연 다른 배경을 지닌 두 신앙인 집단이 존재했는데, 그들은 한 교회에 함께 모여 예배드리고 있었으며 그리스도의 인격을 이해하는 데 있어서 제기되는 난점들에 봉착하고 있었다. 한편에는, 회당 출신으로서 예수에 대한 헌신을 고백하면서도 여전히 자신들의 유대적 유산에 대해 충정을 느끼는 유대계 그리스도인들이 있었다. 결과적으로, 이러한 그리스도인들은 예수를 온전한 신격 이하라고 생각했을 수 있다. 이것은 A.D. 70년 이후 그들이 이산 현지의 믿지 않는 동료 유대인들로부터의 압력 아래 있었을 경우 따라서–요한복음서 전체에서 '유대인들'이 줄곧 그러하듯–예수의 메시아직을 부인함으로써 유대주의로의 복귀 유혹을 받았을 때, 더할 나위 없이 높은 가능성을 지닌다. 그러한 집단은 예수를 믿었으되 그를 단순히 '하나님에 의해 선택된 한 사람'으로 간주한 것으로 보이는 사람들, 그리고 충실한 율법 준행자들이었던 에비온파 사람들과 공통적인 면을 지닌다고 할 수 있다.[109)]

다른 한편으로는 헬라파 그리스도인들이 있었는데(아마도 일부 헬라파 유대계 그리스도인들도 포함될 것이다), 이들은 여전히 그들 자신의 이교적 종교 배경에 영향받고 있었으며 후대에 이단적인 것으로 판명된 신조들로 기울어져 있었다. 결과적으로, 이들 그리스도인들은 예수가 온전한 인격이 아니었다고 생각했을 수 있다. 만약 그들 자신의 이교적 종교 환경에 바탕한 그 '신학 인간' 전승–이미 앞에서 언급

109) 에비온 파에 관한 증거는 혼란을 일으킨다. 그러나 더 나아가 다음의 책들을 읽어 보라. J. Daniélou, *Histoire des Doctrines Chrétiennes avant* Nicée, vol. I : Théologie du Judéo–*Christianisme*(Paris, 1958), pp. 68–76; ET *A History of Early Christian Doctrine before the Council of Nicea*, vol. I: *The Theology of Jewish Christianity*(London, 1964), pp. 55–64.

되어진 저 '구속자 표상' 신화—이 요한 공동체에 만에 하나라도 영향을 미쳤다면,[110] 이것은 더할 나위 없이 높은 개연성을 지닌다.

요한의 교회 안의 이 두 집단이 예수의 진정한 실체를 이해하기 시작했으나, 육신으로 화하신 그 말씀의 신비를 온전히 '보지'는 못했다고 추측해볼 수 있다. 십중 팔구, 각자의 독자적인 신학적 입장을 지니는 집단간에 알력이 빚어졌을 것이며, 그 경우 서로 사랑할 것(요 15:12)과 교회 안에서 하나될 것(17:11, 21-23)에 대한 요한의 역설은 전적으로 호응을 얻었을 것이다. 이제 현안들은 바울 시대의 그것 같이, 율법의 위치와 교회의 선교 영역에 관한 것이 아니었다. 문제는 단순하지만 중대한 것이었다. 그것은 바로 예수의 품성에 대한 문제였던 것이다.

그리스도의 품성에 관한 두 가지 극단적 해석은 다음과 같이 요한의 그리스도 교회의 특징으로 부각되었을 수 있다. 그 하나는 하나님으로서의 예수를 받아들이지 않는 것이며, 다른 하나는 사람으로서의 예수를 받아들이지 않는 것이다. 요한의 편지들 속에서 우리는 요한 공동체 내부의 이같은 양극화의 결과를 얼마든지 판별해 낼 수 있다. 우리가 말한 것처럼 요한일서가 집필되었을 때, 그리스도론의 두 극단은 양자설 및 가현설 등의 교리적 이단설들로 확인 가능할 만큼 자라나 있었을 것으로 보여진다. 그리고 십중 팔구 요한일서의 기자는 양자에 대한 전통적 논박을 펴고 있다.[111] 요한이서(7절을 참조) 집필에 즈음해

110) 이것은 가능하나 아직은 전혀 확립되지 않은 상태이다. W. Nicol, *The Semeia in the Fourth Gospel*, pp. 48-52를 읽어 보라. 바울이 편지를 보낸 소아시아의 교회들 가운데 일부(예를 들면 골로새 교회)도 역시 헬라(영지주의화) 영향에 시달려 왔을는지도 모른다.

111) 요한일서에서 언급된 이단은 분명히 가현설을 그 특징으로 삼고 있는 자들이었다(참조. J. L. Houlden, *A Commentary on the Johannine Epistles*, pp. 1-22). 그러나 또한 양자론

서는 가현설이 양자설보다 우위를 차지했던 것 같으며, 요한삼서에 즈음해서는(9, 10절 참조), 최종적인 이단적 분열이 빚어졌던 것이다.

그러므로 확실히 제4복음서의 집필은, 그것 특유의 그리스도론적 접근과 함께, (우리가 추론한 바) 요한계 교회를 혼란하게 만든 긴장 요인들을 극소화하는 데 아무 역할도 못했다. 설령 그것이 교회 일반에게 영구히 그리스도의 인격의 본질 이해를 위한 중대 지침을 제공했다 할지라도 그렇다. 그러나 설령 그들이 요한의 견해를 받아들이기 어렵다고 느꼈을지라도, 이 논쟁의 양쪽 당사자들(유대계 그리스도인 대 이방 그리스도인)에게 요한복음서의 균형잡힌 그리스도론은 마침 그들이 필요로 하던 그 시기와 정확하게 일치하는 것이었다.[112)]

출 처

이 요한 공동체의 유래는 정확하게 어디에서 찾아져야 하는가? 그리고 이어서, 제4복음서는 어디서 간행되었는가?

요한의 전승과 팔레스틴 사이의 연계점들은 요한의 전승이 그곳에서 (최종적으로 집필되었다기보다) 뿌리를 내리고 있었다는 것을 상정할 수밖에 없도록 만드는데, 이는 시간의 흐름에 따라 다른 영향 세력들이 분명히 개입되었기 때문이다. 시리아(안디옥)가 하나의 출처로

(adoptionism)이 염두에 두어졌던 것 같다. S.S. Smalley의 'What about John?', in *Studia Biblica* 1978 Ⅲ(Sheffield, 1980), pp. 337-43을 읽어 보라.

112) 요한의 그리스도론을 더 깊이 연구하고자 한다면, 본서의 뒷부분 pp. 406-424를 읽어 보라. 요한의 교회의 성격에 관해서는 R. E. Brown, *The Community of the Beloved Disciple : the life, loves and hates of an individual church in New Testament times*(New York and London, 1979).

상정되어 왔는데,[113] 이는 요한복음서의 영지주의적 관련 구절과 솔로몬의 송가(Odes of Solomon) 및 이그나시우스의 서간집과 복음서 사이의 유사성에 기인한다. 그러나 이 모든 연계점들은 피상적인 것이다. 아니 설령 요한복음에 미친 시리아적 영향이 성립 가능하다 해도, 그것은 필경 이차적인 것이다. 그 최종 형태로 나타난 요한복음서가 아주 일찍부터 이집트에서 알려지고 사용되었다는 사실로 인하여, 이 작품이 알렉산드리아적 출처 기원을 지닌다는 논증이 가능하다.[114] 그러나, 설령 완성된 그 작품이 일찍이 이집트에서 알려졌다고 할지라도, 공인된 것처럼 어떤 복음서든 알레고리화하고 영지주의화하려는 알렉산드리아의 경향은, 우리가 논한 바대로 이집트 교회가 본질상 역사적이며 전통적인 요한의 복음서를 꾸며 세우는 일에 한 몫 거들었을 가능성이 희박했음을 상정케 한다.

결론적으로, 이레니우스와 관련된 전승을 가지고[115] 요한의 복음서가 최종적으로 에베소에서 간행되었음을[116] 논란해야 할 까닭이 없을 것 같다. 비록 소아시아가 정확한 출전지(出典地)임을 밝히는 현시적 증거가 없긴 하지만, 그곳은 매우 적합한 곳이다. 전통적인 연계점들을

113) Bauer, pp. 241–4, Bultmann, p. 12에서 이러한 견해를 찾아 볼 수 있다.

114) W. H. Brownlee, 'Whence the Gospel According to John?' (J. H. Charlesworth 편집), *John and Qumran*, pp. 166–94, 특히 187–91은 이러한 출처를 지지하고 있다. 그러나 Brownlee도 요한복음의 번역 작업(사용되고 있는 그 사도의 작품을 아람어에서 헬라어로 옮기는)이 팔레스틴에서 시작되었을 것이라고 믿고 있다(pp. 187f.). J. N. Sanders, *The Fourth Gospel in the Early Church*, 특히 pp. 85–7도 요한복음이 알렉산드리아에서 집필되어졌고 그 다음에 소아시아에 소개되어졌다는 그 "가능성"(p. 85)을 시사하였다. 그러나 그의 후기 작품, *The Foundations of the Christian Faith : a study of the teaching of the New Testament in the light of historical criticism* (London, 1950), pp. 161f.에서 수정한 내용을 읽어 보라.

115) 본서의 앞부분, pp. 125이하를 읽어 보라.

116) 에베소 이외의 제4복음서의 출처에 관해서는 더 나아가 Schnackenburg I, pp. 151f.를 읽어 보라.

제쳐 놓고라도, 그와 같은 환경은 이 복음서에 반영된 당대의 유대주의 대 헬레니즘(양자 모두는 브리기아적 토양에 뿌리를 내리고 있었을 가능성이 얼마든지 있다) 논쟁으로 인해서 소아시아의 종교 혼합주의(syncretism)가 요한 서신서들의 표면에 나타나는 것처럼-요한의 복음서를 도약대로 사용하는-이단적 경향들을 이미 배양했으리라는 사실과 소아시아와 요한의 계시록 사이의 연계점들로 인해서 선호 대상이 된다.[117]

117) 그 복음서와 요한의 서신들 그리고 계시록의 정확한 저자에 대해 확실히 알 수 없다 할지라도, 그것들은 어느 의미에서 모두 '요한의 것'이다. 그러므로 이 문서들을 함께 연결시키는 것이 타당하다.

Chapter 1

새로운 시각

Chapter 2

요한은 어떤
사람이었는가?

Chapter 3

요한은 어떻게
복음서를 썼는가?

Chapter 4

요한은 무슨 이유로
복음서를
기록하였는가?

Chapter 5

복음전도자 요한

복음서 기자로서의 요한
요한과 역사
복음서들은 무슨 책들인가?
그 일은 과연 일어났는가?
표적들 배후의 역사
담화들 배후의 역사

Chapter 6

해석자
요한

제5장 복음전도자 요한

우리는 바로 앞장에서 요한의 복음서가 한 교회 회중의 여러 가지 요구를 충족시키기 위해 쓰여졌다는 사실을 살펴보았다. 요한–내지 제4복음서의 최종 형태에 대해 책임 있는 집필자(들)–은 올바른 위치에서 바로 그 그리스도의 복된 소식을 시작하였다. 제4복음서는 무엇보다도 예수 전승에 대한 진술로서, 그 기초 위에서 어느 독자든지 예수의 진정한 실체를 '보고' 생명을 얻을 수 있도록 꾸며져 있다. 그러나 우리는 복음서 기자인 요한이 그의 공동체 내에 존재했던 특정 문제들에 대해 특히 민감했다는 점과, 그가 이러한 상황에서 해결점을 제시하고자 붓을 들었다는 사실을 아울러 논증하였다. 요한이, 이러한 맥락에서 믿고는 있지만 지식을 못 갖춘 그의 독자들에게, 그리스도의 인성이나 신성 중 어느 하나를 부인하는 양 극단의 신학적 입장을 조정하는 적절한 그리스도론을 제공하는 일에 관심을 쏟았다는 추론이 제시되었다. 따라서 요한복음서는 교훈적 측면뿐만 아니라 선포적 측면에서 예수에게 구심점을 두는 복음서라 할 수 있다.

그러므로 복음서 기자인 요한은 마땅히 해석자 요한으로도 묘사되어야 한다. 그는 전자나 후자 중 어느 하나가 아니다. 그는 복음서 기자의 입장에서 자신의 호소의 원천을 이루는 복음에 열정적으로 개입한다. 그는 독자들에게 모든 그리스도 신앙의 바탕을 이루는 역사적-전통적 기초를 상기시키지 않을 수 없었다. 또한 그의 접근은 넓은 의미에서 볼 때 선포적인 것으로 그는 독자들이 그의 주제가 나타내는 함축적 의미들에 대해 반응하기를 열망한다. 또한 요한은 해석자의 입장에서 자신의 회중을 위해 그 복음을 전개시키며 설명한다. 요한의 설교 형식과 그의 정확한 교훈의 내용은 그의 교회의 생생한 정황에서 유래하며, 또한 그들의 요구에 의해 형상화되어진 것이다.

이것 때문에, 제4복음서의 기록자는 본질적으로 목회자였다고 할 수 있다. 때때로 요한의 복음서가 성격상 복음 전도적이라고 불리는 반면에 요한의 서신들은 목회적이라고 일컬어진다. 다시 말해서, 요한의 복음서가 (교회 밖에 있는 사람들에게 선포된) 생명에의 초대로 간주되는 데 반해, 요한의 편지들은 (교회 안에 있는 사람들에게 선포된) 성장에의 초대로 정의되어진다.[1] 그러나 만약 요한의 복음서 집필 목적에 대한 우리의 견해가 용납되어진다면, 결국 요한복음서의 성격은 서신서들의 경우와 꼭 같이 목회적인 것이 된다. 물론 서신서들이 쓰여지게 된 동기는 복음서가 쓰여지게 된 동기와는 전혀 다르다. 그럼에도 양자 모두에게 한 목회자의 공통적인 시각과 관심이 발견되어진다.

따라서 그 복음서에 타나난 요한은 복음서 기자인 동시에 해석자이며, 설교자인 동시에 교사이다. 여느 복음서 기자와 마찬가지로 이 역

1) B. F. Westcott, *The Epistles of St. John* (London, 1902[4]), pp. xxxvi-ix ; J. R. W. Stott, *The Epistles of John*, pp. 22-4, 41-50, 특히 41을 참조하라(역자주: 이 책은 틴 델 주석 시리즈로서 〈김경신 역, 기독교문서선교회, 1982년〉 간행되었다). 그러나 두 주석가 모두가 한결같이, 요한 서신들의 목회론적 접근과 아울러, 분명한 호교론적 의도를 인정하고 있다.

할들은 합쳐서 하나를 이루며, 따라서 한 덩어리로 간주되어야 한다. 다만 편의상 우리는 그 둘을 따로 떼어 다루고자 한다.

이 장에서 우리는 복음서 기자들 중 한 기자로서의 요한의 모습을 집중 연구하고자 한다. 그리고 본서의 마지막 장에서 요한의 예수 전승에 대한 해석의 실상을 계속적으로 탐색하고, 나아가 제4복음서 기자가 한 해석자로서 공관복음서 기자들과 구별된 입장에 서는 특수한 측면들을 밝혀 볼 필요가 있을 것이다.

복음서 기자로서의 요한

단순히 요한의 복음서가 어떤 뚜렷한 기서(奇書)의 징후를 지닌다고 해서, 또 그의 예수 전승 해석이 그만의 특유의 것이라고 해서, 요한을 일종의 기벽(奇癖)을 지닌 작가로 간주할 필요는 없으며, 또한 간주해서도 안 된다. 오히려 요한이 복음서 기자라는 범주에 속하는 한, 그의 글은-다른 정경 복음서 기자들의 것과 마찬가지로-신약성서 전체의 선포 내용과 맥락이 일치된다. 한 복음서-'복음서'란 예수에 관한 초대 교회의 구두 선포 내용을 글로 옮겨 놓은 특정 문서들이다-의 저자로서, 제4복음서 기자는 공통의 그리스도교 전승에 접맥되어 있다. 따라서 그의 복음(evangel)에 대한 해석은, 공관복음서 기자들의 해석과 마찬가지로, 모든 원시 교회가 공유하고 있던 예수에 관한 근본적 '케리그마'(kerygan, 선포)에 기초하였다. 따라서 우리는 이러한 맥락에 의해 신약성서의 '케리그마'가 무엇을 의미하는지 좀 더 자세히 천착해 볼 수 있을 것이다.

도드 교수는 제베르그(A. Seeberg)와 디벨리우스(M. Dibelius) 등의 견해를 좇아, 신약성서의 필자들 모두가 접촉할 기회를 가졌던 사도적 선포의 기본 전승에 의존하였다는 점을 설득력 있게 논증하였다.[2] 우리가 사도행전의 설교들을 통해 알 수 있는 것처럼[3] 최초의 사도들은 예수의 복음을 선포하면서 비슷한 방법을 사용하는 경향을 보였다. 도드는, 사도행전 2장부터 4장에 수록되어 있는 베드로의 설교들을, 원시 예루살렘 교회의 케리그마를 축약한 하나의 모델로 취급한 결과[4] 다음의 여섯 가지 주안점이 반복적으로 나타나는 것을 알게 되었다. ① 구약의 예언이 성취되었으며, 따라서 메시아 시대가 동트게 되었다(행 2:16-21). ② 이 성취는 다윗의 후손으로 오신 예수의 사역과 죽음과 부활에서 이루어졌다(2:22-32; 3:15). ③ 예수는 주와 그리스도로 또한 새 이스라엘의 메시아적 수장(首長)으로 승귀되어졌다(2:33-6; 4:11). ④ 이 사실은 교회에 성령을 보내 주신 일에 의해 확증되어졌다(2:33, 38; 참조. 2:17-21, 여기서 베드로는 유월절 사건을 요일 2장 기사의 성취로 본다). ⑤ 예수는 다시 오실 것인데, 이는 하나님의 작정하신 바를 완성시키기 위함이다(3:20, 21; 참조. 10:42). ⑥ 그런고로 사람들

2) C. H. Dodd, *The Apostolic Preaching and its Developments*(London, 1944[2]); A. Seeberg, *Die Didache des Judentums und der Urchristenheit*(Leipzig, 1908), 특히 pp. 83-100; M. Dibelius, *Die Formgeschichte des Evangeliums*(Tübingen, 1933[2]); E. T. *From Tradition to Gospel*, London, 1934).

3) 사도행전에 나오는 강론들의 본질-특히 역사적 본질-에 대한 복합적 문제와 관련된 부연적 문헌자료를 원하는 경우, S. S. Smalley, 'The Christology of the Acts Again', in B. Lindars and S. S. Smalley(edd.), *Christ and Spirit in the New Testament*, p. 79 n.3을 읽어보라. 아울러 F. F. Bruce, 'The Speeches in Acts-Thirty Years After', in R. J. Banks(ed.), *Reconciliation and Hope*, pp. 53-68을 참조하라.

4) C. H. Dodd, *The Apostolic Preaching and its Developments*, pp. 17-21.

이 회개해야 하는데, 그리하면 죄의 용서와 성령의 선물을 받을 수 있다(2:38-40; 3:19, 20).[5]

도드의 추론은 우리가 사도행전에서 발견하게 되는 것과 같은 초기 사도적 설교의 전승이 대체로 신약성서의 하부 구조에 깔려 있다는 것이다. 따라서 (예를 든다면) 베드로뿐만 아니라 바울 역시 우리가 방금 훑어본 케리그마에의 의존을 시인했다는 것이다. 바울은 자신이 그리스도인이 된 후 예수에 관해 전수받은 메시지를 요약하는데(고전 15:3-5에서), 그 메시지의 기본 내용은 초기 예루살렘 교회의 케리그마 내용과 비슷한 것으로 드러났다. 사도행전의 베드로와 마찬가지로, 바울 역시 성서의 예언이 메시아 예수의 생애, 죽음 및 부활에서 성취되었음을 선포한다. 물론 바울판(版) 케리그마가 예수의 죽음을 명확하게 '우리의 죄를 위한' 것으로 해석함으로써, 예루살렘판을 능가하는 것 같기는 하다.[6]

신약성서의 저변에 존재 가능한 케리그마 전승을 논한 도드 교수의 이 논고는 몇 가지 점에서 의문시되어 왔다. 한 예로써, 신약성서 안의 '선포' 자료와 '교훈' 자료 사이의 정확한 구분은 한결같이 정당성을 유

5) 더 나아가, *Ibid*., pp. 21-4를 참조하라.

6) 고전 15:3; 한편으로, 예루살렘 설교 가운데서 그리스도의 죽음에 대한 언급 이후 용서가 주어지는 것(행 2:38; 3:18 이하, 및 그밖의 여러 곳), 그리고 사도적 케리그마 가운데 나타나는 '종' 그리스도론에 대한 대속론적(속죄론적) 시사 구절들(행 3:13, 26; 4:25)을 자세히 보라. 더 나아가 C. H. Dodd, *The Apostolic Preaching and its Developments*, pp. 24-31을 참조하라. 그리스도의 죽음에 대한 바울의 해석이 예루살렘 교회의 해석과는 완전히 동떨어진다는 주장에 관해서는, S. G. F. Brandon, *The Fall of Jerusalem and the Christian Church*(London, 1957[2]), pp. 77f. 을 읽어 보되; W. D. Davies, *Paul and Rabbinic Judaism; Some rabbinic elements in Pauline theology*(London, 1955[2]), pp. 228-30을 대조하여 보라. 바울 자신이 입문한 바 기존의 그리스도교 전승에 대한 그의 의존에 관해서는, A . M. Hunter, *Paul and his Predecessors*(London, 1961[2]). 특히 pp. 15-23을 읽어 보라.

지할 수 없는데, 이는 이 양자가 필연적으로 겹쳐지기 때문이다. 그리고 보다 심각한 사실은 모든 그리스도인들이 의존할 수 있는 단 하나의 확정된 사도적 교훈 전승이 초대 교회 안에 존재한 적이 있는지의 여부가 도대체 분명치 않다. 지금과 마찬가지로 그때에도 역시 선포는 '활동'인 동시에 '내용'을 의미한다. 설령 선포된 그 복음이 본질상 불변체로 상존한다 할지라도 결국 복음의 전개 방식 및 (어느 범위에서) 그 자료는 설교자와 청중의 주변 상황에 따라 취사 선택되어지게 마련이다. 따라서, 우리는 초기 그리스도교 설교들의 정확한 실상에 관해 확신을 가질 수 없다.[7)]

그럼에도 불구하고, 케리그마의 한 '핵심'이 예수의 인격 및 업적에 관한 원시적 선포 하나하나의 기초를 이루었다고 단정지을 수 있다. 즉, 예언은 성취되었다는 사실, 새 시대를 여신 메시아는 예수라는 언명, 그리고 하나님의 구원 설계의 일부로서 이 예수가 십자가에 달리시고, 일으킴을 입고 들림받으셨다는 선언 등이다.[8)] 사도행전을 통해 우리가 아는 바대로, 그러한 선포의 중심점은 그리스도 안에서 행하시

---

7) '케리그마'를 애오라지 '내용'의 측면에서만 정의하는 입장을 비판하는 중요 견해는 C. F. Evans, 'The Kerygma', JTSns(1957), pp. 25-41; 그리고 J. P. M. Sweet, 'Second Thoughts; VIII, The Kerygma', *Exp*. T. 76(1964-5), pp. 143-7 등을 자세히 보라. 만약 C. H. Dodd가 케리그마를 '내용'으로 이해하는 입장을 대변한다면, R. Bultmann의 글은 정반대 입장, 곧 케리그마는 단순히 '활동력(activity)'이라는 주장을 내세운다. R. Bultmann, *Theologie des Neven Testaments*(Tübingen, 1948-53), pp. 33-182(ET *Theology of the New Testament*, vol. I, London, 1952, pp. 33-182)에 실린 '케리그마' 취급 단락들을 읽어 보라; 아울러 H.-W. Bartsch(ed.), *Kerygma und Mythos ; Ein theologisches Gespräch*(Hamburg, 1960², ET *Kerygma and Myth : a theological debate*, 2vols., London, 1953 and 1962)에 모여 있는 단편논문선을 읽어 보라. Bultmann과 그의 학파는 '케리그마'의 내용을 그 어떤 방식으로도 정의하지 않은 채 이 용어를 일관성있게 사용한다. 또한 J. I. H. McDonald, *Keryma Didach: the articulation and structure the earlist Christian message*(Cambridge), 특히 pp. 1-11, 126-7을 보라.

8) 참조. D. E. H. Whiteley, *The Theology of St. Paul*(Oxford, 1974), pp. 9f.

는 하나님의 활동이었다. 하나님은 결정적으로 메시아이신 예수 안에서, 그리고 그를 통하여 말씀하셨다(행 10:36). 그의 아들의 죽음은 하나님의 미리 아심 속에서 이루어졌다(2:23). 그리고 하나님은 예수를 죽은 자들 중에서 살리셨다(3:15). 사실상 하나님은 뭇 나라들을 향해한 새로운 도를 권하셨다(15:14).

요한이 과연 이 근본적인 그리스도교의 설교 전승에 대해서 잘 알고 있었는지 입증할 수 있을까? 이제 우리는 이 문제로 논의의 방향을 돌려보아야 할 것이다.

1. 요한의 케리그마

이 책의 첫 장에서는, 제4복음서 배후의 전승을 '독립적'인 것으로 보아도 무방한 이유들이 있다는 사실이 논증되었다.[9] 이것이 무엇을 의미하는지에 대해서 정확히 이해하는 것이 중요하다.

요한이 처음 세 복음서 기자들에 대해 독립적이라는 것은 그가 그들에 대해 직접적인 언급이 없이 집필했음을 의미하는 것이다. 그것은 그가 모든 복음서들이 궁극적으로 공유하는 기본적 그리스도 전승에의 접촉권 밖에 있었음을 의미하는 것은 결코 아니다. 첫째로 '복음서'를 집필하려면, 요한 자신이 예수에 관해 알고 있었어야 한다. 이것이 바로 그의 복음서가 넓은 범위에서 공관복음서와 비슷한 이유이며, 요한이 마가 또는 (아마도) 누가를 그의 출발점으로 알고 사용했다는 논증이 가능하도록 만드는 이유이다(우리는 이 논증을 받아들이지 아니한다).

9) 본서의 앞부분, 특히 pp. 21 이하를 참조하라.

물론 제4복음서 기자는 자신이 받은 예수 전승을 그 나름의 방식으로 다루고 해석하였다. 그러나 만약 그의 기본적 전승이 실제로 모든 복음서 집필자들의 것과 공통된다면, 우리는 제4복음서에서 (앞에서 상정한 바대로) 예수에 관한 초기 선포의 중심을 이루며–최소한 도드의 견해대로–전반적으로 신약성서의 기저를 이루는 것과 비슷한 케리그마의 '핵심'을 찾는 일이 가능해질 것이다. 그러면 이 주장의 허실을 다양한 측면에서 가늠해 보도록 하자.

사도행전에 따르면 사도적 설교의 중심에는 예수 안에서 하나님의 결정적 개입이 일어났다는 확신이 깔려 있다. 전적으로 새로운 방식으로 영원(Eternity)이 역사 속에 돌입해 들어왔으며, 하나님은 마침내 그의 백성을 찾아오셨다.[10] 제4복음서에서 우리는 바로 이 케리그마 형식이 확대된 것을 발견한다. 요한은 '찾아오신다'(ϵπισκϵπιομαι)라는 동사를 일절 쓰지 않는다. 그러나 방문 사상은 그의 복음서에서 강하게 드러나 있다. 서론부터 시작해서 줄곧 육신이 된 말씀 안에서 우리는 단번에 하나님의 방문을 얼굴 대 얼굴로 대면하게 된다는 사실이 분명히 서술되고 있다.[11] 따라서 부활 이전일지라도, 예수를 가리켜 '이 분이 곧 하나님의 아들(그리스도)이라.'[12] 여기 '하나님께로부터 오신' 선생이 있다.[13]라고 한다. 이 사람 안에서 '하나님의 거룩한 자'를 발견할 수 있다.[14] 독특한 방식으로 아들(the Son)은 아버지를 알린다.[15]

10) 참조. 눅 1:68; 7:16.
11) 요 1:14.
12) 요 1:34; 11:27.
13) 요 3:2; 참조. 9:33.
14) 요 6:69.
15) 요 1:18, ὁ μονογϵνὴς ὑίος(AW Θ 및 기타)라는 표현을 따를 경우.

이것이 또한 요한복음서에 수록된 자신에 관한 예수의 증언이다. 그는 시공(時空) 속에서 하나님의 일을 계속하고 있다.[16] 그는 아버지와의 동등성을 주장하며, 공개적으로 자신을 하나님의 아들로 동일시한다.[17] 그는 하나님께로부터 와서 하나님께로 간다.[18] 예수를 본 자는 아버지를 본 것이다.[19]

이렇듯 요한은 사도행전의 집필자 못지 않게 하나님께서 어김없이 역사적인 차원에서 자신의 백성을 찾아오셨다는 사실을 명명백백히 인식하고 있다. 그러나 그는 이스라엘이 이 방문을 이해도 영접도 하지 않았던 것 역시 잘 알고 있다. 유대인들은 예수의 실제 본체를 '보지' 못하였으며, 결과적으로, 성육신 이전에 하나님의 말씀을 받아들이지 못한 것같이, '그의 백성은 그를 영접하지 아니하였다.'[20] 가장 충격적인 표현을 통해 예수의 자기 개현(self-disclosure)이 베풀어진 때와 그가 신적 칭호인 '나는 …이라'(I am)를 아무 수식어도 없이 사용하여 '아브라함이 나기 전부터 내가 있느니라'[21]고 말할 때, 이 배척은 절정에 이른다. 이러한 말을 듣자, 유대인들은 (실패로 끝났지만) 아주 서슴없이 돌을 들어 예수를 치려 했다.

방문의 정면 거절을 묘사하는 요한적 유형은 언제나 제4복음서의 독특한 장점의 배경이 되며, 그 장점이 괄목할 만큼 확대되게 만든다. 요

16) 요 5:17
17) 요 5:18; 10:36.
18) 요 6:62; 참조. 13:3.
19) 요 14:9.
20) 요 1:11; 5:43; 참조. 행 13:26f.
21) 요 8:58. 의미심장하게도, 구약성서에 있어서 '내가 있다'라는 신적 칭호는 모세를 통해 하나님이 그의 백성 이스라엘을 찾아오셨던 한 시기와 연계되어 있다(출 3:14f.; 특히 4:31을 자세히 보라).

한복음에서 '유대인들'은 그들의 메시아를 영접하지 않은 데 반해, '그리스인들'은 실지로 그를 보기 원한다.[22)]

'이스라엘로부터 뭇 나라들로'의 진전은 처음 사도들의 것과 비슷한 복음전도 전략이다. 예를 들면, 사도행전에 있어서 바울의 선교는 유대인들을 넘어서 이방인들을 지향하였다.[23)] 마찬가지로 요한복음 메시지의 전달 범위는 무제한적이다. 제4복음서 기자는, 우리가 바로 앞장에서 상정한 바와 같이, 두 개의 상이한 배경을 지니면서 그의 교회에 들어와 있는 사람들 곧 히브리파 사람들과 그리스파 사람들을 위해 집필하는 것일 수 있다.

우리는 제4복음서의 케리그마적 성격을 정의하려는 의도 하에 조금 더 부연해 볼 수 있다. 요한의 복음서는 특유하게 요한적 방식으로 전개되는데, 예수에 관한 그리스도교 선포의 진수를 간직하면서, 동시에 도드 교수가 밝혀 놓은 원시적 사도 설교의 여섯 가지 주제도 포함시켜 확장시킨다. 첫째, 구약성서의 예언이 성취되었으므로 새 시대가 도래하였다. 하나님의 영광이 결정적으로 개현되었다.[24)] 둘째, 이 성취는 하나님의 말씀의 성육, 사역, 영화 등에서 이룩되었다. 요한의 복음서는 예수의 인간성에 대해, 아니 그의 다윗 혈통에 대해서까지 강조해서 언급한다.[25)] 그러면서 또한 그의 죽음과 부활을 성경 성취의 맥락 속에서 묘사하고 있다.[26)] 셋째, 예수의 승귀–요한적 술어로는, 영화–

22) 요 12:21.

23) 행 13:46; 아울러 15:14에 나오는, 이방인들에의 '방문'에 관한 암시를 주시하라. 공관복음서 기자들에 따르면 '유대인들을 통해 이방인들에게로'라는 복음전파의 전략은 예수 그분에 의해 실천되었고 또 분부되었다.; 마태복음 15:24, 28; 10:5f. 및 그밖의 여러 곳을 참조하라.

24) 요 1:1f., 14. (예를 들면) 이사야 60장(특히 1–3절, 19f. 참조)을 깊이 있게 해석하고 있다.

25) 요 1:14; 7:42 및 그밖의 여러 곳.

26) 요 19:24, 28(참조, 11:49–52); 20:8f. 및 그밖의 여러 곳.

에 의해 그가 메시아적 수장이 되시는 새롭고 참된 이스라엘이 세워졌다.[27] 넷째, 이 사실은 신자 모두에게 성령을 주시는 것에 의해 확증되어졌다.[28] 다섯째, 그리스도의 재림에 잇따르는 '마지막' 날의 종말이 기대된다.[29] 그리고 여섯째, 선포되고 술화된 모든 사실에 기초한 복음전도적 호소가 필자에 의해 전개된다.[30]

2. 요한과 바울

그러나 요한의 복음서와 원시적 케리그마 사이의 연계점들은 여기서 끝나지 않는다. 우리는 제4복음서가 사도행전에 기록되어 있는 바로 그 사도적 선포의 기본형과 연결되어 있음을 확인하였다. 그러나 요한복음서와 신약성서의 여타 부분들 사이에도 또한, 케리그마 자료의 차원에서, 괄목할만하며 의미 심장한 병행점들이 존재한다.

이를테면, 요한과 바울 사이에는, 이 면에서 공통적인 기반이 존재한다.[31] 이제껏 자주 고찰된 바대로, 이 두 필자는 신학적으로 여러 방면에서 서로 닮았다. 우리는 요한복음 안에 나타난 바울 사상(Paulinism)의 영향을 과대 평가할 필요가 없다.[32] 더 이상 부연할 필요 없이, 구원론(바울이 구원 역사를 둘째 아담의 사역으로 보는 견해는 요한의 견해와 같지 않다) 및 교회론(요한은 교회를 그리스도의 몸이

27) 요 17:20-2; 참조. 15:1-6.

28) 요 7:39; 16:7; 20:21f. 및 그밖의 여러 곳.

29) 요 6:39f., 44 및 그밖의 여러 곳. 확실히 요한의 종말론 가운데 묵시문학적 요소는 강하지 않다.

30) 요 20:31.

31) C. H. Dodd, *The Apostolic Preaching and its Developments*, pp. 57-58을 읽어 보라.

32) R. H. Fuller, *The New Testament in Current Study*, pp. 128-30을 참조하라.

라고 말하지 않는다)의 영역에서 실제적인 차이점들이 존재한다.[33]

더욱이, 바울의 대표적인 술어 및 범주들이-예를 들면, '칭의', '의', 또는 '율법' 등의-요한 문학에는 아예 빠져 있든지 아니면 다른 방식으로 사용된다.[34]

그럼에도 불구하고, 제4복음서와 바울 문집 사이에는 일반적인 신학적 관점에 있어서 현저한 일치점들이 존재한다. 예를 들면, 양자 모두 그리스도의 인격 및 업적에 대한 드높은 예찬을 싣고 있다.[35] 또한 이들 모두는 예수께서 아버지 및 성령에 대해 맺고 있는 그 긴밀한 관계를 강조함으로써 이 예찬을 첨예화시킨다.[36] 더 나아가 요한과 바울 사이에는, 교회와 그리스도인들을 살아 계신 그리스도와 연합시키는 친교의 진술에 있어서 광범위한 병행점들이 있다.[37]

케리그마 주제들의 형식에 있어서 바울과 요한 사이에 존재하는 상사점들은 우리의 논증 목적에 보다 설득력 있는 근거가 된다. 바울이 받아서 전하고 있는 복음에 대한 그의 개요에는 사도행전과 요한복음 양자에서 이미 확인된 것과 동일한 케리그마의 진수가 들어 있다. 우리는 바울의 선포의 핵심(고전 15:1-3에 수록되어 있음)도 역시 '성경대로' 그리스도 예수의 죽음과 부활에 그 중심을 둔 하나님의 특별한

33) 그러나 요한복음 2:19-22에서 이에 대한 준비의 개연성을 눈여겨 보라. 아울러 요 15:18에 나오는 '포도나무' 표상(imagery)은 바울이 교회를 그리스도의 몸으로 언급한 것과 흡사한 상념을 내포한다.

34) 요한복음 1:17 및 엡 2:15에서 *νόμος*가 다양하게 사용된 점을 참조하라.

35) 요한복음 1:1, 14과 빌립보서 2:6f.,; 요한복음 1:18과 고린도후서 4:4-6; 요한복음 10:10f. 그리고 갈라디아서 2:20을 각각 대조해 보라.

36) 요한복음 10:30과 골로새서 1:15-17; 요한복음 15:26과 로마서 8:10f.를 각각 대조해 보라.

37) 요한복음 17:20-4과 골로새서 1:18; 요한복음 15:4f.과 빌립보서 3:8f.을 각각 서로 대조하라. 이 모든 사례들 가운데서 개인 차원과 집단 차원은 겹쳐진다.

구원 활동에 대해 언급하고 있다는 사실을 일찍이 살펴보았다.[38] 한 걸음 더 나아가 사도행전 및 요한복음에서와 같이 바울에 있어서도 도드가 가려낸 사도적 설교의 여섯 가지 요점을 발견하는 것이 가능하다. 바울이 선포할 복음을 갖고 있었다는 사실은 곧 예언이 성취되었다는 것을 의미한다.[39] 이 성취는 예수 그리스도의 생애, 죽음 및 부활 속에서 이루어졌다.[40] 그를 통해 참 이스라엘 나라가 수립되었고, 또한 성령이 교회에 주어진 바 되었다.[41] 현재로서는 그리스도의 재림이 대망되기에 그에 관한 선포에 응답하라는 호소가 던져지고 있다.[42]

그러나 바울은 분명히 그가 애당초 의존했던 그 케리그마를 단순히 되뇌이는 일 이상의 작업을 한다. 그는 선포를 꾸미는 뭇 요소의 함축적 의미들에 대해 민감하다. 그래서 그는 예를 들어 그리스도의 승귀 이후 교회에 성령이 주어지게 된 사실을 성령(그는 또한 예수의 영이다)께서 그리스도의 교회와 그리스도 신자 모두 안에 내주하심을 의미하는 것으로 재서술한다.[43] 요한은 이 케리그마적 강조점을 보다 폭넓게 취급하려 한다. 요한과 바울 양자 모두에게 있어서 그리스도인의 현재 경험은 역사적 사실에 기초하는 것이지만(물론 이 주장대로 가면 양자는 보다 넓은 공통 기반을 공유한다), 바울에게는 예수의 죽음이 중대 문제인데 반해,[44] 요한에게는 예수의 생애 역시 구원 사건에 있어서 중요한 것이기 때문이다. 우리는 사활이 걸린 이 문제점에로 잠시

38) 본서의 앞부분, p. 292-294를 읽어 보라.
39) 롬 1:2.
40) 롬 1:3; 고전 15:3f.
41) 갈 6:16; 엡 2:21.
42) 살전 4:15-17. 고전 15:1f.
43) 롬 8:9-17 및 그밖의 여러 곳.
44) 참조. 고전 1:23; 2:2 및 그밖의 여러 곳.

눈길을 되돌려 보기로 하자.

한편, 우리는 바울과 제4복음서 기자 사이의 (신학적 및 케리그마적인) 인상적 연계점에 의해 상정되는 것이 무엇인가를 물어볼 수 있다. 물론 그 연계점들은 요한이 직접적으로 바울에 의존하였음을 암시하지 않는다. 오히려 그것들은 두 필자 모두가 작품 집필시 하나의 공통적 그리스도교 전승에 근거하였음을 시사한다. 그러나 이것은 그 자체가 의의 깊은 결론으로서, 일찍이 1905년 윌리엄 산데이(William Sanday)에 의해 설명되었다.[45] 요한의 교훈을 역사적 전승이나 사도적 증언의 접촉권 밖에 있으면서 '보다 발전된 바울 사상'으로 간주했던[46] 동시대인 베이컨(B. W. Bacon)과는 달리, 산데이는 (요한 및 바울) '양대 사도의 궤도들'(cycles)은 양립하지만 이른바 '중심 지반'(main underground)에 있어서는 연결되어 있다고 믿었다.[47] 만약 우리가 이 제의를 받아들인다면-실제로 이전의 그 어떤 사도보다 훨씬 큰 타당성을 지닌 듯하다-그것은 곧 바울이나 요한이 신학적 개혁자 내지 그 이상의 인물로 평가될 수 없음을 의미한다. 그러나 정반대로 (도저히 의문시될 수 없는) 양자의 신학적 공헌은 이제, 단 하나의 원시적이고 역사적인 선포 전승에서 뻗어나오는 것으로 보여진다.[48]

---

45) W. Sanday, *The Criticism of the Fourth Gospel*.

46) B. W. Bacon, *The Fourth Gospel in Research and Debate*(London, 1918^2), pp. 295, 438f., ; 참조. E. F. Scott, *The Fourth Gospel*, pp. 46-53.

47) W. Sanday, *op. cit.*, pp. 231f.

48) 더 나아가 C. H. Dodd, *The Apostolic Preaching and its Developments*, 특히 pp. 62-5를 읽어보라. 아울러 S. S. Smalley, 'New light on the Fourth Gospel', *loc. cit.*, pp. 50-5.

3. 요한과 마가

우리는 제4복음서와 그 밖의 다른 복음서들 사이의 공통 기반을 고찰함으로써 요한과 여타 신약성서 문헌 사이의 병행점들을 보다 깊이 추적해 볼 수 있다. 이러한 맥락에서 우리는 마가의 복음서를 집중 연구할 것인데, 그것은 이 책이 가장 일찍이 출간된 복음서이며 따라서 예수에 관한 그리스도교 전승에 대해 가장 원시적인 복음적 증언이라고 믿기 때문이다. 몇 가지 분명한 이유들로 인해, 요한은 케리그마의 접촉점에 있어서 바울보다는 오히려 마가에(그리고 다른 복음서 기자들에) 더 가깝다. 우선, 요한복음과 마가복음은 모두 복음서들이다. 또한 우리가 발견하는 초기 사도적 전승의 특징으로 부각되는 모든 주제들이 제4복음서에서처럼 제2복음서에서도 나타난다.[49] 그런데 이것 때문에 우리가 굳이 놀랄 필요는 없다. 복음서 기자들이 힘써 성취하려는 것은–다른 사도들의 경우와 마찬가지로–예수에 대한 증거였다. 그들 모두는 나름대로의 방식으로 이 나사렛 사람의 참된 정체에 대해서 그리고 그분 안에서 동시에 그분을 통해 역사하는 영원한 생명의 복된 소식에 대해서 증언한다.[50]

요한과 마가가 케리그마 측면에서 어느 정도까지 연관되어 있는지를 조금 더 소상히 살펴보기로 하자. 예수에 대한 마가 특유의 증언은 그의 복음서의 첫 절에 요약되어 있는데 '예수 그리스도의 복음의 시작(ἀρχή : 아르케–)'이라고 선언되어진다.[51] 이 절의 정확한 의미에 대

49) 막 1:2; 11:10; 14:49; 16:7; 12:1–11; 1:8; 13:26f.; 1:15.

50) 참조. 막 1:1; 마 1:1; 눅 1:4; 요 20:31.

51) 막 1:1; '(예수 그리스도), 하나님의 아들'이라는 문구는 ℵ*Θ사본 등에서는 빠져 있지만, B D

해서, 특히 여기서 마가의 ἀρχή(아르케-)라는 단어 사용에 관해서 많은 논란이 있었다.[52] 이 낱말은 필자 마가가 세례자 요한의 사역으로 시작되는 그의 복음서의 첫 단막의 내용(막 1:2-13)을 단순하게 소개하고 있는 것일 수 있다. 이같은 전조적(前兆的) 사건들을 통해서 마가는 실질적으로 복음 시대가 시작되었다고 말할 수 있었다.[53] 그러나 마가가 이 절에서 자신의 전체 복음서에 대한 한 표제를 붙여 주고 있는 것일 수도 있다. 이 경우 본문은 아래와 같이 풀어 쓸 수 있을 것이다. '나는 지금 메시아 예수에 관련한 복음적 사실들을 진술하려 한다. 그런데 나의 출발점은 세례자 요한의 사역이라는 전통적인 것이다.'[54]

일단 마가복음의 주제가 언명된 다음, 그는 이제까지 우리가 고찰해 온 그 케리그마의 줄거리에 따라 예수 전승에 대한 자신의 이야기를 털어놓는다. 세례자 요한에 의해 예고되었고, 예수에 의해 출범되어진 그 성취의 시대는 바야흐로 밝아 왔다. 그 시대의 주님은 그리스도 자신으로서 마가는 그의 사역과 죽음과 부활에 관해 계속 써내려간다. 마가의 수난 설화가 지니는 비극성은 이 복음서에서 매우 많은 부분을 차지하는 것으로서, (그 도입부를 이루는) 변형 사건과 자기 변호 예언들과 승리감이 충만한 예루살렘 입성 등의 사건에 의해서만이 아니라,[55] 예수의 영광 중 재림을 그토록 웅변적으로 진술하는 마가복음

W 등의 사본에는 포함되어 있다.

52) 예를 들면, C. E. B. Cranfield, *The Gospel according to Saint Mark : an introduction and Commentary*(Cambridge, 1959), pp. 34f.를 읽어 보라.

53) 세례자 요한의 사역이 '복음서의 시작'을 이루었다는 사상에 관해서는, 사도행전 1:21f., 10:37 등을 읽어 보라. 아울러 요한복음 15:27; 16:4에서 ἀρχή라는 단어가 유사하게 사용된 것을 주시하라.

54) H. B. Swete, *The Gospel according to St Mark : the Greek Text, with introduction notes and indices*(London, 1898), p. 1을 참조하라.

55) 막 9:1-8; 10:33f. 및 그밖의 여러 곳; 11:1-10.

13장의 종말론적 담화에 의해서도 여지 없이 상쇄된다.

따라서 마가의 복음서는 요한의 그것과 마찬가지로 케리그마의 또 다른 형태이다. 이것은 곧 마가가—제4복음서 기자보다 더욱 더—사도적 설교의 주제들을 자신의 작품 속에 임의적이고도 무작위적인 방식으로 끌어들인다는 의미는 아니다. 오히려 전체 복음서 그 자체가 전통적인 케리그마적 바탕들에 근거한 한 편의 설교이다. 마가는 예수의 십자가 사건에서 절정을 이루는 일련의 불연속적 사건들의 한 연속물을 단순하게 써내려가고 있는 것이 아니다. 그의 통합적 주제는 케리그마 그 자체에 관한 것, 즉 성취의 새 시대가 그리스도 예수, 그 나라 왕에 의해 출범되어졌다는 것이다.[56]

마가복음서의 전승 및 케리그마의 성격은 우리가 복음서 설화의 골격에 관한 도드의 견해를 따를 경우 다른 또 하나의 방향으로부터 뒷받침을 받는다.[57] 도드는 마가복음에 예수 사역의 연대기에 대한 관심이 내재되어 있음을 발견하고 이것이 케리그마의 원자료에까지 소급될 수 있다고 믿는다. 그는 그 사역을 다룬 마가 자신의 '총괄 요약집'(Sammenlberichte)을 종합해 볼 때 그 요약집이 사실상 예수의 갈릴리에서의 활동을 개괄하는 한 편의 연속적 설화를 형성한다는 사실에 특히 유의한다. 그러므로 도드는 마가복음서의 순서가 대체로 원시 교회에 의해 보존되고 전승된, 또한 제2복음서 기자가 접촉 가능했던 예

56) 너무나 흥미롭게도, 하나님의 나라 사상—공관복음서 기자들에 의하면 이것은 예수의 가르침에 있어서 중심적 범주였다.—은 사도들의 설교에 대한 누가의 기록 가운데 자주 표현 대상이 되지 않는다. 그러나 사도행전 8:12; 20:25 및 그밖의 여러 곳을 참조하라.

57) C. H. Dodd, 'The Framework of the Gospel Narrative', *Exp. T* 43(1931–2), pp. 396–400; C. H. Dodd, *New Testament Studies*(Manchester, 1953), pp. 1–11에 재수록.

수 사역의 연대기적 개요에 의해 결정되었다고 결론짓는다.[58] 만약 이것이 사실이라면, 제4복음서의 순서 또한 (최소한 어느 정도라도) 이와 비슷하게 결정되는 것이 가능한 일이다.

우리는 마가와 요한이 그들 공유의 케리그마적 배경에 있어서 서로 밀접한 관계에 있음을 살펴보았다. 양자는 모두–비록 독립적이기는 하지만–예수에 관한 초기 사도적 선포의 어떤 형태에 의존하고 있다. 이러한 이유로 인해 그들이 전하는 기본 '복음'의 내용이, 아니 그 형태까지가 서로 연관된다. 따라서 두 복음서 모두 사도행전에 수록되어 있는 선포 활동의 문학적 편집본들이라고 우리는 결론지을 수 있다.

이와 관련하여 보다 분명히 해두어야 할 한 가지 문제점이 있다. 그리고 이것을 다룸으로써 우리는 곧바로 요한복음서의 주제로 화제를 되돌리고자 한다. 복음서 기자들이 모두 케리그마의 어떤 형태에 접맥되어 있다고 말하는 경우, 그 말 자체가 복음서 기자들이 사용했던 실제 자료에 대해 충분한 설명을 해주는 것은 아니다. 어떤 자료들이 관련되었든지 복음서들은 (최소한) 그들의 중심 인물인 예수의 생애 및 죽음에 관한 기록을 전해 주었다. 그 일을 하는 과정에 그들은 최초의 선포자들이 남겨 놓은 현저한 간격을 메웠다. 예수의 실제 생애와 사역에 관하여, 예루살렘 케리그마에는 매우 적은, 아니 바울에 있어서는 더욱 적은[59] 언급밖에 들어 있지 않다. 그렇다고 이것으로 굳이 그

58) 그러나 다른 편에서, K. L. Schmidt, *Der Rahmen der Grschichte Jesu*(Göttigen, 1919)를 보라. 이것은 마가의 *Sammelberichte*에 대한 Dodd의 분석과 검토를 촉진시킨 연구이다. 그리고 아울러 J. M. Robinson, *A New Quest of Historical Jesus*(London, 1959), pp. 56–8을 읽어 보라. 더 나아가 Dodd의 논문에 대한 비판으로서, D. E. Nineham, 'The Order of Events in st. Mark's Gospel–an examination of Dr. Dodd's hypothesis', in D. E. Nineham(ed.), *Studies in the Gospels : essays in memory of R. H. Lightfoot*(Oxford, 1955), pp. 223–39를 읽어 보라.

59) 비시디아 안디옥에서 행한 바울의 강론이 역사적 예수에 대한 관심을 대표하는 것으로 간

러한 역사적 정보에 대한 관심의 부재를 상정할 필요는 없다. 그것은 단순히 초기 선포의 주안점이 구원 역사상의 주요 정점들에 대한, 그리고 그것들이 지니는 직접적인 신학적 의의에 대한 상설(詳說)을 주로 지향하고 있었기 때문이다. 예수의 생애는 언급되지만[60] 그 이상은 거의 없다.

케리그마의 역사적 부분을 확대하는 작업은 복음서 기자들에게 맡겨진다. 그 일을 하는 과정에서 그들은 모든 사실들을 자신의 재량에 따라 처리하며 그 사실들을 그들 나름의 특수한 신학적 이해에 맞추어 또한 고유의 특수한 목적들을 위해 해석한다. 마틴(R. P. Martin) 교수는 우리의 현 논의 안에서 케리그마의 역사적 단락을 확대하는 마가의 목적에 관해 한 흥미로운 추론을 제시하였다.[61] 그것은 곧 마가가 바울의 케리그마를 보충하고 있다는 것이다. 바울의 사후 바울적 선포의 역사적 근거를 무산케 할 만한 상황이 이 사도에 의해 설립된 교회들 안에서 발생했다고 마틴은 주장한다. 그러므로 마가는 바울 특유의 그리스도론을 반영할 만한, 그러면서도 바울이 전혀 접촉할 기회를 갖지 못했던 자료(예수 전승)를 사용함으로써 (그 그리스도론의 도약대로서) 예수의 '우주적 존재'를 강조할 만한 복음서 한 편을 그 지역 교인들을 위해 집필하였다. 그것은 바로 제자직 옹호를 호소한 한 문서였다. 그리고 마가는 그리스도인의 제자직이 예수 자신의 사역의 특징을

주되지 않는 한 C. H. Dodd, *The Apostolic Preaching and its Developments*, pp. 28-31, 역시 같은 견해이다. 더 나아가 F. F. Bruce, 'Paul and Historical Jesus', BJRL 56(1973-4), pp. 317-95를 읽어 보라.

60) 사도행전 2:22; 10:38 및 그밖의 여러 곳에서와 같다.

61) R. P. Martin, *Mark : Evangelist and Theologian*, pp. 140-62. 특히 156-62; 그리고 거기 언급되어 있는 문헌을 참조하라.

이루는, 수난을 통한 영광이라는 바로 그 모순(paradox)에 실제로 귀결함을 너무나 잘 알고 있었다.[62]

이것은 마가가 실제로 그렇게 의도했든 안했든 간에, 하나의 합리적 가정(hypothesis)이며 또한 마가가 그의 복음서에서 신학뿐만 아니라 역사에 대해서 지녔던 실제적 관심을 정당하게 평가하는 가정이다. 그는 예수의 존재(또는 선존재)에 관해 숙고하거나 철학화하지 않았다. 그는 실재 그대로의 그리스도의 역사적 인격에서 시작하여 거기서부터 전개시켜 나아간다.

반면에 요한의 출발점은 마가 또는 다른 어떤 복음서 기자들의 그것보다 훨씬 더 소급되어 있다. 그의 복음서는 하나님의 말씀의 선존재로부터 시작된다. 그럼에도 불구하고 예수의 역사적 생애는 제4복음서 기자에게 근본적으로 중요하다. 이는 예수의 생애가 없으면 그의 '영화'는 가능성도 의미도 가지지 못하기 때문이다. 사실상 완전 무결한 의미에서 그의 영광을 드러내 보여 주는 것은 그의 생과 육체 그 자체이다. 그 말씀이 사람들 사이에 장막을 쳤을 때 오직 그때에만 우리는 하나님의 영광을 실제로 목격하게 되는 것이다.

요한 역시 (마가처럼) 역사에 관심을 가지며 따라서 그것을 심각하게 다룬다. 그러므로 제4복음서는 다른 여느 복음서의 경우 못지 않게 케리그마의 '예수 생애' 부분에 대한 확대로 간주되어져야 할 것이다. 그밖에 다른 이유가 없다면 바로 이 이유로 인해 우리는 요한복음서에서 예수의 인간성과 그의 소박한 생애에 대해 지나칠 정도로 강조된 것을 발견하게 된다.[63] 요한의 복음서는 신앙상의 그리스도뿐만 아니

62) *Ibid*., pp. 161f.

63) 요 1:14; 6:56; 11:54 및 그밖의 여러 곳.

라 역사상의 예수에 대해 관심을 가진다.

바로 앞장에서 우리는 요한의 복음서가 다른 복음서 기자들의 작품을 보충하고자 쓰여진 것이라는 견해를 거부하는 이유들을 논한 바 있다.[64] 그러나 유세비우스가 요한의 집필 목적들 중의 하나는 독자들에게 예수의 사역에 관한 완전 무결한 이야기를 전해 주고자 함이었다고 말한 데는 무언가 근거가 있었을 것이다. 예를 들면, 요한은 '세례자의 투옥 이전에 그리스도께서 행하신 일들'을 그들에게 이야기해 주고 싶었던 것이다.[65] 그러나 제4복음서 기자가 (우리가 이제껏 주장해 온 것처럼) 자신도 알고 있지 못하는, 다른 복음서들이 남겨 놓은 간격들을 메우고 있다는 말은 결코 아니다. 오히려 그는 그리스도교 케리그마—그는 분명히 이것을 알고 있었다—에서 출발하여 그 기본 골격 위에 우리가 이미 고찰한 바 있는 다양한 전승 자료들에서 유래한 역사적 예수에 관한 정보를 추가하였다.[66] 앞으로 살펴볼 것이지만 요한은 궁극에 있어서 이보다 더 큰 일을 하고 있다. 아니 설령 그렇지 않다 할지라도 이에 못지 않은 일을 하고 있는 것만은 분명하다.

【결 론】

이제까지의 논의를 매듭지어 보자. 요한복음서에서 근본적인 것은 대부분의 신약성서 기자들이 의존 근거로 삼았던 것으로 보여지는 예수에 관한 선포 전승이라는 주장이 이제까지 논의되었다. 우선 요한 자신이 복음서 기자로서 공유의 복음, 공통의 복음서(evangel)를 그의

64) 본서의 앞부분 pp. 230–234를 읽어 보라.
65) HE iii 24, 12.
66) 본서의 앞부분 pp. 199 이하를 읽어 보라.

출발점으로 삼는다.

그러나 공관복음서 기자들과 같이 요한 역시 자신의 복음서가 의존하고 있는 케리그마의 구조를 다듬고 있으며, 그것 안에서 사도적 선포의 '역사적' 부분을 확대해 나간다. 그는 역사적 예수 사건에 관해 알고 있으며, 또한 어느 정도 그것에 대한 지식을 전제 조건으로 삼는다. 그러나 요한은 예수의 영광과 아울러 그 육체에 관해서, 동시에 양자의 상호 관계에 관해서 관심을 갖는다. 이것 때문에 그는 예수의 생애를 다루는 자기 나름의 원천 자료를 수집하며 이 자료를 이용해서 그의 중심적 주제를 서술해 가고자 한다.

셋째로, 이 원칙에 준하여 요한은 케리그마와 그것을 확대하기 위해 이용하는 예수 전승 위에[67] 예수의 인격에 대한 그 나름의 이해를 덧붙인다. 그러므로 요한은 복음서 기자일 뿐 아니라 해석자이기도 하다. 사실 그의 해석은 복음서 기자로서의 그의 작품을 통제한다. 이는 그가 자신의 주요 신학적 주안점들을 부각시키기 위해 그의 선포적, 전승적 자료(특히, 예수께서 행하신 표적들에 관한 정보)를 선택하고 이용하기 때문이다.

요한이 복음서 기자인 동시에 해석자라고 말함으로써, 우리는 이 책에서 이미 제기된 바 있는 핵심 질문으로 다시금 거슬러 올라가게 된다. 즉, 제4복음서에 있어서 역사와 신학 사이의 관계는 정확하게 무엇인가? 이 질문에 답하기 위해 우리는 복음서 기자로서의 요한의 작

67) 이 문맥 안에서는 '케리그마'에 반대되는 것으로서의 '예수 전승'을 말하는 것으로, 그와 그의 제자들로부터 유래한 예수에 관한 정보를 의미하는바, 그것은 초대 교회에 있어서 구두 내지 문서 형태로-심지어 설교로-사도행전에 기록되어 있는 사도적 설교의 활동이나 내용과는 완전 별도로 회람되었던 것이다.

품이 지니고 있는 중대한 문제에 대해 조금 더 소상히 다루고 나가지 않을 수 없다.

요한과 역사

우리는 이제까지 요한복음서의 케리그마적 배경과, 예수의 역사적 생애에 관한 복음서 기자의 관심은 이 복음서에 전승적 성격이 존재함을 시사해준다는 사실을 논증하여 왔다. 그 기록자는 그리스도교의 전승 및 경험의 주류 안에서 그것의 원초적이며 역사적인 뿌리들을 함부로 끊어버리는 일 없이 확고하게 서 있었다. 한 복음서 기자로서 동시에 실로 한 신학자로서 요한은 구원의 역사적 기초를 지극히 신중하게 다루고 있다.

그러나 이 추론-곧 한 복음서 집필자로서 제4복음서 기자는 진정한 역사가이기도 하다는-은 조심스럽게, 특히 요한복음서의 선포적 내용에 관한 우리의 현 논의의 조명 안에서 검토되어야 할 필요가 있다. 이는 요한이 복음서 기자이며 그의 작품이 예수에 관한 선포의 전승적 틀과 유사성을 보여 주고 있다는 말이 전수되어 오는 자료에 역사적 근거가 있다는 증거로는 결코 이용될 수 없기 때문이다. 어떤 형태의 '예수 전승'이든 그것을 논하는 데는 반드시 역사적 질문이 따르게 마련이다.

어떤 이는, 교회의 초기에 그리스도교의 창시자에 관한 한 전승이 존재했는데 그것은 실지로 일어났던 일을 조리 있게 보도했다는 의미에서의 '역사적인 것'과는 상관 없이 성격상 최초의 것이었다고 논증하기도 한다.[68] 다시 말해서, 최초의 사도들은 단지 예수의 언행에 대한 그들 나름의 이해에 기초하여 예수를 선포하였다는 것이다. 동일한 논리로, 선포자들이나 교사들이나 집필자들에 의해 공히 사용된 그리스도에 관한 총괄적 정보에 있어서 담화들과 설화들은 설령 그것들 자체가 원래 그에게서 유래하지 않았다 할지라도 그의 것으로 간주되어 예수의 조상(彫像) 주변에 모여들었을 수도 있다.

이러한 유의 견해는 사실로서의 '역사'(무엇이 일어났는가)와 사실의 기록으로서의 '전승'(무엇이 일어났다고 이야기되는가)을 구분한다. 따라서 요한과 역사에 관한 질문은 이 문제, 즉 우리는 과연 (다양한 유래와 형성 과정을 지니는) 요한의 전승 자료가 우리를 그리스도교의 실제 기원들에까지 거슬러 올라가게 해주는 것을 확신할 수 있는가 하는 문제로 에워싸여 있다. 우리는 본서에서 요한의 전승이 독립적이고 역사적이며 따라서 신빙 가능한 것임을 끊임없이 주장해 왔다. 그러나 정작 그 역사적 전승의 역사 자체는 어떠한가? 여기서 우리는 이같은 의미에서의 요한의 '역사'를 캐묻고 나아가 우리가 제4복음서 기자의 (케리그마적) 전승 배경을 얼마 만큼의 깊이까지 뚫고 들어갈 수 있는지를 알아보지 않으면 안 된다. 우리가 현재 소유하고 있는 요한의 복음서는 예수의 역사적 생애에 관한 신빙 가능한 사실들과 아울러 그 사실들에 대한 보충적 해석을 우리에게 제공하고 있는가?

그러한 탐구 작업은 앞에서 간략히 언급한 두 가지 부연적 현안들에

---

68) (불트만 학파에 있어서) 예를 들면, N. Perrin, *Rediscovering the Teaching of Jesus*(London, 1967), 특히 pp. 15-53; 207-43을 읽어 보라. Perrin은 이 책에서 주로, 공관복음서 가운데 반영되어 있는 예수 전승의 '재구성'으로 간주되는 것을 취급하고 있다.

얽혀 있으며, 따라서 이에 대해 보다 깊은 주의를 기울여 보아야 한다. 두 가지 중 첫째는 사도행전에 나타난 사도적 선포 기사의 본질과 관련되어 있으며 그 둘째는 복음서들 그 자체의 본질과 관련되어 있다.

1. 사도행전에 나타난 역사와 전승

요한은 예수를 케리그마의 차원에서 논한다. 그는 선포 전승의 기초 위에 자신의 복음서를 세워 올린다. 짐작컨대 모든 복음서 기자들은 몸담아 살며 일하던 교회의 모든 생활에서 영향을 받았다. 그들은 선포, 교훈 그리고 예배라는 생생한 정황 속에서 예수에 관한 정보를 입수하였다. 우리는 제4복음서 기자 역시 동일한 종류의 종교적 배경에 의지하였다는 것을 추론해 왔다. 아마도 자신의 복음서 편집의 초기 단계에서-우리가 제안한 세 단계들 중의 제2단계일지 모른다.[69]-요한은 최초 사도들의 선포에 의해 한 방향에서 형성되어진 그리스도교 전승을 부분적으로 의지하였을 것이다. 사도행전은 그 선포의 가장 극명한 기사를 우리에게 제공하는데 우리가 잠시 고찰해 보아야 할 것은 바로 이 기사의 참 본질이다.

앞에서 살펴본 대로, 현재의 맥락에서 '선포'는 애매 모호한 낱말이 아닐 수 없다. 도대체 '케리그마'는 무엇이며, '케리그마적'은 무엇을 의미하는가? 분명히 우리는 '케리그마'를 판에 박힌 한 편의 설교라고 생각해서는 안된다. 선포가 하나의 활동이라는 사실과 아울러, 초기 그리스도교 사도들이 흔히 발견되는 몇몇 주요 주제들을 핵심으로 하

69) 본서의 앞부분, pp. 224-227을 읽어 보라.

는 메시지를 선포하였지만, 그때에 그들의 설교들은 결코 고식적인 틀 안에 갇혀 있지 않았다는 사실을 항상 명심할 필요가 있다.

그러나 사도행전에 나타난 케리그마의 본질과 관련하여 또 하나의 문제점이 있는데 이것은 현 시점에서 우리의 관심을 끄는 문제가 아닐 수 없다. 사도행전이나 요한복음 중 어느 한 곳에서 무엇이 '케리그마적'인 것으로 묘사될 수 있는지를 결정하는 데는 신축성의 요소가 개입할 수밖에 없다는 점을 인정하자. 그렇다면 과연 우리는 사도행전의 저자(잠정적으로 우리는 그를 누가라고 간주하자)가 보도하는 내용 그대로 사도들이 예수에 관해 이야기했다고 확신할 수 있는가? 사도행전의 설교들이 역사적으로 신빙성 있는 예수에 대한 최초의 사도적 증언이라는 사실을 우리는 과연 어떻게 알 수 있는가?

몇몇 학자들은 여기서 아무런 문젯거리를 발견하지 못하는데 이는 그들이 사도행전의 연설 자료(이것은 주로 베드로, 스데반, 바울 등의 이야기로 간주된다)를 아예 완전히 비역사적인 것으로 여겨 버리기 때문이다. 이에 대해서는 마틴 디벨리우스(Martin Dibelius)가 하나의 전형적 견해를 피력한다.[70] 디벨리우스는 누가 자신이 역사의 기록자라기보다는 선포자였으며, 따라서 사도행전의 뭇 설교들은 무오한 보도라기보다는 오히려 신학적인 구성물들이라고 믿는다. 누가는 그의 선포 자료를 작성하면서 투키디데스(B.C. 15세기에 활약했던 아테네의 역사가)가 세워 놓은 서술 양식을 따랐는데, 그 사가는 자신의 등장 인

70) M. Dibelius, 'Die Reden der apostelgeschilte und die antike Geschichts-schreibung', in *id, Aufsätze zur Apostelgeschichte* hrsg. H. Greeven(Göttingen, 1968[5]), pp. 120-62; ET 'The Speeches in Acts and Ancient Historiography', in M. Dibelius, *Studies in the Acts of the Apostles*, ed. H. Greeven(London, 1956), pp. 138-85, 아울러 J. M. Robinson, op. cit., p.58 n.1(여기에는 보충적인 관계 자료가 언급되어 있다)에서, 사도행전 안의 강론들의 주제에 관한 논급들을 보라.

물들이 말한 정확한 내용을 기억할 수 없는 경우, 말했으리라고 짐작되는 것을 자기 멋대로 기록하곤 했다는 것이다.[71]

특히 초기 사도적 설교에 대한 기사와 관련하여 사도행전이 가지는 신빙성은 여기서 상론할 수 없을 만큼 미묘하고 복잡한 사안이다.[72] 그러나 찬반 양면에서의 학문적 주장은 전개될 수 있다는 것을 명심해야 한다. 한 예로, 브루스(F. F. Bruce) 교수는 디벨리우스에 맞서 사도행전의 설교들은 초록(抄錄)들(그 이상은 아니다!)로서, 어느 한 시점에 사도들에 의해 진술된 내용의 요체(要諦)를 가감없이 보도하고 있다는 견해를 취한다.[73] 브루스는 자신의 주장을 다섯 가지 주요 근거 위에서 전개시킨다. ① 이 설교들의 문체는 누가 고유의 문체가 아니며, 오히려 순수한 그리스어를 구사하지 못하는 사람들의 언어를 기록하고 있거나 아니면 아람어 원자료에서 번역하고 있는 것으로 추측된다. ② 그 복음서를 집필하면서 누가는 (우리가 공관복음서 기자들을 상호 비교해 보면 말할 수 있는 것같이) 비록 그 나름대로의 자료들을 재구성하긴 했지만 기본적으로 그 자료들에 충실했다.[74] 그러므로 우리는 그가 사도행전을 기록하면서 (물론 이 경우 우리가 그의 신뢰도를 측정할 수 있는 방법을 가지고 있지는 않지만) 자신의 자료들에 보다 덜 충실했다고 단정할 필요가 없다. ③ 설교들 속의 구약성서 인용은 초기

71) Thucydides, *History of the Peloponnesian War* i. 22. 그러나 Thucydides는 '실제로 말하여진 내용의 전반적 목적에 가능한 한 가깝게'(ibid) 근접한다고 주장하였다. Thucydides의 문학적 방법에 비추어 사도행전에 나오는 강론들의 역사적 가치를 재평가한 작품으로는, T. F. Glasson, 'The Speeches in Acts and Thucydides', *Exp. T* 76(1964–5), p. 165를 읽어 보라.

72) 본서의 앞부분 p. 293의 각주 3에 인용된 문헌을 보충적으로 참조하라.

73) F. F. Bruce, *The Acts of the Apostles : The Greek text with introduction and commentary*(London, 1952^2), pp. 18–21. 아울러 동일한 학자의 보다 이전의 단편 논문, *The Speeches in the Acts of the Apostles*(London, 1944)를 읽어 보라.

74) 참조. 눅 21장 및 막 13장.

그리스도교의 증언(testimonia) 또는 증거 본문(proof-texts) 수집록에서 유래한 것으로 보여진다.[75] ④ 베드로의 설교들 속에 들어 있는 케리그마의 개요는 마가복음서의 범위와 부합하는데 그것은 필경 비슷한 개요의 틀을 기초로 구성되었으며 전통적으로 베드로의 권위에 의존하고 있을 것이다. ⑤ 사도행전의 그리스도론은 원시적인 것이다. 그럼에도 불구하고 바로 그것 때문에 더할 나위 없이 실재적이다.[76]

하나하나 고찰해 보면 이 논거들은 동등한 비중과 신빙도를 지니는 것으로 판단되어질 수 없을 것이다. 그러나 통합적으로 보면 이것들은 브루스 교수와 같이 사도행전의 설교들이 '원시 교회의 생활과 사상에 이바지한 가치 있는 독립적인 자료들'이라고 결론짓는 데 있어서 매우 합리적인 근거를 제공하여 준다.[77] 모든 사람이 그러한 결론을 받아들이지는 않을 것이다. 그러나 우리가 사도행전과 신약성서의 다른 '케리그마적' 부분들을 연구함으로써 어느 정도 확신 있게 사도적 케리그마의 실제 본질을 판별하는 것이 가능하다는 사실을 인정한다면 우리는 복음서 기자로서의 요한의 작품에 관해 보다 깊이 이야기할 수 있을 것이다. 우리는 제4복음서가 케리그마적 배경을 지닌다고 단언한 바 있다. 그러므로 이제 우리는 계속해서 만약 요한이 전적으로 케리그마에 의존한다면 그는 결국 하나의 역사적 활동, 곧 누가에 의해 신빙성 있게 보고된 기본적 내용에 의존한 것이라는 주장을 계속할 수 있다.

75) 사도행전 2:25-8(베드로) 및 13:35(바울)에 실린 석의의 유사성을 주시하라. 거기서 두 설교자는 한결같이 시 16편을 예수의 부활이라는 측면에서 해석한다.

76) 이 점에 관해서는 보충적으로, S. S. Smalley, 'The Christology of Acts', *Exp. T.* 73(1961-2), pp. 358-62를 읽어 보라.

77) F. F. Bruce, *The Acts of the Apostles*, p. 21.

이와 관련하여 또 하나의 문제점이 제기될 수 있다. 그런데 그것은 일반적으로는 신약성서의 비평학과 관계되는 동시에 특수하게는 요한복음 및 사도행전의 연구와 관계된다. 일부 신약 문헌 비평학자들 편에서는 '케리그마적'이라는 의미에서 '전통적'인 것은 자동적으로 믿을 만한 것일 수 없다고 단정하려는 경향이 있다. 초대 교회가 어떤 말이나 행동을 예수에게 결부시킬 수 있었을 때에는 실제로 그런 일을 했다.[78](는 논리가 전개되는 듯하다). 그러나 '케리그마적이므로 믿을 수 없는 것'이라는 공식이 현재 비평학의 정통 학설의 일부가 되어 있긴 하지만 강하게 도전을 받을 필요가 있다. 그리스도교에서 전통화 되어진 것들 중에는 분명히 그것의 배경이 역사적이기 때문에 그렇게 된 것들도 얼마든지 있을 수 있다. 따라서 '케리그마적이므로 믿을 만한 것'이라는 공식 역시 신약성서 각 분야의 비평적 연구에서 고찰되어야 하는 심각한 쟁점인 것이다.[79]

78) 예를 들면, N. Perrin, *Rediscovering The Teaching of Jesus*, pp. 39–43. 예수의 교훈의 진정성 확증을 위한 Perrin의 주요 원리들은 친히, '비유사성의 범주'라고 일컫는 것으로, 그는 이것을 다음과 같이 규정한다. : '우리가 도달할 수 있는 가장 처음 형태의 어록은, 만약 그것이 유대주의 및 초대 교회의 특징적 강조점들에 비추어 비유사한(dissimilar) 것으로 판명될 수 있다면, 진정한 것으로 간주될 만하다'(p. 39). 이것은 초대 그리스도교에서 '케리그마적'이었던 내용이 반드시 예수 자신에게서 유래했을 가능성이 있는 것은 아니며, 따라서 결과적으로 그의 것으로 돌려졌을 가능성이 (아니 그러했을 개연성이 있다) 존재한다. Perrin의 일반적인 복음서 접근에 대한 비판을 원한다면, M. D. Hooker, 'Christology and Methdology', NTS 17(1970–1), pp. 480–7을 보고 또한 이어서 더 나아가 M. D. Hooker, 'On Using the Wrong Tool', *Theology* 75(1972), pp. 570-81, 특히 574-7와 'In his own Image?' , in M. D. Hooker and C.J.A. Hickling(edd.) *What about the New Testament?, Essays in Honour Christopher Evans*(London, 1975), pp. 28–44를 읽어 보라. 아울러 S. S. Smalley, 'Redaction Criticism', in I. H. Marshall(ed.), *New Testament Interpretation,* pp. 181–95. 특히 187을 자세히 보라.

79) 더 나아가, 역사상의 예수와 전승상의 예수 사이의 연속성을 탐구하려면, C. F. D. Moule, *The Phenomenon of the New Testament*, pp. 43–81 및 G. N. Stanton, *Jesus of Nazareth in New Testament Preaching*(Cambridge, 1974) 등을 읽어 보자.

이 문제가 현재 우리의 논의에 이어지는 관련성은 분명하다. 제4복음서는-사도행전 및 신약성서 본문 도처에 반영되어 있는 바대로-사도적 선포에 있어서 초기의 '전승적' 배경을 지닌다는 말이 곧 이 배경이 역사적임을 입증해 주는 것은 아니다. 그러나 요한복음서의 케리그마적 성경 때문에 기록자(들)가 최초 사도들 자신의 선포를 통한 그리스도교의 그 기원들-예수의 인격, 그가 말한 것과 그가 행한 일-에 접하는 것이 불가능해지는 것은 결코 아니다. 오히려 정반대로, 본 필자의 마음에는 요한이 그리스도교의 원자료에 그렇게 접촉되어 있었을 가능성이 매우 강하게 느껴진다.

2. 복음서들에 있어서 역사와 전승

우리는 지금 제4복음서에서의 '역사'의 본질을 조사하고 있다. 우리가 추론한 바로는 복음서 기자로서의 요한은-다른 여느 복음서 기자만큼이나-케리그마에 의존하고 있었으며, 결국 사도적 선포의 기반을 이루는 역사적 예수 전승에 의존하고 있었다. 우리가 요한의 증거의 역사적 가치를 참으로 인정하며 진정한 역사의 기반에 도달하였다는 확신을 갖기 위해서는 먼저 하나의 부연적 사실, 즉 복음서들 그 자체의 본질 문제를 고찰해야만 한다.

우리는 요한복음이 단순히 한 편의 '신학적' 복음서가 아님을 논증하였다. 집필자는 구원 사건들이 발생한 환경으로서의 역사에 관해 관심을 기울인다. 그는 말씀이 육신으로 화했을 때 무슨 일이 일어났는지를 보여 주기 위해 케리그마의 '역사' 단락을 확대한다. 그리고 도드와[80] 그밖의 여러 학자들의 작업이 밝혀 놓은 바와 같이 제4복음서는 분명히 그것의 바탕을 이루고 있는 독립적이고도 역사적인 전승 때문에 점차 존중받는 책으로 화하고 있다.

그러나 요한복음서의 역사적 성격에 관한 이같은 진술들은 여전히 그 나름의 의문점들을 제기한다. 역사에 대한 요한의 관심은 과연 역사 보존 바로 그것인가? 우리는 어떻게 제4복음서 기자의 케리그마 확대판이-특별히 그 확대판이 그 자신의 작품이라고 할 때-역사적으로 무오한 것인지를 알 수 있는가? 과연 우리는 제4복음서 배후의 독립적이고 원시적인 전승에 대한 탐구가 실로 그것이 역사적인 전승임을 보증해 주리라고 장담할 수 있는가? 이 논의의 맥락에 있어서 '초기'와 '역사적'은 반드시 동일한 의미는 아니다.

이상의 질문들은 물론 모든 복음서들, 아니 통틀어서 신약성서 그 자체의 연구에도 적용된다. 특히, 이 물음들은 우리의 현재 논의에 근본적으로 중요한 한 가지 사안, 이른바 '역사상의 예수' 탐구에 직접적으로 걸린다. 게다가 그 논제는 예수 전승을 유형화(有形化)하는 문서들로서 그 복음서들이 가지는 정확한 본질 문제이라는 이미 제기된 문제에 의해 더더욱 날카롭게 부각된다. 요한복음 안의 역사와 전승 간의 관계를 평가하기 위한 마지막 시도로써 우리는 이제 이 두 사안을 함께 살펴보고자 하는데 이는 그 둘이 명백히 상호 관련되어 있기 때문이다. 이와 같이 주제의 복잡성과 관련문헌의 범위[81]가 모두 엄청난 논의 속에서는 현재의 뭇 한계 안에서 문제의 모든 측면에 대해 완벽

80) 특히 *HTFG*에서, 아울러 본서의 앞부분 pp. 21이하를 읽어 보라.

81) N. Perrin, *Rediscovoring the Teaching of Jesus*, pp. 262-6에는 '역사적 예수'의 질문 전반에 관한, 유용하고도 주석이 딸린 참고 문헌이 있다.

한 공정성은 기해질 수가 없다. 그러나 요한의 '실제 역사'의 범주와 의미를 집중 연구하기 위한 하나의 시도(start)–최소한–는 이루어질 수 있다.

복음서들은 무슨 책들인가?

우리가 이미 지적한 바대로 네 복음서들은 그들 나름의 문학 유형을 가지고 있다.[82] 그것들은 애당초에는 구술되어진, 주 예수 그리스도의 복음을 기술한 선포 기사들이다. 그러나 이 문서들은 분명히 그 저자들에 의해 단숨에 기록되어진 것은 결코 아니다. 오히려 전승의 상이한 층들이 합성되어 형성된 것이다. 예수의 생애에 관한 구전 혹은 기록 자료가 일정한 기간 동안 수집되어져 복음서 기자들에 의해 완결된 하나의 문학 형태로 종합되었던 것이다. 그러므로 신약성서를 진지하게 연구하는 모든 학도의 과제는 그리스도교의 뭇 기원에 관해 발견 가능한 모든 것을 찾아내기 위해 현존하는 복음서들의 배후를 조사하는 일이다. 예수는 과연 누구였는가? 그 일은 도대체 어떻게 시작되었는가?

이 과제 해결을 뒷받침하기 위해서는 잘 알려진 자료 비평(source criticism), 양식사 비평(form criticism), 편집사 비평(redaction criticism) 등의 삼대 학문이 동원될 수 있다. 자료 비평은 우리로 하여금 복음서 기자들이 자신들의 자료 도출의 전거로 삼는 직접적 자료의 분석을 가

82) 더 나아가 복음서들의 본질 문제는, R. P. Martin, *New Testament Foundations : a guide for christian students*, vol I. : *The Four Gospels*(Exeter, 1975), 특히 pp. 15–29를 읽어 보라.

능하게 해주며, 양식사 비평은 그 자료들의 기원과 그것들에 수록되어 있는 자료에 미친 교회의 영향을 간파하며, 편집사 비평은 복음서 기자들 자신이 현존하는 예수 전승에 끼친 공헌 등을 조사한다.

이같은 비평적 방법들은 복음서들의 분석시에는 언제나 사용되어져야 하며 또한 함께 사용되어져야 한다. 그 방법들이 사용되는 경우 복음서 기록들의 한 가지 상(像)이 명료하게 부각된다. 그 전수 과정에서 현존하는 우리의 복음서들 속에 유형화되어 있는 자료는 다양한 여러 가지 영향들을 피할 수 없었는데, 그 하나하나는 그 자료의 이해와 해석에 공헌하였던 것이다. 명백하고도 주요한 영향들은 예수 자신으로부터, 또한 A.D. 1세기 어간의 성장해 가는 그리스도교 공동체로부터, 그리고 복음서 편집에 필연적 책임을 지니는 기록자들로부터 유래한다.

이것은 곧-우리가 요한복음의 경우에서 이미 확인하였듯이-복음서들이 단순히 예수에 관한 사실들뿐 아니라 그에 관하여 해석되어진 사실들을 수록하고 있음을 뜻한다. 그러므로 우리는 요한복음을 다루면서 그리했듯이 여느 복음서의 경우에도 예수 사건과 그 사건을 복음서들로 문자화한 사이의 간격은 과연 이어질 수 있는가를 묻지 않을 수 없다. 한 복음서가 케리그마와 아울러 역사를 수용하고 있을 경우 역사는 도대체 어떤 것인가?

그 질문에 대한 한 가지 답이 바로 18세기 이래 진행되어 오는 '예수의 생애 연구'(Leben-Jesu-Forschung)에 내포되어 있는데, 이 연구에는 라이마루스(H. S. Reimarus), 스트라우스(D. F. Strauss), 르낭(E. Renan) 및 슈바이처(A. Schweitzer) 등의 학자들이 참여하고 있다.[83] 이

83) 역사적 예수에 대한 '탐구'의 역사는 S. C. Neill, *The Interpretation of the New Testament 1861-1961*, pp. 191-200에서 훌륭히 서술되어 있다. 자세히 연구해 볼 만한, 한 대표적 문헌

들 학자들은, 아니 그밖의 다른 이들도 마찬가지로 복음서 자료 안에서 역사적 기사들과 그에 대한 후세의 해석들을 구분하였다. 그러나 역사적 예수를, 그에 대한 해석자들 배후에서 끄집어 내어 복원하려고 시도했던 19세기 및 20세기 초반의 자유주의 저술가들은 복음서에 있어서 역사와 신학, 사실과 해석은 분리될 수 없다는 것을 잊고 있었다. 그러므로 그들은 복음서들의 내용 가운데서 대체로 그들 자신의 영상에 의해 만들어진, 그리고 우리가 알고 있는 신약성서의 그리스도 초상과는 확실히 동떨어진 감상적인, 아니면 정체불명의 예수를 날조해 냈던 것이다.

슈바이처의 작품과 더불어 신학의 시대는 종말에 이르렀다. 역사적 예수에 대한 탐구는 매우 부정적인 결과들을 빚어내는 것처럼 보여졌으며, 또 한때 그것은 성서학 분야의 다른 관심사들에 의해 특히 금세기 초반에서 독일의 양식사 비평의 대두로 말미암아 가리워지기도 했다. 그러나 비록 그리스도교 창시자에 관한 슈바이처 자신의 결론들이 야릇한 것이지만-그는 예수를 자가 당착의 종말론적 돌격 대원으로서, 하나님 나라의 도래를 실현코자 투쟁하다가 허망하게 쓰러진 인물로 보았다-이 저자는 우리에게 환산 불능의 학문적 유산을 남겨 주었다. 복음서들은 이제 더 이상 전기(傳記)로 간주될 수 없음을 슈바이처는 가르쳐 주었다. 예수의 가르침이 그의 인격으로부터 분리되어질 수 없듯이 복음서들 역시 역사와 신학이라는 분리 불능의 교호적(交互的) 합성체를 내포하고 있는 것이다.

그렇다면 이것은 복음서들의 역사성에 관한 연구가 마침내 포기되

으로는 A. Schweitzer, *Von Reimarus zu Wrede*(Tübingen, 1906; E. T. *The Quest of the Historical Jesus : a critical study of its progress from Reimarus to Wrede*, London, 1954)가 있다.

어야 하는 것을 의미하는가? 오늘날 '역사상의 예수' 탐구가 다시금 새로운 형태로 착수되어졌다. 루돌프 불트만의 선구적 작품을 필두로 하여 시작된 '새로운 탐구'-캐제만(E. Käsemann), 보른캄(G. Bornkann), 로빈슨(J. M. Robinson) 등의 여러 학자가 가담되어 있다-가 현재 진행 중에 있다.[84] 신앙의 그리스도 배후의 역사적 예수를 찾는 이 새로운 연구의 성격은(어쩌면 '옛' 연구와 전연 다를 바 없는지도 모른다) 대단히 큰 몫을-자연히-불트만의 의견에 의존하고 있다. 특히 불트만의 '탈신화화' 프로그램(신약성서의 핵심 내용을 그것의 표현 방편인 신화적 언어로부터 '풀어'내려는 시도[85]), 그리고 신자에게 궁극적으로 중요한 것은 역사적 예수 사건 그 자체가 아니라 오히려 다시 사신 그리스도와의-특히 선포의 말씀을 통한-실존적이고도 인격적인 만남(encounter)이라는 그의 주장에 기초한다.[86]

그래서 제임스 로빈슨 교수는 '새로운 탐구'를 '역사 및 인간 실존에 대한 완전히 색다른 이해'를 수반하는 것으로 설명한다.[87] 그것을 통

84) E. Käsemann, 'Das Problem des historischen Jesus', ZTK 51(1954), pp. 125-53을 참조하라; 이 글은 *id., Exegetische Versuche und Besinunngen* I(Göttingen; 1960), pp. 187-214(ET 'The Problem of the HIstorical Jesus', in E. Käsemann, *Essays on New Testament Themes*, London 1964, pp. 15-47)에 재수록되어 있음; G. Bornkamm, *Jesus von Nazareth*(Stuttgart, 1956; 1965[7]; ET *Jesus of Nazareth*, London, 1960); J. M. Robinson, *A New Quest of the Historical Jesus*(also the expanded, German edition of this book, *Kerygma und Historischer Jesus*, Zürich-Stuttgart, 1960), 아울러 J. Reumann, *Jesus in the Church's Gospels : modern scholarship and the earliest sources*(London, 1970), pp. 500-5에 실려 있는 '새로운 탐구'(new quest')운동에 관한 포괄적 문헌 자료를 읽어 보라.

85) 비신화화라는 명제에 관한 불트만의 첫 번째 주요 작품은 그의 단행본 논문집, *Neues Testament und Mythologie*(1941)이었다. 이는 현재 H.-W. Bartsch(ed.), Kerygma and Myth, vol. I, pp. 1-44에 실려 있다. 더 나아가 개론서로서, J. Macquarrie, *The Scope of Demythologizing : Bultmann and his critics*(London, 1960)을 읽어 보라.

86) 이 문제에 관련한, 중요한 초기작품 R. Bultmann, *Jesus*(Berlin, 1926; ET *Jesus and the word*, London, 1958)을 읽어 보라. 보충적 참고 문헌은 영문판에 붙어 있다.

87) J. M. Robinson, *A New Quest of the Historical Jesus*, p. 66.

해서 우리가 '예수에게로 소급' 되어지거나 케리그마(로빈슨은 이 낱말로써 일반적 의미에서의 예수에 관한 '선포'를 뜻하는 것 같다)의 진리를 실증하게 되는 것은 아니다. 다만, 이 새로운 접근을 통해 우리는 복음서들을 실존적으로 읽음으로 예수와 만날 수 있으며 나아가 그의 생애에 대한 우리의 이해가 과연 복음서 기자들에 의해 제시된 그것과 상응하는지의 여부를 알아볼 수 있을 따름이라고 로빈슨 교수는 말한다.[88] 이 접근의 잠재적 의도는(그리고 이것은 불트만 자신의 접근 밑에 깔려 있는 의도이기도 하다) 비록 케리그마가 어떤 의미에서 '육체에' 거하시는 예수에 주안점을 둔[89] 것이기는 하지만, 그것의 바탕을 이루는 역사성은 '부적합'하다는 것을 밝히려는 데 있다. 결국 우리는 케리그마에서 예수를 만날 수 있으며 그것으로 족한 것이다.[90]

그러나 그러한 견해는 옛 탐구자들에게 그랬듯이 '새로운 탐구자들'에게도 복음서들에 있어서의 역사는 중요한 것이면서도 중요치 않은 것이며, 제외 불능이면서도 제외 가능한 것이라는 필연적 결론을 도출한다.[91] 그러나 이 결론이 요한복음에 또는 복음서들 중 어느 하나에 적합한 결론일 수 있는가? 복음서 기자들에게 역사란 얼마나 생생한 것이었는가?

---

88) *Ibid.*, pp. 93-5.

89) Robinson에 따르면, 케리그마는 역사적으로 입증된 주님이라는 의미에서 '육신을 입으신' 예수에 관심 기울인 것이 아니라, 천상의 주님이 역사적 인격이었다는 의미에서 '육신을 입으신' 예수에 관심을 기울인다. ibid., pp. 87f.

90) *Ibid.*, 참조. pp. 85-92.

91) 더 나아가 R. P. Martin, 'The New Quest of the Historical Jesus', in C. F. H. Henry(ed.), *Jesus of Nazareth, Saviour and Lord*(London, 1966), pp. 25-45에 실린, '새로운 탐구'(new quest) 입장에 대한 비판을 읽어 보라.

그 일은 과연 일어났는가?

어쩌면 다른 세 복음서들의 경우보다 요한복음서의 역사의 문제는 더욱 절실한 문제이다. 요한은 역사를—실제로 일어난 일이라는 의미에서—중요한 것으로 여겼는가 아니면 그렇지 않은 것으로 여겼는가? 성 요한의 예수는 여러 면에서 공관복음서들에서 하나님 나라의 도래를 고지하는 그 예언자 표상과는 현저히 다르다. 그는 다른 방법으로 상이한 행적을 행하며 다른 형태로 상이한 말들을 하신다. 누가 과연 옳은가? 그 모든 일은 과연 요한이 이야기하는 것같이 정말로 일어났는가?

우리가 아는 바대로 그 질문에 대한 한 가지 답은 제4복음서의 역사적 가치를 다소 완벽하게 재평가하는 것이다. 예를 들면, 루돌프 불트만은 한때 '요한의 복음서는 결코 예수의 가르침의 한 자료로 평가될 수 없다'는 견해를 좇았다.[92] 그리고 에드윈 호스킨스 같은 주석가들은 요한복음의 역사성 문제를 완전히 배제해 버리는 것은 아니지만 제4복음서의 저자는 '독자들에게 보다 중요한, 보다 난해한, 역사 그 자체와 그것의 의미의 문제를 부과하고 있다'[93]는 신념 속에서 집필한다. 이로 보건대, 요한의 진정한 관심사는 역사적이라기보다 오히려 신학적이다. 그럼에도 불구하고 '그 일은 과연 일어났는가?'라는 물음은 요한 전승이 관련되는 한 여전히 질문되어지지 않을 수 없다. 그리고 그것은 (우리가 발견하고 있는 바와 같이) 쉽게 배제될 수 없는 것이다.

우리는 이제 비로소 요한복음서에서나 공관복음서들에서나 신앙을

92) R. Bultmann, *Jesus and the Word*, p. 17.

93) Hoskyns, p. 58; 아울러 pp. 58-85를 읽어 보라.

떠나서 역사를 탐구할 수 없다는 사실을 확실히 알게 되었다. 이 책들은 복음서인 까닭에 신앙과 역사 모두를 내포한다. 그러나 우리가 발견한 바대로 복음서 연구의 한 현대적 접근이 의도하는 것은–복음서들 안에서 역사가 설 만한 이론적 여지를 찾아내면서–신앙(케리그마를 통한 예수와의 인격적 만남)을 역사 위에 올려놓으려는 것이고, 이로써 해석을 사실 위에 올려놓으려는 것이다. 그러면 우리는 제4복음서에서 신앙뿐 아니라 역사가 설 만한 자리를 지금이라도 찾아낼 수 있는가?

다음의 논평들은 과연 '사건성'(happenedeness)이 요한의 자료에 어떤 근거를 제공하는지의 여부를 (확정하지는 못한다 해도) 탐구하기 위한 한 짤막한 시도이다.

(1) 역사적 예수에 대한 '새로운 탐구'는 그 선구자의 경우처럼 역사적 전제들(presuppositions)보다는 오히려 철학적 전제들로부터 출발한다. 독일 및 그밖의 지역에서 이 운동 발생에 커다란 몫을 한 불트만 자신은 무엇보다도 실존주의자이다. 그는 주로 '그리스도–케리그마'(참으로 오늘에 선포된 그리스도)에 집착하는데, 그의 견해에 따르면 그것은 '진정한 실존'에의 결단을 요구하는 지극히 중대한 도전으로써 사람들 앞에 부딪쳐 온다. 그러나 이것은 불트만이 예수의 역사적 존재와 활동에 대해 전적으로 회의적임을 뜻하지는 않는다(물론 회의주의가 실제로 독일 신약성서 학계의 드물지 않은 특징이 되어온 것은 사실이다!). 그 반대로 불트만은 역사 안에서 교회의 케리그마가 그 기점(起點)으로 삼는 분으로서의 나사렛 예수에 관해 순수하게 관심을 기울인다. 그러나 문제점은 교회가 복음서들에서 객관적으로 진실

한 예수의 인격 및 메시지의 상(像)을 어느 정도까지 보존해 왔는가 라고 불트만은 단언한다. 그리고 불트만은 이 문제가 궁극에 있어 그에게 '하등의 특수한 의미'를 지니지 않는다는 사실을 시인한다.[94] 그러므로 그는 자신이 예수의 생애, 또는 인간성 따위에 아무 관심을 갖지 않으며 오직 그의 주안점은 그의 가르침과 메시지에 (이것들이 복원 가능한 범위 안에서) 더 많이 쏠려 있음을 자인한다.[95]

그러나 이와 같은 철학적 가정들은 설령 예수와의 인격적 만남에 대한 관심이 있다 할지라도 예수의 세상에서의 그의 생애를 배제해 버리는 것으로서 복음서들을 연구할 때 동원될 수 있는 유일한 가정들은 결코 아니다. 무울(C. F. D. Moule) 교수의 말대로, 역사의 방향으로나 '결단에의 초월적 부름'의 방향으로도 '고정되는 것을 끈질기게 거부하는' 문서들이 여기에 있다.[96] 그러므로 현재에 있어서 실존적 도전의 입장에서뿐만 아니라 모든 객관적인 비평 방법들을 우리의 재량껏 조심스럽게 사용하여 그 문서들의 역사적이며 전통적인 내용을 진지하게 탐구하는 입장에서 그 문서들에 접근해야 하는 것이다.[97] 이것은 다른 복음서들에 못지 않게 요한복음의 경우에도 해당된다.

(2) 우리의 둘째 논지는 첫째 논지로부터 말미암는다. 우리가 이제까지 언급해 온 '실존주의적' 접근에서 유래한 비평적 판단들은 너무나 자주 주관적이며, 그것들의 근거가 되고 있는 원리들은 거의가 비평학

94) R. Bultmann, *Jesus and the Word*, p. 18. 이 단락 전체에 관련하여, *ibid.*, pp. 11-19를 읽어 보라.

95) *Ibid.*, pp. 16f.

96) C. F. D. Moule, *The Phenomenon of the New Testament,* p. 80.

97) 더 나아가 O. Betz, *What do we know about Jesus?*(ET London, 1968), pp. 9-27을 참조하라. 예수 전승의 기초로서 역사적 사실들이 지니는 중요성에 대한 유용하고도 적확(的確)한 변호를 발견하게 될 것이다.

자들 자신들에 의해 결정된 것들이다. 특히 실존주의를 신봉하는 학자들에 의해 채택된, 요한복음을 대하는 태도는 그 적절한 사례가 아닐 수 없다. 우리가 살펴본 바대로, 불트만은 요한복음이 예수의 교훈의 역사적 자료일 가능성을 완전히 배제해 버린다.[98] 비슷한 논리로, 놀만 페린은 예수 교훈에 관한 상세한 연구서를 씀에 있어서 전적으로 공관복음서들의 자료만을 다루며 제4복음서에 대해서는 아예 언급도 하지 않고 있다.[99]

그러나 순전히 주관적인 성격을 띠고 있는, 공관복음서 또는 요한복음서의 역사성에 관한 가정들은 면밀히 검토되어야 한다. 분명히 우리는 요한복음서에서 예수의 행적과 말씀에 관한 증거가 모든 점에서 역사적인 것이라고 아무 논증 없이 가정함으로써, 논의를 시작할 하등의 정당한 이유를 가지지 못하였다. 그러나 동일한 논리로, 진지한 신약성서 학도라면 어느 누구도 요한의 증거가 모든 점에서 비(非) 역사적인 것이라고 가정함으로써 논의를 시작해서도 안 될 것이다. 더구나 적어도 요한복음 배후 전승의 실존 가능한 역사적 가치의 문제를 새삼 거론하고 있는, 요한복음에 대한 '새로운 시각'이 전개되는 마당에 그 같은 일은 더더욱 있을 수 없다. 그러나 '새로운 탐구자들'이 제4복음서의 성격과 관련하여 최근에 파악되어진 사실들에 대해 거의 관심을 보이지 않았던 것이 사실이다.[100]

---

98) R. Boltmann, *Jesus and the Word*, p. 17.

99) N. Perrin, *Rediscovering the Teaching of Jesus*; 서론 부분 p. 15에 실린 가정, 곧 예수의 가르침에 대한 유일한 공관복음적 증인에 대해 고찰할 필요가 있다는 주장을 주시하라.

100) 참조. N. Perrin, *The New Testament*, pp. 221-51. 특히 222-31(요한의 복음서 및 서신서들에 관한 '역사적 질문들'을 다룬 글), 여기서는 실제로 '요한복음'에의 '새로운 시각'에 대해 일체 언급이 이루어지지 않는다.

(3) 요한은 역사에 관심을 기울이며 또 그것을 심각하게 다룬다. 그러나 우리가 이미 의견의 일치를 보았듯이, 그렇다고 해서 예수에 대한 요한의 증언이 확고히 역사적이라고 말할 수는 없다. 그럼에도 불구하고 요한의 생각과 집필 목적에 있어서 역사는 생생한 중요성을 지니는데, 이는 그가 역사는 하나님의 생명 부여 활동이 언제나-그리고 지금 결정적으로-일어나는 마당(arena)이라고 믿었기 때문이다. (다음 장에서 우리가 살펴보게 되겠지만) 하나님은 창조와 재창조 목적을 위해 시간과 공간 속에서, 즉 세계 속에서, 아니 인간 세계 속에서 일해 오셨다. 그리하여 마침내 그 말씀이 육신이 되었으며, 그 결과 말씀 예수는 청각과 시각과 촉각으로 감지 가능한 존재가 되었다.

요한의 복음에 대해 명백히 '신학적'인 견해를 취하고 있는 호스킨스조차, 제4복음서 기자에게 있어서의 역사가 지니는 중요성을 강조한다. 요한복음서 기자는, 우리는 역사를 통해 영원으로, 육을 통해 영에로 이행되어진다고 말한다. 비록 우리가 성육신의 살과 피에 머물려 하지 않는다 할지라도 우리는 (복음서 기자와 같이) 거기에서 시작하지 않으면 안 된다. 하나님은 어떤 특정 장소에서 어떤 특정 계기에 어떤 특정 인물을 통한, 인간 구원의 목적 성취에 특별히 능동적이었다. 그러므로 요한의 출발점은 예수 곧 인자였으며, 그의 말씀들은 마땅히 기억되어져야 하는 것이었고, 그의 살과 피는 영적 자양에 필수불가결한 것이었다.[101]

이 경우 복음서 기자 요한이 전승을 기록함에 있어서 역사적 뿌리들로부터 완전히 분리 이완되었을 가능성은 희박하다. 만약 실제로 그가

101) 참조. Hoskyns, pp. 58, 85.

그랬다면, 말씀이 사람들 가운데 거하심으로 생명이 가능하게 되었다고 하는 그 생명의 메시지는 아무런 현실적 의미를 지니지 못하게 된다. 더 나아가, 요한의 그리스도론은 마침내 가현설의 그것으로 화하고 마는데, 이는 그가 불완전한 그 우거(tabernacling)에 관해, 그리고 온전히 인간으로 화하지 않은 채 인간성을 덧입고 우리들 가운데 나타나신 한 하나님에 관해 말하는 것이 되기 때문이다. 요한의 그리스도론에 관한 그러한 주장은, 우리가 앞에서 살펴보았듯이 에른스트 캐제만에 의해 개진되었다.[102] 그러나 우리는 또한 그러한 주장이 배척되어져야만 하는 이유들, 특히 우리가 현재 논의하고 있는 요한의 메시지의 역사적 근거에 대한 요한 자신의 각별한 관심에 대해서도 고찰하였다.

결국 성 요한의 그리스도는 나사렛의 예수, 곧 역사적인 동시에 초역사적인, 인간인 동시에 신이신 분이다. 그러므로 이것에 근거하여 요한이 진정한 역사가인 동시에 복음서 기자일 가능성이 있다고 말하는 것은 바로 앞장에서 우리가 상고한 그 복음서의 일반적 목적에 부합하며, 또 우리가 제4복음서 기자 및 그의 전승에 관해 알고 있는 지식과도 부합한다. '역사'가 요한의 증거에 필요 불가결한 것이므로, 그는 그 증거의 역사적 근거를 보존하려고 하면 했지, 결코 그것을 훼손하려 하지는 않았다. 그는 아무런 역사적 감각이나 관심 없이 예수 이야기를 해석한 것이 아니라, 오히려 그리스도교 발생 당시 일어난 역

102) E. Käsemann, *The Testament of Jesus*, 본서의 앞부분, pp. 57f.를 읽어 보라. 더 나아가, 예수의 순수한 인간성 가운데 계시된 신성이라는 요한적 주제를 탐구하려면, 그리고 요한의 그리스도론을 보는 Käsemann의 견해에 대한 부연적 비판을 원한다면, A. T. Hanson, *Grace and Truth : a study in the doctrine of the incarnation*(London, 1975), pp. 26–36을 읽어 보라.

사적 사실들에 대한 안목을 가지고 그의 전승을 전수하고 해석했을 가능성이 크다.

(4) 요한의 신앙과 같은 현상은 애당초 어떻게 일어났는가? 제4복음서 기자에 의해 예수 전승에 부여된 신학적 해석은 틀림없이 어떤 사실적 배경을 지녔을 것이다. 이는 어떤 의미가 부여될 수 있는 역사적 사실들이 예수 전승 안에 처음부터 아예 없었다면, 아무런 의미도 존재하지 않았을 것이기 때문이다! 이것은 여느 복음서의 경우에도 마찬가지 사실이다. 호스킨스(Hoskyns)와 데이비(Davey)가 오래 전에 간파했듯이, 네 편의 복음서들 모두는 그리스도교 교회의 기원과 그 교회가 선포한 케리그마의 역사적 근거를 설명할 것을 우리에게 강력히 요구한다. 그러면 예수의 생애와 죽음을 제쳐 놓고, 과연 어디서 그 기원이 발견될 수 있단 말인가?[103)]

틀림없이 이것은 (우리가 앞에서 살펴본 바대로) 불트만이 친히 지적한 그 명확한 문제점을 해결하지 못한다.[104)] 우리는 과연 어떻게 예수 전승의 기원들에 속하는 역사적 사건들이 요한이나 그밖의 다른 어떤 기록자에 의해 정확하게 전수되었다고 확신할 수 있는가? 그리고 이 경우, 우리는 과연 어떻게 그 사실들에 대한 요한 자신의 해석이 정확한 해석임을 알 수 있는가?

우리가 지금 다루고 있는 문서들의 본질 그 자체 때문에, 복음서들은 우리에게 그것들의 역사적 근거와 신빙성에 대한 긍정적인 증거를 제공해 주지 못할 것이다. 뿐만 아니라 우리는 이것을 애써 찾아서도

103) E. C. Hoskyns and F. N. Davey, *The Riddle of the New Testament*(London, 1931; 1947[3]), p. 170; 아울러 pp. 51–9, 'history in the New Testament' 단락을 읽어 보라.

104) 본서의 앞부분, p. 327-329를 참조하라.

안 된다. 그러나 이 책의 곳곳에서 우리는 요한이 모든 복음서 기록자들에 의해 공유되는 사항과 동일한 기초적 그리스도교 전승에 접하고 있다는 사실을, 그리고 그 전승의 원시적 성격 및 참으로 역사적인 본질을 옹호하는 논증이 전개될 수 있음을 실증하기 위해 애써왔다. 비슷한 논리로, 우리는 이 장의 서두에서 요한이 신약성서에 일반적으로 반영되어 있는 초대교회의 케리그마 전승과 관련되어 있으며, 또한 기원과 배경에 있어 역사적인 한 전승과도 관련되어 있음을 밝히고자 시도한 바 있다. 우리가 찾을 수도 있는 진정성에 대한 보증들이 끝내 우리를 비껴 숨는다고 할지라도, 최소한 다음과 같은 근거들 위에서 우리는 다음 단계의 고찰을 위한 두 가지 연쇄적 주장을 펼쳐 나갈 수 있다.

첫째, 요한은—우리가 전에 말한 바와 같이—비록 그가 나중에는 다른 복음서 기자들보다 멀리 나아가지만, 처음에는 그들과 동일한 지점에서 출발한다.

둘째, 다른 복음서 기자들과 동일한 다양한 기원자료들을 타진해 봄으로써, 요한복음서의 탄생 및 최종 간행에 책임을 진 사람들은 (사랑받은 그 제자 자신과 같이) 예수의 사역 기간 중에 일어났던 일에 관해 아주 많은 것들을 알고 있었다. 그리고 이 사실들을 해석하였을 때, 그들은 굳이 그것들을 왜곡하지는 않았다.

이제 우리는 '그것이 과연 일어났는가?' 하는 우리의 현재 질문 속에서 요한복음 설화 및 담화자료의 몇 가지 예를 살펴봄으로써, 이 둘째 주장을 검증하여 보고자 한다.

표적들 배후의 역사

요한복음의 표적들은 실제로 일어났는가? 만약 요한이 이제까지 우리가 주장해 온 대로 역사에 대해 각별한 관심을 가지고 있다면, 우리는 우리에게 실제로 행하여졌다고 요한이 이야기하는 그 모든 이적들을 묘사되어 있는 방식 그대로 예수께서 행하셨다는 결론을 내릴 수 있는가? 의심할 나위없이 요한복음서에서 그것들이 그러한 '표적들'로 화하고 있기 때문에 제4복음서 기자가 이 이적적인 능력의 행위들을 해석하였던 것이다. 그리고 어느 경우든 그는 그 행적들의 중요성을 설명하는 한 방편으로써 그 표적들에 담화들을 덧붙이고 있다.

여기에 한 중대한 문제, 곧 요한의 역사적 정확성에 대해 우리가 간단한 검증을 시작해 볼 수 있는 훌륭한 계기가 있다. 우리는 요한의 모든 목적들을 이러한 견지에서 보도록 시도하지는 않을 것인데, 이는 그 시도 자체가 한 방대한 분량의 논문집을 요구할 것이기 때문이다. 그 대신 우리는 시범 사례로서 가장 '어려운'-오직 요한만이 그것들을 기록했으며, 모두 극도로 고조된 이적적 능력을 다룬다는 의미에서-두 사례, 즉 가나에서 물을 포도주로 변화시키심과 나사로를 살리심 등을 뽑아 다루기로 한다.

1. 가나에서의 혼인 잔치

물을 포도주로 변화시키신 일(요 2:1-11)은 제4복음서에서 묘사된, 가장 문제성 있는 예수의 행적들 중 하나이다. 이 사건은 일군(一群)의 난제들을 안고 있다. 엄밀히 말해서, 이 이적은 불필요하였다. 예수는 사전에 독단적인 것처럼 보이는 태도로 그 모친에게 통고한다(4절). 마리아(5절)와 예수(7절)는, 비록 그들이 별로 가깝지 않은 남의 집안에 초대받은 손님임에도 불구하고, 명령을 내린다.[105)]

애당초 예수는 행동하기를 거절하지만(4절), 마리아는 이 거절에도 불구하고 의연하다(5절).[106)] 이 기적의 배경에는 거의 '주술적'인 분위기가 있다(8, 9절). 만들어진 포도주의 양(무려 700리터나 됨)은 지나친 것 같다(6절).[107)] 요한복음의 다른 이적들의 경우 자주 등장하는 영적 의미와는 달리 이 표적의 영적 의미를 밝히기 위한 예수의 말씀이나 담화가 이 표적 뒤에 곧바로 덧붙여지지 않고 있으며, 정반대로 연회장, 또는 사회자가 마지막 말을 남기고 있는데, 그 역시 짧은 한마디 속에서 방금 일어난 일의 의미를 해석하고 있지 않다(10절). 그리고 이 설화 속에서 상정 가능한 엄청난 양의 상징주의가 내재하고 있으므로 그것의 역사적 가치는 평가 절하되고 있는 것 같다.

반면에 요한은 한 이적이 그 당시에 일어났다고 명백히 믿었으며, 자신이 가나의 그 사건들에 관해 알고 있는 사실(또는 그의 전승 자료

105) 예수의 어머니가 결혼식에 즈음하여 가나에 있었음(ἦν)을 보여 주는 요한복음 2:1을 예수와 그의 제자들이 그 결혼식에 초대 받았다(ἐκλήθη)고 기술하고 있는 2절과 비교하여 보면, 마리아가 사실상 이미 그 집안(household) 안에 거하고 있었음을 볼 수가 있다.

106) 그러나 마태복음 15:23을 참조하라.

107) 만약 (충분히 시사될 수 있는 바와 같이) 그 잔치가 작은 규모였고, 따라서 제자들의 도착에 때맞추어 포도주가 나오게 되었다면, 이것은 더할 나위 없이 진실하다. 그러나 ① 우리는 모든 제자들이 참석하였다는 보고를 듣지 못한다(2절에서 *οἱ μαθηταὶ αὐτοῶ*라는 불명료한 표현을 보라). ② 만약 제자들이, 2절 본문이 자연스럽게 가리키는 바대로, 미리 초대받았다면, 십중팔구 그들은 미리 와서 대기하고 있었을 것이다. ③ 우리는 사실상 모든 물이 포도주로 화했다는 기록을 보지 못한다(참조. 9절)—변한 것으로 발견되어진 물은 사실상 오로지 (우물에서) '길어온' 물이었을 가능성이 높다.

들이 그에게 전해준 사실)을, 11절에 언급하였는데 이 이적의 결과를, 곧 이를 통해 하나님의 영광이 예수 안에서 나타나게 되었고, 그의 제자들의 신앙이 향상되었다는 사실을 자신의 복음서에 수록하려는 목적으로 수집하여 보고한다. 그러면 우리는 이 표적을 어떻게 해석해야 하며, 또 그것은 얼마나 역사적인가?

가나 표적을 비역사적인 것으로 간주하여 기피하는 것은, 이에 대한 타당한 이유가 명시될 수 없는 한 있을 수 없는 일이다. 그러나 불트만은 이 이야기가 '이교적 전설에서 취택되어 예수에게 돌려졌다'고 가정하는데, 이는 물을 포도주로 변화시킨다는 발상은 디오니소스 종파의 전형적 특징이기 때문이라는 것이다.[108] 헬레니즘 세계에 이러한 류에 상응하는 신화들이 존재하는 것은 사실이지만, 그 상응점들이 반드시 정확한 것은 결코 아니다.[109] 또한, 우리는 이 설화를, 한 이야기-그것이 예수에게서 기원하였건 아니면 요한에게서 기원하였건 간에-가 이적으로 변형된 것으로 여겨서도 안 된다. 예를 들면, 웬트(H. H. Wendt)는 '율법적 결례에 쓰기 위한 물을 혼인 잔치의 기쁨을 위한 포도주로 바꾸어 놓는 일'에 관한 사도의 표상적 이야기(참조. 막 2:18-20)가 시간이 흐름에 따라 가나의 이적으로 화했다고 생각한다.[110] 그러나 가나 이야기가 공관복음서 자료를 기초로 한 풍유적 재구성이었

108) Bultmann, pp. 118f. 비슷한 논조로는, M. Smith, 'On the Wine God in Palestine(Gen, 18, Jn 2, and Achilles Tatius)', in S. W. Barron, *Jubilee Volume*(Jerusalem, 1975), pp. 815-29, 특히 816-8.

109) 더 나아가 Hoskiyns, pp. 190-2를 참조하라.

110) H. H. Wendt, Das Johannesevangelium : *Eine Untersuchung seiner siner Entstehung und seines geschichtlichen Wertes*(Göttingen, 1900), pp. 221f.; ET *The Gospel according to St. John; an inquiry into its genesis and historical value*(Edinburgh, 19023), pp. 240f. 그러나, 그러한 과정이 마가복음 11:12-14(무화과나무의 저주) 및 마태복음 17:24-7(물고기 입 안의 동전)에 나오는 발췌 인용 구절들 가운데서 생생히 진행되고 있다. 두 경우들 모두에 있어서 예수의 어록들은 기적들로 발전되어지고 전수되어졌을 수 있다.

다든가[111](특히, 만약 요한이 다른 복음서들을 몰랐을 경우), 아니면 그 혼인 잔치 자체에서 우연히 생겨난 소문이 점점 자라난 것이라든가 하는 견해를[112] 우리가 논증 없이 받아들여야 할 필요는 없다. 그리고 그러한 접근이 반드시 가나 설화의 역사성을 배제하는 것은 결코 아니지만, 요한복음 2:1-11 단락을 강하게 예전적, 성례적 차원에서 해석하려는 시도 또한 허용되지 않는다.[113] 그러나 '물로 만든 포도주' 기사의 역사적 가치가 이러한 여러 근거들에 대한 질문 없이는 도저히 해결되어질 수 없으며, 요한이 여기에 예수를 좇기 시작한 사람들에게 심각한 영향력을 지닌 '한 이적을 기록한다'는 단순한 이유로 그것을 기록한 것이라 할지라도 비판 없이 그것을 사실로 받아들일 수는 없다.[114]

우리가 가나 이야기에 우리 나름의 견해를 피력하기에 앞서, 이 자료에 속하는 다양한 표상들이 자체의 진실무위(眞實無僞)한 배경을 일관되게 보여 주고 있다는 사실을 먼저 밝혀 두는 것이 바람직하다. ① 비록 가나 이적이 공관복음 전승에 병행되는 부분을 전혀 가지지 못하는 반면에 요한복음의 다른 표적들은 나름대로 병행 부분을 지니고 있기는 하지만[115] 이것 때문에 그 이적이 유독 '있을 수 없는' 것으로 취급

111) 참조. Loisy, p. 146(pp. 138-46을 읽어 보라). 새 포도주와 묵은 포도주에 관한 공관복음서의 어록들은 (막 2:22)의 경우에 있어, 제4복음서 기자에게 그의 알레고리 입증을 위한 문헌상 재료를 제공해 주는 것으로 간주될 수 있을 것이다.

112) Morris, pp. 174f.를 읽어 보면, 이 이론에 대한 비판적 설명을 얻을 수 있다.

113) 참조. O. Cullmann, *Early Chirstian Worship*. pp. 66-71; 아울러 *HTFC*, pp. 272f.를 주시하라.

114) 이것은 Morris, p. 175의 결론인 것이다.

115) 신하의 아들 치유 사건(요 4장)은, 마태복음 8:5-13을, 38년 병자 치유 사건(요 5장)은 마가복음 2:1-12 단락을, 오천 명을 먹이신 사건(요 6장)은 마가복음 6:34-45 단락을, 맹인을 고쳐 주신 사건(요 9장)은 마가복음 8:22-6(10:46-52) 단락을, 나사로를 다시 살리신 사건(요 11장)은 누가복음 5:22-4, 35-43 및 누가복음 7:11-16을, 물고기를 잡은 사건(요 21장)은 누가복음 5:1-11을 각각 대조하라.

되어져서는 안 된다. 만약 우리가 예수께서 이적의 능력을 행할 수 있음을 애당초 수긍한다면, 물을 포도주로 변화시키는 일은 떡조각을 많아지게 하신 일과 마찬가지로 '있음직한' 일이다.[116] 한 걸음 더 나아가, 요한이 이적 설화 모두를 취급함에 있어서 전승의 틀(그의 '표적 원자료'?) 안에서 집필하고 있는 듯하므로, 가나 이야기 경우에도 그가 구태여 비전승 자료들을 꾸며냈거나 그것들을 사용했을 까닭이 전연 없다.[117] 만약 우리가 제4복음서에 대한 '새로운 시각'의 시사점들을 심각하게 받아들인다면, 이 사실은 말할 나위 없이 강한 근거를 지니고 있는 것이 된다. ② 가나 이야기가 그 자체 밖의 어떤 영적 의미를 가리킨다는 점에서 명백히 상징적이기는 하지만, 일면으로 그것은 다른 요한복음 표적들에 비해 반드시 더 상징적인 것은 아니다. 여느 때와 마찬가지로 이 경우에도 정황(context)에 의해 허락되어지지 않는 상징적 의미나 알레고리적(풍유적) 의미로 해석해 내고 싶은 유혹은 단호히 배제되어야 한다.[118] ③ 예수의 '나는…이라'라는 어록이나 담화 등이 요한복음 2:1-11에는 직접 뒤따라 붙여지지 않고 있으므로 요한이

116) Brown I, p. 101. 여기서 Brown은 요한복음 2장(물로 된 포도주)과 6장(오천 명을 먹이심)의 이적들 배후에 엘리야-엘리사 전승의 메아리들이 잠재함을 지적한다. 이러한 구약성서 역사 이야기의 반복(cycle)은 예기치 못한 물질적 필요 발생시 뭇사람들을 대신하여 행해진 이적들을 틈틈이 설명하여 준다.

117) *Ibid.*, 아울러 '저들에게 포도주가 없다'(요 2:3)는 언질과 '저희에게 먹을 것이 없나이다'(막 6:36)라는 언질 사이의 유사성을 대조하여 보라.

118) 그 예로서, 요한복음 2:1의 '제삼일'이라는 어구는 부활의 축복들에 대한 예견적 언급이라기보다, 오히려 요한의 연대기-이것은 그 자체로서도 신학적으로 의미심장하다-의 한 부분이었을 가능성이 훨씬 높다. Bernard I, p. 72를 보라. (주저되긴 하지만) Lindars, pp. 124f.를 비판적으로 읽어 보라. 더 나아가 B. Olsson, *Structure and Meaning in the Fourth Gospel : a text-linguistic analysis of John* 2:1-11 and 4:1-42(Lund, 1974), pp. 18-114를 참조하라. Olsson은 가나 사건을 '많은 암시적 요소들을 지닌 상징적-설화 텍스트'(p. 114)로 해석하는데, 이 텍스트는 시내산에서 일어난 특정한 사건들의 '광경'에 비추어, 제4복음서 기자에 의해 기술되어진 것이라고 한다.

그의 신학적 목적들에 맞도록 재단되어진 한 사건을 짜맞추고 있는 것이 아니라 진정한 표적 자료를 보고하고 있다는 점이 논증될 수 있다(그러나, 요한복음 3장의 '새 생명' 담화는 이 기사와 멀리 떨어져 있지 않으며, '나는 포도나무라'는 어록은 가나 일화와 연결되어 있다.[119] 동시에 예수의 어록이나 담화에 직접 연계되어 있는 표적들이라고 해서 진정한 것이 아닌 것으로서 자동적으로 판단되어져야 하는 것도 아니다!). ④ 가나 설화는 (4절에서 그의 어머니에 대한 예수의 '어색한' 말씀을 포함하여) 소박한 환경 묘사의 표현들을 보여 주고 있는바, 이 표현들은 한 실제 사건의 보고를 상정케 한다. 이와 관련하여 가나에서의 기본 행동의 '역사'와 예수가 그의 어머니와 더불어 나눈 대화의 '신학' 사이를 인위적으로 구분해도 좋다는 실제적 보장이 전연 없다.[120] ⑤ 고대 근동에 있어서, 혼인 잔치의 포도주 공급은 부분적으로도 참석한 손님들의 기부에 의존하곤 했다. 짐작컨대, 예수와 그의 제자들은 가난했으며 이로써 그들은 필요한 만큼의 양을 기증하지 못했을 것인데, 이것이 바로 포도주 부족의 원인들 중 하나였음직하다.[121] 만약 그렇다면, 이 이적은 신빙성의 근거를 얻으며, 이 기사의 사실적 세부 묘사(3절)는 다른 자료-즉, 동방의 법률자료-로부터의 뒷받침을 받게 된다. ⑥ 9절에서 그 일이 일어난 경위에 대한 더 이상의 언급 없이 '이제는 포도주가 된 물'을 가리키는 암시적 언급은 이 이야기가 이미 전

119) 본서의 앞부분 pp. 169-173를 읽어 보라.

120) M. Bouke는 *CBQ*24(1962) pp. 212f.에서 Brown을 평하면서 역시 이렇게 말한다. 아울러 R. J. Dillon, 'Wisdom Tradition and Sacramental Retrospect in the Cana Account', *ibid*., pp. 268-96, 특히 288-90을 참조하라.

121) J. D. M. Derrett, 'Water into wine', *BZ* NF7(1963), pp. 80-97 역시 같은 견해; 아울러 가나 이적의 본질과 목적(Derrett는 이를 순수한 것으로 본다)에 관한 결론을 pp. 96f.에서 읽어 보라.

승화한 것이었으며 회람되고 있었던 것이었음을 시사하는 것으로 생각할 수 있다.

그러면 '물로 만든 포도주' 기사의 역사적 속성을 우리는 무엇으로 규정해야 하는가? 바나바스 린다스(Barnabas Lindars)는 이 이야기가 신빙성 있는 예수의 어록에서 유래한다는 흥미로운 한 편의 가설을 내놓는다. 린다스는 가나 설화가 예수의 '알려지지 않은 비유'를 근거로 요한에 의해 창작되어진 한 전설로서, 그것의 절정은 10절에서 드러난다고 말한다. 그 말은 곧, '그대는 지금까지 좋은 포도주를 두었도다'라는 것으로 옛 율법에 대한 예수의 우월성을 보여 주는 비유의 원자료 가운데에 담겨 있는 말이다.[122]

사실상 10절에는 비유적인 또는 잠언적인 말씀이 있지만, 이 설화 속에 린다스가 부여하고 싶어하는 그 위치를 과연 이 절이 부여받아야 하는지는 의문이다. 가나 이야기의 중심점은 물과 포도주의 대조(9절)와 연관을 지닌다. 다시 말해서, 새 원소(그리스도교)가 옛 원소(유대주의)와 연속성을 유지함에도 불구하고,[123] 전자가 후자를 궁극적으로 대치하였다는 것이다. 린다스에 의하면 10절에 담긴 이 비유의 의미 해석은-린다스가 이 설화의 출발점을 찾는 것도 바로 이곳에서이다-묵은 포도주와 새 포도주에 관한 공관복음서의 예수 어록들, 특히 누가복음 5:39의 '묵은 포도주를 마시고 새 것을 원하는 자가 없나니, 이는 "묵은 것이 좋다" 함이니라'는 말씀과 일맥상통한다.[124] 그러나 그

---

122) Lindars, pp. 123-8, 특히 126f.

123) 포도주가 유대인의 (정결케 하는) 의식 법규에 연관되어 있는 물독들에 담긴 물을 원료로 하여 만들어졌다는 것은 결코 우연이 아니다.

124) *Ibid.*, p. 126.

말씀은 새 가죽 부대에 넣어진 새 포도주에 관한 어록(logion)을 담은 마태 판(및 일부 사본들의 경우 누가 판) 편집본과 같이,[125] 그리스도교에 있어서 유대주의의 위치(새 것과 옛 것의 비교)에 대해 언급하지만, 요한복음 2장의 경우처럼 그리스도교의 근본적 우수성(옛 것을 궁극적으로 능가하는 새 것)에 대해서는 언급하지 않는다. 이것이 바로 가나 사건에 있어서, 성전 청결 사건에 있어서, 아니 사실상 제4복음서 전체에 있어서 핵심되는 문제인 것이다. 성취의 새 시대는 바야흐로 현재이며, 유대주의는 그리스도교로 대치되었다.

그러므로 나 자신의 제안은 다소 다른 것이다. 즉, 가나에 한 잔치가 있었고, 그 자리에서 예수가 생각지도 못하게 혼인잔치에 부족한 것을 채워 주셨다는 가나 이야기는 진정하게 역사적 근거가 없는 것은 아니다.[126] 요한은 이 이야기를 그 자신의 원자료 속에서 발견하였고, 또한 그가 찾아낸 바, 예수의 어머니(너무나 흥미롭게도 요한은 실명(實名)을 명시하지 않는다)가 관련된 한 우연한 가족 이야기를 그것에 덧붙였다. 그는 이같은 추가본을 보존했는데, 필경 그것은 제4복음서가 증거하는바 마리아와 사랑받은 그 제자 사이의 관계 때문일 것이다.[127] 물론 그 관계가 현재 드러나 있는 이 표적의 주요 관심에 전연 기여하지 못하는 것은 사실이다. 그는 이 자료를 그의 표적들의 책에 대한 도입부로 활용할 수 있었는데, 여기서 그것은 뒤이어 나타나는 모든 내용에 대한 결정적인 언급이 되고 있으며, 한 현현 이적으로서, 예수 그리스도 안에 계시된 하나님의 영광의 첫 현시로서의 역할을 하고 있

125) 마 9:17=눅 5:38(참조. 2:22).
126) Bernard I. p. clxxxii를 참조하라.
127) 요 19:25-7.

다. 그러나 요한복음에서 나무 자주 그러하듯, 우리는 예수가 실제로 이적 자체를 행하는 모습을 보지 못한다. 단지 하나님의 은혜와 진리가 여기서 계시되어지는데, 오직 믿음으로 그 사실을 감지하는 자들에게만 계시된다.[128]

수많은 신학적 명제들이 가나 표적에 연결된다.[129] 그러나 성육하신 하나님의 말씀에 의해 선도된 이 계시 활동 사상은 지상의 명제가 아닐 수 없다. '충만'(요 1:16)의 순간이 도래하였으며, 유대주의의 새로운 중심이 예수에 의해 부여되어졌다. 이 점을 보다 분명하게 하기 위하여, 지금 요한은 10절의 말씀을 그의 설화 뒤에 덧붙였는데, 그것은 당시에 회람되던 한 '세속적' 잠언 이상의 것이 아니었다. 그리고 그는 이 절을 9절의 하반절의 연결부분과 함께 소개하였다. '연회장이 신랑을 불러 말하되, "…그대는 지금까지 좋은 포도주를 두었도다" 하니라.' 그러한 논평이, 가나 이야기에 있어서 이적적 요소를 한층 강화하는 효과를 가지는 것은 사실이지만, 물이 포도주로 변했다는 증거로써 꼭 필요한 것은 결코 아니다. 그러나 그 논평은 여기서 바야흐로 상징화되고 있는 그리고 이미 시작된 새 시대의 우월성을 부각하는 수단으로 쓰려는 요한의 목적에 비추어 꼭 필요한 것이었다. 이는 한 새 시대에 불과한 것이 아니라, 오히려 새 시대들 중 으뜸인 것이다!

요한은 최종적으로 이 자료를 그 자신의 방식에 따라, 그 자신의 문체에 맞추어 손질하였으며(특히 4절의 '때'〈hour〉, 11절의 '영광' 등 전형적인 요한 고유의 발상들이 등장하는 점에 유의하라), 나아가 그것을 용의 주도하게 성전 청결 기사(요 2:13-22) 바로 다음에 배열하였

128) 참조. A. T. Hanson, *op cit*, pp. 28-31.

129) 더 나아가 Brown I, pp. 103-10을 읽어 보라.

다. 이 두 사건은 모두 같이 동일한 충만의 진리를 드러내 보인다. 가나에서는 그 진리가 한 결정적 표적의 형식으로 베풀어지며, 예루살렘에서는 그 표적의 의미를 극화하고 더 나아가 예증하는 한 예언자적 행동의 형태로 베풀어진다. 따라서 가나 이야기에서, 요한은 한 비유로부터 이적을 창작해 낸 것이 아니었다. 도리어 그는 한 이적으로부터 비유를 창작해 낸 것이다.

가나 이적의 탄생에 관한 이같은 제의가 모든 문제점들을 해명해 주지는 못한다. 그러나 이것은 요한의 설화가 역사적인 차원에서, 그리고 동시에 신학적 차원에서 해석되어져야 함을 보여 준다. 또한 우리는 이것이 복음서 기자로서 요한의 집필의 특성임을 이미 살펴보았다.

2. 나사로를 살리심

이 표적(요 11:1-44 또는 46)은 제4복음서 전반의 배경에 있어서 그리고 요한의 역사의 본질을 보여 주는 한 사례로서 한결같이 중대성을 지니는 것이다. 따라서 이 설화는 우리에게 유용한 시범적 사례를 제공해 줄 것이다.

한번 더 우리는 이 표적의 기사가 잠재적인 난제들을 무수히 안고 있음을 발견하게 된다. 다음과 같은 것들은 명백히 문제가 되는 점들이다. 즉, 한 죽은 사람이 생명 세계로 복귀되어졌다는 점(나사로의 '잠'에 대한 언급들이 강조되지 않는 한),[130] 이 설화가 요한복음에서만

130) 요 11:11-13; 아울러 '이 병은 죽을 병이 아니라'고 한 4절을 참조하라. 그러나 14절에 기록된, 예수 자신에 의한 언급, '나사로가 죽었느니라'는 구절을 감안할 때, 그리고 나사로가 죽은지 '나흘'(17, 39절)이나 되었으며, 그래서 인간적 차원에서 틀림없이 죽었다고 하는 점을

등장한다는 점, 그리고 이것은 분명히 요한 특유의 성격들을 지닌다는 점,[131] 그리고 이 설화가 수난 사건들에 대한 요한의 상설(詳說) 사이에 끼여 들고 있다는 점, 오직 요한복음에서만 이 설화가 수난 사건들의 근인(近因)이 되어 있다는 점, 나사로 자신은 침묵의 인물로서 제4복음서 밖에서는 알려져 있지 않으며, 요한복음 11장 이후에는 거의 나타나지 않는다는 점,[132] 그리고 만약 (우리가 앞으로 살펴보겠지만) 이것이 영에 거하는 생명에 관해 가르치려는 의도를 지닌 것이라면, 육신적 생명을 연장시킨 이 이적의 주안점은 과연 무엇인가 하는 점[133] 등이다.

그러면 우리는 이 사건을 과연 어떻게 다루어야 하는가? 항상 그렇듯이, 의견들은 분분하다. 일부 학자들은 요한이 실제로 일어난 일을 보도하고 있다고 믿는 데 아무런 어려움을 발견하지 못한다.[134] 반면 어떤 학자들은 실제 일어난 사실을 보도하고 있다는 데 대해 회의적이며, 나사로 이야기가 허구로서 공관복음서 자료-특히 부자와 나사로의 비유(눅 16:19-31, 마지막 부분에서는 죽은 자 가운데서의 부활에 관한 언급이 덧붙여 있음)-의 기초 위에서 편찬되어진 것이라고 논증

강조하려는 배려가 깔려 있음을 고려할 때, 나사로가 실지로 (이 사건의 일환으로) 죽지 않았다고 논증한다는 것은 불가능하다. 의문의 여지 없이, 우리로 하여금 한 이적이 일어났으며 또 그것은 중대한 것이었음을 이해하도록, 요한에 의해 의도되었다.

131) 예를 들면 '영광'(요 11:4 및 기타)과 '빛'(9절 및 기타) 등의 술어 사용, 25절에 나오는 '나는 -이다'라는 어록, 27절에 나오는 마르다의 신앙 고백, 37절에 나오는 요한복음 9장의 표적(맹인을 고쳐 주심) 언급, 41, 42절에 나오는 예수의 기도 등이다.

132) 나사로가 그 사랑받은 제자가 아닌한, Sanders, pp. 29-32, esp. 31f. 이 사실 때문에 Sanders는 제4복음서의 마르다, 마리아, 나사로에 관한 자료는 특히 역사적 가치가 있다고 믿는다. pp. 11f, 276f.를 보라.

133) 더 나아가 C. F. D. Moule, 'The Meaning of "Life" in the Gospel and Epistles of John', *Theology* 78(1975), pp. 114-25를 읽어 보라.

134) 참조. Bernard I, pp. clxxxii-vi; Morris, pp. 532-6.

한다.[135] 회의주의자들에 대한 답변으로써, 첫째로 요한 자신이 한 이적적 사건이 일어났음을 명백히 믿었다는 점과, 둘째로 이 설화에 버금가는 병행 부분이 공관복음서 안에는-심지어 누가복음 16장의 비유에서도-전연 존재치 않는다는 점, 그리고 셋째로 (우리의 제안이지만) 여하한 형식으로든 요한은 공관복음서들을 알지 못했다는 점 등이 거론되어질 수 있다.

이와 같이 생각할 때 요한의 기사의 역사성을 변호하는 것이 과연 가능한가? 나사로를 일으키심이 실제로 일어난 일인가? 먼저 우리는 나사로 사건에서 그 사건의 배경이 전통적이며, 그것의 기원이 역사적이었을 가능성을 뒷받침해 주는 특징들을 주목해 볼 수 있다.

① 요한복음의 또 다른 치유 이적들(신하의 아들, 38년된 병자, 맹인 등)은 공관복음서와의 연계성과 함께 전통적 기반 위에서 유래한다. 그러므로 나사로 기사가, 비록 공관복음서에 병행부가 없다 해도, 전통적인 것이 되지 못할 이유가 전연 없다. ② 요한 복음서의 역사적 가치에 대해 점차로 주어지는 높은 평가에 비추어 볼 때, 우리는 더 이상 나사로 전승을 비역사적인 것으로 간주하지 않아도 될 것이다. ③ 불트만은 나사로 이야기의 기본 언어를 셈족어로 상정하였다. 그러나 이것은 요한 자신의 작품보다, 오히려 초기 원자료를 시사한 것이라고 할 수 있다.[136] ④ 이 기사는 목격한 증인들의 현재(顯在)를 암시해 주는 생생하고도 현장감 있는 세부 묘사들로 가득 차 있다.[137] ⑤ 지

135) Richardson, pp. 137-9도 같은 견해; 참조. Loisy, p. 355.

136) Bultmann, p. 395 n. 2. 그는 한 문장의 첫머리에 동사를 배치하는 것, 문장들의 원시적 연결 작업, 그리고 긴 ἴδε의 사용(요 11:3, 36 및 그밖의 여러 곳) 같은 현상들을 지적한다.

137) 예를 들면, 요한복음 11:20, 28, 33, 35, 44 및 그밖의 여러 곳을 자세히 보라.

리적 입지(베다니, 1절 및 18절)와 이미 공관복음서들을 통해 우리에게 잘 알려진 마리아와 마르다 등의 가족 이름들은 이 설화의 전통적 근거를 시사하고 있다.[138] ⑥ 한 치유/부활 사건에 있어서 핵심 인물의 명시는 요한복음과 공관복음서들에서 그리 흔치 않은 일이다. 그러나 두 전승 모두에서 이 사례는 한 번씩 나타난다. 나사로의 경우와 바디매오의 경우가 바로 그것이다.[139] ⑦ 한 치유 · 부활 이적에서 핵심 인물의 '사라져 감'은 복음서들 전반에 있어 특징적 현상이다. 결과적으로 나사로가 되살아난 이후 사실상 등장하지 않은 것이 있음직하지 않거나 비전통적인 것으로 간주되어야 할 필요는 없다(특별히, 그가 일으킴을 입은 이후, 요한이 집필할 당시까지 여전히 살아 있는 경우).[140] ⑧ 이 드라마에 등장하는 두 사람의 정체를 확인시켜 주는 2절의 사설적 논평은 예수에 대해 '주'라는 칭호를 사용하고 있다. 이것은 비요한적이며, 짐작컨대 누가와의 연계성을 지니는 한 전승 원자료를 상정케 한다(왜냐하면 이것은 누가가 그의 복음서에서 즐겨 쓰는 그리스도론적 칭호들 중 하나이기 때문이다). ⑨ 25절에 '나는…이라'라는 어구를 집어 넣은 것(나는 부활이요 생명이라)은 요한 자신의 특징적인 표현이며 비전통적인 것으로 보여진다. 그러나 요한이 자신의 '나는…이라'라는 어구들을 위해 다른 전승자료를 끌어 쓸 수 없었음이 결론적으로

138) 참조. 눅 10:38-42. 그러나 (요한 자신의 원자료에 입각하여?) 베다니에서 예수께 기름 부은 여인을 나사로 이야기의 마리아로 이름을 밝히는 것(요 12:3; 참조. 막 14:3. 후자에서 그녀는 성명 미상 상태이다)은 바로 요한이다. 그리고 요한복음 11장의 표적을 결과적으로 베다니에서의 일로 규정하는 것도 요한 자신일 수 있다.

139) 막 10:46(참조. 5:22f.).

140) 요한복음 12:2(식탁에서 침묵하는 나사로)을 마가복음 5:42f; 눅 7:15 및 그 밖의 여러 곳과 대조하라. 나사로의 '침묵'은, 그를 개인화시키는 것보다 오히려 한 보편적 (부활) 표상으로 만들려고 한 요한의 욕망에서 비롯될 수 있다.

증명되어져야 한다.[141)]

이상과 같은 고려 사항들은 나사로 설화 속에서 우리가 역사에 그 뿌리들을 두고 있는 원자료가 되는 작품과 접촉할 수 있음을 암시하여 준다. 이 기초 위에서 우리는 다음과 같은 점들을 논급함으로써 우리의 역사적 탐색을 계속 밀고 나갈 수 있다.

(1) 나사로의 되살아남이 제4복음서 이외에서는 알려져 있지 않은 사실, 그리고 나사로 자신의 인물이 (비유 아닌 다른) 어떤 형태로도 공관복음서 기자들에게 알려져 있지 않은 사실 등이 현실적인 문제점이 될 까닭은 없다. 첫째, 복음서들에 있어서 역사적인 것은 그것이 공관복음적이냐 아니냐 하는 사실에 의해 더 이상 결정되지 않는다. 둘째, 마가복음에서 나사로에 관한 정보가 빠져 있는 것은 베드로가 그곳에 없었다는 사실에 의해 아주 간단히 설명된다. 베드로가 나사로의 소생 당시 예루살렘에 있지 아니하였는데, 이는 요한복음서의 이 단락에서 그의 이름이 등장하지 않고 있기 때문이라는 논증이 성립될 수 있다.[142)]

만약 베드로가 나사로 사건을 직접 알지 못했다면, 마가가 이를 언급하는 것은 어려웠을 것이다. 이는 전승에 의하면 베드로가 마가의 정보 제공자였기 때문이다. 비록 이것이 문제의 소지를 안고 있지만, 이 경우에 있어서 우리는 마태복음 및 누가복음에서의 나사로 기사 삭제는 그들이 원본으로 삼은 마가복음에 기인하며, 첫째 및 셋째 복음

141) 본서의 뒷부분, pp. 359-361을 읽어 보라.

142) 베드로는 요한복음 6:68과 13:6 사이에서 그 이름으로 거론되지 아니한다. 공관복음서들 가운데서도 이와 비슷한 간격들이 존재하는데, 이것은 다른 예루살렘에 겨우 제자들이 유월절 시기 안에 도착한 후 베드로가 그 제자들과 합류했음을 시사하는 것일 수 있다. 요한복음 11:16에서는 베드로 아닌 도마가 대변인이라는 점에 대해서도 주시하라.

서 기자에 의해 사용된 원자료들 중 그 어느 것에서도 그에 대한 논급이 전연 없었다고 말할 수 있다.[143] 셋째, 생명 세계로 귀환되어진 사람들에 관한 이야기들이 (그들 인물들과 같이) 틀림없이 일반적으로 유포되어 널리 알려져 있었다고 주장되어진다면, 마가와 마태가 나인성 과부의 아들을 일으키신 사건을 몰랐었다는 답변이 나올 수 있다.[144] 그리고 사실상 요한은 그 일화에 관해서도, 또는 야이로의 딸을 일으키신 일에 관해서도 알지 못하고 있었다(고 우리는 논증하고 싶다).[145]

(2) 요한복음 안에 나사로 이야기를 실어 놓은 것은 흥미롭고도 중대한 사실이다. 이 이야기는 현재의 위치에서, 요한의 수난 설화의 서두를 가로막는 듯하다. 요한복음 10장의 끝부분에 이를 즈음에는[146] 모든 정황이 예수의 수난을 위해 짜맞추어진 것 같다. 유대인들과의 조우가 결미에 놓여 있다. 그리고 바야흐로 예수가 스스로에 대해 주장하는 자기 정체가 확연하게 부각되어져 있으며, 그의 붙잡힘은 시간 문제이다(요 10:39). 그러나 린다스가 밝혀 놓은 바대로, 요한의 나사로 이야기 삽입은 12장에서 기름부음과 승리의 입성으로 시작되는 수난에 대

143) 참조. Sanders, pp. 276f.; Morris, pp. 534-6; 아울러 W.Temple, *Readings in St., John's Gospel*(London, 1945²), pp. 175-7을 읽어 보라. Temple은 더 나아가서, 요한과는 달리 마가는 수난 주간 직후에 예루살렘에서 벌어진 사건들에 대해 언급하지 않는다는 사실을 지적한다(p. 176). 마가복음에서 나사로가 빠져 있는 것은 부활사건 그 자체로부터 베드로가 빠져 있는 것에 의해 설명되어질 수 있다는 일반적 주장에 대한 답으로서, 아래와 같은 이유들이 제시 가능하다. 첫째, 만약 마가의 복음서가, 예루살렘에 그 자신의 집이 있었던 마가 요한에 의해 기록되었다면, 그는 필경 친히 나사로에 관해 알고 있었을 것이라는 설명, 둘째, 설령 나사로 이야기의 역사성을 인정한다 해도, 그 기사의 현재적 위치 확인이 요한에 의존하는 경우 우리는 예수의 사역 기간에 있어서 그 기사가 지니는 정확한 위치에 대해 결코 확신할 수 없다는 설명 등이다.

144) 눅 7:11-18.

145) 막 5:22-4, 35-43 단락.

146) Bultmann, pp. 392-4에서 요한복음 10:40-2를 나사로 설화의 서론으로 보고 있음에도 불구하고 그러하다.

한 고지를 가로막고 있다.[147] 이 일을 하기 위해 제4복음서 기자는 필경 상당한 양의 편집 작업에 몰두하였을 것이다. 예를 들면, 11장은 그 맹인의 치유사건에 대한 언급을 통해, 그리고 '빛' 심상(心像)의 사용을 통해, 9장과 연결되어 있다.[148] 요한복음 11장은 '생명'이라는 주제에 의해 10장과도 연계되어 있는바, 이 주제는 나사로 일화 및 목자 담화 모두에 있어서도 강하게 반영되고 있다. 비슷한 경우로, 요한복음 12장(수난 설화의 서두)은 그것을 나사로 자료와 연계시키려는 목적 하에 재구성되어졌다. 예를 들면 '빛과 생명'이라는 명제는 계속되어진다.[149] 아울러, 아니 보다 중요한 문제로써, 예수가 체포되도록 만든 한 요인이 된 승리의 입성이 지닌 효과는 경감되어지고 있다. 다른 복음서들에 있어서 승리의 입성과 성전의 정화 등은(요한의 자기 나름의 이유들로 인해 정화 기사를 아주 앞에 배열해 놓았다) 체포의 직접적 원인이 되고 있다.[150] 그러나 요한복음에 있어서, 나사로 사건은 예수를 붙잡으려는 유대인들의 최후의 시도를 이미 촉발시켰다.[151] 결과적으로 예루살렘으로의 입성은 바리새인들로 하여금 따로 무리를 짓도록 하는 일 외에는 별 효과를 거두지 못하고 있다(요 12:19).

그러자 지극히 흥미롭게도, 공관복음서 전승에 의할 경우 십자가 사건으로 이어지는 일련의 사건들이 일어나게 된 것은, 오로지 승리의 입성과 성전 정화 등의 '정치적' 활동들만이 아니다. 누가는 예수가 예

147) Lindars, pp. 378-82. Brown Ⅰ, pp. 427-30에서는 요한복음 11장 및 12장 모두에 있어서 이 자료는 요한의 계열들로부터 유래하며, 따라서 요한의 복음서에 대한 후대적 증보판을 형성하였다고 논증한다.

148) 요 11:37(참조. 9:1-38); 11:9f.

149) 요 12:35-50.

150) 막 11:1-18 단락.

151) 요 11:47-57; 참조. 12:9-11.

루살렘에 입성했을 때 제자들의 모든 무리가 목격한 그 모든 능력의 기사들(works)을 근거로 예수를 찬미하였는데, 결국은 이것이 특별한 바리새인들을 곤혹케 하였던 것이다.[152] 만약 이것이 진정으로 요한이 알고 있던 체포 전승에 있어서 중요한 요소였다면, 우리는 어째서 나사로 사건이 제4복음서에서 그러한 위치를 차지했어야 했는지 그 이유를 비로소 알 수 있다. 요한은 자신의 원자료 중에서 대단히 의미 심장한 한 이적을 가려 뽑았으며, 대표적으로 그것을 이용하여 그 자신의 수난 기사를 소개하고 또 그 기사에 대해 논평하고자 했다.[153] 나사로의 죽음과 부활은 예수의 죽음과 부활을 가리킨다. 사실 여부에 관계없이 요한은 그의 성전 정화 기사 배치에 관한 한 옳았으며, 더 나아가 우리는 그가 공관복음서의 수난 역사로부터 완전히 동떨어져 있지는 않다는 것을 알게 된다. 다른 복음서 기자들과 마찬가지로, 그는 예수에 대한 적대 반응이 그의 가르침뿐만 아니라 여러 행동들에 의해 빚어졌다는 것을 알고 있다. 그리고 메시아의 승리로운 예루살렘 입성 그것이 절정에 이르렀다는 사실을 알고 있다. 요한은 그 순간을 보도함으로써 전승을 따르고 있다. 아울러, 역사적 이유들로 인해, 그는 그 사건 앞에 앞서부터 진행되어 온 모든 것들을 대표할 큰 비중을 지닌 한 표적 곧 예수의 가르침에 비례하여 점증되는 적대감을 불러일으킨 이적 활동을 배치해 놓는다. 그러나 신학적으로 일단 나사로 일화가 자리를 잡은 이상, 요한은 그것을 자신의 목적들에 맞게 활용할 수

152) 눅 19:37, *δύναμις*를 사용한다; 참조. 19절.

153) 요한복음 12:18f.를 주시하라. 여기서 나사로 표적은 예수의 체포로 이어지는 주요 동기로 부각되어진다. 만약 요한이 한 전승에 근거하여 나사로 일화를 묘사한다면, 우리는 이 시점에서 그의 연대기가 완전히 부정확하다고 추정할 필요가 없다. 참조. Brown Ⅰ, p. 429.

있다(이 점을 우리는 앞으로 살펴보려 한다).

【결 론】

이상과 같은 여러 관찰들에 비추어, 우리는 나사로의 부활 설화가 과연 어떻게 현재의 형태로 이르게 되었는지를 상정함으로써, 이 논의를 매듭지으려 한다.

(1) 요한은 그의 원자료 중에서 이제까지 기록된 다른 표적들을 총괄할 만한 한 표적을 찾아냈으며, 이로써 자신의 수난 설화에 한 징검다리를 놓았다. 그가 선택한 기본 설화는 나사로라 이름하는 한 사람이 죽음으로부터 부활하는 사건에 집중된다. 예수의 이적적 능력을 인정할 때, 그러한 이적은 불가능한 것이 아니며, 실제로 공관복음서 전승도 죽은 자들 가운데서 사람들을 살리시는 예수의 사건들을 기록한다.[154] 요한은 그것이 본래 갖고 있지 않았을지도 모르는, 그러나 그 자신의 연보에 맞는 (한 장소 및 한 가족의) 배경을 그 사실 기록에 덧붙였다. 즉 예수는 마지막으로 예루살렘에 들어갈 예정이었고(요한이 말하는 바로는),[155] 베다니의 마리아는 그에게 기름부으려 하고 있었다. 동시에 제4복음서 기자는 신학적 이유들로 인해 이 표적의 영적인 의미를 보다 깊이 드러내 보이는 한 방편으로 그의 기본 구조 위에 몇몇 설화 및 담화 요소들을 덧붙였다. 첫째로, 그는 나사로의 소생과 예수의 부활 사이의 평행점들을 곧 양자 모두가 어느 면에서 무덤 저 편의 생명에 대해 말하고 있는바 두 사건들을 강조하는 필치를 사용하였다.

154) 막 5:22-4, 35-43(야이로의 딸); 눅 7:11-16(나인성 과부의 아들).

155) 베다니 가족에 관련한 요한 전승의 신빙성에 대해서는 J. N. Sanderes, "Those whom Jesus loved"(Jn.,xi.5)' *NTS* I(1954-5), pp. 29-41을 읽어 보라.

이로써 우리는 나사로가 돌로 입구가 막힌 한 무덤 속에 매장되었다는 사실뿐만 아니라(38, 39절), 예수의 수의(壽衣)와 비슷한-특별히 언급된, 그 얼굴을 감쌌던 수건과도 비슷한(44절)-수의를 입은 상태에서 예수께서 그렇게 하셨던 것처럼 무덤 밖으로 나왔다는 사실까지도 듣게 된다.[156]

(2) 둘째로 요한은 대화의 단락들을 끌어들었다. 첫째, 아마도 그는 나사로의 병든 이유에 관한 예수의 말씀(4절)과 아울러, '영광'을 논한 요한 자신의 특유한 언급을 덧붙였음직하다. 그리고 거의 틀림없이, 빛 가운데 행함에 관한 제자들과의 대화(7-10절)를 포함시켰다. 특히 그가 이 대화를 이용해 11장을 9장과 연결시키고자 했다면 더더욱 그렇다. 예수가 이적 행하는 일을 지연한 사실(6절)은 그 자체의 난해성에 비추어 볼 때 원래 설화의 진정한 부분일 가능성이 크다. 그러나 요한 자신이 그것 주변에 그 자료(2절 및 4절, 그리고 7-10절의 사실적 논평)를 덧붙였다고 말한다면 이것은 그 이야기의 원래 서두(1절, 3, 5, 6, 11절 이하)가 상당히 단단하게 엮어져 있었다는 사실을 의미한다.[157] 둘째, 요한은 생명을 주시는 자이신 예수에 관한 어록(25, 26절), 곧 27절에 이어지는 마르다의 교리적인 고백과 더불어 그 일화 전체의 신학적 의의를 부각시키는 어록도 역시 추가했을 수 있다.[158] 셋째, 41, 42

156) 참조. 요 20:1, 7.

157) 참조. W.Wilkens, 'Die Erweckung des Lazarus', TZ 15(1959), pp. 22-39. Wilkens는 더 멀리 나아가, 이적 이야기의 원래 형태는 실제로 현재의 도입 단락 전체 부분(요 11:1-6)을 빼놓았다고 논증한다. 특히 pp. 23-8을 읽어 보라. Wilkens는 나사로 이야기가 요한에 의해 쓰여진, 진정한 설화라고 믿는다. 그러나 Wilkens는 아무런 보장없이 그 어떤 신학도 설화(그는 모든 요한적 요소들을 제거함으로써 그 모습을 드러내보이려고 시도한다)의 최초 형태에 속하지 않는다고 가정하기 때문에, 그는 요한이 작성했다고 그가 상정하는 부분들로부터 불과 10절 정도를 남겨 놓는다(p. 27).

158) 참조. 요 10:10. Bultmann, 6. 402 n.3. Bultmann은 여기서 요한복음 11:25f.가 애당초 5:19ff.

절에 나오는 예수의 기도는 그 요한적 연계성과 함께, 역시 요한에 의해 첨부되었을 수 있다.[159] 요한이 그의 설화 속에 엮어 넣었을지 모르는 이 세 그룹의 어록 각 경우에 있어서, 그가 여전히 전통적 원자료들에 근거하여 묘사하고 있었다는 가능성은 결코 배제되어서는 안 된다.

(3) 요한은 그의 나사로 자료를 10장과 12장 사이에 삽입해 넣음으로써, (우리가 앞서 살펴본 바대로) 필수 불가결한 사실적 조정 작업들을 가하였다. 현재의 상태 그대로, 우리는 나사로의 부활 사건 속에서–비록 그가 육신적으로 다시 죽게 되어 있다고 할지라도–생명을 주시는 자로서 예수의 결정적인 한 표적을 보게 된다. 가나 일화와 마찬가지로 나사로의 이야기는 하나의 신현(神現, epiphany) 이적으로써, 그리스도 안에서 하나님의 영광을 계시해 준다(4절, 40절). 그리고 이전의 표적과 마찬가지로 나사로의 부활은 목격자들–여기서는 제자들–의 마음속에 믿음을 일깨워 준다(45절). 이들간의 근본적 차이를 든다면, 가나에서는 예수의 '때'가 아직 이르지 아니한 반면에(2:4), 베다니에서는 그 때가 이르렀다는 점(9절)이다.

이처럼 요한 11장에서 우리는 한 실제적 이적에 관한 역사적 기록에 그 기초를 두고 있는 자료에서 시작한다. 누가 16장에 나오는 나사로에 관한 비유에서 추론된 것으로 보기에는 나사로의 기적적 부활이 너무나 거리가 먼 이야기지만, 그럼에도 불구하고 누가의 비유가(최소한 나사로라는 이름만이라도) 그 이적에 편승하였을 가능성도 있다![160] 이

에서 사용된(계사) 담화(부활과 생명 양자에 대한 언급이 곁들여진)의 일부였다고 내세운다.

159) 참조. Loisy, p. 353, 'le Christ johannique prie pour exposer les théses de I'évangéliste'. 그러나 이에 대한 반대 증거로서, 41절에 나오는 Πάτερ의 원시적 의미를 주시하라.

160) Brown Ⅰ, p. 429; 참조. Hoskyns, pp. 396f; *HTFG*, p. 229. 누가복음 16:31에 나오는 죽은 자들 가운데서 살아난 예수에 관한 말을 주시하라. 누가의 비유와 요한의 이적은 양자 모두

는 우리가 아는 바대로 누가의 전승과 요한의 전승이 독립적이기는 하지만 여러 면에서 서로 밀접하게 얽혀 있기 때문이다. 이로써 다시 한 번 우리는 요한의 복음서 기자로서의 작업이 사실적 역사뿐만 아니라 신학과도 관련되어 있다고 믿어야 하는 이유를 발견하게 된다.

담화들 배후의 역사

우리는 요한복음서의 역사적 내용을 파헤치려고 시도하면서, 이제 마지막으로 요한의 담화자료의 주제(subject)에 눈길을 돌려보고자 한다. 이것은 한결 더 미묘하고 복합적인 명제이며−특히 고별 담화의 경우−확실한 결과를 얻기 위해 보다 깊은 연구를 요한다. 명백히 우리는 여기서 요한의 강론자료를 그 기원의 관점에서 완전하게 검토할 수가 없다. 우리가 할 수 있는 최선은 이러한 류의 탐구 작업시 반드시 유의해야 할 여러 가지 고려 사항들을 제시해 두는 일이다.

(1) 표적자료들의 경우에서처럼, 우리는 요한의 담화들이 요한 자신의 상상의 산물로서 공관복음서 어록(logia)에 대한 그의 지식에 기초하여 작성되었으나 이것에서 아주 멀리 벗어나 있다고 추론함으로써, 우리의 논의를 시작할 필요가 더 이상 없다. 우리가 본서의 제1장에서 보았듯이, 요한이 공관복음서 전승들과 간접적으로나마 연관성을 가지고 있기는 하였지만, 한편으로 요한에 대한 '새로운 시각'은 그가 예

전형적으로 셈 계통의(Semftic) 산문 관용구 '어떤 사람이(τις)…'에 의해 도입되어지고 있는 점은 의미 심장한 것일 수 있다. 이것은 비유들(예 15:11) 및 이적들(예 14:2) 양자의 보고에 있어서, 특별히 누가에게 두드러지는 특징이다.

수의 행적들과 아울러 그 말들을 다룰 때 자기 나름의 독립적 전승에 의거하였을 것이라는 사실을 상기시켜 준다. 그러므로 요한의 담화들과 거기에 담겨 있는 신학이 전승적 자료들에 의존해서는 안 될 하등의 이유가 없으며, 또한 여러 경우들에 있어서 그것이 예수 자신이 친히 하신 언사들이었다고 말할 수 없는 까닭도 없다.

(2) 물론 이로 인해 우리가 지금 보트의 반대 쪽으로 몰려가야 한다고 결론짓거나, 요한의 담화들이 전적으로 주님의 것이라고 추정하여서는 안 된다.[161] 사랑받은 그 제자이자 제4복음서 기자인 요한이 교회에 미친 영향은 분명히 예수의 기본적인 말씀들의 전수 과정에서 그리고 그 말씀들로부터 유래한(것으로 상정될 수 있는) 강론들의 편찬 과정에서 낱낱이 추적될 수 있다. 그러나 한 복음서 기자가 각기 다른 원천들로부터 받은 담화자료에 그 자신의 고유한 문체와 외양을 덧입혔다고 해서 그것이 그가 역사적 전승으로부터 완전히 떠나 버렸다는 말과 동일한 것일 수 없다. 이를테면 마태의 산상 설교 편찬에 대해 말할 때-비록 마태복음 5-7장의 원자료에 대한 평가를 가지고 있지 않다 할지라도-그와 같은 결론을 내세울 수 없을 것이다. 마찬가지로 요한의 강론 편찬에 접할 때 굳이 그렇게 말해야 할 본질적 이유는 없다.

(3) 요한복음서의 예수 어록들과 공관복음서들의 그것 사이에는 형식 및 문체상의 차이점들이 두드러지게 그리고 분명하게 나타나고 있는 것이 사실이다. 제4복음서에는 간결한 어록 대신 긴 담론이나 강론이 등장하며, 공관복음서의 천국 비유들은 나타나 있지 않다. 그럼에

161) (신앙은 주장할 수 있겠지만) 부활하신 그리스도가, 신약성서 기자들에게 계승되어진 그리스도 예언의 전승을 통해 말씀한다는 의미에서라면 예외이다.

도 불구하고, 첫째, 공관복음서들 역시 긴 담화들을 가지고 있으며,[162] 요한복음서도 또한 옹골차고 기억에 남을 어록들을 간직하고 있다.[163] 둘째, 요한은 그 나름의 비유들과 (비록 독립적이기는 하지만) 천국의 신학을 가지고 있다.[164] 셋째, 청중이 다를 경우에는 예수께서 사용한 담화의 형식상이 달라졌을 것이다. 심지어 공관복음서에 있어서도 예수는 무리에게 말씀하는 것과 동일한 방식으로 제자들에게 말씀하시지는 않는다. 요한복음서에서도 마찬가지이다. 예컨대 예수는 적대자들을 포함한 무리들을 상대할 때에 긴 강론의 형태를 사용하지만, 제자들을 위한 사석(私席)에서는 다소간의 짧은 설명을 사용하신다.[165]

(4) 예수가 묻는 자들에게 사용한 공통적 교훈 방법은, 제4복음서 기자에 의하면, 반복법이다. 이는 다음과 같은 이유 때문이다. 예수는 중대한 언명을 하시나 그것은 이해되지 못하였으며 따라서 그 자체의 의미 해명을 위해 반복되고 확대 설명되어진다.[166] 한 좋은 본보기가 이 복음서의 초두인 요한복음 3장에서 발견된다. 예수는, '진실로 진실로 네게 이르노니 사람이 거듭나지 아니하면 하나님의 나라를 볼 수 없느니라'(3절)고 말씀하신다. 니고데모는 이를 곡해하며(4절), 따라서 이 말은 반복되고 보다 자세히 설명된다(5절 이하). 이 사례에서 니고데모가 계속 당황하는 태도를 보이자(9절) 보다 상세한 해설이 뒤따른다

162) 예를 들면, 막 13장; 마 5-7장, J.A.T. Robinson, *Redating th New Testament,* p. 277. Robinson은 흥미롭게도 요한복음의 고별 담화 가운데 공관복음서 묵시들의 수많은 표상들이, 즉 근신에 대한 명령들, 배교에 대한 사전 경고들, 핍박의 예언들, 증거의 필요성, 성령의 도우심에 대한 약속, 그리고 '그(종말론적) 날'에 대한 언급 등이 등장한다는 점을 지적한다.

163) 예를 들면, 요 4:34; 6:27 상반절; 12:24; 15:13.

164) 참조. 요 5:19f.; 3:3 및 그밖의 여러 곳. 본서의 앞부분, p. 47-48을 읽어 보라.

165) 마태복음 23장('무리와 제자들' 양자를 대상으로 함. 1절)을 요한복음 5:17-47과 마가복음 13장(또한 4:10-20)을 요한복음 14-16장(또한 6:60-5)과 각각 대조하라.

166) 더 나아가 Bernard Ⅰ, pp. cxi-iii를 읽어 보라.

(10절 이하).[167] 그리고 이것은 고별 담화에서도 나타나는 요한 특유의 기법이며,[168] 결과적으로 그 기법을 담고 있는 강론들의 내용은 제외하더라도 그 형식이 제4복음서 기자 자신에게서 안출되었으리라는 사실이 시사되어질 수도 있다.[169] 그러나 공관복음서들에서 질문자들에 대한 예수의 가르침의 경우에도 동일한 유형이 역시 전형적으로 나타나고 있다. 거기서도 예수는 붙잡힘에 관한 이야기를, 자주 비유의 형식을 빌어 밝히곤 하신다. 그러나 그 말은 이해되지 않으며 결국 설명이 뒤따르게 된다.[170] 그러니까 마가복음 7:15에서 예수는 그 제자들에게 정(淨)함과 부정(不淨)함에 관한 한 가지 '비유'(17절)를 베푼다. 그러나 그들은 이를 이해하지 못하며, 그 비유에 관해 예수께 묻는다(17절). 그러자 예수는 그의 최초의 언명을 반복하면서 설명한다(18절 이하). 그러나 이것은 분명 전통적으로 예수와 연관된 가르침의 방법이었기 때문에, 우리는 요한이 그것을 사용할 때 그가 완전히 비역사적인 입장에 서 있다는 결론을 내릴 필요가 없다.

(5) 우리는 본서의 앞부분에서 요한복음 전반에 대해 말할 때 요한의 담화들을 논했는데, 그때 결론적으로 요한복음 담화들이 그리스적 영향보다 오히려 유대적 영향을 그 기본 배경으로 삼고 있음을 암시한다는 사실을 밝힌 바 있다.[171] 그리고 이것은 요한복음서의 성격에 관해

167) 아울러 요한복음 4장 및 6장에 수록된 담화들을 읽어 보라.

168) 예를 들어, 요 14:4f., 6ff.; 16:16, 17f., 19ff. 등을 읽어 보라.

169) 특히 만약 요한이 이 점에서 랍비적인 미드라쉬 기법에 의존하고 있다면 본서의 앞부분, pp. 118f. 207-208를 읽어 보라.

170) 비록 공관복음서들 가운데서 예수가, 요한복음 가운데서보다 오히려 더 뜸하게 대화를 주도하며, 그러므로 대담자들이 훨씬 더 깊숙이 개입되고 있음에도 불구하고 그렇다. 참조. *HTFC*, pp. 317f.

171) 본서의 앞부분 pp. 202-209를 읽어 보라.

우리가 알고 있는 사실에 의해 보다 분명해진다. 만약 그렇다면, 요한복음에 있는 강론들의 초기적이며 전승적인 근거가 더 이상 논의에서 제외되지 않는다.

(6) 요한복음서의 '나는 -이라'라는 어록들은 특별한 문제를 야기한다. 그 어록들은 신학적 성격을 띠며, 헬레니즘적 연계점들을 지닐 뿐만 아니라[172] 두드러지게도 요한적이다. 만약 예수가 실제로 이같은 방식으로 방대한 주장들을 천명하였다면, 이것이 다른 복음서 기자들에게도 뚜렷하게 반영되지 않았겠는가? 여기에 참 문제점들이 있다. 아마도 본능적으로 우리는 이 어록들을 요한 자신의 창작으로, 그리고 그리스도의 인격에 대한 그의 특수한 이해 표명으로 간주하고픈 유혹을 받는다. 그러나 이와 관련하여 두 가지 주안점을 밝혀둠이 바람직하다.

첫째, '나는 -이라'라는 문구에 대한 배경이 구약성서에 있음직한데 그것은 특별히 이사야와 연관된 구절, '나는 여호와라, 나 외에는 다른 이가 없느니라'[173] 속에서 찾을 수 있다. 의심할 여지 없이 이사야의 '나는 하나님이라'는 어형은 다신주의에 대한 일신주의의 우월성에 대한 인지를 주로 반영한다. 그리고 그 어형은 (요한의 '나는 -이라'라는 표현들 중의 단 한 곳에서처럼) 서술어들을 동반하지 않고, 오로지 독립적으로만 사용된다. 그럼에도 불구하고 '나는 -이라'라는 표현은 구약성서의 정황 속에서는 무엇보다도 하나님의 자기 선포로 나타난다. 그리고 이것은 ἐγώ ἐιμι(에고 에이미)가 제4복음서에서 특히 이 문구의

172) 본서의 앞부분 pp. 203f.를 읽어 보라.

173) 예를 들면, (LXX) 사 45:5f., 18; 46:9; 47:10 및 그밖의 여러 곳; 그러나 또한 출 3:13f.; 20:2.f; 겔 6:7; 욜 2:27 및 그밖의 여러 곳.

독립적 등장시에(요 8:58; 그러나 8:24, 28; 9:9; 13:19 등에서 '내가 그니라'를 뜻하는 ἐγώ εἰμι의 용례를 살펴보라) 절대 극치로 나타나고 있다. 둘째 주안점은 방금 언급된 '아브라함이 나기 전부터 내가 있느니라'는 말씀과 관련되어 있다. 공관복음서 전승에 있어서 적어도 한 번은 예수가 ἐγώ εἰμι(에고 에이미) 표현을 독립적으로 사용했다고 기록되어 있다. 즉, 그가 제자들에게 기만자들이 그의 이름을 빙자하고 오게 될 것을 경계시키면서 '내가 (그리스도)니라'고 말씀하신다.[174] 마가와 누가는 ἐγώ εἰμι 문구를 ὁ χριστός(호 크리스토스)를 덧붙이지 않은 채 사용하는 데 비해, 마태는 분명한 의미를 밝히기 위해 이 칭호를 포함시키고 있다. 이것은 예수가 말씀하실 때 사용하신 전형적 방식임을 시사할 가능성이 있으며, 따라서 이것은 분명히 요한복음 8:58의 ἐγώ εἰμι 표현 용례가 독특하게 요한적인 것이 아닌 것으로 보이게 만든다.[175]

이상과 같은 요소들은 그 자체가 요한복음의 '나는 -이라'라는 어록들을 설명하여 주지 못할 뿐 아니라 그 어록들의 진정성(眞正性)을 확립시켜 주지도 못한다. 그러나 최소한 위의 두 가지 사항은, 이 명제에 대해 보다 깊이 연구함에 있어서 숙고되어져야 할 필요가 있을지도 모른다.

(7) 요한복음서의 예수의 담화들에 있어서 특징적이며 자주 사용되는 '아멘, 아멘'(진실로, 진실로 내가 너희에게 말하노니…) 어형은 제

174) 막 13:6=눅 21:8(참조. 마 24:5). 마가복음 6:50은 이 논의에 있어서는 아마도 별로 중요한 것이 아니다. 그리고 E. Stauffer, *Jesus and His Story*(ET London, 1960), pp. 149f.에 대해서는 유감스럽게도 마가복음 14:62(=마 26:64=눅 22:67, 70)은 실지 상응절이 아니다.

175) 아울러 요한복음 4:26; 6:20; 13:19 등을 참조하라. 예수의 가르침 가운데 특징적인, 신적 자기 확증으로서의 '나는-이라' 형식에 대해서는, E. Stauffer, op.cit., pp. 42-59, 특히 149-59를 읽어 보라. 더 나아가 요한복음 속의 '나는 -이라' 문체에 관해서는, Brown Ⅰ, pp. 533-8을 읽어 보라.

4복음서에서 25회에 걸쳐 나타나는 것으로서,[176] 아마도 공관복음서들에 나오는 일회적인 '아멘'의 표현으로 거슬러 올라갈는지도 모른다. 그러나 이것은 의심할 나위 없이 예수 자신에 의해 창안된 언명의 유형이었다. 그러므로 (최소한) 이 경우들에 있어서는 제4복음서 기자가 전통적인 그리고 실로 원시적인 자료들을 그의 강론집 속에 보존하고 있는 것일 수 있다.[177]

물론 이상의 사실들 중 어느 한 가지도 요한복음서에 나오는 담화들이 역사적으로 근거를 가지는 것이라는 사실에 대한 결정적 증거로 간주될 수는 없다. 어느 경우이든 요한복음의 강론들의 기원 문제를 풀려고 할 때 야기되는 특별한 난점들이 상존한다. 그 강론들의 성격과 길이는 언뜻 보기에 공관복음서들에 나오는 강론자료와는 아주 동떨어진 것으로 보이게 만드는 것 같다.[178] 또한 그 강론들은 심오한 영적 성찰과 신학적 명상의 산물인 것같이 보이는바, 결과적으로(예컨대 요한복음 3장에서처럼) 예수의 말씀들이 어디서 끝나고 복음서 기자의 논평이 어디서 시작되는지를 결정하는 것이 언제나 쉽지는 않다. 그러나 요한의 편집본(redaction)으로부터 예수의 순수한 어록들을 되살려 내는 것이 비록 쉽지는 않다고 해서 이 시도마저 비합리적이라고 전제할 수는 없다. 정반대로, 우리가 방금 고찰한 문제점들은, 어떤 전승적 요소가 요한복음 담화들의 배경에 충분히 깔려 있을 수 있다는 사실

176) 요 1:51; 3:11; 8:51, 58; 14:12 및 그밖의 여러 곳.

177) 참조. J. Jeremias, *The Prayers of Jesus*(ET London, 1967), pp. 112–5; 아울러 *id., Neutestamentlische Theologie* Ⅰ: *Die Verkündigung Jesu*(Gütersloh, 1971), pp. 43f.; ET *New Testament Theology, I:The Prodclamation of Jesus*(London, 1971) pp. 35f.를 참조하라. 부수적인 참고 문헌은 영문판에 붙어 있다.

178) 그러나 전승과 해석의 문제는 요한복음의 강론 자료에 대해서 못지 않게 공관복음서의 그것을 연구하는 데 달려 있음을 명심하지 않으면 안 된다.

을, 그리고 요한 연구자 모두의 중대 과제는 그 요소의 본질과 범위를 정하는 일이라는 사실을 점진적으로 시사해 주고 있다. 우리가 앞서 말한 그대로, 초기 전승이 반드시 순전한 역사 바로 그것은 아니다. 그러나 시사되는 점들은 첫째 요한복음의 담화자료 배후의 역사적 전승의 경우, 이전에 실존 가능한 것으로 간주되던 것보다 더 많은 분량이 존재할 수 있다는 것이며, 또한 그것이 추구할 만한 가치가 있다는 것이다.[179]

우리는 이제 요한복음 담화자료의 한 가지 예를 추론 가능한 그것의 역사적 배경의 관점에서 간략히 살펴보고자 한다. 표적들의 경우에서처럼, 고별 담화(요 13-17장)에서 '어려운' 한 사례를 선택하고자 한다. 요한복음의 이 부분은 그 자체만으로도 유명하게 부각되어 있으며, 그 신학적 풍취에 있어서 아주 명백히 요한적인 것으로 보여진다. 17장에 나오는 예수의 기도는 이러한 관점에서 매우 난해하게 보이며, 초기의 진정한 어록 전승으로부터는 아득히 멀리 떨어져 있는 것 같아 보인다. 그러므로 우리가 바야흐로 눈길을 돌리고자 하는 방향은 바로 이 자료에 대한 연구 조사이다.

1. 요한복음 17장

요한복음 17장에 나오는 성별의 기도 배후에는 순수하게 원시적인 전승이 깔려 있을 가능성이 과연 존재하는가? 이 가능성을 뒷받침하는 방향에서 세 가지의 질문이 제안될 수 있다.[180]

179) 더 나아가 *HTFG*, part2를 읽어 보라.

180) 성경 및 참고 문헌 자료를 포함한, 보다 자세한 사항들을 알고 싶으면, S. S. Smalley, 'The

(1) 요한복음 17장은 공관복음서 전승에 그 병행부를 가지고 있지만 명백히 그 전승과는 독립적인 몇 가지 구절 및 사상들이 내포되어 있다. 예를 들면, 산상 및 들판에서의 설교나 주님의 기도에서 그 메아리가 발견되어질 수 있다.[181)]

(2) 이 기도에서 더할 나위 없이 확고하게 요한적인 것으로 보이는 범주들의 일부(예를 들면 '때', '지식', '영광', '진리' 등)는 그 자체의 초기적 배경을 충분히 지닐 수 있다.[182)]

(3) 요한복음 17장에 나오는 예수에 의한 '아버지'(Πάτερ, Πατήρ) 호칭의 사용례들은 바탕에 깔린 초기적 전승을 암시해 준다. 이 언명은 보다 깊은 세 가지 고려들에 의해 뒷받침될 수 있다. 첫째, 복음서 전승은 모든 부분에서, 예수가 그의 기도들 속에서 하나님을 보통 '아버지'로 호칭하셨음을 보여 준다. 그러나 '아버지'라는 용어가 그 전승이 진전되어감에 따라서-전반적 사용에 있어-보다 자주 예수에게로 돌려지는 것 또한 사실이다.[183)] 예레미야서의 서술에 따르면, 그 전승의 이러한 일관성은 그 "아버지" 호칭이 얼마나 확고하게 예수 전승에 뿌

Testament of Jesus : another look', loc. cit., pp. 498-501을 읽어 보라.

181) 예를 들면, 요 17:2, 7=마 11:27(28:18)=눅 10:22; 요 17:11=마 6:9(5:48; 6:14)=눅 11:2 및 그밖의 여러 곳, 더 나아가 Bernar d Ⅱ, p. 559를 참조하라.

182) 요한복음의 ωρα사용에 상응하는 공관복음 전승 내의 평행절들이 있다(예를 들면, 막 14:41=마 26:45; 참조. 눅 22:53); *HTFG*, p. 371 및 각주 2를 읽어 보라. 요한복음의 '지식'이나 '진리' 등의 개념들에 대한 쿰란 내의 상정 가능한 배경에 관해서는, R. E. Brown, 'The Qumran Scrolls and the Johannine Gospel and Epistles', loc. cit., pp. 107f., 121-3을 읽어 보라; 아울러 Schnackenburg Ⅰ, p. 108을 참조하라. 제4복음서 내의 '영광'이라는 주제에 대해 비헬레니즘적인 배경이 존재한다는 가설에 관하여는, D. Hill, 'The Request of Zebedee's Sons and the Johannine δόξα-theme', *NTS* 13(1966-7). pp. 281-5; 아울러 S. S. Smalley, 'The Johannine Son of Man Saying', *loc. cit.*, pp. 296f. 등을 읽어 보라.

183) J. Jeremias, *The Prayers of Jesus*, pp. 29-35을 읽어 보라.

리박고 있는지를 보여 준다.[184] 둘째, 아람어 낱말 아바(Abba)는 요한복음 17장에서 Πάτερ 사용에 대한 배경을 이루는 것 같으며, 하나님에 대한 호칭으로서의 아바(Abba)가 예수의 바로 그 말(ipsissima verba)의 특징적 일부를 구성하였다는 사실은 거의 의심할 나위가 없다.[185] 아버지에 대한 그렇게 친근한 호칭 형태가 문학적 편찬의 이차적 단계에서 예수에게 돌려졌을 가능성은 희박하다.[186] 셋째, 예수 자신은 이미 강한 유대적 예전(禮典) 전승에 속해 있었다. 그의 기도들의 내용은 그가 실제로 기도한 사실보다 더 적게 공관복음서 기자들에 의해 보도되고 있다. 그러나 마가복음 14:36 등에 나타나는 짤막하고 생생한 겟세마네 간구는,[187] 명백히 원시적인 이 종류의 자료가 보존 내지 전수되어 왔음을 시사하여 준다.[188]

의심할 나위 없이 현재 우리가 가지고 있는 요한복음 17장에 수록된 기도는 하나의 문학적 편찬으로서, 그 성격은 요한적 교회에 기인한다. 그러나 그 기도의 기원을 요한복음 13-17장의 담화 현장인 그

184) *Ibid.*, p. 55.

185) 참조. 막 14:36; 그리고 초대교회에 있어서 이 술어의 예배학적 사용 문제에 관해서는 로마서 8:15; 갈라디아서 4:6 등을 읽어 보라. 더 나아가 J. Jeremias, *The Prayers of Jesus* pp. 55-7, 108-12; *id. The Proclamation of Jesus*, pp. 36f., 61-8; 아울러 M. Black, *An Aramaic Approach to the Gospels and Acts*, pp. 149-51 등을 읽어 보라.

186) 심지어는 확장된 형태 '거룩하신 아버지'(요 17:11; 참조. 25절)도, 만약 그것이 주기도문 가운데 '아버지여, 당신의 이름이 거룩히 여김을 받으시오며'(눅 11:2=마 6:9)와 같은, 주님의 호칭의 변형이 있었다면 얼마든지 진정한 것일 수 있다.

187) 마가는 Αββα(압바)를 사용하며, 마태와 누가는 Πάτερ(파테르)를 사용한다(참조. 마 26:39, 42=눅 22:42).

188) 아울러 요한복음 17:12에 나오는 '전승적' 요소를 자세히 살피라. 여기서는 유다에 의한 배반에 관해 예수가 말한 보다 앞선 예언이 (성경적으로) 성취되어진 것으로 간주된다(참조. 요 13:21). 아울러 *HTFG*, pp. 69-71을 읽어 보면, 여기서 Dodd는 겟세마네 기도에 관한 공관복음서 전승을 (역시 Πάτερ를 사용하는) 요 12:27f.에 실린 예수의 기도와 나란히 대비시킨다. 두 경우 모두에 있어서 Dodd는 진정성을 입증하고 있다. 그러나 우리는 그럼에도 불구하고, 누가 이 기도를 들었는가를 질문할 수 있다.

다락방의 역사적 상황에 두어야 할 이유는 전혀 없다.[189] 그 경우, 원래의 강론의 핵심은 어디에서 찾아질 수 있는가? 만약 우리가 요한복음 17장의 전승 자료가 현존한다는 사실을 받아들인다면, (우리가 방금 고찰한 사항들에 근거하여 제시하는) 본 필자의 제안은 그 전승이 Πάτερ에 의해 유도되는 세 가지 간구, 즉 1절, 11절, 24절 등에서 찾아질 수 있다는 것이다. 이 세 가지는 사실상 이 장 전체에 있어서 유일하게 단도 직입적인 간구들이며,[190] 각 간구는 그 세 가지 자연적 단락들 하나 하나에서(1-5, 6-19, 20-26절 등) 나타나고 있다.[191] 만약 이 세 가지 간구가 애당초 기도의 핵심을 형성했다면, 그것의 현존하는 내용을 이렇게 요약한 것이라고 할 수 있을 것이다. 즉 예수는 맨 먼저 자신을 위해, 그 다음엔 그의 제자들을 위해, 그러고 나서는 모든 세대의 보편적 교회를 위해 기도한다('아들을 영화롭게 하옵소서', '저들을 내 이름으로 보전하옵소서', '저희로(모두가) 나와 함께 있게 하옵소서'). 이로써 자신의 임박한 죽음과 승귀의 빛 안에서, 예수는 아버지께 자신의 제자들과 그들의 후계자들의 신앙과 생명을 부탁하고 있다. 그 당시 예수 곁에 있던 그 사랑받은 제자로부터 전해진 이 기도의 초기 구전적 보고는 따라서 요한적 현장 속에서 전수되고 형성되고,[192] 마침내 제4복음서 기자에 의해 기록되었을 가능성이 크다.

그러므로 제4복음서의 설화자료 및 담화자료 양자에서, 우리는-결

189) 참조. 요 13:2, Hoskyns, p. 495를 보라.

190) 요 17:5은 1절의 연장이다; 21절 및 25절은 간구(petitions)라기 보다는 '청원'(addresses)의 속성을 더욱 많이 띤다.

191) (단락 구분에 관해서는) Marsh, pp. 553 역시 같은 견해.

192) 한 명백한 배경은 성찬 그 자체였을 수 있다. 그러나 Loisy(p. 441)를 참조하라. 그는 요한17장 전반을 그리스도교 예언자에 의해 창안되고 예수에게로 돌려진, '성찬론적 기도의 전형'으로 본다.

정적인 역사성의 증거를 우리에게 제공해 주지는 않지만-요한의 증거가 전승적 기초에 근거하는바, 그 기초의 역사적 가치는 잠재적으로 중대하며 따라서 진지한 고찰을 요한다는 증거를 발견하게 되었다.

【결론】

이 5장에서 우리는 요한이 복음서 기자들 중의 한 복음서 기자임을 확인하였다. 그의 복음은 모든 신약성서 기자들이 충실히 받아들인 그리고 이 기본적인 케리그마 전승 위에 예수의 생애에 관한 그 자신의 원천 정보를 가미한 하나의 공유적 복음이다. 이어서 우리는 제4복음서가 실제로 어느 정도까지 역사적인 책으로 묘사될 수 있는지, 과연 그 책이 케리그마적인지 또는 요한의 자료가 그것을 전수하여 기록화 작업에 손댄 사람들에 의해 정당한 절차에 따라 해석되어졌는지 등을 질문해 보았다. 그 답으로, 우리는 요한복음서의 배후에 전승이 깔려 있을 뿐 아니라, 순수한 역사의 실재 가능성도 없지 않다고 믿을 만한 이유들을 발견하게 되었다.

이로써 우리는 요한이 구원 역사에 관심을 기울이는 복음서 기자라고 결론을 내릴 수 있다. 이와 같이 요한복음서는 역시-제4복음서 기자가 중요하게 여기는-역사와 아울러 신학을, 양자 중 하나만이 아닌 양자 모두를 거느리고 있다. 전 장에서 우리가 살펴보았듯이 요한은 불신자들을 위한 선교 책자(mission tract) 한 편을 썼다는 의미에서 복음서 기자가 아니며, 오히려 그 자신의 교회 안에 있는 신자들을 위해서 그리스도교의 복음을 자신의 메시지의 출발점과 핵심으로 삼았다는 의미에서 한 복음서 기자이다. 이와 같이 그는 완전무결한 역사 의식을 가지고 집필하고 있다.

그러나 요한은 또한 해석자이기도 하다. 그는 예수에 관한 발전적인 케리그마 전승 한 편을 이어받아, 그 자신의 목적에 따라 그것을 확대 발전시킨다. 이제 우리가 마지막 장에서 관심을 돌려야 할 방향은 그것의 지도적 해석자들 중 한 사람으로서 요한이 복음서 전승에 끼친 특별한 공헌에 대해서이다.

요한은 복음서 기자일 뿐 아니라 해석자이기도 하다. 사실 그의 해석은 복음서 기자로서의 그의 작품을 통제한다. 이는 그가 자신의 주요 신학적 주안점들을 부각시키기 위해 그의 선포적, 전승적 자료(특히 예수께서 행하신 표적들에 관한 정보)를 선택하고 이용하기 때문이다.–본문 중에서

Chapter 1

새로운 시각

Chapter 2

요한은 어떤
사람이었는가?

Chapter 3

요한은 어떻게
복음서를 썼는가?

Chapter 4

요한은 무슨 이유로 복음서를 기록하였는가?

Chapter 5

복음전도자 요한

제4복음서에 있어서의 드라마
제4복음서에 있어서의 구원
제4복음서에 있어서의 성례전적 차원
제4복음서에 있어서의 기독론
제4복음서에 있어서의 영화
제4복음서에 있어서의 성령과 교회
제4복음서에 있어서의 종말론
요한의 해석

Chapter 6
해석자 요한

제6장 해석자 요한

이 장에서 우리는 복음서 전승의 해석자들 중의 한 사람인 요한이 그 전승에 끼친 특별한 공헌에 대해 고찰하고자 한다. 이는 모든 복음서 기자들과 마찬가지로 요한 역시 복음서 기자인 동시에 한 해석자이기 때문이다. 그는 예수 이야기를 그 나름의 방식으로 이해한다. 요한은 그 나름의 신학을 가지고 있다. 따라서 그는 그리스도교의 기원들에 대한 우리의 지식에 그 나름의 기초를 더하고 있다. 그러므로 우리는 해석자 요한을 매우 면밀하게 연구하고, 그에게서 배워야 할 필요가 있다.

우리는 요한이 예수 전승을 과연 어떻게 편집하였는지를 밝혀냄으로써, 요한의 해석에 대한 우리의 고찰에 가장 잘 접근할 수 있다. 우리가 앞서 논증한 바대로, 비록 제4복음서 기자가 공관복음서들을 그렇게 잘 알고 이용하지는 못했을지라도, 그는 모든 복음서 기자들이 근거로 삼았던 당시의 그리스도교 전승을 알았으며 또한 이것을 이용했다. 그러면 요한은 그 전승을 어떻게 다루었는가? 그는 그 전승을 어느 정도까지 그 나름의 방식으로 발전시켰으며, 그 이상의 일을 해냈는가? 마지막으로 무엇이 요한의 신학을 '요한적'으로 만들고 있는가?

우리는 이제 이 질문들에 대해 감히 답변하고자 한다. 우선 우리는 필연적으로 본서의 앞부분에서 일찍이 밝힌 신학적 바탕을 이 장에서 요약할 것이며, 다음으로 요한복음서의 완성된 형태를 고찰하고자 한다. 그러나 요한의 해석이나 신학적 주제가 제4복음서 발전(evolution)의 그 어느 단계에서 발생했을 가능성은 상존한다. 만약 요한의 배후에 있는 기본 전승이, 우리가 추론한 바대로, 사랑받은 그 제자에게서 유래한 것이라면, 우리가 지금 '요한적인' 것으로 묘사하려 하는 복음서 메시지의 이해를 그 최초 단계에서 제외시켜야 할 이유가 없다. 유사한 논리로, 이 복음서 편찬의–우리의 분석에 따르는–제2단계에서 제4복음서 기자가 (최소한 씨눈 형태의) 기술적인 표현(written expression)을 부여함으로 두드러지게 요한적인 신학적 특성들을 살려냈을 가능성이 충분히 존재한다. 그리고 최종 편집 작업에 따라, 비록 공동체의 산물이긴 하지만 이미 존재해 온 요한적 해석 방법에서 유래한 문학 내지 신학의 한 형태가 이 복음서에 부여되었을 수 있다.

이러한 사실들을 염두에 두고서, 해석자로서의 요한에 대한 우리의 연구를 전개할 수 있다.

제4복음서에 있어서의 드라마

이 책의 앞부분에서 일찍이, 우리는 요한복음서의 편찬 과정을 분석하였으며, 그 결과 이 복음서가 훌륭한 문학적 솜씨로 빚어진 작품이라는 사실을 밝혀낸 바 있다.[1] '나는 –이라' 어록들에 의해 강조된 요

1) 본서의 앞부분, pp. 162–182를 읽어 보라.

한의 담화자료를 긴밀하게 연결시킨 그 표적들을 중간 중간에 배치해 놓은, 이 복음서의 주도 면밀한 배열은, 벌써 이 복음서의 기록 형태에 책임을 진 사람들이 날카로운 예술적 감각을 소유하고 있었음을 스스로 증거하고 있다.

우리는 이 논의를 한 단계 더 멀리 진척시켜, 요한이 매우 극적인 감각을 소유한 예술가였다고 말할 수 있다. 사실상, 전체 복음서는 한 편의 연속적인 연극적 줄거리로 이해되어지며, 이러한 요한의 해석 양상은, 이미 그 내용과 문학적 구조에 의해 제시되어진 그의 작품의 통일성을 강화하여 준다.

이 점에 있어서, 요한의 표현(presentation)은 공관복음서 기자들의 표현보다 우수하다. 물론 이 말은 공관복음서 기자들이 연극에 대한 감각을 전혀 지니지 않았음을 뜻하는 것이 아니다. 그들도 역시 그들 나름대로 신학자들이며 예술가들–인 동시에 역사가들–이다. 그들은 구원의 드라마를 서술하고 있으므로 시간시간 그 구원의 극적인 가능성들을 의식하고 있다.[2] 그러나 자신이 형성 내지 편성하고 있는 자료의 극적 가치에 대한 요한의 인식은 한결 더 고조되어 있는 동시에 일관적이다. 그러므로 우리는 제4복음서의 드라마를 살펴봄으로써, 요한의 신학적 이해를 보다 깊이 음미하게 될 것이다.

제4복음서의 극적 성격을 창조하고 유지하는 일을 돕는 요한복음의 두 가지 일반적 성격이 먼저 밝혀져야만 한다. 첫째, 요한의 사고가 언제나 두 가지 차원에서 동시에 진행된다는 점이다. 사실상 요한의 병

2) 누가복음 4:16–30이 전하는 바, 예수가 나사렛의 회당에서 설교하는 장면은 최정상의 연극적 기법으로 묘사되어 있다(특히 20절을 주시하라). 말할 나위 없이 누가는 그 기본적 기조를 자신의 원자료(들)에서 끌어왔을 수 있다.

렬적 사고가 너무나 정교하여 우리가 과연 어느 한순간에, 과연 어느 수준에서-지상적 차원, 아니면 천상적 차원에서, 즉 시간 속에서 아니면 영원 속에서-이해되어져야 하는지 여부를 결코 확신할 수 없다. 우리가 이미 살펴본 바대로, 요한의 경우에는 양자 사이를 쉽게 오간다. 그는 역사에 대해 의식하고 있다. 그러나 그는 또한 역사 그 자체가 지향하는 초역사 세계에 대해서도 의식하고 있다.

예를 들면 요한복음 12:32(및 여러 곳에서) 요한이 동사 *υ□ψοῦν*를, 상이하지만 상호 관련된 두 가지 의미로 사용할 수 있는 것도 바로 이것 때문이다. 예수는 이렇게 말씀하신다. '내가 땅에서 들리면(*υ□ψωθῶ*) 모든 사람을 내게로 이끌겠노라'. 바로 이 문구를 통해 그는 십자가상에의 들림과 승귀(昇貴)시의 들림, 양자 모두를 언급한다. 이 같은 요한의 병렬 구조는 이 복음서에 나오는 모든 '오름과 내림' 사례들과 '오고 감'의 사례들을 설명해 준다. 요한은 동시에 두 무대를 마음에 품고 있다. 인자는 하늘에서 내려와 다시 하늘로 올라갈 것이다. 즉, 예수는 하나님으로부터 왔다가 다시 하나님에게로 갈 것이다. 그는 제자들에게서 떠나갈 것인데, 이는 그들에게로 다시 오기 위함이다.[3] 그것은 또한 어리석은 질문임에 틀림없는 요한복음 상의 장소에 관한 이중적 의미도 설명하여 준다. 처음 제자들이 예수께 지금 어디 머물고 계시느냐고 물었을 때와[4] 빌라도가 그에게 어디로부터 왔느냐고 물었을 때[5] 장면은 펼쳐져 있고, 드라마는 물질 세계와 정신 세계에

---

3) 요 3:13(참조. 6:62); 13:3(참조. 16:28); 14:28(참조. 14:3).

4) 요 1:38이하; 참조. 3:22 및 기타 여러 곳.

5) 요 19:9.

서 동시에 연출되어지고 있음이 분명하다.[6)]

제4복음서에 극적 성질을 부여하는 데 보탬을 주는 둘째 특성은 요한의 표현(presentation)에 많은 영향을 주는 '재판'이라는 주제이다. 프라이스(Preiss)가 밝힌 바대로, 이 복음서의 배경은 시종 일관 법정적이다.[7)] 예수는-얄궂게도 그 자신이 재판관임에도[8)]-재판을 받고 있다. 재판정은 한 번 더, 하늘에서와 땅 위에서 동시에 열린다. 재판이 진행되어 감에 따라, 두 공판정 모두에서 증인들이 소환된다. 이때 성부와 성령이 증언하시며 표적들과 성경 본문들, 그리고 무리들과 제자들을 포함한 다른 사람들도 증언한다.[9)] 그런데 그들의 증언이 흠잡을 수 없는 것이므로, 요한은 독자들에게 세례자 요한, 나다나엘, 마르다, 도마 등과 더불어[10)] 예수가 '아버지께로부터' 오신 확증된 하나님의 아들이라는 사실을 확인 증언하라고 촉구한다.[11)]

---

6) J. L. Martyn, *History and Theology in the Fourth Gospel*. 이 책은 두 개의 부수적인 '무대'가 요한의 마음 속에 동시에 자리 잡고 있었다-즉 예수의 시대와 (요한의) 교회의 시대라는 두 무대-는 확신 가운데서 쓰여진 책이다(참조. pp. 40f. 및 이하 여러 곳)

7) T. Preiss, *Life in Christ*(ET. London, 1954), pp. 9-31. 아울러 S. Pancaro, *The Law in the Fourth Gospel : the Torah and the Gospel, Moses and Jesus, Judaism and Christianity according to John*(Leiden, 1975)를 읽어 보라. 팡카로 박사는 제4복음서에 있어서 예수와 유대인들 사이의 전체적 대결을 하나의 '재판'(trial)이라는 측면에서 해석한다. 더구나 부수적으로 중요한 사실은 그는 율법을 예수의 인격과 사역에 관해 요한이 말하고자 하는 많은 내용에 대한 해석학적 열쇠로 보며, 동시에 이 복음서에 있어서 요한 1:17의 표제적 중요성은 전무인 것으로 본다는 점이다. 특히 pp. 534-46을 읽어 보라. 요한복음에 나타난 '재판'이라는 주제를 다룬 논문이 더 필요한 경우, A. E. Harvey, *Jesus on Trial; a study in the Fourth Gospel*(London, 1976)을 읽어 보라. 아울러 A. A. Trites, *The New Testament Concept of Witness*(Cambridge, 1977), pp. 78-127을 보라.

8) 요 5:22, 27, 그밖의 여러 곳.

9) 요 5:37; 15:26; 10:25; 5:39; 1:15; 12:17; 15:27. 마찬가지로, 아들(the Son)은 아버지(the Father)에 대해 증거한다(1:18).

10) 요 1:34; 1:49; 11:27; 20:28.

11) 요 16:28; 20:31. 요한복음에서 이 주제의 중심적 표현은, 명백하게도 유대식 재판 및 로마식 재판에 의해 제시된다(요 18-19장). 요한복음에 있어서 '증언'이라는 주제의 중요성에 주

우리는 이제 요한복음서의 드라마 전개를 관망할 수 있다. 그것은 한 편의 서론과 두 막(acts), 그리고 한 편의 결론 등으로 이루어진다.

서론(1장)에서는, 그 장면이 하늘에서 펼쳐지다가(1-13절) 어느새-하늘을 염두에 둔 채-땅으로 옮겨진다(14절). 우리가 일찍이 살펴본 것처럼,[12] 이 서론에서 우리는 요한의 뛰어난 신학적 주제들과 이 드라마의 주요 배역들, 즉 예수, 요한, 세례자 요한, 그리고 제자들을 보게 된다.

1. 제1막(요 2-12장)

제1막은 세상에 말씀이 계시된 사실을 다루며, 여섯 가지 표적들과 그에 연결된 담화들 및 '나는 -이라' 어록들(요 2-12장)로 구성된다.[13] 요한복음서의 이 부분에서 표적자료와 담화자료, 양자는 모두 극적으로 처리되어 진다.

1) 표적들

첫째로, 표적들(그리고 때로는 그것들에서 파생하는 담화들)은 짧은 장면들로 표현되는데, 각 장면에는 두 명의 주역 또는 배역군들이 나온다. 루이스 마틴(J. Louis Martyn)은 이 사실을 명확히 밝히기 위해 요한복음 9장의 '맹인의 드라마'를 분석하였다.[14] 마틴은, 우리가 이 장

의를 모으며, 요한으로서는 '증언'이 계시의 한 술어라고 주장하는 한 연구를 원한다면, J. M. Boice, *Witness and Revelation in the Gospel of John* (Exeter, 1970)을 읽어 보라.

12) 본서의 앞부분, pp. 173-179를 읽어 보라.

13) 본서의 pp. 173f.에 제시된, 요약 대조표를 읽어 보라.

14) J. L. Martyn, *op. cit.*, pp. 3-16.

에서 예수와 그의 제자들과 한 명의 맹인이 등장하는 한 편의 원(原) 치유 이야기(1-7절)를 접하게 되는데, 이것은 각 장마다 두 명의 중심 인물(또는 한 인물과 한 집단)이 나오는 여섯 개의 짤막한 장을 추가함으로써, 요한의 목적에 맞게 극적으로 확대되었다고 믿는다. 그 여섯 장은 다음과 같다:

(1) 그 사람과 이웃 사람들(8-12절)

(2) 그 사람과 바리새인들(13-17절)

(3) 유대인들(바리새인들?)과 그 부모(18-23절)

(4) 유대인들과 그 사람(24-34절)

(5) 예수와 그 사람(35-38절)

(6) 예수와 바리새인들(39-41절)

마틴의 결론은 요한이 전승의 기초 위에서, 그리고 요한의 교회에서 일어난 당대의 실제 사건들-그리스도를 고백하는 것을 이유로 한 유대인들의 회당 밖 축출, 그리스도교 설교자들에 대한 적대감 등-안에서(아니 실재로 논의된 것들 속에서) '두 차원적 드라마'를 구성하였다는 것이다.[15)]

요한복음 9장 자료의 제 기원은 현재로서는 정확하게 결정될 수 없다. 그러나 만약 우리가 여기서 전승자료와 그것에 대한 요한의 해석

15) *Ibid*., p. 69, 및 그밖의 여러 곳. 마틴은 요한복음 9:1-10:42의 문학적 주기가 5:1-7:52에 나오는 '두 차원 드라마'를 반영하고 있다고 지적한다. 요한 9장은 동시대적 경험에 의해 영향받은 전승 및 논란 자료의 한 융해물이라고 보는, 비슷한 견해를 확인하려면, Hoskyns, pp. 350-62, 특히 p. 362를 읽어 보라.

을 따른다면, 이것은 우리가 바로 앞 장에서 '물을 포도주로' 만든 표적과 나사로를 살리신 표적 등을 분석할 때 발견한 바로 그 배합이다.[16] 그러나 마틴(Martyn)의 견해와는 어긋나지만 우리는 굳이 요한의 전승자료가 오직 하나의 이적에 대한 이야기로 끝나야 한다는 오류를 범할 필요는 없다. 요한복음 9장의 사례가 너무나 잘 예시해 주듯이 요한복음 안에서 표적자료를 담화자료로부터 언제나 명확하게 구분해낸다는 것은 어려운 일이다. 그러나 우리는 이 문제를 제쳐 놓고, 요한복음의 강론들에 있어 (최소한) 전승적 기반이 존재할 가능성이 있다는 사실을 입증하고자 했다. 그러므로, 마틴의 유용한 분석에 어느 정도 동의할 때(그의 결론들에 전적으로 동의하지는 말고), 우리는 그 맹인의 치유 사건에 대하여 요한이 한 실제 이야기 및 그 결과에서 시작하여,[17] 양자 모두를 극적 전체(dramatic whole)로 표현한다고 상정할 수 있다. 그러나 그는 거기서 끝나지 않았다. 십중팔구 그는 자신의 자료를 두 방향으로 확대하고 있다.

첫째, 요한은 그 자신의 시대적 상황을 반영하는 가필들–그 중에서도 특히 유대인으로서 그리스도를 고백하면 회당에서 출교당할 가능성을 말한 22절의 언급 등–을 포함시켰을 수 있다.

둘째, 이 기사가 기록화될 때, 그것은 요한의 마지막 청중의 특성에 의해 형성되었을 가능성이 충분하다. 우리가 요한복음의 집필 의도를, 그리스도론을 제공했다는 의미에서, 혼합적 배경(유대계 및 그리스계)을 가지고 나아온 요한의 교회 내의 사람들의 요구를 충족시키는 것으

16) 본서의 앞부분 pp. 335-355를 읽어 보라.

17) 표적 뒤에 따르는 논쟁에 있어서 '대립'의 유형은 어느 경우에 있어서나 전승적이다; 참조. 막 3:1–6.

로 본 것이 만약 옳다면, 우리는 요한복음 9장에서 그러한 그리스도론의 발견을 기대해야 할 것이다. 이는 그 장에 수록된 표적이 그것에 종속적인 자료와 더불어 요한의 '표적 중심부'의 일부를 이루고 있기 때문이다.

그리고 우리는 이 일화에 나오는 예수의 모습이 원만하게 잘 다듬어져 있음을 틀림없이 발견하게 된다. 즉, 그는 하나님이시며 또한 사람이시다. 그는 세상의 빛(5절)–요한 특유의 표현[18]–으로서 하나님에게 '보내심을 받아' 맹인의 눈을 뜨게 해주는 분이다(7절). 그는 예언자일 뿐만 아니라(17절), 그리스도(22절)이며 인자(35절)이기도 하다. 그러므로, 이 이야기는 세상에 생명과 아울러 심판을 가져오신 주님에 대한 신앙고백으로서 너무나 적절히 매듭지어지고 있다(38, 39절). 동시에 이 장에서 예수는 우리가 그의 인성(humanity)을 짐작할 수 있게 하는 표현들로 묘사된다. 즉, 그는 랍비로 호칭되며(2절), 치료 행위 그 자체를 위해 자신의 침을 사용한다(6절). 모두(冒頭)의 설화에 등장하는 이 두 가지 세부 묘사는 필경 전승적인 것이다.[19] 그러나 뒤에 이어지는 극화(劇化)된 논쟁에서는 '사람'이라는 술어가 시종 일관 예수에게 적용된다.[20] 예수는 그 치유받은 사람에 의해 '예수라 하는 그 사람'(11절)으로 묘사된다. 그리고 바리새인들은 '이 사람이 하나님께로부터 온 자가 아니라'(16절)고 주장하며, 또한 –두 번씩이나–그를 '죄인인

18) 요한복음 8:12(11:9f; 12:35f., 46)을 참조하라.

19) 특히 마가복음 8:23을 참조하라.

20) E. M. Sidebottom, *The Christ of the Fourth Gospel; in the light of first-century thought*(London, 1961), p. 96. 여기서 저자는 예수에 대해 사용된 이 언어의 잠재적 중요성을 지적한다. 그는 에고 에이미(ἐγώ εἰμι)언명들은 결코 강력한 것이 아닌데, 이는 그 맹인이 그 자신을 가리켜 ἐγώ εἰμι(요 9:9)라고 말하고 있기 때문이라고 첨언한다(ibid).

한 사람'(16, 24절)이라고 주장한다. 맹인에서 치유받는 그 사람은 유대인들이 '이 사람' 예수의 출신이 불분명하다고 조롱한 것에 대한 답변으로(29절). '이 사람이 하나님께로부터 오지 아니하였으면, 아무 일도 할 수 없으리이다'(33절)라고 말한다. 이 언명을 통해 요한의 그리스도론은 완전히 해결된다. 즉 예수는 '한 사람'인[21] 동시에 '하나님으로부터 온' 한 사람인 것이다.

이 방향으로의 '편성(shaping)'이 요한에 의해 얼마나 많이 이루어졌는지를 정확하게 말하기는 어렵다. 그러나 우리가 요한복음 9장에서 지금 보고 있는 것처럼 예수의 초상은 의미 심장하며, 우리가 분석한 바와 같이 요한의 집필 목적들에 맞게 편성되었다.

우선 이 정도로 요약해 두자. 요한복음 9장에 대한 한 짤막한 고찰을 통해 우리는 제4복음서 기자가 극적 감수성을 가지고 집필하고 있다는 사실을 확인하였다. 요한은 전승적인 설화자료(치유받은 한 맹인의 이적)를 취하며, 나아가 그것을 부분적으로는 전승적이고 또 부분적으로는 '요한적 상황'에 의해 영향 받은 담화자료와 융합(融合)하여 이 자료를 한 편의 극적 통일체로 표현하고 있다. 우리가 제4복음서의 한 단락 속에서 이렇게 밝혀낸 유형(pattern)은 요한복음의 어느 곳에나 존재하는가? 사실상 이 복음서에서 표적들의 표현 방식에 괄목할 만한 유사성이 존재한다는 것은 쉽게 입증될 수 있다. 즉, 그것은 언제나 이적 자체에 대한 묘사로부터 시작한다. 또한 항상 그 설화는 간결하고 극적이며 기억할 만한 것으로서 두 배역(또는 한 배역과 일군의 사람들)이 짤막하게 펼쳐지는 장면들에서 주역이 되는 형태를 계속 유지한

21) 참조. 요 8:40; 19:5.

다. 이 점은 첫 표적, 곧 가나의 혼인 잔치에서도 예증될 수 있다(요 2장).[22] 그 표적의 시작에서 우리는 주요 배역들에 대해 소개 받는다. 즉 예수와 그의 모친과 그의 제자들(1, 2절)이다. 그리고 이어지는 장면들은 마리아와 예수(3, 4절), 마리아와 사환들(5절), 예수와 사환들(6-8절), 그리고 연회장과 신랑(9절) 등의 모습을 우리에게 보여 준다.

일단, 표적 그 자체가 이야기된 후, 요한은 자신의 담화자료를 그것과 직접적으로 접속(또는 간접적으로 연관)시키고 있다. 네 번의 표적에 의해 생겨난 각 상황에 직결되어 논쟁들이나 강론이 뒤따른다. 즉, 38년 된 병자의 치유 사건은[23] 유대인들과의 대화를 유발하는데, 이 경우에는 안식일에 대한 언급에 의해, 선행하는 설화에 극적으로 연결되어 있다(요 5:9 하반절)[24]; 그리고 오천 명을 먹이신 사건[25]은 '생명의 떡' 강론에 이어지는데 여기서는 예수와 군중들 사이에 그리고 유대인과 제자들 사이에 극적 교환이 곁들여진다. 그리고 맹인의 치유[26]는 유대인들과의 부연적 논쟁으로 이어졌으며, 마지막으로 나사로를 살리신 사건에는[27] 그 극적 화술의 일부로서의 대화가 담겨져 있다.

그러나 요한의 표적들이 담화들과 그다지 밀접하게 연결되어 있지 않은 곳에서도, 이 제1 '막'(요 2-12장)에서 볼 수 있는 제4복음서 기자

22) 아울러 B. Olsson, *Structure and Meaning in the Fourth Gospel*, pp. 79-88 및 그밖의 여러 곳을 읽어 보라. 이 '두 성격' 유형은, 물론 충분히 전승적인 것일 수 있다. 특히 그것이 예수의 이적들에 관한 공관복음의 기록에도 (하지만 약간 흐려지니 형태로) 속해 있기 때문이다. 마가복음 5:21-43을 참조하라.

23) 요 5:2-9 하반절.

24) 연극적 구조의 측면에서, 요한복음 5:9f.과 9:8을 대조해 보라. 요한복음 5장에 나오는 논쟁은 8장에 이르기까지 계속 이어진다.

25) 요 6:1-14.

26) 요 9:1-7.

27) 요 11:1-44.

의 극적 기량(技倆)은 요점의 반복을 통해 독자들의 흥미를 끊임없이 자아내게 한다. 다시 말하면, 요한은 각 표적을 여러 모로 확대한다. 즉, 그는 이름을 들어 그것에 대해 재차 언급하든지, 아니면 그 표적에 종속하는 극적으로 고안된 어떤 상황을 집어 넣든지, 아니면 계획적인 여운의 수법에 의해 그 표적에 대해 암시하든지 한다. 그러므로, 가나에서 물을 포도주로 변화시킨 사건(요 2장)은 요한복음 4:46에서 다시금 언급된다. 그리고 38년 된 병자의 치유사건(요 5장) 및 무리들을 먹이신 사건(요 6장)은 우리가 이미 살펴보았듯이 뒤따르는 대화들을 위한 도약대들이다. 그리고 맹인을 치유하신 사건은(요 9장) 한 논쟁 상황에 의해 확대 부연되기도 하고 또 요한복음 11:37에 (짐작컨대 편집상의 이유들로 인해) 암시되어 있다. 뿐만 아니라 나사로를 살리신 사건은(11장) 예수의 부활 사건에 반영되어 있다.[28] 요한의 '표적 기획물'의 단 한 가지의 예외는 왕의 신하의 아들을 치유한 사건(4장)이다. 그러나 이 사건 직후에는 단지 지리적 공백이 있을 따름이며, 바로 요한복음 5장에 나오는 표적이 뒤따르고 있다.[29]

2) 담화들

우리가 만약 요한이 그의 표적들을 극적 감각으로 다룬다는 사실을 받아들인다면, 과연 그의 담화들에 대해서도 동일한 논리가 적용될 수 있는가? 우리는 이미, 요한이 그의 강론자료를 그의 표적자료와의 연

28) 요한복음 11장에 나오는 나사로 사건에 관한 필자의 연구를 고찰하려면, 본서의 pp. 344-355, 특히 352-355를 읽어 보라.

29) 이 표적의 장소로서 '갈릴리'를 끈질기게 언급하는 것은(요 4:43, 45, 46, 47, 54) 자신이 소장한 (북방) 원자료를 시사하는 것일 수 있다.

관 하에서, 필경 그가 자신의 원자료 속에서 발견한 (두 종류의 자료들 모두를 내포하는) 한 일화를 확대함으로써, 종종 극적으로 처리하고 있음을 밝힌 바 있다. 그러나 제4복음서 기자가 그의 복음서에서 담화들을 활용하는 방식에 관해서는 배울 만한 것이 아직 더 있다.

첫째, 우리는 요한의 성격 묘사가 그리 강렬하지 않다는 점을 지적할 수 있다.[30] 그는 개인들 또는 (무명의) 집단들을 대화의 전개를 목적으로 등장시키곤 하는데, 그후에는 그들을 곧 잊어 버리는 경향을 보인다. 그러나 그 개인들은 실재 인물들이다. 이것은 단도직입적인 설교 형태를 이루는 요한의 담화에 있어서(요 3, 4, 6장 등) 특히 그러하다. 실례로서, 니고데모-이 복음서에서 그는 다시 등장한다[31]-와 사마리아의 여인 등은 그들이 인간임을 나타내 주는 성격 묘사가(그 유대인 관원의 경우에는 허장성세, 사마리아 여인의 경우에는 도덕적 이완 상태) 있다.

둘째, 요한은 그의 강론들 속에서 두 가지의 드라마 기법을 사용한다.[32] 그 하나는 극적인 아이러니인데, 이것은 역설적인 진술 속에서 나타난다. 유명한 실례들이 그의 몸으로서의 성전에 관한 예수의 말씀 속에서, 그리고 예수가-사람이면서-'스스로 하나님이라 자처하였기'[33] 때문에 그를 돌로 치겠다는 유대인들의 주장 속에서 발견될 수 있다. 다른 한 기법은 우리가 이미 언급한 것으로서, 이에 따르면 어떤 대화 속의 한 인물이 어떤 의미를 곡해하게끔 되어 있다. 그 결과로 예

30) Lindars pp. 53f.에서도 역시 같은 견해.

31) 요 7:50; 19:39.

32) Lindars, p. 53.을 참조하라.

33) 요 2:19-21; 10:33.

수는 토론을 지속하면서 그 주제를 부연적으로 파헤질 수 있는 것이다. 이같은 예들은 수없이 많다. 그 예로 우리는 어리둥절한 니고데모의 질문과 '생명의 떡'[34] 담화에서의 유대인들의 질문 행위 등을 들 수 있다.

셋째, 가장 중요한 것으로, 요한은-린다스(Lindars)가 상정한 것 같이[35]-어떤 클라이막스로 향하는 일련의 극적 현시들을 통해 자신의 주제를 (대체로 나선형으로) 발전시켜 나아가도록 그의 담화자료를 구성한다. 결과적으로 나고데모와의 대화 종결부에 이르러 예수는 자신을 믿는 사람을 위한 예비된 영생이 있다고 선언하신다.[36] 또한 사마리아 여인에게 말씀하신 후에 예수는 자신의 메시아적 정체를 계시하신다.[37] 베데스다 표적 이후의 유대인들과의 논쟁은 새로운 모세인 예수에 대한 신앙을 가지라는 도전으로 매듭지어진다.[38] '생명의 떡' 담화는 예수가 '영생의 말씀'을 가지셨다는 베드로의 고백에서 절정을 맞는다.[39] 요한복음 7장 및 8장에 나오는 유대인들과의 논쟁들은 '아브라함이 나기 전부터 내가 있느니라'는 예수의 단언과 함께 정점에 이른다.[40] 맹인의 치유 사건으로 말미암은 논쟁의 결론부에서 예수는 자신이 사람의 아들임을 인정하며, 세상에 심판과 구원을 전하고 있노라고 주장한다.[41] '목자' 담화는 예수를 그의 인격과 일을 근거하여 받아들이

34) 요 3:3-5; 6:41ff.

35) Lindars p. 53 이하 여러 곳.

36) 요 3:15; 이 담화가 3:21에서 끝나지 않는 한. 그러나 이 경우에는 '빛으로 오는' 문제에 관한, 동등하게 점층법적인 어록이 실려 있다.

37) 요 4:26.

38) 요 5:46f.

39) 요 6:68(참조. 58절).

40) 요 8:58.

41) 요 9:35-41.

라는 보다 심각한 도전과 함께 끝이 난다.[42] 그리고 공생애 사역을 끝낼 무렵에-부활이요 생명이신-예수는 (자신을 통해) 하나님의 영생의 '계명'을 순종하라는 마지막 호소를 던진다.[43]

요한이 주제를 반복하거나 각 단락의 서두에 담화의 주요 명제를 내세우는 습관은, 이 '나선 배열' 기법에 속한 것이다. 예를 들면, 요한복음 6장의 담화 서두에서 우리는-마치 설교 전에 본문이 낭독되듯이-'(주께서) 하늘에서 그들에게 떡을 주어 먹게 하였다'(31절)는 말씀을 듣는다. 바로 뒤이어 예수는 자신을 바로 이 하늘의 떡-'생명의 떡'(33절 및 35절)으로 동일시한다. 이 담화가 지속되는 동안 유대인들은 예수를 두고 수군수군하는데, 이는 그가 '(내가 곧) 하늘에서 내려온 떡이라'(41절)고 말했기 때문이다. 이같은 방식으로 그 선행의 구절들이 재차 상기되며, 본문(text)이 재서술되고 설명이 계속 이어질 수 있다.[44]

요한이 그의 담화들을 용의 주도하게 구성하며, 지금 우리가 고찰하고 있는 제4복음서의 제1막에 있어서 그 담화들의 극적 가능성을 익히 알고 있다고 말한다고 하더라도, 이것은 결코 이 담화들이 단순히 요한적인 편찬물들이라는 뜻으로 말하는 것이 아니다. 어떤 학자들은, 이 복음서에 수록된 요한의 강론자료는 어느 것이나 요한계 회중에게-십중 팔구 성찬석상에서-베풀어진 설교들로부터 채록된 것이라고 상정한다.[45] 그러나 우리는 여기서 서로 다른 (우호적이거나 적대적인,

42) 요 10:37f.

43) 요 12:50(44-50절 단락을 읽어 보라). 참조. 11:25.

44) 더 나아가 요한의 담화 기술에 대한 분석을 원한다면, B. Lindars, *Behind the Fourth Gospel*., pp. 43-60을 참조하라.

45) Lindars, pp. 51f. 역시 그러하다. 린다스는 제4복음서 저작의 '설교론적 견해'를 지지하면서, Barrett, Brown, Sanders 및 Schnackenburg(p. 52) 등의 여러 학자들을 인용하였다. 아울러 요한복음 3장의 담화에 관련하여, Lagrange, pp. 72-99(특히 72)를 읽어 보라.

유대계이거나 비유대계의) 청중들에게 베풀어진 (가르침, 선포, 논쟁 등) 온갖 종류의 자료를 다루고 있다. 따라서 요한의 담화자료를, 마치 그것이 단순하게 일련의 설교들로 구성된 것 같이 취급하는 것으로는 충분하지 않다.[46] 설령 요한의 강론들이 예배적인 성격을 지니는 어떤 분위기에서 형성되었으며, 따라서 그 기원이 부분적으로 어떤 설교적 배경에 잇대어진다고 할지라도, 우리는 그 강론들을 전승자료의 핵으로부터 전적으로 배제할 만한 충분한 이유를 아직 발견하지 못하였다. 브라운이 말하는 바대로, 어느 경우이든 '요한의 대화들이 나사렛 예수와 그의 어록들에 관한 원시 전승에 대해 가지는 관계는 결코 해결하기 쉬운 문제는 아니다.'[47] 우리는 이제까지 그 복음서의 첫 부분에 나타나는 담화들의 표현에서 요한이 보여 준 극적 감각을 고찰해왔다. 그 담화들이 매우 긴밀히 연관되어져 있는 제1막의 표적들과 관련하여 보면, 이 담화들은 그 말씀이신 예수의 본성을 극적으로 조명하며, 동시에 하나님의 본성을 계시한다. 담화들의 중심은 그리스도론적인 것이다.

3) 결론

그러므로 이 제1막의 끝부분에서는 참으로 극적인 대단원이 나타난다. 표적들과 담화들은 모두 예수가 서론(요 1장)에서 어떤 분-육신을

46) 그럼에도 불구하고 린다스 자신은 제4복음서가 오로지 꿰어 묶은 설교들로만 구성되지는 않는다는 사실을 시인한다(p. 51). 그는 또한 몇몇 단편들이 '특별히 이 복음서를 위해 작성되어' 설교적 '단편들'을 묶어 놓은 것일 가능성이 보다 크다고 말한다(*ibid*).

47) Brown I, p. 136. 브라운은 지금 우리가 보게 되는 바 '그 산문 설교들의 준-시적 평형성'에 대해 지적한다(pp. cxxx ii -v, 특히 cxxxv). 그러나 공관복음서 기자들에 의하면, 이것은 예수 자신이 사용한 바로 그 문체였다.

입으신 말씀, 메시아, 하나님의 아들, 이스라엘 왕, 사람의 아들 등-이라고 고지(告知) 되어진 그 모든 존재임을 우리에게 보여 주었다. 요한은 그의 자료를 참으로 극적인 감각을 가지고 다룸으로써, 그 자료의 온전한 의미를 드러내 보였다. 그는 또한 그의 관심을 끊임없이 미래에 쏟음으로써 독자의 관심을 사로잡았다. 이 목적을 위해 요한은, 표적이 뒤따르고, 이어서 담화가 뒤따르는, 절기(feast)라는 폭넓은 연대기적 양식을 채택한다.[48] 각 장면은 이러한 구조 안에서 표적들(및 담화들)의 결과(effect)에 대한 언급에 의해 매듭지어지고 있다. 요한복음 1:21의 원리('믿는 자는 모두 하나님의 자녀가 될 수 있다')에 준하여, 우리는 계시자인 동시에 생명을 주시는 자, 그 안에서 하나님의 영광을 분명히 나타내 보이시는, 그 예수를 믿는 개인들과 큰 집단들을 발견한다.[49] 그리고 우리가 살펴본 방식대로 표적들과 담화들을 '전개해 나감'으로써, 제4복음서 기자는 하나의 극적 절정에서 다른 절정으로 우리를 이끌어 간다. 우리는 마치 종을 울리는 것 같은, 이 막의 전개를 구분짓는 다섯 번에 걸친 예수의 '나는-이라' 언명을 듣게 되는데, 이것들은 고도로 극적인 표현이 아닐 수 없다.[50] 이어서 우리는 마침내 요한복음 12:44-50의 위대한 '막후 강론'에 도달하게 되는데, (요한에 의하면) 이때 예수는 크게 외쳐, '나를 믿는 자는, …나를 보내신 이를 믿는 것이라'(44절)고 말씀하신다.

48) 요한복음 2:13; 4:45; 5:1; 6:4; 7:2; 11:55 등을 참조하라.

49) 요한복음 (1:14); 2:11; 4:53; 5:8f., 24; 6:68f.; 9:38; 11:27, 45 등을 참조하라.

50) E. K. Lee, 'The Drama of the Fourth Gospel', *Exp*. T 65(1953-4), pp. 173-6을 참조하라. 더 나아가 Lee는 요한의 극적 행동이, 예수의 자기 계시에 대해 반응하는 사람들 사이에서 신앙과 불신앙간의 갈등이 일어났을 위기의 '시간들'에 대한 그의 언급과 함께 진행되고 있음을 주목한다(요한복음 2:4; 7:30; 8:20; 12:23, 27; 17:1 및 그밖의 여러 곳에 유의하라).

2. 제2막(요 13-20장)

이 드라마의 제2막(요 13-20장)은 세상에서 말씀(the Word)의 영광 받으심에 치중하며, 이미 제1막에서 밝혀진, 말씀이신 예수를 옹호하는 주장들을 표명한 사람들에게로 초점을 맞춘다. 이것은 그가 제1막에서 (특유의 형식으로) 예비한 바 있는, 요한의 수난 설화이다. 나사로의 죽음과 부활의 표적(요 11장)은 예수의 죽음과 부활을 용의 주도하게 예시하였다. 예수를 체포하기 위한 최종적 음모들은 이미 이루어졌다(11:57). 그리고 수난의 전조적(前兆的)인 장면들은-베다니에서의 기름부음, 예루살렘에의 입성 등[51]-이미 펼쳐진 바 있다. 더구나 요한은 예리한 시기(時機) 감각을 가지고 수난 설화 자체의 출범을 예기(豫期)했으나, 그 수난이 실제로 시작된 것에 관한 이야기는 뒤로 미룬다. 첫째로, 우리가 이미 밝힌 그 이유들로 인해,[52] 그는 나사로 설화를 삽입하였다. 그 다음에 그는 승리의 입성과 아울러-드라마의 시야가 확대되면서-헬라인들뿐 아니라 유대인들에게도 선포된 가르침의 단락을 덧붙였다.[53]

그러나 제2막은 바야흐로 다락방의 장면에 대한 요한적 각색과 함께 개막된다.[54] 세족(Pedilavium-발 씻음)은 그 자체가 매우 극적인 행동이다. 그것은 기념할 만한 본보기에 의해 겸손의 윤리를 재강조하는, 분리된 한 사건(incident)이 아니다.[55] 이것은 실연(實演)된 비유로서,

51) 요 12:1-19.
52) 본서의 앞부분 pp. 344-355를 읽어 보라.
53) 요 12:20-50(참조. 20절).
54) 요 13:1-38.
55) Lagrange, pp. 348f. 역시 같은 견해.

용서와 서로간의 사랑이 아버지의 뜻에 대한 예수의 순종과 죽음에로의 비하라는 역사적 사실에 기초하고 있음을 가르쳐 준다.[56] 이와 같이 이 '막'의 극적인 첫 장면은 주의 수난을 소개하는 동시에 해석을 한다. 요한복음 13장에 뒤따라 나오는 배신의 예언은 (특히 최후 만찬에 대한 공관복음서의 기록과 비교할 때) 식탁에서 제자들이 차지하고 있는 자리에 대한 언급(23-6), 마지막 호소의 몸짓으로 유다에게 떡 한 덩이를 찍어 주는 일(26절), 배신자의 마음에 사탄이 들어간 일(27절), 유다가 나가자 '곧 밤이더라'(30절)고 한 양면적인 '무대 지시' 등에 의해 극적으로 고조된다.

이어서 (고별) 만찬 담화가 뒤따르는데(요 14-17장), 이것은 행동을 가로막는 것 같으나 실은 다시 한 번 행동하기 위한 방편을 예비한다. 예수는 여기서 미래에 관해 제자들에게 교훈한다. 즉, 그의 '떠남'과 '다시 옴'과 교회의 사명 등이다. 예수의 떠남과 다시 오심에 관련된 사건들은 18-20장에서 술회될 것이다. 그리고 제자들의 미래에 대한 증거는 마지막의 물고기 포획 이적에 의해 예고되고 표현되어질 것이다(요 21:1-14). 다시금 표적과 설화는 긴밀하게 연결되어진다. 그러나 이 경우에 있어서는, 담화와 그 후의 행동이 그렇게 연결되어 있다. 수난 사건들은 여전히 미래의 일로 남아 있다. 그러나 만찬 담화에서 예수는 그 사건들을 이미 진행 중인 것으로, 또는 이미 완결된 것으로 말씀하신다.[57] 그는 세상을 '떠나고 있으며', 또 그는 아버지께로 '가고 있다', 그는 세상을 '이겼으며', 동시에 그는 하나님이 하라고 명하신

56) Hoskyns, pp. 436f., 특히 437을 참조하라. 더 나아가 *IFG*, pp. 401-3을 읽어 보라.
57) Lightfoot, p. 266을 참조하라.

일을 '완수하였다.'[58]

뒤따르는 재판 설화들(요 18:19-19:16)은 이 제2 '막'의 극적 움직임에 대한 뚜렷한 초점을 제공한다. 여기에는 출발점으로서, 요한의 극적 아이러니의 한 유명한 사례가 나온다. 곧 우리가 앞에서 밝힌 바와 같이, 역설적 진술의 차원에서뿐만 아니라, 역설적 상황의 차원에서 전개되는 것이다. (짤막하게 진술된) 유대인의 재판과 로마인의 재판 양자 모두에서,[59] 예수-온 세상의 재판자-는 판결을 받는다.

빌라도 앞에서 받은 예수의 재판에 대한 요한의 극적 표현과 관련하여, 두 가지 사실을 밝혀 둠이 바람직하다. 첫째 문제는, 공관복음서 기자들에 의해서는 보고되지 않는, 두 주요 인물들 사이에 왕권이라는 주제를 중심으로 논란이 벌어지고 있다는 점이다.[60] 이 일은 다시 한 번 두 차원에서 전개된다. 즉, 빌라도는 (최소한 시작하기를) 예수에게 '그대가 유대인의 왕이라'(18:33)고 말하면서 정치적 측면에서 생각하지만,[61] 예수는 자신의 왕권을 영적인 것이며 '이 세상에 속하지 않은'(36절) 것으로 해석하고 있는 점이다. 마침내 빌라도는 비록 그가 예수의 진정한 기원을 어렴풋이 느끼기 시작했다 할지라도-'너는 어디로부터냐?'는 근심에 찬 질문(19:9)에 유의하라[62]-애매하게 결론을 내린

58) 요 16:28, 5; 16:33; 17:4.

59) 재판 설화들에 대한 공관복음 기록과 요한복음 기록 사이의 관계를 파헤친 소론을 원한다면, G. W. Bromiley(ed), *International Standard Bible Encyclopedia*, Vol. 2(Grand Rapids, Michigan, 1982)에 실린 S. S. Smalley, 'Jesus Christ, Arrest and Trial of' 항목을 읽어 보라.

60) 요 18:33-8; 19:1-16.

61) 그리스어 본문이 허용하는 바대로 지극히 분명하게, 이 구절은 하나의 질문이 아니라 오히려 언명으로서 구두점이 찍혀져야 한다. 이 경우에 있어서, 37절에 나오는 빌라도의 다음 언명, '그러면 네가 왕이라!'는 강세와 종지부를 취하게 된다.

62) 아울러 요한복음 19:19-22에 수록된 바, 예수의 십자가 위에 붙일 명패를 놓고 빌라도와 유대인들 사이에 벌어지는 논쟁을 주시해 보라. 아울러 빌라도의 선언들, 곧 '보라 이 사람이

다. 결국 그는 예수를 넘겨 주어 가이사에 대한 반역죄로 십자가에 달리게 했다(12-16절). 역설은 완벽하며, 결국 그 왕은 죽는다.

둘째로, 요한은 로마 법정의 재판을 (도드가 밝힌 바대로) 순전히 연극적인 형태로 표현한다. 빌라도 공판정에서의 진행 과정들은 다른 복음서들에 나오는 여느 표현들에 비해 뛰어나게 '치밀한 세부 묘사와 극적 활력 및 심리학적 미묘성을 지니는데', 이것은 단순히 화폭 위에 묘사되어지는 것으로 그치지 않는다.[63] 아울러 요한은 두 '극장'-내부 곧 '배후의'(사적) 무대와, 외부 곧 '전면의'(공적) 무대-의 연극 기법을 사용하기도 한다. 친위대 뜰 안에서 있는 빌라도와 예수 사이의 대화들은 사적으로 진행된다. 반면에 그곳 밖에서는 긴장과 소요라는 공적 장면들이 펼쳐지고 있다.[64] 거기서 나타나는 유대인들의 끊임없는 간섭은 제국의 나약한 관료에 대한 제사장들의 냉혹한 압력을 통해 나타난다.[65]

요한의 제2'막'은 십자가 처형(이에 대해서 우리는 나중에 다시 말할 것이다) 및 부활에 관한 보고를 통해 드디어 그 대단원에 이른다(요 19:17-20:29). 예수의 '영광 받으심'은 '다 이루었다'(19:30)는 승리의 외침에 의해 완결되며 종결된다. 그 왕은 결국 죽지 않고, 오직 확증되었을 따름이다. 그는 아버지께로(심지어 부활 현현 기간 중에도!) '올라

로다!'(19:5)와 '보라 너희 왕이로다!'(14절) 등이 지니는 이중적 의미에 대해서도 대조하여 보자.

63) *HTFG.*, p. 96.

64) *Ibid.*, pp. 96f. 참조. 요 18:29-32(실외 무대); 18:33-8 상반절(실내 무대); 18:38 하반절-40(실외 무대). 더 나아가 Brown Ⅱ. pp. 857-9를 읽어 보라.

65) 요한복음 18:30f.; 18:39f.; 19:6f., 12, 15를 읽어 보라. Dodd는(*HTFG*, pp. 96f.) 초막절에 이루어진 대담들(요 7-8장)의 배열 순서에 있어서, 요한은 동일한 그 두 무대 기법을 사용하고 있으며, (우리에게 그 논쟁들이 빚어지는 적대적 분위기에 대해 끊임없이 상기시키고자) 예수에 대한 도발적 언급들을 반복하였다. 아울러 *IFG.*, pp.315, 347f를 참조하라.

가고' 있다(20:17). 줄거리상으로서는 공관복음서와 흡사하지만, 여기에 나타난 요한의 수난 설화는 그의 지속적인 극적 관심에 대한 증거를 나타내는 것이다. 그 기록은, 언제나(다시 한 번) 두 주연 배역이 가담하는 일련의 짤막한 장면들로 표현되어진다. 마리아와 사랑받은 그 제자를 포함하는 십자가 근처의 사건들, 즉 요셉과 니고데모에 의한 예수의 매장, (막달라 마리아와) 베드로와 사랑받은 그 제자에 의한 빈 무덤의 발견, 부활하신 예수와 막달라 마리아의 동산에서의 해후, 예수와 제자들과의 만남과 그 후에 일어나는 예수와 도마와의 다락방에서의 만남 등이다.[66]

3. 후기(요 21장)

후기(21장)는 전반적으로 극적인 이 복음서의구조에 있어서 대단히 중요한 부분이다. 우리가 아는 바대로, 이 부분 속에는 한 중대한 표적-물고기의 포획(1-14절)[67]-이 들어 있는데 이는 신학적으로 원초적인 요한의 주제들 중의 일부를 반복하는 것이며(다시 한 번 이것은 '신현(神現)' 이적이다),[68] 미래에 그리스도교 공동체가 지니게 될 사명에 대해 그 관심을 던지는 것이다. 계속해서 부활하신 예수와 바울 사이, 예수와 사랑받은 그 제자 사이에 펼쳐지는 장면들은(15-23절) 이 연극을 완전한 대단원에 이르게 한다. 육신이 되시고, 하늘을 땅으로 옮겨온 그 말씀은 하늘로 오른다. 그러나 예수께서 지상에서 성령 안에 항

66) 요 19:23-37; 19:38-42; 20:1-10; 20:11-18; 20:19-29.

67) 더 나아가 본서의 앞부분, pp. 104f.를 읽어 보라.

68) 요한복음 21:1(*bis*), 14(*φανερόω* 동사를 사용함)을 참조하라.

존적으로 거하심에 대하여 제자들이 확신을 받은 후, 또한 그들이 부활하신 그리스도를 그의 교회 안에서 따르고 섬기도록 보내심을 입은 후에야 비로소 그는 승천하신다.[69)]

제4복음서에 있어서의 구원

그리스도 예수의 복음에 관해 요한이 말하는 모든 것은 궁극적으로 구원에 귀착되어 있다. 요한의 독특한 구원 묘사는 '영원한 생명'(*ζωή αἰώνιος*)이다. 몇 가지 변형들이 있긴 하지만,[70)] 이것은 인간이 필요로 하는 것이며 취득할 수 있는 온전성(wholeness)을 가리키는, 요한 고유의 술어가 아닐 수 없다. 이 점에 있어서 요한은 다시 한 번 공관복음서로부터 독립적 위치에 있다.

제4복음서에 따르면 영생은 하나님의 은사이다.[71)] 이 생명, 이 구원은 그리스도를 통해 즉 그의 성육신, 죽음, 부활, 승귀 등에 의해 믿는 자에게 중개된다.[72)] 이와 같이, 그리스도의 생명을 주는 활동은(앞에서

---

69) 요한복음 20:17, 21f; 21:19 하반절 등을 참조하라. 더 나아가 제4복음서에 있어서 연극의 문제를 연구하려면, R. H. Strachan, *The Fourth Evangelist:dramatist or historian?*(London, 1925), 특히 pp. 11-40을 참조하라. Strachan은 (일정 범위에 있어서) 요한은 양자 모두라고 논증한다. C. H. Dodd(*IFG*, pp. 400-23 및 기타 여러 곳) 교수는, 요한복음서의 연극적 구조화 작업은 종종 '행위-대화-독백'의 유형을 따른다(요 5, 6, 9장 및 10장에서와 같이; 그리고 요 13-17장의 고별 담화에서와 같이)고 가정한다.

70) 요 4:42(*Σωτήρ*을 사용함); 4:22(*σωτηρία*를 사용함) 및 3:17(*σώζω*를 사용함) 등에 유의하라.

71) 요 3:16; 17:2.

72) 요 5:24; 1:4, 14; 10:10f; 11:25f.; 3:14f.

살펴본 바대로 '빛'이라는 상징을 통해 분명하게 나타난다)[73] 하나님의 본성을 계시하며 또 하나님에 의해 영화롭게 되어진 말씀이신 예수의 인격 및 사역을 나타내므로,[74] 따라서 요한복음에서 예수에 의해 그 자신을 가리키는 것으로 사용되어진 칭호들이 항상 생명(과 빛)의 사상을 내포 내지 시사하게 되는 것은 결코 우연이 아니다.[75]

여기에 요한적 차원의 구원의 근거가 있다. 즉, 영원한 생명은 그것이 오직 하나님으로부터 그리스도를 통해 성령으로 말미암아 나오는 때에만 가능하다.[76] 이로써 사람들은 어둠과 심판과 진노로부터 구원받을 수 있으며 오직 이것으로만 사람들은 사망에서 생명으로 옮길 수 있다.[77] 더 나아가, 요한복음상의 이같은 구원 개념은 항존적인 의미를 지닌다. 즉, 그 안에는 과거, 현재, 미래가 얽혀 있다. 어둠에서 빛과 생명으로 옮겨진 그리스도인은, 부르심을 받아 그리스도 안에 거하면서 지상에서 행하신 예수의 사랑과 봉사를 나타내는 사랑과 봉사를 실천하게 마련이다.[78] 이 목적에 따라 그리스도인의 영적 생활은 부활하신 그리스도에 의해, 또한 그의 역사적 사역과 영광 받으심의 근거 위에서 유지되어진다.[79] 그러나 미래 사상도 없지 않다. 현재에서 하나님

73) 요 1:4-9; 8:12 및 그밖의 여러 곳.

74) 요 5:21; 10:10f.

75) 요 6:35; 14:6 및 그밖의 여러 곳. 요한복음에 나오는 '나는…이라'는 어록들은 거의 언제나 예수 안의 '생명'을 유대주의의 '무생명'과 대비하고 있다(참조. 요 1:17).

76) 구원에 있어서 성령의 사역은 '중생'으로서의 구원이라는 주제에 관한, 예수와 니고데모 사이의 토론 도중에 표현되어진다. 요한복음 3:5, 8 및 그밖의 여러 곳, 아울러 요한복음 17:3을 참조하라.

77) 요 12:46; 3:18f.; 3:36; 5:24.

78) 요 15:4-10; 13:1, 14f. 및 그밖의 여러 곳.

79) 요 6:47-51.

의 아들을 영화롭게 한 사람은 미래의 '생명의 부활'을 약속 받는다.[80)]

이렇게 요한의 구원 신학은 계시의 신학인 동시에 영화(榮化)의 신학이다. 요한의 표현에 따르면 예수는 하나님을 알 수 있게 해주셨으며, 아울러 사람들로 하여금 하나님께 가까이 나아가는 일이 가능하도록 만드셨다.[81)] 그러나 계시와 영화가 이루어진 그 맥락(context)을 요한이 과연 어떻게 보았느냐 하는 것을 정확히 간파하는 것은 중요하다. 이는 어떤 의미에서 그의 총체적은 신학적 견해가 이것으로부터 유래하기 때문이다.

제4복음서에 있어서의 성례전적 차원

요한복음서가 공관복음서에서는 찾아 볼 수 없는 '성례전적' 사고들을 내포하고 있다는 사실은 절대로 부정될 수 없다. 예를 들면 요한복음 6장은, 오천 명을 먹이신 사건에 이어지는 '생명의 떡' 담화 속에서, 결정적으로 성찬론적인 운치를 풍기고 있다.[82)] 초대 교회의 교부들, 정확히 말하면 알렉산드리아의 클레멘트와 오리겐, 특히 키프리안 등에 의해, 이 장은 이러한 분위기 안에서 해석되어졌다.[83)] 유사한 논리에서

80) 요 5:25-9.

81) 요 1:16-18을 참조하라. 더 나아가, 제4복음서에 나오는 '영원한 생명'의 개념에 관해서는, *IFG.*, pp. 144-50을, 요한복음에 있어서 계시로서의 구원에 관해서는 J. T. Forestell, *The Word of the Cross; Salvation as revelation in the Fourth Gospel*(Rome. 1974), 특히 pp. 103-46을 아울러 참조하라. 요한복음에 나오는 '영광'에 관해서는 본서의 윗부분, pp. 420이하를 읽어 보라.

82) 특히 요한복음 6:51-8 부분을 자세히 보라.

83) M. F. Wiles, *The Spiritual Gospel*, pp. 52-4. 그러나 Wiles는 요한복음 6장에 대한 성찬론적 해석은 초대교회 요한복음 석의에 있어서, 특히 알렉산드리아 계열에서 '비교적으로 종속적

현대의 일부 주석가들은 요한복음 6:25-71에 나오는 담화를, 무리들을 먹이신 사건과 최후의 만찬 석상의 사건들 사이의 연계성을 명시해 주는 것으로 간주한다(공관복음서들에서는 이미 암시적으로 표현되었다).[84] 한 저술가는 먹을 떡을 필요로 하는 큰 무리를 보시는 그리스도를 통해(요 6:5), '미래의 모든 성찬론적 모임 하나하나가 전망되어질 수 있다'고 주장한다.[85]

우리가 만약 요한이 그의 복음서에 '성례전적 차원'을 끌어들인다는 주장을 받아들인다면, 과연 무엇이 이를 설명해 주며, 또 과연 요한 자신이 어떻게 이 차원을 이해하는지를 묻지 않을 수 없다.

제4복음서 안에 '성례전적' 구절들이 존재하는 사실에 대해, 어떤 이들은 요한이 예전적 배경에 비추어 예수 전승의 편집본을 기술해 나간 것이라고 설명을 한다. 우리는 앞장에서 초대 교회 예배의 영향은 요한의 만찬 담화의 형성 과정 등에서 추론될 수 있다는 점을 밝혔다.[86] 그보다 앞서, 우리는 오스카 쿨만 같은 학자가[87] 극단적인 견지에서 요한복음에 대한 '예배학적-성례전적' 견해를 펴왔다는 사실을,[88] 특히 이 복음서의 주요 목적들 중의 하나가 예수의 역사적 생애와 요한계 교회의 예배 사이의 연계성을 나타내려는 것이라는 그의 결론과 함께 밝힌 바 있다. 따라서 쿨만은 제4복음서의 설화 사건들, 특히 표적들을 명시적

위치'를 차지한다는 점을 지적하고 있다(p. 51).

84) Lightfoot, pp. 155f에서 그러하다.

85) G. L. Phillips, 'Faith and Vision in the Fourth Gospel', *loc.cit.*, p. 90.

86) 아울러 Strachan, pp. 271-305, 특히 274-7:'그리스도인 예언자', 십중 팔구 제4복음서 기자 자신이 주님의 식탁을 주도하면서, 다락방에서의 예수의 말씀들을 확대하고 해석하여 현존하는 만찬 담화로 만들어 주었다고 한 부분을 읽어 보라.

87) O. Cullmann, *Early Christian Worship*, 제2부를 읽어 보라.

88) 본서의 앞부분, pp. 242f.를 읽어 보라.

인 성례전적 측면에서 해석한다. 그리고 우리가 살펴본 것 같이, 그는 요한의 표적들의 거의 모두를 세례나 성찬 중 어느 하나에 직접적으로 연결시킨다. 쿨만에 의하면, 이것은 요한 자신의 이해였다. 즉 요한은, 성례전들이 당대의 그리스도 교회에게 던지는 의미는 역사적인 예수의 이적들이 그의 동시대인들에게 던져 준 의미와 동일하다고 믿었다는 것이다.[89]

쿨만의 그러한 견해는 요한복음 해석의 한 극단을 대표한다. 다른 극단은 루돌프 불트만의 저술에서 발견되는데, 그는(다른 사람들 중에서도) 제4복음서 안에 세례와 성찬에 대해 분명하게 언급한 구절들이 없는 것(특히 주의 만찬 제정 기사의 생략)을, 요한이 (영지주의적인) '반(反)성례전주의자'였음을 나타내는 증거로 간주한다. 불트만은, 우리가 지금 요한복음에서 보는 것과 같은 정교한 성례전적 구절들은 후대에 한 교직 계통의 편집자가 만든 작품인데, 그는 이 복음서를 교회편에서 최대한으로 수납이 가능하도록 만들고 싶어했다고 논증한다.[90]

그러나 오히려 보다 균형잡힌 한 견해가 브라운(R. E. Brown)에 의해 제시되는데, 그는 이 논쟁에 관련된 양측의 주장들 중 일부의 타당성을 시인한다.[91] 브라운은 제4복음서 기자가 기독교의 뭇 제도들이 과연 어떻게 '예수가 그의 생존 중에 말하고 행동한 행적들에 근거하고' 있는지를 보여 주는 일에 당연히 관심을 쏟았을 것이라고 말한다.[92] 그러나 브라운이 성례전적 언급을 요한의 '상징법' 속에서 찾는 일을 망

89) O. Cullmann, *Early Christian Worship*, p. 70.

90) 예를 들면, 요 3:5; 6:51-8; 19:34f. Bultmann, pp. 11, 138 각주 3번, 234-7, 677-9를 참조하라.

91) Brown Ⅰ, pp.cxi-iv에 수록된 성 '예전주의'에 관한 유익한 단락을 읽어 보라.

92) *Ibid*., p.cxiv.

설이는 것은, 본문(text) 자체도 그러한 언급을 적극적으로 요구하지 않으며 초대 교회도 그러한 추론을 하지 않았기 때문이다.[93] 그는 또한, 이 복음서에 있어서 보다 명시적인 성례전적 구절들 중의 일부는 그 편성의 후기 단계들에 속한 것-그러나 새로운 구절들을 끌어들인다는 의미에서가 아니라 숨어 있는 사상들을 발전시킨다는 의미에서-일 수 있다고 상정하기도 한다.[94]

그러나 우리는, 제4복음서 편차에 있어서 그 어떤 단계에서든 과연 요한이 '친 성례전주의자'의 견지에서, 아니면 '반 성례전주의자'의 견지에서 그와 같은 세례와 성찬의 성례전들에 관해 일차적으로 관심을 기울였는지를 질문해 볼 수 있다. 더 이상 살펴보지 않아도 제4복음서 안에는 예수의 세례에 관한 직접적 설화가 전혀 없으며,[95] 마태복음 28:19의 세례 명령에 상응하는 병행절도 전혀 없다[96]는 것은 엄연히 사실이다-이 경우에는 '반 성례전주의적' 요한관(觀)이 더 유력해진다. 더 나아가, 요한은 성찬 제정에 관한 그 어떤 연혁도 생략해 버리며, 오히려 그것을 발 씻음의 설화로 대치한다(요 13장). 결국 세례나 주의 만찬 의식들에 대한 암시 구절들은 모두 요한의 자료에 대한 자연스런 석의에서 전면 배제될 수 없다는 것 또한 엄연한 진실이다-이 경우에는 '친 성례전주의적' 견해가 유리해진다. 이같이 독특한 요한의 다양성을 전제로 할 때, 우리는 어떻게 제4복음서에 있어서 '성례전주의'의 본질과 속성을 가장 잘 이해할 수 있겠는가?

93) *Ibid*., pp. cxiif.

94) *Ibid*., p. xxxviii.

95) 세례자 요한에 의한 주님의 세례 보고(요 1:32-4)를 참조하라.

96) 그러나 요한복음 20:21-3을 참조하라.

상징주의와 성례전

우리가 요한복음에 있어서 이 '성례전적인' 것의 문제를 요한의 상징 사용법을 고찰함으로써 접근한다면, 이 문제에 관한 우리의 사고를 명확하게 하는 데 보탬을 줄 수도 있다.

제4복음서는 상징들로 가득 차 있다. 우리가 살핀 바와 같이 요한은 두 차원을 동시에, 즉 물질 세계와 영적 세계를 너무나 쉽게 오가기 때문에, 그는 어떤 영적 진리를 상징적 언어로 인지 가능한 형태 속에 응축함으로써 그 진리를 생생히 살려낸다. 요한에게 있어서 '오름과 내림'이라는 주제–이 복음서의 '상승 및 하강'의 표현들–는 요한의 상징법의 한 부분을 형성한다고 진술될 수 있다. (선함과 생명을 표상하는) 빛과 (악의 죽음을 표상하는) 어둠 사이에 대한 그의 신학적 대조 역시 그렇게 진술될 수 있다. 비슷한 논리로 예수의 사역을 '재판'(여기서 피고는 재판관이기도 하다)으로 보는 요한의 신학적 개념 체제에 구심적으로 귀속하는, 이 복음서 안의 '증인' 사상은 분명히 중요한 상징법의 속성을 지니고 있다.[97]

짐작하건대, 요한의 '나는 –이라' 어록에 있어서 예수를 묘사하기 위해 사용된 표상어들은 분명하게 보다 더 상징적이다. 진실로 히브리어 양식에 있어서 예수의 영적 속성과 그의 인격의 참 본질은, 여기서 구체적 표현을 부여받는다. 그는 생명의 떡과 세상의 빛으로, 양의 문과 선한 목자로, 부활과 생명으로, 길과 진리와 생명으로, 그리고 참 포도나무로 상징되어진다.[98]

97) 이 단락에 관련하여, 본서의 앞부분 pp. 372f. 를 읽어 보라.

98) 요 6:35; 8:12; 10:7,11; 11:25; 14:6; 15:1.

십중 팔구 요한의 '지리 서술' 역시 어떤 점들에 있어서 상징적이다. 예를 들면 웨인 미크스(Wayne Meeks)는 요한복음 안에 '지리적 상징주의'가 존재하는데, 이것은 결코-첨언하자면, 누가복음에서와 같이-예루살렘에 집착되어 있지 않다고 추론하였다.[99] 그러나 요한의 상징주의는 '정죄와 배척의 장소 예루살렘과 영접과 제자 훈련의 장소인 갈릴리 및 사마리아 사이에서 의도적인 변증법에 의해 뚜렷하게 조형되어진' 것이다.[100] 나아가 미크스는 이 '지리적 상징주의'는 요한 계열의 그리스도교 신자들의 체험을 반영한다고 논증한다. 예수가 사마리아와 갈릴리에서는 '받아들여'졌으므로[101] 그곳에서는 '머무셨지만' 예루살렘에서는 반대에 부딪쳤다. 이와 마찬가지로 요한 교회의 그리스도인들 역시 남부에서는 반론에 부딪쳤으나 북부-이곳에는 십중 팔구 요한의 전승들 중 일부를 발상케 한 공동체가 존재하였다-에서는 선교적인 성공을 거두었던 것 같다. 만약 미크스가 옳다면 말할 나위 없이 그의 논제는, 요한의 지리 서술의 골격과 정확한 장소 서술이 제4복음서의 배경인 역사적인, 남부 팔레스틴 계열의 전승에서 유래한다는 주장-도드(C. H. Dodd)는 이를 강력히 지지하였다[102]-을 의문시하게 한다.

어느 경우이든 요한에게 있어 상징주의가 지니는 중요성은 결코 의

99) W. A. Meeks. 'Galilee and Judea in the Fourth Gospel', *JBL* 85(1966) pp. 159-69.

100) *Ibid*., p. 169(참조. 요 11:7f; 4:39f, 45).

101) Meeks(Ibid., pp. 167f.)는 제4복음서에서 예수가 북부 지방에 '머무셨던'(*μένειν* 사용함) 것으로 종종 보도되는 반면에, 예수의 유대 및 예루살렘 방문에 대해서는 *μένειν*이 일체 사용되지 않고 있다는 점을 지적한다. 참조. 요 2:12; 4:40 및 그밖의 다른 곳;(아울러 7:11f.를 읽어 보라). 그의 제자들과 더불어 '머무시는' 예수라는 신학적 주제는, 이러한 종류의 언어와 명백히 관련되어 있으며, 실상 그것에서 파생하였다. 아울러 요한복음 8:35; 12:34(14:17) 등을 참조하라.

102) 특별히 *IFG*, pp. 452f.; *HTFG*, pp. 233-47, 특히 244f.를 참조하라.

심될 수 없다. 그는 그 자신의 상징들을 그 나름의 방식으로 사용한다. 그리고 그는 그것들을 사용하여 그 자신의 특수한 신학적 이해를 표현하며 조명하려고 한다. 그러나 요한은 상징적 표상들에서 머물지 않는다. 그는 '성례전적' 개념들 안에서 사고하기도 하는 것이다. 이 두 개념 사이의 차이는 중요하다. 상징은 그리스도교적 정황 속에서 영적이며 신적인 사실을 연상시키고 표상한다. 반면에 성례전은, 거기 관련된 실물적 요소들을 통해 영적이고 신적인 사실을 실지로 '전달한다.' 예를 들면, 예수가 '내가 주는 물을 마시는 자는 영원히 목마르지 아니하리니'(요 4:14)라고 말했는데, 이것은 살아 계신 그리스도를 통해서만 신자들에게 전달이 가능한 생명 부여의 능력에 대한 한 상징으로 묘사되어질 수 있다. 그러나 주가 '나는 부활이요 생명이라'(요 11:25)고 말씀하시며, 나사로를 주검에서 일으키심으로, 또한 그 자신이 무덤에서 부활하심으로써 이 두 가지를 실증해 보이는데, 이때 이것은 요한의 복음서에 있어 성례전적 차원의 한 부분으로 묘사되어질 수 있다.

이로써 우리는 제4복음서의 구조적-신학적 중심을 형성하는 일곱 가지 표적들로 다시 돌아가게 된다. 이는 이 표적들이 우리에게 요한의 성례전주의의 본질에 대한 단서를 제공할 것이기 때문이다. 모든 표적들의 바탕에 깔린 원리는, 이미 우리가 발견했듯이,[103] 이 복음서의 서론부에서(요 1장) 고지되었다. 거기서 우리는 육신으로 화하신 말씀에 관해 들은 바 있다. 예수의 육신은 창조된 존재라는 실제상의 일로서, 요한에게 있어 그것은 하나님의 현존을 상징하여 줄 뿐 아니라

103) 본서의 앞부분 pp. 162f.를 읽어 보라.

그것을 중보하여 주기도 한다. 팔레스틴에 '장막치신 사건'은 그의 백성들 사이에 거하시는 하나님에 대한 한 상상이 아니다. 그것은 하나의 실제 사건으로서, 그 안에서 하나님은 실제로 나타나신다. 그 '영광'의 순간 이후 역사는 새로운 빛 안에서 조망되어져야 한다. 이는 현재의 물질적인 것은 영적인 것의 잠재적 전달자로, 일시적인 것은 영원한 것의 잠재적 전달자로만 언제나 간주되어져야 하기 때문이다. 예수는 새로운 방법으로 하나님을 알 수 있게 해주었다. 따라서 이제 인간은 새로운 방법으로 하나님을 알고 또 그를 위해 살 수 있다.[104]

이러한 원리는 요한의 복음서 전체에서 그의 사유를 시종 일관 제어한다. 그는 성육신이 절정적인 한 계기, 곧 하나님이 물질적 사물들을 통해서 인간에게 자기 자신을 주신다는 진리의 가장 고상한 표현이라는 사실을 매우 분명하게 본다. 사람들 사이에 하나님의 말씀이 거하신 사건 안에서, 동시에 그 사건을 통해, 영과 물질의 궁극적인 교차가 이루어졌다. 그러므로 요한의 복음서 안의 표적들은 이 진리를 효과적으로 실증해 준다. 그 하나하나 속에서 요한의 독자들은 표적들의 피상적 의미를 넘어 그 실재 내용으로 눈길을 돌리도록 권면을 받는다. 이는 요한이, 우리가 매우 익숙히 알고 있는 갖가지 (사실상 육신과 같은) 일상적 사실들, 즉 물, 포도주, 건강, 떡, 시력, 물고기 및 육신 생활 그 자체 등을 취하기 때문이다. 그는 이 사실들을, 호스킨스(Hoskyns)가 말하는 '참으로 성경적인 사실주의'[105]의 관점에서 생각하여 그 사실들로써 그것들이 표상하는 것들을 나타내고자 했던 것이다. 일례로 예수는 물을 포도주로 변화시키는 일만을 하시지는 않는다. 그

104) 요 1:18; 17:3; 14:12f.,(참조. 6:63).
105) Hoskyns, p. 108.

는 또한 그 변화가 의미하는 것처럼 유대주의에 새로운 의미를 부여할 책임도 지신다. 그는 떡 조각들을 많아지게 할 뿐만 아니라, 그리스도인의 영적인 생활에의 지속 능력도 제공하신다.

예수께서 요한의 복음서 안에서 행하시는 표적들은 모두가 합쳐져서 그 기본 의미를 표현하는 동시에 상징화한다. 즉, 영원한 생명은 메시아 예수를 통해서 하나님에 의해 믿는 자에게 주어진다는 것이다. 앞의 여섯 가지는 예수 당시의 의미를 보여 주며, 일곱 번째 표적(물고기의 포획)은 그 시기 이후 교회의 선교 전망을 나타내 준다. 일곱 개의 표적은 예수의 영광 받으심에서 모두 성취된다. 그는 하나님의 (참 본질인) 영광을 계시하신 후 영광 가운데 '높이 들림' 받으셨다. 그런데 이것은 세세토록 불변하는 그리스도와 그리스도인과의 관계의 기초가 된다.

우리는 이제 요한의 성례전주의의 독특한 성격과, 그것이 어떻게 그의 상징주의에서 전이하는지를 살펴볼 수 있게 되었다. 우리가 여느 때 그리하는 것같이, 요한이 성례전주의자라고 말한다면, 이것은 그가 세례와 성찬이라는 두 가지 성례전들에만 관심을 쏟고 있음을 의미하는 것은 결코 아니다. 오히려 그는 '성례전적인 것'–성육신 이래로 새로운 생명에의 차원이 존재할 수 있다는 사실과 예수 시대에서처럼 지금도 영(the spirit)은 물질에게 속성 면에서 새로운 방식으로 생명을 부여할 수 있다는 사실–에 관심을 집중한다. 요한은 자신이 우리의 숙고를 위해 선별한, 그리고 담화들과의 연계하에 성례전으로 다루고 있는 예수의 이적들에 대한, 이같은 이해에 초점을 맞춘다. 물론 상징주의는 여전히 요한의 성례전적인 사유에 관련된다. 일례로 예수께서 '인자의 살을 먹는 일과 그의 피를 마시는 일'[106]에 관해 말씀하시는데, 이때 우리는 (이 구절들을 성찬론적 화체의 측면에서 해석하는 어떤 석의가 이 문단에 이어지지 않는 한) 그가 하나의 상징을 사용하고 있다고 가정할 수밖에 없다. 그럼에도 불구하고 상징적인 표상들과 성례전적 표상들은 상호 연관되어 있다. 그러나 요한복음에 있어서 성례전적인 표상들이 언제나 상징적인 데 비해, 모든 상징이 반드시 성례적인 것은 아니다.

요한의 독특한 역사관(우리는 이것을 일찍이 논한 바 있다)에서 생겨나는 그의 성례전적 사유는,[107] 그가 창조를 진지하게 다룬다는 점을 통해서도 분명하게 나타난다. 요한은 물질계가 영계를 중개할 수 있다고 본다. 그리고 이 이해의 초점은 그의 표적들에 대한 표현에서 나타나는 것처럼 '제1차원'(물질)이 제2차원(영)을 지향하며 전달한다는 것이다. 그러므로 그 모든 측면들에 있어서 세계는 요한에게 중요하다. 그의 특별한 성찬론적 관점은 구원의 기반–하나님이 예수를 통해 주시는 영원한 생명–이 역사적이라는 점을 강조한다. 그가 예수의 생애를 기술하는 속에서 묘사하는 사건들이 상징적이고도 성례전적 가치를 지님에도 불구하고, 그 사건들은 실제 일어난 일들로–시간과 공간 속의 실재 사건들로서 시작된다. 요한에게 있어서 창조는 중요한 것이며, 재창조 역시 마찬가지다.[108]

---

106) 요 6:53.

107) 본서의 앞부분 p. 328-329f.를 읽어 보라.

108) 제4복음서를 '어떤 의미에서도 역사서가 아니고, 시가서 내지 경건 서적에 불과한 것'으로 간주하는 Evelyn Underhill이, 그럼에도 불구하고 요한에 의해 묘사된 사건들은 단순한 상징들이 아니라고 주장하게 된 것은 흥미로운 일이 아닐 수 없다. 그녀는, 요한에게는 '그 사건들이 의심할 나위 없는 사실들인 동시에 상징들이었다'고 주장한다. E. Underhill, 'The Johannine Mystic' in *The Mystic Way. a psychological study in Christian origins*(London and Toronto,

이것은 요한이 범신론자로서 만물을 '성례전적'인 안목을 통해 봄으로써 하나님과 그의 창조 사이의 구분을 희미하게 한 인물이었음을 의미하는 것은 아니다. 오히려 그는 하나님이 구원이라는 목적을 위해 창조를 통해 일하셨다고 믿는다. 이것 때문에 오스카 쿨만이, 제4복음서 전체에서 요한이 예수의 성육한 생을 통해, 또한 이스라엘의 역사가 곧바로 뒤이어지는 구약성서의 창조 양식을 의도적으로 반영하는 것 같은 방식으로, 전체 구원 역사에 대해 회고 내지 전망하고 있다고 논증한 것은 충분히 옳다고 할 수 있다.[109)]

요한이 관심을 가졌던 것은 창조 일반만이 아니었다. 이 복음서에서 표적들에 대한 그의 성례전적 취급은 모든 양상에 있어서의 생명-육적인 것과 아울러 영적인 것-이 요한의 관심을 사로잡았음을 보여 준다. 무울(C. F. D. Moule)이 밝혀낸 바와 같이,[110)] 하나님은-요한에 의하면- 예수를 통해 모든 생명에 책임을 지신다. 결과적으로, 요한의 표적들에 있어서 예수는 육체를 정상적으로(예를 들면, 날 때부터 맹인된 자, 또는 4일간 죽어 있었던-그러나 다시금 죽게 마련이었던-한 사람의 생명 등을) 회복시킨다. 오로지 이 일이 이루어지는 경우에만, 육적 갱신은 영적 갱신을 예시하기에 적합하다.

따라서, 요한의 신학 일반에서처럼 그의 특수한 성례전 신학에서도, 예수의 '영광'과 '육신'은 일치한다. 나사로를 살린 예수는 그의 무덤

1913), pp. 211-57, 특히 216f., 224f.를 읽어 보라.

109) O. Cullmann, 'L'Evangile Johannique et L' Histoire du Salut', NTS 11(1964-5). pp. 111-22, 특히 120. 요한복음 서두에서 창세기 1:1의 반영으로 주어진 요한복음 1:1의 '창조' 시사들, 그리고 요한복음 1:29-2:1에서 다루어진 6일의 추론 가능한 (창조) '주간'(week) 등을 자세히 보라. 한편 B. Olsson, *op. cit*., pp. 23-5, 102-4를 읽어보라. Olsson은 요한복음 1:19-2:11에서 시내 산에서의 예비 주간과 연관지어져 있는 6일의 '도입적 주간'을 찾아낸다.

110) C. F. D.Moule. 'The Meaning of "Life" in the Gospel and Epistles of St. John', *loc.cit.*

앞에서 울기도 한다. 마찬가지로, 예수가 모든 시대의 믿는 자에게 접근이 가능하도록 만든 생명은 그가 일상적 요소들을 사용함으로써 행하는 이적적 행동들 속에서 상징화되기도 하며 의미화되기도 한다. 제4복음서 전체에서 그러한 행동들은 시종 일관, 두드러지게 위대한 것들이다. 즉, 포도주로 변한 물의 양은 방대했으며, 예수가 신하의 아들의 병을 고쳐줄 때는 그에게서 멀리 떨어져 있었고, 먹을 것이 없는 무리들은 수천 명에 이르렀으며, 나사로는 다시 살리심을 받기 전에 4일간이나 죽어 있었다는 점 등등이다. 이러한 강조는, 그 이적들이 하나님 나라의 도래를 알리는 권세의 행사들로 이해되어지도록 하기 위한 것은 결코 아니다. 공관복음서 기자들의 견해도 역시 마찬가지였던 것 같다. 오히려 요한은 독자들에게 존재의 두 세계(인간계와 자연계뿐만 아니라 신적 세계와 초자연계) 모두가 중요하다는 것과 한 세계는 다른 한 세계를 지향한다는 점들을 깨닫기를 원한다. 동시에, (공관복음적인 것과는 달리) 요한의 이적들이 시종 일관 반작용–신앙이든 불신앙이든–을 불러일으키듯이, 요한 역시 자신이 기록하는 표적들이 그의 청중들로부터 자유로운 신앙의 결단을 유발해 주기를 바란다.[111)]

우리는 어떤 의미에서 요한에게 있어서는 모든 사물들이 잠재적으로 성례전적이라는 것을 살펴보았다. 바로 이 점 때문에 그가 성례전들 자체를 성찬의 제정으로 공공연히 언급하는 구절들을 생략하기는 하지만, 우리는 굳이 그가 세례와 주의 만찬에 대한 모든 언명을 완전히 제외시키고 싶어한다고 결론을 내릴 필요는 없다. 이런 언급들은

111) 참조. 요 7:40f.; 9:16(20:31). 이 단락에 관해서는 더 나아가 E. Lohse, 'Miracles in the Fourth Gospel', in M. D. Hooker and C. J. A.Hickling(edd.), *What about th New Testament?* pp. 64–75, 특히 72f.를 읽어 보라.

요한복음의 일부분들이 읽혀지는 경우 틀림없이 눈에 띄게 마련인데, 만약 실제로 그 구절들이 독자의 눈에 띄게 되었다면, 제4복음서 기자는 아마도 불평하지 않을 것이다. 그러나 우리는, 만약 성례전적 차원을 염두에 두고서 그 복음서 전체가 읽혀지고 모든 그리스도교적 체험이 조망된다면, 그가 보다 더 기뻐하리라고 생각할 수 있다.[112)]

제4복음서에 있어서의 기독론

요한복음서에 나타난 그리스도의 인격에 대한 표현이 여러 면에서 공관복음서의 그리스도론을 넘어선다는 점이 이 복음서의 뚜렷한 특징이다. 의심할 나위 없이 이것은, 진정한 그리스도교 전승의 기반 위에서 예수의 본성에 대해 보다 심오한 해석이 제시되었을 때, 요한계교회 내부에서 기도(企圖) 되어진 보다 깊은 성찰의 결과가 아닐 수 없다. 더욱이 우리는 지금 요한의 그리스도론 안에서 그의 신학에 대한 열쇠를 가지고 있다.

그리스도의 인격 이해에 대한 요한이 기여한 특별한 공헌은 한편으로는 예수와 하나님과의 관계에, 다른 한편으로는 예수와 사람들과의 관계에 집중된다. 첫째로, 요한은 예수를—참으로 공관복음적 방식으로—하나님의 역할 수행자, 아버지의 일을 완수하도록 보내심을 입은

112) 요한복음의 '성례전 문제'에 관한 자료로는, S. S. Smalley, 'Liturgy and Sacrament in the Fourth Gospel', *loc.cit.*, (특히 O. Cullmann, *Early Christian Worship*에 수록된, 요한의 성례전 사상에 대한 그의 견해에의 비평으로서)을 보충적으로 읽어 보라.

그의 지상 대리자 등으로 보고 있다.[113] 그리고 또한, 이 점에 있어서 공관복음서를 능가하는 그리스도론이 개진되는데, 요한은 시간 이전에도 존재했던–존재의 차원에 있어 (말씀으로서의) 예수와 하나님 사이에–완벽한 통일성이 있음을 인식한다.[114] 뿐만 아니라, 성 요한의 복음서에 나타난 예수는 자신과 하나님 사이의 이러한 특수 관계를 잘 알고 있다. 예를 들면 그는, 자신이 하나님과 더불어 세상이 창조되기 전에 누렸던 그 영광에 관해 알고 있다.[115] 그런데 무엇보다도, 한슨(A. T. Hanson)의 말과 같이, 그는 지상에서 믿음에 의존하여 사는 것처럼 보이지 않는다. '그는 전지(全知)한다는 인상을 준다.'[116] 그러므로, 바로 그가 세상에 계심으로써 (태초에 하나님과 함께 계셨던) 그 말씀은 하나님의 영광을 계시할 수 있다. 그리고 하나님이 그에게 행하라고 명하신 그 과제들을 수행함으로써, 그는 사람들 사이에서 하나님의 일을 계속한다.[117] 결국 기능적으로나 존재론적으로나 (요한에 따르면) 예수는 하나님과 한 분이시다. 그러므로 '나의 아버지는 나보다 크시다'고 말하는 요한복음의 그리스도는, '나와 아버지는 하나이니라'고 주장하기도 한다. 따라서 하나님의 심판과 생명은 예수의 사역 안에 있을 뿐

113) 요한복음 4:34; 5:35; 17:4 등을 참조하라.

114) 요한의 복음서 가운데서 예수에 대해 쓰여진 θεός 라는 호칭에 담긴, 고차원적인 그리스도론적 암시들을 주목하여 보라(요 1:18, *s.v.l.*;20:28; 참조. 요 1:1; 요일 5:20, 더 나아가 B. A. Mastin, 'A Neglected Feature of the Christology of Fourth Gospel' *NTS* 22(1975–6), pp. 32–52을 읽어 보라.

115) 요 17:5.

116) A. T. Hanson, *Grace and Truth*, p. 73.

117) 요한복음 1:1; 1:14(2:11); 5:17 등을 참조하라. '나의 아버지께서 지금까지 일하시니, 나도 일한다'는 예수의 주장을 듣고, 유대인들이 이를 하나님과 동등성을 참칭하는 것으로 해석함으로써 보여 준, 요한복음 5:18의 적대적 반응에 주의하라.

만 아니라, 그에 의해 중개되기도 한다.[118] 요한에게 있어서, 아버지는 예수 '안에' 있고, 예수는 아버지 '안에' 있다.[119]

둘째로, 요한은 예수를 사람과 하나인 분으로 보기도 한다. 제4복음서에 나타난 그의 예수의 인간성에 대한 역설(力說)은 잘 알려져 있으며, 이에 대해 우리는 앞에서 논의한 바 있다.[120] 이 점에 있어서 요한의 그리스도론은 공관복음서 기자들의 그것과 일맥 상통한다. 그들은 예수께서 사람과 더불어 온전히 인간적인 존재성을 함께 누리고 있다고 주장하기도 한다. 그러나 요한의 그리스도론은 이같은 이해를 넘어서서 발전한다. 그는 예수의 순수한 인간성과 아울러 아버지 하나님과 아들의 존재론적 통일성에 대해 잘 알고 있을 뿐 아니라, 하나님의 신적 본성이 예수의 인간적 본성을 통해 전달되어진다는 것도 잘 알고 있다. 예수의 육체 속에서 하나님의 은혜와 진리가 발견되어진다.

이 사실을 말함으로써, 우리는 요한의 그리스도론이 지니고 있는 독특한 다양성을 다시금 돌이켜 보게 되었는데, 이것은 필경 (우리가 앞에서 제의한 바대로)[121] 그의 복음서의 집필 의도-균형없는 그리스도론적 관점을 가진 사람들을 위해서 균형 잡힌 그리스도의 인격관을 제시하려는 것-에서 비롯되었던 것 같다. 우리는 또한 이 장의 앞 단락에서 다룬 주제로 되돌아 왔는데 거기서 우리는 요한의 성례전주의의 본질이 성육신과 더불어 그리고 그 이후로, 영적인 것이 물질적인 것을 통해 결정적으로 주어진다는 그의 견해 속에서 발견되어짐을 확인

118) 요 14:28, 10:30; 3:35; 5:26f.
119) 요 10:38.
120) 본서의 앞부분, pp. 100f. 를 읽어 보라. 참조. 요 1:14 및 그밖의 여러 곳.
121) 본서의 앞부분, pp. 279-290을 읽어 보라.

하였다.

예수의 인격을 선재적(先在的) 신성과 참된 인간성의 양 측면에서 다룬 요한의 독특한 표현은 두 가지의 중요한 이유들로 인해 관찰할 만하다. 그 하나는, 이러한 그리스도론적 접근이 요한의 전체적 구원 신학의 기반이라는 것이다. 신약성서에 있어서 언제나 그렇듯이, 구원론과 그리스도론은 뗄 수 없을 정도로 얽혀 있다. 예수는 인성과 신성이라는 두 본질에 온전히 관여하였기 때문에, 하나님을 온전히 알릴 수 있었고, 또한 완벽하게 그에게로 가는 길이 될 수 있었다. 한 걸음 더 나아가, 성육하신 아들과 아버지의 통일성은, 요한적 표현에 따르면, 신자와 하나님(Goodhead) 사이의 통일성뿐만 아니라 신자와 다른 그리스도인들 사이의 통일성의 기반이기도 하다.[122)]

요한의 그리스도론에 관련하여 또 하나 유의할 만한 사실은 그 그리스도론이 신약성서 안에서 유난히 두드러지는 것 같다는 점이다. 원시 그리스도교에 있어서 하나의 과감한 신학적 발전이 바로 여기에 있었다. 이는 요한이 예수가 온전히 두 본성을 공유했다는 사실을 언명하는 데 그치지 않고, 오히려 그러한 그리스도론에서 생기게 마련인 갈등의 해결을 위한 방법을 제시하고 있기도 하기 때문이다. 사실상 초대 교부들은 A.D. 451년의 칼케돈 종교회의에서 '두 본성'의 그리스도론을 작성할 때, 그 단서를 바로 이 요한복음에서 찾아내었다.[123)]

우리는 이제, 제4복음서 기자(들)에 의해 자유롭게 사용된 예수에 대한 네 가지 기술적(記述的) 칭호들을 간략하게 살펴봄으로써, 요한의

122) 요한복음 14:18-24, 특히 20, 23절; 17:11 및 그밖의 여러 곳을 참조하라.
123) A. T. Hanson, op, cit., pp. 73f.에서도 마찬가지이다. 더 나아가 본서의 뒷부분 pp. 472-484를 읽어 보라.

그리스도론에 대한 서술을 검증하고 확대해 보게 될 것이다. 단 한 가지, '인자'(人子)라는 칭호는 공관복음서들에서 예수에 관련하여 공개적으로 사용된다. 그러나 요한이 의미하는 것은 매우 독특하다. 그러므로 다시금 우리는 여기서 요한의 특수한 신학적 해석으로 간주될 수 있는 이것을 다루게 된다.

1. 인자(人子)

(대부분 복음서들에 나오는 것처럼) 신약성서 안에서 사용된 '인자'라는 표현을 연구하는 경우에는 언제나 복잡한 문제점들에 봉착하게 된다. 특히, 우리는 이 용어의 (유대주의 및 그리스도교에 있어서의) 배경을 조사하고, 과연 예수 자신이 사용했는지의 여부와 만약 했다면 누구를 가리켜 사용했는지 하는 것 등을 판단해 볼 필요가 있다. 그러므로 '인자' 그리스도론을 요한의 복음서로부터 추출, 종합해 보기에 앞서, 관련된 모든 비평적 사안들을 조심스럽게 고찰해 보아야 할 것이다. 그러나 지금은 그 모든 면에서 인자 문제에 대한 논의를 재현시킬 개재가 아닌데, 이는 이 주제에 대한 자료가, 공관복음서들 및 요한복음서 양자와 관련하여, 이미 공개되어 있기 때문이다.[124] 그 대신 앞에서의 탐구 결과들을 받아들임으로써[125] 우리는 요한의 인자 언명들

124) 더 나아가 I. H. Marshall, 'The Synoptic Son of Man Sayings Recent Discussion', *NTS* 12(1965-6), pp. 327-51 ; 아울러 S. S. Smalley, 'The Johannine Son of Man Sayings' *loc, cit*.(및 이 두 편 논문에 인용된 문헌)을 읽어 보라.

125) 'The Johannine Son of Man Sayings'(바로 앞의 각주를 보라)에서 개진된 필자 자신의 견해는, '인자'라는 표현이 예수에 의해 유대적(특히 구약적)인 인자 개념-그것의 배경은 근본적으로 히브리적이다-으로부터 취하여져서, (자신을 지칭하는 데) 명시적 호칭 '메시아'보다 더 즐겨 사용되었다는 것이다. 요한복음의 인자 로기아는 사실상 독특하며, 아마도 요한적인 '채색 작

이 지니고 있는 신학적 의미를 곧장 다루어 나가기로 하겠다.

만약 요한의 인자 그리스도론이 예수에 관한 원시적 전승으로부터 유래하며, 참으로 제4복음서에서 찾아볼 수 있는 가장 이른 그리스도론층에 속한다면(그리고 이 두 제의가 합리적이라는 점을 수긍한다면),[126] 요한복음 안의 인자 어록들은 그리스도의 인격을 보는 제4복음서 기자의 견해에 대해 하나의 중요하고도 지배적인 증거를 형성하게 될 가능성이 있다. 그런데 우리는 이것이 바로 그 경우임을 발견한다. 요한복음서에 열세 번에 걸쳐 나타난 '인자' 표현의 용례들은[127]-다른 구절들의 의미 이해에 도입부 내지 길잡이 구실을 하는 1장 51절을 비롯하여[128]-하나님과 사람에게 밀접하게 연결된 예수의 참 모습에 관한 주요한 그리스도론적 문제를 해명하기 위해 사용되어진다.[129]

복음서들 전반에 나타난 인자 전승은 인자 자신의 표상을 수난 이후에 확증된 존재라는 사실과 결부시키고 있다. 그런데 이것은 다니엘서와 제1에녹서와 제2에스드라서에 나타난 그 표상에 속하는 문제이다.[130] 요한복음에 있어서 인자는 이와 마찬가지로 수난을 받고 난 후

업'의 증거를 드러내 보인다(요한복음 3:13 및 그밖의 여러 곳에 나타나는 선재성의 요소를 주시하라). 그러나 9:35의 가능성 있는 예외(R. Maddox, 'The Funcion of the Son of Man in the Gospel of John', *loc, cit*., pp; 198-200과는 다른 견해이지만)와 함께, 나는 제4복음서 안의 이 어록들을 공관복음서들 배후에 존재하는 그것과 상응하는 원시적 그리스도론 전승에 의존하는 것으로 간주한다. 다른 대안적 견해들을 고찰하려면, S. S. Smalley, 'The Johannine Son of Man Sayings', *loc.cit*., pp. 278-81을 읽어 보라.

126) 바로 앞의 각주를 보라.

127) 요 1:51; 3:13; 3:14; 5:27; 6:27; 6:53; 6:62; 8:28; 9:35; 12:23; 12:34(2회); 13:31.

128) 더 나아가 본서의 앞부분 pp. 174-179를 읽어 보라.

129) B. Lindars, 'The Son of Man in the Johannine Christology', in B.Lindars and S. S. Smalley(edd.), *Christ and Spirit in the New Testament*, pp. 43-60을 참조하라. 더 나아가 본서의 앞 부분 pp. 274 이하를 읽어 보라.

130) 마가복음 8:31 단락, 및 그밖의 여러 곳을 참조하라.

승귀되시는 분이다. 물론 예표적 형식에 있어서 요한의 어록들 거의 모두가 동일 표현 가운데 비하와 승귀라는 두 사상을-예를 들면, 예수가 '들림 받을' 것이나 '영광 받을' 것에 대해 말하는 경우[131)]-담고 있는 것이 사실임에도 불구하고 그러하다. 그러나 일반적으로 요한의 어록들 속에 미래의 영광 중에 임할 인자의 증거에 대한 공관복음적 강조가 결여되어 있다는 점에서, 요한은 다른 복음서 기자들과는 다르다.[132)] 그러나 이것은 요한의 특수한 종말론적 시각 때문이며,-우리가 나중에 살펴보겠지만[133)]-그것이 그로 하여금 구원 사건에 얽혀 있는 주요한 역사적 사건들(예를 들면, 예수의 성육신, 수난 및 파루시아 등)을 하나로 통합하게 만든다. 결과적으로 요한복음의 인자 어록들을 세 그룹-인자의 지상 사역, 수난, 미래의 영광 중 재림 등을 언급하는 로기아-으로, 즉 이 전승의 공관복음적 형태를 묘사하기 위해 비평학자들이 사용하곤 하는 방법으로 분류하는 것이 불가능한 것은 아닐지 모르나 어려운 일이다. 그러므로 제4복음서 안의 인자 표상은 비록 다른 어록들 속에서도 나타나긴 하지만 공관복음의 상응 표상과 본질적으로 다르지 않다. 더 나아가, 요한복음의 인자는 이 전승 일반에서와 같이 실재적이고도 전형적인 표상적 인물이라는 점에서 또 하나의 중요한 접촉점이 있다.[134)] 그러나 요한의 어록들은 이 진리의 함의들을 보다 자세히 이끌어 낸다. 그가 보기에 인자로서의 예수는 새로

131) 요한복음 3:14; 8:28; 12:34(*υ□ψυῦν* 을 사용함); 12:23; 13:31(*δσξάζϵιν*을 사용함) 등을 참조하라.

132) 마가복음 13:26 단락; 14:62 단락, 및 기타 여러 곳을 참조하라. 한편 요 5:27을 주시하라.

133) 본서의 뒷부분 pp. 454-464를 읽어 보라.

134) 다니엘 7:13f(아울러 시 8:4; 겔 2:1 및 그밖의 여러 곳)에 나오는 '인자(와 같은 이)' 표현의 '아담적' 배경을 주시하라; 아울러 마태복음 8:19f의 단락, 및 그밖의 여러 곳을 참조하라. 더 나아가 E. M. Sidebottom, *The Christ of the Fourth Gospel*, pp. 96f.를 읽어 보라.

운 참 이스라엘의 화신-그는 '참포도나무'이다[135]-에 그치지 않고 참 사람이기도 하다. 즉 당연히 그래야 하는 것으로 하나님이 그의 인(印)을 치신 인간이기도 한 것이다. 요한의 기본적인 그리스도론에 견주어 보면, 이것은 인자가 하나님 및 인간과 하나인 분이기 때문이다. 그는 하늘로부터 내려왔기에 그곳으로 올라간다.[136] 이와 같이, 그는 하늘과 땅, 하나님과 사람들 사이의 결정적인 연결점을 확립할 수 있다.[137]

우리는 요한의 인자 그리스도론의 핵심에 도달하였다. 제4복음서에서 인자는 무엇보다도 그의 독특한 본성 때문에 하늘을 땅 위로, 땅을 하늘로 옮길 수 있는 분이다. 더 나아가, 요한은 우리로 하여금 인자의 선재성(先在性)을 잠시 살펴보게 함으로써 이 그리스도론을 한 단계 더 멀리 밀고 나간다. 그는 시간 안과 저 편에서뿐만 아니라 시간 이전에도 하나님과 하나이신 분이다. 그는 하나님으로부터 내려오며 또 하나님에게로 들림 받는다. 그러므로 그는 '하늘로부터 내려옴'으로써, 그리고 영화(榮化)이기도 한 죽음을 겪음으로써, 모든 사람들의 구주가 될 수 있다.[138] 정확하게 예수는 인자이기 때문에, 하나님의 심판을 끊임없이 세상에 전할 수 있고 믿는 자로 하여금 영원히 살 수 있게 할 수 있다.[139]

요한복음의 인자 로기아에 얽힌 관심의 마지막 주 초점은 제4복음서에 있어서 주요 케리그마에 관한 주요 진술들이 한결같이 요한의 인자 그리스도론, 즉 인자로서 예수는 세상에 오며, 죽으며, 들림 받고,

135) 요 15:1(1:47-51); 참조. 시 80:8-19; 사 5:1-7 및 그밖의 여러 곳.
136) 요 3:13; 6:62.
137) 요 1:51.
138) 요 3:13; 12:23, 34; 13:(참조. 12:32; 4:42).
139) 요 5:27; 6:27, 53.

심판을 집행할 권세를 받는다는 내용 속에 모두 담겨져 있다는 것이다.[140]

2. 로고스

이것은 요한 특유의 그리스도론적 칭호로서, 제4복음서의 서두 부분(요 1:1-14)에서 사용되어졌으나 그 이후에는 사용되지 않은 것이다. 바로 여기서 '아들'이라는 칭호가 자리를 잡는 것 같다.

우리는 요한복음 서론 부분에서 로고스 술어의 배경에 관해 이미 논의한 바 있으며, 이 낱말의 연상 개념들이 유대적인 동시에 그리스적이라는 사실도 밝힌 바 있다.[141] 따라서 '로고스'라는 칭호는 이미 히브리적인 동시에 헬레니즘적인 것으로 요한의 독자층 모두에게 인지되어 있을 것이며 의미를 지니고 있을 것이다. 마찬가지로, 우리가 이미 제의한 바와 같이 요한복음에 대한 서론부가 맨 나중에 쓰여졌다면[142] 이는 요한의 로고스 신학이 요한복음을 수신한 그 지역에 어울리는 것이지 결코 그 자체의 (팔레스틴적) 배경에 어울리는 것이 아님을 의미한다.

이 칭호를 그대로 받는다 하자, 그러면 그것은 무엇을 의미하는가?

140) 요 3:13; 3:14; 12:23; 5:27. 더 나아가 요한복음의 인자 문제에 관한 논문으로, C. F. D. Moule, 'Neglected Features in the Problem of "the Son of Man"', in J. Gnika(ed.), *Neues Testament und Kirche; für Rudolf Schnackenburg*(Freiburg im Breisgau, 1974), pp. 413-28, 특히 422f.(인자는 초자연적 형상이 아니라 오히려 하나님의 충성스런 백성의 한 상징일 따름이다); 아울러 F. J. Moloney, *The Johannie Son of Man*(Rome, 1978), J. D. G. Dunn, *Christology in the Making: a New Testament Inquiry into the Origins of the doctrine of the incarnation*(London, 1980), pp. 88-90) 등을 읽어 보라.

141) 본서의 앞부분 pp. 76f.와 106f. 등을 읽어 보라.

142) 본서의 앞부분 p. 224f.을 읽어 보라.

한 번 더 우리는 자체의 고유성을 내세우는 요한 특유의 그리스도 인격에 관한 신학을 발견한다. 영원히, 또한 선재적으로 말씀은 하나님과 하나이며, 하나님으로 동일시된다.[143] 지혜의 표상과도 같이,[144] 하나님의 말씀은 언제나 '하나님과 함께' 있다. 그러나 다시금 지혜의 표상과 같이, 하나님의 말씀은 시간 전체를 통해 시종일관 하나님이 세상에서 일하실 때, 그의 목적들을 성취해 주는 방편이기도 하다.[145] 하나님은 창조시에 말씀하셨다. 그런데 그는 구원의 목적들을 위해 예언자들을 통해 다시 말씀하셨다.[146] 더 나아가 한 적절한 순간에, 하나님의 말씀은 궁극적이고도 완성된 표현으로 베풀어졌으니, 이는 그 말씀이 육신이 되었기 때문이다.[147] 이것은 결코 일시적인 결합이 아니었다. 그 말씀은 실제로-그리고 영구히-하나님과 하나이듯이, 사람과 하나가 되셨던 것이다. 그 동거하심이 완전하여지고 하나님의 영광이 온전히 현시될 수 있었을 때, 하나님의 목적들이 마침내 달성될 수 있었던 것이다.[148]

여기서 다시금 우리는 요한 복음서의 서두에 등장하였던 그 복음서 기자 특유의 그리스도론을, 예수의 신성과 인성이라는 그리스도론의 두 기둥과 함께 불가불 상기하지 않을 수 없다.

143) 요 1:1.
144) 잠언 8:22-31을 참조하라.
145) 이사야 55:10ff.을 참조하라.
146) 창 1:3; 시 33:6, 및 그밖의 여러 곳; 렘 1:4f. 및 그밖의 여러 곳.
147) 요 1:14 상반절; 그리스어 본문(*o*□ *Λόγος σὰρξ ἐγένετο*)은 강조문이다.
148) 요 1:14 하반절, 참조. 요한의 'Logos' 칭호 사용에 관해 더 자세한 연구를 원하면, *IFG*, pp. 263-85를 읽어 보라.

3. (하나님의) 아들

제4복음서에서 '로고스'로 나타나 있는 그리스도론적 칭호는 '아들' 또는 '하나님의 아들'이라는 칭호로 나타나 있다. 그러므로 요한이 사용한 '아들'이라는 칭호에는, 우리가 그의 '로고스' 사용의 이면에서 찾아낸 신학적 사상들의 일부가 내포되었을 가능성이 있다. 동시에, 요한복음에서 '하나님의 아들'과 '사람의 아들'이라는 칭호들은 상호 연관되어 있다. 물론 이 관계는 예수의 인간성에 대립되는 신성적인 측면의 것이 아니다. 이는 우리가 살펴본 바와 같이, 요한의 '인자' 술어는 두 사상 모두를 내포한다. 따라서 우리는 '하나님의 아들' 그리스도론의 경우에도 이 두 사상이 담겨져 있는지의 여부를 살펴보고자 한다. 이 복음서에서 '사람의 아들'과 '하나님의 아들' 사이의 관계는, 양자 모두의 경우에 예수의 정체가 하나님과 인간에 대한 그의 독특한 관계를 표현하기 위해 사용되는 '아들' 이미지를 통해 묘사되는 사실과 분명히 연관되어 있다. 여기서 우리는 우리가 요한의 그리스도론의 의미 심장한 한 측면을 다루고 있다는 사실을 이미 알 수 있다. 제4복음서 기자가, 자신이 한 복음서를 집필하는 목적은 예수가 그리스도이며 또 하나님의 아들이라는 두 가지 사실을 모두 알게 하려는 것이라고 선언하고 있음을 우리는 상기해 본다면, 이 점은 한결 더 뚜렷해진다.[149] 앞에서 우리가 살펴본 바와 같이,[150] 틀림없이 예수에 대해 이 부분에서 두 가지 칭호를 사용한 것은 요한의 청중이 '이중적' 성격(유대적인 동시에 헬라적)을 띠고 있음을 시사해 준다. 그러나 '하나님의 아

149) 요 20:31; 참조. 11:27.

150) 본서의 앞부분 p. 278. 각주 104를 읽어 보라.

들'이라는 용어에 (헬레니즘 세계의 $\theta\epsilon\hat{\iota}o\varsigma$ $\dot{\alpha}\nu\acute{\eta}\rho$개념과 특별히 연결된) 그리스적 배경이 전혀 없는 것은 아니지만 더욱 중요한 유대적 배경이 있다. 이스라엘은 야훼께서 자신의 '아들로' 삼기 위해 가려 뽑은 백성이며, 이스라엘의 왕들은 야훼의 백성들의 대표자들이라는 의미에서 하나님의 '아들들'이었다.[151] 마찬가지로, 헬레니즘계 유대주의에 있어서 '하나님의 아들'이라는 표현은 하나님의 율법에 충성스런 의로운 사람을 묘사하는 데 사용되었다.[152] 유대 문학에서 '하나님의 아들'을 사용한 모든 사례들을 볼 때, 아들 자격은 혈연 관계에 의해서가 아니라 하나님의 언약에 복종하는 것에 의해서 결정된다. '만약 이스라엘, 또는 이스라엘의 왕이 하나님의 아들이라면, 그는 출산에 의해서가 아니라 입양에 의해서 된 아들이다.'[153]

제4복음서에 있어서 예수의 아들 자격에 대한 이해는 본질적으로 이 유대적인 선례 위에 세워지지만, 한 걸음 더 앞으로 나아간 것이다. 예수는 아버지께서 그에게 수행하라고 명하신 일을 완수하심으로써, 하나님께 대한 복종을 나타내었고 결과적으로 자신의 참 아들 된 자격을 입증하였다.[154] 그는 하나님에 의해 계시자로서 '보내심'을 받는다. 따라서 참으로 예언자적인 모습을 입으신 예수는, 하나님의 이름으로 또한 그의 대리자로서 인간 세계에 오신다.[155] 그는 하나님 그분으로부터 부여된 권위를 가지고 부임하며, 그것으로 심판을 행하고 생명을 주

151) 호세아 11:1; 시편 2:7 및 그밖의 여러 곳을 참조하라.
152) 예를 들면, 지혜서 2:18.
153) *IFG*, pp. 252f. 요한복음의 '하나님의 아들' 그리스도론의 배경에 관한 보다 자세한 정보를 원하면, ibid., pp. 250-3을 읽어 보라.
154) 요 17:4.
155) 요 5:37, 43; 13:20; 15:23.

는, 근본적으로 신적인 두 가지 활동의 임무를 띈다.[156] 이 일에 있어서 아버지와 아들은 완벽하게 일치를 이룬다. 예수는 그 자신의 의도에 의하지 않고 오직 하나님의 뜻에 의해 그의 명령대로 말하고 행동한다. 그의 의존적인 복종으로 그의 아들 자격은 완전무결하다.[157]

다시 한 번 요한의 그리스도론의 양대 지주가 부상되기 시작한다. 성육신의 기간 동안 하나님께 대한 예수의 관계는 '아들' 대 '아버지'의 관계로 묘사되어질 수 있다. 그리고 그의 수세(受洗) 이후로,[158] 그는 어떤 의미에서는-사람들 틈에 있으므로 그리고 그들 때문에-시종일관 하나님의 뜻에 순종하는 한 아들(a Son) 이상의 인물이 아닌 것 같이 보인다. 그러나 예수의 아들 자격은 독특한데, 이는 그가 사람들과 하나일 뿐 아니라 하나님의 아들 자격 사이를 오간다. 그는 영원히 아버지와 관계를 맺은 아들같이 행동한다. 그는 '아버지께로부터' 그리고 '위로부터' 말미암는다.[159] 그의 아들 자격은 독특하다. 그리고 그 자격은 시간 안에 존재하는 사람들에게 효력을 지니는데 이는 그것이 시간을 초월하여 있기 때문이다. 모든 면에서 그 아들은 그 아버지와 하나이며, 동시에 사람과 하나이다. 따라서 예수는 성령으로 세례를 베풀 수 있고, 생명을 줄 수 있으며(아버지의 명령에 따라) 자신의 생명을 버리고 또 그것을 다시 취할 수도 있다.[160] 그러므로 하나님의 그 사랑은 '역사 안에서 베풀어지며', 사람들은 성 요한의 복음서에서 아버지

156) 요 5:21-3(참조. 5:17, 19f.).
157) 요 5:30; 8:28; 12:49 및 그밖의 여러 곳.
158) 요 1:32-4.
159) 요 16:28; 8:23, 26f.
160) 요한복음 1:33; 10:10, 18. 10:18에서 요한복음 그리스도론의 특색인 양가 병존을 주시하라. 예수는 그 자신의 주관에 따라 행동하며, 동시에 아버지의 권위에 따라 행동하기도 한다.

와 아들 사이의 관계로서 예시되어 있는 그것처럼, 그 자신들 간의 통일성(하나됨)을 이루도록 인도함을 받을 수 있다.[161]

4. 그리스도(메시아)

앞에서 우리가 밝혔던 바와 같이, 제4복음서의 집필 의도는 원초적으로 그리스도이며 하나님의 아들이기도 한 예수의 정체와 직임에 관련되어 있다.[162] 요한은 예수에 대한 그리스도 칭호를 공관복음서 기자들과 함께 상용한다. 그러나 분명한 차이점은 첫 세 복음서들의 이른바 '메시아의 비밀'이 제4복음서에서는 그렇게 확연히 나타나지 않는다는 것이다. 공관복음 전승에 따르면 예수는 망설임 끝에 비로소 메시아라는 고백을 받으셨으나, 공개적으로 그 칭호가 수용되지는 않는다–아마도 정치적 혼란을 피하려는 의도였을 것이다.[163] 그러나 요한의 기록에 있어서는, 예수의 메시아적 본성이 처음부터 공개적으로 시인되는 듯하다. 제자들은 메시아를 '찾으며',[164] 예수는 사마리아 여인에게 자신이 그리스도라고 말하고,[165] 사람들 또한 (출교의 위험에도 불구하고) 예수와 메시아가 동일 인물인 것 같다고 주장한다.[166]

우리는 공관복음서 전승과 요한복음서 전승 사이의 관계를 검토하

161) *IFG*, p. 262; 참조. 요 17:21f, 및 그밖의 여러 곳.
162) 참조. 요 20:30f.
163) 막 8:29f. 단락 및 그밖의 여러 곳.
164) 요 1:41f. 이 본문은 마태복음 16:13–20에 나오는 빌립보 가이사랴에서의 '고백'에 대한 요한의 번안일 가능성이 충분히 있다.
165) 요 4:25f.
166) 요 7:41f.; 9:22; 11:27 및 그밖의 여러 곳.

면서 이 차이점을 고찰하였다.[167] 그러고 나서 우리는 예수를 메시아로 표현함에 있어서 요한과 다른 복음서 기자들 사이에 나타나는 다양성이 결코 과장되어서는 안 된다고 논증하였다. 무엇보다 요한은 예수가 메시아라는 '비밀'에 관한 그 나름의 안목을 가지고 있었던 것 같다. 이는 제4복음서에 있어서 신앙의 안목이 예수의 참 메시아적 정체를 '보기' 위해서, 매우 필요한 것으로 나타나고 있기 때문이며, '당신이 그리스도여든 밝히 말하시오'라는 도전이 유대인들에 의해 더욱 예수에게 던져지고 있기 때문이다.[168] 다른 복음서에서와 마찬가지로 보는 눈을 가진 자들은 예수의 행적들을 통해서 그에 대한 증거를 깨달을 수 있다.[169]

그러나 이같은 견지에서 보면 요한의 예수에 대한 상은 개인적 견해를 지니는 것이 사실이다. 그런데 이것은 부분적으로 요한의 신학적 해석 결과일 가능성이 충분하다. 예수의 인격에 대한 보다 깊은 성찰, 그리고 그의 참된 모습을 밝히려는 강렬한 관심은 짐작컨대 요한으로 하여금 그가 신학적으로 언제나 참이라고 깨달은 것 곧 예수의 메시아 자격이 그의 영광과 마찬가지로 불신앙 때문에 시야로부터 가리워져 있을 따름이라는 점을 '역사화'하게 만들었을 것이다.

그러면 예수를 가리키는 칭호로서 요한이 '그리스도'를 사용하는 의미는 과연 무엇인가? 메시야 개념의 배경은 분명하게 유대적이며, 이것은 (공관복음서에서처럼) 요한복음이 예수를 그리스도로 묘사하는 것에서 온전히 반영된다. 여느 선량한 유대인처럼 요한 역시 메시아

167) 본서의 앞부분 pp. 48f.를 읽어 보라.

168) 요 10:24.

169) 요 10:25; 참조. 마 11:2-6 및 그밖의 여러 곳.

표상의 왕적(王的)인 의미와 승리자적인 의미-이 둘이 연상에 의해 정치적인 의미가 되든, 종교적 의미가 되든간에-에 대해 익히 알고 있다. 그러나 다시 한 번 요한의 그리스도론이-모든 복음서 기자들에게 잘 알려져 있던 한 유대적 · 그리스도교적 전승에 궁극적으로 귀착되는 것이지만-보다 깊이 다루어진다. 이 목표를 위해 요한은 예수의 메시아 자격을, '유래' 및(보다 발전된 의미에 있어서) '왕직'(王職) 등의 관념들과 연결시켜 해석하고 있다.

요한의 중심 인물의 참 정체에 대한 구명(究明) 작업의 일환으로서, 제4복음서에 나타나는 지속적 관심은, 예수의 기원 문제이다. '너는 어디로부터냐'[170]라는 물음은 언제나 답변하기 모호한 것으로서, 예수의 메시아 자격과 관련하여서는 더욱 그러하다. 초막절을 맞이한 유대인들은(요 7장) 예수의 권위에 찬 가르침을 놀라움을 품고서 들으며, 그의 그리스도로서의 정체 여부에 관해 심각하게 생각한다. 그들은, '우리는 이 사림이 어디서 왔는지 아노라'고 말한다. 그리고-유대적 전승에 따라서-'그리스도께서 오실 때에는 어디서 오시는지 아는 자가 없으리라'고 한다(27절). 다시 한 번 우리는 상반된 것들을 배열하는(ambivalence) 요한의 방식에 직면한다. 어떤 의미에 있어서, 유대인들은 예수의 기원에 관해 알지 못하였으며 다만 그가 '갈릴리에서'(41절) 온 자라는 것만을 생각하였다.[171] 그들은 예수 그리스도의 진정한 기원이 그를 '보내신'(29절), '하나님으로부터'라는 사실, 따라서 진실로 그가 '영원히 계신다'는 사실[172]을 상상할 수 없었다. 갈릴리에 연고를 두

170) 참조. 요 19:9.

171) 참조. 요 1:45f.(나사렛으로부터)

172) 요 12:34.

었고, 다윗의 후손으로 난(42절) 그 메시아는 또한 표적들을 행했으며(31절) 사람들의 중심을 꿰뚫어 보았고[173] 믿음을 이끌어냈다.[174] 예수는 사람과도 하나였으며 하나님과도 하나였기 때문이다.

또한 요한은 예수의 '왕직'이라는 주제와 연관하여 예수의 메시아직에 대한 견해를 발전시킨다. (요한복음서의 서론부에 나오는) 예수는 하나님의 아들인 동시에 이스라엘의 왕이라는 나다나엘의 고백은[175] 중요한 메시아적 함의들을 지니고 있다. 예수는 참된 메시아 공동체의 화신이며 그 공동체의 지도자이다.[176] 승리자 메시아로서의 예수의 정체와 직임에 관한 비슷한 시사들은 예수가 '하나님의 어린 양'이라는 세례 요한의 공언(公言) 속에도 역시(그러나 단지 그것만이 담겨 있는 것이 아니라는 점은 틀림없다.) 스며들어 있다.[177] 뿐만 아니라 예루살렘으로의 개선자적 입성을 그린 요한의 기록 또한[178] 예수의 메시아로서의 왕적 본성을 (공관복음서 기록보다 더 분명하게) 강조한다. 이는 요한만이, 무리들이 예수를 '이스라엘의 왕'으로 환영했다고 보고하기 때문이다.[179] 그리고 마지막으로 빌라도 앞에서 열린 예수의 재판석상에서도,[180] 기원 문제와 관련한 예수의 왕직 및 (암시에 의한) 메시아직의 주제 등이-우리가 앞에서 본 것 같이-지극히 명백하게 설명되고

173) 요 4:29; 참조. 2:25.

174) 요 11:27.

175) 요 1:49.

176) 요한복음 1:47-51의 전 단락은 이 점에 대한 주석이다.

177) 요 1:29, 36, C. H. Dodd(*IFG*, pp. 230-8)는, 여기서의 '하나님의 어린 양'은 사실상 '이스라엘의 왕'과 동등한 메시아적 칭호라고 논증한다(p. 238).

178) 요 12:12-19.

179) 요 12:13. 한편 마태복음 21:9을 대조하여 보라. 후자는 '다윗의 자손'이라는 표현을 사용한다.

180) 요 18:33-19:22.

있다.[181]

예수는 어떤 의미에서 왕적(王的) 메시아인가? 우리는 요한의 이 점에 대한 병존적 배열을 이미 논급한 바 있다.[182] 어떤 의미에서 예수는 정치적으로 이스라엘의 왕위를 노리는 자로 간주(되어 마침내 십자가 처형을) 당했을 수 있다. 제자들 자신도, 표면상으로는 그토록 분명히 정치적 및 유물론적 해석이 가능한 개선자적 입성의 의미들을 충분히 이해하지 못했다.[183] 어느 경우에 있어서든지-전형적인 왕족의 의식대로-말이 아니라 어린 나귀 새끼의 등을 타고 예루살렘에 입성한 인물은 명실공히 스가랴의 예언자적 선견(vision)에 의한 메시아적 왕이 아닐 수 없다. 그러므로 어떤 면에서 보면 예수의 왕직은 세상적 측면에서 이해되고 받아들여질 수 있었다. 그러나 또, 다른 한 차원에서 보면 예수의 왕직은 '이 세계로부터 오지 않은' 것이었다.[184] 그는 권력에 의한 왕이 될 수 없었다.[185] 그 왕은 죽는다 할지라도, 영원히 머문다.[186] 그리스도이신 예수는 하나님의 본성과 사람의 본성을 온전히 공유하였으며, 따라서 그는 (십자가 위에서 얻은 그의 최후 승리를 통해) 자신을 믿는 사람들에게 생명을 줄 수 있다.[187]

우리는 요한의 주요한 그리스도론적 칭호들이 한결같이-신인 동시에 인간인-예수의 인격에 대한 기본적 이해와 관련하여 해석되어진다는 사실을 살펴보았다. 우리는 또한 요한의 그리스도론이 그의 구원론

181) 본서의 앞부분 pp. 387f.를 읽어 보라.
182) 본서의 앞부분 p. 420-421을 읽어 보라.
183) 요 12:14-16.
184) 요 18:36.
185) 요 6:15.
186) 요 12:34.
187) 요한복음 20:31을 참조하라.

에 긴밀하게 연결되어 있다는 것을 발견하기도 했다. 계시자이며 영광 받은 인자, 성육한 로고스, 하나님의 아들, 그리고 메시아로서, 예수는 (그의 육체 안에서 영적 세계가 결정적으로 절단된다) 영원한 생명의 최후 중보자가 된다. 우리는 이제 요한의 그리스도론에서 찾아볼 수 있는 보다 깊은 차원 즉 영광 받으신 말씀과 아울러 과거에 계시되었고 지금도 계시되고 있는 말씀의 문제로 관심의 방향을 돌려보자.[188]

제4복음서에 있어서의 영화

복음서들 중에서 오로지 요한만이 예수의 죽음을 '영화'(동사 δοξάζειν을 사용함)로 본다. 예를 들면 이 복음서 기자가 '예수께서 아직 영광을 받지 않으셨으므로 성령이 아직 그들에게 계시지 아니하시더라'[189]고 언급하거나, 예수께서 '영광을 받으신' 후 그의 제자들이 메시아적 왕의 개선자적 예루살렘 입성을 말한 스가랴의 예언을 그에게 적용한 점을 언급하는데,[190] 이때 그는 예수의 십자가 처형-그는 동시에 이것을 그의 승귀로 본다-을 언급하고 있는 것이다. 이같은 방식으로 십자가를 언급함으로써 요한은 그 자신의 발전된 이해에 입각해서 예수의 죽음을 해석하기 시작한다. 그러나 그가 '영화'라는 말로써 과

188) 이 단락에 관해서는 보충적으로 J. A. T.Robbinson, 'The Use of Fourth Gospel for Christology Today'. in B, Lindars and S. S. Smalley(edd.), *Christ and Spirit in the New Testament,* pp. 61-78을 읽어 보라. 요한의 그리스도론의 기원에 대하여는 J. D. G. Dumm, *Christology in the Making*, pp. 56-9와 그밖의 여러 곳을 보라.

189) 요 7:39.

190) 요 12:16(스가랴 9:9에 대해 언급함).

연 정확하게 표현하고 있는가?

구약성서에서 하나님의 '영광'은 뜻깊은 행동들 속에서 하나님의 현존과 그 본성이 육안으로 볼 수 있도록 현시되는 것을 가리킨다. 예를 들면, 이스라엘 사람들은 만나가 하늘로부터 내리려 할 즈음 모세를 통해 하나님의 '영광'을 보는 기회를 약속받았다.[191] 그리고 하나님의 셰키나(Shekinah: '영광')가 광야에서 배회하는 기간 동안 구름과 불 속에서 현시되었을 때, 그들은 하나님의 현현과 인도하심을 비로소 알게 되었다.[192] 제4복음서에서 성육된 말씀으로서의 예수는 하나님의 실재 현존과 본성을 온전히 계시한다. 또한 그는 보편적으로 그의 지상 생애 속에서, 특수하게는 그의 표적들 속에서 그 일을 한다. 우리가 이미 살펴본 바와 같이 성육신 속에서 무슨 일이 일어났는지를 표현하기 위해 요한이 사용하고 있는 특징적 방법은, 하나님의 '영광'($\delta o \xi \alpha$)이 그 안에서 보여지게 되었다고 진술하는 것이며, 이적들을 행함으로써 예수께서 자신의 영광을 드러내 보였는데 그것은 궁극적으로 하나님의 영광이었다고 말하는 것이다.[193] 예수가 본질상 하나님과 하나이므로 하나님과 더불어 누리는 그 존재 이전의 영광,[194] 곧 예언자들에 의해 성육신 이전에도 얼핏 보여진 영광[195]은, 이제-예수의 생과 행동들에 의해 찬란히 발산되어-사람들에게 하나님의 본성 및 현존을 결정적으로 전달하기에 이른다.

191) 출 16:7.

192) 참조. 출 16:10; 24:15-18.

193) 요 1:14; 2:11; 11:40. 우리의 견해로는, 요한은 이 현시가, 부활 이전에도 행해졌고 이후에도 행해진 표적들의 현장에서 일어난 것으로 본다.

194) 요 17:5, 24.

195) 요 12:41(이사야 6:10을 언급함). 이 구절에 대해 보다 자세히 알려면, Brown Ⅰ, pp. 486f.를 읽어 보라.

그리스도의 죽음을 '영화'로 본 요한의 해석을 이해할 때는 반드시 요한이 예수의 생애를 이같이 표현하고 있는 그 배경에 비추어서 이해해야 한다. 그리스도론과 구원론은 제4복음서에서 결코 분리되어질 수 없다. 요한은 예수의 생애와 죽음을–그는 누구였으며 무엇을 행했느냐–함께 다루었으며, 그것을 하나로 이해하였다. 그러므로 예수가 이 복음서에서 '영화롭게 됨'이나 '영광받으실 것' 등의 언어를 사용함으로써 다가오는 자신의 죽음을 언급할 때,[196] 또는 요한이 이러한 방식으로 십자가를 묘사할 때,[197] 그것의 의미는 분명하다. 성육신에서 시작된 것이 십자가 사건에서 완결되어졌다는 것이다. 예수의 사역 기간 중의 일들과 행동들 속에서, 생명을 부여하시는 하나님의 현존은 특수한 모습으로 사람들에게 전달되었다. 십자가상에서의 마지막 자기 봉헌의 행위 속에서–이 행동 이후 예수는 아버지께로 가신다–영원한 생명 또는 하나님의 '영광'은 모든 시대의 모든 신자가 누릴 수 있는 것이 되어졌다(요한이 사실상 어떻게 이 일이 일어나는지를 말하지 않고 있기는 하지만).

따라서 하나님의 영광은 예수의 생애와 죽음, 양자 모두 속에서 '통찰'되어져야 한다. 그러나 어느 경우에 있어서든 제4복음서 기자는 하나의 계시가 개입되었다고 말하고 있지 않으며, 그 이상의 언급도 전혀 없다. 예수의 생애 속에서 그 표적들이 너무나 분명히 예증하는 바와 같이, 하나님의 본성이 생생하게 나타났으며 또한 생생하게 제시되었다. 비슷한 논리로, 예수의 죽음 속에서 하나님의 구원 성취 목적들은 그 완성 단계에 이르렀다. 그 이후로 육체를 입으신 예수를 보지 못

196) 예를 들면, 요 12:23; 13:31f; 17:1,5.

197) 요 7:39 및 그밖의 여러 곳.

하였으나 그가 메시아이신 하나님의 아들임을 믿은 자들이 영원히 사는 것이 가능해진다.[198)]

뿐만 아니라 십자가가 종결점이 결코 아니므로, 요한복음서에서 예수의 죽음은 그의 '영화'로 간주되어진다. 물론 공관복음서 기자들도 예수의 십자가 사건 뒤에 그의 부활이 입증되었다는 사실을 잘 알고 있었다.[199)] 그러나 요한은 특유의 '망원 조망'(telescoping)[200)]으로써, 부활한 예수-아니 실상은 승천하여 높임받은 예수-가 항상 살아 있으며 언제나 승리자임을 본다.[201)] 예수의 영광과 같이, 그의 영화가 요한에게는 (공관복음서들에서처럼) 부활 이후에 비로소 보인 것이 아니라, 처음부터 생생하게 드러나 보인다. 예수가 십자가 위에 '들어올려졌을' 때,[202)] 그때가 바로 영원한 승리와 승귀의 한 전환점이었던 것이다. 그가 나무에 달린 것은 언제까지나 그곳으로부터 통치하려 함이었다.

이 점 때문에, 요한은 '영화'라는 범주를 초시간적으로 사용할 수 있으며 미묘하게 의미를 변호시키거나 심지어 이중적 의미로 사용할 수 있다. 결과적으로, 요한에 의하면 하나님의 이름은 영화롭게 되어지며(아들이 그의 순종으로써 아버지를 영예롭게 할 때), 예수 자신 역시 십자가 사건 이전에도(본래 그의 것이 아닌 승리의 영광으로 그 자신을 위해 영예를 취함으로써) 영화롭게 되었던 것이다.[203)] 다시금 예

198) 요 20:29, 31; 참조. 3:16-18.

199) 누가는 예수의 승천에 대한 개연성 있는 언급을 실어 놓고 있으며(눅 24:51, 여기서 보다 나은 사본들(MSS)은 '하늘로 올려지시니'라는 문구를 빼놓고 있다; 참조. 행 1:9), 마태는 이 것을 암시한다(마 28:16; '산'에 주목하라).

200) 요한의 종말론적 시각에 관해서는 본서의 뒷부분 pp. 314ff을 보충적으로 읽어 보라.

201) 그러나 요한복음 20:17을 참조하라. 여기서 예수는 막달라 마리아에게 그 자신이 '아직 올라가지 못하였다'고 말한다.

202) 요 12:32 및 그밖의 여러 곳.

203) 참조. 요 12:28; 13:31; 17:4(각 구절에서 단순 과거 시제〈aorist tense〉의 사용을 주시하

수는 장차 임할 죽음과 승귀 속에서 영화롭게 되어질 (것이며 또 하나님을 영화롭게 할) 것이다.[204] 마지막으로 아버지는 미래에 그리스도를 따르는 자들의 제자 훈련으로 말미암아 영광을 받게 될 것인데,[205] 그 사람들은 그를 통해 하나님의 영광을 스스로 나눌 수 있다.[206]

이 모든 것이 요한의 특유한 해석이다. 계시된 성육신하신 말씀은 영광받은 말씀이기도 하다.[207] 놀랄 것 없이, 요한의 수난에 관한 표현은 그 의미에 대한 이해에 의해 영향을 받는다. 그는 다른 복음서들과 더불어(그러나 그들로부터는 독립적으로) 예수의 수난에 대한-곧 그가 붙잡혀 재판받고 십자가에 달렸으며 마침내 죽은 자 가운데서 다시 살아났다고 하는-그리스도교 공통의 전승을 공유하고 있다. 그러나 이제 우리가 살펴보려고 하는 바대로, 그는 이 전승을 자기 나름의 방식으로 다룬다.

요한의 수난 기사가 공관복음서의 그것과 다른 것은 크게 세 방향에서이다.

1. 생략

비록 배신에 대한 경고가 사전에 주어지긴 했지만, 요한은 가룟인

라).

204) 요 12:28; 17:1,5.

205) 요 14:13; 15:8.

206) 요 17:22, 24.

207) 그러나 요한의 '영화'(glorification)의 신학은 케리그마적 배경을 가지는 것이 가능하다. 베드로는 사도행전 3:13에서 하나님이 그의 종 예수를 '영화롭게 했다'(δοξάζειν을 사용함)고 말한다. 아울러 누가복음 24:26; 그리고 베드로전서 1:11을 참조하라. 여기서는 '고난'과 '영광'이 연결되어진다.

유다에 의한 배신을 다른 이들같이 묘사하지 않는다.[208] 또한 그는 겟세마네 동산에서의 예수의 고뇌도 언급하지 않으며,[209] 갈보리 언덕까지 예수를 따라온 여인들의 애곡도 언급하지 않는다.[210] 제4복음서는 또한 구레네인 시몬이 십자가를 지고 갔다는 사실이나,[211] 예수께서 십자가에 매달려 있는 동안 조롱받았다는 사실,[212] 운명하면서 그가 버림받은 것을 절규하였다는 사실,[213] 그리고 그가 운명했을 때 흑암이나 지진, 성전 휘장이 찢어지는 것 같은 여러 가지 징조들이 일어났다는 사실[214] 등에 관한 일체의 언급을 생략하고 있다.

2. 강조

한두 곳에서 요한은 자기가 받은 수난 전승의 어떤 측면들을 강조하는 것 같다. 그는 공관복음서 기자들로부터 취해 온 일단의 상이한 증거들을 사용하여, 예수의 죽음이 성서의 필연적인 성취였다는 점을 역설한다.[215] 그는 또 '명패'를 기록한 세 나라 말을 언급함으로써 십자가

208) 요 13:21-30(참조. 막 14:10f.); 아울러 요한복음 18:2f를 주시하라.

209) 요한복음 12:27f의 경우, 이러한 (전승으로부터의) 번역 가능성이 있다(참조. 막 14:32-42).

210) 참조. 눅 23:27-31.

211) 막 15:21.

212) 막 15:29-32.

213) 막 15:34.

214) 마 27:45-54.

215) 요 19:28, 36f.(특히 36 상반절을 주시하라). 비록 요한의 증언록(testimonia)이 그에게서 독특한 것들이라 해도, 공관복음서들이 시편 22:18 곧 요한이 실제로 인용하는 본문을 암시하고 있는 점에 유의하라(참조. 막 15:24; 요 19:24). 공관복음 전승 및 요한 전승 양자에 있어서 십자가의 '필연성' 문제를 고찰하려면, 마가복음 8:31($\delta\epsilon\tilde{\iota}$를 사용함)과 요한복음 11:50(18:14); 13:1 및 그밖의 여러 곳을 읽어 보라.

광경의 잠재적 측면을 확대 묘사한다.[216] 그리고 그는 장사를 위해 예수께 기름 부은 것과 부활의 아침에 그의 무덤이 빈 것 등에 대해 남다른 관심을 기울인다.[217] 그렇지만 비록 요한이 이를 두드러지게 묘사했거나, 색다른 조명 아래 표현했다 해도, 이것들은 한결같이 전통적 요소들일 따름이다. 십자가에서 마리아와 사랑받은 그 제자에 대해 하신 언급,[218] 곧 제4복음서 기자에 대해 분명하면서도 특별한 관심을 가졌던 것으로 보여지는 그 언급에 관련하여, 요한이 여기서 자신의 전승을 신학적 목적들에 따라 편집하고 있다고 추정할 필요는 없다. 오히려 그는 그 자신의 역사적 자료들을 바탕으로 해서 기술하고 있을지 모른다.

3. 보충

요한의 수난 설화 속에는, 요한복음에만 있을 뿐만 아니라, 때로는 요한 특유의 언어로 표현되어지는 특성들이 나타난다. ① 예수는 붙잡힐 당시 그를 체포하는 자들에게 자신을 내맡긴다.[219] ② 요한복음 18:32의 언급은 예수가 유대인들에 의해 로마 당국자들에게 넘기워져 결국 돌아앉아 죽는 게 아니라 십자가에 달리게 된다는(요한의 표현으로는, '높이 들릴') 점을 전제로 하고 있다.[220] ③ 로마 당국의 재판을 받는 동안, 예수는 빌라도와 더불어 참 왕의 자격에 관한 논쟁을 하게 된

216) 요 19:20; 한편 몇몇 번역본들에서 누가복음 23:38을 참조하라.
217) 요 19:38-20:10.
218) 요 19:25-7.
219) 요 18:1-11.
220) *IFG*, pp. 426f. 433-5에서도 같은 견해.

다.[221] ④ 요한에 따르면, 예수는 유월절 예비 시기에 십자가에 달렸으며 결국 희생의 어린 양들이 도살되고 있을 즈음에 운명하였다.[222] ⑤ 예수는 자신의 십자가를 메고 골고다까지 간다.[223] ⑥ 십자가상에서 예수는 버림받음이 아닌 승리의 외침인 '다 이루었다'는 표현을 터뜨리고 있다.[224] ⑦ 예수가 죽은 후 한 군인이 그의 옆구리를 창으로 찌르는데, 거기서 피와 물이 쏟아진다.[225] ⑧ 부활절 아침 예수와 막달라 마리아 사이에 오고 간 대담 중에서, '올라감'이라는 언어가 크게 부각된다.[226] ⑨ 부활 이후 예수와 도마가 만났을 때, '보는 것'과 '믿는 것'의 관계에 관한 논의가 있었다. 이어서 도마는 예수를 자신의 주와 하나님으로 고백한다.[227]

4. 요한의 십자가 신학

제4복음서 기자가 자신의 수난 기사에 부여하는 특별한 성격, 곧(방금 우리가 밝힌 바대로) 요한의 전승을 공관복음서 전승과 비교할 때 특별한 성격이 매우 분명하게 드러난다는 사실을 근거로 해서 우리는 이제 요한의 십자가 신학에 관한 다음과 같은 고찰들을 전개해 볼 수 있다.

(1) 공관복음서 기자들보다 훨씬 더 많은 분량의 십자가 신학을, 요

221) 요 18:33-8.
222) 참조. 요 19:42.
223) 요 19:17.
224) 요 19:30.
225) 요 19:34. 참조. 출 12:f.
226) 요 20:17(신학적 용어 α□ναβαίνειν을 사용함).
227) 요 20:26-9.

한은 가지고 있다. 그는 자신의 특별한 관점에 입각해서 예수의 죽음을 이해하고 해석한다. 우리가 제언한 바와 같이 제4복음서의 관심의 초점은 (그 독자들을 배려하여) 예수의 정체이다; 따라서 요한 신학의 주안점은 그리스도론적인 것이다. 그러나 이것은 요한이 예수의 죽음의 중요성을 극소화한다는 뜻이 결코 아니다. 하지만 그가 예수의 인격과 생활과 동떨어진 상태에서, 십자가에 초점을 맞추는 것은 아니다. 오히려 그는 십자가를 그리스도론적으로 본다. 그의 과제는 (바울이 시도하는 것 같이) 과연 우리가 어떻게 십자가를 통해 구원받는가를 규명하는 것이 아니었다. 오히려 그리스도의 죽음에는 그의 승귀가 내포되어 있으며, 그를 '하나님께로부터 와서 하나님께로 가게 될'[228] 그 아들로 계시하기 때문에, 우리가 구원받을 수 있다는 점을 밝히는 것이다. 그 결과 성 요한의 복음서가 '한 편의 연속적인 수난 설화'가 될 소지, 곧 십자가에 달린 예수는 영광받은 아들이라는 좋은 소식으로 전파될 소지가 존재한다.[229]

(2) 요한은 십자가의 '영광'이 십자가의 처형 순간에 현시된다고 생각했기에, 예수가 패배 아닌 승리의 말 한마디를 입술에 떠올리고서 운명했다고 보고한다. 그에게 부여된 일은 '다 이루어졌다.'[230] 다른 복음서들에서 예수의 죽음에 수반하여 일어나는 것으로 묘사된 이적들이 요한복음에서는 설 곳을 찾지 못한다. 요한으로서는 십자가 사건 그 자체가 자명한 영화(榮化) 곧 승귀를 동반한 즉위, 곧 '높이 오름'이었

---

228) 요 13:3.

229) R. T. Fortna, 'Christology in the Fourth Gospel; redaction-critical perspectives', *loc cit*, 특히 pp. 502-4를 참조하라.

230) 요 20:17.

던 것이다. 그러므로 부활의 아침에 예수는, 미래사('내가 아직 올라가지 못하였노라') 및 현재사('내가 올라간다')로서, 아버지께로 '올라가는 일'에 대해 마리아에게 말할 수 있었다.[231] 어떤 면에서 볼 때, 예수가 지상과 십자가로 '내려오심' 그 자체가 그의 영광 중에 '오르심'의 시작이다.

(3) 요한의 독특한 그리스도론은 어김 없이 그의 복음서 도처에 있는 예수의 죽음에 관한 표현에서 두드러지게 나타난다. 그의 생애와 사역 기간 전체에서 그렇듯이 그가 수난을 겪는 동안에, 요한복음의 예수는 하나님 및 사람의 두 본성과 하나를 이룬 분으로 부각된다. 그의 '때'(hour)는 영광의 때이지, 결코 고뇌의 때가 아니다. 그는-그를 잡으러 온 자들에게 자신을 순순히 내맡김으로써,[232] 신학적 논쟁에서 총독 빌라도를 낭패시킴으로써, 자발적으로 십자가에 나아감으로써-수난 사건들을 주도하는 입장에 있다. 참된 왕으로서, 그는 자신의 생명을 내어버릴 권세도, 또 그것을 다시 취할 권세도 가지고 있다.[233] 그럼에도 불구하고 그는 실제로 죽으셨다. 군인들은 십자가 상에 달린 예수의 두 다리를 굳이 꺾을 필요가 없었는데, 이는 그가 '이미 죽었기' 때문이다.[234] 그래서 그들은 그 대신 예수의 옆구리를 찌른 것이다. 그 투창(投槍) 행위 뒤에 따라오는 '피와 물'이 어떤 상징적인 의미를 지니고 있든 간에,[235] 잘 증명된 이 사실-요한은 목격자의 증언이 '참'이라고

231) 요 10:18.

232) 한편 마태복음 26:53f.에 시사된 '통솔권'을 참조하라.

233) 요 10:18.

234) 요 19:33.

235) 요 19:34f; 참조. 4:14; 6:55. 19:34에서 세례 및 성찬에 대한 언급이 의도되었는지 여부는 매우 의심스럽다.

주장한다-에 대한 최초 언급은 형이하학적인 것 같다. 여기에는 예수의 죽음, 좀 더 정확히 말한다면 매장에 관한 의심이 전혀 없다. 마찬가지로, 부활 이후 예수는 그의 손과 옆구리가 십자가상에서 창에 찔린 그 사람으로 인정되었다. 그리고 그는 또한 빵과 구운 생선으로 디베랴 호숫가에서 제자들 중 일곱 명과 더불어 조반을 나눈 사람이기도 했다.[236)]

(4) 제4복음서 기자에 의해 이해되어진 바, 예수의 죽음의 유형은 우리가 이미 정의한 단어 자체의 요한적 의미 그대로, '성례전적'이다.[237)] 여기에 바로 모든 표적들의 성취가 있는데, 그 표적들에 의해서 하나님의 영광이 계시되어질 뿐만 아니라 주어지기도 한다. 그런데 그것은 영원히 주어지는 것이다. 그 말씀의 성육신 속에서, 육체는 영의 전달자가 되며 또한 예수의 영화 속에서, 죽음은 생명이 전달자가 된다. 나사로는 육체적 생명에로 다시 살리심을 받았으나, (우리가 추론하건대) 육체적으로 다시 죽고 말았다. 그러나 이 표적은 십자가의 영광 속에서 표현된 그 진리, 즉 모든 믿는 자에게 예수의 죽음과 승귀는 죽음을 통한 생명, 곧 죽음을 넘어선 생명을 의미한다는 사실을 가리키는 것(pointer)이었다. '보지 못하고 믿는 자들은 복되도다.'[238)]

(5) 우리가 확인한 바와 같이, 요한이 그리스도의 십자가를 통해 구원이 '역사하는' 방식, 예를 들면 예수의 죽음과 죄의 사유 사이의 정확한 연계방식을 무엇이라고 생각했는지-를 정확하게 진술하고 있지는 못하지만, 인간의 죄를 '대신해'(for) 죽는 예수에 대한 그리스도인

236) 요 20:27; 21:12f.(15).

237) 본서의 앞부분 pp. 394-403 특히 401-403을 읽어 보라.

238) 요 20:29-31.

공통의 사상에 그가 익숙해 있었음을 추론케 하는 요소들이 그의 수난 기록에 들어 있다(요한일서에도 그 사상은 명시되어 있다).[239] 특히 예수의 죽음을 대속적 희생(중요 배경을 유대주의에 두고 있는 개념)으로 이해하는 일은 제4복음서 기자의 마음에 얼마든지 일어날 수 있다. 따라서 전승적[240] 고려에 의해서 뿐만 아니라 신학적인 고려에 의해서, 마치 유월절 어린 양들이 도살되듯이 예수가 죽는 수난에 대한 요한의 연대기가 생겨났을 가능성이 충분히 있다. 현 상태 그대로 보건대, 요한이 십자가 사건에 대한 연대 기록은, 어느 경우이든지 우리로 하여금 세례자 요한의 예수에 대한 묘사(이것은 오로지 제4복음서 안에만 나타난다), 곧 그가 '하나님의 어린 양'이었다는 사실을 떠올리게 한다.[241] 그 구절의 배경 및 의미가 각기 다를 수는 있겠지만,[242] 예수가 제4복음서 기자에 의해 죄를 대속하는 희생물-유월절 어린 양과 연결된,[243] 또는 이사야 53장의 '어린 양', 즉 고난받는 종(또는 양자 모두)[244]-으로 간주되었을 개연성을 고려하지 않은 채 그 말의 적확(的確)한 의미를 새기는 것은 불가능한 것 같다. 분명히 다른 사람들을 위해 대속적으로 고난당하는 예수의 사상은 요한복음 1장 이후, 줄곧 이 복음서의 여러 곳에서 간취(看取)된다.[245]

한 걸음 더 나아가, 유독 요한에 의해 예수가 그 자신의 십자가를 골

239) 참조. 요일 2:24; 4:10(ι□λασμός 라는 단어를 사용함).
240) 본서의 앞부분 pp. 42f.를 읽어 보라.
241) 요 1:29, 36.
242) *IFG*, pp. 233-8을 읽어 보라.
243) 참조. 출 12:1-27. 요한복음에서의 '유월절' 주제는 그 어느 경우에 있어서도 의미 심장하다.
244) 더 나아가 Schnackenburg Ⅰ, pp. 297-300을 읽어 보라.
245) 참조. 요 3:14-16; 11:50-2; 아울러 요한복음 19:36에서 출애굽기 12:46을 언급하는 점에 유의하라.

고다까지 메고 가는 것으로 묘사되어진 사실은,[246] 자신의 번제단이 될 나무를 지고 간 이삭의 희생 이야기에 대한 암시일 수도 있다.[247] 만일 그렇다면 예수는 이곳에서 십자가 위의 희생 제물로 고려될 수 있다.[248] 그러나 같은 논리로서, 운반된 그 십자가에 달려 죽은 이는 다른 이(예를 들면 가현실주의자들이 말하는 구레네 시몬)가 아니라 바로 예수 자신이었다는 점,[249] 등을 요한이 강조하고 있는 것일 수도 있다.

(6) 우리는 요한의 그리스도론적 십자가 해석을 지적했고, 이어서-예수의 죽음의 희생적 본질에 대한 인식에 불구하고-그가 '속죄의 신학'을 그와 같이 풀이하지 않는다는 점을 밝힌 바 있다. 요한이 '모범주의적' 십자가관을 위한 길을 닦고 있었다는 점은 여기까지 논의될 수 있었다.[250] 이 견해에 따르면 그리스도의 수난과 죽음은, 일차적으로 하나님의 인간을 다루신 사례들의 중심에 자기 희생적 사랑이 깔려 있다는 진리를 계시하는 것으로, 이어서 그리스도인들 스스로가 그들 자신의 삶 속에 적용시켜야할 한 모범으로 나타난다. 그와 같은 견해는 바울 신학과 제일 먼저 연결되어져서 예수의 죽음에 대한 보다 더 '객관적인' 이해로써 보완되어질 필요가 있다는 것을 역사적으로 그리스

246) 요 19:17.

247) 창 22:6.

248) 비록 이삭이 사실 그대로 죽지는 않지만, 이로써 그는 히브리서 기자에 의해 예수의 부활의 한 예표로 인용되고 있다(참조. 히 11:17-9).

249) Barrett, p. 456을 읽어 보라. 요한복음서 전반에 있어서 '죄로부터의 해방' 개념에 관하여는, W. G. Kümmel, *Die Theologie des Neuen Testaments nach seinen Hauptzeugen*(Göttingen, 1972), pp. 263-5, 특히 265; ET *The Theology of the New Testament: according to its major witness-Jesus, Paul, John*(London 1974), pp. 296-8, 특히 297f.를 읽어 보라. 부수적 참고 문헌은 영어판에 붙여진 것이다. J. T. Forestell, *op.cit,* pp. 58-102(아울러 pp. 190-3을 읽어 보라)의 경우, 예수의 죽음을 요한의 구원 이해에 절대 요소로 본다. 그러나 예수의 계시 사역의 종료라는 측면에서 보며, '인간의 죄악을 위한 화목 제물'로서는 보지 않는다(p. 101).

250) 참조. J. T. Forestell, op. cit.

도인들은 발견하였다. 이 해석은 예수의 죽음이 거룩하신 하나님과 그의 죄 많은 피조물들 사이의 장벽 제거를 가능하게 만드는 것으로 본다.

그러나, 요한의 구원 신학이 '모범주의' 방향으로 기우는 것은 사실이긴 하지만, 그것은 그 성격상 전적으로 '모범주의'는 아니다. 이는 요한이 우리에게 성육하시고 영광받으신 하나님의 말씀을 통해 땅과 하늘이 마침내 합쳐졌다는 사실을, 또한 그를 통해서 모든 사람들을 위한 어둠과 죽음으로부터의 자유 가능성이 비로소 존재한다는 사실을 보여 주고 있기 때문이다. 그리고 비록 요한이 예수의 사역 가운데서 따를 만한 한 유형을 보고 있지만, 영원한 생명이 궁극적으로 예수의 본성을 보는 것, 곧-도마와 같이-그를 '하나님께로부터 오셨고' 또 '영광받으신' 유일 무이의 생명 부여자로 믿는 것에 달려 있는 것으로 그는 알고 있다.[251)]

제4복음서에 있어서의 성령과 교회

우리는 이제까지 요한의 구원 신학의 여러 측면들을 고찰해 왔다. 바로 이 신학적 분야와 연관되는 것이 요한의 성령 해석으로서, 제4복음서의 교회 교리가 이것과 연결될 수 있다. 그의 성령 및 교회 이해

251) 참조. 요 13:15, 34 하반절, 및 그밖의 여러 곳; 20:26-9. 요한의 구원 신학에 관하여는, W. G. Kümmel, *The Theology of the New Testament*, pp. 288-321을 보충적으로 읽어 보라. 아울러 R. Newton Flew, *The Idea of Perfection in Christian Theoloy: an historical study of the Christian ideal for the present life*(Oxford, 1934), pp. 92-117('요한의 신학' 항목), 특히 pp. 116f를 읽어 보라.

가운데서 우리는 다시 한 번 요한이 복음서 전승에 주요한 공헌을 하고 있음을 발견하게 될 것이다.

요한복음서에서 성령은 중생의 사역자, 곧 신자를 전체 교회에 의해 공유되고 있는 새 생명의 차원에로 이끄시는 분으로 보여지고 있다. 영적 중생 사상에 대한 한 중대 해석이 요한복음 3:1-8에 나오는 예수와 니고데모 사이의 논의를 통해 제공되는데, 여기서 예수는 유대인들의 관원에게 '사람이 물과 성령으로 나지 아니하는 한' 하나님의 나라에 들어가는 일은 불가능하다고 말한다(5절).[252] 이 구절의 배경은 (헬레니즘이 아닌) 구약성서에 있는데,[253] 거기서는 성령의 은사가-자주 (정결케 하는) 물과의 연계하에-'마지막 날'에 하나님의 신실한 백성들에게 임하게 될 새 시대의 징표로서 약속되고 있다.[254] 예수는 니고데모에게 이 종말론적 개념을 새로 태어남이라는 주제(그러나 이것은 유대주의에서는 흔치 않다)와 연결지어[255] 설명하고 있다. 실제적으로 그는 말씀이 육신이 되었으므로 성령의 새 시대가 출범되었다고 말하고 있다. 이제는 영광 받으신 그리스도를 통해 하나님의 왕권 통치에 복종하는 신자가 '성령으로 세례' 받음으로써 영원히 사는 것이 가능하다.[256]

일반적으로 그러한 신학은 '공관복음적' 운치를 지닌다.[257] 비록 (요한에 의하면) 예수께서 하나님의 나라에 들어가는 것을 '위로부터' 남

252) 아울러 그리고 특별히 요한복음 3:3f, 6-8을 읽어 보라.
253) Schnackenburg Ⅰ, p. 371은 신비 종교들에 있어서 '재생' 사상과 그리스도교의 중생 교리 사이의 근본적 차이점을 지적한다.
254) 참조. 욜 2:28f.; 사 44:3; 겔 36:25-7; 아울러 1QS iv. 19-21을 주시하라.
255) Brown Ⅰ, pp. 139-141을 읽어 보라.
256) 참조. 요 1:33.
257) 참조. 막 1:8, 15, 및 그밖의 여러 곳.

에 비추어 말씀하신 것이,[258] 새로운 방식으로 사용되고 있는 요한적인 사상인 것 같아 보임에도 불구하고 그것은 그러하다. 그러나 요한복음 3장의 '위로부터 남'이나 '물과 성령으로 남' 등이 예수에 의해 동의어로 사용되어지고 있다는 사실은, 전적으로 또는 심지어 부차적인 차원에서도 요한이 그리스도교 세례를 통한 중생의 개념으로 신생을 생각하고 있음을 반드시 의미하는 것은 아니다.[259] 이 점에 있어서 그의 신학적 개성은 또 하나의 방식으로 표출된다. 이 담화 전체 가운데서 오로지 한 번 '물'(그리고 성령)에 대한 언급이 나오는데, 이것으로 그 화자(話者)가 신생의 주제를 이 단 하나의 암시의 빛 가운데서 이해시키려 시도한 것은 아닐 것이다. 더 나아가 종말론적 선물인 물과 성령의 연계는 (우리가 밝힌 바와 같이) 이미 유대주의 안에 나타나 있었다.

무엇보다도, (우리가 밝히는 것은) 요한은 그와 같은 성례전들에 우선적으로 관심을 쏟고 있지 않았다. 설령 세례론적 해석이 요한복음 3장의 중생기사에서 완전히 배제될 수 없다 해도, 결과적으로 그 직접적인 언급의 대상은–우리가 제의한 바와 같이–예수가 영광 받았을 때 그를 통하여 사람들에게 성령을 '주셨다'고 하는 사실인 것 같다.[260] 이런 방법을 통해서만 사람들은 새로이 창조되어질 수 있으며, 나아가–성령의 중재를 통해–하나님의 생명을 누릴 수 있다. 신자 개인과의 관계에 있어서 성령에 관한 요한의 교리는 우리를 그의 개성적인 구원신학에로 거슬러 올라가게 만든다. 즉 성육 사건 이후 하늘과 땅은 결정적으로 통합되어 있다는 것이다.

258) 요 3:3, 7(ἄνωθεν을 사용함).
259) 더 나아가 Brown Ⅰ, pp. 141–4. 및 그곳에서 인용된 문헌을 읽어 보라.
260) 요 7:39.

1. 보혜사(THE PARACLETE)

개인의 신생(New Birth)에 관련되는 것으로 묘사되는 일 외에도, 요한에 의하면, 성령은 그리스도 신자들의 일상적 삶을 지속시키기 위해 교회 일반에 그 약속된 보혜사(Παράκλητος)로서 주어진 것으로 묘사되고 있다. 이것은 다시 뚜렷한 요한적 범주로서, 우리는 이를 유심히 살펴봄으로써 요한 신학이 대표하는 신약성서의 그리스도교 해석에 있어서의 괄목할 만한 진보를 다시 한 번 확인할 수 있을 것이다.

'보혜사'라는 술어는-필경 기록자의 자료 관계 때문에-제4복음서의 고별 담화 안에만 국한되어 있다. 물론 관련된 몇 장(요 14-16장) 안에는 이제 우리를 사로잡게 될 두 가지 질문을 답하는 데 도움을 줄 만한, 상당한 분량의 자료가 있다. 즉 보혜사는 누구이며, 또 그는 무슨 일을 하시는가이다.

1) 보혜사는 누구인가?

우리는 보혜사를 성령과 동일시하는 것을 받아들인다는 점을 이미 밝힌 바 있다. 사실상 이것은 요한 자신에 의해 이루어진 동일시인데, 이는 그가 예수께서 '보혜사(the Counsellor-ὁ Παράκλητος), 곧 성령을 아버지께서 나의 이름으로 보내 주시리라'(요 14:26)고 말씀하셨다고 보고하고 있기 때문이다. 그러나 보혜사의 정확한 본질에 관해서는 학계의 의견이 갈라져 있어서, 이를 비인격체로 보느냐 아니면 인격체로 보느냐, 아니면 양자 모두로 보느냐 등 의견이 분분하다. 예를 들면 조지 존스톤(George Johnston) 같은 사람은 요한복음에 나타나는 보혜사는 인격의 칭호이며 따라서 '보혜사'라고만 말하는 것이 적합하다는 일반적 가정에 대해 도전하고 있다.[261] 존스톤은 제4복음서 기자가 성령-보혜사를 특정한 그리스도교 지도자들, 특히 교사들, 예언자들, 순교자들에게 영감을 주는 비인격적 '신적 에너지'로 보았다고 논증한다. 그러므로 요한으로서는 사랑의 공동체인 교회 자체가 보혜사의 화신이 될 수 있다. 존스톤이 이 해석의 근거로 삼고 있는 배경적 증거는 전적으로 유대주의적이다. 그는 요한이 구약성서 및 쿰란에서 기원한, '진리의 영'이라는 비인격적 유대 개념을 아버지께로부터 예수의 이름으로, 또는 그리스도 자신에 의해 보내진 기능적이며 대표적인 영(보혜사)의 사상과 결합시켰다고 제의한다. 요한이 이 작업을 하는 이유는 천사-중보자(미가엘)를 그리스도 교회의 영적 인도자 내지 수호자로 내세우는 이단적 주장들을 반박하고자 함이었다고 존스톤은 믿는다.[262]

또 한편으로 요한의 보혜사의 배경을 역시 유대주의에 두고 있는 브라운(R. E. Brown)은, 우리가 이 표상을 인격적 측면에서 보아야 할 것이라는 결론에 이르고 있다.[263] 브라운은 세 가지 유대적 개념들이 이에 관련하여 빛을 비추어 주는 것으로 본다. 그것은 모세와 여호수아, 엘리야와 엘리사(세례자 요한과 예수도 비교하라) 같은 구원자 표상의 '직렬적' 관계, 사람들에게 임하여 그들에게 하나님의 활동을 해석해 주는 예언자의 영; 그리고 최근의 유대적 천사론(능동적으로 인간의

261) G. Johnston, *The Spirit-Paraclete in the Gospel of John*(Cambridge, 1970); 특히 p. 81을 읽어 보라.

262) *Ibid.*, 특히 pp. 119-48, 아울러 A.R.C. Leaney, 'The Johannine Paraclete and the Qumran Scrolls', in J. H. Charlesworth(ed.), *John and Qumran*, pp. 38-61을 읽어 보라. Leaney는 제4복음서가 예수를 보혜사로 간주하는데, 이는 그가 성육신하신 하나님이며, 이로써 그러한 분으로서 성령(=하나님의 능력)을 베푸시는 이었기 때문이라고 주장한다.

263) R.E.Brown, 'The Paraclete in the Fourth Gospel', *NTS*13(1966-7), pp. 113-32.

일들에 개입하는, 후기 구약성서 시대의 천사들과 쿰란 공동체의 '천사 수호자' 표상) 등이다. 이 모든 사상들은 제4복음서 기자에 의해 그리스도교화 되었으며, 예수의 제2의 자아(alter ego)로서 보혜사 개념-제자들의 공동체 가운데 예수의 영적 현재(現在)-속에 통합되어졌다고 브라운은 주장한다.

오토 베츠(Otto Betz)에 의해 저술된, 이 주제에 대한 한 중요 저작은 중재 입장을 대표한다.[264] 베츠는 (다른 것들 중에서도) 인격과 비인격 사이의 성격을 드러내는 요한 자신의 보혜사에 관한 묘사 구절들을 제시한다. 인격적으로 보혜사는 언제나 제자들과 함께 거하게 마련이다. 그러나, '능력'으로서의 보혜사는 또한 제자들에게 파송되어지며, 그들에게 감동 감화(breathed into) 되어진다.[265] 그러므로 베츠는 요한의 보혜사의 본질은 인격적인 동시에 비인격적이라고 결론짓는다.

즉 예수, 제1의 보혜사를 뒤잇는 인격,[266] 그리고 천상적 능력이다.[267]

요한복음에서 보혜사의 본질에 관한 증거는 이렇게 상이한 논리 구성이 가능하며, 따라서 실제적으로는 (두드러지게) 그 자체에 있어서 전적으로 일관성이 있는 것이 아니다. 우리는 요한복음에서의 성령·보혜사의 사역에 관해 고찰하지 않고서는-이는 우리가 시도해야 하는 것이다-우리 스스로 이 문제에 대한 어떤 해결책을 찾아낼 수 없을 것

264) O. Betz, *Der Paraklet: Fürsprecher im häretischen Spätjudentum, im Johannes-Evangelium und in new gefundennen gnostischen Schriften*(Leiden, 1963); 이 저작에 대한 영어로 된 요약편을 원한다면, G. Johnston, op. cit, pp. 80-3을 읽어 보라.

265) 참조. 요 14:16f; 16:7; 20:21f.

266) 참조. 요 14:16. 여기서 예수는 '또 다른' 보혜사에 관해 말한다. 아울러 요한일서 2:1을 주시하라. 거기서 예수는 *Παράκλητος*로 지칭되고 있다.

267) O. Betz, *op. cit.*, 159-64 및 그밖의 여러 곳을 읽어 보라.

이다. 그러나 그 일을 하기에 앞서 방금 요약 소개한 견해들에 관련하여 두 가지 사실이 밝혀져야만 할 것이다.

첫째, 전적으로 유대적인 선행 사상들에 비추어, 그리고 예수의 인격이나 가르침에 대한 언급 없이 요한의 신학을 해석하면 필경 엉뚱한 결론들을 이끌어내게 될 가능성이 있다. 마찬가지로, 어떤 형태로든지, 유대적 '성령' 이해가 완전히 비인격적이라고 가정하는 것도(이것은 존스톤의 출발점이다) 허용되지 않는다.

둘째, 만약 (베츠가 주장하는 대로) 요한이 성령 · 보혜사를 인격으로 그리고 동시에 능력으로 묘사하고 있다면, 이것은 아마 요한 특유의 신학적 시각 때문일 것이다. 보혜사의 본질에 대해 요한이 취하는 견해는 사실상 예수의 인격에 대한 '두 차원'의 이해와 비슷하다. 이는 보혜사가 예수가 떠나가는 때에 하나님께로부터 나오시며, 동시에 아버지와 아들로부터 '보내지기' 때문이다.[268] 이렇게 보혜사는 하나님 및 영광 받으신 그리스도와 더불어 하나이며, 그들의 본질을 계시하는 분이다.[269] 그렇지만 그는 또한 사람들 사이에서 일하는, 하나님과 그리스도의 대리자로서, (우리가 탐구하게 될 것이지만) 교회 가운데서 그리고 세상 가운데서 그 두 분을 대신하여 활동하신다. 어떤 의미에서 보혜사는 아버지 및 아들과 같이 진리이며 진리로써 가르치신다.[270] 그러나 다른 의미에서 그는 그 자신의 권위에 따라 말씀하지 않으신다.[271] 또한 아버지 및 아들과 같이, 보혜사는 교회 안에 내주하신

268) 요 15:26; 16:17 상반절; 14:26; 16:7 하반절.

269) 참조. 요 16:14f.

270) 요 14:17; 16:13.

271) 요 16:13.

다. 그러나 그는 동시에 하나님과 예수에 의해 '보내어'지기도 하며, 실제로 바로 이 목적을 위해 아들의 요청에 따라 하나님에 의해 '주어진다.'[272] 그러므로 우리는, 요한복음에 나오는 보혜사는 본질상 하나님과 하나인 동시에 인간과 하나인 분이라고 결론짓는다.

2) 보혜사는 무슨 일을 행하시는가?

제4복음서에 있어서 보혜사의 사역에 대한 고찰은 그의 본질에 대하여 더욱 많은 것을 밝혀 줄 것이다.

파라클레토스(Παράκλητος)라는 술어의 그리스적 연상 개념들은 원래의 의미에서 보면 법적이다.[273] 그러나 사실상 요한의 보혜사에는 다양한 비법률적-예를 들면 가르침과 예언 등-인 기능들도 부여되고 있다.[274] 한 걸음 더 나아가 성령 · 보혜사의 법적 의무들은 굳이 해명을 요하지 않는다. 통상적 해석은 보혜사가 변호를 위한 상담자라는 의미에서 '변호사'(advocate)라는 것이며, 이러한 이유로 표준 개역성서(R.S.V.)는 그것을 '상담자'(Counsellor)로 번역하였다. 그러나 고별 담화 가운데서 보혜사는 본질적으로 고발에 대한 변론자이며,[275] 그가 행하는 ('증언'이라는 의미에 있어서) 유일한 변호는 예수에 대한 것이지 결코 제자들에 대한 것이 아니다.[276]

그러므로 우리는 요한의 보혜사 표상의 기능-내지 그 본질-에 대한

272) 요 14:17(참조. 23절); 14:26; 16:7; 14:16.

273) Brown Ⅱ, pp. 1135-9를 보충적으로 읽어 보라.

274) 요 14:26; 16:13. '위로'(또는; '안위'《consolation》)는 요한복음에 있어서, 부활 이후의 예수에 연계되어진 사상이다(참조. 요 14:18, 27 및 그밖의 여러 곳). 그러나 그것은 보혜사가 제자들을 위로하실 것이라는 고별 담화에서는 결코 직접적으로 언급되지 아니하였다.

275) 요 16:7-11.

276) 요 15:26.

단일론적 정의에 맞서서 우리 자신을 방어하는 위치에 서지 않을 수 없다. 단일한 (법률적) 의미의 배경에 비추어 해석되기에는 그의 사역은 너무나 다양하다. 그리고 그의 인격과 일 모두는 너무나 다면적이어서 그 누구도 헬라어 단어 파라클레토스(Παράκλητος)의 영어 번역(꼭 통속적인 '위로자'〈Comforter〉나 '상담자'〈Counseller〉가 아니더라도)은 정말로 적절한 것으로 간주될 수가 없다. 이러한 이유로 우리는 차라리 '보혜사'를 계속 사용하고자 한다.

그러면 보혜사는 과연 무슨 일을 하시는가? 그는 두 가지 주요 역할들-하나는 교회와의 관계 속에서, 또 하나는 세상과의 관계 속에서-을 맡으신다. 교회 가운데서 그는 제자들 속에 내주하신다. 그는 제자들에게 모든 것을 가르치시며, 그들로 하여금 예수가 그들과 함께 있는 동안 자신들에게 말씀하신 모든 것을 생각나게 해주신다. 또한 진리의 영이신 보혜사는 제자들을 온전한 진리로 인도하시며, 그들에게 '장차 임할 일들'을 선포하신다.[277]

세상 가운데서 보혜사는 다시금 예수에 대해 증거하시되 특히 제자들이 박해받는 경우에 그러하다. 또한 그는 세상으로 하여금 죄와 의와 심판에 대해 확증케 함으로써 구별의 사역을 수행하신다.[278]

우리는 이제 요한복음의 고별 담화 가운데 묘사되어 있는 것처럼 보혜사의 본질 및 그 사역이 요한복음의 여느 부분 아니 사실상 신약성서의 여느 부분에 나타나는 성령의 인격 및 사역과 일치를 이룬다는

277) 요 14:16f; 14:26; 15:26; 16:14; 16:13.

278) 요 15:26(참조. 18-25); 16:8-11. 뒤의 본문이 지닌 의미에 관해서는, B. Lindars, 'ΔΙΚΑΙΘΕΨΝΗ in Jn. 16:8 and 10', in A. Descamps et A de Halleux(edd.), *Mé langes Biblique:en hommage au R. P. Bé da Rigaux*(Gembloux, 1970), pp. 275-85을 읽어 보라.

점을 볼 수 있게 되었다. 보혜사와 마찬가지로 만찬 담화 이외에서 언급되는 요한의 성령은 하나님 및 예수 양자 모두에 긴밀하게 연관되어 있다.[279] 그리고 동일 논리로 바울은 성령을 하나님의 영인 동시에 그리스도의 영이라고 말할 수 있었다.[280] 다시금 요한복음 안에서 보혜사는 신약성서의 전체 부분들 가운데서 성령이 행하는 것 같이 행동한다(예를 들면, 그는 다시 사신 예수에 대한 증거를 가능하게 하며, 특별히 박해 상황에서 제자들을 가르치고 옹호한다).[281] 그러므로 우리가 요한의 보혜사와 성령을 동일시한다고 해서 결코 실책을 범하는 것이 아닐 것이다.

그러나 비록 요한복음 14:26에서 '보혜사'와 '성령'이 동의어처럼 함께 나타난다고 할지라도, 요한복음에 있어서 보혜사는 단지 다른 이름을 가진 성령을 가리키는 표현이 아니다. 보혜사에 관한 이러한 요한복음의 교리는 우리가 다른 모든 곳에서 성령에 관해 알고 있는 바를 능가한다. 특히 그 보혜사는 (앞에서 우리가 살펴본 바와 같이) 본성에 있어서 예수와 같을 뿐 아니라, 활동에 있어서도 예수와 같다. 부활 이후의 보혜사에 관해 연급되어질 수 있는 표현은 거의 모든 면에서 예수의 사역 기간 중의 모습에 대해서도 적용될 수 있다. 예수와 보혜사 양자는 하나님께로부터 나와 세상에 들어온다. 그들 양자는 제자들과 더불어 거하시며 진리 등과 같은, 제자들이 알아야 할 사실을 그들에게 가르친다. 그리고 그들 양자는 증거한다. 예수가 그 아버지를 영화롭게 하는 것 같이 보혜사 또한 예수를 영화롭게 한다. 또 신자들이 예

279) 참조. 요 4:24('God is Spirit'); 20:22(예수께서 이르시되, '성령을 받으라').
280) 참조. 롬 8:9.
281) 행 5:32; 눅 12:12; 마 10:19f.

수의 정체를 '보는' 것 같이 제자들 또한 보혜사를 알아볼 것이다. 그리고 세상은 일찍이 예수를 배척했던 것 같이 또한 보혜사를 영접하지 못할 것이다.[282]

바꾸어 말하면, 그 보혜사는 실상 예수의 제2의 자아(alter ego)이다. 그는 교회와 세계 안에서 다시 사신 예수를 위해 활동하시며, 예수 같이 활동하신다. 예수가 제1의 보혜사이듯이 그는 제2의('다른') 보혜사이다.[283] 이 때문에 이 분야에서의 요한복음의 신학 이해를 위한 가장 정확한 방법은 (브라운과 같이) 보혜사를 철저히 인격적인 차원에서 해석하는 것이다. 요한은 바울만큼 멀리 나아가지 못하고 있으며, 따라서 성령 · 보혜사와 '예수의 영'을 동일시한다.[284] 그러나 그의 성령론이 함축하는 의미들은 동일한 것이다.

따라서 예수의 메시지에 비추어 볼 때, 제4복음서 기자는 예수께서 아버지와 (수난 이후의) 제자들 및 세상에 대한 성령 안에서의 친밀한 관계에 대해–'보혜사'라는 용어를 사용하면서, 또는 사용하지 않으면서–말씀하신 내용들을 보다 자세히 묘사하고 해석하기 위해 '성령'과 '보혜사'의 두 개념을 통합했을 것으로 보여진다. 만약 그랬다면, 우리는 요한이 그의 복음서에서 성령과 보혜사, 양자에 관해 말하는 내용을 통합함으로써 요한의 성령 신학을 정리할 수밖에 없다. 이렇게 되면 상황은 분명해진다. 성령은 부활 이전에, 그러니까 예수의 사역 초기에 예수 위에 '강림'하였으며, 그 위에 '머물렀다.'[285] 이로써 그는 성

282) 요 16:28(15:26); 12:35(14:17). 14:6, 예수는 '진리'이다(14:17, 보혜사는 '진리의 영'이다); 7:14–17(14:26); 8:18(15:26); 17:4(16:14); 1:41(14:17하반절); 5:43(14:17상반절).

283) 요 14:16.

284) 빌 1:19; 참조. 갈 4:6.

285) 요 1:32f.

령의 동반자가 된다. 예수는 또한 자신의 십자가 수난(영광 받으심) 이후에도 성령을 주신다. 십중 팔구 요한은 이 일이 죽음의 순간에 일어났다고 믿었다.[286] 그러나 어쨌든 예수는 부활 이후에-그러니까 승천 이전에-제자들에게 숨을 내쉬면서 '성령을 받으라'[287]고 말씀하신다. 고별 담화에서 약속된 바대로, 성령 · 보혜사는 바야흐로 파루시아 때까지 교회 안에 내주하며, 하나님의 사역자로서 예수의 그 사역을 믿는 이에게 계속 행한다.[288] 이 자격 안에서 그는 제자들의 예배와 선교를 돕는 권위 있는 능력을 베푼다.[289]

그리고 성령 · 보혜사는 제자들의 증거 임무 수행을 도우시는 분으로서, 사면으로 우겨싼 적대의 세계를 깨뜨리기도 한다.[290]

성령 · 보혜사가 예수의 영(비록 이것이 요한의 술어는 아니지만)으로 확인되기도 하기 때문에 하나님의 영에 관해 보다 많이 배우게 되며 또한 성령 · 보혜사가 하나님 및 부활하신 그리스도, 양자의 사역자로서 사람들 사이에서 일하는 분으로도 확인되기 때문에, 우리가 하나님의 활동력(activity)에 관해 보다 많이 배우게 된다는 결론을 우리는 제4복음서를 통해 내릴 수 있다.

이제 요한의 성령 · 보혜사 신학에 관하여 마지막 단안이 내려지지 않으면 안 된다. 십중 팔구 예수의 정체에 대한 요한의 열렬한 관심이 그의 성령론을 지배하였다. 우리는 이미 보혜사의 본성에 대한 요한의

286) Barrett, p. 75 역시 같은 견해; 참조. 요 19:30. G. Bampfylde, 'John. xix.28:a case for a different translation', *Nov. T.* 11(1969), pp. 245-60. 여기서 Bampfylde는 요한복음 19:30의 *παρέδωκεν τὸ πνεῦμα*가 '그가 성령을 전해 주셨다'를 뜻한다고 제언한다.

287) 요 20:22.

288) 요 14:16f; 16:14.

289) 요 4:23f. 20:21-3.

290) 요 16:8-11(참조. 15:18-27).

견해에 있어서 '두 수준'의 차원을 그의 '두 수준'적 그리스도론을 시사함으로써 밝힌 바 있다. 이제 더 나아가 그 성령 · 보혜사가 예수의 두 본성에 대해서도 친히 증거한다는 것을 밝혀둠이 바람직하다. 보혜사의 기능의 일부는 예수의 실제적 본성을 '빛나게', 또는 환히 드러내는 것이며, 그의 인격을 제자들에게 이해시키는 것이다.[291] 따라서 그는 지상 및 천상의 그리스도에 대해서, 즉 예수가 그의 지상 사역 기간 중에 말한 바로 그 말씀들에 대해서 그리고 아버지 우편에 오른 그의 승귀된 지위에 대해서 증거한다.[292]

2. 교회

요한의 교회론 신학은 그의 성령론 신학과 밀접하게 연관되어 있다. 사실상, 우리는 후자와 함께 전자를 고찰하기 시작하였는데, 이는 (우리가 살펴본 대로) 신자를 교회 안으로 인도하는 성령이 그리스도교 공동체 안에서, 넓게는 세계 속에서 역사하고 있기 때문이다.

'교회'(ἐκκλησία)라는 술어 그 자체가 제4복음서에서는 사용되고 있지 않다. 그러나 교회라는 사상과 실재는 전편에 걸쳐 전제로 깔려 있다. 제자들의 단체는 부름받은 처음 순간부터 예수를 그 머리로 하여 새롭게 성장하는 공동체의 핵을 형성한다.[293] 의미 심장하게도 나다나엘은 처음부터 예수를 '이스라엘의 왕'으로, 즉 참된 메시아 사회의 지

291) 요 16:14f.

292) 요 14:26; 15:26, 이 전체 주제에 대해서는, H. Windisch, *The Spirit-Paraclete in the Fourth Gospel*(ET Philadelphia, 1968)을 보충적으로 읽어 보라.

293) 요 1:35-51.

도자로 인정하고 있다.[294] 그리고 수난에 앞서 예수는 자신의 제자들을 위해서뿐만 아니라, 그들의 말을 통해 예수를 믿게 될 사람들을 위해서도 기도하고 있다.[295]

구약성서의 비유적 표현과 맥을 같이 하는, 아니 그것으로부터 발전해 오는 요한복음의 그리스도교적 친교는 새 성전, 새 이스라엘, 선한 목자가 거느리는 양떼 그리고 참포도나무의 가지들 등으로 표상화되었다.[296] 궁극적으로 그 친교의 회원 자격에는 아무런 제한 조건들도 덧붙여져 있지 않다. 즉 유대인들뿐 아니라 사마리아인들과 그리스도인들도 그 친교에 속한다.[297] 이로써 그 친교의 선교적 책무는 범위에 있어서 범세계적인 것으로 전망되고 있다.[298]

요한복음 안에서의 교회론 교리는 요한 신학의 다면적 본질을 드러내 보여 주는 한 좋은 사례를 제공한다. 이 복음서 안에서 에클레시아(ecclésia)의 개념은 개인과 집단 사이의 긴장을 담고 있다.

전체적으로 제4복음서는 강하게 개인주의적 성격을 지니고 있다.[299] 예를 들면 요한복음 안의 수많은 예수 어록들은 개인들과 예수 자신 사이의 관계를 반영한다.[300] 일곱 가지의 요한복음 표적들 중 네 가지가 개인들과 관련되며[301] 부활 이전의 표적들 중 가장 대표적인–그것

294) 요 1:49.

295) 요 17:11, 20.

296) 요 2:13–22. 특히 21절(참조. 겔 37:27f; 아울러 고전 3:16f.); 8:31–58(참조. 사 63:16); 10:14–16(참조. 시 80:1; 겔 34장); 15:1, 5(참조. 시 80:8–19; 사 5:1–7).

297) 요 4:39–42; 12:20f.(참조. 1:35–7).

298) 요 10:16.

299) C. F. D. Moule, 'The Individualism of the Fourth Gospel', *Nov. T.*5(1962), pp. 171–90도 같은 견해

300) 예를 들면, 요 4:13f; 5:25–9; 6:43–51,

301) 요 4장(신하의 아들); 5장(38년 된 병자); 9장(맹인); 11장(나사로).

이 예수가 전체 인류에게 가져다 주는 부활 생명을 예견하고 있다는 의미에서-것은 한 개인 곧 나사로를 살리신 일로 집약된다(요 11장). 동일한 개인주의가 요한복음의 교회론을 특징짓는다. 그리스도와 그리스도인과의 관계를 묘사하고자, 요한은 완전히 집합적인 것으로 보여지는 특유의 사상들(ideas)을 사용하는데, 이는 곧 성전, 목자, 포도나무 같은 것들이다. 그러나 이들 이미지들은 분명하게 하나의 개별적 차원으로 귀속한다. 즉, 성전은 돌들로 건축되었으며, 양떼는 양무리로 구성되어 있으며, 포도나무는 가지들을 거느리고 있다.

그러나 동시에 교회의 집합적 측면 역시 요한복음서에 명백히 드러나 있다. 예를 들면 방금 언급된 이미지들은 그 일차적 함의에 있어서 분명히 집단적이다. 한 걸음 더 나아가 요한복음의-그리스도와 그리스도인들에 대한-공동체적 예속의 주제는 개인적 예속의 주제를 보완하여 준다. 이 주제는 열두 제자에게로 그 초점이 맞추어지는데, 그들은 요한복음에서 이 호칭 아래 단 두 번 등장하지만[302] 새로운 공동체의 핵심으로 복음서 전편에 나타난다. 제자들은 개별적으로 주님으로부터 부르심을 받는다.[303] 그럼에도 불구하고 그들은 모두 함께 그를 믿으며, 부활 이후에는 성령 · 보혜사의 내주하심과 그 활동력을 집단적으로 체험한다.[304] 달리 말하자면, 요한복음 안의 교회론 신학은 개인과 다수인 사이에서 절묘하게 균형 잡혀져 있다.[305]

그 성격에 있어 개인적인 동시에 집단적인, 요한의 '균형 잡힌' 교회

302) 요 6:67, 70; 20:24. 중요한 사실은, 아마도 이 칭호가 부활 이전과 이후에 제자들에 의해 한결같이 사용되어졌을 것이라는 점이다.

303) 요 1:43 및 그밖의 여러 곳.

304) 요 14:16f.(그리스어 본문에서 나타나는 복수 어미들을 주시하라).

305) 더 나아가 S. S. Smalley, 'Diversity and Development in John', loc.cit, pp. 282f를 읽어 보라.

관은 '그리스도의 몸'으로서의 교회에 관한 바울의 교리와 재미있는 일치를 이루고 있다.[306] 요한과 바울은 한결같이 교회의 통일성에 관심이 쏠려 있다. 그러나 바울이-적어도 고린도전서 12장에서-'다양성 안의 통일성'을 옹호 논증하는 반면에,[307] 요한은 (그리고 이때 그의 해석은 분명히 공관복음서 기자들의 교회론과의 관계 안에서 뚜렷하게 발전되어 있다) 교회의 다양성을-교회의 개인적 회원 자격의 차원에서-그것의 통일성에 종속적인 요소로 생각한다. 요한은 마지막에 가서는 교회의 통일성이 존재하게 될 뿐만 아니라 완전해질 것까지 기원하며, 이로써 그 통일성이 신성(神性: Godhead)의 통일성 및 상호 내주하심을 반영하게 될 것을 기원한다.[308] 더 나아가 그리스도교 공동체의 총화성(togetherness)은, 요한에 의해, 교회에 대한 하나님의 사랑에 대한 증거(evidence)와 다시 사신 주님에 대한 증언(testimony)으로 간주된다.[309]

3. 교회와 성령

이 단락에 있어서 나머지 문제점은 우리가 이제까지 고찰하여 온 요한복음 안의 교회론 및 성령론을 하나로 묶는 것이다. 사실상 양자의 차원은 종말론적이다. 교회 및 개인 신자에게 성령을 주심은 예수의 파루시아의 일부를 이루며, 또한 파루시아의 최종 단계를 가리켜 보여

306) 참조. 롬 12:4f; 고전 12장; 엡4:1-16.

307) J. A. T. Robinson, *The Body: a study in Pauline theology*(London; 1952), pp. 58-67.

308) 요 17:20-3(23절에 나오는 문구, ἵνα ω□σιν τετελειωμένοι εἰς ἕν을 주시하라).

309) 요 17:21, 23.

준다.[310] 그 시점에 이르도록 교회는 현재에서 최후를 바라보면서 그리고 종말(Consummation)의 빛 가운데서 살아가면서, '성령 안에서' 삶을 누린다. 예수의 제자들은 예수의 영화(glorification)에 의해 출범되어진 한 공동체의 구성원들로 존재한다.[311] 또한 그들은 성령 안에서 예배하고 증거한다. 그리고 그들은 마지막 날에 있을 교회의 주님의 귀환을 기다리고 있다.[312]

요한의 성령론과 교회론이 지닌 종말론적 차원에 대한 언급은 우리로 하여금 마침내 그의 종말론에 대한 고찰로 나아가게 만든다.

제4복음서에 있어서의 종말론

엄밀한 의미에 있어서 '종말론'은 만물의 마지막 때에(종말, eschaton에) 세계에 미칠, 아니 특히 인간에게 일어날 일을 보여 준다. 전통적으로 이것은 죽음, 심판, 지옥과 천국 등의 연구를 가리킨다. 신학계에서 이 술어가 최근 들어 보다 자주 사용되어지기에 이르렀으며, 비록 구원이 궁극적으로 (세계의) 마지막 때와 연결되어 있음에도 불구하고, '종말론'은 시간 안의 여느 시점(point)에서 구원의 역사를 가리킨다. 이러한 의미에서 종말론은 그리스도와 그리스도인 양자의 견해를 토대로 고찰되어질 수 있다. 이는 말할 나위 없이 그 양자 사이에 연계성이 있기 때문이다. 왜냐하면 그리스도는 영원뿐 아니라 시간 안에서

310) 요 14:18f., 3.
311) 요 7:39. 예수께서 영화롭게 되실 때 성령이 '주어진다'는 본문상의 언급을 함께 보라.
312) 요 4:24; 20:21f.; 16:7; 6:39.

영생을 누리도록 하며, 신자는 어느 순간에든지 믿음으로 그 영생 안에 거할 수 있기 때문이다.

이같이 폭넓은 종말론 이해는 특별히 요한복음 연구와 밀접히 연관되는데, 이는 제4복음서 기자가 이른바 '마지막 일들'에 관해서는 별로 말하지 않았으며 오히려 시간과 영원 사이의 (그가 보기에) 생생한 관계에 보다 크게 관심을 쏟고 있기 때문이다.

1. 현재적 종말론

우리는 이미 여러 차례 요한이 초역사적인 실체에 의해 주도되어지고 있는 역사의 결과(effect)에 깊은 관심을 쏟고 있다는 점을 밝힌 바 있다. 그는 말씀이 육신으로 화한 이래 역사는 그리스도 안에 있는 하나님의 생명을 전달하고 있으며, 또 전할 수 있음을 감지한다. 하나님의 계시는 결정적이며, 분명히 완전하다. 그러므로 어떤 의미에서, 요한에게 있어서는 전체 구원 역사-아니, 사실상 전체 역사-가 대단원에 이르렀다고 주장하는 것이 가능하다. 분명히 요한의 종말론적 강조점은 미래보다는 과거와 현재에 놓여지고 있으며, 요한에게 있어서 '일어날 일'은 '일어난 일'의 종결이라기보다 오히려 그 일의 지속으로 보여지고 있다.

요한의 종말론이 공관복음서 기자들의 그것보다 훨씬 '실현된' 종말론으로서 묘사되도록 만든 것은, 그의 신학 중의 다음과 같은 요소들이다.[313] 예를 들면, 신자의 관점에서 볼 때, 제4복음서 안에는 구원과

313) 예를 들면, Brown I, p. cxvii: '여러 방면에서 요한복음은 신약성서 안에서 실현된 종말론의 최선 사례이다.' 그것의 애매성으로 인하여, '실현된'이라는 술어는-비록 편리하긴 하지만-

심판, 양자와 현재 사상에 강조점이 있다는 것을 익히 알 수 있다. '그를(하나님의 아들을) 믿는 자는 정죄를 받지 아니하는 것이요, 믿지 아니하는 자는…벌써 심판을 받은 것이니라.'[314] 마찬가지로 앞의 세 복음서들의 강한 (미래적) 묵시주의는[315] 요한복음에 등장하지 않는다. 그리고 제4복음서의 예수는 마지막 날에 명실공히 영광 가운데 다가올 파루시아에 관해 아주 조금밖에 말하지 아니한다.[316]

한 걸음 더 나아가 요한은 구원 사건 속에 포함되어 있는 모든 중요한 사건들을 중첩시켜서 조망한다. 대조적으로 누가는-그의 전승은 여러 면에서 요한의 전승과의 흥미로운 접촉점들을 드러내 보여 준다.-예수의 탄생, 세례(baptism), 변형 사건, 죽음, 부활 그리고 승천 등을 순서대로 배열된 연대기적 계보에서 펼쳐놓고 있다. 그러나 요한은 자신의 특수한 역사관에 조화시켜, 그 사건들이 중첩되도록 이 계보를 끌어 맞춘다. 예수의 죽음과 승귀에 맞추어졌던 초점은 영화라는 한 가지 행동에로 옮겨져 간다.[317] 오순절은, 한편으로는 예수의 죽음과 더불어, 다른 한편으로는 그의 승천과 더불어 융합되어진다.[318] 그리고 성령의 선물은 예수의 임박한 파루시아로 화한다.[319]

구원에 대한 미래 시제가 전연 없다는 엄격한 견해를 나타내려고 의도되었을 때를 제외하고는, 아마도 최선으로 회피한 것 같다.

314) 요 3:18; 참조. 5:24; 6:47; 9:40f 및 그밖의 여러 곳. 아울러 요한복음 1:12(현재적 은사로서의 아들 자격)과 누가복음 6:35(미래적 상급으로서의 아들 자격; 참조. 막 10:30)을 대조하여 보라.

315) 예를 들면, 마가복음 13장의 '종말론적 담화' 가운데서.

316) 참조. 막 13:26; 14:62 및 그밖의 여러 곳.

317) 요 7:39; 13:31f 및 그밖의 여러 곳.

318) 요 20:22; 참조. 19:30; 20:17. W. J. P. Boyd, 'The Ascension according to St. John', *Theology* 70(1967), pp. 207-11. 여기서 Boyd는 요한복음 17장을 승천 기사에 대한 제4복음서 기자 나름의 번안으로 간주하는 단계까지 이른다.

319) 요 14:16-18; 16:16; 참조. 14:3.

요한의 종말론에 나타나는 이러한 특징들은 무엇으로 설명되는가? 이 질문은 때때로 '파루시아의 지연'이라는 말로 답변된다. 종말에 대한 절박한 기대는 시간이 지남에 따라 점차 퇴조하였으며, 그리스도가 교회 안에 그리고 신자 안에 지금 내주한다는 신학에 요한이 그 초점을 맞추고 있는 한 가지 이유가 바로 이것이었음이 논증된다.[320] 하지만 초기 그리스도인들에게 이것이 그리 심각한 문제가 아니었을 가능성을 아예 제쳐 놓고 생각한다 해도,[321] 요한의 특수한 종말론이 그의 그리스도론에 의해 결정되고 형성되어졌을 개연성은 더욱 더 크다.

우리는 이미 '비하와 상승'의 유형이 요한의 그리스도론적 시각의 한 중요 부분임을 발견한 바 있다.[322] 물론 신약성서에 있어서 제4복음서 기자 혼자만이 지상에 내려와 다시 하늘로 올라가는 구속자를 말한 것은 아니다. 이 사상은 이미 유대주의에 나타나 있다.[323]; 또한 이 사상은 신약성서의 다른 부분들–예를 들면 바울 서신 속–에서도 다시 나타난다.[324] 그러나 요한은 그리스도의 선재성이라는 차원을 강조함으로써 이 신학 개념을 보다 깊이 발전시킨다. 제4복음서에 있어서 예수는 지상으로 '내려올' 뿐만 아니라 하늘로 '올라가기도' 한다. 그는 또한 '전에 있던 곳'으로 올라가는 것으로 표현되어진다.[325] 달리 말하면,

---

320) 참조. Schnackenburg I, pp. 159f.

321) 본서의 앞 부분, pp. 246–250을 보라.

322) *Katabasis-anabasis* 유형이 제4복음서에 중심성을 지니는 문제의 논의에 대해서는, W. A. Meeks, 'The Man from Heaven in Johannine Sectarianism', *JBL* 91(1972), pp. 44–72를 읽어 보라.

323) *Ibid*, 특히 pp. 59f.를 읽어 보라. Meeks는 헬레니즘적 유대주의를 요한의 내려옴 올라감 주제의 원초적 배경으로 간주한다.

324) 참조. 엡 4:8–10(여기서는 9, 10절의 '내려옴'이 낮은 세계로의 비하〈*descensus ad inferos*〉보다는 오히려 성육신에 대한 언급이 될 가능성이 크다); 빌 2:6–11(여기서 바울은 명명 백백하게 초대 그리스도교의 찬송시를 인용하고 있다).

325) 요 6:62; 참조. 1:1–3 및 그밖의 여러 곳.

그 승귀는 요한의 신학적 노선의 모든 분야에 '짜넣어져' 있다. 예수의 지상 생애와 생명 부여 사역은, 요한의 견해에 따르면, 그의 신적 기원(성육신 이전의)과 그의 승귀된 운명(부활 이후의)을 그 전제로 한다. 그리고 요한은 세 가지-그리스도의 기원, 생애, 운명-에 깊이 관심을 쏟고 있다.

이것이 바로 우리가 주목한 바 있는 제4복음서에서의 신학적 '중첩' 현상에 대한 이유이다. 요한에게 있어서, 그리스도의 행동은 어쩔 수 없이 그의 영화에로 옮겨진다. 이 복음서에서 변형(transfiguration)을 별개의 사건으로 언급한 일이 없는데, 이는 변형된 형체가 모든 예수의 영광, 곧 변형된 형체가 모든 시대에 있어서-믿음의 눈에 의해-보여질 수 있기 때문이다. 마찬가지로 예수의 십자가 사건과 그의 자기 헌신적 사역의 모든 부분은 끊임 없이 그의 승귀를 암시할 뿐만 아니라 뚜렷이 가리키고 있다.

이로써 우리는 요한의 종말론이 직접적으로 그의 그리스도론에, 그리고 다시 한 번 그 그리스도론 안의-신적이고도 인간적인-두 균형 갖춘 지주에 연결되어 있음을 알 수 있다. 어떤 의미에 있어서 언제나 승귀의 상태에 있는, 그래서 '세상에 속하지' 않은 그 예수는 또한 실재에 있어 '세상 가운데로' 보내심을 받았다.[326] 그는 아버지께로부터 왔으며 또한 아버지께로 향해 가고 있다.[327] 그러나 지상에서 그의 인간성은 완전하게 현시되었고 가시적인 것이었다.[328] 그의 구원과 심판은

326) 요 17:16, 18.

327) 요 13:3; 16:28.

328) 참조. 요일 1:1-3.

영원에 있어서뿐만 아니라 시간 안에서도 전달되어진다.[329)]

구원의 '현재적' 측면에 대한 요한의 선입견이 예수 자신의 사상을 반영하는 일은 충분히 가능하다. 이것은 예수가 자신의 인격과 사역 가운데서 하나님 나라의 완전한 역사적 현재성을–묵시 문학적 손질 없이[330)]–선포하였다고 믿는 도드(C. H. Dodd)의 논지이다.[331)] 도드는 공관복음서의 천국 비유들을 분석함으로써 자신의 논지를 뒷받침하는데, 그 비유들 하나하나는 '실현된' 종말론에 비추어 해석될 때 가장 잘 이해된다(고 그는 주장한다).[332)] 모든 사람이 예수의 메시지에 대한 그와 같은 단색적 견해에 동의하지는 못할 것이다. 사실상 도드 자신도 나중에 이 견해를 수정하였다.[333)] 그러나 이것이 예수의 종말론적 전망의 한 요소였다는 것을 의심할 만한 이유는 전연 없다. 모든 복음서 기자들에 의하면, 예수는 자신 안에서 하나님의 구속적 행동의 결정적 계기가 이루어졌음을 선포한다. 하나님의 나라는 임박해 있다. 그리고 새 시대의 표적들은 확연하다. 또 성경은 성취되었다. 그리고 하나님의 영광은 온전히 계시되었다.[334)] 요한은 그와 같은 천국 비유들을 가지고 있지 않다. 그러나 다른 복음서 기자들과 더불어 그는–최소한 한 가지 의미에 있어서–추수 때가 이미 이르렀다는 사실을 알고 있다.[335)]

---

329) 참조. 요 3:16–21; 5:25–9 및 그밖의 여러 곳.

330) *Ibid.*, p. 187 및 그밖의 여러 곳. Dodd는 이 내용들이 초대교회의 '재구성된 종말론'의 일부라고 믿는다.

331) C. H. Dodd, *The Parables of the Kingdom* (London, 1936).

332) *Ibid.*, 특히 pp. 195–210에 실린 결론을 참조하라.

333) 참조. C. H. Dodd, *The Coming of Christ* (Cambridge, 1951).

334) 막 1:15; 마 11:2–5; 눅 4:16–21; 요 1:14.

335) 요 4:35–8; 참조. 마 9:37f.; 눅 10:1f. 더 나아가 C. H. Dodd, *The Parables of the Kingom*, pp. 186f.를 읽어 보라.

2. 미래적 종말론

그러나 이것이 요한의 종말론의 유일한 양상은 결코 아니다. 우리가 애당초 살펴보기 시작했듯이, 또 다른 양상도 있다.[336] 구원의 현재 사상에 대한 강조와 아울러, 제4복음서 안에는 미래에 일어날 일에 관해 확연히 말하는 몇몇 구절들도 있다. 종말, 즉 시간의 끝에 만물을 영원 가운데 거두어들이는 일에 관한 언급이 명징하게 언명되어 있다. 예를 들면, 신자는 현재에 있어서 그리스도를 통해 하나님의 생명을 더불어 누릴 수 있다. 그리고 그는 저 '마지막 날'에 또한 일으킴을 받게 될 것이다.[337] 마찬가지로 불신자에 대한 심판은 이곳에서 지금 이미 시작되었다. 그리고 악을 행한 자들 역시 심판의 부활로 '나아올' 것이다.[338] 예수는 자기 배성을 찾아 이 세상에 오셨다. 그리고 마지막에 그가 또한 와서 그들을 자신에게로 이끌어 갈 것이다.[339] 교회는 자체 당면 과제로서 예배와 봉사를 시간 속에서 지속할 것이다. 그리고 성령과 진리 안에서의 예배를 교회는 영원히 함께 누리게 될 것이다.[340]

따라서 요한의 종말론은 흥미를 자아내는 이중적 전망을 드러내 보인다. 이로써 예수는 지금 오고 있으며, 그는 다시 오기도 할 것이다. 구원은 현재에 있어서뿐만 아니라 미래에 있어서도, 신자에게 하나의 가능성이다. 그러나 요한은 종말론의 이 두 가지 흐름들, 즉 현재

336) Bultmann, pp. 257–62(요 5:24–30에 대한 설명) 및 그밖의 여러 곳을 참조하라. 그는 원본 요한복음 가운데서 오직 '실현된' 종말론만을 찾아내고 있다.

337) 요 6:47; 6:40 하반절(아울러 40 상반절에 나오는 현재 시제들을 주시하라).

338) 요 3:19; 5:28f.(5:25–9의 전체 단락이, 5:19–24의 '현재' 강조와는 대조적으로 확고하게 묵시적인 어조를 지니고 있음을 주시하라).

339) 요 14:18, 23; 14:3.

340) 요 14:12–14; 4:23.

및 미래의 측면들을 그의 복음서 안에서 어떤 해결책 없이 따로 따로 취급하는 일을 지양할 수 있을 만큼 충분히 세련된 해석자이다. 그 양자-'지금 나타나 있는' 현재와 '아직 나타나지 않은' 미래 사이에는 창조적 긴장이 전개된다. 그리고 제4복음서 기자는 극치의 기술로써 이 양극을 연결시켜서 (우리가 앞에서 예수의 생애에 대한 그의 견해에 관련하여 알아내었듯이) 마침내 하나가 되게 한다. 우리는 '때'(hour)라는 술어를 요한이 독특하게 사용하는 점에서 이것을 확인할 수 있다. 예수로서는 그 영화(glorification)의 '때'가 아직 이르지 아니하였다. 그러나 어떤 의미에 있어서 그 때는 이미 종이 울렸다.[341] 개인에게 있어서는, 참 예배의 '때'가 이곳에 이르기도 했고 아직 이르지 않기도 했다.[342] 그리고 '그 때가 오고 있으니 바로 지금인데', 바야흐로 그 아들의 음성을 듣는 자들은 살게 될 것이다.[343]

이와 같은 방식으로 요한의 종말론의 '미래 사상'은 역사적으로 닻이 내려지고 실제 국면으로 접어들게 된다. 알프 코렐이 밝힌 바대로, 이것 때문에 제4복음서의 종말론은 요한의 교회 이해와 연결되어질 수 있다.[344] 교회와 종말론은 한결같이 구원 문제에 얽힌다. 그러므로 현재 및 미래, 또한 나아가 미래에의 전망을 바탕으로 그 양자를 바라보는 것이 가능하다. 더 나아가 양자는 (코렐이 상정하는 바대로) 예수의 죽음과 부활에 뿌리박고 있을 뿐 아니라, 또한-다시 한 번-그의 '강림과 승천'의 총괄적 사실에도 뿌리박고 있다. 지상의 그리스도교 공동

341) 요 2:4; 7:39;(참조. 5:26f).
342) 요 4:23.
343) 요 5:25.
344) A. Correll, *Consummatum Est*, 특히 4장; 본서의 앞부분, p. 454-455를 읽어 보라.

체는 아버지께로부터 왔고, (그의 영화에 의해 전적으로 새로운 상황을 창조하신 후에) 그에게로 다시 가신 그분에 의해 거느려진다. 예수는 지금 성령 · 보혜사로서 교회 안에 내주하신다. 그러므로 이 교회는 현재 시간 안에서 마지막에 있을 만물의 종말을 기다리면서 세상 가운데서 예수의 부활 생명을 투영(project)할 수 있다. 점차로 그 시점이 이르면, 승귀되어진 예수는(그의 파루시아는 그의 영화에 의해 예견되어진다) 자신의 제자들-그리스도인-을 그 교회 안에 모아 함께 있게 할 것이다.[345)]

요한복음의 교회와 종말론은 (교회와 성령과 마찬가지로) 이렇게 상호보완적인 사상들이며, 서로가 서로에게 얽혀 있다. 그 사상들의 내용과 의미는 그리스도론적 바탕과 역사상의 배경을 지닌다. 다시 한 번 우리는 요한복음 안에서 역사적 실체와 초역사적 실체 사이의 상호내속성(coinherence)을 발견한다.

【결 론】

요한의 종말론적 전망은, 그리스도의 오심과 그리스도인의 구원이 담긴 현재와 미래 사상 사이에서 고정되어진 그 공명권(reseonance)과 함께, 공관복음서 기자들이 예수 자신의 것으로 언급하고 있는 그 견해들로부터 그리 멀리 벗어나 있지 아니하다. 그들은 또한 예수의 가르침이 양극성을 내포하였다고 상정한다. 틀림없이, 우리가 애당초 밝힌 바와 같이 그들의 강조점은 두드러지게 미래주의적이 됨으로써 요한의 견해와는 차이를 보인다. 그러나 공관복음서들은, 예수의 파루

---

345) 요 14:3.

시아와 신자의 영원한 생명을 미래적 가능성들로 언급함과 동시에, 이 요소들이 현재적 실재들임을 시사하는 전승을 간직하고 있다.[346] 그리고 요한복음의 경우처럼, 현재와 미래의 양극은 때에 따라 매우 밀접하게 접합되어진다. 그래서 결과적으로 예수는 동일한 담화 속에서 그 종말을 가깝고도 먼 일로 보는 것으로 나타난다.[347] 비슷한 경우로, '하나님의 나라가 가까이 왔다'[348]는 바로 그 문구는 그 의미에 있어서–미상불 치밀하게 계획적으로–양가병존적인데, 이는 그 왕국의 도래 시간이 이 경우에 현재 아니면 미래일 수 있기 때문이다.[349]

물론 어떤 편집자의 손길이, 공관복음서(현재적 종말론에 미래 시상을 덧붙임으로써)와 요한복음서(미래에 현재를 덧붙임으로써)에 작용했으리라는 것도 가능하다.[350] 그러나 한 방면으로는 거의 고정될 수 없으면서도 필연적으로 그 전망에 있어서는 다양해지는 신약성서 종말론의 전반적 복합성에 비추어 볼 때,[351] 우리는 (최소한 요한복음에 있어) 그와 같은 설명에 호소할 필요가 없다. 그리고 혹 그리하는 사람들은, 요한의 종말론에 있어서의 미래적 요소들이(그것들의 묵시 문학적 착색을 포함하여) 요한의 해석의 발전에 있어서 뒤늦은 기간에 속하는 게 아니라 초기 단계에 속하는데, 그 단계는 공관복음서 전승의 전수에 있어서 원시적 단계들에 상응한다는 사실을 깊이 명심해야 한

346) 참조. 막 1:15; 눅 4:21; 마 10:40; 11:12 및 그밖의 여러 곳.
347) 참조. 막 13:28–31, 32–7; (아울러, 예를 들어 마태복음 10:23 및 28:19f. 등을 자세히 보라).
348) 마 1:15 단락.
349) 더 나아가 S. S. Smalley, 'The Delay of the Parousia', *loc. cit.*, pp. 42–7 및 그곳에 언급된 문헌을 읽어 보라.
350) 후자의 견해에 관하여는, Brown I, pp. cxxf.를 읽어 보라.
351) 데살로니가전서로부터 그 후서에 이르면서 나타나는 전망의 변이를 주시하라.

다.[352]

제4복음서가 탄생되기에 이르면서 요한의 종말론이 그 '현재적' 강조점을 고조시켰을 수도 있는바, 결과적으로-특별히 복음서 기자 자신의 신학적 및 그리스도론적 전망에 의해 발휘되어진 압력 요소들에 비추어 볼 때-그의 종말론적 시각의 기본적 양극성이 전통적인 것이라는 사실을 의심할 만한 실제적 이유가 전연 없다. 그러나 이 복음서의 종말론이 틀림없이 신약성서의 다른 부분들과 맥이 이어져 있으므로, 요한이 자신의 재료에서의 이같은 양상들을 독특하고도 지극히 중대한 자세로 다루고 있다고 말하는 것도 역시 진실이다. 이것의 신학적 효과는 궁극적으로 구원의 '시간들'을 한데 묶는 것이며 그 양자가 상호 연결되어 있음을 보여 주는 것이다. 이스라엘의 시간, 예수의 시간, 교회의 시간, 그리고 종말의 시간이 제4복음서에서는 중첩되어지고 있다. 전 역사가 거기에 있으며, 또한 전체 구원 역사도 거기에 있다.[353]

요한의 해석

우리는 요한의 해석에 있어서 주도적인 사상들을 살펴보았으며, 제4복음서 기자가 매 경우 우리에게 제공하는, 그리스도교 전승의 특수한

352) M.-E. Boismard, 'L Évolution du Théme E' schatologique dans les Traditions Johanniques', *RB*68(1961), pp. 507-24, 특히 523f.의 경우 마찬가지 견해; Bultmann, p. 11 및 이하 단락의 견해와는 대조적.

353) 더 나아가 Barrett, pp. 56-8을 읽어 보라.

해석을 관찰해 왔다. 이 기초 위에서 우리는 예수를 말씀으로, 곧 사람들에게 하나님을 계시하고 사람들 때문에 영광을 받으신 분으로 묘사한 요한의 표현이 성취라는 주제의 특수화된 해석으로 귀결되어진다는 점을 살펴볼 만한 위치에 서 있다.

요한의 복음서는 결국 '그 안에 생명이 있었다'[354]는 서두의 언명에 대한 해설이 아닐 수 없다. 우리가 이제껏 살펴본 바대로 요한의 술어 체계에서 하나님의 생명은 예수를 통해 성령으로 말미암아 신자에게 향유 가능한 것으로 제시되어졌다. 요한의 신학에는 성부, 성자, 성령으로서의 하나님이 최대한으로 내포되어 있다. 아직 정의(definition)상으로는 그렇지 않을지 모르나 성격상 그것은 삼위일체론적이다. 그럼에도 불구하고 우리가 이제껏 연구한 바대로 요한의 특수한 기록 목적들은 그의 교리의 초점이 그리스도론적인 것이 되게 만든다. 무대의 한가운데 생명이시며 생명을 주시는 분으로 세워진 인물은 제4복음서에 있어서 바로 예수이다.[355] 아버지와 성령이 이 사역에 동참함에도 불구하고 그러하다.[356]

요한의 견해에 따르면 이렇게 하여 예수는 새로운 창조를 가능하게 만들었다.[357] 그는 새 이스라엘을 출범시키며 유대주의에 새로운 중심점을 부여한다.[358] 그는 새 유월절을 창제하며,[359] 새 예배를 제정하고

354) 요 1:4.
355) 요 11:25f.
356) 요 6:44; 3:5.
357) 요 1:1, 14.
358) 요 1:49 및 그밖의 여러 곳; 2:1-22(참조. 1:14).
359) 요 2:3; 19:31(참조. 1:29) 및 그밖의 여러 곳; 6:47-51.

새 안식일을 주도한다.[360] 그는 새 오순절을 창시하며,[361] 새로운 사랑의 법을 반포한다.[362] 제4복음서에 있어서 예수는 여러 면에서 사실상 새 출애굽(Exodus)을 완수하는 새 모세이다.[363] 그래서 한 예로서, 광야의 배회자들에게 주어졌던 만나는 하늘로부터 내려온 참되고 살아 있는 떡이신, 그리스도에 의해 대치되었다. 모세에 의해 힘껏 두들겨진 바위로부터 흘러 나온 샘물 대신, 예수는 그 자신이 친히 주는 생수를 베푸신다. 그리고 세상의 빛으로서 예수는, 이스라엘 사람들을 그 행로에서 줄곧 인도했던 불기둥을 대신하여 신자의 갈 길을 지도하신다.[364]

그러나 요한복음의 그리스도는 단순히 '또 하나의' 모세가 결코 아니다. 확신하건대 제4복음서 기자는 예수를 통해 영원한 '약속의 땅'이 도래되어질 수 있음을 익히 알고 있다. 또한 그는 의심할 나위 없이 메시아와 관련하여 모세에 얽혀 있는 유대 전승을 숙지하고 있었으며, 따라서 예수를 모세적 · 메시아적 구속자로 간주하는 것은 자연스러운 일이 될 것이다.[365] 그러나 요한이 보기에 모세와 예수 사이에는 실재적인 차이점과 아울러 비교할 수 있는 사항들이 존재한다. 율법은 모세를 통해서 주어졌다. 그러나 은혜와 진리는 예수 그리스도를 통해 그 충만함 가운데서 왔다. 하나님에 대한 모세의 비전은 불완전하지

360) 요 4:21-6; 5:15-18.
361) 요 20:22f.
362) 요 13:34f.
363) 더 나아가 T. F. Glasson, *Moses in the Fourth Gospel*을 참조하라.
364) (출 16:1-36) 요 6:26-58; (출 17:1-7) 요 7:37-9. 이 구절들에서는 그 문맥이, 38절에 나오는 인용문의 주어가 예수 자신으로 간주되어야 한다는 점을 요구한다(출 13:21f.) 요 8:12. 더 나아가 T. F. Glasson, *op. cit.*, pp. 10f.를 읽어 보라.
365) T. F. Glasson, op. cit., pp. 20-6, 그리고 거기에 인용된 문헌을 참조하라.

만, 반면에 하나님의 독생자 예수는 아버지를 유일하게, 따라서 온전히 알 수 있었고 또한 알려줄 수 있었다.[366)]

그러므로 요한복음서가 그리스도 중심적인 본질을 지니고 있음에도 불구하고, 우리는 요한복음의 예수가 궁극에 있어서 그리고 무엇보다도 먼저 이 일만을 행하지는 않는다는 사실을 발견한다. 그는 자신에게로 주의를 집중시키는데, 이는 사람들을 하나님께로 돌이켜 그들을 하나님께로 이끌려 함이다.[367)] 그는 하나님께로 이르는 길이다. 또 한편으로 하나님에 관한 진리와 하나님의 생명은 그를 통해 알려져야만 한다.[368)]

---

366) 요 1:17f.

367) 요 14:6f. 및 그밖의 여러 곳.

368) Ibid. 요한의 신학 일반에 대해서는, G. E. Ladd, *A Theology of the New Testament*(Guildford and London, 1975), pp. 213-308을 읽어 보라.

| 맺음말 |

우리는 이제 요한복음서 연구의 대단원에 거의 도달하였다. 그러나 우리가 결론을 내리기에 앞서, 몇 가지 보충적 논평들을 해 둘 수 있을 것이다. 이 단락에서 우리는 이 책의 체제에 대한 우리의 재탐구에서 파생하는 두 가지 질문에 대한 답변을 시도하고자 한다. 첫째, 우리는 공관복음서 기자들과 요한과의 문제를 조금 더 깊이 조사해야 하며, 나아가 어째서 그가 그들과 그토록 다른지를 질문해 보아야 한다. 둘째, 우리는 오늘날 우리와 제4복음서의 연관성을 탐구해 보아야만 한다. 그 후에 비로소 우리는 몇 가지 최종적 결론점들을 종합할 수 있다.

필연적으로 그리고 요한복음 같은 복음서의 경우에는 언제나 우리는 새로운 질문들을 계속 제기하게 될 것이며, 이 직접적 문제점들에 직면하고자 하는 경우에도 보다 깊은 탐구의 길들을 계속 열어 나갈 것이다. 그리고 그것은 바로 본서와 같은 책이 실제로 도저히 완성되어질 수 없는 이유이다. 그럼에도 불구하고, 우리는 그 일을 단념해서는 안 된다.

어째서 요한복음은 다른가?

우리는 제1장에서 제4복음서 기자가, 비록 그 자신이 독립적으로 인용한 공통적 그리스도교 전승을 다른 기자들과 더불어 공유하기는 했지만, 여타 복음서들을 알지도 못했고 이용하지도 않았다는 사실을 논증하였다. 그러나 만약 요한이 다른 복음서 기자들과 동일한 지점에서 시작한다면, 어째서 그 최종 결과가 그토록 다른가? 분명한 접촉점들이 많이 있지만, 실제적 차이점들도 없지 않다. 이 복음에 있어서 예수의 현시-그의 행동들과 가르침, 그리고 나아가 그의 성격-는 공관복음서의 상응 부분에서는 한참 동떨어져 있는 듯하다. 틀림없이 마가는 여러 면에서 마태 및 누가와 다르다. 그러나 (비록 그가 궤도 이탈적 존재는 아니라 해도) 요한은 대체적으로 전혀 다른 맥락 안에 있는 것 같다. 따라서 우리는 그 대비점을 최소화하려고 하는 것보다, 오히려 그 점을 설명할 몇 가지 제안들을 제시하는 것이 바람직하다. 어째서 요한은 다른가?

(1) 첫째, 만약 요한의 전승이 궁극적으로 독립적인 것이라면, 그것은 복음서의 편찬에 책임 있었던 사람들에 의해 독립적으로 취급되어졌음에 틀림없다는 논리가 뒤따른다.

(2) 그 간행에 즈음하여, 이 복음서는 (우리가 제3장에서 제의한 바와 같이) 상이한 서술 단계들을 거쳤다. 우리가 믿기는 제2단계에서 제4복음서 기자 자신은 결정적 방식으로 예수에 관한 그 사랑받은 제자의 사상들을 기록하고 발전시켰으며, 이로써 제4복음서의 기본 성격이 필경 그에게서 비롯되었을 것이다. 그러나 다른 이들이 관련되어

있다. 그리고 결국 우리는 전통적 그리스도교 원자료들과 그것들의 편집본이 혼합되어 괄목할 만한 통일체를 이룬, 그리고 뚜렷하게 '요한적인' 성격이 각인되어진 한 문서를 가지게 된다. 따라서 그 문서의 문학적 및 신학적 역사에 비추어 보건대, 우리는 제4복음서가 지금 그 문서에 관해 색다른 '느낌'을 지니고 있다 해도 결코 놀라지 말아야 할 것이다.

(3) 공관복음서에서 두드러지게 나타나는 많은 양의 기초적 예수 전승이 요한복음에서 상정된 듯하다. 예를 들면, 제4복음서 기자는 예수의 메시지에 관한 한 편의 전승이 그와 하나님 나라와의 관계에 관해서는 방대한 정보를 담고 있다는 것을 알고 있었을 것이다. 제4복음서의 경우에는 그 반대이다. 즉 예수는 아버지에 관해서는 자주 언급하지만, 하나님의 나라에 관해서는 거의 언급치 않는다. 그러나 이것이 곧 요한이 작업의 기초로 삼을 만한 신빙성 있는 지식을 전연 확보하지 못했음을, 또는 그가 자신이 알고 있던 내용을 변조해 냈음을 의미하는 것은 아니다. 이는 단순히 그가 그의 복음서의 목적들에 맞추어 기초적 그리스도교 전승의 어떤 부분들을(설화나 담화를 막론하고) 가정해 보고 또 다른 부분들을 강조-또는 그것들을 신학적으로 발전-하고 있었음을 의미할 따름이다.

(4) 요한을 공관복음서들로부터 분리시키는 것처럼 보이게 하는 주요 차이점들은 바로 이것들이다. 그러나 로빈슨(J. A. T. Robinson)이 그토록 설득력 있게 논증한 바와 같이, 제4복음서의 역사성에 대한 배려, 그 복음서의 문학 형태, 그 어휘와 그 신학 등, 이들 영역들 중의 어느 하나에서도 요한은 공관복음서들의 증언과 상충되지 아니한다.

그리고 최소한 신학적 표현(presentation) 문제에 있어서, 그는 오히려 공통적 전승의 암시점들을 최대한 부각시키고 있다.[1] 이와 같은 방식으로 요한은 예수의 이야기에 새로우면서도 합법적인 차원을 더하여 준다. 즉 그는 단순한 빈칸을 '채우는'(filling in) 것이 아니라 '완결시키고'(filling out) 있는 것이다.[2]

(5) 우리가 논증한 바와 같이 제4복음서 배후에 숨겨져 있는 기초적 전승은 팔레스틴적이다. 그러나 그것의 궁극적 배경과 수신자는 의심할 나위 없이 아시아적이다.[3] 제4장에서 제의된 바와 같이 예수 전승에 대한 요한의 번안이 소아시아의 유대인-이방인 교회의 정황 속에서 서서히 형성되어진 것이라면, 결국 그 결과가 특유한 것일 수밖에 없다는 사실은 얼마든지 납득 가능하다. 우리는 공관복음서들의 기원을 비교해 볼 수 있다. 마가복음은 십중 팔구 로마에서 로마인 독자들을 위해 쓰여졌다. 그리고 설령 누가복음이 (그 자체의 말키온 이전의 서론[4]이 상정해주듯) 아가야에서 기원하였다 해도, 제3복음서 역시 로마의 비그리스도교인들에 대해 발신되었을 가능성이 꽤 높다. 반면에 마태복음은 팔레스틴 안의 또는 그 부근의 한 유대계 그리스도인 회중을 위해 쓰여졌을 가능성이 충분히 있다. 따라서 첫 세 복음서들의 행선지는 폭넓게 말해서 이탈리아가 아니면 팔레스틴이었다. 그러나 요한복음서의 행선지는 아시아였다. 비록 제1세기에 있어서 소아시아가 지중해 세계의 나머지 지역과 동일한 그리스-로마적 환경에 속해 있

1) J. A. T. Robinson, 'The Place of the Fourth Gospel', *loc. cit*., 특히 pp. 57-74를 보라.

2) *Ibid*., p. 74.

3) 본서의 pp. 19 이하, 276-280 기타 여러 곳을 보라.

4) 이 서론의 영어 역본을 원한다면, E. E. Ellis, *The Gospel of Luke* (London, 1974, pp. 40f.를 보라.

었다 할지라도, 그 지역의 특이성이 결코 망각될 수 없다. 에베소는 로마가 아니었으며, 또한 예루살렘도 아니었다. 요한의 복음서가 최종적으로 에베소에서 기원하였다면, 결국(아니 이것은 그럴 가능성이 있어 보인다), 그 복음서의 시각(outlook)이 공관복음서들의 그것과 달라져서는 안 될 이유가 전혀 없으며, 그 책이 그 나름의 신학적 생명을 보유하지 말아야 할 이유도 또한 없다.

(6) 우리는, 요한의 복음서가 그 나름의 성격(유대적인 동시에 헬레니즘적인)과 그 나름의 문제들(예수의 참된 정체에 관한 논란들)[5]을 가지고 있던 한 공동체의 특수한 상황 속에서 뻗어갔던 그 범위를 이 책 속에서 강조 서술하였다. 그러므로 제4복음서를 만들어 낸 환경 못지않게 요한의 교회 그 자체의 제 요구들이 예수 전승을 다루는 요한의 취급 태도에 영향을 주었으며, 예수의 교훈에 대한 그 기록에 있어서 그리스도론적 강조를 자아냈음은 의심할 여지가 없다. 물론 어떤 의미에서는 네 복음서들 모두는 하나님의 그리스도이신 예수에 관한 좋은 소식을 제시한다. 그러나 요한은 다른 복음서 기자들보다 훨씬 더 깊이 이 문제와 씨름하고 있으며, 그 자신의 청중들을 고려하여 한편으로 예수 대(對) 하나님의 정확한 관계 및 예수 대 인간의 그것을 부연적으로 다루고 있다. 놀랄 것 없이, 그것을 그 나름의 발전된 신학적 접근을 지닌 한 복음서가 만들어지는 결과를 가져다주었다.

(7) 과거에 있어서, 요한복음을 제'4'복음서로 묘사하는 것은 종종 이 문서가 공관복음서들의 이차적, '신학적' 번안으로서의 성격을 지니고 있다는 전제들을 반영해 주곤 했다.[6] 우리는 그와 같은 전제들을 진지

5) 본서의 pp. 274–280을 보라.

6) J. A. T. Robinson, 'The New Look on the Fourth Gospel', *loc. cit.*, p. 95를 참조하라.

하게 조사해 보아야 할 이유를 살펴보았다.[7] 그러나 거의 확실하게 요한의 복음서는 사실상 기록 가능했던 정경 복음서들 중의 네 번째이자 마지막 책이었다. 이와 같이 요한복음서는 그리스도교 전승에 대한 보다 깊은 성찰의 시대를 입증해 주고 있는데, 그 기간 동안에는 두드러지게 요한적인 사상들이 발전할 수 있었고 표현되어질 수 있었다.

이와 같이 우리가 요한복음과 그밖의 다른 복음서들 사이의 지극히 실재적인 차이점들을 주목해볼 수 있음에도 불구하고, 그 차이점들이 설명할 수 없는 것들이라고 판단하거나 그것들이 반드시 예수에 대한 증거로서 요한복음의 신빙 불능성을 시사하는 것이라고 결론지어서는 안 된다. 요한은 그리스도교 전승을 자유 재량을 가지고 다루었으며, 그 전승에 그의 개인적 성격을 각인하였다. 그럼에도 불구하고 그 자신의 신앙과 이해는, 그 자신이 출발점으로 삼은 공통의 역사적 전승(즉 예수의 인격에 관한)을 왜곡시키거나 지워 없애지 않고, 오히려 발전시키고 고양시켰다. 결론적으로 우리는, 요한과 공관복음 기자들 사이의 차이는 종류의 차이가 아니라 정도의 차이라고 매듭짓는다.[8]

7) 본서의 pp. 14-17, 148-151를 보라. 이를테면 어떤 예배의 무대 및 유대인-그리스도인의 갈등 같이, 제4복음서의 배경에 있어서 작용했던 다른 영향들 역시 요한의 독특성에 기여했을 수 있다. 그러나 이러한 요소들의 영향 범위가 언제나 정확하게 규정될 수는 없다. 어느 경우이건 그와 같은 영향들은 초기 그리스도 교회의 생활에 있어 전반적으로 전형을 이루었으며, 따라서 십중팔구 다른 복음서들을 형성하는 데도 역시 기여했을 것이다.

8) J. A. T. Roninson, 'The Place of the Fourth Gospel', *loc. cit*., p. 71을 참조하라.

오늘날에 있어서 요한의 의미

우리가 살펴본 바와 같이 초대 교회의 그리스도인들은 제4복음서를 전혀 다른 여러 방식으로 접근하였다.[9] 예를 들면, 제2세기에 있어서 어떤 이들(그러니까 바실리데스〈Basilides〉나 발렌티누스〈Valentinus〉 같은 알렉산드리아파의 영지주의자들)은 요한복음을 이단설에 유리하도록 왜곡 사용하였으며, 반면에 다른 어떤 이들(이레니우스 같은 이)은 그것을 이용하여 정통 견해를 옹호하였다.[10] 그 복음서는 사실상 양측 모두를 위한 '천연의 싸움터'였다.[11] 이는 그것이 영지주의 입장이나 비영지주의 입장 중의 어느 하나를 지지하고자 하는 자들을 완전히 동시적으로 두둔하는 것처럼 보이기 때문이다. 요한복음 안의 이같은 양가병존(ambivalence)은 이 복음서의 사도적 기원에 관한 필연적 의문과 결부되어 있는바, 이것은 교회가 그와 같은 문서의 진정성과 권위를 완전히 인정하기에 앞서 한때 망설여야 했던 이유를 잘 알 수 있게 해준다.[12]

그러나 초기 그리스도교에 의해 채택된, 요한의 복음서에 대한 양가병존적 태도에는 한 가지 이유가 있었다. 이 복음서는 정확히 말해서 그 자체의 다양성 때문에-특히 그리스도 인격의 표현 서술에 있어서-현저히 상충적인 면에서 사용될 수 있었고 상호 배타적인 것으로 보여

9) 본서의 pp. 129-130, 153-154, 276-277을 보라. 그리고 더 나아가 T. E. Pollard, *Johannine Christology and the Early Church*를 참조하라.

10) 더 나아가 J. N. Sanders, *The Fourth Gospel in the Early Church*, pp. 47-48을 보라; 아울러 (A.D.3세기 및 4세기로 그 탐구의 눈길을 돌려가면서) M. F. Wiles, *The Spiritual Gospel*, pp. 96-128, 특히 112-28을 보라.

11) M. F. Wiles, *op.cit,* p. 96.

12) B. H. Streeter, *The Four Gospels*, pp. 436-42.

졌던 결론들을 뒷받침하는 데 사용되어질 수 있었다.

우리는 제4장[13]에서 요한복음의 신학적, 그리고 특히 그리스도론적 다양성의 배후에 있음직한 동기를 검토하였다. 그리고 우리는 요한의 교회에 소속한 자들-디아스포라 중의 유대인들 및 그리스 사람들-의 다양한 배경, 시각, 요구들에 비추어 볼 때 아마도 이것이 최선의 설명이 되리라는 것을 거기에서 제의하였다. 그러한 상황은 예수께서 인간과 하나인 동시에 하나님과 하나인 분이라는 요한의 주장을 얼마든지 발생시켰을 수 있다. 그러나 이렇게 함에 있어서 요한이 의식적으로 '양성'(two natures)의 그리스도론을 채택하였거나, 예수를 하나님-사람으로 표현하는 일에 얽힌 문제들을 풀어보려고 애썼을 가능성은 희박하다. 그럼에도 불구하고, 한슨(A. T. Hanson)이 말하는 바와 같이, 칼케돈 신조의 그리스도론은 이 표현 방식(presentation)을 출발점으로 하여 전개되어 진다.[14] 예수의 선재성과 실재적 인간성을 통합함으로써, 요한은 전통적 그리스도론이-초대교회에 있어서뿐만 아니라 우리 자신의 시대에 이르도록까지-형성되어질 수 있었던 기초로서의 여러 자료들을 제공하였던 것이다.

요한복음의 평형성

결과적으로 요한의 신학, 특히 예수의 인격에 대한 그의 개념은 오

13) 본서의 pp. 273 이하를 보라.

14) A. T. Hanson, *Graca and Truth*, pp. 73f.(pp. 72-4를 보라); 아울러 본서의 pp. 277f.를 참조하라.

늘날의 우리와 어떤 관련성을 지니고 있는가? 이 예수에 대한 신약성서의 견해에 끼쳐진, 그리고 이에 대한 결과로서, 그를 통해 매개되어진 영생에 대한 견해에 끼쳐진 기여는 하나의 세계적 '평형성'이라는 표현으로 요약되어진다는 답변이 여기에서 즉시 내려질 수 있다.

첫째로, 제4복음서는 그리스도의 신성을 주장한다. 요한은 예수가 하나님께로부터 말미암았으며 하나님과 하나임을 매우 명백하게 부각시킨다. 그는 하나님의 영광을 독특하게 계시하며, (범상치 않게, 신약성서 안에서) 하나님이라는 고백을 받는다.[15] 그러나 요한복음의 예수는 단순한 하나님이 아니다. 또한 그는 사람과 하나인 분이기도 하다.

의미 심장하게도, 요한의 복음서는 하늘에서 시작하지만, 땅 위에서 끝난다. 그 서론에서 우리는 태초에 하나님과 함께 계셨던 선재하신 말씀(the Word)의 기록에 접한다.[16] 모든 복음서 기자들 중에서 특히 요한은 그리스도의 영광을 매우 극명히 감지한 이로서, 그의 복음서를 동일한 초월적 차원에서 마무리짓고자 했다고 생각해 볼 수 있을 것이다. 마태와 누가도 모두 그렇게 하고 있다. 그들은 산 위에서의 장면에서 끝을 맺으며, 예수의 승천(ascension)을 통해 그의 높여지심(exaltation)을 암시한다.[17] 명백히 요한은 그의 부활 설화 속에 올라가심에 대한 예견적 언급을 담고 있다.[18] 그리고 그의 복음서 끝부분에서-사실상 전반에 걸쳐서 그러했듯이-그는 예수의 영화와 높여진 지

15) 요 13:3; 10:30; 1:14, 18; 20:28.

16) 요 1:1.

17) 마 28:16; 눅 24:50f.(누가복음 24:51에서, 모든 사본들은 한결같이, '그 후에 하늘로 올려지시니라' 라고 서술하지 않는다). 마가는 '긴 맺음말'(막 16:19)에서 오로지 승천에 대한 언급을 하고 있는바, 이는 후대에 가필된 것이다.

18) 요 20:17.

위를 의식하고 있다.[19] 그러나 요한의 맺음말은 여전히 지상에 계신 부활의 주님으로 마무리되어진다. 요한복음 21장이 후세에 이 복음서가 덧붙여진 별첨 부분이라는 점이 논증되어진다 해도, 요한복음 20장 역시 지상에서 끝나고 있는 것이 사실이다. 아마도 바로 이것을 통해서 제4복음서 기자는 역사와 역사를 침노한 그 말씀 사이의 항존적 관계를, 즉 예수와 우리 사이의 관계를 우리에게 일깨워 주고자 하였을 것이다.

따라서 요한의 예수는 단순히 하나님이 아니다. 그러나 우리가 아는 바와 같이, 몇몇 초기 그리스도인들은 예수가 신적 존재이며 인간은 아니었다는 가현설(docetic)의 견해를 뒷받침할 증거를 제4복음서에서 찾으려고 덤벼들었다.[20] 그런데 이러한 사고의 양태는 또한 현대적인(그리고 위험한) 현상의 하나가 아닌가? 우리는 이미 제4복음서를 완벽하게 가현설적인 측면에서 해석하고자 하는 우리 시대의, 최소한 한 명의 학자를 주목한 바 있다.[21] 더 나아가 가현설은 우리가 일찍이 검토한 바 있는 역사적 예수에 대한 우리 시대의 '새로운 탐구'(new quest)가 만들어낸 하나의 산물이다.[22] 오늘날 케리그마를 통한(그것의 온갖 형태를 통한) 예수와의 실존적 만남에 대한 강조는, 역사의 예수 즉 육신이 되신 말씀에 대한 진정한 관심을 그 선행 조건으로 삼고 있

19) 특히 요한복음 20:19-23, 30f. 등을 참조하라.

20) 그리스도교 초창기 역사에 있어서는, 다양한 형태들의 가현설적 오류가 있었다. 예를 들면, '알로기'파(A.D. 170년경 소아시아에서 활동한 이단 집단-역자주)가 요한의 복음서와 계시록의 저자로 생각했던 케린투스(Cerinthus)는, 그리스도는 아버지에 의해 세례시에 (보통 사람) 예수 위에 보내어졌으며, 십자가 처형 직전 그로부터 떠나갔다고 가르쳤다. 발렌티누스 같은 후기 영지주의자들은 보다 철저한 가현설을 채택하였는데, 그 논리에 따르면 예수의 몸은 가시적인 것이었지만 마리아로부터의 '실체'를 가지지는 않는 것으로 간주되었다.

21) E. Käsemann, *The Testament of Jesus*, pp. 8-13. 이하 여러 곳을 참조하라.

22) 본서의 pp. 319-325를 보라.

는데 그렇지 못한 경우에 그것은 최소한 그 표상의 가치를 떨어뜨리게 된다. 만약 논리적으로 추구한다면, 그와 같은 접근은 불가불 가현설-승귀하였으나 화육하지는 않으신 분이며, 신이지만 인간은 아닌 분으로 예수의 인격을 보는 선입견-에 빠져들게 마련이다.[23)]

더 나아가, 예수께서 단지 인간인 것처럼 보였을 뿐 물질적 및 시간적 제약을 사실상 받지 않은 한 비실재적 인물이었던 것으로 시사될 수 있는 그러한 교묘한 방식으로 표현되어진 그리스도론들을 우리는 오늘날의 복음주의에서도 들을 수가 있다.

그 예로서 한 복음 전도자는 다음과 같은 문구로써 성육신을 묘사한 바 있다.

> '천사의 무리들은 겸손히 머리 숙여 하늘의 뭇 왕자들 중의 왕자이며 만주의 주로서 그를 경배하였으며…보석으로 꾸민 그의 수레에 올라, 진주 대문들을 지나, 창공의 단애를 뛰어넘고 캄캄한 유대의 한 밤에 오셨네. 별들은 모두 함께 노래하였고 호위하는 천사들은 찬미의 노래들을 높이 부르는데, 그는 수레 밖으로 걸어나와 그 의상을 벗어 던지고 바야흐로 사람이 되셨다네!'[24)]

바로 이 복음 전도자는 그리스도가 죽으신 것은 자원하여 죽으신 것이며, 따라서 운명을 위한 '정확한 순간을 선택하신 것'이라고 말하고

---

23) R. P. Martin, 'The New Quest of the Historical Jesus', *loc. cit*., 특히 pp. 40f를 참조하라(아울러, 'The New Quest and the Fourth Gospel'을 다룬 pp. 43f.를 보라).

24) W. F.('Billy') Graham, *Peace With God*(Kingswood, 1954), p. 78.

있는 것이다.[25] 여기에서 우리는 예수의 탄생, 생애 및 죽음이 그로 하여금 인간성 및 인간적 상황과 적절한 관련을 맺지 못하게 한 마술적 속성들에 의해 둘러싸여 있다는 느낌을 갖게 된다. 명백히, 이 인상기는 지상에서의 예수가 '한 사람으로서 사람들 사이를 거닐었다'는 점을 부각시킨 동일 자료의 다른 문구들과 평형을 이룰 수 있다.[26] 그러나 '초월적으로, 영광스럽게 그리고 자신이 와서 완수하도록 주어진 사명에 대한 위대한 전망을 가지고' 움직이는 하나님의 아들에 대한 전반적 묘사는,[27] 사실상 가현설적인 신학의 방향으로 기울고 있으며, 결국 예수의 인격에 대한 평형을 잃은 견해가 등장할 수 있게 할 정도에까지 이른다.

물론, 그리스도의 인격에 대한 설명들을 포함하는 선포와 가르침은 전적으로 제4복음서로부터 따온 '가현설적' 본문들의 근거 위에서 수행되어진다. 그러므로 이러한 활동에 있어서는 예수께서 두 본성, 곧 신성과 인성을 온전히 구비하였음을 역설함으로써 참으로 요한적인 평형을 유지하는 것이 중요하다. 그는 단순히 하나님이 아니었으며, 사람이기도 했다.

둘째로, 그러나 제4복음서 기자가 예수를 단순히 한 사람으로 보지 않았다는 것 역시 마찬가지로 사실이다. 양자론-예수는 무흠한 생애를 산 사람으로서 하나님의 양자가 되었다는 견해-은 오늘날 가현설에 비해 훨씬 더 인기 좋은 그리스도론의 접근 방식이다. 그리고 이 견해는 현대 신학을 심각하게 바꾸어 놓았다.

25) *Ibid.*, p. 82.
26) *Ibid.*, p. 80.
27) *Ibid.*, p. 81.

예를 들면, 마스칼(E. L. Mascall) 같은 학자들은 칼케돈 신조 해설(Chalcedonian Definition)에 수록되어 있는 그것과 같은 그리스도교 교리의 신조 형식들('성육신하신 주님 안에는…두 본성이 있으니, 곧 한 신성과 한 인간성으로서, 양자는 한 신적 인격 안에 분리될 수도 혼합될 수도 없이 통일되어 있다')[28]을 옹호하려는 만반의 태세를 갖추고 있으므로 이들은 결과적으로 신학이라는 저울의 한 끝에서 볼 때 자신들이 옳다는 것을 발견한다. 그러나 우리는 그리스도교 신앙이 과거에 조형해 낸 '전통적인 정통적 초자연주의'라고 묘사하는 그것에 만족하지 못하는, 그리고 '평범한 세계'는 이것을 이해하지도 받아들이지도 못한다고 믿는 신학자들이 저울의 다른 한 끝에 있음을 본다.[29]

예를 들면, 모리스 와일즈(Maurice Wiles) 교수는 최근에, 오늘날의 사상과 이것의 결과로서 교회 안에서 수행되고 있다(고 그가 주장하)는 '교리적 활동'의 빛 안에서 분석 · 연구해 낸 전통적 그리스도교 교리에 대한 한 보고서를 제출하였다.[30] 그리스도의 인격에 관한 이 논문 속에서,[31] 와일즈 교수는 결론적으로 예수의 독특성에 관한 주제–인간이지만 동시에 그는 하나님이다–를 공개 제시하고 있으며, 아울러 '그

28) E. L. Mascall, *Christ, The Christian, and the Church: a study of the incarnation and its consequences*(London, 1949) p. 40; pp. 1–22에 실린바, 'The Incarnation of the Word of God; 제하의 장 전체를 읽어 보라. 마스칼 교수는 보다 최근의 연구 속에서, 이 책에서 그가 취한 기본 입장을 재확인하였다: E. L. Mascall, *Corpus Christi: essays on the church and the eucharist*(London, 1965), p. xi을 읽어 보라.

29) J. A. T. Robinson, *Honest to God*(London, 1963), p. 8. 역시 같은 경우; 아울러 pp. 64–83에 실린 'The Man for Others' 제하의 장 전체를 읽어 보라. 그리고 아울러 J. Hick(ed.) *The Myth of God Incarnate*(London, 1977)을 읽어 보라. 더 나아가 S. S. Smalley, 'Christological Developments in Response tod Current Challeages', *The Franciscan* 18(1975–6), pp. 159–67을 참조하라.

30) M. F. Wiles, *The Remaking of Christian Dortrine*(London, 1974).

31) *Ibid*., pp. 41–60.

리스도라는 낱말로써 시사되어지기에 이른 모든 것을 예수라는 표상'과 절대적으로 동일시하는 그리스도교 전통의 양상에 대해 의문을 던지고 있다.[32)]

마찬가지로, 안토니 한슨(Anthony Hanson) 교수는-우리가 이미 최근에 나온 그의 그리스도론 연구를 살펴본 바 있거니와[33)]-칼케돈 신조가 '믿을 수 없는' 것임을 발견하고서 그 칼케돈적 해결책에 대한 하나의 대안이 되어 줄 성육신 교리에 대한 설명을 제시하는 과제에 스스로 몰두하고 있다.[34)]

한슨의 답은 캐제만(Käsemann)[35)]과 와일즈(Wiles) 사이의 어느 지점에 머무는 것 같은데, 이는 그가 가현설과 양자론 사이의 중간 노선을 지향하려 하기 때문이다. 칼케돈 신학이 제4복음서 가운데 표현된 가현설적 그리스도 묘사에 너무 지나치게 의존하고 있다고 그는 믿는다.[36)] 한슨은 예수가 전에 그 무엇이었든간에 '실재의 한 사람의 인격'이었다[37)]는 가정으로부터 시작하는바, 그러므로 그는 자신의 그리스도론 이해를 다음과 같이 형상화한다. 완전히 순종을 보이신 예수 그리스도의 생애 가운데서, 하나님의 '자기 계시는 그 절정에 이르렀다.'[38)] 그러나 만약 예수가 명실공히 아버지와 '한 본체에 속하지' 않았다고 한다(한슨 자신도 이를 논증하는 바이다).[39)] 어떻게 이 자기 현시(또는

32) *Ibid*., p. 58.
33) A. T. Hanson, *Grace and Truth*.
34) *Ibid*., p. I.
35) 앞의 각주 21을 보라.
36) A. T. Hanson, *op. cit.*, p. 2. 한슨은 제4복음서를 '나사렛 예수의 생애 및 가르침에 관한, 직접적 역사 기록'으로 간주하지 않는다.
37) *Ibid*.
38) *Ibid*., p. 76.
39) *Ibid*.

자기 부여)가 가능했는지를 한슨 교수는 명백히 입증하지 못하게 된다. 그 결과는, 예수의 생애 가운데서 이루어진 하나님의 자기 현현을 입증하고자 애쓰지만, 종국에 있어서는 예수를 '완전히 한 사람의 인격'으로, 즉 그에 관한 한 '초인간적인 것이 전연 없는' 분으로 묘사해 놓는 그리스도론을 만들게 된다.[40] 한슨 교수는 굳이 그의 견해에 압력이 가해진다면 우선적으로 양자론 진영에 소속되어 있는 것처럼 보인다.

예수가 '타인들을 위한 사람'이었다는 견해를 지지하는 사람들은, 자신들의 그리스도론적 입장을 제4복음서에 기초해서 뒷받침할 수 없음을 발견한다. 사실상 우리가 방금 살펴본 바와 같이, 한슨(A. T. Hanson) 교수의 입장을 그가 비역사적 표현으로 간주하는 것으로서 요한의 복음서에서 예수의 인격을 지극히 신적인 존재로 보는 견해에 대한 반작용이다.[41] 그럼에도 불구하고, 요한복음 안의 그 어느 부분도 우리로 하여금 예수가 육신이 되신 말씀 이상의 그 무엇이라고 결론을 내리도록 허용치 않는다. 그는 인간과 하나이신 분이며, 따라서 온전히 인간의 조건을 지닌다. 그러나 그는 또한 하나님과 하나이신 분이다.[42]

우리가 결론 내릴 수 있는 것은, 요한복음의 그리스도가 오로지 하나님만도 아니며, 또 오로지 인간만도 아니라는 것이다. 제4복음서의 그리스도론은 오늘날 '가현설' 및 '양자론'으로 규정되어 있는 양극 사이에서 완벽하게 평형을 이루고 있다.

40) *Ibid*.
41) *Ibid*., pp. 1f.
42) 요 10:30; 참조. 8:58.

셋째로, 요한은 오늘날의 교회 내부에 존재하는 그리스도론에 관련된 긴장들을 해결하기 위한 길을 결과적으로 제시해 주고 있다.

그리스도교 역사 전체를 통하여 볼 때, 교회 내의 사상가들에게는 이 극단 아니면 저 극단에서 시작하는 경향–예수의 인간성을 강조함으로써 그의 신성을 부인하거나, 그 역의 경향 혹은 만약 예수가 실제로 하나님이었다면 그는 동시적으로 실제 인간일 수 없었을 것이라고 말하거나, 그 역의 경향–이 있어 왔다. 우리는 이것을, 그리스도교의 처음 몇 세기 동안에 표면화되었던 그리스도론적 다양성들 가운데서 매우 명백하게 찾아볼 수 있다.

알렉산드리아파 학자들(예를 들면, 클레멘트[43])은 하나님과 세상의 간격을 이으려는 노력의 일환으로, 로고스의 교리를 강조하였다. 그러나 그렇게 하는 도중에 가현설의 이단으로 나아가는 길을 만들게 되었다. 대조적으로 안디옥파 학자들(예를 들면 다소의 디오도레[44])은 예수의 순수 인간성을 역설하였으며, 따라서 그 견해에 기초하여 그들의 그리스도론을 형성화하였다. 그러나 그렇게 하는 도중에 그들은 그리스도의 인격에 대한 '양자론적' 이해의 길을 닦아 놓았다. 안디옥은 몹수에스티아의 데오도레[45]와 네스토리우스[46]를 낳았는데, 이들은 예수의 두 본성 곧 하나님–사람을 받아들였으나 그 양자를 분리된 두 인격으로 만들어 놓았다. 이 같은 이단적 신조에 대한 반발로서, 수도원장 유티케스(Eutyches)는[47] 마침내 그 두 본성을 그리스도 안에서 조합하

43) A.D. 155년경–220년경.
44) A.D. 390년경에 죽음.
45) A.D. 350년경–428년.
46) A.D. 451년경 죽음. 그는 아마도 테오도레(Theodore)의 문하생이었을 것이다.
47) A.D. 378년경–454년.

였고, 성육하신 그리스도의 인격 속에는 단 하나의 본성만이 존재했으며 또 그 본성은 신적이었다고 주장하는 '단성론적' 그리스도론을 만들어 내기에 이르렀다. 칼케돈 공의회는 A. D. 451년에, 네스토리우스와 유티케스 양자의 오류들을 반박하기 위해 소집되었다. 그리고 감독들은 그 견해들을 피력하는 과정에서 지금 널리 알려져 있는 저 '신조 해설'(Definition)을 작성하였다. 이 해설은 그리스도가 '혼란없이 불변적으로, 불가구분적이고 불가분리적으로'[48] 두 본성 안에 계신, 하나님이신 사람으로 '인정' 된다는 점을 명백히 진술하고 있다.

칼케돈 신조 해설은 초대 교회에 있어서의 그리스도론적 논쟁의 고지(high-pint)이다. 그것은 한 인격 안에 특유한 두 본성이 존재했음을 논증하는 어려운 문제를 해결하려는 한 시도였다. 그리고 우리가 고찰한 바와 같이, 제4복음서는 이러한 이해에 대하여, 지표를 세웠고 기여도 하였다. 그러나 궁극적으로 우리는 칼케돈 신조는 하나의 성명이지 결코 해결책은 아니었다는 점에 동의하지 않을 수 없다. 그것은 요한의 그리스도론과 같이 평형을 이루고 있다. 그러나 그 신조는 우리에게 어떻게 인간성과 신성이 예수 안에 관계 맺어지는지를 요한복음서 이상으로 분명히 보여 주지 않는다. 그 신조는 단지 이 진리들을 한 면 한 면 나열해 놓는다.

더 이상의 서술이 과연 이루어질 수 있는가? 요한의 균형 잡힌 증거가 합리적이지 않은가? 예수의 인격의 한 측면이 끊임없이 강조되면서 다른 일면이 묵살되는 경우에는 언제나 그 평형이 무너진다. 그리스도의 인격에 관한 교부들의 논쟁은 너무나도 자주, 한 가지 오류를

48) 본문(text)을 원한다면, C. A. Heurtley(ed.), *De Fide et Symbolo*(Oxford and London, 1889), pp. 23-8, 특히 27f.를 읽어 보라.

바로잡으려 시도하는 또 하나의 오류의 역사였다. 동일 주제에 대한 현대의 기여들 역시-일반적으로 이들은 안디옥 학파의 입장으로 기운다-불균형으로 기울어지고 있다. 그러므로 캐제만은 와일즈를 필요로 한다. 그리고 양자는 모두 마스칼을 필요로 하는 것이다! 우리 모두 계속해서 성육신의 비밀을 탐구하도록 하자. 그러나 우리는 또한 요한과 더불어 예수 안에서 육신이 되신 말씀과 만난다는 점을 끊임없이 다짐하도록 하자.

넷째이자 마지막으로, 우리 시대에 있어서의 제4복음서 사용에 관한 몇 마디 논평에 우리는 한 마디 후기(post script)를 덧붙일 수 있을 것이다. 요한의 복음서는 종종 비그리스도인 구도자들에게 '생명에의 초대서'로 추천되곤 하는데, 그것은 이 책이 예수의 정체라는 중심 명제에 매우 많은 빛을 던지고 있기 때문이다. 이 복음서의 그리스도론적 관심은 그리스도 신앙과 예수 전승에 관해 보다 깊이 알기 원하는 사람 모두에게 괄목할 유익이 된다. 그러나 요한복음은 처음 읽기 시작하기에 결코 용이한 책이 아니다! 이것은 아마도 요한복음서가, 우리가 제의한 바대로,[49] 완전한 외인(外人)들을 위해서라기보다는 이미 그리스도교적 배경을 지닌 교회 안의 사람들을 위해서 쓰여졌기 때문일 것이다. 그러므로 만약 제4복음서가 비록 외인들을 완전히 배제하지는 않지만, 원래 일차적으로 그들을 위해 마련된 책이 아니라면, 우리는 오늘날 그 책이 과연 구도자가 맨 먼저 읽어야 할 최선의 복음서라고 당연히 받아들일 수 있지 않은가?

49) 본서의 pp. 276 이하를 읽어 보라.

【결 론】

본서의 요한복음 연구에서 이끌어 낼 수 있는 여러 가지 결론들 중에서, 간략하게 세 가지가 제시되어진다.

(1) 제4복음서는 이제 더 이상 다른 세 복음서로부터 고립된 상태에서 고찰될 수 없다. 요한복음에의 '새로운 시각'은 우리로 하여금, 만약 우리가 적절히 다듬어진 예수관과 그에 관한 그리스도교 전승을 요구한다면 그 무엇보다도 특히, 모든 복음서들을 함께 다룰 것을 촉구할 것이다. 우리가 도합 네 편의 복음서를 가지게 된 것은 결코 우연이 아니다. 실로 요한은 다른 복음서들을 보완한다. 그가 나머지 세 편을 해석하려고 시도했다는 의미에서가 아니라, 오직 '우리에게 그 복음서들을 어떻게 해석해야 하는지를 보여 주고 있다'는 의미에서 그러하다.[50]

(2) 우리는 이 책에서 요한 전승의 역사적 본질에 관해서, 그리고 최근에 발굴 조명된 바 이를 입증해 주는 새로운 증거에 관해 많이 언급하였다. 그러나 우리가 살펴본 바와 같이, 제4복음서 기자는 한편으로 신앙의 역사적 기초에 대해 진지하게 관심을 기울이며, 또 신빙성 있는 그리스도교 전승의 배경에 비추어 집필하고 있는 것같이 보이지만, 그는 단순히 '일어난 일'이라는 의미에서의 역사에만 관심을 기울이지는 않는다. 그는 또한 모든 시대에 통하는 그것의 신학적 의미와 실존적 호소를 익히 깨닫고 있다. 그러므로 이 복음서에 있어서 예수의 말씀들은-설령 이것들 중 일부가 다시 사신 예수의 말씀들이라고 할지라도-여전히 오늘날에도 우리를 위한 그의 말씀들일 수 있다. '이것들을 기록함은 너희로 믿고 생명을 얻게 하려는 것이라' 우리는 요한 자

50) E. M. Sidebottom, *The Christ of the Fourth Gospel*, p. 187.

신이 그의 복음서 가운데서 주장하고 있는 바, 그리스도 안에서의 하나님에 관한 실제 체험을 통해서 이 사실을 배울 수 있을 것이다.

(3) 그러므로 우리는 요한의 그리스도교 신앙 해석에 온전히(in full) 귀기울일 수 있으며, 또 그리해야만 한다. 그 해석은 역사적으로 기반을 지녔으므로, 결코 주류로부터 이탈된 불퉁가지(an eccentric spin-off)로 간주하여 제외시켜서는 안 된다. 또 그것은 신학적으로 논증되어진 것이므로, 수납 못할 예루살렘 복음서의 한 이본(variant)으로 간주하여 무시해 버리면 안 된다. 우리가 신약성서에 있어서 바울과 마가와 야고보와 베드로, 그밖의 나머지 저자들을 필요로 하듯이, 요한도 필요로 한다. 이는 요한복음 가운데서 우리가 예측 못할 정도로 전통적인 한 복음서 기자를, 그리고 범상치 않은 지각을 지닌 한 해석자를 만나기 때문이다.

부록

〈참고문헌〉

(Republished, reprinted or translated works are cited are in their most recent form)

Abbott, E. A. *Notes on New Testament Criticism* (*Diatessarica*, yol.7; London, 1907).

Aland, K. 'Neue Neutestamentiche Papyri Ⅱ', *NTS* 9(1962-3), pp. 303-16.

Albright, W. F. 'Recent Discoveries in Palestine and the Gospel of St John', in W. D. Davis and D. Daube(edd.), *The Background of the New Testament and its Eschatology*(Cambridge, 1956), pp. 153-71.

Argyle, A. W. 'Philo and the Fourth Gospel', *Exp.T* 63(1951-2). pp. 385f.

Bacon, B. W. *The Fourth Gospel in Research and Debate* (London, 1918²).

Bailey, J. A. *The Traditions Common to the Gospels of Luke and John*(Leiden, 1963).

Baker, J. A. The "Institution" Narratives and the Christian Eucharist'. in I. T. Ramsey et *al.*, *Thinking about the Eucharist* (London, 1972). pp. 38-58.

Baldensperger, W. *Der Prolog des vierten Evangeliums: Sein polemischapologetischer Zweck* (Freiburg im Breisgau, 1898).

Bampfylde, G. 'John xix.28: a case for a different translation', *Nov.T* 11(1969), pp. 245-60.

Barr, J. 'Which Language did Jesus Speak? - Some remarks of a Semitist', *BJRL* 53 (1970-1), pp. 9-29.

Barret, C. K. 'The Old Testament in the Fourth Gospel', *JTS* 48 (1947), pp. 155-69.

'Stephen and the Son of Man', in W. Eltester(ed), *Apophoreta: Festschrift für Ernst Haenchen* (Berlin, 1964), pp. 32-8.

'John and the Synoptic Gospels', *Exp.T* 85 (1973-4), pp. 228-33.

The Gospel of John and Judaism (ET London, 1975).

The Gospel according to St John(London, 1955; 1978²).

Bauer, W. *Das Johannesevangelium*(Tübingen, 1933³).

Orthodoxy and Heresy in Earliest Christianity (ET London, 1972).

Beasley-Murray, G. R. *A commentary on Mark Thirteen* (London, 1957).

Becker, H. *Die Reden des Johanesevangeliums und der Stil der gnostischen Offenbarungsrede* (Göttingen, 1956).

Becker, J. 'Wunder und Christologie: zum literarakritischen und christologischen Problem der Wunder im Johannesevangelium', *NTS* 16 (1969-70), pp. 130-48.

Benoit, P. 'Praetorium, Lithostroton and Gabbatha', in *id., Jesus and the Gospel,* vol. I (ET London, 1973), pp. 167-88.

'Qumran et le Nouveau Testament', *NTS* 7(1960-1), pp. 276-96.

'Découvertes Archéologiques autour de la Piscine de Béthesda', in *Jerusalem through the Ages* (Israel Exporation Society, Jerusalem, 1968), pp. 48-57.

'L'Antonia d'Hérode le Grand et le Forum Oeiental d'Aelia Capitolina', *HTR* 64 (1971), pp. 135-67.

Bernard, J. H. 'The Traditional as to the Death of John, the Son of Zebedee', in *id., Studia Sacra* (London, 1917), pp. 260-84.

A Critical and Exegetical Commentary on the Gospel according to St John, 2 vols. (Edinburgh, 1928).

Betz, O. *Der Paraklet: Fürsprecher im häretischen Spätjudentum im Johannesevangelium und in neu gefundenen gnostischen Schriften* (Leiden, 1963).

What do we know about Jesus? (ET London, 1968).

Black, M. *An Aramaic Approach to the Gospels and Acts* (Oxford, 1967[3]).

Böcher, O. *Der johanneische Dualismus im Zusammenhang des nachbiblischen Judentums* (Gütersloh 1965).

Boice, J. M. *Witness and Revelation in the Gospel of John* (Exeter, 1970).

Boismard, M. E. 'Importance de critique textuelle pour établir l'origine arraméenne du quatriéme évangile', in F. M. Braun *et al., L'Evangile de Jean: études et problémes* (Bruges, 1958), pp.41-57.

'L'Évolution du Théme Eschatologique dans les Traditions Johanniques', RB 68 (1961), pp. 507-24.

'Saint Luc et le rédaction du quatriéme évangile (Jn IV, 46-54)', RB 69(1962), pp. 185-211.

Bonsirven, J. *Palestinian Judaism in the Time of Jesus Christ* (ET New York, 1964).

'Les aramaismes de S. Jean L'Évangéliste?', *Biblica* 30 (1949), pp. 405-32.

Borgen, P. *Bread from Heaven: an exegetical study of the concept of manna in the Gospel of John and the writings of Philo* (Leiden, 1965).

'God's Agent in the Fourth Gospel', in J. Neusner (ed.), *Religions in Antiquity* (Leiden, 1968), pp. 137-48.

'Observations on the Targumic Character of the Prologue of John', *NTS* 16 (1969-70), pp. 288-95.

Bornhaüser, K. *Das Johannesevangelium: eine Missionsschrift für Israel* (Gütersloh, 1928).

Bornkamm, G. *Jesus of Nazareth* (ET London, 1960).

'Zur Interpretation des Johannes-Evangeliums: Eine Auseinandersetzung mit Ernst Käsemanns Schrift "Jesu lezter Wille nach Johannes 17"', in *Geschichte und Glaube*, vol. I(Gesammelte Aufsatze 3, München, 1968), pp. 104-21.

Bousset, W. *Hauptprobleme der Gnosis* (Göttingen, 1907).

Bowker, J. W. 'The Origin and Purpose of St John's Gospel', NTS 11 (1964-5), pp. 398-408.

The Targums and Rabbinic Literature: an introduction to Jewish interpretations of scripture (Cambridge, 1969).

Boyd, W. J. P. 'The Ascension according to St John', *Theology* 70(1967), pp. 207-11.

Brandon, S. G. F. *The Fall of Jerusalem and the Christian Church*(London, 1957²).

Braun, F. M. 'Hermétisme et Johannisme', *Rev.T*55(1955), pp. 22-42, 259-99. *(et al.) L'Évangile de Jean: études et problémes* (Bruges, 1958).

Jean le Théologien, 3 vols. (Paris, 1959-68).

Brooke, A. E. 'John', in A. S. Peake(ed.), *A Commentary on the Bible*(London and Edinburgh, 1919), pp. 743-65.

Brown, R. E. 'The Qumran Scrolls and the Johannine Gospel and Epistles', in *id., New Testament Essays* (London, 1965), pp. 102-31.

'John and the Synoptic Gospels: a comparison', in *id., New Testament Essays*, pp. 192-213.

'The Problem of Historicity on John', in *id., New Testament Essays*, pp. 143-67.

'The Paraclete in the Fourth Gospel', *NTS* 13 (1966-7), pp. 113-32.

The Gospel according to John, 2 vols. (London, 1971).

Brown, S. 'From Burney to Black: The Fourth Gospel and the Aramaic Question', *CBQ* 26 (1964), pp. 323-39.

Brownlee, W. H. 'Whence the Gospel According to John?', in J. H. Charlesworth (ed.), *John and Qumran* (London, 1972), pp. 166-94.

Bruce, F. F. *The Speeches in the Acts of the Apostles* (London, 1944).

The Acts of the Apostles: the Greek text with introduction and commentary (London, 1952²).

New Testament History(London, 1971²).

'Paul and the Historical Jesus', *BJRL* 56 (1973-4), pp. 317-35.

'The Speeches in Acts - Thirty Years After', in R. J. Banks (ed.), *Reconciliation and Hope: New Testament essays on atonement and eschatology*(Exeter, 1974), pp. 53-68.

'The History of New Testament Study', in I. H. Marshall (ed.), *New Tastament Interpretation: essays on principles and methods* (Exeter, 1977), pp. 21-59.

Bultmann, R. 'Die Bedeutung der neuerschlossenen mandäischen und manichäischen Quellen für das Verständnis des Johannesevangeliums', *ZNW* 24 (1925), pp. 100-46.

Gnosis (ET London, 1952).

Theology of the New Testament, 2 vols, (ET London, 1952 and 1955).

'New Testament and Mythology', in H.-W. Bartsch(ed), *Kerygma and Myth: a theological debate,* vol. I (ET London, 1953), pp.1-44.

Primitive Christianity in its contemporary setting (ET London and NewYork, 1956).

Jesus and the Word(ET London, 1958).

'Johannesevangelium', *RGG* 3 (1959), cols. 840-50.

The Gospel of John: a commentary (ET Oxford, 1971).

Burkitt, F. C. *Church and Gnosis* (Cambridge, 1932).

Burney, C. F. *The Aramaic Origin of the Fourth Gospel*(Oxford, 1922).

Carmignac, J. 'Les affinités qumraniennes de la onzième Ode de Salomon', *RQ*3(1961-2), pp. 71-102.

Charlesworth, J. H. 'A Critical Comparison of the Duslism in 1QS Ⅲ.13-Ⅳ.26 and the "Dualism" Contained in the Fourth Gospel', *NTS* 15(1968-9), pp. 389-418.

'The Odes fo Solomon - not Gnostic', *CBQ* 31(1969), pp. 357-69.

(ed.) *John and Qumran*(London, 1972).

(ed.) *The Odes of Solomon* (Oxford, 1973).

(with A. Culpepper) 'The Odes of Solomon and the Gospel of John', *CBQ* 35(1973), pp. 298-322.

Colpe, C. 'Mandäer', *RGG* 4 (1960), cols. 709-12.

Colwell, E. C. and Titus, E. L. *The Gospel of the Spirit: a study in the Fourth Gospel*(New York, 1953).

Corell, A. *Consummatum Est: eschatology and church in the Gospel of St John*(ET London, 1958).

Cranfield, C. E. B. *The Gospel according to Saint Mark: an introduction and commentary*(Cambridge, 1959).

Cribbs, F. L, 'A Reassessment of the Date of Origin and Destination of the Gospel of John', *JBL* 89(1970), pp. 38-55.

Cross, F. L. (ed.) *Studies in the Fourth Gospel* (London, 1957).

Cullmann, O. *Early Christian Worship*(ET London, 1953).

'A New Approach to the Interpretation of the Fourth Gospel', *Exp.T* 71(1959-60), pp. 8-12, 39-43.

Peter - Disciple, Apostle, Martyr: a historical and theological study(ET London, 1962²).
'L'Évangile Johannique et L'Histoire du Salut', *NTS* 11 (1964-5), pp. 111-22.
The Johannine Circle: a study in the origin of the Gospel of John(ET London, 1976).
Culpepper, R. A. *The Johannine School* (Missoula, Montana, 1975).
Daniélou, J. 'Odes de Salomon', *DB(S)* 6 (1960), cols. 677-84.
A History of Early Christian Doctrine before the Council of Nicea, vol.1:*The Theology of Jewish Christianity*(ET London, 1964).
Daube, D. *The New Testament and Rabbinic Judaism* (London, 1956).
Dauer, A. *Die Passionsgeschichte im Johannesevangelium: Eine traditionsgeschichtliche und theologische Untersuchung zu Joh 18.1-19,30*(München, 1972).
Davies, W. D. *Paul and Rabbinic Judaism: some rabbinic elements in pauline theology*(London, 1955²).
Derrett, J. D. M. 'Water into Wine', *BZ* NF 7 (1963), pp. 80-97.
Dibelius, M. *From Tradition to Gospel* (ET London, 1934),
'The Speeches in Acts and Ancient Historiography' in *id., Studies in the Acts in the Apostles, ed. H. Greeven*(ET London, 1956). pp. 138-85.
Dillon, R. J. 'Wisdom Tradition and Sacramental Retrospect in the Cana Account', *CBQ* 24 (1962), pp/ 268-96.
Dodd, C. H. *The Bible and the Greeks* (London, 1935).
The Parables of the Kingdom (London, 1936²).
The Apostolic Preaching and its Developments (London, 1944²).
The Coming of Christ (Cambridge, 1951).
The Interpretation of the Fourth Gospel (Cambrdige, 1953).
'The Framework of the Gospel narrative', in *id., New Testament Studies* (Manchester, 1953), pp. 1-11.
'Some Johannine "Herrnworte" with Parallels in the Synoptic Gospels', *NTS* 2 (1955-6), pp. 75-86.
Historical Tradition in the Fourth Gospel (Cambrdige, 1963).
'The Portrait of Jesus in John and in the Synoptics', in W. R. Farmer *et al.* (edd.), *Christian History and Interpretation: studies presented to John Knox*(Cambridge, 1967), pp. 183-98.
'A Hidden Parable in the Fourth Gospel', in *id., More New Testament Studies*(Manchester, 1968), pp. 30-40.
'Behind a Johannine Dialogue', in *id., More New Testament Studies,* pp. 41-57.
Drower, E. S. *The Mandaeans of Iraq and Iran: their cults, customs, magic legends and folklore*

(Oxford, 1937).

The Haran Gawaita and The Baptism if Hibil-Ziwa (*Studi e Testi* 176, Vatican City, 1953).

Ellis, E. E. *The Gospel of Luke*(London, 1974[2]).

Evans, C. F. 'The Kerygma', *JTS* ns 7 (1956), pp. 25-41.

Filson, F. B. *Saint John*(London, 1963).

Flew, R. Newton. *The Idea of Perfection in Christian Thelolgy: an historical study of the Christian ideal for the present life* (Oxford, 1934).

Forestell, J. T. *The Word of the Cross: salvation as revelation in the Fourth Gospel* (Rome, 1974).

Fröster (Foerster), W. (ed.) *Gnosis*, ed. R. McL. Wilson, 2 vols. (ET Oxford, 1972 and 1974).

Palestinian Judaism in New Testament Times (ET Edinburgh and London, 1964).

Fortna, R. T. *The Gospel of Signs: a reconstruction of the narrative source underlying the Fourth Gospel* (Cambridge, 1970).

'Source and Redaction in the Fourth Gospel's Portrayal of Jesus' Signs', *JBL* 89 (1970), pp. 151-66.

'Christology in the Fourth Gospel: redaction-critical perspectives', *NTS* 21 (1974-5), pp. 489-504.

Freed, E. D. *Old Testament Quotations in the Gospel of John*(Leiden, 1965).

Fuller, R. H. *The New Testament in Current Study: some trends in the years 1941-1962*(London, 1963).

Gardner-Smith, P. *St John and the Synoptic Gospels*(Cambridge, 1938).

Gerhardsson, B. *Memory and Manuscript: oral tradition and written transmission in rabbinic Judaism and early Christianity* (ET Uppsala, 1961).

Glasson, T. F. *Moses in the Fourth Gospel*(London, 1963).

'The Speeches in Acts and Thucydides', *Exp.T* 76 (1964-5), p. 165.

Goguel, M. *Les Sources du Récit Johannique de la Passion* (Paris, 1910).

Goodwin, C. 'How Did John Treat His Sources?', *JBL* 73(1954), pp. 61-75.

Goulder, M. D. *Midrash and Lection in Matthew* (London, 1974).

Grant, F. C. *The Gospels: their origin and their growth* (London, 1957).

Grobel, K. (ed.) *The Gospel of Truth: a Valentinian meditation on the gospel*(London, 1960).

Guilding, A. E. *The Fourth Gospel and Jewish Worship: a study of the relation of St John's Gospel to the ancient Jewish lectionary system*(Oxford, 1960).

Guillaumont, A. *et al.* (ed.) *The Gospel according to Thomas*(Leiden and London, 1959).

Guthrie, D. *New Testament Introduction*(London, 1970[3]).

Haenchen, E. 'Johanneishe Provleme', *ZTK* 56(1959), pp. 19-54.

Hammond, H. 'De Antichristo', in *Dissertationes Quatuor*(London, 1651), pp. 1-51.

Hanson, A. T. *Grace and Truth: a study in the doctrine of the incarnation*(London, 1975).

Harvey, A. E. *Jesus in Trial: a study in the Fourth Gospel*(London, 1976).

Hengel, M. *Judaism and Hellenism,* 2 vols. (ET London, 1974).

Hennecke, E. *New Testament Apocrypha,* ed. R. McL. Wilson, 2 vols.(ET London, 1963 and 1965).

Higgins, A. J. B. *The Historicity of the Fourth Gospel* (London, 1960).

Jesus and the Son of Man (London, 1964).

Hill, D. 'The Request of Zebedee's Sons and the Johannine δόξα-theme', *NTS* 13 (1966-7), pp. 281-5.

Hooker, M. D. 'Christology and Methodology', *NTS* 17 (1970-1), pp. 480-7.

'On Using the Wrong Tool', *Theology* 75 (1972), pp. 570-81.

'Were there false teachers in Colossae?', in B. Lindars and S. S. Smalley (edd.), *Christ and Spirit in the New Testament: studies in honour of Charles Francis Digby Moule*(Cambridge, 1973), pp. 315-31.

'In his own Image?', in M. D. Hooker and C. J. A. Hickling (edd.), *What about the New Testament? Essays in Honour of Christopher Evans*(London, 1975), pp. 28-44.

Hoskyns, E. C. *The Fourth Gospel,* ed. F. N. Davey(London, 1947^2).

Hoskyns, E. C. and Davey, F. N. *The Riddle of the New Testament*(London, 1947^3).

Houlden, J. L. *A Commentary on the Johannine Epistles* (London, 1973).

Howard, W. F. *Christianity according to St John*(London, 1943).

The Fourth Gospel in Recent Criticism and Interpretation(London, 1955^4).

Hunter, A. M. *Paul and his Predecessors* (London, 1961^2).

According to Hohn (London, 1968).

Jaubert, A. *The Date of the Last Supper* (ET New York, 1965).

Jeremias, J. *The Eucharistic Words of Jesus* (ET London, 1966^2).

The Rediscovery of Bethesda: John 5.2 (ET Louisville, Kentucky, 1966).

The Prayers of Jesus (ET London, 1967).

New Testament Theology, vol. 1: The Proclamation of Jesus (ET London, 1971).

Johnson, L. 'Who was the Beloved Disciple?' *Exp. T* 77 (1965-6), pp. 157f.

Johnston, G. *The Spirit-Paraclete in the Gospel of John* (Cambridge, 1970).

Käsemann, E. 'Rudolf Bultmann: Das Evangelium des Johannes', *VF* 3 (1942-6), pp. 182-201.

'The Problem of the Historical Jesus', in *id., Essays on New Testament Themes* (ET

London, 1964), pp. 15-47.

The Testament of Jesus: a study of the Gospel of John in the light of chapter 17 (ET London, 1968).

Knox, W. L. *Some Hellenistic Elements in Primitive Christianiry* (London, 1944).

Kopp, C. *The Holy Places of the Gospels* (ET Freiburg im Breisgau and London, 1963).

Kuhn, K. G. 'Die in Palästina gefundenen hebräischen Texte und das Neue Testament', *ZTK* 47(1950), pp. 192-211.

'Johannesevangelium und Qumrantexte', in *Neotestamentica et Patristica*, in honour of O. Cullmann(Supplements to *Novum Testamentum,* vol.6, Leiden, 1962), pp. 111-22.

Kümmel, W. G. *The New Testament: the history of the investigation of its problems* (ET London, 1973).

The Theology of the New Testament: according to its major witnesses - Jesus, Paul, John (ET London, 1974).

Introduction to the New Testament (ET London, 1975²).

Kysar, R. 'The Source Analysis of the Fourth Gospel-a Growing Consensus?', *Nov.T* 15(1973), pp. 134-52.

The Fourth Evangelist and His Gospel: an examination of contemporary scholarship(Minneapolis, Minnesota, 1975).

Ladd, G. E. *A Theology of the New Testament* (Guildford and London, 1975).

Lagrange, M.-J. *L'Evangile selon Saint Jean*(Paris, 1948⁸).

Leaney, A. R. C. 'The Johannine Paraclete and the Qumran Scrolls', in J. H. Charlesworth (ed.), *John and Qumran*, pp. 38-61.

Lee, E. K. 'The Drama of the Fourth Gospel', *Exp.T* 65(1953-4), pp. 173-6.

Lietzmann, H. *Die drei ältesten Martyrologien* (Bonn, 1911²).

Lightfoot, J. G. *Biblical Essays* (London and New York, 1893), essaus 1-3.

Lightfoot, R. H. *St John's Gospel: a commentary,* ed. C. F. Evans (Oxford, 1956).

Lindars, B. *New Testament Apologetic: the doctrinal significance of the Old Testament quotations* (London, 1961).

'ΔΙΚΑΙΟΣΥΝΗ in Jn 16:8 and 10', in Q. Descamps et A. de Halleux (edd.), *Mélanges Bibliques: en hommage au R. P. Béda Rigaux* (Gembloux, 1970), pp. 275-85.

Behind the Fourth Gospel (London, 1971).

The Gospel of John (London, 1972).

'The Son of Man on the Johannine Christology', in B. Lindars and S. S. Smalley (edd.), *Christ and Spirit in the New Testament*, pp. 43-60.

Lohse, E. 'Miracles in the Fourth Gospel', in M. D. Hooker and C. J. A. Hickling (edd.), *What about the New Testamest?,* pp. 64-75.

Loisy. A. *Le quatrième Évangile* (Paris, 1921²).

MacGregor, G. H. C. *The Gospel of John* (London, 1928).

Macquarrie, J. *The Scope of Demythologizing: Bultmann and his critics* (London, 1960).

MacRae, G. 'The Fourth Gospel and *Religionsgeschichte',* *CBQ* 32 (1970), pp. 13-24.

'The *Ego*-Proclamation in Gnostic sources', in E. Bammel (ed.), *The Trial of Jesus* (London, 1970), pp. 122-34.

Maddox, R. 'The Function of the Son of Man in the Gospel of John', in R. J. Banks (ed.), *Reconciliation and Hope*, pp. 186-204.

Manson, T. W. *The Teaching of Jesus*(Cambridge, 1935²).

Marsh, J. *The Gospel of St John* (Harmonesworth, 1968).

Marshall, I. H. 'The Synoptic Son of Man Sayings in Recent Discussion', *NTS* 12(1965-6), pp. 327-51.

'Palestinian and Hellenistic Christianity: sone critical comments', *NTS* 19 (1972-3), pp. 271-87.

Martin, R. P. 'The new Quest of the Historical Jesus', in C. F. H. Henry(ed.), *Jesus of Nazareth, Saviour and Lord*(London, 1966), pp. 25-45.

Mark: Evangelist and Theologian (Exeter, 1972).

New Testament Foundations: a guide for Christian students, vol.1: *The Four Gospels* (Exeter, 1975).

Martyn, J. L. *History and Theology in the Fourth Gospel* (New York, 1968; Nashville, Tennessee, 1979²).

Mascall, E. L. *Christ, the Christian and the Church: a study of the incarnation and its consequences*(London, 1946).

Corpus Christi: essays on the church and the eucharist(London, 1965²).

Mastin, B. A. 'A Neglected Feature of the Christology of the Fourth Gospel', *NTS* 22 (1975-6), pp. 32-51.

Meeks, W. A. 'Galilee and Judea in the Fourth Gospel', *JBL* 85 (1966), pp. 159-69.

The Prophet-King: Moses traditions and the Johannine Christology(Leiden, 1967).

'The Man from Heaven in Johannine Sectarianism', *JBL* 91 (1972), pp. 44-72.

'"Am I a Jew?": Johannine Christianity and Judaism', in J. Neusner (ed.), *Christianity, Judaism, and Other Greco-Roman Cults,* vol.1: *New Testament*(Leiden, 1975), pp. 163-86.

Moffatt, J. *An Introduction to the Literature of the New Testament*(Edinburgh, 1918³).

Moloney, F. J. *The Johannine Son of Man*(Rome, 1978[2]).

Morris, L. L. *The Gospel Accordintg to John*(London, 1972).

Moule, C. F. D. 'The Intention of the Evangelists', in A. Jb. Higgins(ed.), *New Testament Essays: studies in Memory of Thomas Walter Manson 1893-1958*(Manchester, 1959), pp. 165-79.

'The Individualism of the Fourth Gospel', *Nov.T5*(1962), pp. 171-90.

The Phenomenon of the New Testament: an inquiry into the implications of certain features of the New Testament(London, 1967).

'Neglected Features in the Problem of "the Son of Man"', in J. Gnilka(ed.), N*eues Testament und Kirche: für Rudolf Schnackenburg*(Freiburg im Breisgau, 1974), pp. 413-28.

'The Meaning of "Life" in the Gospel and Epistles of St John', *Theology* 78(1975), pp. 114-25.

Munck, J. 'The New Testament and Gnosticism', in W. Klassen and G. F. Snyder(edd.), *Current Issues in New Testament Interpretation: essays in honour of O. Piper*(London, 1962), pp. 224-38.

Neill, S. C. *The interpretation of the New Testament 1861-1961*(London, 1964).

Nicol, W. *The Semeia in the Fourth Gospel: tradition and redaction*(Leiden, 1972).

Nineham, D. E. The Order of Events in St Mark's Gospel—an examination of Dr Dodd's hypothesis', in *id*.(ed.), *Studies in the Gospels: essays in memory of R. H. Lightfoot*(Oxford, 1955), pp. 223-39.

Noack, B. *Zur johanneischen Tradition: Beiträge zur kritik an der literarkritischen Analyse des vierten Evangeliums*(Copenhagen, 1954).

Nock, A. D. 'Early Gentile Christianity and its Hellenistic Background', in Z. Stewart (ed.), *Arthur Darby Nock: essays on religion and the ancient world,* vol.1(Oxford, 1972), pp. 49-133.

'Philo and Hellenistic Philosophy', in Z. Stewart(ed.), *Arthur Darby Nock*, vol. 2(Oxford, 1972), pp. 559-65.

'Gnosticism', in *ibid.*, pp. 940-59.

Nock, A. D. and Festugiére, A.-J. *Corpus Hermeticum*, 3 vols. (Paris, 1945-54).

Norden, E. *Agnostos Theos: Untersuchungen zur Formengeschichte religiöser Rede*(Stuttgart, 1956).

Nunn, H. P. V. *The Authorship of the Fourth Gospel* (Eton, 1952).

Odeberg, H. *The Fourth Gospel: interpreted in its relation to contemporaneous religious currents in Palestine and the Hellenistic-Oriental world*(Uppsala, 1929).

Olsson, B. *Structure and Meaning in the Fourth Gospel: a text-linguistic analysis of John 2:1-11 and 4:1-42*(Lund, 1974).

Painter, J. *John: Witness and Theologian*(London, 1979²).

Pancaro, S. 'The Relationship of the Church to Israel in the Gospel of St John', *NTS* 21(1974-5), pp. 396-405.

The Law in the Fourth Gospel: the Torah and the Gospel, Moses and Jesus, Judaism and Christianity according to John(Leiden, 1975).

Parker, P. 'Two Editions of John', *JBL* 75(1956), pp.303-14.

'John and John Mark', *JBL* 79(1960), pp. 97-110.

'John the Son of Zebedee and the Fourth Gospel', *JBL* 81 (1962), pp. 35-43.

'Luke and the Fourth Evangelist', *NTS* 9 (1962-3), pp. 317-36.

Percy, E. *Untersuchungen über den Ursprung der johanneischen Theologie*(Lund, 1939).

Perrin, N. *Rediscovering the Teaching of Jesus*(London, 1967).

The New Testament: an introduction (New York, 1974).

Peterson, E. 'Urchristentum und Mandäisumus', *ZNW* 27(1928), pp. 55-98.

Pfleiderer, O. *Primitive Christianity: its writings and teachings in their historical connections*, vol.4 (ET London, 1911).

Philips, G. L. 'Faith and Vision in the Fourth Gospel', in F. L. Cross(ed.), *Studies in the Fourth Gospel* (London, 1957), pp. 83-96.

Pollard, T. E. *Johannine Christology and the Early Church*(Cambridge, 1970).

Priess, T. *Life in Christ* (ET London, 1964).

Purvis, J. D. 'The Fourth Gospel and the Samaritans', *Nov.T* 17 (1975), pp. 161-90.

Quispel, G. 'L'Évangile de Jean et la Gnose', in F,-M. Braun *et al.*, *L'Évangile de Jean*, pp. 197-208.

Raney, W. H. *The Relation of the Fourth Gospel to the Christian Cultus* (Giessen, 1933).

Reicke, B. 'Traces of Gnosticism in the Dead Sea Scrolls?', *NTS* 1(1954-5),pp. 137-41.

Reim, G. *Studien zum alttestamentlichen Hintergrund des Johannesevangeliums* (Cambridge, 1974).

Reitzenstein, R. *Das mandäische Buch des Herrn der Grösse und die Evangelienüberlieferung* (Heidelberg, 1919).

Die hellenistischen Mysterienreligionen: nach ihren Grundgedanken und Wirkungen (Leipzig and Berlin, 1927³).

Reumann, J. *Jesus in the Church's Gospels: modern scholarship and the earliest sources* (London, 1970).

Richardson, A. *The Gospel according to St John* (London, 1959).
Robinson, J. A. T. *The Body; a study in Pauline theology* (London, 1952).

'The Baptism of John and the Qumran Community: testing a hypothesis', in *id., Twelve New Testament Studies*(London, 1962), pp. 11-27.

'Elijah, John and Jesus: an essay in detection', in *id., Twelve New Testament Studies,* pp. 28-52.

'The Parable of the Shepherd (John 10.1-5), in *id., Twelve New Testament Studies*, pp. 67-75.

'The New Look on the Fourth Gospel', in *id., Twelve New Testament Studies,* pp. 94-106.

'The Destination and Purpose of St John's Gospel', in *id., Twelve New Testament Studies,* pp. 107-125.

'The Relation of the Prologue to the Gospel of St John', *NTS* 9 (1962-3), pp. 120-9.

'The Place of the Fourth Gospel', in P. Gardner-Smith (ed.), *The Roads Converge*(London, 1963), pp. 49-74.

'The Use of the Fourth Gospel for Christology Today', in B. Lindars and S. S. Smalley (edd.), *Christ and Spirit in the New Testament*, pp. 61-78.

Redating the New Testament (London, 1976).

'"His Witness is True": A Test of the Johannine Claims', in E. Bammel and C. F. D. Moule (edd.), *Jesus and the Politics of His Day*(Cambidge).

Robinson, J. M. *A New Quest of the Historical Jesus* (London, 1959).

Rowley, H. H. 'The Baptism of John and the Qumran Sect', in A. J. B. Higgins (ed.), *New Testament Essays*, pp. 218-29.

Ruckstuhl, E. *Die literarische Einheit des Johannesevangeliums: der gegenwärtige Stand der einschlägigen Forschungen*(Freiburg in der Schweiz, 1951).

Sanday, W. *The Criticism of the Fourth Gospel* (Oxford, 1905).

Sanders, J. N. *The Fourth Gospel in the Early Church; its origin and influence on Christian theology up to Irenaeus* (Cambridge, 1943).

The Foundations of the Christian faith: a study of the teaching of the New Testament in the light of historical criticism(London, 1950).

'" Those whom Jesus loved" (Jn xi.5)', *NTS* 1 (1954-5), pp. 29-41.

'Who was the Disciple whom Jesus loved?', in F. L. Cross(ed.), *Studies in the Fourth Gospel,* pp. 72-82.

'St John on Patmos', *NTS* 9 (1962-3), pp. 75-85.

A Commentary on the Gospel according to St John, ed. B. A. Mastin(London, 1968).

Sanders, J. T. *The New Testament Chirstological Hymns: their historical religious background* (Cambridge, 1971).

Schlatter, A. *Die Sprache und Heimat des vierten Evangelisten* (Gütersloh, 1902).

Schmidt, K. L. *Der Rahmen der Geschichte Jesu* (Göttingen, 1919).

Schmithals, W. *Gnosticism in Corinth: an investigation of the letters to the Corinthians* (ET Nashville and New York, 1971).

Schnackenburg, R. *The Gospel according to St John*, vols. 1 and 2(ET London and New York, 1968/1980).

Das Johannesevangelium Ⅲ (Freiburg im Breisgau, 1975).

Schonfield, H. J. *The Pssover Plot* (London, 1965).

Schottroff, L. *Der Glaubende und die feindliche Welt: Beobachtungen zum gnostischen Dualismus und seiner Bedeutung für Paulus und das Johannesevangelium* (Neukirchen, 1970).

Schulz, S. *Komposition und Herkunft der johanneischen Reden* (Stuttgart, 1960).

Schwartz, E. 'Aporien im vierten Evangelium', in *Nachrichten von der Königlichen Gesellschaft der Wissenschaften zu Göttingen: Philologisch-historische Klasse* (Berlin, 1970), pp. 342-72: (1908), pp. 115-88, 497-560.

Schweitzer, E. *ego Eimi: Die religionsgeschichtliche Herkunft und theologische Bedeutung der johanneischen Bildreden* (Göttingen, 1965²).

Schweitzer, A. *The Quest of the Historical Jesus: a critical study of its progress from Reimarus to Wrede*(ET London, 1954³).

Scobie, C. H. H. *John the Baptist* (London, 1964).

'The origins and Development of Samaritan Christianity', *NTS* 19 (1972-3), pp. 390-414.

Scott, E. F. *The Fourth Gospel: its purpose and theology*(Edinburgh, 1908²).

Seeburg, A. *Die Didache des Judentums und der Urchristenheit*(Leipzig, 1908).

Sidebottom, E. M. *The Chirst of the Fourth Gospel: in the light of first-century thought* (London, 1961).

Smalley, S. S. 'Liturgy and Sacrament in the fourth Gospel', *EQ* 29 (1957), pp. 159-70.

'The Christology of Acts', *Exp.T* 73 (1961-2), pp.358-62.

'The Delay of the Parousia', *JBL* 83 (1964), pp. 41-54.

'New Light on the Fourth Gospel', *TynB* 17 (1966), pp. 35-62.

'John and the Apocalypse', *Orita* 2 (1968), pp. 29-42.

'The Johannine Son of Man Sayings'. *NTS* 15 (1968-9), pp. 278-301.

'Diversity and Development in John', *NTS* 17 (1970-1), pp. 276-92.

'The Testament of Jesus: another look', *SE* 6 (1973), pp. 495-501.

'The Christology of Acts Again', in B. Lindars and S. S. Smalley (edd.), *Christ and Spirit in the New Testament*, pp. 79-93.

'The Sign in John XXI', *NTS* 20 (1973-4), pp. 275-88.

'Johannes I, 51 und die Einleitung zum vierten Evangelium', in R. Pesch und R. Schnackenburg (hrsg.), *Jesus und der Menschensohn: für Anton Vögtle* (Freiburg im Breisgau, 1975), pp. 300-13.

'Redaction Criticism', in I. H. Marshall (ed.), *New Testament Interpretation* (Exeter, 1977), pp. 181-95.

Smith, D. H. 'Concerning the Duration of the Ministry of Jesus', *EXP.T* 76 (1964-5), pp. 114-6.

Smith, D. M. 'The Sources of the Gospel of John: an assessment of the present state of the problem', *NTS* 10 (1963-4), pp. 336-51.

The Composition and Order of the Fourth Gospel: Bultmann's literary theory (New Heaven and London, 1965).

'Johannine Chrixtianity: some reflections on its character and delineation', *NTS* 21 (1974-5), pp. 222-48.

Smith, M. 'On the Wine God in Palestine(Gen. 18, Jn 2, and Achiles Tatius)', in *S. W. Barron Jubilee Volume*(Jerusalem, 1975), pp. 815-29.

Smith, R. H. 'Exodus Typology in the Fourth Gospel', *JBL* 81(1962), pp. 329-42.

Spiro. A. 'Stephen's Samaritan Background', in J. Munck, *The Acts of the Apostles*, revised by W. F. Albright and C. S. Mann(Garden City, New York, 1967), pp. 285-300.

Stanton, G. N. *Jesus of Nazareth on New Testament Preaching*(Cambridge, 1974).

Stauffer, E. *Jesus and His Story*(ET London, 1960).

Stott, J. R. W. *The Epistles of John: an introduction and commentary*(London, 1964).

Strachan, R. H. *The Fourth Evangelist: dramatist or historian?*(London, 1925).

The Fourth Gospel: its significance and environment(London, 1941³).

Strack, H. L. and Billerbeck, P. *Kommentar zum Neuen Testament aus Talmud und Midrash* Ⅱ (München, 1956²).

Streeter, B. H. *The Four Gospels: a study of origins*(London, 1924).

Sweet, J. P. M. 'Second Thoughts: Ⅷ. The Kerygma', *Exp. T* 76(1964-5), pp. 143-7.

Sweete, H. B. *The Gospel according to St Mark: the Greek text, with introduction notes and indices*(London, 1898).

Tasker, R. V. G. *The Gospel according to John*(London, 1960).

Teeple, H. M. 'Qumran and the Origin of the Fourth Gospel', *Nov.T* 4(1960), pp. 6-25.

The Literary Origin of the Gospel of John(Evanston, Illinois, 1974).

Temple, S. *The Core of the Fourth Gospel*(London and Oxford, 1975).

Temple, W. *Readings on St John's Gospel*(London, 1945²).

Titus, E. L. 'The Identity of the Beloved Disciple', *JBL* 69(1950), pp. 323-8.

Torrey, C.C. *Our Translated Gospels: Some of the evidence*(London, 1937).

Trites, A. A. *The New Testament Concept of Witness*(Cambridge, 1977).

Underhill, E. *The Mystic Way: a psychological study onb Christian origins*(London and Toronto, 1913).

Unnik, W. C. van. 'The Purpose of St John's Gospel', *SE* I (1959), pp. 382-411.

Vermes, G. *The Dead Sea Scrolls in English* (Harmondsworth, 1966²).

Wellhausen, J. *Das Evangelium Johannis* (Berlin, 1908).

Wendt, H. H. *The Gospel according to St John: an inquiry into its genesis and historical value*(ET Edinburgh, 1902).

Westcott, B. F. *The Gospel according to St John*(London, 1880).

The Eprstles of St John(London, 1902⁴).

Whiteley, D. E. H. *The Theology of St Paul*(Oxford, 1974²)

Wieand, D. J. 'John V.2 and the Pool of Bethesda', *NTS* 12(1965-6), pp. 392-404.

Wilcox, M. 'The Composition of John 13:21-30', in E. E. Ellis and M. Wilcox(edd.), *Neotestamentica et Semitica: studies in honour of Matthew Black*(Edinburgh, 1969), pp. 143-56.

Wiles, M. F. *The Spiritual Gospel: the interpretation of the Fourth Gospel in the early church*(Cambridge, 1960).

The Remarking of Christian Doctrine(London, 1974).

Wilkens, W. *Die Entstehungsgeschichte des vierten Evangeliums*(Zollikon, 1958).

'Die Erweckung des Lazarus', *TZ* 15(1959), pp. 22-39.

Zeichen und Werke: Ein Beitrag zur Theologie des 4 Evangeliums in Erzählungs und Redestoff(Zürich, 1969).

Wilson, R. McL. 'Philo and the Fourth Gospel', *Exp. T* 65(1953-4), pp. 47-9.

The Gnostic Problem: a study of the relations Hellenistic Judaism and the gnostic heresy(London, 1958).

Gnosis and the New Testament(Oxford, 1968).

Windisch, H. *Johannes und die Synopitker: Wollte der vierte Evangelist die älteren Evangelien ergänzen oder ersetzen?* (Leipzig, 1926).

The Spirit-Paraclete in the Fourth Gospel(ET Philadelphia, 1968).
Wink, W. *John the Baptist in the Gospel Tradition* (Cambridge, 1968).
Wrede, W. *The Messianic Secret* (ET Cambridge and London, 1971).
Yamauchi, E. M. *Gnostic Ethics and Mandean Origins*(Cambridge U. S. A. and London, 1970).
Pre-Christian Gnosticism(London, 1973).

〈추가참고문헌〉

Appold, M. L. *The Oneness Motif in the Fourth Gospel: motif analysis and exegetical probe into the theology of John*(Tübingen, 1976).
Barret, C. K. *Essays on John*(London, 1982).
Böcher, O. 'Das Verhältnis der Apokalypse des Johannes zum Evangelium des Johannes', in J. Lambrecht(ed.), *L'Apocalypse johannique et l'Apocalytique dans le Nouveau Testament*(Gembloux, 1980), pp. 289-301.
Boismard, M. -E. et Lamouille, A. *L'Évangile de Jean*(Paris, 1977).
Borgen, P. 'The Use of Tradition in John 12.44-50', *NTS* 26(1979-80), pp. 18-35.
Boring, M. E. 'The Influence of Christian Prophecy on the Johannine Portrayal of the Paraclete and Jesus', *NTS* 25(1978-9), pp. 113-23.
Braun, F.-M. *La foi Chrétienne selon Saint Jean*(Paris, 1979).
Brown, R.E. *The Community of the Beloved Disciple: the life, loves, and hates of an individual church on New Testament times*(New York and London, 1979).
The Epistles of John(Garden City, New York, 1982).
Bruce, F. F. 'The Trial of Jesus in the Fourth Gospel', in R. T. France and D. Wenham,(edd.), *Gospel Perspectives: studies of history and tradition in the four Gospels,* vol. 1(Sheffield, 1980), pp. 7-20.
Culpepper, R. A. 'The Pivot of John's Prologue', *NTS* 27(1980-1), pp. 1-31.
Dunn, J. D. G. *Christology in the Making: a New Testament inquiry into the origins of the doctrine of the incarnation*(London, 1980).
Fiorenza, E. 'The Quest for the Johannine School: The Apocalypse and the Fourth Gospel', *NTS* 23(1976-7), pp. 402-27.
Haenchen, E. *Das Johannesevangelium*(Tübingen, 1980).

Hookeer, M. D. 'The Johannine Prologue and the Messianic Secret', *NTS* 21(1974-5), pp. 40-58.

Jonge, M. de *Jesus: Stranger from Heaven and Son of God-Jesus Christ and the Christians in Johannine perspective*(ET Missoula, Montana, 1977).

(ed.) L *'Evangile de Jean: Sources, redaction, theologie*(Gembloux, 1977).

Klein, H. von 'Die lukanisch-johanneische Passionstradition', *ZNW* 67(1980), pp. 155-86.

Léon-Dufour, X. 'Bulletin de Litterature Johanniqur', *RSR* 68(1976), pp. 271-316.

Lieu, J. M. 'Gnosticism and the Gospel of John', *Exp. T* 90(1978-9), pp. 223-27.

Lindars, B. 'Word and Sacrament in the Fourth Gospel', *SJT* 29(1976), pp. 49-63.

'The Passion in the Fourth Gospel', in J. Jervell and W. A. Meeks(edd.), *God's Christ and His People*(Oslo, 1977), pp. 71-86.

'John and the Synoptic Gospels: a test case', *NTS* 27(1980-1), pp. 287-94.

'The New Look in ths Son of Man', *BJRL* 63(1981), pp. 437-62.

Luzarraga, J. 'La función docente del Messías en el Cuarto Evangelio', *Estudios Biblicos* 32(1973), pp. 119-36.

Martyn, J. L. *The Gospel of John in Christian History*(New York, 1979).

McDonald, J. I. H. *Kerygma and Didache: the articulation and strucrure of the earliest Christian message*(Cambridge, 1980).

Miranda, J. P. *Being and the Messiah: the message of St John* (ET Maryknoll, New York, 1977).

Moloney, F. J. 'From Cana to Cana(John 2:1-4:54) and the Fourth Evangelist's Concept of Correct (and Incorrect) Faith', *Studia Biblica* 1978 Ⅱ (Sheffield, 1980), pp. 185-213.

Moule, C. F. D. *The Origin of Christology*(Cambridge, 1977).

Müller, U. B. 'Die Parakleten-vorstellung im Johannesevangelium', *ZTK* 71(1974), pp. 31-77.

Die Geschichte der Christologie in der johanneischen Gemeinde(Stuttgart, 1975).

Neirynck, F. 'John and the Synoptics', in M. de Jonge(ed.), *L'Évangeile de Jean: Sources, rédaction, théologie*, pp. 73-106.

et al. Jean etlfes Synoptiques: Examen critique de l'exégèse de M.-E. Boismard(Gemboloux, 1979).

O'Grady, J. F. *Individual and Community in John*(Rome, 1978).

Painter, J. 'The Farewell Discourses and the History of Johannine Christianity', *NTS* 27(1980-1), pp. 525-43.

Potterie, I. de la *La Vérité dans Saint Jean*, 2 vols. (Rome, 1977).

Rengstorf, K. H. (hrsg.), *Johannes und sein Evangelium*(Darmstadt, 1980).

Schein, B. E. *Following the Way: the settting of John's Gospel*(Minneapolis, Minnesota, 1980).

Schnackenburg, R. 'Die johanneische Gemeinde und ihre Geisterfahrung', in R. Schnackenburg, *et al.* (hrsg.), *Die Kirche des Anfangs*(Leipzig, 1978), pp. 277-306.

Smalley, S. S. 'The Christ-Christian Relationship in Paul and John', in D. A. Hagner and M. J. Harris(edd.), *Pauline Studies: essays presented to F. F. Bruce*(Exteter, 1980), pp. 95-105.

'What about I John?', in *Studia Biblica 1978* Ⅲ(Sheffield, 1980), pp. 337-43.

Smith, D. M. 'The Milieu of the Johannine Miracle Source: a proposal', in R. Hamerton-Kelly and R. Scorggs (edd.), *Jews, Greeks and Christians: Religious Cultures in Late Antiquity*(Leiden, 1976), pp. 164-80.

'The Presentation of Jesus in the Fourth Gospel', *Int* 31(1977), pp. 367-78.

'John and the Synoptics: some dimensions of the problem', *NTS* 26(1979-80), pp. 425-44.

Solages, B. de *Jean et les Synoptiques*(Leiden, 1979).

Thyen, H. 'Aus der Literatur zum Johannesevangelium', *TR*(NF) 39(1974-5), pp. 1-69, *et seq*.

Vanderlip, D. G. *John: the Gospel of Life*(Valley Forge, Pennsylvania, 1979).

Vellanickal, M. *The Divine Sonship of Christians in the Johannine Writings*(Rome, 1977).

Woll, D. B. 'The Departure of "The Way": The First Farewell Discoruse in the Gospel of John', *JBL* 99(1980), pp. 225-39.

〈약어표〉

I. GENERAL

AH	*Irenaeus, Adversus Haereses*
BJRL	*Bulletin of the John Rylands Library*
BZ(NF)	*Biblische Zeitschrift(Neue Folge)*
CBQ	*Catholic Biblical Quarterly*
DB(S)	L. Pirot *et al. (edd), Dictionnaire de la Bible(Supplément)*(Paris, 1928-)
EQ	*Evangelical Quarterly*
ET	*English translation*
Ev.T	*Evangelische Theologie*
Exp.T	*Expository Times*
HE	*Eusebius, Historia Ecclesiastica*
Hennecke	E. Hennecke, *New Testament Apocrypha, ed. R. McL. Wilson, 2 vols.* (ET London, 1963 and 1965)
HTFG	C. H. Dodd, *Historical Tradition in the Fourth Gospel* (Cambridge, 1963)
HTR	*Harvard Theological Review*
IFG	C. H. Dodd, *The Interpretation of the Fourth Gospel* (Cambridge, 1953)
Int	*Interpretation*
JBL	*Journal of Biblical Literature*
JT	*F.-M. Braun, Jean le théologien: les grandes traditions d'Israél et l'accord des écritures selon le quatriéme évangile* (Paris, 1964)
JTS(ns)	*Journal of Theological Studies* (new series)
Migne, PG	*Migne, Patrologia Graeca*
Nov.T	*Novum Testamentum*
NTS	*New Testament Studies*
par.	parallel verse(s)
RB	*Revue Biblique*
Rev.T	*Revue Thomiste*
RGG	K. Galling (ed.), *Die Religion in Geschichte und Gegenwart,* 3rd edn.,

	6 vols. (Tübingen, 1957-62)
RQ	*Revue de Qumran*
RSR	*Recherches de Science Religieuse*
RSV	Revised Standard Verson
SE	*Studia Evangelica* (Berlin, 1959-) = *T. U.*
SJT	*Scottish Journal of Theology*
Stud.T	*Studia Theologica*
TR(NF)	*Thcologische Rundschau(Neue Folge)*
T.U.	*Texte und Untersuchungen zur Geschichte der altchristlichen Literatur* (Leipzig/Berlin)
Tyn.B	*Tyndale Bulletin*
TZ	*Theologische Zeitschrift*
VF	*Verkündigung und Forschung* (Theologischer Jahresbericht)
ZNW	*Zeitschrift für die neutestamentliche Wissenschaft und die Kunde der älteren Kirche*
ZTK	*Zeitschrift für Theologie und Kirche*

2. DEAD SEA SCROLLS

CD	Zadokite Damascus Rule
IQH	Hymns of Thanksgiving
IQM	War of the Sons of Light against the Sons of Darkness
IQS	The Community Rule

3. ANCIEVNT WRITERS

Ignatius *Eph.*	To the Ephesians
Mag.	To the Magnesians
Philad.	To the Philadelphians
Josephus *Ant.*	*Antiquities*
Bell. Jud.	*Bellum Judaicum(Jewish War)*
Philo *De agric.*	*De Agricultura*
De conf.	*De Confusione Linguarum*
De fuga.	*De Fuga et Inventione*
De migr.	*De Migratione Abrahami*
De opific.	*De Opificio Mundi*

De praem.	*De Praemiis et Poenis*
De spec. leg.	*De Specialibus Legibus* (I-IV)
Quod det.	*Quod Deterius Potiori insidiari soleat*